费希特文集

第 1 卷

梁志学 编译

图书在版编目(CIP)数据

费希特文集. 第1卷/(德)费希特(Fichte,J. G.)著;梁志学编译. —北京:商务印书馆,2014(2021.5重印)
ISBN 978-7-100-10209-4

Ⅰ.①费… Ⅱ.①费… ②梁… Ⅲ.①费希特,J. G.(1762~1814)—文集 Ⅳ.①B516.33-53

中国版本图书馆CIP数据核字(2013)第188816号

费希特文集
第1卷
梁志学 编译

商务印书馆出版
(北京王府井大街36号 邮政编码100710)
商务印书馆发行
北京通州皇家印刷厂印刷
ISBN 978-7-100-10209-4

2014年12月第1版 开本 710×1000 1/16
2021年5月北京第2次印刷 印张 49
定价:268.00元

文集说明

自从《费希特著作选集》问世以来，我们不仅受到了国内同行的鼓舞，同时也听到了他们的意见。而我们在研究费希特哲学的过程中已经深感有必要把自己过去翻译的费希特著作加以修订。正是基于这样的认识，当商务印书馆倡议将这部选集改名为《费希特文集》出版时，我们感到由衷的高兴，因为我们打算做的工作由此得到了有力的支持。

这部文集是过去出版的《费希特著作选集》的增订版。我们在此所做的工作是：从选题角度讲，增加了《论人的尊严》；从翻译角度讲，课题组成员分工复查译文，改正了发现的纰漏；从编辑角度讲，修改了译者注释，补充了年表内容。

这部文集和之前的选集始终是在巴伐利亚科学院费希特委员会的协助下编译的。在编译那部选集时，已故的赖因哈德·劳特教授曾经给予我们真诚的和长期的援助，我们将永志不忘；在完成这部文集时，艾里希·伏克斯博士又给予我们同样真诚的帮助，我们谨向他们致以真挚的谢意。

编者　北京，2011 年 5 月

编者说明

伟大的德国古典哲学家费希特的体系是马克思主义哲学的思想来源之一。恩格斯说过，德国社会主义者也为继承了费希特而感到骄傲。恩格斯的这句名言同样适用于我们中国的社会主义事业。为了系统地继承这份优秀的理论遗产，我们决定编辑和翻译《费希特著作选集》。

这部选集包括费希特在其哲学体系形成、建立和演变时期公开发表过的重要著作。选集分为五卷，第一卷是1792—1794年的著作，第二卷是1794—1798年的著作，第三卷是1798—1800年的著作，第四卷是1800—1806年的著作，第五卷是1806—1813年的著作。编入选集的著作是费希特在世时发表的第一版。它们是根据《费希特全集》巴伐利亚科学院版译出，按照问世的时间顺序编排的，各卷正文之后均附有译者注释。

这部选集的编译工作是由商务印书馆倡议，作为中国社会科学院哲学研究所的一个科研项目进行的。这项工作得到了巴伐利亚科学院《费希特全集》主编赖因哈德·劳特教授的热情支持，同时也得到了中国社会科学院哲学研究所王玖兴教授与薛华教授的有力协助，编者谨向他们致以衷心的谢意。

编者

北京，1988年5月

目　　录

试评一切天启[1]

哈通出版社，柯尼斯堡
1792

《费希特全集》，第Ⅰ辑
第1卷，第21—317页
梁志学译

前　　言[2]

(I,1,17)

这篇论文叫做一种尝试，这并不是说人们在这类研究中似乎完全必须盲目探索，寻求根据，永远不可能得到确实的结果，而是因为我还不能相信自己会成熟到宣布这种确实的结果的程度。这篇论著就其最初预定的目的而言，至少不是为了出版；令人尊敬的人们对它作了善意的评论，正是他们使我首先产生了将它公之于众的想法。

我的论著就在这里。文字风格与表达方式都是我的事情；这类事情遭到的责备与蔑视仅仅是针对我的，而这并不多。所得结果是属于真理的事情，而这倒很多。这种结果必须经受严格精确而谨慎公允的检验。我的做法至少是公允的。

我可能犯有错误，如果我未犯错误，那倒可能令人诧异。我应受到什么样的谴责，公众可以裁决。

对于纠正我的任何意见，无论它是用什么口气写出来的，我都会以感激的心情加以承认；对于反驳我的任何异议，如果它在我看来违背真理的事业，我都会尽可能予以反击。在我第一次出现于公众中的时候，我就把自己庄严地献给了真理。我会不考虑党派利益或个人荣誉，而总是将我视为真理的东西——无论它来自何方——承认为真理，绝不将我不视为真理的东西承认为真理。但愿公众能原谅我，在这个仅仅初次与他们见面的时刻就谈到了我自己。在他们看来，这类保证可能很不重要；但在我看来，使他们证实我的庄严誓言却对我自己具有重要意义。

柯尼斯堡，1791 年 12 月

§.1. 引言

(I,1,18)

在一切民族中，一俟它们由完全野蛮状态上升到社会生活状态，都会发现一些关于神灵与人们之间的交往的观念，一些关于超自然的灵感和神对于死者的影响的传说——它们有时较为粗糙，有时较为精致，然而都于普遍性——即发现关于天启的概念，这对观察者来说是一个至少值得注意的现象。因此，这一概念本身即使仅仅由于有普遍性，看来也值得在某种程度上予以关注。对于一种彻底的哲学来说，好像更为合适的是追溯这一概念的起源，研究它的无理要求和合理权限，并按照这种发现对它进行评论，而不是对它完全置之不顾，不加过问，让它要么听任骗子手们捏造，要么陷入梦幻境地。此种研究倘若应该是一种哲学研究，那就得根据 a priori〔先验〕原则，具体地说，即根据实践理性原则——因为这一概念涉及宗教——来进行。此种研究为了建立起对每一天启都普遍有效的原则，将完全撇开特定天启中可能包含的特殊原则，甚至于完全不考虑某种天启是否存在。

看来有一个对人类具有重要结果的课题，对于这一课题，人类每一成员都有表决权，而且绝大多数成员都在很大的程度上行使着这个权利，因此，它不是无限地受着崇敬，便是过分地遭到轻视和憎恨。因为人们在检验这一课题的时候极易为成见所左右，所以在这里极其有必要确实注意我们的评论所预示的道路，不怀可能有的目的，而在这条道路上径直向前走，不作任何提示，而期待这一评论所得出的结论。

(I,1,19)

§.2. 一般宗教的演绎[3]

最终目的是通过理性立法，不涉及某个目的而完全 a priori〔先验地〕提出来的；也就是说，**至善**、即最高道德完善是同最高幸福结合在一起的。我们必然为**追求**这一最终目的的命令所决定；但按照我们的一切知识所遵循的理论规律，我们既不可能认识到这一最终目的是可能的，也不可能认识到它是不可能的。因此，如果我们想认为它是不可能的，那么，一方面单从理论规律来看，我们会毫无根据地假定某种东西，另一方面，我们会使自己陷于自相矛盾的境地，去**追求**某种**不可能的**东西；或者，如果我们想让它的可能性或不可能性刚好保持各自的原貌，既不想假定它是可能的，也不想假定它是不可能的，那么，这就会是一种完全超然的态度，而这种态度是与我们真诚地追求那一最终目的的活动不能相容的。所以，给我们留下的唯一道路就是不受客观根据的强求，而为我们渴望实现最终目的的欲求能力的必然性规定所推动，去**信仰**、即假定最终目的是可能的。如果我们假定了这一最终目的的可能性，那么，若不想陷于最大的前后矛盾境地，我们也就不得不假定一切能使我们唯独可以设想这种可能性的条件。与最高幸福相结合的最高道德应该是可能的。但最高道德只有在这样一种存在者中才是①可能

---

① 当我们在这里用直言方式并在下文中用必然性这个术语表示我们的意思时，我们绝不想用这种做法把我们的命题冒充为客观有效和自身必然的。相反地，我们只是想说，**在我们按照我们的主观性状假定至善的可能性时**，我们也必须把这种可能性设想为真的。因此，我们仅仅谈到一种**假定的**、**主观的**必然性，我们想在此提醒永远注意这一点，并且这对整个这篇著作都是适用的。

的，这种存在者的实践能力实际上是完全取决于（不是仅仅被假定为取决于）道德规律，当这种存在者中道德规律的最终目的被设想为业已达到时，他也必定同时拥有最高幸福。所以，命题"把最高道德完善与至福结合于自身的存在者是存在的"就完全等于命题 (I,1,20) "道德规律的最终目的是可能的"。但是，因为我们根本不可能设想这样一种存在者的至福存在于什么地方，它又是怎么成为可能的，所以，这种存在者的概念还没有由此得到丝毫的扩展。为了能够扩展这一概念，我们必须考察我们所了解的其他道德存在者，而这类存在者就是我们自己。这就是说，我们这些有限的理性存在者虽然在我们的理性本质方面也被假定为仅仅取决于道德规律，但我们那种对我们的幸福具有巨大影响的感性本质却不是取决于道德规律，而是取决于另外一些迥然不同的规律。我们的理性虽然被认为在我们之内产生出至善的一部分，但不能使另一部分成为现实，因为决定另一部分的东西并不服从于我们理性的立法。如果现在这另一部分，因而涉及有限理性存在者的整个至善，不应作为不可能的东西而完全加以放弃——这毕竟会与我们的意志规定相矛盾——我们就确实必须假定，在我们之内促成道德规律的最终目的是可能的，而且也必须确实假定，感性本质服从于某种理性本质——虽然这种理性本质不等于我们的理性本质——的统辖，必须假定有这样一个存在者，他自身不仅不依赖于感性本质，而且感性本质反而依赖于他；因为这必定是对道德规律的依赖性，所以这个存在者就必定全然取决于道德规律。但这样一个存在者就是我们在假定道德规律的最终目的的可能性时所直接假定的上帝。一个至圣、至福和全

能的存在者是一定存在的。这个存在者必须依靠道德规律对他的
(I,1,21) 要求，创造出有限理性存在者的道德与幸福之间的完全符合。因为只有通过他，只有在他之内，理性才驾驭着感性本质，所以，他必定是**完全公正的**。在关于一切现实存在的东西的概念中，只能设想两类东西，即感性世界中符合于自然规律的因果序列和超感性世界中道德存在者的自由决断。上帝必定完全明了前者，因为他已经凭靠他自身的因果性自由地规定了自然界的规律，并给予了按照这些规律展开的因果序列以第一推动；他也必定了解所有的后者，因为所有那些决断都规定着一种存在者的道德发展程度，这种程度是按照道德规律将幸福分配给理性存在者所必须依据的标准，而道德规律的执行者就是他。因为除了这两类东西以外，没有任何东西对我们是可以设想的，所以我们必须设想上帝是**全知的**。只要各种有限的存在者依然是有限的，他们就依然服从于——因为这是道德中的有限性概念——一些与理性规律不相同的规律；因此，他们绝不可能靠自身的力量创造出幸福与道德的完全符合。但道德规律却无条件地要求完全做到达一点，而不考虑可能或不可能。因此，这条规律绝不会不再有效，因为它绝不会得到实现；它的要求绝不会有尽头，因为这种要求绝不会得到满足。这条规律永远有效。它对那个神圣的存在者提出了一个要求，即永远在一切理性本质中促进至善，永远建立道德与幸福之间的平衡。所以，神圣的存在者为了符合于决定自己的本质的永恒道德规律，自
(I,1,22) 身就必须是永恒的；神圣的存在者也必须按照这种规律，把永恒性赋予一切理性存在者，而这种规律已经应用于一切理性存在者，并且要求他们有永恒性。因此，神圣的存在者必定是一位**永恒的上**

帝，而且如果道德规律的最终目的不是不可能的，每个道德存在者也就必定会永远延续下去。这些就是理性的各个设准，我们为了我们那种由它们确立的道德规定，必须假定它们不是在客观上确实的，而是在主观上对我们的思维方式、即人类的思维方式有效的。

真正说来，道德命令在实践中规定的理性所提出的正是上帝概念中的这样两个主要规定：第一个规定是从整个道德规律的最终目的的可能性中直接得出的，即他完全并且唯独是由道德规律规定的[①]；第二个规定是从这种假定的可能性在有限道德存在者上的应用得出的，即他按照道德规律规定其自身之外的感性本质。第一个规定把上帝描述为道德规律在其中完全得到遵守的最完善的神圣境界，描述为一切道德完善的理想，同时描述为唯一怡享天福者，因为他本来就是唯一怡享天福者，因此，第一个规定就把上 (I,1,23)
帝描述为实践理性业已达到的最终目的的表现，描述为由实践理性设定为可能的至善本身；第二个规定把上帝描述为按照道德规律统治世界的最高主宰，描述为一切理性生灵的总裁。第一个规定是根据上帝的存在考察自在自为的上帝的，他通过这个规定，表现为道德规律最完善的遵守者；第二个规定是按照这一存在对其他道德存在者的影响考察上帝的，他借助于这个规定而成为道德规律已经作出的种种预言的至高无上的执行者，因而也就成为立

① 当我们谈到上帝时，实践理性对他的要求并不叫做命令，而叫做规律。关于他，这个要求所说的绝不是应当，而是存在；对于他，这个要求不是命令性的，而是构成性的。

法者。但是,这样的结论还不明确了当,而必须进一步加以研讨。只要我们现在继续停留在这些真理本身,我们就确实拥有一种**神学**,这种神学是我们为了使我们的理论信念和我们的实践意志规定不陷于矛盾而必须拥有的,但我们还没有任何**宗教**,而宗教本身本来又会作为原因对这种意志规定发生影响。那么,宗教是怎样从神学产生出来的呢?

神学(λογ ία)是纯科学,是不产生实际影响的死知识;但宗教就这个词(religio)的意义而言,则被认为是把我们**联系**起来的某种东西,而且它把我们联系得比我们没有它时**更为牢固**。这个词的意义在此能严格地应用到何种程度,是应该立刻得知的。

我们现在首先觉得,以这样一些原理为基础的神学绝不可能是不发生实际影响的纯科学,相反地,它为上述欲求能力的规定所促成,另一方面,必定又会对这种能力发生反作用。在低级欲求能力的任何规定中,我们都至少必须假定我们欲求的客体存在的可能性,通过这种假定,从前那类盲目的、非理性的欲求才成为得到论证的和合乎理性的;所以在这里这种反作用是直接发生的。但是,希望行善这种高级欲求能力的规定却**在自身**就是合乎理性的,因为它是直接通过理性规律发生的,绝不需要借助于承认其客体存在的可能性加以论证。不过,不承认这种可能性,就会违反理性,所以在这里客体与欲求能力的规定的关系就颠倒过来了。在低级欲求能力中,其规定是通过客体才发生的;在高级欲求能力中,客体则是通过意志的规定才得到实现的。

关于某种全然**公正的**[①]东西的概念，即关于理性存在者或被 (I,1,24)
认为有理性的存在者的幸福程度与道德完善程度的必然符合的概念，在我们的自然界里是不依赖于自然概念，不依赖于通过自然概念而成为可能的经验，a priori〔先验地〕存在的。如果我们将这一理念单纯看作概念，而不考虑它所规定的欲求能力，那么，它对我们就只能是、并且只能成为一种由我们判断力的理性给定的、用以思考自然界中的某些事物的规律，以便也从不同于它们的**存在**的方面，即从它们的**应当存在**的方面考察它们。在这种情况下，我们首先觉得，对于与这一理念保持一致，我们会始终采取完全超然的态度，既不感到惬意，也不感到有利。

但是，即使在这个时候，一切在我们之外被发现符合于我们之内 a priori〔先验地〕存在的公正概念的事物，也可能对理性交付给我们的反思事物的方式是合乎目的的，而且因为一切合目的性都是靠惬意的感觉加以注视的，所以也必定会在我们之内激起一种愉悦的感受。事情也确实如此。我们对恶意遭到失败，对坏人遭到揭发和惩罚，表现出喜悦之情；我们对诚实的努力得到成功，对

---

① “公正的”这个词汇（它必须与天赋权利论者所讲的那样一种**公正**加以区分）有它强调的独特含义，因为它不能有可加比较的程度。没有任何事物**这么良好**或**这么高尚**，以致不可能让人还设想某种**更加良好**或**更加高尚**的事物；反之，“公正的”这一概念仅仅是一个整体，一切可以应用这个概念的事物，要么是全然公正的，要么是全然不公正的，因为这里没有第三种可能。无论拉丁文 honestum 或希腊文 καλ ὸν κ ἀγαθ ὸν，都没有这种着重强调的含义。我们的语言有一个幸运，那就是有人滥用这个词，也没有挖掉它强调的含义。毫无疑问，这应归功于我们的语言对于最高比较级词汇和夸张说法有鉴别能力，例如，归功于我们的语言作出这样的评价：当人们称某一行为**公正**时，说得并不过分，这一行为至少应称为**高尚的**。

被误解的德性获得承认，对正派人由于在修养德性的道路上忍受屈辱和作出牺牲而领到报偿，也表现出喜悦之情。前者正如后者一样是普遍存在的，是在人类本质的最深处确立起来的，是我们在
(I,1,25) 文学作品中所能感到的兴趣的永不枯竭的源泉。我们喜欢这样一个世界，在这个世界中，一切事物用公正的准则来衡量，远比在现实世界中更为美好，在这个世界中，我们认为能发现各式各样与现实世界相反的事情。但是，也有某种事物能使我们喜欢，而我们并不对它感到有利害关系，也就是说，我们并不渴望有这类东西存在，例如，对于美的惬意感就属于这类情况。假如对于道德上的善的惬意感恰恰有这样的情况，那么我们单纯赞许的对象也会有同样的情况。无论何时，如果一个符合于这一概念的对象会给予我们，我们便无法避免感到愉快，并且在看到一个与这一概念相矛盾的对象时，又无法避免感到不快；不过，一般能够给予的是某种可以应用这一概念的事物，因而在我们之内还不会发生任何欲求。所以，在这里就可以有对于愉悦和不悦的感受的单纯规定，而没有对于欲求能力的丝毫规定。

应当概念本身就表示希望有某个对象存在，撇开它表示这种欲求能力的规定，经验同样普遍证实，我们必然把这一概念应用到了某些对象上，并且坚持不懈地要求它们与这一概念保持一致。所以，在文学创作的世界中，在悲剧或小说中，至少在无辜的受害者的名誉得到挽救，他的清白无辜得到承认，而不公正的迫害者遭到揭发，受到公正的处罚以前，我们是不会满意的；但同时，符合于世界上事物发展的通常进程的，也可能是这类事情并未发生。其确凿的证据在于，我们不可能让自己单纯按照自然规律的因果性

去看待这样一些对象，诸如道德存在者的各种行动以及它们产生出来的后果，相反地，我们必定要将它们与公正概念加以比较。在这样一些情况下，我们就说这场戏剧并没有结束。在现实世界里也有一些意料不到的事情，例如，我们看到坏人被拥立为王，享有最高的荣华富贵，或看到有德性的人遭到误解，受人迫害，因长期受折磨而死去，如果在这个时候一切事情都被认为已经完结，剧场被认为已经永远关闭，我们也同样不会满意。因此，我们对公正的事情感到的惬意，绝不是什么单纯的赞许，而是与利害相结合的。这也可能是一种确实与利害相结合的惬意，而我们并未因此就认为这种惬意是产生它的对象的原因，就是说，我们对它的对象的存 (I,1,26)
在甚至不希望或不可能希望做出丝毫的贡献。于是，对这种存在的渴望就是**无谓的愿望**(pium desiderium)。我们虽然愿意像我们热烈希望的那样渴望这种存在，但我们却必须满足于它不以我们为转移。所以，对各种各样的适意对象的欲求就都纯粹是无谓的愿望。例如，谁不渴望在持续的暴风雨天气过后有一个晴朗的日子呢？但是，我们却绝不能认为这样一种渴望就是出现晴朗的日子的原因。

假如对于道德上的善所感到的惬意类似乎对于我们列举的这类事物所感到的某种惬意，我们就不可能有什么神学，也不需要有什么宗教，因为在这种情况下，虽然我们一定会很殷切地希望各个道德存在者绵延不绝，希望他们的行为有一个全能、全知和公正的报应者，然而，不管这位报应者多么无所不在，多么强而有力，要从单纯的愿望推论出他的各个对象的实在性，甚至仅仅把这一实在性假定为主观有效的，这也许是胆大妄为。

但是，希求公正这个由道德规律给出的欲求能力的规定，却应当有一个至少部分地在实际上产生出公正的原因。我们直接受到强迫，必须把我们固有的天性中的公正视为以我们为转移；如果我们发现某种事物在我们之内与公正概念有矛盾，那么，我们就不仅像在没有实现无谓的愿望时那样感到不快，或者，甚至像在不存在我们感兴趣的对象，我们引以自咎（因而像在忽视明智处世的准则）时那样感到对我们自身的不满，而且感到懊悔、羞耻和自卑。所以，就涉及**我们之内**的公正而言，我们之内的道德规律绝对要求有引起公正的原因，但就涉及**我们之外**的公正而言，则简直不会要求有这类原因，因为我们不可能把这种公正视为直接以我们为转移。因此，就涉及我们之外的公正而言，在我们之内的道德规律造成的结果是对公正的单纯渴望，而绝不是产生公正的实际努力。这种对我们之外的公正的渴望，即对符合于我们道德发展程度的幸福的渴望，实际上是**由道德规律**产生出来的。虽然完全渴望幸福是一种天赋的本能，但我们却无条件地、无限制地凭这种本能渴望幸福，而丝毫不考虑在我们之外的某种东西；但我们使用道德概
(I,1,27) 念，即我们作为理性存在者，却立刻使我们自己满足于只能渴望我们值得渴望的幸福程度，并且对追求幸福的本能所加的这个限定甚至不依赖于一切宗教的开导，而深深地铭刻在最没有教化的人们的心里。这就是对人类命运的合目的性作出一切判断的根据，就是恰恰在最没有教化的人们中得到最广泛传播的成见的根据，这种成见认为，遭到特别不幸的命运的人一定是特别恶的人。

但是，这种渴望既不是**无谓的**——即不是这样一种渴望，我们虽然乐于看到其得以满足，但在其不得满足时我们也会使自己心

平气和——也不是没有理由的。倒不如说，道德规律使**我们之内的公正**成为**我们之外的公正的条件**（这并不意味着，道德规律似乎只有在我们可以期望符合于它的幸福的条件下，才要求我们加以服从〈因为道德规律是无任何条件而下达命令的〉，而是意味着，道德规律把一切幸福都仅仅作为我们的服从的条件，向我们表现为可能的，就是说，命令是无条件的命令，幸福则是由这种命令制约的幸福），并且它是以命令我们的行为服从于普遍有效性原则而做到这一点的，因为**道德规律的普遍生效**（不是单纯有效）和**完全符合于一切理性存在者的道德发展程度的幸福**是相同的概念。如果这时公正的准则既没有成为，也不可能成为普遍生效的，那么，虽然道德规律那种对引起我们之内的公正的原因的要求会因而总是作为事实存在于那里，但是，它却绝对不可能像我们的要求那样，会在自然界里 in concreto〔实际上〕得到满足。因为一俟我们就一种道德行为问我们自己，“我究竟在做什么？”我们的理论理性必然会向我们回答说，“我在力争把某种绝对不可能的东西弄成可能的，我在追逐幻影，我在公然非理性地行动”，并且一俟我们又倾听规律的呼声，我们必然会作出判断说，“我在公然非理性地思考，因为我把那种完全作为我的一切行动的原理而提供给我的东西解释成了不可能的”。因此，在这种情况下，无论道德规律在我们之内有其原因的要求多么持久，按照准则不断满足这一要求，本来就完全不可能；相反地，我们不服从或服从这一要求，本来就以理论理
性的声音还是实践理性的声音在我们心中占优势为转移（然而在 (I,1,28)
实践理性声音占优势的情况下，过去在理论上业已否定了的道德规律的最终目的的可能性显然会在暗中得到假定，并且会为我们

的行为所承认);关于这种情况,我们在扬弃实践能力对理论能力的支配作用之后,就不可能作出任何规定,因此,我们就既不会成为自由的存在者,也不会成为有道德的或能够负责的存在者,而又会成为一出偶然性的游戏或一架自然规律决定的机器。所以,in concreto〔实际上〕看来,在这些原理上建立起来的神学绝不是纯科学,而是在它的产生过程中就已经直接变成了宗教,因为唯有它才通过扬弃我们的理论理性与我们的实践理性的矛盾,使我们之内的道德规律的连续因果性成为可能。

如我们仅仅顺便提到的,这也毕竟表明上帝存在的道德证明具有真正的感人力量。人们可以从那种在理论上得到承认的真理推演出一些实践结论,它们正像它们所依据的真理一样,拥有可以确信的程度,例如,从我们对于上帝的那种在理论上 a priori〔先验地〕得到证明的依存性,推论出按照这种依存性对待上帝的职责。关于这类事情,人们总以为是很容易看出来的,因为他们已经习惯于这种推论过程,但真正说来,这种推论过程并不正确,因而是完全不可理解的,并且理论理性也绝不能认为就有支配实践理性的力量。但反过来说,从绝对 a priori〔先验的〕、不以任何理论命题为其前提而建立起来的实践命令则可以推导出一些理论命题来,因为实践理性毕竟按照其固有的规律,确实必须被认为具有对理论理性的支配力量。因此,这完全是一个相反的推论过程,而人们之所以曾经误解了这种推论,纯粹是因为人们不把道德规律设想为绝对 a priori〔先验的〕,不把道德规律的原因设想为绝对必然的(不是在理论上,而是在实践上)。

理论理性与实践理性之间的矛盾这时就得到了排除,而对公正的管辖也被转交给了这样一个存在者，在这个存在者中公正的准则不仅是**普遍有效**的，而且是**普遍生效**的，因此这个存在者也就在我们之外能给我们确保公正。——公正的准则对自然界是普遍生效的，自然界虽无道德性质，但对道德存在者的幸福有影响。就其他一些道德存在者的行为也对这种幸福有影响而言，他们也可以被看作自然界。从这方面来看，上帝是以他们的意志作为原因 (I,1,29)
在自然界里所创造出来的许多结果的规定者，而不是他们的意志本身的决定者；并且从另一方面看，就我们的意志所创造的许多结果对于其他一些道德存在者的幸福有影响而言，上帝也是由我们的意志所创造的这些结果的规定者。

但这样一些道德存在者，即考虑自己的意志的道德存在者，却不可能像无道德性质的自然界那样，取决于普遍立法者的意志，因为否则他们就不再是道德存在者，并且普遍立法者的意志对道德存在者的规定在可能不同于必须预先确定的东西时，就是某种迥然不同于对自然界的规定的东西。自然界本身绝不可能成为有道德性质的，而**只**能被设定为与理性存在者的道德观念相符合；道德存在者应当是自由的，应当纯粹靠其自身而成为道德规定作用的最初原因。所以，就自然界而言，上帝并非真正是立法者，而是推动者、规定者；自然界是单纯的工具，合乎道德的行动者仅仅是上帝。

但是，这些道德存在者不仅就他们按照自然规律是**能动的**而言，而且就他们按照这种规律是**受动的**而言，也是自然界的一些部分；就他们靠道德观念分到应有的幸福程度而言，他们作为这样一些部分，就是自然界按照道德观念得到规定的对象，并且当他们的幸福程度完全符合于他们的道德完善程度时，他们作为这样一些部分，就完全存在于道德秩序中。

这时，我们就由此首先达到了——如果我可以这么表示自己的意思——与上帝的符合。我们不得不靠我们的一切决断去仰望上帝，认为唯有他确切了解我们的决断的道德价值，因为他必定会按照我们的决断来决定我们的命运，他的赞许或不赞许就是对我们的决断所作出的唯一正确的判断。我们的畏惧、我们的希望和我们的所有期待都与他有关；只有在他那关于我们的概念中，我们才发现我们的真正价值。对于上帝的这种必然由此在我们心中产生的虔诚敬畏，与对于那种只有从他那里才可望得到的幸福的欲求相结合，并不能决定我们完全希望得到公正的高级欲求能力（这种虔诚敬畏绝不可能做到这一点，因为它本身就是基于对高级欲求能力业已出现的规定），而是决定着我们实际上要在我们之内持
(I,1,30) 续不断地产生公正的低级欲求能力。所以，在这里已经有了宗教，它是基于那种认为上帝按照道德目的规定自然界的观念，而在我们之内则是基于对幸福的欲求，但幸福完全没有增强我们对德行的义务，而仅仅增强了我们履行这一义务的渴望。

但是，上帝的意志对我们作为*受动*存在者所具有的普遍生效性，也允许我们进而推论出这种意志对于我们作为能动存在者所具有的普遍有效性。上帝按照一种在他看来只能是由*他*的理性给予的规律指引我们，因而也就是按照他那种由道德规律规定的意志指引我们。所以，给他的判断奠定基础的是他的*意志*，即对理性存在者*普遍生效的规律*，甚至在理性存在者有能动性时也是如此，因为各种理性存在者与上帝的意志的符合是衡量他们作为受动存

在者应该得到多少幸福的标准。这个标准的可应用性立刻就可以从下列事实得知，即理性绝不能自相矛盾，而是必须对一切理性存在者都恰恰陈述同样的标准，因此，道德规律所规定的上帝的意志必定完全等于同样的理性所给予我们的规律。于是，我们是否因为我们的理性在下达命令或因为上帝希望得到我们的理性所要求的东西，就按照理性规律安排我们的行为，即我们是否单纯从理性的命令或上帝的意志得出我们的义务，这对我们的行为的**合法性**就是完全无所谓的；但是，这对我们的行为的**道德性**是否完全无所谓，却尚未由此得知，而需要进一步加以探讨。

从上帝的意志得出我们的义务，意味着将上帝的意志**本身**承认为我们的规律，意味着将我们自己视为受着神圣境界的约束，因为上帝要求我们达到神圣境界。因此，在这种情况下，我们不仅是在按照意志的内容谈上帝的意志的实现，而且也是在谈基于意志的形式的义务；我们在按照理性规律而行动，因为理性的规律就是**上帝**的规律。

在这里发生了下列两个问题：首先，我们怎样认识到我们之内的理性规律是上帝的规律？其次，有一种服从于上帝的意志本身的义务吗？它会在什么基础上建立起来呢？第一个问题在本质上不同于第二个问题，在我们完全正确了解第二个问题以前，得不出第一个问题的答案，因为我们在查明第二个问题以前，无法知道回 (I,1,31)
答第一个问题的努力是否完全有收获。

上帝概念本来就是单纯靠我们的理性给予我们的，并且就我们的理性能够 a priori〔先验地〕发出命令而言，也单纯是靠我们的理性得到实现的，我们能得出这个概念的任何其他方式都绝对不可思议。进一步说，理性使我们有义务服从理性的规律，而不必反过来诉诸一位君临于理性之上的立法者，所以，如果有人假定除了理性自己命令自己以外，还有某种不同的东西在给理性发布命令，那么，理性就会把自身弄得不知所措，完全遭到毁灭，而不再是理性。如果这时理性向我们表明上帝的意志完全等于理性规律，那么，理性当然会使我们有间接义务，也服从上帝的意志；但这种义务无非是基于上帝的意志与理性固有的规律的一致，如果不是出于对理性的服从，就不可能有对上帝的服从。虽然这时可以首先由此得知，我们是否因为我们的理性或上帝给某种东西发布了命令，就认为我们对这种东西负有义务，这对我们的行为的道德性来说是完全无所谓的；但是，还不能让人由此完全看出后一种观念会对我们有什么用处，因为这种观念的效用本来就以前一种观念的效用为前提，在可能有服从上帝的意志以前，我们的心本来就已经注定要服从理性，所以，看来后一种观念与它所依存的、使它成为可能的观念相比，既不可能更加普遍地、也不可能更加有力地规定我们。但如果能让人看出，假定后一种观念在某些条件下确实扩展了我们的意志规定，那么，也仍然必须首先判明是否出现一种完全使用这类观念的义务；并且由上述情况就可以直接得知，虽然上帝的意志的内容完全等于理性规律的内容，因而理性使我们有义务按照那个内容服从上帝的意志（voluntati ejus materialiter spectatae），但理性除了要求对它自己的规律的服从，就简直不要求任何服从，其原因仅仅在于这就是它的规律；因此，由于只有理性的直接实践规律有约束力，理性就绝没有对上帝的意志本身表示服从（voluntatem ejus formaliter spectatam）的义务。所以，实

践理性绝不包含任何命令，要我们把上帝的意志本身设想为对我 (I,1,32)
们合法的，而是仅仅包含着一种许诺；如果我们 a posteriori〔后验地〕发现这个观念更加有力地规定我们，那么明智的人就会劝导我们使用这个观念，但使用这个观念却绝不可能是职责。因此，对于宗教，即对于承认上帝是道德立法者，就没有发生什么义务。但是，既然也有必要假定上帝存在和我们的灵魂不朽——因为不这么假定，我们所需要的道德规律的原因就对我们根本不可能，而且这种必要性正像道德规律本身一样是普遍有效的——我们就更加不能不说，我们有**义务**假定这些命题，因为义务仅仅对实践有效。然而，把上帝视为立法者的观念在何种程度上是通过道德规律在我们之内有效的，却依赖于这个观念影响意志规定的广度，而且这种广度又依赖于这个观念能够规定理性存在者的条件。这就是说，假如能够证明，要完全赋予理性命令以规律的力量，就必须有这个观念（不过，相反的情况也能得到证明），那么这个观念就会对一切理性存在者有效；如果能够证明，这个观念在一切**有限的**理性存在者中都便于规定意志，那么它对这些理性存在者就是普遍有效的；如果它便于和扩展这种规定的条件只有对人的本质才是可以设想的，那么，在这类条件存在于人的本质的普遍属性中的时候，它就对所有的人都是有效的，或者，在这类条件存在于人的本质的特殊属性中的时候，它只对某些人是有效的。

完全服从上帝的规律的意志规定只能通过实践理性的规律出现，并且必须被假定为我们心中的持久不变的决断。但在这时也可以设想规律的应用有一些具体情况，在这些情况下单纯的理性不可能有足够的力量去规定意志，而为了加强其效力，还需要一个观念，即某一行为是受命于上帝的。理性命令本身之所以有这种不足，只能是因为我们在这类特殊情况下对理性的尊重程度有减少，而这种尊重程度之所以有减少，也只能是由一种与理性抗争的自然规律所致，这种自然规律决定我们的偏好，并与那种决定我们的高级欲求能力的理性规律一起，出现**在同一主体之内**，即出现**在我们之内**，因此，当规律的地位单纯按照立法的主体的地位加以规
(I,1,33) 定时，自然规律就可以显得与理性规律具有同样的地位与价值。虽然我们在这里还完全可以不谈我们迷误于这样一种情况，即我们在偏好的呼喊面前会不倾听职责的声音，而以能够单纯服从自然规律自命不凡；但是我们可以预先假定，我们正确区分了两种规律的要求和界限，无可辩驳地认识到了我们在这种情况下的职责是什么，然而，却可能容易出现这样的事情，那就是我们下定决心，只此一次做出离开普遍准则的例外，只此一次违背理性的明确声明而行动，因为我们相信我们在这样做时只对我们自己负责，因为我们认为我们愿意合乎理性地行动还是不合乎理性地行动，都是我们的事情；而在我们屈服于那种当然由此一定会对我们产生的不利情况时，在我们的行为有一位道德法官，看来他所作出的惩罚似乎能使我们的不服从罪得到赎免时，这本来只对我们自己事关紧要，就是说，我们愿意自担风险，触犯法规。因此，这种缺乏对理性的尊重就是基于缺乏对我们自己的尊重，而对于这一点，我们以为自己确实能够负责。但是，如果在这种情况下出现的职责向我们表现为受命于上帝的，或换一个同样的说法，如果理性的规律普遍地表现出来，并在其一切应用中都表现为上帝的规律，那么，理性的规律就是表现在这样一种存在者中的，对于这种存在者，我们

愿意敬重，还是不愿表示应有的敬重，都不随我们之偏好；我们在每个故意不服从这种存在者的场合，不仅做出了离开准则的例外，而且简直否认了整个理性；我们不仅触犯了从理性推导出来的准则，而且触犯了理性发布的第一信条；这时，除了对于我们无论如何都会亲自受到的惩罚所负的责任，我们对于这样一种存在者也负有责任，对这种存在者的单纯思考必定会将最深的敬畏之情铭刻在我们心中，而不尊敬这种存在者则是最大的荒唐之举，同时我们对于拒不向这种存在者表示应有的敬畏也负有责任，而这种罪过是不能用任何惩罚赎免的。

所以，将上帝看作以我们之内的道德规律为依据的立法者的观念，是基于我们的东西的外化，是基于一种主观东西之转化为我们之外的存在者，并且就宗教须用以规定意志而言，这种外化是宗教的真正本原[4]。从最真正的意义上说，宗教并不能加强我们对一般道德规律的尊重，因为对上帝的一切敬重都是仅仅基于上帝与这种规律的公认一致，因而是基于对规律本身的尊重；但是，在显 (I,1,34)
示出偏好的巨大抗衡力量的具体情况下，宗教却能增加我们对于宗教决断的尊重；所以很明显，虽然理性一般说来必定规定我们去服从上帝的意志，但在具体情况下，关于这种意志的观念又能规定我们去服从理性。

还应该顺便提到，对于上帝的这种敬重和以此为基础的对于作为上帝的规律的道德规律的尊重，也必定只是基于上帝与道德规律的一致，即基于上帝的神圣性，因为只有在这个条件下，对上帝的敬重才是对道德规律的尊重，唯独对道德规律的尊重才应该是每一纯粹道德行为的动力。假如对上帝的敬重是基于讨好上帝的善意的欲望或基于对上帝的公正的畏惧，那么，我们的服从的基础也就不可能是对上帝的敬重，而是自私。

在一切有限的存在者里都确实必须假定有各种与职责相抗争的偏好，因为道德中的有限存在者概念恰恰在于这种存在者除了取决于道德规律以外，还取决于另一些规律，即支配这种存在者的天性的规律。为什么对各种天然存在者来说，无论他们处于何等崇高的地位，自然规律在某一条件下总应与道德规律协调一致，这是不能用任何原因加以解释的。但绝不能加以确定的，是在何种程度上和为什么偏好对道德规律的这类抗争竟然会把对于作为纯粹理性规律的道德规律的尊重削弱到这个地步，以致道德规律为了发挥主动作用，还必须通过上帝立法的观念才被奉为神明。对于每个不需要用这一观念规定其意志的理性存在者，我们都情不自禁地抱有一种远比对需要这一观念的理性存在者更大的敬佩之感，而那类理性存在者之所以不需要这一观念，并不是因为他的偏好很淡薄，在这种情况下他可能做不出什么功绩，而是因为他对理性的尊重很强烈。因此，就宗教不单纯是对实践理性设准的信仰，而且应该作为规定意志的因素加以应用而言，它甚至对人类也不能保证有主观的普遍有效性（因为这里只能讨论这类有效性），虽然在另一方面我们也无法证明，一般有限存在者，尤其是这个地球上生活的人类可能有一种可以完全不要这个因素的德行。

根据以上所述，把立法权威转交给上帝的这种做法是以下列
(I,1,35) 事实为依据的，即：一种规律必定是通过上帝自身的理性而赋予上帝的，他按照这种规律指导我们，因此这种规律就对我们有效，并且必定与那种通过我们自身的理性而赋予我们的、我们的行为应

当遵照的规律完全相同。因此，在这里就可以设想，两种在自身彼此完全独立的规律仅仅在它们的本原中，即在纯粹实践理性中会合在一起，两者对我们都是有效的，在它们的内容方面完全相同，仅仅在它们所处的主体方面不相同。这时我们就能对我们之内的道德规律的每一要求都确凿地推出结论说，上帝向我们提出了同样的要求，因此，我们之内的规律发布的命令按照内容来说也是上帝的命令；但是，我们还不能说，我们之内的规律发布的命令按照其本身来说，因而按照形式来说，就是上帝的命令。为了能假定有后一种情况，我们必须具有根据，将我们之内的道德规律看作是为了我们而依赖于上帝之内的道德规律的，即将上帝的意志假定为引起我们之内的道德规律的原因。

这时，无论我们把我们的理性发布的命令视为与上帝向我们发布的命令完全相同，还是把我们理性的命令本身直接视为上帝的命令，虽然这看来完全是一样的，但是，一方面立法概念是通过上帝的命令才完全得到了补充，而另一方面，在偏好反对职责的抗争中主要是后一种观念必然会给理性的命令增加新的分量。

假定上帝的意志是我们之内的道德规律的原因，这会意味着两种情况，即：上帝的意志或者是道德规律的内容的原因，或者仅仅是我们之内的道德规律存在的原因。根据以上所述即可看出，绝对不能假定有第一种情况，因为这会引入理性他律的思想，使公正屈从于无条件的任意性，就是说，会完全没有公正可言。第二种情况是否可以设想，是否有合理的根据，则需要进一步加以探讨。

所以，我们现在必须加以回答的问题是：我们能找到某种根据，把上帝假定为我们之内的道德规律存在的原因吗？或作为一个课题来表述：我们必须找到一个本原，上帝的意志根据这一本原就会被认为是我们之内的道德规律存在的原因。由上所述可以看出，我们之内的道德规律包含着上帝向我们发布的规律，并且 materialiter〔按照内容来说〕是上帝的规律。我们之内的道德规律是否按照形式来说也是上帝的规律，即通过上帝，并作为上帝自身的规律，被颁布为使立法概念臻于完善的规律，这就是现在的问题所
(I,1,36) 在，因此这个问题也可以被表述如下：上帝真将他的规律颁布给我们了吗？我们能指出一件证实其自身为这样颁布的东西的事实吗？

假如这个问题是出于理论目的，单纯为了扩展我们的知识而提出来的，那么，我们就会满足于对它不作回答，并且我们已经 a priori〔先验地〕（在回答它以前）确定，就这个目的作出令人满意的回答是根本不可能的，因为这就是要探索一种超自然的东西，即探索我们之内的道德规律的原因，因而就是要把因果性范畴应用于本体。但是，既然这个问题是出于实践目的，为了扩展意志规定而提出来的，那么，我们一方面就不会这么直截了当地拒绝这个问题，另一方面，哪怕是一种单纯主观的、即对我们的思维规律有效的回答会使我们感到满意，我们也预先就表现出知足自安的态度。

§.3. 一般宗教之划分为自然宗教和天启宗教[5]

每逢理性规律为规定我们的意志而假定的一些命题在实践中对我们发生作用时，神学就在最普遍的意义上变成了宗教。这种

作用**或者**是对我们的整个能力发生的，其目的是使理论理性与实践理性符合，使设定的实践理性原因在我们之内成为可能，从而创造出我们的能力的不同功能的和谐。只有这种方式才会给人带来统一，并将人的能力的一切功能都引向一个唯一的最终目的。**或者**，这种作用是特别对我们的感觉能力发生的，其方式是对一切完善的最高理想产生深刻的崇敬之感，并根据这一理想，对我们道德的唯一正确的评判者和我们命运的操守坚正的决定者产生虔诚敬畏和信赖感激。这些感觉并未真正被认为是规定意志的，但被认为能增加业已发生的规定作用的效力。然而，人们并不会乐于无限提高这些感觉的地位，特别在它们基于上帝是我们的道德仲裁者的概念的时候（而这也一起构成了人们所谓的**笃信**），因为这可能容易伤害一切道德的真正感人力量，即单纯**由于**一件事情是公 (I,1,37)
正的，才追求这一公正的事情。**或者**最后，这种作用是直接对我们的意志发生的，其方式是使用一种给信条增加分量的感人力量，说信条是上帝的命令，而这样一来就产生了**最地道的**意义上的宗教。

从上帝是一般理性规律的独立执行者的概念就已经明显看出，我们之内的道德规律按其内容而言，必须被假定为上帝向我们颁布的规律。我们是否有根据，将我们之内的道德规律也按其形式假定为上帝的规律，这是现在要加以研究的问题。既然在这个场合中问题完全不在于我们在自身拥有的规律本身，而在于规律的创立者，所以，我们在上帝立法的概念中完全可以撇开立法的内容（materia），而只须考察立法的形式。因此，现在的课题就在于：要找到一个原理，根据这一原理上帝会被认为是道德立法者；或者说，问题在于：上帝已将其自身向我们宣示为道德立法者吗？他是怎么做到这一点的呢？

这可以用两种方式设想为可能的，即这种情况或者是出现在作为道德存在者的我们之内，出现在我们的理性本质之内，或者是出现在我们的理性本质之外。而我们的理性就其能够纯粹 a priori〔先验地〕立法而言，丝毫不包含任何能使我们有理由假定这种情况的内容。所以，我们或者必须环顾我们理性之外的某种东西，而这又会使我们反过来诉诸我们的理性，以便能从我们的理性规律得出比我们单靠这类规律更多的结论，或者我们必须完全放弃根据那一原理把上帝视为立法者的尝试。在我们的理性本质之外，存在着供我们考察和认识的对象，即感性世界。在这个世界里我们到处发现秩序和合目的性；一切东西都按照一个理性存在者的概念把我们引向感性世界的起源。但对于我们在考察过程中被引向的一切目的，我们的理性必须寻找一个最后的目的，一个最终的目的，作为达到有条件东西的无条件东西。然而在我们的知识里，除了实践理性给我们提出的、简直绝对不能加以命令的至善这个目的，一切都是有条件的。因此，唯有这个目的才能是我们寻找的最终目的，而我们由于我们的本质的主观性状，也迫切需要承认这个目的是最终目的。除了在实践能力方面单纯取决于道德规律的存在者，没有任何存在者能有这个最终目的，除了凭靠自身的
(I,1,38) 力量规定自然规律的存在者，没有任何存在者能使自然符合于道德规律。这个存在者就是上帝。因此，上帝是世界的创造者。除了道德存在者，没有任何存在者能是这个最终目的的客体，因为只有道德存在者才能有至善。因此，我们自身作为道德存在者就是造化的最终目的。但是，我们作为感性存在者，即作为服从自然规

律的存在者，也是造化的一些部分，而我们的本质的整个机制就其依赖于自然规律而言，也是造物主的作品，即按照自己的道德本质确立自然规律的决定者的作品。在这种情况下，我们之内的理性恰恰作如是说，而没有其他说法，虽然在一方面，这显然不以自然为转移；但是在另一方面，**我们**之为道德存在者是否以自然为转移，这个问题却毕竟是彻底辩证的。因为第一，我们在这种情况下可以设想道德概念是我们所缺少的，并且还可以假定我们在这时依然会是**我们**自己，即依然会保持我们自身的同一性，虽然这是不能加以假定的；第二，我们提问的目的是要在我们绝不可能作出客观论断的超感性领域里作出一些客观论断①。但是，既然**对我们来说**，我们是否没有**意识到**我们之内的道德规律的命令，或我们是否完全不是道德存在者，这完全是一回事；其次，既然我们的自我意识完全服从于自然规律，那么，由此即可很正确地得知，各种有限存在者之所以**意识到**它们之内的道德规律，是由于他们的感性本质的机制使然；而且如果只有我们预先正确地规定了自己，我们就还可以补充说，他们**确实是**道德存在者。因为在这时上帝是这种机制的创立者，所以，我们之内的道德规律通过自我意识所作的宣示就应看作是上帝的宣示，道德规律给我们提出的最终目的就应看作是上帝在创造我们时抱有的最终目的。因此，正像我们将上帝看作是我们的自然界的创造者一样，我们也必须把他承认为我们的道德立法者，因为只有恰恰依靠这样一种机制，对我们之内

---

① 为什么完全应该存在着道德存在者的问题是容易这样来回答的：因为道德规律要求上帝促进他自身之外的至善，而这只有在存在着理性存在者时才是可能的。

的道德规律的意识才对我们曾经成为可能。上帝本身的这种宣示是通过我们之内的超自然东西出现的，而我们为了认识这种超自然东西，必须利用这种东西之外的概念，即利用自然概念，这也可以使我们不发生迷误。因为一方面，正是理性给我们得出了这样一个东西，没有这个东西，自然概念就完全不可能用于我们的目的，即理性给我们得出了关于可能的最终目的的概念，从而才使得
(I,1,39) 把上帝视为造物主的认识成为可能；另一方面，如果没有我们之内的道德规律，甚至这种认识也依然完全不可能向我们表明上帝就是立法者，而我们之内的道德规律的存在才是我们所寻找的上帝的宣示。

我们可以设想上帝能把他自身宣示为道德立法者的第二种方式，存在于我们的超自然东西**之外**，所以也就是存在于**感性世界**之内，因为除了这两者，我们没有任何第三种客体。但是，无论我们一般地从世界概念出发，还是具体地从这个世界中的某一对象或偶然事件出发，都不可能借助于唯独可以应用于感性世界的自然概念，推论出某种超自然的东西，而宣示上帝为道德立法者的概念又以某种超自然的东西为基础，所以，这种宣示就必定是通过感性世界里的一种事实出现的，这种事实的原因我们随后就会设定于超自然的存在者，这种事实的目的——它应该是宣示上帝为道德立法者——我们也立刻就会认识到；如果这种情况是完全可能的，那么宣示就一定是这么出现的。

就宗教是基于承认上帝在形式上的立法作用而言，我们的这一研究目前描述了两条宗教原理；其中的一条原理是关于**我们之内**的超自然东西的原理，另一条原理是关于**我们之外**的超自然东

西的原理。第一条原理的可能性已经得到说明，这里真正涉及的第二条原理的可能性，我们必须进一步阐明。基于第一条原理的宗教完全利用了自然概念，我们可以称之为自然宗教；基于第二条原理的宗教被认为是通过神秘的、超自然的、确实完全注定服务于这个目的的手段而为我们所接受的，我们称之为**天启宗教**。两种宗教虽然有对立的原理，但没有矛盾的原理，所以在主观上作为理性生灵的心境（宗教情感）来看，确实能够统一于一个个体，并且构成一种唯一的宗教。

在我们再探讨下去以前，我们还必须说明，这里讨论过的纯粹是立法的形式的原理，而完全撇开了立法的内容，按照这两条不同的原理，立法就其内容而言（legislatio materialiter spectata）应设定到什么地方，这种研究我们未能涉及。按照将立法者的宣示设定到我们之内的第一条原理，立法本身也应在我们之内寻找，即在 (I,1,40)
我们的理性本质中寻找，这是不证自明、一目了然的情况。但按照第二条原理，又可能有两种情况：或者，我们之外的立法者的宣示使我们反过来诉诸我们的理性本质，而整个天启若用言词来表达，也不过说出上帝是立法者，写在你们心中的规律是上帝的规律；或者，我们之外的立法者的宣示恰恰采取了能使上帝被认为是立法者的方式，还将其规律特别指定给我们。任何事物都阻止不了这两种情况在一个 in concreto〔实际上〕给定的天启中不可能出现。

说明　自从批判哲学出现以来，人们就再三提出天启宗教何以可能的问题，这个问题虽然过去总是硬要提出来，但只有在这条光芒照亮了我们的研究所要走的蜿蜒小径以后，才可能提得恰当。不过我觉得，至少在我所了解的一切尝试中，人们与其说是解开了，倒不如说是切除了这个疙瘩。一种尝试已经正确地演绎出一般宗教的可能性，阐述了它的内容，确定了它的标准，然后通过三次惊人的跳跃——一是将最广义的宗教与最狭义的宗教混淆起来，二是将自然宗教与天启宗教混淆起来，三是将一般天启宗教与基督教混淆起来——得出一个命题：基督教完全是这样一种理性宗教。另一种尝试当然不会没有看到基督教还包含着某种更多的东西，但把这更多的东西单纯设定为理性宗教的抽象观念的更大感性表现。然而，关于我们怎么会向我们自己展现出一些理性设准所发挥的观念，理性却没有 a priori〔先验地〕给出任何规律，而且也不可能给出这样的规律。我以为，每个人，甚至最敏锐的思想家，当他为了实践目的而将这些理性设准应用于他自身时，就会设想这些设准都掺和着某种程度的感性成分，而且如果以不可察觉的步骤推演下去，一直下推到过着最粗糙的感性生活的人类，情况也是如此。任何宗教 in concreto〔实际上〕都不能丝毫没有感性，因为一般宗教都基于对感性的需要。但感性成分之多寡则根本无法加以划分。按照这种表象方式，理性宗教的界限是在什么地方结束的呢？天启宗教的界限又是在什么地方开始的呢？按照这种表象方式，有多少关于宗教真理的书面或口头传授，有多少信仰宗教的一般主体，也就会有多少宗教；并且，为什么恰好这种或那种宗教真理的说明被认为最有权威，只能根据其起源加以理解，而诉诸一种超自然权威——我们发现它是一切所谓天启的特征——的根据从何而来，则根本无从理解。这种背离演绎天启概念的唯一可能途径的迷误，纯粹是产
(I,1,41) 生于人们忽视了下列公认的逻辑规则：被认为有理由加以划分的概念，必须包含在一个更高的属概念之下，并且在自身必须有种差。这里的一般宗教概念是属概念。如果包含在这个概念之下的自然宗教和天启宗教有种差，那么，或者它们在其内容方面必然如此，或者，如果像业已 a priori〔先验地〕推测的，它们在内容方面不可能如此，它们至少在其认识原理方面必然如此。换句话说，整个划分都是空的，我们必须完全放弃假定天启宗教的权力，因为上述概念也历来就被日常用语同**天启**一词结合起来。一切宗教奠基人为了证明其学说的真理性，都不诉诸我们理性的规定，也不诉诸理论的证明，而是诉诸一个超自然的权威，要求将对于这个权威的信仰作为确信的唯一合法途径；他们并不装模作样，要阐明业已包含在我们之内的某种东西，而是要向我们说出某种崭新的、未知的东西；他们并不想让人看作慈善的、聪明的向导，而是想让人看作受到神的感召的使者。理由何在？我们在下文才能回答；或毋宁说，事实本身就能作出回答。

§.4. 对天启概念的研讨，作为演绎这一概念的准备

因此，天启概念就是关于上帝的超自然原因在感性世界里引起的结果的概念，通过这类结果上帝将其自身宣示为道德立法者。发生的问题是：这个概念是 a priori〔先验地〕可能的呢，还是仅有经验的起源？如果它仅有经验的起源，那么，对它作**哲学思考**，即想对它的可能性、实在性、无理要求和合理权限确定某种 a priori〔先验的〕东西，就是徒劳无益的；在这种情况下，我们必须静候经验，单纯期望从中得到有关它的一切教益。但是，甚至极其粗略地 (I,1,42) 看一下这个概念，我们也能看出这个概念包含着许多看来要把我们指向它的 a priori〔先验〕起源的东西，即上帝概念、超自然事物概念和道德立法概念，而所有这些概念只有 a priori〔先验地〕通过实践理性才是可能的。它的 a priori〔先验〕起源虽然还没有由此得到证明，但这能给我们一点希望，即我们在这个领域里探索它时，确实能够发现它；其原因特别在于，从对它所作的分析中就立刻可以看出，如果它无非是依赖于经验，它肯定是虚假的和骗人的，因为它向我们许诺了对于超自然事物领域的期望，而这种期望通过经验或从经验出发，是不可能的。如果它在这时应该是 a priori〔先验的〕，那它必定能从一些概念中 a priori〔先验地〕演绎出来；尤其是由于这显然不是自然概念，所以它必定能从纯粹理性的理念中演绎出来。这种演绎虽然不是没有以一切经验为前提，然而却只以一种一般经验为前提；这种演绎确实从来没有从经验

吸取或学到某种东西，相反地，其目的是按照实践原理甚至将规律指定给某种经验，而这种经验不是作为经验按照理论规律加以评判的，而是作为规定意志的环节按照实践规律加以评判的，并且在这种经验中涉及的不是已经作出的观察正确与否，而是其实践结果。这里的情况不同于自然概念领域的情况。在自然概念领域中，我们在演绎一个 a priori〔先验〕概念时能够并且必须指出，若无这一概念，那么，或者在它是纯粹概念时，一般经验是完全不可能的，或者在它不是纯粹概念时，某一特定经验是完全不可能的；相反地，由于我们处于理性领域，我们则仅仅能够并且可以表明，若无某一 a priori〔先验〕概念的起源，**合理地承认**某一经验为其自命的那类东西（不过是一种**看法**），是绝对不可能的。此种情况在这里更有必要，因为天启概念用一种在这方面已经可疑的方法，在超感性事物领域中向我们许诺某种莫明其妙的知识，并且如果这一概念不是 a priori〔先验的〕，因而我们可以给它指定一些规律，
(I,1,43) 以掌握和限制它的一切 a posteriori〔后验地〕可能的非分要求，它就会有给一切狂热幻想大开方便之门的危险。因此，必须表明：首先，这一概念**按照理性**仅仅是 a priori〔先验地〕可能的，它必须承认使它成为可能的本原有一些规律；其次，如果它不是这样，而要求它的权限完全 a posteriori〔后验地〕得到证明，它就是完全虚假的和骗人的；最后，它的整个命运都依赖于这种研究。因此，这种研究就是我们的这篇评论的要点。

但是，即使现在假定，天启概念的 a priori〔先验〕起源作为一个理性理念的可能性可以通过演绎加以证明，也还总是有待于确定这个概念是 a priori〔先验地〕**给予的**，还是**构成的**和**人为的**；并

且我们承认，这个概念从理念世界到感性世界、又从感性世界到理念世界的奇特道路，使后一种情况的可能性至少变得很可疑。如果这能得到证实，那么，当然最初就不会有什么有利于这种可能性的成见，因为我们已经知道，在超感性事物领域里虽然理性漫游于不可测度的事物，编造了许多构想，但从理性可能思考某种事物这一前提出发，甚至连某种事物一般符合于这个理念的可能性也推演不出来。不过，如果在经验中显示出一种需要，具体地说，显示出这样一种在经验中给予的实践需要——因为这里谈的是实践概念——这种需要虽然不会 a posteriori〔后验地〕给予那种当然不是 a priori〔先验地〕给予的概念，却会论证其正确性，那么，毕竟总还会有一条使这个理念脱离理性的空虚梦境的道路。于是，这一经验就补充了 a priori〔先验〕天启概念的合法性缺少的东西，即提供了缺少的证据。但现在依然不能由此得知，这个概念本身是 a posteriori〔后验的〕，而只能得知，它是否完全空洞无物，不能 a priori〔先验地〕加以证明。

这种限定也毕竟规定了这个 a priori〔先验〕概念的演绎的真正性状。这就是说，须由这一演绎加以证明的，不是这个概念在那里是 a priori〔先验地〕**现实的**，而仅仅是这个概念是 a priori〔先验地〕**可能的**，不是每一理性都 a priori〔先验地〕**必然**具有这个概念，而是如果理性的理念序列大致向这个方向展开，每一理性就都**可能**具有这个概念。只有能够 a priori〔先验地〕指出纯粹理性的一个证据，它迫使理性得出天启概念，要证明的前一种情况才是可能的。例如，在关于上帝、世界的绝对总体等等的理念那里，理性必须承担的任务就曾经是给一切有条件的东西去寻找一个绝对无条

(I,1,44) 件的东西。但是，既然这样一个证据不能 a priori〔先验地〕找到，所以，这个概念的演绎仅仅可以和能够证明它的可能性是**理念**，而且仅仅是在它作为理念的限度内这样证明的。因此，关于这个概念在人类中的起源的任何历史演绎，无论怎么可能使这个概念最初通过感性世界中的实际事实——人们出于无知，将这个事实看作有超自然的原因——或有意欺骗产生出来，都不会与上述演绎发生矛盾；甚至在有可能的情况下，无可辩驳地证明，没有那种在经验中给予的需要，任何理性都不可能达到这个理念，这种证明也不会与上述演绎发生矛盾。这是因为，在前一种情况下，虽然这个概念 in concreto〔实际上〕会完全不合法地产生出来，但这丝毫也不能损害 in abstracto〔理论上〕设想它的合法起源的可能性，而在后一种情况下，虽然那个经验证据可能曾经是得出这个概念的偶然原因，但如果这个概念不取决于业已构成的经验的**内容**（一种 a priori〔先验〕演绎也必定指明这是不可能的），那么，那个偶然的原因就不曾可能是这个概念的本原。这个概念的**有效性**，即是否可以让人合理地假定我们之外的某种东西符合于这个概念，是另一回事；这种有效性当然只能在经验上加以演绎，因此它的范围无非是演绎出它的那个证据的有效范围。让我们举一个事例来说明这一点。关于善恶本源并存的概念是不能从任何经验中给予的，因而显然是一个 a priori〔先验〕概念，更确切地说，是一个理性理念；因此，这个理念如果完全不与各个理性原理相矛盾，就其可能性而言，必定能加以演绎。但是，这个理念不是 a priori〔先验地〕给予的，而是构成的，因为不能举出任何纯粹理性的论据来，给它以支持。但在经验中确实出现了许多证据，它们看来能证明这个概念是正确的，并且可能曾经是产生它的偶然原因。这时，只要这些证据实际上证明它正确，只要人们想用它满足一种虽然在经验上受到制约、但属于实践领域的需要，而不单纯为了作出理论解释，最后，只要它完全不与实践理性相矛盾，那么，尽管它的有效性仅仅依赖于经验的证据，我们也满可以将它至少假定为一个能够与某种东西符合的理念。

通过对 a priori〔先验〕天启概念的可能性的前一种演绎，看来 (I,1,45)
并没有得到许多收获，而且不容否认，如果不能证明这个概念在不是 a priori〔先验地〕可能时便完全不合乎理性，那么，上述演绎也许就是一种很空洞、很无用的努力。因此，这个概念的全部价值都依赖于后一种演绎。

§.5. 从纯粹理性的先验原理所作的天启概念演绎

按照天启概念，上帝应该通过感性世界中一种超自然的结果，向我们将其自身宣示为道德立法者。因此，我们必须通过这种结果才得知上帝是道德立法者；只有从这种在经验中给予的现象出发，我们才能够抽象出关于这种现象、它的超自然原因和它的目的的概念，即抽象出天启概念。乍看起来，人们都以为能这样进行推论，但我们现在必须检验这种推论的正确性。

首先必须再次提到，这里的问题绝不在于各个偶然原因能否被 a posteriori〔后验地〕给予，绝不在于感性世界里所要求的超自然结果以及与此相结合的一切事物能否是一个偶然原因，它发展出业已 a priori〔先验地〕包含在我们理性里的东西，并且使我们明显地意识到这类东西，因为在这种情况下，我们从经验学不到任何东西，而不过是受经验的引导，去回忆我们认识的东西。同样，这里的问题也不在于我们从经验出发，通过非法途径，用业已 a priori〔先验地〕给予我们的东西去不知不觉地补充我们正在经历的东西，是否就能得出天启概念，是否就能认为某一事件是唯一的事件。倒不如说，这里的问题在于，天启概念和一种认为某一特定现象符合于这个概念的合理假设，通过经验和从经验出发，按照合理方式和思维规律来说是否可能。

(I,1,46) 我们想假定一种情况，即可以向某个处于现象中的、做梦的或诸如此类的人说，这里有一位上帝，他是道德立法者。这有两种可能。要么假定这个人还完全没有关于上帝和职责的概念，就是说，他没有任何实践理性——如果我们希望他仅仅通过这一宣示，就能**学到**那些真理，我们则必须作这样的假定，因为如果我们承认他知道实践理性的立法作用，他就已经 a priori〔先验地〕具有那些概念，并且必然具有那些概念，尽管他可能思想糊涂，并不开化——那么，他也就不可能通过这一宣示得到那些概念，因为那些概念是不包含在任何自然哲学里的。他可能根本不理解他所听到的任何东西，在他看来，那些概念就像它们的确如此一样，可能是从另一世界来的。要么假定这个人 a priori〔先验地〕具有实践能力，因而具有关于职责和上帝的理念，并且仅仅能为这样一种现象所折服，即上帝就像他已经 a priori〔先验地〕推测和希求的那样，实际上是他的道德立法者，那么，他就必定能从给予的经验，确凿可靠地推论出它的超自然的起源，即它来自上帝的起源。这时，一切经验都必须按照自然规律加以评判，并且在当前的情况下问题在于要从一个结果的性状找出其原因。因为结果可能已经在感性世界给出来了，所以他就会受到思维规律的强制，在感性世界中寻找原因。如果这时假定，他在感性世界中没有找到原因，没有找到本来能够决定这个情况的因果性的自然规律，那么，他能由此得出的结论不外是说自然规律太深奥，以致他无法加以探究。但如果他想这样进行推论，就是说，这一现象的原因我在感性世界里找不到，因此完全不是存在于感性世界里，而是存在于超自然的世界里，那么，他就会犯第一个错误，因为他认为自己具有关于自然规律的全部知识，但他即使具有这种知识，也依然既不能向别人，也不能向自己证明这种知识，而这对于理性的信念却应该是需要有的。如果他想进一步作出推论说，这一现象的原因现在既然应该设定到超自然世界的存在者中，因而应该设定到上帝中，那么，他就会犯第二个错误，因为他完全不加证明，就略过了超自然世界中可以设想的一切存在者的因果性，即略过了通过自由能够在感性世界中成为原因的一切存在者的因果性，而极其任意地将上帝假定为这一现象的原因。这样一种推论与思维规律相矛盾，但天启概念的 a posteriori〔后验〕起源的可能性又应以这样一种推论为前提，因此，按照合理的方式来说，这个概念是 a posteriori〔后验地〕不可 (I,1,47)
能的。

上述推论很有可能被再三作出来，甚至于在实际上给臆想的神圣天启奠定基础，并且也确实有可能是通过上述推论，一般天启观念才在人们中间流传开；但是，一切作出这种推论的人都假定了某种未经证明的东西，并且如果我们不能给天启概念找到任何其他起源，我们就必定会把它作为不可能的、与思维规律全然矛盾的概念加以放弃。

既然这个概念不是 a posteriori〔后验地〕可能的，那么，它一般应该是怎样的，就必定 a priori〔先验地〕是怎样的，尤其是因为其中说出了实践目的，它就必定是来自纯粹理性原理，而这是必须由这类原理的演绎加以表明的。

这就是说，如果各个有限的道德存在者，即除了服从道德规律以外，也服从自然规律的存在者，能够被设想为给予的，那么，因为道德规律不仅在这些存在者的唯独直接服从其立法的部分（它们的高级欲求能力），而且也在他们的首先服从自然规律的部分，被认为发挥其因果性的作用，所以，就可以让人推测到，在决定那些存在者的意志方面这两种因果性——两者的规律是彼此完全无关的——的作用会陷于抗争的境地。自然规律对道德规律的这种抗争，就那些存在者的感性本质的特性而言，可以有颇为不同的强度，而且可以让人设想有这样一种强度，在这种强度上道德规律在那些存在者的感性本质中或者是永远完全失去其因果性的作用，或者是只在某些情况下失去其因果性的作用。如果在这种情况下这样一些存在者不会变得完全不能有道德可言，那么，他们的感性本质本身就必定是取决于一些用道德规律加以规定的感性冲动。如果这不是什么矛盾——确实本来就有一种想把感性冲动作为规定纯粹道德的根据的情况——那么，这只能意味着纯粹道德的冲动必定是经过感性途径而被带给那些存在者的。唯一的纯粹道德冲动是公正具有的内在神圣性。这种神圣性已经通过纯粹实践理性的设准，在上帝身上被 in concreto〔实际上〕呈现出来（因此是感性可以接受的)，而上帝本身也按照通过**他的**理性所赋予他的这条规律，被呈现为一切理性存在者的道德仲裁者，因而被呈现为这些存在者的立法者。这个将最神圣者的意志视为一切道德存在者的道德规律的理念，从一方面看，完全等于公正具有的内在神圣性的 (I,1,48)
概念，因此就是那个唯一的纯粹道德冲动，而从另一方面看，也能拥有感性渠道。因此，唯有这个理念符合于所要解决的课题。但在这时，除了感性本质的立法者，就没有任何存在者能使这个理念经过感性本质的途径达到道德存在者，或者，如果这个理念已经自觉地存在于道德存在者之中，那也没有任何存在者能经过这条途径证实这个理念，而那位立法者按照实践理性的设准来说，也毕竟是有限理性存在者的道德立法者。因此，上帝必须在感性世界里将他自身和他的意志向一切道德存在者宣示为对他们具有法律效力的。但现在在感性世界里一般很少包含着立法的神圣性的宣示，因此，我们从感性世界出发，通过各种可以应用于这个世界的概念，反而完全不可能推论出任何超自然的东西；虽然将自由概念与这些概念结合起来，将自由概念与一个因而可能得到的关于世界的终极道德目的概念结合起来，我们就能推论出神圣的立法(§.3.)，但这个推论是以作出这样的推论的主体有道德规律的因果性为前提的，这种因果性不仅引起了对于这个主体的命令的那种只有按照自然规律才可能产生的全部意识，而且也引起了通过自由探索和应用一切手段，来增加这个命令自身的效力的坚定意志，但这种效力在各种业已假定的、于感性方面受到制约的存在者中并没有予以假定。因此，上帝必定会通过一种为了这个目的和这些存在者而明确得到规定的特殊现象，在感性世界中将他自身向他们宣示为立法者。上帝为道德规律所决定，用一切合乎道德的手段去促进一切理性存在者有尽可能高的道德，因此，可以让人预料，如果这类存在者实际上是存在的，那么，只要在现实世界里有可能，上帝就会利用这些手段。

这一演绎完成了它答应过的事情。演绎出来的概念实际上是关于**天启**的概念，即关于一种以上帝为原因在感性世界里引起的现象的概念，通过这种现象，上帝将自身宣示为道德立法者。这个
(I,1,49) 概念是从纯粹实践理性的真正的 a priori〔先验〕概念演绎出来的，是从一切理性存在者完全无条件地要求的道德规律的因果性中演绎出来的，是从这种因果性的唯一纯粹的动机、从公正具有的内在神圣性中演绎出来的，是从上帝概念及其规定中演绎出来的，而上帝概念对于所要求的因果性的可能性来说必须被假定为现实的。从这一演绎中直接得出了使任何所谓的天启都要服从理性的评判的权限，即得出了使任何被设想为符合于这个概念的感性世界的现象都要服从理性的评判的权限。因为如果根本不可能通过给予的现象 a posteriori〔后验地〕得到天启概念，而是这个概念本身作为概念 a priori〔先验地〕存在于那里，仅仅期待一种与之符合的现象，那么，理性要做的事情显然就在于判定这个给予的现象是否与其天启概念相符合；由此可见，理性从这个现象期待不到规律，因而就反过来给它指定了规律。其次，从这一演绎中也必定会得出一个现象能够被假定为神圣天启的一切条件，就是说，一个现象只要符合于这个演绎出来的概念，就能够被假定为神圣的天启。我们称这些条件为天启的神圣性的标准。所以，一切作为这样的标准被提出的东西，必定都能从这一演绎加以推导，而一切能从这一

演绎加以推导的东西就是这样的标准。

不过，这一演绎完成的事情也没有超过它的答应的。加以演绎的概念仅仅被宣示为一个理念；因此，这一演绎不必证明加以演绎的概念有什么客观有效性，不管有什么明显的证据，也无须特别进行下去。对这一演绎所要求的一切都是要证明，加以演绎的概念既不能与其自身相矛盾，也不能与某个必须加以假定的原理相矛盾。其次，加以演绎的概念并不将自身宣示为给予的，而是将自身宣示为构成的（conceptus non datus，sed ratiocinatus）；因此，这一演绎不必展示任何可以将天启概念给予我们的纯粹理性证据，并且也没有假装要完成这样的工作。于是，从这两个规定就可以暂且得出结论说，即使在感性世界中可能给予一个完全符合于这一概念的现象（一个可能拥有神圣性的一切标准的天启），也既不能断言这个现象有客观有效性，又甚至不能断言它对一切理性存在者有主观有效性，相反地，要真正假定它是这样一个现象，还必须服从于其他的条件。关于天启概念的那个由纯粹理性找不到而 (I,1,50)
只在经验中才可能获得的证据——即已经存在一些道德存在者，它们没有天启就不可能有道德——是作为假设被预先设定的；天启概念的演绎并不是要阐明这一概念的现实性，它无论如何都不能作为 a priori〔先验的〕演绎而为一个经验论据完成这件工作，倒不如说，只要这个假设不自相矛盾，因而完全可以设想，这对天启概念的演绎就完全足够了。但是，正因为这个论据只能期待经验来提供，所以天启概念就不是纯粹 a priori〔先验的〕。一个符合于这一概念的现象在现实世界中的可能性，并不能由这一概念的演绎加以证明，而是必须由这种演绎加以假定，因为这种演绎只能根据实践理性原理，而不能根据理论理性原理加以进行。这个现象在道德世界中的可能性为其概念的可能性所绝对需要，并且一般是从上述演绎的可能性得出来的。但是，一种 in concreto〔实际上〕给予的天启是否与这个要求无矛盾，是评判天启要做的工作，而在哪些条件下它与这个要求无矛盾，则是评判天启概念要做的工作。

从迄今所说的一切也就可以看出，我们的研究必须进一步采取什么途径。就这个概念是这个东西而言，它的可能性，即它的可思议性，业已得到展示。但它是否不完全空洞无物，或者说，某种与它符合的东西是否可以用合理的方式加以期待，则取决于在它之内被假定为条件的经验论据的经验可能性（不是取决于单纯的可思议性）。因此，这种可能性正是必须首先加以证明的。但对于所有一般天启的评判在这一证据方面也无非是要证明，这一证据有绝对可能性；反之，对于一种所谓 in concreto〔实际的〕天启的评判，就像在下文中才能进一步得到证明的那样，则应该表明被假定的经验需要是有特定现实性的。

一种按照目的概念在一般感性世界中自由地引起的现象，可以被设想为在现实世界中是可能的，因而一种天启也可以被设想为在现实世界中是可能的，这一点绝不需要任何证明，因为为了使绝对需要的道德规律的因果性对感性世界成为可能，这是已经被假定了的。然而，由于从此产生了对于论证天启概念具有重要性
(I,1,51) 的若干结果，我们还会用解释的方式，而不用证明的方式，对这种在现实世界中的可能性作出若干研究。

从这两种研究的结论必定完全可以看出，某种符合于天启概

念的东西一般是否可以用合理的方式加以期待。但是，为了可能起见，要将天启概念应用于一种特殊的、in concreto〔实际上〕给予的现象，还需要更加精确地分析须加以应用的天启概念本身。使这样一种应用成为可能的各个条件，必定都包含在天启概念里，并且通过对它的分析，就能从中发展出来。这些条件叫做标准。因此，在完成这些研究以后，我们下一步要做的工作就是提出和证明这些标准。

这样，不仅那种对天启概念一般期待有某种与之符合的东西的可能性会完全得到保证，而且把这个概念应用于实际上给予的现象的可能性也会完全得到保证。不过，虽然这样一种应用是完全可能的，但我们还不能从中认识到有什么根据，说明我们为什么应该将这种应用变成现实。因此，只有在表明了这样一种根据以后，对于一切天启所作的评判才算告终。

§.6. 论天启概念中假定的经验证据的可能性

在天启概念演绎中根据 a priori〔先验〕实践理性原理假定的经验，在于可能有一些道德存在者，道德规律在他们当中永远丧失了自己的因果性，或仅仅在某些情况下丧失了自己的因果性。道德规律要求高级欲求能力有一种因果性，以便规定意志；道德规律也以高级欲求能力为中介，要求低级欲求能力有一种因果性，以便产生出道德主体摆脱天赋本能的强制的充分自由。如果第一种因果性被取消了，意志就完全不能承认和服从规律；如果只是第二种因果性被阻止了，那么，人就是拥有一切善良意志，也都太软弱，以致不能**真正实践**自己希求的善。这个假设的经验可能性应该得到
(I,1,52) 证明。这就是说，道德规律之所以可能并且确实可能在道德存在者中丧失其因果性，就人的本质的一般机制应该普遍地和 a priori〔先验地〕加以认识而言，不应该根据这种机制予以证明，而应该根据其经验规定予以证明，因为由此回答的问题是天启为何成为必需，人为什么不能单靠自然宗教救自己。就人的本质的一般机制应该 a priori〔先验地〕加以认识而言，造成上述结果的原因不可能在于这种机制，因为如果原因在于这种机制，我们就一定会 a priori〔先验地〕感到对于天启的需要，纯粹理性为天启提供的证据一定会被列举出来，而天启概念也许就是一个给予的概念；倒不如说，原因只能在于人的本质的一些偶然规定。不过，为了开始完全认清理性宗教得到充分发展的界限、自然宗教兴起的界限和天启宗教终于成为必需的界限，既一般地研究人的本质与宗教的关系，也按照人的本质的特殊规定研究这种关系，将是很有用的。

人作为感性世界的一部分，服从于自然规律。他在自己的认识能力方面必须不断地从那种服从于感性规律的直观进展到概念，并且在低级欲求能力方面让自己为感性冲动所规定。但作为超感性世界的存在者，按他的理性本质来说，他的高级欲求能力则为一种迥然不同的规律所规定，这种规律通过他的要求，向他展示出达到一些既不服从直观条件、也不服从概念条件的认识的前景。但是，他的认识能力全然受着这些条件的制约，他没有这些条件，就完全不能思考任何东西，因此，他也必须在那些条件下设定超自然世界中的这些对象，虽然他认识到这样一种表象方式仅仅是主

观有效的，而不是客观有效的，既不能使他有理由作出理论**结论**，也不能使他有理由作出实践**结论**。他那种可以由感性冲动规定的低级欲求能力从属于高级欲求能力，而且在职责发言的地方，绝不应该规定他的意志。这就是人的本质的重要机制。人**应当**如此，人也**能够**如此，因为阻止他如此的一切东西对他的本质来说都不是重要的，而是偶然的，因此不仅可以被设想为不存在，而且实际 (I,1,53)
上也可以不存在。在这种情况下，人与宗教有什么关系呢？他需要宗教吗？他需要什么样的宗教？又是为了什么目的？

人的本质的这种原始机制所造成的一个最近的结果在于：在人看来，道德规律表现为命令，而不表现为陈述；道德规律给人讲的是应当，而不是存在；人意识到也**能够**不按这条规律的命令去行动；因此，他就按照自己的表象，在自己这样行动时获得一种价值和功绩。他自己赋予自己的这种价值，使他有理由期待那符合于这种价值的幸福；但那种幸福并不像这种价值一样，他能自己赋予自己，因此，他就期望从规律的最高执行者那里得到他期待的幸福，而这个最高执行者是靠同样的规律宣示给他的。这个存在者将人的全部尊严都集于他自身，因为他有无限的价值，与这种价值相比，人自身的价值则微乎其微；这个存在者也将人的全部偏好都集于他自身，因为人在向他期待他要期待的一切好东西。人并不能对于他的秘密想法的这位永远在场的监察者、守护者和评判者始终抱取超然无谓的态度，也不能对于他的秘密想法的这位最公正的报应者始终抱取超然无谓的态度。人必定希望向他表露自己的赞赏与崇敬，而且要做到这点，人也没有其他办法，而只能**对他**表示严格的服从。——这就是纯粹理性宗教。这种虔诚笃信希望从对立法者的思考得到的，并不是便于规定意志的动力，而仅仅是其需要的满足，表示其对他的爱慕。这种虔诚笃信希望得到的，绝不是上帝提出的服从他的要求，而仅仅是在其甘愿服从时注视上帝的许可。这种虔诚笃信并不想用伺服上帝的方法表示对上帝的喜爱，倒不如说，它从上帝那里希望作为最高恩宠得到的是上帝允许它为自身所用。——这就是人的最高的道德完善。它不仅假定了总要在道德上行善这一严肃的意志，而且也假定了充分的自由。某个人 in concreto〔实际上〕是否能达到这种道德完善，是不可能 a priori〔先验地〕加以规定的，而且这在当前的人类处境中也确实是完全不可能的。

第二等级的道德完善也同样假定了整个服从道德规律这一严肃的意志，但在各个具体场合却绝没有假定充分的自由。感性偏好还在向职责感进行斗争，而且就像经常败北一样，也经常成为胜利者。造成这种道德弱点的原因不在于人的天性中的本质东西，而是偶然的：一方面，在这个或那个主体中，身体的素质有利于强度较大和持续较久的激情；另一方面，主要是在当前的人类处境
(I,1,54) 中，我们习惯于按照天赋本能而行动，远比习惯于按照道德根据而行动为时更早，并且我们陷于必须由天赋本能加以规定的境地，远比陷于由道德根据加以规定的境地更为频繁，以致我们作为未开化的人的提高差不多总是在我们得到道德上的教养以前就有了巨大的进展。因为在这种状态下假定了合乎道德地行动的严肃意志，因而假定了一种生动的、能动的道德感，所以，这种弱点一定令人很不愉快，他必然迫切地寻找和掌握一切手段，以期自己便于用道德规律作出规定。如果事情在于使道德偏好获得对感性偏好的

优势，那么，这可以用两种方式来实现，一种方式是人们削弱感性偏好，另一种方式是人们加强道德规律的冲动。前一种情况是按照一些以自然原理为基础的技术实践规则实现的，而关于这些规则任何人都必定是靠自己亲自思考、亲身体验和亲自观察学到的。它们并不属于我们当前研究的范围。道德规律的冲动在不损害道德的条件下能够予以加强，无非是依靠关于这种规律的要求的内在崇高性和神圣性的生动表象，依靠对于**应当**和**必须**的迫切感受。除了在我们心中永远萦绕着关于一个完全神圣的、命令我们成为神圣的存在者的表象，这怎么能成为很迫切的呢？我们在这个存在者中看出，同道德规律的符合不再单纯是某种**应当**存在的东西，而是某种**现实**存在的东西；在这个存在者中我们看出事情如此的必然性得到了表现。除了通过这样的表象，即在非道德的行为中不仅我们必定会蔑视自己，蔑视我们这些不完善的存在者，——不，最高的完善性也必定会蔑视我们，道德感能怎样得到更好的加强呢？除了通过这样的表象，即在克制我们自己，为了职责而牺牲我们最喜欢的偏好时，不仅我们必定会尊重自己，而且根本的神圣性也必定会尊重我们，道德感能怎样得到更好的加强呢？除了我们在我们良心的呼声中听到最神圣者的呼声，他总是用看不见的方式伴随着我们，窥视我们心中最秘密的想法，而**我们则在他面前不断转变**，我们还能怎样更加注意我们良心的呼声，更加迅速地向他求教呢？因为主体里的偏好对这个伤害它的道德规律新因素进行着斗争，所以理性就会试图完全确保道德规律依赖的根据，从而巩固这种规律；理性会为上帝是道德立法者这一概念寻求证明，并且会发现上帝是世界创造者这一概念就是这样的证明。这就是以 (I,1,55)

自然宗教为基础的第二个等级的道德完善。在出现偏好对职责的斗争时，这种宗教当然应该成为在一些具体情况下规定意志的手段；但它假定，那种完全服从道德规律的最初和最高的意志的规定业已通过道德规律发生，因为它并不能展现其自身，而是必须加以寻求，并且任何不希望得到它的人都绝不可能寻求它。

在连承认和遵从道德规律的意志都不存在的时候，在只有感性冲动构成规定理性存在者的欲求能力的根据的时候，理性存在者就终于在道德方面极其严重地陷入了败坏境地。即使有人能够指明，在社会中除了道德善良的人们以外，总有许多败坏到这个地步的主体，这至少在当前看来也丝毫没有对天启的必要性作出任何证明，因为用开导和教育的方法发展坏人的道德感，从而使他们产生出对宗教的需要，这一定是好人能够做到的事情，如果能够这么说，也是他们的职责。我们在当前不从事这种研究，而只想用一种方式提出一个问题，按照这种方式，这个问题的回答将对证实天启的经验需要具有重要性，而这个问题就是：整个人类或至少一些民族和国家的整个地区在过去有可能陷于这种严重的道德败坏境地吗？为了能够回答这个问题，我们必须首先稍微明确地研讨有关感性事物的概念。

一般的感性，即经验的感性，大家可以确切地描述为一种无法表象理念的性能，因为用感性表象理念同时包含两个错误，一个错误是理论的，即自己或者完全不可能设想理念，或者只有在经验感性的条件下才可能设想理念，另一个错误是实践的，即不让自己由理念加以规定，这个错误必然是由前一个错误产生的。正像划分纯粹的感性一样，大家可以将经验的感性划分为两类，即**外部的**和

内部的。从理论方面看，外部经验感性在于，大家在外部感性官能的经验条件下把一切东西都设想为听得到、摸得着和看得见的，如此等等，并且也想在实际上听到、摸着和看见这一切东西，与此相联系，即使仅仅涉及自然对象，也总是完全不能思考，不能作出一 (I,1,56)
系列推论；从实践方面看，外部经验感性在于，大家只让自己由外部感性官能的愉快和惬意加以规定。这就是人们也可以称为粗野感性的那类感性。从理论方面看，内部经验感性在于，大家至少在我们的内部感性官能的经验条件下把一切东西都设想为可修饰的，并且也想在实际上修饰这一切东西；从实践方面看，内部经验感性在于，大家绝不让自己由任何高于内部感性官能的愉快的东西加以规定。属于这种愉快的是在游戏、诗作、优美感（但不是崇高感）中得到的愉快，甚至是在思考、感受自己的力量以及同情中得到的愉快，虽然这是一切感性本能中最高尚的。如果这种感性居于支配地位，就是说，如果我们只让这种感性的冲动，而绝不让道德规律规定我们，那么很明显，这种感性就完全排除了一切为善的意志和一切道德。虽然在绝大多数人当中这种感性绝对占有优势，他们在绝大多数情况下只能由这种感性加以规定，但是，他们也仍然不会因此就完全不能有任何纯粹道德行为，他们至少还有许多道德感，觉得在一些令人注目的情况下或在某些特殊的场合中自己的行为方式是不可宽恕的和不成体统的，并且为自己的行为方式而觉得羞愧。即使他们绝不把道德规律应用于他们自身，绝没有对他们自身的不完善感到羞愧或懊悔，但从他们对别人的行为所作的评论中，从他们根据正确道德理由经常对别人的行为所表示的强烈指责中，也可以看出他们并不是完全不能有道德感。

我们可以认为，恰恰在这类人还表示出道德感的地方，我们能对他们发生影响，就是说，我们恰恰能用他们应用于别人的原理，使他们看到他们自身所处的状态，这样引导他们逐步达到善良意志，并通过善良意志最后达到对宗教的笃信。因此，为了天启的必要性，我们必定能够表明，人们和整个人类可能由于感性占支配地位，或者完全被夺去道德感，或者在很大程度上被夺去道德感，以致我们完全不可能用这种方式影响他们，而他们或者是完全没有意识到他们之内的道德规律，或者是毕竟很少意识到他们之内的道德规律，以致我们在这个基础上完全不可能在他们之内建树任何东西。确实可以 a priori〔先验地〕设想，人类或者从其起源开始，或者由于种种命运使然，可能进入这样一种境地，那就是人类在为其生计
(I,1,57) 而与自然界不断地进行艰苦斗争时，不得不把自己的一切心思都长期指向自己鼻子面前的东西，除了眼前的事物，就不能思考任何东西，除了涉及生活必需的规律，就不能听从任何其他规律。虽然在这样一种境地中不可能发展道德感，但人类并不想总是处于这种境地。除了若干特殊情况，人类并不想长期处于这种境地，相反地，人类会借助经验给自己定出一些规则，通过抽象思维，得出自己行为的准则。这些单纯通过经验在自然界产生的准则，也只能被应用于自然界，而与可能存在的道德规则却经常发生矛盾。不过，由于有可应用性和普遍示范的验证，这些准则也逐代得到传递，得到扩充。并且在这时，在那种原先毁灭道德的可能性的迫切需要被这些准则部分地排除掉以后，这些准则也会成为毁灭道德的可能性的东西。如果我们想到火地岛的居民，他们使自己的生活处于一种十分接近动物界的状态，想到南太平洋群岛的绝大多

数居民，他们觉得偷窃是一种全然无所谓的事情，丝毫不以偷窃为羞耻，想到黑人毫无顾忌地将自己的妻子或孩子鬻卖为奴，换饮白兰地酒，并且想到所有这样一些民众，一位享有名望的人物责备他们的德性空虚到了十分可悲的地步，以致认为他自己也特别有理由指定他们为一个在人类中与世隔绝的阶层，那么，看来我们就会发现第一种观察在经验中得到了证实，而为了使第二种观察的正确性能令人信服，我们则只须研究已经开化的民族的习俗与准则。

那么，人类该怎样从这种状态达到道德，并通过道德达到宗教呢？人类不能亲自发现宗教么？为了更加确定地回答这个问题，我们必须把这里假定的东西与人类所处的状态作一番比较。为了判定一个民族在其当前的状态中是否能有一般的道德，单纯考察其行为是不够的，而且因为某个民族不显露丝毫的羞耻感，普遍地干一些与一切道德的第一原理相冲突的事情，就断定它绝没有任何道德感，这个结论也未免下得太仓促。我们必须研究，哪怕是一般的职责概念，即使还被想象得很模糊，是否也在他们当中看不出来。举例说，只要我们毕竟在那里发现很多这样的情况，即在对方 (I,1,58)
倾向于不履行契约的时候，他们也相信契约能得到遵守——他们不可能强迫对方遵守契约——而冒着风险采取这种信赖态度，并且他们在对方违背契约的情况下表示的不满，要比对于由此给他们自己造成的伤害所能表示的不满，更加鲜明和更加强烈，那么，我们就必须承认他们有一般的职责概念。而如果没有对于遵守契约的这种信赖，也就甚至不可能结为社会。因此，每个生活于社会联合中的民族并不是没有任何道德感。但是很遗憾，一切受感性支配的民族的普遍习惯都不把道德感用作规定其自身的行为的根据,而是仅仅用作评判其他民族的行为的原则。诚然,那些人们已经走得很远——尤其是在感性业已被归结为生活准则的时候——以致他们把那种为了履行职责而毫不利己、自我牺牲的行为看作令人可笑的愚蠢,并以此为耻;因此他们总是永远认为自己仅仅服从于自然概念;最后,他们甚至做得这么彻底,以致他们自身对这种行为毫无个人利害关系,他们自身的利益并未因为别人违背职责而受到伤害,他们也恰恰要对别人作这样的评价。只有在最后这种情况下,他们才想到职责是存在的,而这就使职责概念的发展,在我们遇到它与占支配地位的感性结合起来的地方,成为很可疑的,并且使我们有理由相信,对他们发生了影响的只是感性原则、利己原则。因此,甚至在道德上为善的意志也不能与占支配地位的感性结合起来。但是,因为这种意志绝对有必要**寻找**一种宗教,作为用道德规律作出更有力的规定的手段,所以人类在这种状态下就绝不能靠自己发现一种宗教,因为它甚至连宗教都不能寻找。

人类即使可能寻找宗教,也不能**发现**宗教。为了用上述方式使人确信,正是上帝通过道德规律向我们说话,人们就首先需要有一个关于世界之外的原因创造世界的概念。人类,甚至还很不开化的人类,都容易达到这个概念。人类 a priori〔先验地〕被迫设想一个由种种条件组成的绝对总体;尽管人类很早和很快就推论出这些条件的序列,但越不开化,就越没有能力得出一个长长的序列。因此,在那些过着粗野的感性生活的人们当中,一切事物都充
(I,1,59) 满了信仰超自然原因、表象无数妖魔的意味。比较开化的感性也

许会将其自身提高为关于唯一的第一原因、高明的世界建筑师的概念。但是，为了一种宗教，我们需要的并不是这种概念，而是关于合乎道德的世界创造者的概念，而且为了达到这个概念，我们还需要关于合乎道德的世界**终极目的**的概念。现在感性虽然容易再次达到关于世界中的可能目的的概念，因为引导它本身的是关于它在尘世事务中的目的的表象，但是，关于造化的合乎道德的终极目的的概念却只有对开化的道德感来说才是可能的。因此，单纯过感性生活的人从来都既不会达到这个概念，也不会通过这个概念达到一种宗教的原则。

首先，如果一种给人带来宗教的手段毕竟被找到了，那么，人是为什么目的而需要宗教的呢？最优秀的、有道德的人不仅会拥有服从道德规律的严肃意志，而且也会拥有充分的自由，这样的人之所以需要宗教，仅仅是为了以某种方式满足对于最高存在者的崇敬与感激之情。另一种人虽然同样拥有严肃意志，但并未拥有充分的自由，这种人之所以需要宗教，是为了给道德规律的权威增加一种新的感人力量，通过它就可以与那种强烈的偏好相抗衡，并且可以确立起自由。而那种甚至没有承认和服从道德规律的意志的人之所以需要宗教，则仅仅是为了首先在其自身之内创造出意志，然后通过意志创造出自由。所以，对于这种人来说，宗教必须采取一种不同的途径。无论纯粹理性宗教或自然宗教，都是建立在道德感之上的，相反地，天启宗教则被认为其自身首先要建立起道德感。第一类宗教发现的绝不是对于接受这类宗教的抵制，而是在主体中准备接受这类宗教的一切偏好。第二类宗教只是在一些具体情况下必须与偏好作斗争，但整个来说是作为某种被希求与被寻求的东西出现的。第三类宗教不仅必须与一切非道德的偏好相抗衡，而且甚至必须与那种对于完全承认规律所持的全然相反的态度相抗衡，必须与那种为了使规律有效而对于这类宗教本身所持的反感态度相抗衡。因此，只要不会伤害自由，即不会逆乎天启宗教自身的目的而行动，这类宗教就能够并且将会利用一些比较重要的感人力量。

那么，这类宗教能通过什么途径传给具有这样的性状的人类呢？当然，恰恰是通过人类思考的或人类让自身受其规定的一切事物传给人类的途径，即通过感性的途径。上帝必定会直接通过
(I,1,60) 感性官能向他们宣示他自身，必定会直接通过感性官能要求他们加以服从。

但在这里依然可能有两种情况。或者，上帝借助感性世界中发生的超自然结果，在他给人类遴选的一位或几位通神者的心坎里，通过反思的途径发展出道德感，并且命令这些通神者向其余的人类恰恰做他已经向他们做过的事情，从而通过同样途径在道德感之上建立起一切宗教的原则；或者，上帝直截了当地宣示这个原则，把他建立在自己是天主的权威上。在前一种情况下，我们甚至可能没有被迫假定上帝是这样一种超自然结果的直接原因，相反地，虽然我们假定了人类的普遍道德败坏，一个可能的、更高的道德存在者也完全可以是这样一种结果的原因。但是，如果我们发现一些其他方面的理由，把这样一种结果的原因直接设定为上帝，那么，我们说做人类的导师有伤上帝的身份，也完全不能驳倒这些理由，因为按照我们对上帝的认识，除了违反道德规律，没有任何事情有伤上帝的身份。在这种情况下，如果不探讨什么道德存在

者是发展道德感的原因,我们也就不可能得到任何天启,而会得到一种通过超自然途径传给我们的自然宗教。如果只有这种手段是可能的,并且足以达到目的,那么,任何天启就都不必要了,就是说,任何**直接**基于上帝权威而将他宣示为立法者的活动都不必要了。让我们暂且假定上帝愿意利用这种手段。毫无疑问,他会在他所影响的那些人的心灵中引起预期的理性信念。按照他的命令和这些人所固有的进一步传播道德的义务感,他们会转向其余的人类,并试图通过正是在他们之内建立起这些理性信念的途径,同样在其余的人类中建立起这些信念。无论一般地在人的本质中,还是具体地在这些假定的人们的经验性状中,都没有理由说明,如果只有这些使者有发言机会,能受到注意,为什么他们竟然不能达到自己的目的。但是,在那些必定预先就已经对他们表象的结果抱有偏见的人们当中,他们打算怎样受到注意呢?为了促使这些畏惧反思的人们承受反思的辛劳,为了必须认识一种会限制这些 (I,1,61)
人们的偏好并使之服从规律的宗教真理,他们打算给这些人们提供什么呢?因此,只剩下后一种情况:他们必须靠神圣的权威宣示他们的学说,并且必须以上帝的使者的身份向人类宣示他们的学说。

看来这又是在两种方式下成为可能的。或者,上帝也将他的这些使者的信仰单纯建立在权威上;或者他仅仅希望,并且期待他们自己看出,在他们认识到没有任何其他手段可以将宗教传给其余的人类时,他们靠神圣的权威向其余的人类宣示那种单纯通过反思的途径,已经用某一手段从他们心坎里发展出来的东西。但这后一种方式是不可能的,因为在那种情况下上帝就会希望他的这些使者——虽然怀着最慈善的意图——一定要撒谎和行骗，而撒谎和行骗不管其意图何在，总是不正当的，因为这种做法绝不可能成为普遍立法的原则，并且上帝也绝不可能希望有某种不正当的事情发生。

最后，人们还可以设想第三种情况是可能的，即上帝曾经希望这些所谓得到神的启示的人们一定会发生迷误，一定会将神圣道德立法的一种基于权威的宣示归诸超自然的原因，而这种宣示是完全自然而然地在他们心中产生的，例如，是通过对超自然原因的希望所引起的幻想产生的。对于这个问题的任何直言答案，无论肯定的或否定的，都只能以理论原理为依据，因为这里所谈的是按照这样的规律解释自然现象。但一切自然哲学都没有扩展到这样的程度，以致能够证明感性世界里的某种东西只有通过自然规律才是可能的，或能够证明它通过自然规律是不可能的。因此，那种直言论断 in concreto〔实际上〕用于研讨天启，总是既不可能得到证明，也不可能加以推翻；不过，这种论断也不属于研究天启宗教的可能起源的范围，天启宗教是单纯根据实践原理提出来的。当然，某种结果作为自然现象来看，也许是产生于我们可以揭示的自然规律，但同时，我们将这种结果至少在达到其道德目的以前，归诸超自然的原因，也许很符合于我们关于理性存在者的概念。这样，选言命题“某些所谓得到神的启示的人们或者真正得到了这样
(I,1,62) 的启示，或者是骗子、狂人（更正确和更温和地说，他们是不完善的自然研究者）”，就远远不足以建立自己企图达到的直言论断。这是因为，第一，作为分类的各项而彼此并列的概念并非彼此扬弃对方。根据自然概念，假定最后一个概念的可能性或者必须加以反

驳，或者必须加以证明；但前两个概念的可能性则只能根据实践原理加以阐明。不过，理论原理与实践原理并未会合起来，根据一种原理并不能很妥帖地肯定另一种原理所否定的东西。因此，最后一种情况和前两种情况中的任一情况都是同时可能的，只不过前两种情况是相互矛盾的。第二，最后一种情况的不可能性从来都不能在某个特定的情况下得到证明。而所有这一切只有在下文中，在我们将讨论感性世界里预期的超自然结果的具体可能性的地方，才会完全得到阐明。

因此，既然最后一种情况的确实不能加以排除的可能性不会使我们发生错误，那么，我们就可以从迄今得到证明的一切论述准确无误地得出下列结论：人类能这样深入地陷于道德败坏境地，以致它除了通过宗教，就无法复归于伦理，除了通过感性，就无法复归于宗教；一种对这样一些人有影响的宗教，只能直接建立在神圣的权威之上，而不能建立在任何其他东西之上；上帝不能期望某一道德存在者臆造这样一种权威，因此，赋予这样一种宗教以这样一种权威的，必定正是上帝本身。

但这种权威要达到什么目的？如果上帝必须与那些在这种程度上过着感性生活的人们打交道，他能在什么基础上建立起这种权威？显然，不是建立在崇高之上，对于崇高，那些人们没有什么意识和敬仰；也不是建立在上帝的神圣性之上，这会假定他们已有道德感，而道德感必定是通过宗教才得到发展的。相反地，它是建立在他们出于自然原因而感到赞赏的东西之上，即建立在上帝作为自然的主宰和他们的天主所具有的伟大和威力之上。但如果按照道德规律的内容而行动，仅仅是因为一个极其强大的存在者希望如此，这便是他律，也没有促成道德，而顶多是强求一种合法性；因此，一种建立在这样的权威上的宗教会自相矛盾。但这种权威甚至不被认为是要建立服从，而仅仅被认为是要建立对这种服从的那些需要不断加以展示的动机的注意。这种注意作为我们心灵的经验规定必定是依靠自然手段引起的。诚然，即使依靠对于那
(I,1,63) 个强大存在者的可怕惩罚的畏惧，甚或依靠物质的手段，希望强求这种注意，或者，依靠业已答应的报偿，希望骗取这种注意，也会有明显的矛盾；之所以有矛盾，是因为畏惧与希望与其说是引起了注意，不如说是分散了注意，并且充其量说，只能产生一种机械的复述，而不能产生基于理性考虑的确信，但唯有这样的确信才必定是一切道德的基础；之所以有矛盾，是因为这一开始就会歪曲一切宗教的原则，把上帝设想为这样一个存在者，对于这个存在者，人们还能通过某种不同于道德信念的东西——在这里就是通过勉强地听从自己毫无兴趣的事物，通过胆怯地复述这些事物——表示喜欢。但是，设想一个更加强大的威力，只要我们不把我们自身设想得与它相对立，也就不会引起畏惧，而是会引起赞赏与崇敬之情，这种情感虽说是基于反常的、非道德的原因，然而却将我们的注意有力地引向一切来源于这个强大存在者的东西。这时，只要上帝还没有将自身宣示为道德立法者，而是单纯将自身宣示为发言者，我们也就不能设想我们自己与他相对立；如果上帝将自身宣示为道德立法者，那么，他也就同时向我们宣示了他的神圣性，这种神圣性打消了我们对他的威力可能抱有的一切畏惧，因为它向我们保证，上帝从来都没有随意用其威力反对我们，相反地，它对我们的作用全然取决于我们自身。因此，“**听从**上帝”这个在可能的天

启中他向我们提出的要求，是建立在他的无所不能和无限伟大之上的，而不可能建立在任何其他东西之上，因为需要天启的种种存在者首先就不能有关于上帝的任何其他表象。但是，“服从上帝”这个由他提出的要求，只能建立在他的神圣性之上，而不能建立在任何其他东西之上，因为否则，一切天启的促进纯粹道德的目的就不可能达到；不过，无论关于神圣性的概念还是对于神圣性的敬重，都必定事先就已经通过天启得到了发展。我们拥有一个说明这一点的庄严格言：天主说，你们要成为圣洁的，因为我是圣洁的[6]。天主是作为天主说话的，因而要求注意一切。但他并不把神圣性的要求建立在他的这种统治上，而是建立在他自身的神圣性上。

但是，还有一个问题，即这些人们在尚未发展出自己的道德感以前，究竟应该怎样判断上帝能是发言者的呢？在这里我们要答 (I,1,64)
复每位读者的心灵中必定已经长期浮现的一个异议。我们在上一节中已经证明，从合理的观点来看，天启概念是仅仅 a priori〔先验地〕可能的，而绝不可能是 a posteriori〔后验地〕合法产生的。在这一节中我们也已经表明，可能有一种状态，而且整个人类确实可能陷于这种状态，在这种状态中人类不可能 a priori〔先验地〕达到宗教概念，因而也不可能达到天启概念。有人会说，这是一个形式上的矛盾；换言之，有人会向我们提出这样一个左右为难的选择：或者，人们已经感觉到了能够推动自己寻求宗教的道德需要，并且已经拥有一切道德概念，它们能使他们确信宗教的真理合乎理性，这样，他们就不需要任何天启，而是已经 a priori〔先验地〕拥有宗教；或者，人们既未感到那种需要，也未拥有那些概念，这样，他们就既不能出于道德的根据确信宗教的神圣性，也不能出于理论的根据确信宗教的神圣性，就是说，他们完全不能这样做，因而天启也就不可能了。但这并没有得出结论说，那些没有在自身之内意识到道德命令，不能受到道德命令的推动去寻求宗教，因而需要得到天启的人们，就不能在以后恰恰借助于这种天启，在自身之内发展出那种需要感，从而能够熟练地考察天启，合理地探讨天启是否可能有其神圣的起源。这就将一种学说向他们宣示为神圣的，因而至少引起了他们的注意。这时，或者他们立刻承认这一学说是神圣的，但是，既然他们的道德感直到这时尚未得到发展，因而他们既不能从理论原则推出这个结论，也不能按照道德原则探讨这个结论，所以，他们就是毫无根据地承认了某种东西，而且如果偶然的东西对他们有用，他们还觉得这是一种幸运；或者，他们立刻抛弃这一学说，但这样一来，他们又是毫无根据地抛弃了这一学说；或者最后，在他们能发现作出判断的合理根据以前，他们让事情悬而不决，但是，只有在找到这种根据的情况下他们才有合理的行为。他们从来都不可能证明上帝在发言或上帝**未**发言（作为直言的、在理论根据上可能的论断）；上帝是否**会**发过言，只能根据那种以他的名义讲出的东西的内容加以说明；因此，他们必须首先听从这样讲出的东西。如果他们的道德感通过这种听从得到了发展，那么，他们也就同时发展出了关于宗教及其可能有的内容的概念，说明了宗教是否通过天启传给我们。这时，为了得到一种合理的赞同，他们可能并且必定会把那个向他们宣示为神圣的天启同他们这时发展出来的 a priori〔先验〕天启概念加以比较，并且根据
(I,1,65) 两者的符合或不符合而对天启作出判断，而这就完全解决了那个

假想的矛盾。只有基于 a priori〔先验的〕根据，才可能将一种给定的天启合理地承认为神圣的，而为了发展出这些根据，一些偶然的原因是能够 a posteriori〔后验地〕给予的，并且在某些情况下必定是这样给予的。

所有这些探讨与其说是规定与阐明了问题的真正关键，不如说是预先提出了问题的真正关键。这就是说，既然按照以上所述的一切，在我们之内的道德感没有完全得到发展以前，是绝不能用合理的方式把一种天启承认为神圣的，而且那种服从上帝的规律的决断只能建立在道德感之上，建立在由此确立于我们之内的服从理性的意志之上（§.2.），所以，一种给定的天启所能依据的神圣权威一俟有可能得到承认，看来就会丧失其全部用途。这就是说，只要这样一种天启还致力于教人得到道德感受能力，那么，它甚至是否能有神圣的起源，对人来说都是完全或然的，因为这只有从一种依据道德原理对它所作的判断中才能得知；但是，一俟在人之内的道德感得到发展，作出这样一种判断成为可能，那么，看来就只有这种道德感能够充分地决定人去服从那单纯作为道德规律的道德规律。虽然像上文（§.2.）同样指出的，即使在那种服从单纯作为理性规律的道德规律的最坚强的意志中，也可能有一些具体情况，在这些情况下道德规律需要把自己表象为上帝的规律，从而加强自己的因果性作用，然而在一种通过实际出现的天启而业已得到道德教化的主体之内，关于这种神圣立法的表象无论根据实践理性原理，就它的内容而言，还是根据它在世界概念中的应用，就它的形式而言，都是完全可能的，而且这种主体为什么要把天启设想为是由超自然结果在感性世界中给予的，看来也没有任何理由。因此，如果关于上帝之宣示为道德立法者——这是**通过一种结果在感性世界里出现的**——的整个表象并不是徒然的，而天启概念也不是空洞的，那么，就必须指出一种需要，它当然仅仅是经验的，但只有通过关于这种宣示的确定的表象才能加以弥补，因为只要天启概念是不可能的，对这种宣示的信仰就无论如何会有用途，而一俟天启概念成为可能，对这种宣示的信仰就会丧失其
(I,1,66) 全部用途；之所以如此，是因为我们对上帝那种屈尊怜悯我们的软弱的仁慈善意抱有虔诚感等等，这种感觉必定是通过那样一种表象在我们之内产生的，而我们绝不可能将这种感觉宣称为天启的全部持久用途。

在以上所作的天启概念的演绎（§.5.）中，为了表明这个概念的可能性，不仅假定了道德规律永远失去其因果性作用的理性存在者，而且也假定了道德规律在一些具体情况下失去这种因果性作用的理性存在者。凡是在连承认和服从道德规律的意志都不存在的地方，道德规律就完全没有因果性作用；反之，凡是在这种意志虽然存在，但充分的自由却不存在的地方，道德规律则在一些具体情况下丧失了自己的因果性作用。天启如何在前一情况下恢复道德规律的效力，这是现在已经表明了的；它是否也在后一情况下发挥一种对它具有本质意义的、只有通过它才可能产生的影响，这是现在的问题。因为在前一情况下天启还完全不能以合理的方式被承认为它要求成为的东西，所以，就它完全不依赖于我们的表象方式来说，或按照它的内容来说（functio revelationis materialiter spectatae），我们可以称它的这种作用为天启**本身**的作用；反之，就我们承认它是如此来说，或按照它的形式来说（functio revelationis formaliter spectatae)，我们可以称它在后一情况下要起的作用为天启的作用，并且因为天启只有我们认为它是如此，才真正成为天启，所以，我们可以称这种作用为最地道的天启作用。

我们在上面按照天启的内容研讨它的作用时已经十分正确假定，这种作用只涉及一些连服从理性规律的意志都不具有的主体，但在另一方面天启在这种作用中又不把那些不缺少这种意志，而缺少实现这种意志的充分自由的主体作为自己的对象，而自然宗教则足以在诸如此类的主体中确立自由。这时天启借助于其第一种作用已经使道德规律对意志的规定成为可能，因而一切理性存在者都被提高到了道德完善的第二个发展阶段。因此，如果自然宗教总能满足处于这第二个阶段的存在者，那么，任何天启的作用按照它的形式来说都绝不可能发生，也就是说，任何建立自由的天启作用都绝不可能发生，并且由于这是最地道的天启作用，所以，任何信仰天启的真正需要都绝不可能被指出。但如 (I,1,67)
果这种天启作用发生了，那么，这看来就会与关于自然宗教足以确立自由的上述命题相矛盾。因此，我们必须首先研究，关于一种业已发生的天启的表象对于恢复受阻的意志自由的心态是否可以被设想为有影响；其次，如果这样一种影响能够显示出来，我们还必须研究，两个论断是否能相容以及在何程度上相容。

人的经验性质的一个特点在于，只要他的一种感受力量特别兴奋，有活跃的能动性，他的其他感受力量就没有能动性，仿佛松弛无力——它们越松弛无力，与那种特别兴奋的感受力量的差距就越大，并且它们这种松弛无力的幅度越大，那种特别兴奋的感受力量的能动性就越大。于是，人们就会作出徒劳无用的努力，按照不同的方式，用理性根据去规定某个为感性刺激所规定或抱有热烈情绪的人；另一方面，同样确实无疑的事实在于，用观念提高心灵或用思考强化心灵是可能的，在这样做时感性印象几乎丧失了它的全部力量。如果在这样一些情况下某人受到了影响，那么，除了借助于那种恰好在当时具有能动性的力量，是几乎不可能发生这样的事情的，因为以其他东西为依据，几乎不可能造成一种印象，或者，即使它能造成，它也不足以规定人的意志。

某些感受力量有比较密切的联系，它们彼此的影响大于其他感受力量的影响。有人想用理性根据，徒劳无用地约束那种为感性刺激所左右的人，但用想象力表现另一种感性印象，在没有感性对象，因而没有直接的感官感觉的情况下，会很容易做到这一点。所有可用经验感性加以规定的力量都有这样的对应关系。

对抗职责的规定都是通过对这些力量的印象促成的，就是说，是通过感官感觉，情绪、激情促成的，而感官感觉或者是直接对应于我们之外的对象，或者是由经验的想象力再现出来的。如果这样一类规定很强，以致完全压制了理性的声音，人该用什么去抗衡它呢？显然，这种抗衡必定是靠感受力量带给心灵的，感受力量一
(I,1,68) 方面是感性的，因而能够对抗人的感性本质的规定，另一方面则可通过自由加以规定，并具有自主性，而这种感受力量就是想象力。因此，这种力量必定把道德的唯一可能的动机，把关于神圣者立法的表象带给了心灵。这个表象现在在自然宗教里是建立在理性原则之上的；但是，如果理性原则像我们假定的那样，完全受到压制，那么，它的结果看来就是模糊的、不确实的和不可靠的。因此，连

这个表象的原则也应该是能由想象力加以表象的。诸如此类的原则这时应该是感性世界中的事实或天启。人在这一瞬刻必定会说,“上帝是存在的,因为他已经发言,已有行动;上帝希望我现在不这样行动,因为在这样的情况下他已经用这样的语言明确地禁止这么做,如此等等;我将有朝一日,为了我现在做出的决断,而在某种特定的隆重气氛中向他作出说明”。但如果这样的表象定然能对他造成印象,那么,他就一定能承认各种给这样的表象奠定基础的事实是完全真实的和正确的;因此,这样的表象就一定不是偶然由人自身的想象力杜撰出来的,而是赋予人的想象力的。从我们的前提可以直接得知,关于纯粹道德的这样一种表象对它所促成的行动绝没有任何损害。想象力用感性表现的动机只能被认为是立法者的神圣性,而只有传递它的渠道才能被认为是感性的。

对天启概念的全部评论实际上并不是要研究道德动机的纯粹性是否在这个时候不会经常通过感性渠道而蒙受损害,也不是要研究对惩罚的畏惧或对报应的希望较之对立法者的神圣性的纯粹敬重是否不会经常给天启表象促成的服从产生更多的影响,而是仅仅要证明,如果宗教笃信是真诚的,而非纯属更加巧妙的自私,这种情况 in abstracto〔在理论上〕就不是必然的,in concreto〔在实际上〕就完全不是应发生的。在这个时候,首先因为这种情况太容易发生,其次因为一般无法让人看出,用天启表象来这样加强道德规律的作用在什么时候、在什么限度内和为什么是完全必要的,最后因为简直不容否认,在我们之内没有一种无疑建立在道德规律上的普遍冲动,它越敬重一个理性存在者,就越不需要为了推动他 (I,1,69)

产生绝对公正而加强他心中关于这种公正的观念，所以，也就不容否认，假如自然宗教总是足以在任何情况下都决定人类服从道德规律，那么，这种事情对于人类来说就会是很光荣的。从这个意义上说，下列两个命题也就确实可能相容：一个命题说，为什么天启表象为恢复受阻碍的自由所必要，是不能 a priori（先于实际构成的经验）看出来的；另一个命题则说，我们和其他人的那些几乎无所不包的经验差不多每天都教导我们，我们确实太软弱，以致需要一个这样的表象。

§.7. 论天启在自然界中的可能性

a priori〔先验〕天启概念，像它靠指出经验感性的需要而 a posteriori〔后验地〕得到证实的那样，期待着感性世界中的一种超自然结果。在这方面我们还可以提问，这种结果也是完全可能的吗？完全可能设想自然界**之外**的某种东西具有自然界**之内**的一种原因吗？我们回答这类问题，一方面是为了对那种主张合乎自然规律的必然性与合乎道德规律的自由可能相容的依然模糊不清的学说，至少就我们当前的目的，作出尽可能清楚一些的阐述，另一方面则是为了从这类问题的研讨中得出一个对于修正天启概念并非不重要的结论。

那种情况必定完全可能，这就是实践理性 a priori〔先验地〕构成的第一个设准，因为实践理性决定了我们之内的超自然东西——我们的高级欲求能力——在感性世界中变为其自身之外的原因，无论这感性世界是在我们之内，还是在我们之外，在这里都是一样的。

但应该首先指出，我们说意志作为高级欲求能力是自由的，这是一回事；这是因为，如果这个说法本来的意思是意志不服从于自 (I,1,70)
然规律，那么这是昭然若揭的，因为意志作为高级能力绝不是自然界的任何部分，而是某种超自然的东西。但是，我们说意志的这样一种规定具有感性世界中的一种原因，这却是另一回事；在这种情况下我们当然要求，某种服从于自然规律的东西必须取决于某种不属于自然界的任何部分的东西，而这看起来是自相矛盾的，是取消自然必然性概念的，因为这个概念毕竟首先使一般自然概念成为可能。

关于这个问题我们必须首先指出，只要我们说的是单纯的自然解释，就绝对不允许我们假定一种取决于自由的因果性，因为全部自然哲学都对这样一种因果性毫无所知；另一方面，只要我们说的是作为高级能力的意志的单纯规定，我们就完全不必考虑自然界的存在。两种因果性，即自然规律的因果性和道德规律的因果性，无论就它们的方式而言，还是就它们的对象而言，都有无穷的差异。自然规律以绝对必然性下达命令，道德规律以自由进行指挥；自然规律支配自然界，道德规律支配精神界。前者的口令“必然”与后者的口令“应当”，说的是迥然不同的事物，它们即使相互对立，也不可能彼此矛盾，因为它们并不相互会合。

但是，除非要么在一方面自然知识不可能成立，要么在另一方面实践理性所要求的感性世界里的自由因果性不能成立，两种规律在感性世界里的结果就能够相互会合，而且一定不会在彼此之间发生什么矛盾。两种彼此全然独立的立法的这种会合的可能性，现在只能通过它们对于一个高级立法的共同依赖性加以设想，这一高级立法为它们两者奠定了基础，但对我们来说是完全达不到的。假如我们能把这一立法的原则定为一种世界观的基础，那么，同一种结果就会按照这条原则而被认为是完全必然的，而这种结果在涉及感性世界的时候，按道德规律向我们表现为**自由的**，在归结为理性的因果性的时候，则在自然界中向我们表现为**偶然的**。但我们不能做到这一点，因此显然可以得知，一俟我们考虑一种取决于自由的因果性，我们一定不会把感性世界中的一切现象都按
(I,1,71) 照单纯的自然规律假定为必然的，而是一定会把其中的许多现象仅仅假定为偶然的，因此，我们不应**根据**自然规律解释一切现象，而应仅仅**按照**自然规律解释某些现象。但**仅仅按照自然规律解释某种事物**，这就意味着：假定结果在其内容方面的原因是在自然界之外，而结果在其形式方面的原因是在自然界之内。感性世界中的一切现象必定能**按照**自然规律加以解释，因为不然的话，它们就绝不可能成为知识的对象。

现在让我们把这些原理应用于上帝对感性世界的那种预期的超自然影响。按照理性的设准，上帝须被设想为依据道德规律规定自然界的存在者。因此，在上帝中存在着两种立法的联合，而且它们两者所共同依赖的那条原则给上帝的世界观奠定了基础。所以，在上帝看来，没有任何东西是自然的，也没有任何东西是超自然的，没有任何东西是必然的，也没有任何东西是偶然的，没有任何东西是可能的，也没有任何东西是现实的。我们受着**我们的**思维规律的强制，确实能从反面作出这么多论断；但如果我们想从正面规定上帝的理智的模态，那我们就会成为超越的。因此，问题完

全不可能在于**上帝**如何把感性世界中的超自然结果会设想为可能的，如何把这种结果会弄成现实的，而在于**我们**如何能把一种现象设想为是由上帝的超自然原因促成的。

我们受着我们的理性的强制，须将整个现象系统、整个感性世界最终按照理性规律从一种借助于自由的因果性推导出来，具体地说，从上帝的因果性推导出来。对我们来说，整个世界是上帝的超自然结果。因此，确实可以设想，上帝从一开始（因为我们在这里确立的不是客观真理，而是主观思维的可能性，所以我们可以完全用拟人的方式讲话）就把某种符合于他的道德目的的现象的最初自然原因编织到整体的计划中去了。人们对此提出的异议是：这意味着转弯抹角地去做大家能够径直去做的事情；这种异议是基于一种粗糙的神人同形论，好像上帝受着时间的制约。在这种情况下，如果我们能不考虑整个自然界的联系，现象世界以及整个自然界的超自然的起源本身就都可以完全根据自然规律加以解释；然而，自然界也应该同时被视为是由一种关于需要由此达到的道德目的的神圣概念所具有的因果性促成的。 (I,1,72)

其次，或者我们可以假定，上帝实际上插手过业已开始的、按照自然规律延续的因果序列，并且靠他的道德概念的直接因果性引起了一种结果，它不同于那种靠自然存在者符合于自然规律的单纯因果性所能产生的结果。在这里我们又没有确定，上帝应该插手因果链条上的**哪个**环节，他是否恰好能在一个直接先行于预期结果的环节上做到这一点，或者，他是否也能在一个就时间和中间结果而言也许离预期结果颇远的环节上做到这一点。如果我们假定第二种情况，那么，在我们彻底认识自然规律的条件下，我们就能按照自然规律，根据先行的现象正确地解释我们所说的现象，而且这种先行的现象又能根据它的先行的现象作正确解释，也许可以如此无限类推，以至我们最后当然会遇到一个结果，这个结果我们不再能离开自然规律，而只能按照自然规律加以解释。但是，假定我们仅仅能够或愿意对这个自然原因序列追溯到某个点为止，那么，很可能在我们设定的这个界限内那个不再能用自然方法加以解释的结果不会产生出来；可是，我们依然完全不会因此就有理由得出结论说，我们探讨的现象不可能由一种超自然的原因促成。因此，只有在第一种情况下我们才会从现象出发，立刻遇到一个根据自然规律不能加以解释的原因，它使我们在理论上有可能给现象假定一个超自然的原因。

但是，上帝以这种结果向过着感性生活的人们证明自身是天启的发动者，他就不希望他们承认天启是超自然的吗？说上帝希望我们得出一个错误的结论，按照以上的研讨，在这个结论的基础上明显地建立起**承认**自然界之内的现象为自然界之外的原因所促成的**理论**，这种说法本来是不合适的。不过，既然这样的现象甚至被认为不是建立它所无法确立的信念，而是仅仅引起注意，所以，在我们能有道德信念以前，如果我们同时假定自然现象**会**为超自然原因所促成是在理论上唯一**可能的**，那对这个目的来说也就完全够了，而且要达到这个目的（即设想这件事情**在理论上**是可能的，因为要发现这件事情在道德上是**可能的**，按照以上的研讨，甚至不需要作这类设想）也只需要**我们**看到天启现象没有任何自然原因。因为被认为完全合乎理性的事情在于，如果我不能根据自
(I,1,73) 然原因解释一个事件，那么，这或者是由于我不了解使这个事件成

为可能的自然规律，或者是由于它按照这类规律来说根本是不可能的①。——那么在这里这个我们又包括哪些人呢？显然包括那些已被纳入需引起注意的计划中的人们，而且仅仅包括他们。因此，假定在这个目的业已达到，人类发展出在道德上信仰天启神圣性的能力以后，我们能用已经增长的自然规律知识，表明某些被认为超自然的、建立起这种天启的现象可以完全根据自然规律加以解释，那么，只要这类错误不是基于自觉的、故意的欺骗，而是单纯基于不由自主的错觉，我们就完全不可能由此得出任何结论，反对这样一种天启可能具有的神圣性，因为一种结果特别在它被归因于一切自然规律的本原时，虽然完全能用自然方法造成，但也同时能用超自然方法造成，就是说，用上帝的自由的因果性，按照道德目的概念造成。

我们这里的论述达到的结果在于，正像不能允许天启概念的 (I,1,74)
独断论拥护者从某一现象不可能根据自然规律加以解释，推论出一种超自然的因果性，而且简直推论出上帝的因果性一样，也不能允许这个概念的独断论反对者从这一现象可能根据自然规律加以

① 假如克里斯多夫·哥伦布[7]不是利用他所谓的月亮变暗，去勒索伊斯帕尼奥拉岛上居民的生活资料，而是抱着合乎道德的目的，把这种现象作为由他带给他们的一项使命的神圣确证加以利用，我看不出他们怎么会不按照常理首先对他予以注意，因为这种符合于他的确定预言的自然事件的发生对他们来说必定完全无法按照自然规律加以解释。假如他毕竟在这一确证之上建立起了一种完全合乎理性原则的宗教，那么，他们不仅绝不会因此丧失掉什么东西，而且还会充满信心，长期认为这种宗教具有直接的神圣起源，直至他们自己认识到自然规律，并从历史上得知哥伦布同样很了解这些规律，所以他确实不崇拜它们的时候，他们虽然不再会把这种宗教视为神圣的天启，但依然会因为它完全符合于道德规律，而乐于承认它是神圣的宗教。

解释，就推出结论说，这一现象既不是一般通过超自然的因果性成为可能的，也不是特别通过上帝的因果性成为可能的。全部问题都不可用独断态度，按照理论原则加以研究，而必须用道德态度，按照实践理性原则，就像从一切以上所述足以得知的那样加以研讨。而这应该怎么办，在这篇著作的下文中将会表明。

§.8. 按照天启的形式判定天启神圣性的标准

为了使我们能合理地确信一种给定的天启来自上帝的可能性，我们必须拥有这种神圣性的确实标准。既然一种 a priori〔先验〕天启概念是可能的，那么，我们必须据以把握一种 a posteriori〔后验地〕给定的天启的就正是这种概念本身，就是说，天启的神圣性的标准必须能够从这种概念推导出来。

我们至今为止都是单纯按照天启的形式，完全撇开一种 in concreto〔实际上〕给定的天启的可能内容，研讨天启概念的。因此，我们到现在为止都仅须就一种天启的形式，确定它的神圣性的标准。但关于一种天启的形式，即关于靠感性世界中的超自然现象将上帝单纯宣示为道德立法者，我们却能区分两个方面，一为天启的**外部**东西，即出现这种宣示的条件和手段，一为**内部**东西，即宣示本身。

(I,1,75) a priori〔先验〕天启概念以其在经验上给定的道德需要为前提，而且在经验上对这个概念的现实性条件的演绎也产生了这个需要，如果没有这个需要，理性就不可能将那种在过去多余的、毫无目的的神性的展现设想为在道德上可能的。因此，我们必定能够表明，在一种要求神圣起源的天启的产生时期，这个需要实际上存在过，而另一种在自身就带有一切神圣性标准的宗教则恰恰在领受了这一天启的人们当中已经不存在，换句话说，不容易用自然手段传给他们。**一种天启，如能表明它属于这种情况，则能来自上帝；一种天启，如能表明它属于相反情况，则一定不是来自上帝。**为了制止现今或将来的一切狂热幻想和一切可能出现的冒牌宗教创始人，有必要明确规定这个标准。如果一种天启就其内容而言遭到了伪造，那么，恢复它原初的真纯本性就是每位有道德的人的职责和权利。而要做到这一点，并不需要任何新的神圣权威，而只需要单纯诉诸业已存在的神圣权威，并根据我们的道德感发展真理。只要两种同时存在的神圣天启的拥有者们不能互传它们，这个标准也就绝对不否认它们存在的可能性。

上帝被认为是借以出现天启的结果的原因，而一切非道德的东西都与上帝概念相矛盾。**因此，一切通过非道德的手段宣示、维持和传播其自身的天启，都一定不是来自上帝。**不管天启想达到什么目的，欺骗总是不道德的。因此，如果一个自封的神圣使者靠欺骗支持自己的权威，这就不可能是上帝的本意。一位真正受上帝支持的预言者反正不需要任何欺骗。他并不是实现他的目的，而是实现上帝的目的，因此，他想支持这个目的的限度和方法都能完全依靠上帝。但是，有人还会说，神圣使者的意志是自由的，他也许出于善意，可望做得超过他受的委托，可望将事情确证得超过它业已得到的确证，因而才被卷入骗局，于是这种欺骗的原因就不是上帝，而是上帝所使用的人。——我们不可完全否认，上帝会使

(I,1,76)用没有道德的人或道德上软弱的人，以传播一种天启，这是因为，如果不存在另一类人，他怎么办呢？而且在对天启有极度需要的地方，也会确实没有另一类人。但是，上帝一定不会允许他们连执行他的委托也使用不道德的手段，如果他们的自由意志指使他们这么做，他必定会用他的无限威力加以阻止。因为如果这种欺骗会被揭发出来——任何欺骗都会被揭发出来——那就可能有两种情况。或者是引起的注意逐渐消失，代之而起的是看到自己受骗的烦恼，是对于出自诸如此类的原因的任何事情的怀疑，而这与这样的安排所期望达到的目的是完全矛盾的；或者，如果教义已经享有足够的权威，那么这种欺骗也因而会被奉为权威，而每个人都会以为自己完全得到了认可，去做神圣使者得到认可去做的事情，但这是与道德和一切宗教概念相矛盾的。

任何天启的最终目的都是纯粹的道德。纯粹的道德只有通过自由才是可能的，因而不允许用强制手段获得。不仅纯粹的道德不允许用强制手段获得，而且对于那些旨在发展道德感、促进意志规定与便于克制偏好的表象的注意力也不允许用强制手段引起；强制反而与纯粹的道德相对立。因此，任何神圣的宗教都一定不是通过强制或迫害手段宣示或传播其自身的，因为上帝不会利用任何违反目的的手段，甚至也不许人把这样的手段用于他自己的目的，因为这种做法会使违反目的的手段成为正当的。所以，任何用迫害手段宣示和巩固其自身的天启，都一定不是出自上帝。**但是，只有那种绝没有使用其他手段，而仅仅使用道德手段宣示和维持自身的天启，才能够出自上帝。**这就是一种天启就其外部形式来看的神圣性标准。现在我们再进而讨论其内部形式的神圣性标准。

每种天启都被认为是要建立宗教，而一切宗教都是基于把上帝视为道德立法者的概念。因此，一种天启如果向我们将上帝宣示为某种想要我们在理论上认识其本质的东西，或将上帝确立为政治立法者，则起码不是我们寻求的东西；这种天启不是天启**宗教**。它会是什么，它在某一条件下是否可能，这不属于我们现在研究的计划。**所以，每种天启必定向我们将上帝宣示为道德立法者，并且只有对于具有这样的目的的天启，我们才能出于道德根据相** (I,1,77) **信它是出于上帝**。

对于上帝的道德命令的服从只能基于对他的神圣性的崇拜与敬重，因为只有在这种情况下服从才是纯粹道德的。**因此，任何想用其他动机，例如用威胁惩罚或许诺报答，促使我们去服从的天启，都是不可能出于上帝的**，因为这类动机与纯粹的道德相矛盾。——天启或者会明确地包含着道德规律的预言，作为上帝的预言，或者会引导我们到我们自己的心中探索这些预言，这当然是确实无疑的，而且将在下文中详细加以列论，但这些预言却必须仅仅作为结果，而不是作为动机被提出来[①]。

① 假如能够证明，对上帝作为政治立法者的天启的合理确认（也许是对道德天启的准备）是可能的，而全部事情成败的可能都同时取决于这种确认有哪种可能，那就会显然看到，对这样一种天启中的这类规律的服从不仅可能而且必定建立在畏惧惩罚与希求报答之上，因为政治规律的最终目的是单纯的合法性，而这种合法性是最确实无误地由那些动机促成的。

§.9. 就天启可能有的内容(materiae revelationis)判定天启神圣性的标准

一般天启的本质东西是通过感性世界中的超自然的结果将上帝宣示为道德立法者的。一种 in concreto〔实际上〕给定的天启会包含着关于这种结果的描述,或包含着关于这些结果、手段、安排和情况等等的描述。一切涉及这方面的东西都属于天启的外部形
(I,1,78) 式,并且服从于这种形式的标准。规律本身就其内容而言,会通过立法者的这一宣示被设定到什么地方,依然没有由此完全得到解决。这一宣示或者会指引我们径直诉诸我们的内心,或者还会把我们的内心可能告诉我们的东西特别定为上帝的陈述,于是也就听任我们自己将那告诉我们的东西与上帝的陈述加以比较。上帝作为立法者的宣示,用言辞来表达,就意味着上帝是道德立法者。并且既然我们能用言辞表达这一宣示,我们也就能将这称为一项内容,即**宣示**自身的内容,**天启形式的意蕴**。但如果除了这项内容,还有更多的东西告诉给了我们,那么,这就是**天启包含的内容**。我们诚然能 a priori〔先验地〕设想前一项内容,而且如果我们有 a posteriori〔后验的〕需要,我们还能希求和期待前一项内容;但我们自身却绝不能清楚地认识到这项内容,相反地,对这个概念的明确认识必须通过感性世界中的事实发生。因此,我们绝不可能 a priori〔先验地〕认识天启会怎样和以什么方式给出。对于后一项内容,即天启一般会有内容,我们是不可能 a priori〔先验地〕期待的,因为这不属于天启的本质;但是,我们却能完全 a priori〔先验

地〕认识到，这项内容会是什么。于是，我们在这里就立刻遇到一个问题：我们的独立自主地发展而不受超自然助力引导的理性，不仅在它过去和现在所处的偶然性环境中，而且一般就它的本性而言，都绝不可能得到某些教诲和启迪，而我们能从天启期待得到这样的东西吗？我们可以十分心平气和地去回答这个问题，因为在我们按照自己用以真正研究天启形式的上述演绎，必须对它作出否定的回答的情况下，我们不必再害怕那种认为天启不可能给我们以任何新教诲，因而它是完全多余的反对意见。

这些需要单纯从超自然根源加以汲取的教诲，要么会把扩展我们对超感性事物的理论认识作为对象，要么会把确切规定我们的职责作为对象。那么，我们能期待天启扩展我们的理论认识吗？对这个问题的回答基于如下两个问题：首先，这样一种扩展在道德上是可能的吗？就是说，它与纯粹的道德不冲突吗？其次，它在自然界是可能的吗？它不与事物的本性相矛盾吗？它不终于与天启概念、因而与其自身相矛盾吗？ (I,1,79)

这样一种扩展在道德上是可能的吗？通过实践理性认识到的关于超感性事物的理念，是自由、上帝和不朽。我们在着眼于我们的高级欲求能力时是自由的，即我们拥有不依赖于自然规律的高级欲求能力，这是直接的事实。我们那种希求达到道德规律的最终目的的道德规定，直接迫使我们相信我们在着眼于上帝概念时需要用来规定道德领域里的意志的东西，即上帝存在，他至圣至公，全能全知，他是一切理性存在者的最高立法者和仲裁者。我们应该不朽，这直接来自对我们的有限本质提出的实现至善的要求，这些有限的本质本身并没有能力满足这个要求，但应该变得日益有能力满足这个要求，因而也一定**能够**这么做。我们对这些理念还想进一步认识到什么？我们想在自然界的超感性基质中发现自然规律和自由规律的结合吗？如果我不同时拥有一种用我们的自由驾驭自然规律的力量，这对我们就不会有丝毫实际用处；但如果我们获得了这种力量，我们就不再是有限的存在者，而变成了神仙。我们想拥有一个**确定的**上帝概念，如**实地**认识他的本质吗？这不仅不会促进，而且会阻止纯粹的道德。我们所认识的那个极其威严地浮现在我们眼前的无限存在者，会强制和敦促我们去执行他的命令；自由会被取消，感性偏好会永远沉寂，我们会丧失一切业绩，丧失一切实际的锻炼、充沛的精力和斗争的欢乐，而且由具有有限知识的自由存在者变为具有广阔知识的道德机器。最后，我们想现在就深入了解我们未来的生存的一切规定吗？这一方面会剥夺掉一切由我们处境的逐渐改善能够提供给我们的幸福感，而我们也会突然挥霍掉一切注定要我们去过永恒生活的东西；另一方面，浮现在我们面前的各种报答又会过分有力地对我们起决定作用，夺去我们的自由、业绩和自重。所有这样的认识并不会增进，而是会削弱我们的道德，而且上帝也不可能希望如此；因此，
(I,1,80) 这在道德上是不可能的。而这在自然界是可能的吗？这不与自然界的规律完全相矛盾吗？就是说，不与**我们的**应该得到这种教诲的天性的规律完全相矛盾吗？一种天启给我们可能提供的关于超感性事物的教诲，必须符合于我们的认识能力，必须服从于我们的思维规律。这些规律是我们可能有明确观念的必要范畴。假如这些教诲不符合于我们的认识能力，对我们的整个教导就会徒劳无益，为我们完全无法理解和把握，而我们也会依然如故，好像并不

拥有这种教导。假如这些教诲符合于我们的认识能力，超感性对象就会被下降到感性世界中，超自然事物就会被弄成自然界的一部分。我在这里并不研讨这样一种被认为客观有效的感性化过程是否不与实践理性相矛盾，因为这是下文要进一步阐明的；但立即可以看清，我们会由此得到一种对于本来并非超感性事物的超感性事物的认识，因此我们并没有达到我们那个被引入精神世界的目的，反而甚至丧失了对于这个从实践理性来看在我们面前可能存在的精神世界的正确认识。最后，这样一种期待不是与天启的本性相矛盾吗？给我们的取决于道德规律的理性提供的这样一些教诲完全不可能受到重视，以检验它们是否符合于天启的本性，因为它们根本不是建立在这些原则上（如果它们建立在这些原则上，我们的独立自由地发展的理性就一定会不靠任何外来助力，而能够达到这些原则）；所以，对它们的真理性的信仰就只能建立在天启诉诸的神圣权威上。但在这时，除了基于这种神圣权威的教义的合理性（即与进行论辩的理性不符合，而与信仰道德的理性相符合），对这种神圣权威本身就没有任何其他的信仰根据，因此，这种神圣权威本身也不可能是一个根据，它能证实那种最初已被视为证实这种权威的东西。——如果可以设想另一条达到合理承认天启神圣性的方法，例如奇迹或预言，就是说，如果用自然原因我们 (I,1,81)
无法解释某个事件，会使我们有理由将这个事件的起源归诸上帝的直接原因——但如上所说，这个推理会显然错误——则可以设想，我们由此建立的对于一种特定天启的一般神圣性的确信，怎样能建立起我们对于它的每个教诲的信仰。但是，既然这种对天启的一般神圣性的信仰只有通过对于它的每个陈述的信仰才是可能的，所以，对于任何不能保证其自身的真理性的论断，没有任何天启本身能保证它有真理性。因此，从合理的观点来看，对于任何只有通过天启才可能的教诲都不可能有一种信仰，并且每个这样的要求都会与天启中发生的应验的可能性相矛盾，因而与天启概念本身相矛盾。所以，批判工作从独立自由地发展的理论理性方面阻止我们实现的事情，即一种向超感性世界的过渡，我们也不可能从天启中期待，相反地，我们必须就我们当前的自然，全部、永远和彻底地放弃这种对超感性世界获得明确认识的希望[①]。

或者，我们从一种天启也许能期待我们根据和依靠我们的理性也不能从全部道德原则推导出来的那些实践准则、道德箴言吗？我们之内的道德规律是纯粹理性、in abstracto〔理论〕理性的呼声。理性不仅不能自相矛盾，而且在不同的主体中也不能有不同的陈述，因为它的命令是最纯粹的统一物，所以差异会同时也是矛盾。正像理性向我们言语那样，它向一切理性存在物言语，向上帝本身言语。因此，上帝既不能给我们提供另一种原则，也不能给我们提供一些基于另一种原则的、适用于特殊情况的规则，因为他本身是不受任何其他东西规定的。通过原则在特殊情况中的应用所产生
(I,1,82) 的特殊规则，当然由于主体按其本性所能进入的各种场合不同而

① 为了反驳草率的结论和不妥的应用，我们再次明确指出，这里说的仅仅是被宣布为客观有效的命题，而许多貌似扩大了我们关于超感性事物的知识的东西可能是直接的理性设准的感性化表述，或那些命题在某些经验中的应用所引起的理性设准的感性化表述。因此，我们指出的情况如果证明属实，就不会被这个标准所排除。但这种情况的证明不属于这里讲的范围，而属于应用到特殊天启上的批判工作。

不尽相同①，但是，所有的特殊规则都必须通过同样的理性，从同样的理性推导出来。一些 in concreto〔实际上〕给定的、在经验中确定的主体是否会同样正确和同样容易在特殊情况下推导出这些规则，在这样做时是否会不需要外来的助力，这是另一回事情。外来的助力不会为了这些主体推导这些规则，将那种依靠其权威的正确结果奉献给它们，而是引导它们去亲自推导这些规则，因为即使这些规则被外来的助力正确推导出来，这也只会建立合法性，而不会论证道德性。不过，为了这个目的，也不需要任何天启，而是每个明智的人都能够并且应该给不明智的人做这样的事情。

所以，无论在道德中还是在理论中，天启都不可能给我们提供我们的理性不借助天启就似乎不可能得到和不应该得到的教诲。**任何天启都不可能要求对这类教诲的信仰**。因为这类所谓的教诲虽然不能从实践理性的规律推导出来，却也不一定就与这种规律相矛盾，所以，为了这个唯一的原因而完全否认天启的神圣起源的事情是不会发生的。

但是，如果天启绝没有包含我们不熟悉的东西，那它究竟能包含着什么呢？毫无疑问，恰恰包含着实践理性 a priori〔先验地〕引导我们达到的东西，即道德规律及其设准。

就通过天启而成为可能的道德来说，在上文中业已辨明，同一种天启或者会指引我们径直寻找我们之内的理性规律，把它当作

---

① 所以，千万不要在感情激动时作出决断，这确实是一条正确规则；不过，这条受经验制约的规则甚至也不能普遍应用于人，因为使一个人全然摆脱一切激动的情感，的确是可能的，而且也应该是可能的。

上帝的规律，或者会用神圣的权威，将理性的原则既在其自身中，也在其可能情况下的应用中确立起来。

如果出现的是前一种情况，这样一种天启就不包含什么道德，而是我们自己的理性包含着理性的道德。所以，这里研究的仅仅是后一种情况。由天启确立为上帝的规律的，一方面是用语言表达出来的一切道德原则，另一方面是将这原则应用于受经验制约
(I,1,83) 的情况而产生的特殊准则。可以直接看出，道德的原则定然会得到正确的陈述，即一定会完全符合于我们之内的道德规律的原则，而一种**在其道德原则中与此相矛盾的宗教是不可能来自上帝的**，这就像把道德原则宣示为上帝规律的权限业已属于天启形式，并与天启形式一起同时得到演绎一样。但关于特殊的道德规则却产生了一个问题：天启能被认为把每个这样的特殊规则都从那被宣示为上帝规律的道德原则中推导出来吗？还是不必作进一步的证明，就可以在神圣权威之上直接把每个这样的特殊规则建立起来呢？——如果给我们下达命令的神圣权威只基于自己的神圣性，而这是每种被视为神圣的宗教的形成所要求的，那么，**因为**那命令是上帝的命令而对它表示尊重，即使在一些特殊场合，也不外就是对道德规律本身表示尊重。因此，天启可以将这类命令直接确定为上帝的命令，而不必根据原则去作进一步的演绎。但另一个问题在于，天启道德的每个这样的特殊规则是否可以至少在事后从原则出发得到正确演绎，每种天启是否在最终一定会指引我们找到这种原则。

无论关于整个天启可能有神圣起源，还是关于天启内容中的每个特殊部分可能有神圣起源，只是由于这种起源完全符合于实

践理性，我们才能表示确信，而这种确信就一个特殊的道德准则而言，也只有把这个准则从一切道德的原则中推导出来，才是可能的；所以，我们可以直接由此得知，每一个在神圣天启中被确立为**合乎道德**的准则都必定能从这个原则**推导**出来。于是，一个不能由这条原则**推导**的准则虽说还不会因而成为假的，但至少可以由此得知它不属于道德领域；不过，它也许会属于理论领域，是政治的、技术实践的以及诸如此类的东西。例如，“我们可以作恶以成善吗？绝不可以！”这句名言就是如此[8]。这是一个普遍的道德命令，因为它能从一切道德的原则中推导出来，而相反的说法会与它矛盾。另一方面，“如果有人想告你，拿走你的上衣，那你就连大衣也让他拿走”这类准则[9]，却绝不是道德规则，而仅仅是在特殊情况下有效的政治规则，它本身只要不与道德规则相冲突，就依然有 (I,1,84)
效，因为一切事情都必须服从于道德规则。如果一种天启包含着后一类规则，也完全不能得出结论说，整个天启不是神圣的，并且同样不能得出结论说，那些规则是假的。这取决于进一步从它们服从的原则所作的证明，不过这些规则并不属于天启宗教本身的内容，相反地，它们的价值必须从别处推导出来。但是，如果一种天启包含一些与一切道德的原则相矛盾的准则，例如，允许进行善意的或恶意的欺骗，对想法不同的人持不宽容态度，抱有迫害人的思想，不用开导的方式，而用其他手段传播真理，这种天启就肯定不是来自上帝，因为上帝的意志符合于道德规律，他既不可能希望发生那种与道德规律相矛盾的事情，也不可能允许有人将那种事情宣示为他的意志，以他的命令作出别的活动。

其次，出现道德规律的一切特殊情况都是有限理智不可能 a

priori〔先验地〕预见的，也是预见到它们的无限理智不可能 a priori〔先验地〕传达给有限存在者的，因此，任何天启都绝不会包含一切可能的特殊道德规则，由于这样，天启最终都依然必须或者引导我们去找我们之内的道德规律，或者引导我们去找这条道德规律的一个由天启确立为神圣的普遍原则，而这种做法与那种做法本来是一样的。这属于形式，而一种不做这类事情的天启，就不符合于其自身的概念，就不是什么天启。关于天启想那样做还是这样做，或想有两种做法，并未 a priori〔先验地〕存在着什么理性规律。

所以，一种宗教在其道德内容方面的神圣性的普遍标准是这样的：**只有这样的天启，它确立起一条符合于实践理性原理的道德原则，从而确立起能由这一道德原则加以推导的道德准则，才可能来自上帝。**

宗教可能包含的第二部分内容是这样一些命题，它们作为理性设准是确实的，它们以道德规律能有最终目的为前提，因而也就是由我们的意志规定活动同时给定的，并且又从另一方面有助于
(I,1,85) 我们的意志规定活动。这部分宗教内容被称为**教义学**，并且如果人们在这时只是注目于这部分内容的实质，而不注目于证明的方式，也不认为用这个名称就使自己有理由**制定教义**，即把那些命题描述为客观有效的，则可以继续这么称呼这部分内容。在上文中已经证明，天启关于这些命题能给我们的教诲无非是从纯粹理性原理中得出的结论。所以在这里仅仅还应讨论一个问题：天启能在什么东西上面建立起我们对于这些真理的信仰？可能有以下两种情况：或者，天启从我们之内的那种被它确立为上帝规律的道德

规律把它们推导出来，从而仅仅间接地把它们作为上帝的诺言给予我们；或者，天启直接地把它们作为上帝的决断确立起来，不是单纯把它们确立为这样的决断，便是把它们确立为上帝的那种由道德规律决定的存在者的决断，而不必再特别从道德规律推导它们。建立我们的信仰的前一种方式完全符合于理性宗教与自然宗教的做法，因此我们的信仰的合法性是不容置疑的。关于后一种方式则出现下列两个问题：当我们将道德规律的单纯设定的许诺视为崇高的无限存在者的许诺时，这不损害我们的自由和我们的道德吗？所有这些诺言不是至少一定在事后能从道德规律的最终目的推导出来吗？关于第一个问题，立刻可以看出，如果一种天启给我们将上帝仅仅显现为唯一的神圣存在者，显现为道德规律最精确的摹本，就像任何天启应该做的那样，则对上帝的一切信仰都是对 in concreto〔实际上〕显现出来的道德规律的信仰。但关于第二个问题，如果某一教义不能从道德规律的最终目的加以推导，则又可能有两种情况，或者这一教义是**纯粹不能推导的**，或者它**是与道德规律相矛盾的**。

某些教义中的论断如果与道德规律的最终目的相矛盾，则与关于上帝的概念，与一切宗教的概念相矛盾，而且**一种包含这类论断的天启是不可能来自上帝的**。上帝对于这类论断不仅不能提供论据，而且在涉及他自己的目的时，甚至也不能允许它们，因为它们是与他的目的矛盾的。不过，即使不直接与道德规律的最终目的相矛盾，就不可能从中推导出若干这样的论断，也还不能由此得出结论说，全部天启都不可能来自上帝；因为上帝利用了犯错误的人们为之效劳，而这些人们会给自己编造一种幻想，以便——或许

(I,1,86) 怀着善意的目的——使之与神圣教导并行不悖，并按照自己的看法，去做更多的好事，而且只要他们不想直接违背上帝的目的而利用这种幻想，在上帝看来就不宜限制他们的自由。不过，这确实会得出一个结论，即**所有这类事情都不是神圣天启的组成部分，而是人所附加的**，关于这类附加，除了用其他原因说明其价值，我们不必再做任何解释。这类命题既然完全不能有道德目的，则大部分只能是许诺一些理论上的启迪，而且如果它们谈的是超自然的事物，它们绝大部分也完全不能令人思议，因为它们不可能受范畴的制约。假如它们作为客观的论断受范畴的制约，则像下节将要证明的，它们不仅会不能加以推导，而且甚至会与道德规律相矛盾。

最后，一种天启能提出某些鼓励和增进德行的手段，它们或多或少地都会与庄重气氛结合起来，在社会中加以使用，或单独为天启自身加以使用。因为一切宗教都仅仅把上帝描绘为道德规律的创立者，所以，一切不属于我们之内的道德规律命令的东西也就不是上帝的命令，而且除了遵守道德规律，也没有什么手段能遂上帝的心意。因此，这些增进德行的手段必定不能变为德行本身，这些教人积德的**劝告**必定不能变为赋予我们以职责的**命令**，而人们是否也能使用这些手段或**单独依靠它们**得到上帝的赞同，这一定不允许含糊不清，相反地，它们与现实的道德规律的关系必须加以精确规定。——如果一位明智的人想达到目的，则可以说他也想拥有手段；但是，只有这些手段真正是手段，并真正变为手段，他才希望得到它们，而且因为它们是在感性世界里加以使用的手段，我们因而在这里就进入了自然概念领域，所以，只有它们为我们所掌握，他才会有希望得到它们。例如，确实有一种情况，它是每个祈祷者都体验到的，即祈祷无论是对上帝的虔诚默想、恳求或感激，都会有力地平息我们的感性生活，强烈地激励我们的心灵去感受和热爱我们的职责。但是，对于那种冷若冰霜、毫无热情的人——这样的人是很可能存在的——我们怎么能强制和鼓舞他去默想和 (I,1,87)
祷告上帝呢？如果由于想象力是经验规定，某些主观原因使他失去了这种能力，我们怎么能强迫他运用想象力去描述各种理性理念，从而赋予这些理念以生气呢？如果他经过冷静思考认识到，他理应具有并且必须具有某种需要，而他的需要也决非想象，因而上帝在他不在场时就知道这种需要，并且会赋予他这样的需要，我们怎么能强迫他很强烈地感受和很真挚地渴求这种需要，以致他会忘乎所以，要将它告诉给一个超自然的存在者呢？——因此，这样一些增进德行的手段只能如实地加以描述，而不能与道德规律无条件地命令的行动相提并论；它们完全不能加以命令，而只能向那种需要它们的人加以推荐；它们与其说是命令，倒不如说是许诺。将**它们与道德规律相等同的任何天启都肯定不是来自上帝**，因为把某种东西与道德规律的要求等量齐观是违反道德规律的。但是，一种天启能预示这些手段对我们的道德本性造成什么结果呢？是单纯自然的结果，还是超自然的结果？后一种结果作为具有原因的结果，并非按照自然规律，必然与那些手段结合起来，而是在有机会使用它们的时候，由一种在我们之外的超自然原因促成的。目前我们可以假定这种结果，即我们的意志是由一种在我们之外的超自然原因按照道德规律加以规定的。但事实上任何不通过自由、不应用自由出现的规定都不符合于道德规律，因此这个假定是自相矛盾的，而且每个由这种规定造成的行动都不可能是道德的，因此既不可能有丝毫的功绩，也不可能以某种方式成为我们获得尊重和幸福的源泉。在这样的情况下，我们会成为机器，而不可能是道德存在者，并且每个由此造成的行动都会在我们的道德行动的序列中简直成为零。——不过，即使我们像有人必定会做的那样，应该承认这种情况，我们也依然可以说，在有机会使用那些手段时，必定会在我们之内引起一种不通过自由、不应用自由出现的规定，这不是为了增进我们的道德——这当然不可能会增进我们的道德——而是为了通过那种在我们之内以超自然方式造成的结果创造一个感性世界中的序列，它会成为按照自然规律去规定**其**
(I,1,88) **他**道德存在者的手段，因而**我们**当然也会成为单纯的机器。然而，上帝宁肯利用我们而不利用其他道德存在者去达到这一目的，则以使用那类手段的条件为转移。——无论是**我们**作为机器被用于促进善，还是其他机器被用于促进善，现在都没有研究这对我们究竟能有什么价值；即使在这个方面，任何天启也绝不可能提供这类普遍有效的预兆，因为假如每个人都满足了天启的条件，从而在其自身引起一种外来的、超自然的因果性，那么，这不仅会取消我们之外的一切自然规律，而且也会取消我们之内的一切道德。但我们不可完全否认，在某些特殊情况下，不否认一般天启的原则，就不可能在上帝的计划中有这类结果；我们同样不可否认，其中某些结果不会受工具方面的条件的制约，因为我们不可能知道这一点。但是，如果在一种天启中出现了关于这种结果的叙述，出现了关于这种结果的规则和预兆，那么，它们也不是属于天启的一般内容，而是属于天启的外部形式。我们之外的超自然原因的规定作用取消了道德；**因此，在某种条件下预示这类规定作用的任何宗教都与**

道德规律相矛盾，因而肯定不是来自上帝。

所以，天启能从那类手段指望得到的东西就只剩下自然的结果了。一俟我们谈到促进德行的手段，我们就是处于自然概念的领域。手段存在于感性自然界中（祷告也存在于感性自然界中，虽然其起源是超感性的）；应由此规定的东西是我们之内的感性本质；我们的卑贱的偏好须加以削弱与压制，我们的高尚的偏好须得到加强与提高；意志的道德规定被认为不是由此出现的，而是仅仅由此得到促进的。所以，一切事物都必然像原因与结果一样联系在一起，而这种联系也必定可以被清楚地看出来。但不能由此断言，可以要求天启表明这种联系。天启的目的是实践的，这样一种演绎则是理论的，因而可以任凭每个人自己加以反思。天启能满足于把这些手段仅仅确立为上帝推荐的。但这种联系必定能事后加以表明，因为了解我们的感性本质的上帝绝不会向它赞扬任何不符合于它的规律的改进手段。因此，无论什么天启，如果它提出一些我们无法表明如何能自然而然地有助于增进德性的手段，那 (I,1,89)
么，至少**就它这么做而言**，它绝不是来自上帝。在这里我们可以加一个限定：只要这些手段不被弄成职责，只要不从它们那里指望得到超自然的结果，它们的劝告就不与道德相矛盾，而纯粹是空洞的和无用的①。

① 但完全不能得出结论说，某种增进德性的手段既然对一个主体、甚至大部分主体都没有用处，因而也就不可能对任何人有什么用处。我觉得，人们出于对许多苦行修炼在过去造成的弊端的憎恨，而在现今把它们完全抛弃，这未免走得太远了。每位作过自我修炼的人都知道，在谈不到有任何明确的法律的地方，单纯为了削弱自己的感性生活，变得日益超脱，也有时压制一下这种生活，完全是好的和有用的。

§.10. 就这一内容可能有的表现判定天启神圣性的标准

因为一般天启就其形式而言，是为感性生活的需要而存在的，所以，如果能表明感性生活在这个方面有特殊需要，则很可能天启在其表现中会屈从于感性生活。但是，这种表现远非天启的本质性和表征性的东西，因此就像上文表明的，我们甚至不能 a priori〔先验地〕要求天启有一项内容，或要求它除了宣示上帝为道德规律的创始者之外，还一般做某种更多的事情。

一般感性生活因为偏好作相反的努力，而仅仅乐于将道德规律的实现视为不可能的，不承认命令是已经给予其自身的。虽说在这时天启将这种规律明确地颁布给了感性生活，但是，如果天启被认为是谈到过感性生活的人自身的行动，如果它是照本来的意
(I,1,90) 思**下达命令的**，则在这种人中职责的声音依然微乎其微，而为欲求的呼喊所削弱，为感性生活提供的大量错误概念所压抑。但是，如果问题在于对一种行动作出评论，这种行动绝没有包含过着最粗野的感性生活的人的偏好，那么，甚至这种人也会听到职责的声音。如果他学会了用这种方式在自身辨别这种声音，如果能使这种声音不再无所作为，并且他变得更加熟习和信赖这种声音，那么，他就会终于开始也在他自己身上憎恨他在别人身上感到厌恶的东西，而希望他自己也有他向别人要求的东西。那种要求自己周围的一切都公正，唯独不要求自己公正的荒谬态度实在太令人刺目，以至没有任何人愿意承认它。如果我们能使这种人设身处

地，在他不公正的情况下，不得不承认这种荒谬态度，那该多好啊！怎样才能达到这个目的呢？那就是用树立道德范例的方法。所以，天启会用叙事方式表达其道德内容，而且它只有这么做，才更好地符合于人的需要。它能将不公正的行为确立为受人蔑视的，而将公正的行为，特别是作出巨大牺牲和巨大努力完成的行为，确立为令人景仰和仿效的。关于天启这样提出自己的道德学说的权限，绝不可能发生问题。从天启的目的就可以得知，被天启确立为合乎典范的行为必定是纯粹道德的，它不可能将模糊的、甚至显然恶劣的行为赞颂为善行，不可能将做出这类行为的普通人称颂为伟大的道德完人和典范。**任何这么做的天启都与道德规律和上帝概念相矛盾，因而不可能有神圣的起源**。

天启必须呈现出理性理念，即自由、上帝和不朽。每个人的自我意识都直接教导他，人是自由的。对于这个事实，他越不用诡辩的方法歪曲自己的自然而然的感受，他就越不表示怀疑。一切宗教、一切天启的可能性都以自由为前提。因此，把这个理念呈现给那种在感性中受制约的理性绝不是天启的事情。因此，任何天启都没有必要涉及解决反对这个理念的辩证法假论据的问题。天启不是进行论辩的，而是发布命令的，不是指向论辩的主体，而是指向感性的主体。但与这个理念相比，关于上帝的理念则更加如此。每个人类成员在他设想上帝的时候，都不得不在时间与空间这些纯粹感性的条件下设想他。虽然我们还会很坚定地确信和很明确地证明，这些条件不适合于上帝，但是，当我们还在抨击这个错误 (I,1,91)
的时候，它也毕竟使我们感到惊讶。我们现在想将上帝设想为就在我们眼前，我们不可能不设想他就在我们存在的地方；我们现在想将上帝设想为我们未来的命运、我们自由的决断的预卜者，我们设想他就在他现在存在的时间中，观望着他尚未在其中存在的时间。宗教的描述一定符合于这样的表象，因为宗教是在与人谈话，并且只能用人的语言谈话。但在经验中得到规定的感性还需要有更多的东西。内部的感性官能、经验的自我意识服从于这样一种条件，这种条件就是逐渐接受和相互增补多种多样的东西，而绝不可能接受那种与以往的东西没有差别的东西，所以，这种条件就是只能够注意变化。内部感性官能的世界是各个变化形态组成的一个不绝的链条。内部感性官能也想在这种条件下设想上帝的自我意识。它现在需要在作出某种决断时有一个注意到它的信念的纯洁性的见证人。它自身设想，上帝注意到了它心灵中进行的过程。它现在对不道德的行为感到羞耻，它的良心使它回想起立法者的神圣性。它设想，上帝已经发现了这种行为，发现了从中表露出来的全部堕落现象。但它继续设想，上帝也注意到它现在对此感到的懊悔。它这时决意真正坚定不移地工作，从今以后注意自己的圣洁。它感到自己缺乏这样做的力量。它自我奋斗，并在斗争中太软弱时寻求外来的帮助，乞求上帝。它设想上帝会决心赞助它的恳切的、持久的乞求，并且设想在所有这些情况下上帝都可以由它改变其形态。它设想上帝有情感与激情，因而他能分享它自己的情感与激情，诸如同情、悯怜、宽恕、仁爱、快乐之类。将一切事物置于外部感性官能的经验条件之下的最高或最深感性层次，还要求更多的东西。这个层次的感性希望得到一个有形体的上帝，他真正看到它的行动，听到它的言语，就像朋友与朋友谈话那样，它能与他谈话。一种天启是否能屈从这种需要，绝不是什么问题；

但这种天启是否允许如此，在多大程度上允许如此，对天启所作的评论则必须加以回答。

所有这些教诲的目的无非在于增进纯粹的道德，增进它在感 (I,1,92)
性形式中的呈现，尤其是增进过着感性生活的人的纯粹道德。因为只有这种感性化符合于这个目的，天启才会是神圣的，如果它不符合于这个目的，天启就肯定不是神圣的。

上帝概念的感性化会以直接的或间接的方式与上帝的道德属性相矛盾，因而与一切道德相矛盾。如果用一些与道德规律直接对立的激情描述上帝，例如，认为上帝具有出于固执、偏爱或成见的愤怒情绪与报复心情，而这些心情都不是基于这些激情涉及的对象的道德性质，而是基于另外某种东西，上帝概念的感性化就会**直接**与上帝的道德属性相矛盾。这样一位上帝绝不会是我们模仿的典范，也不会是我们能够敬重的存在者，而是令人不安和失望的畏惧情绪的对象。这与那要求把至圣上帝作为立法者的一切天启形式是相矛盾的。但是，举例说，假如认为上帝对于有限存在者的不道德行为具有十分强烈的义愤，这就与关于上帝的道德概念完全不会有矛盾，因为这纯粹是对上帝神圣性的一种必然结果的感性描述，而这种结果就像它自身在上帝中那样，我们根本不可能认识。这种义愤即使会在一种没有什么明确的词汇去细致形容情感的语言中被称为愤怒，用讲这种语言的人们的精神来理解，也不会与上帝概念相矛盾。**任何**关于上帝的感性描述，如果被视为**客观有效的**，而不被视为对我们的**主观需要**的单纯屈从，就会**间接地**与道德相矛盾，因为从一切对客体自身有效的东西中我们都能作出一些推论，从而进一步规定客体。但是，如果我们从上帝的某种感性条件中作出了一些推论，把它们当作客观有效的，那么，我们每走一步都会使自己更深地陷入与上帝的道德属性的矛盾之中。例如，如果上帝真有视觉与听觉能力，那他也就必定会借助这些感性官能去分享欢乐；于是，很可能是我们使他得到感性欢乐，而他也真的会喜欢燔祭和膳祭的味道[①]，结果我们就拥有一种不用道德
(I,1,93) 而用其他某种东西讨他喜欢的手段。如果我们真能用我们的感觉规定上帝，促使他同情、宽容和愉快，他就不是永恒不变、唯一知足、唯一极乐的存在者，他就可以不用道德规律，而仍然用另外某种东西加以规定。于是，我们也确实可以指望用哀求与忏悔，推动他不用我们的道德水平当之无愧的方式，而用其他方式对待我们。因此，神圣属性的所有这些感性描述都一定不能被宣示为客观有效的；上帝本身是否具有这样的性状，他是否仅仅为了我们的感性需要就愿意让我们这样设想他，对这类问题一定不可含糊。但是，除了这种条件以外，对于任何天启，无论它随着上帝概念的感性化可以进展到什么程度，我们都不可能 a priori〔先验地〕颁布规律，相反地，这完全取决于经验中给定的时代需要，天启最初就是为这种需要而得到规定的。例如，某种天启一方面为了满足最粗野的感性生活的一切需要，另一方面为了确保上帝概念的完全纯洁，可以向我们将某种全然受感性制约的存在者呈现为上帝的那些与人

---

① 反对这一错误的预言家的观念表明，古代犹太人真的作出了这样的推论；他们的犹太法典里包含的那些有关上帝的幼稚可笑的观念证明，他们在现代并不更加聪明；这是由于他们的宗教的过错，还是由于他们自身的过错，在此依然未加探讨。不过，在中世纪、甚至近代的许多基督徒当中，那种认为某些祷告词——诸如“天主垂怜”、“我主耶稣基督”等等——比其他祷告词更讨上帝喜欢的幻想是从什么地方来的呢？

有关的道德属性的摹本，将有形体的实践理性(λογον)宛然呈现为人类的上帝，在这种情况下，只要这个存在者能被表象为符合于那两方面的目的，只要这个代表不会被断定为客观有效的，而是单纯被表象为对于可能需要这类代表的感性生活的屈从①，并且像必然由此得知的那样，会完全听任每个人按照他发现这对自己在道德上的用处，自由地决定使用或不使用这类表象，那么，也就不会有什么理由，去否认这样一种一般天启，甚至否认它的这种呈现有神圣的起源。所以，**只有这样一种天启才能有神圣的起源**，**这种天** (I,1,94)
启提供的人格化的上帝不是**在客观上有效的**，而是**单纯在主观上有效的**。

灵魂不朽的概念是建立在一种并非由感性、特别是由最深层次的感性所构成的抽象上的。每个人都是直接通过自我意识确信他的人格；“自我是存在的，是独立的存在者”这样的意识，他不可能让人用任何论辩方法夺走。但是，在他的这个自我的各种规定中，哪些是纯粹的或经验的，哪些是通过内部感性官能或外部感性官能给予的，哪些是通过纯粹理性给予的，哪些是本质的，哪些是仅仅偶然的和依赖于他的当前处境的，他却分辨不清楚，而且也没有能力这么做。他也许永远达不到关于灵魂是纯粹精神的概念；即使有人给予他这样的概念，给予他的也往往无非是对他毫无意义的词汇。因此，他只能将他的自我的延续设想为他的自我与其当前的一切规定不断延续的形态。如果一种天启要屈从于这种软

---

① 在腓力普要求耶稣将主**指**给他**看**以前，耶稣并未说谁看见了我，谁就看见了主。[10]

弱无能，并且为了让人理解，也几乎必须如此，那么，这种天启对他来说就会使那个理念采取他能设想灵魂的唯一形态，采取他当前列入他的自我中的一切东西不断延续的形态，而且由于他显然预见到他的一部分自我将来会毁灭，这种天启还使灵魂理念采取复
(I,1,95) 活的形态①，使创造道德与幸福完全符合的结果采取末日审判和给予奖惩的象喻。不过，这种天启不可能将这些象喻确立为客观真理。当然无法表明，即使有人把这些感性描述假定为客观有效的，也会像从客观的人格化上帝得知的那样，由此得出一些与道德直接矛盾的结论。造成这种情况的原因在于：上帝是全然超感性的；上帝概念仅仅来自 a priori〔先验〕纯粹理性；因此，若不同时歪曲先验纯粹理性的原则，就不能歪曲这个概念。但不朽概念却纯粹不是从先验纯粹理性推导出来的，而是以这样一种可能的经验为前提，即存在着一些有限的理性存在者，他们的现实性并不是直接由纯粹理性给予的，所以，一种关于不朽的感性表象所能要求的，或者是从道德存在者的**有限性**中，或者是从道德存在者的**道德本质**中推导出自己的客观有效性。假如出现了前一种情况，这便

---

① 例如，耶稣在约翰福音书里用几句话解释过他的门徒们的长生不死，他全然不用复活的象喻，也没有讨论灵魂与肉体的差别，没有讨论对肉体死亡可能提出的异议。除了他在这个地方就这个题目发表的言论以外，在其他地方根据那种针对撒都该人所作的κατ ἀνθρωπον〔以人为依据的〕证明，也极其明显地可以看到，他在谈到复活时，想的是不朽，这两个概念在当时被认为是完全一样的。[11] 援引的上帝言论，如果承认其他一切都正确，所能证明的也无非是亚伯拉罕、以撒和雅各在摩西时代长生不死，而决非肉体的真正复活。撒都该人也是这么理解这件事情的，他们不仅否认肉体复活，而且完全否认不朽，这从他们对耶稣的这个证明感到满意的事实中就可以看出来。

由这一教义的过分粗疏的观念产生的一些矛盾，业已使保罗不得不把它规定得稍微详细一些。[12]

不会与道德原则相矛盾，因为这样一种证明必定是从一些不与道德原则相悖的理论原则作出的。假如出现了后一种情况，这种证明则必定是从那些本来为一切道德本质所共同具有的属性作出的，所以也就是从上帝作出的。因此，上帝本身会由此受到感性规律的约束，从而会产生出一切与道德可能有的矛盾。认为**我**这个具有尘世形体的人只能以这样的形体延续下去，即只能恰恰以我这里具有的形体延续下去，认为这种形体也许由于其本质中存在的原因使然，首先必须腐烂一段时间，然后才能与我的灵魂再次结合，诸如此类的看法与道德全然没有矛盾；但是，说上帝受这种条件的约束，却会与道德相矛盾，因为在这种情况下，上帝的本质不会取决于道德规律，而会取决于某种别的东西。既然这一点在断言复活概念的客观有效性时会让人很难以决定，所以从这个论断本身也就得不出任何与道德相反的结论。

但这样一种客观的论断不能由任何东西加以辩护和证明。它不能由神圣的权威加以辩护和证明，因为天启仅仅是建立在至圣上帝的权威上；从他的道德本质也不能推导出关于我们不朽的这样一个条件，因为否则这一条件也就必定能直接从 a priori〔先验〕 (I,1,96)
纯粹理性推导出来。天启完全与理论证明无关，它一俟介入理论证明，就不再是宗教，而成为物理学了，就是说，它不再能要求信仰，而必须强求确信，并且这种确信的有效性也无非就是进行证明。然而，对于复活来说绝不可能有什么理论证明，因为在这个概念中超感性东西被认为是从某种感性东西推导出来的，因此，只有这样一种天启才可能是神圣的，这种天启把我们的不朽与上帝对有限存在者的道德裁判的感性化描述提出来，不是作为客观上有效的，而仅仅是作为主观上有效的（不是对整个人类有效的，而仅仅是对那些需要这种描述的、过着感性生活的人们有效的）。如果天启做的是前者，那么，虽然还不能由此否认它有神圣起源的全部可能性，因为这样一种论断并不与道德**相矛盾**，只是**不**能从道德原则**推导**出来，**但是**，**至少从这个论断方面看**，**它不是神圣的**。

一种天启是把客观的有效性，还是单纯把主观的有效性赋予它关于纯粹理性理念的感性化表象——这一点即使它没有明确提到，但为了避免一切可能的误解，是应该希求的——可以从它是否建立在这些推论上察觉出来。如果它做的是前者，则显然可知，它将客观的有效性赋予了那些表象。

最后，既然经验的感性就其特殊变化形态而言，在不同的民族和不同的时代是变化的，而且在美好天启的教导下将日益缩小，所以，如果这种感性表现精神的形体不太结实经久，而是具有一个大致的轮廓，能轻而易举地适应不同民族和不同时代的精神，那就有一个标准，它虽然不是评判一种天启的神圣性的，却是评判这种天启对许多民族与时代可能具有的规定的。对于激励和促进那些由天启劝导的道德的手段，这一看法也同样有效。在明智者手中掌握的明智天启的指引下，不同的民族与不同的时代都应该日益放弃它们的粗糙的感性混合物，因为这种感性应该日益变得可以或缺。

(I,1,97)　§.11. 这些标准的分类顺序

现在确立起来的一些标准，是可能将我们关于一种天启的 a priori〔先验〕概念应用于感性世界中给定的现象的条件，是可能判

断这种现象是否天启的条件，就是说，不是我们在下一节中才谈到的应用一般天启概念的条件，而是把这个概念应用于确定的、给予的经验的条件。为了肯定我们已经穷尽了所有这些条件，并且除了上述条件之外，就不再存在任何条件（因为假如我们相反地确立了一些实际上并非条件的条件，必定会立刻由此看出，我们不可能把它们从天启概念中推导出来），我们必须寻找一种揭示天启概念的所有规定的向导，而这样一种向导在一切可能的概念中就是范畴表。

这就是说，天启概念是关于感性世界中的现象的概念，这种现象按质来说，被认为是直接由神圣因果性促成的。因此，评判符合于这个概念的现象的标准就在于，这种现象绝不是由任何与神圣因果性概念相矛盾的手段促成的；并且因为我们只拥有关于上帝的道德概念，所以这类手段也包括一切非道德的手段。这种现象按主观的量来说（因为客观的量绝不提供什么真正的标准，相反地，以这种量为基础，只能提到各个没有来往的民族并非不可能同时有一些天启）应该对一切过着感性生活的、需要天启的人们都有效。因此，每种 in concreto〔实际上〕给予的天启存在的条件就在于真正能够指出有这类需要的人们是存在的。这是按照天启外部的形式评判一种天启的一些标准，它们是从天启概念的数学规定中得出的；这就是按照事情的本质来说必须如此的情况。

这种现象按关系来说，是在其概念中与一个目的联系起来，即与增进纯粹道德的目的联系起来。因此，一种 in concreto〔实际上〕给予的天启必定用可以证明的方式试图达到这个目的，但不是恰好必然能达到的，因为这会与道德存在者、即自由存在者的概念

相矛盾，而只有在这个概念中道德才能被创造出来。在过感性生
(I,1,98) 活的人们当中，只有宣示上帝为道德立法者，这个目的的促进作用才是可能的，而对这位立法者的服从也只有基于对上帝神圣性的表象才是道德的。因此，无论这一宣示，或所要求的服从态度的既定动机的纯洁性，都是评判一切天启的标准。

最后从模态来看，天启在其概念中仅仅是被假定为可能的，从这里绝不可能看出天启概念应用于 in concreto〔实际上〕给予的现象的条件，即看不出评判天启的标准，因为这给天启概念本身没有增加任何东西，而只是表达了它的对象与我们的知性的关系。关于应用一般天启概念的可能性由此得出的结论，我们在下一节中将会看到。

这就是按照天启的形式评判天启的一些标准；因为天启的本质恰恰在于业已 a priori〔先验地〕存在的内容的特殊形式，所以这些标准也是天启仅有的重要标准。除了这些业已确立的标准，就不再可能有任何标准了，因为在天启概念中不再有任何规定。

天启的内容是 a priori〔先验地〕通过纯粹实践理性而存在的，并且在自身恰恰受到纯粹实践理性本身受到的评论。因此，在这种理性被视为天启的内容的限度内，它的唯一标准，就内容和修饰内容的描述来说，在于它完全符合于实践理性的陈述；就质来说，在于它恰恰作了这样的陈述；就量来说，在于它不再声称想作陈述（因为它必须确立一个原则，按照这个原则，一切能成为宗教内容的东西至少必须被 implicite〔含蓄地〕陈述出来，所以在天启中不可能作出更少的陈述）；就关系来说，在于它是能够加以推导的，并且服从于唯一的道德原则；就模态来说，在于它不是在客观上普遍

有效的，而是仅仅在主观上普遍有效的。——根据现在所说的，会很容易按照范畴的顺序，制定出一个包含着评判每种可能的天启的全部标准的表格。

§.12. 论接受一种给定的现象为神圣天启的可能性 (I,1,99)

迄今真正得到澄清的无非是一般天启的完全可思议性，即关于这样的天启的概念并不自相矛盾。既然这个概念里设定了感性世界中的一种现象，所以也就必定确立起了这个概念可以应用于一种现象的条件。这些条件就是加以应用的概念的那些通过分析发现的规定。

但是，尚未发生的事情——诚然，甚至尚未为此做过任何准备——却是给这个概念保证有一个**我们之外**的实在性，而这件事情就这个概念的本质而言是一定会发生的。这就是说，如果一个 a priori〔先验的〕、可以应用于感性世界的概念（例如因果性概念）已经**被给定**，那么，关于它已经被给定的证明就保证了它的客观有效性；即使它仅仅是 a priori〔先验地〕**构成**的，例如，一个三角形的概念，或者甚至一匹天马的概念，它在空间中的构造也直接确证了它有这种实在性。判断“这是一个三角形”或“这是一匹天马”，无非意味着这是我所构成的一个概念的呈现。在这样一种判断中假定了属于概念的实在性的也无非是概念本身，而且唯独概念才可看作是对应于概念的东西的充分根据。但在 a priori〔先验地〕构成的天启概念中，还给这个概念的实在性确实假定了某种迥然不同于我们的天启概念的东西,即一个在上帝中存在的、类似于我们自己的概念的概念。直言判断“这是一种天启”,不仅意味着这种感性世界中的现象是**我的**一个概念的呈现,而且意味着这种现象是符合于**我的**一个概念的一个**神圣**概念的呈现。为了证实这样一个直言判断,即为了确保天启概念有一个在我们之外的实在性,就必须能够证明,这种实在性的概念在上帝中已经存在,并且某种现象就是这个概念的预期达到的呈现。

(I,1,100) 一方面,这样一种证明可能是 a priori〔先验地〕作出来的,即从上帝概念出发表明这样的必然性:上帝不仅具有天启概念,而且也愿意促成它的呈现;这种证明方式也许就像我们从道德规律对上帝的要求——赋予各个有限存在者以永恒性,以便他们能满足于道德规律的永远有效的命令——出发,必然会得出结论说,关于有限道德存在者具有不朽性的概念不仅作为概念存在于上帝中,而且上帝也必然在自身之外实现这个概念。这样一种昭然若揭的证明当然只能是主观的,但毕竟会是普遍有效的,它能证明的东西很多,甚至超过我们的预期,因为无论在感性世界里是否会有一种符合于天启概念的现象,它都能全然不依赖于这个世界中的一切经验,而使我们有理由假定天启的绝对存在。但我们从上文已经看出,这样一种证明是不可能的。就是说,关于上帝,我们只有一个合乎道德的、由纯粹实践理性给予的概念。如果能在这个概念中发现一个证据,它使我们有理由认为上帝具有天启概念,那么,这个证据同时也会是给出,而且实际上 a priori〔先验地〕给出天启概念本身的证据。但是,我们在上文中寻找这样一个纯粹理性证据已经归于失败,因此已经承认了天启概念是一个单纯构成的概念。

另一方面，这样一种证明也可能是 a posteriori〔后验地〕作出来的，即从自然界中给定的现象的各个规定出发，表明它们无非是直接由神圣的因果性引起的，而它们由神圣的因果性引起，又无非是它们根据天启概念引起的。这样一种证明无限地超过了人类精神的能力，这本来就不必加以表明，因为要阻止人类精神从事这种证明，只需要提到这种证明的要求就够了，但这类事情在上文中还是偏偏发生了[①]。

不过，在放弃作出严格证明的希望以后，人们依然可能相信，(I,1,101)
不可证明的命题至少可以被描述为或然的。这就是说，如果我们进入一个由各种根据组成的序列，它一定能把我们引至某个命题的充分根据，然而却不能表明这个充分根据本身为给定的，也不能表明这个根据的充分根据为给定的，如此等等，则会在这种情况下出现或然性，并且我们越接近于这个充分根据，或然性的程度就越高。这时，我们就会或者打算用 a priori〔先验〕方法（从原因下降

---

① 同时不可否认，在人类的本质中有一种普遍的、不可抗拒的习性，从一个按照自然规律无法理解的事件出发，通过直接的神圣因果性，推论出这一事件的存在。这种习性产生于我们的理性的使命，即给一切有条件的东西假定一个由各种条件组成的总体。这个总体是立刻呈现出来的，而我们也不必再做什么努力，去探索种种条件，因为一俟不再想继续探索它们，我们就立即可以转入一个无条件的东西（或一切有条件的东西的第一个条件）。然而，既然这种急于推导出各个条件组成的无限序列的心情给任何幻想与谬误都总是敞开着大门，那么，大家就必须在每个场合都不对它表示宽恕。不过，如果已经暂时判明，依据神圣因果性对某个事件所做的解释绝不会给道德带来有害的后果，而是甚至带来有益的后果，那么，人们在这种绝无仅有的情况下就不可以将那种在其他场合很有必要对我们大胆的理性采取的严厉态度有所放松吗？就不可以在人类的精神中将这个即使用证明方法也是靠非法手段得到的接触点更多地托付给一种行善的信仰吗？

到结果),或者打算用 a posteriori〔后验〕方法(从结果上升到原因),去探索这个充分根据。在前一种情况下,我们必须表明上帝的一种属性,它在一种附加的、不可表明的规定根据开始起作用时,必然会推动他实现天启概念;同样,关于上帝的智慧,我们虽然能够按照那种在尘世中与它的作用方式类似的方式(因而就是用这个 a priori〔先验〕天启概念与经验相结合的方法)猜想到,但不能证明(因为对此可能存在着一些我们并不知道的根据),有限的存在者会与躯体、而且是与日益精致的躯体一道经久不灭。我们的精神有这样的机制,即或然性的根据不可能在它之内 a priori〔先验地〕建立起丝毫能够应验的东西,撇开这个事实,我们也从来没有发现在上帝之内有这样一种属性。或者,在第二种情况下,我们必须排除某个事件不会由神圣因果性促成,而会由其他一个、两个因果性等等促成的一切可能性。这时我们当然进入了这个给感
(I,1,102) 性世界中的某些现象假定神圣因果性的根据序列。因为从理论上看,如果**我们**无法用自然原因解释某个事件的起源,自然就存在着一个以上帝的直接作用为这个事件的起源的第一根据。但这仅仅是这样一个序列的第一环节,它的范围我们全然不认识,而且就一切或然性而言,它本身对我们不可思议,因此它在可能存在的其他无限多环节面前就变成了子虚乌有。所以,要证明一个直言判断"某物是天启",我们甚至连或然性根据都不可能提出。

也许有人暂时还会相信,这种或然性会通过所谓天启与其标准的业已发现的一致性而被确立起来。因此,我们首先要问:假如一种所谓的天启已在眼前,而我们也在其中找到了真理的一切标

准，那么，这会证明关于这种天启的什么判断呢？所有这些标准都是上帝按照天启概念能够促成这样一种现象的唯一和必要的道德条件；但反过来说，它们却绝不是单纯能由上帝按照这个概念促成的一种结果的条件。假如它们是后者，它们就会通过排除其他一切存在者的因果性的方法，证明判断“这是天启”。但因为它们不是后者，而仅仅是前者，所以，它们仅仅会证明判断“这可能是天启”；这就是说，如果假定在上帝之内已有天启概念，而且他有过呈现它的打算，那么，在一个给定的现象中就绝没有包含任何这样的东西，这种东西竟会与可能的假定“这个现象就是一个诸如此类的呈现”相矛盾。因此，按照标准所作的这样一种检验会使“某种东西可能是天启”变成单纯或然的；但这个或然判断也是完全确实的。

就是说，在这个或然判断中实际上陈述了两件事情。首先，一件完全可能的事情是：上帝具有天启概念，他有过呈现它的打算；这从假定了这种可能性的天启概念的合理性中就已经能直接看出来。其次，另一件可能的事情是：这个所谓的特定天启是天启概念的呈现。关于被宣示为天启的任何现象，都能在未做一切检验之前就作出后一个判断，并且照理说也必然会如此，尤其是在这样的意义上：这种现象在自身就可能会有天启的标准。就是说，在这里（在做出检验之前）一个或然判断是由两个或然判断组成的。但是，如果这种检验已经完成，并且发现被宣示的天启应验不爽，那 (I,1,103)
么，前一个判断就不再是或然的，而是完全确实的，即这种现象在自身具有天启的一切标准。因此，人们在这时不必再期待进一步的证据或畏惧某个地方来的异议，就能完全确实地作出判断说，

“这种现象可能是一种天启”。因此，可以从按照这些标准所作的检验中得知，能由它们得出的东西不仅是或然的，而且是确实的，即得知这种现象是否可能有神圣的起源；但关于它是否实际如此，则完全没有从检验得知，因为在进行检验时不曾存在这个问题。

完成这种检验以后，心态对于直言判断就达到了拥护与反对之间的完全平衡，或按合理的观点来看，起码应当如此；这时的心态还没有偏向于任何方面，但在受到最初的极小推动时，则乐于偏向这个方面或另一方面。对于否定判断来说，绝不能设想任何不与理性相矛盾的推动力；既不能设想一个严格的证明，也不能设想一个足以作出或然性推测的证明，因为基于同样的理由，否定的证明正如肯定的证明一样，是不可能成立的；也不能设想实践规律对欲求能力的规定，因为承认一种自身具有一切神圣性标准的天启绝不与这种规律相矛盾。（诚然可以设想偏好对低级欲求能力的规定，它能使我们对承认天启发生反感，并且人们可以不犯苛刻责人的错误，而确实认为这样一个规定对许多人来说就是他们不想承认任何天启的原因；但是，这样一种偏好显然与实践理性相矛盾。）因此，作出肯定判断的推动力必须加以寻找，否则我们就一定会永远停留在这种悬而未决的状态中。这个推动力既然既不是严格的证明，也不是足以作出或然性推测的证明，那就一定是欲求能力的规定。

关于上帝概念，我们已经在以前遇到这种情况。我们的理性给一切有条件事物寻找各个条件组成的总体，将我们在本体论里引导到关于最实在的存在者的概念，在宇宙论里引导到第一原因，在目的论里引导到理智存在者，从这个存在者的概念中我们能够推导出一个在感性世界里对我们的反思到处都必然需要假定的目的联系。绝对没有任何原因能被寻找出来，表明某种在我们之外 (I,1,104)
的东西为什么不应符合于这个概念，然而我们的理论理性却绝不能靠任何手段保证这个概念有这种实在性。不过，实践理性的规律倒为了我们的意志形式，给我们确立了一个最终目的，它的可能性只有在假定那个概念有实在性的前提下才对我们可以思议。既然我们完全想达到这个最终目的，因而也必须在理论上假定它的可能性，所以，我们也必须同时假定它的条件，即上帝的存在和从他的概念与有限道德存在者的概念的联系中得出的灵魂不朽。因此，一个在有效性方面以前完全是或然的概念，在这里就不是通过理论证据得到实现的，而是为了规定欲求能力得到实现的。——关于这个课题，我们在这里完全遇到了相同的情况。这就是说，在我们的心中存在着一个概念，它只是作为概念才完全可以思议，而在感性世界中给出一个在自身拥有一切天启标准的现象以后，就绝对不可能再有任何东西会与它的有效性的假定相矛盾；但任何能够使我们有理由假定这种有效性的理论证据，都是不能加以指出的。因此，这种现象是完全或然的。但立即可以看出，这个课题的解决完全不能与上述课题的解决采取任何相同的步骤。这就是说，上帝概念是 a priori〔先验地〕由我们的理性给出的，并且它作为概念对我们是绝对必然的，因此，对于我们理性的课题，即对上帝概念在我们之外的有效性作出某种决断，我们不能这么随意加以否弃。然而对于天启概念，我们却不必 a priori〔先验地〕援引任何这样的证据，因此很可能会有这样的情况：或者全然不拥有这个概念，或者将它在我们之外的有效性问题当作完全无用，而加以放弃。这个概念不是 a priori〔先验地〕给予的，由此可以直接得知，任何 a priori〔先验地〕发生的、决定我们去假定这个概念的实在性的意志规定也都不可能加以表明，因为这种意志规定确实会成为缺失的 a priori〔先验〕证据。如果我们想到，要设想给我们 a priori〔先验地〕提出的最终目的为可能的，只不过需要假定上帝的存在和有限道德存在者的不朽，那么，上述情况就会十分清楚。天启概念为其自身的可能性，而宁可假定这些命题业已得到承认，这个概念全然没有涉及它们的内容，倒不如说，仅仅涉及对于证实它
(I,1,105) 们的某种形式的假定。因此，从道德规律对高级欲求能力所作的规定中绝不能推导出假定天启概念的有效性的推动力。但它真的能从高级欲求能力按照道德规律对低级欲求能力所作的规定中推导出来吗？——这就是说，不管可能或不可能，道德规律都绝对要求在一般情况和具体情况下拥有感性世界中的因果性。由此产生的对于绝对希求善的高级欲求能力的规定，决定了那种也能由自然规律规定的低级欲求能力去希求一些至少在自身(在其感性本质中)能创造出善的手段。高级欲求能力绝对希求目的，低级欲求能力则希求达到目的的手段。这时，按§.6.里关于天启的形式作用——它同时也对天启是唯一重要的形式作用——所作的阐述，如果过感性生活的人们可以在感性条件下表象至圣者的立法，这种手段就是供他们在偏好反对职责的斗争中保证后者战胜前者的手段。这个表象确实是关于天启的表象。因此，低级欲求能力在上述条件下必然希望得到天启概念的实在性，而且既然不存在反对这一希望的任何合理根据，所以，低级欲求能力就决定了心态将天启概念假定为实际上已经得到实现，即假定为业已证明某个现

象实际上是神圣因果性促成的天启概念的预期呈现，并将这个现象按照这种假定加以利用。

低级欲求能力的规定不管是由什么引起的，也是一种**愿望**；因此，将某个现象当作神圣天启的假定无非是以愿望为基础。这样一种因愿而信的做法现在已经遭到不少无不有理的诋毁，因此，即使不是为了演绎其合法性，而是为了否定一切对它提出的异议，我们也必须在当前情况下再补充几句话。

如果一种单纯的愿望能使我们有理由假定它的对象的实在性，那么，它必定是基于道德规律对高级欲求能力的规定，而且是通过这种规定产生的。关于它的对象的现实性的假定必定使我们易于完成我们的职责，不仅是易于完成这个或那个职责，而且是易于完成全部合乎职责的行为，而从关于相反的情况的假定中则必定能看出，这种相反的假定会使抱有愿望的主体难以完成合乎职 (I,1,106)
责的行为。之所以如此，是因为我们就这样一种愿望只能提出一个理由，表明我们关于它的对象的现实性为什么一般要假定某种东西，而不想完全拒绝关于这种现实性的问题。在上文中已经充分表明，对于天启所抱的愿望也有这类情况。

与这种可以一厢情愿地假定一个希望的东西的标准结合起来的，必定还有第二种标准，即完全确信我们在这类假定中绝对不会被证明有错误，在这种情况下，事情**对我们来说**是全真的，并且正像绝不可能有任何错误那样，对我们来说是完善的。从最严格的意义上说，这种情况发生于假定一种在自身就具有一切神圣性标准的天启，即发生于假定某个现象按照天启概念直接由神圣因果性促成。这类假定中的错误对我们来说是绝不可能用各种理由加以阐明或证明的，而且在我们日益洞见到永恒性时也是如此；因为在那种情况下，既然这个概念绝不受理论理性的审判，我们便一定会看出，理论理性与实践理性相矛盾，即与实践理性给出的上帝概念相矛盾，不过这个矛盾现在已经一定会昭然若揭，因为道德规律对一切理性存在者来说，在它们存在的每个阶段上都是一样的。同样，这样一种错误就像在人们的大多寄托于未来的其他愿望中经常出现的情况一样，也不能由后继的经验加以证明；因为那种能给我们以启发，说明一个完全符合于上帝中可能有的概念的结果**不**是由这个概念的因果性所促成的经验，实际上应该怎样构成呢？这显然是不可能的，甚至我们在这个结果是由这个概念的因果性所促成的情况下必定会得出的经验，也会是如此，而且从这种经验的不存在中我们可以得出结论说，这个结果不是由这个概念的因果性促成的。——我们的探讨已经被推勘到一个对我们来说不再能前进的终点，即被推勘到借助明确给定的现象对于一般天启与特殊天启的完全可能性的洞见；这种探讨**对我们**（一切有限存在者）**来说**业已完全结束。我们在这个探讨的终点抱着完全确信的态度看到，关于天启的现实性现在绝对没有、将来也绝不会有任何支持或反对它的证明，除了上帝独自知道事情真相如何，就绝没有任何人知道。如果有人最后还想把上帝能亲自通知我们事实真
(I,1,107) 相，假定为我们能就此得到教导的唯一途径，那么，这就会是一种新的天启，关于它的客观实在性将会发生过去那种无知，而我们又会依然如故。——从上述一切完全可以肯定，关于这个阶段绝不可能证明犯有错误，即**对我们来说**完全不可能有错误，但欲求能力的一种规定又迫使我们就肯定判断给自己作出解释，因此，我们就

会抱着完全确信的态度，屈从于这一规定[①]。

对于天启的这个假定是以合法的方式在欲求能力的规定上建 (I,1,108) 立起来的，因而就是一种**信仰**，为了与**纯粹理性**对于上帝和不朽的那种涉及某些**内容的信仰**相区别，我们想称之为**形式的、受经验制约的信仰**。这两种信仰的区别以及我们就后一种信仰还必须陈述的一切东西，都可以按照范畴条目的次序，从心态规定在这一情况

① 让我们用一个相反的例证，来说明这里关于允许因愿而信的条件所作的论述。这就是有人可能希望证明，根据善良的、重视友情的人们的要求，与已故的朋友们的交往在来世将得到恢复。但人们却确实不可能作出这样一种证明。这是因为，例如，虽然人们可以说，在一位知道自己的挚友过着永恒生活的人看来，设想自己完成职责，能日益确保自己与自己的已故朋友享有极乐生活，这会使得许多艰巨的职责易于完成，然而，用这种做法却完全不会促进纯粹的道德，而是仅仅增进了合法性，因为这完全没有考虑到，人们确实能指出无数的这类动机，但人们却会因而对承认它们有客观实在性持怀疑态度；所以，想由道德规律对高级欲求能力所作的规定推导出这种愿望，也会是一种徒劳无效的努力。诚然，在一般的情况下，可以理所当然地要求得到这样崇高的起源的最佳愿望，就是在整个自然界中、首先是在我们自己的生活中允许假定神圣道德主宰的迹象的愿望，而在特定的情况下，则是允许假定一种天启的愿望。就第二种条件而言，已经能在这个尘世中让人用类比方法充分推测到一些原因，它们可能使这样一种在来世生活中的重新聚会成为不适宜的。例如，全面教育的目标也许会使我们与那个已经达到其教育我们的目的的亡友的交往成为对我们无用的、甚至有害的；或者，这个亡友的出现在其他方面也许更有必要，对整体更有用处；或者，我们自己的出现在其他方面也许更有必要，对整体更有用处，如此等等。这种愿望的假想的实在性仅仅符合于后一种条件；因为在没有尽头的绵延过程中，这种重新聚会如果不受这一过程中的一个特定的阶段的约束，总还是可以期待的，因此经验就绝不会与这种重新聚会的现实性相矛盾。由于这个原因，满足这种愿望的任何证明都是不可能的；如果不存在其他证明（虽然也有一个证明，但它也只足以得出或然性的推测），人的心态就必须将自身局限于满足这种愿望的**希望**，即局限于一种由欲求能力的规定推动起来的、指向对象的一个方面的心态倾向，而这个对象被认为是或然性的。

此外，在这方面，实践理性的直接设准，即上帝的存在与道德存在者的不朽，也有同

或另一情况的比较中得知。

按照质来说，信仰在前一种情况和后一种情况下都是关于一个概念的实在性的自由的、不受任何根据的强制作出的假定，这个概念的实在性绝不能由任何根据加以保证；但在前一种情况下假
(I,1,109) 定的是给予的概念的实在性，在后一种情况下假定的则是构成的概念的实在性，在前一种情况下是为了高级欲求能力的规定，在后一种情况下则是为了低级欲求能力的规定，它是借助高级欲求能力的规定发生的。这就是一些业已被指出并且其后果也业已被阐明的差别。但在这里还出现了一个新的差别。这就是说，在纯粹理性的信仰中仅仅假定，符合于一个概念的，即符合于上帝概念的，完全是一个在我们之外的对象（因为对不朽的信仰可以看作是单纯从上帝的存在推导出来的，因而我们在这里也就不必加以专门考虑）；但在天启的信仰中不仅假定了这一点，而且也假定某个给予的东西是与这个概念符合的东西。因此，在后一种情况下心态看来就更前进了一步，表现出更大胆的僭越行为，它定然要给自己提出更多的理由。但这是由两个概念的本性造成的，而且迈出

样的情况。我们的持续存在虽然是直接经验的对象，但对它的信仰却绝不能被经验驳倒；因为我们如果不存在，也就构不成任何经验。只要我们作为我们，即作为道德存在者而持续存在着，对上帝的信仰就既不能由各种根据推翻，也不能由经验推翻，前者之所以不可能，是因为这种信仰并非建立在理论根据之上，而是由永恒有效的实践理性规律支持的，后者之所以不可能，是因为上帝的存在绝不能成为经验的对象，因此，也绝不能由于缺乏这样一种经验，就推论出上帝不存在。正是由于这类理由，对于任何有限存在者来说，这些命题也就绝不可能成为知识的对象，而是必定永远构成信仰的对象。因为对于上帝的存在不可能有任何其他根据，因而我们只拥有道德根据，而对于我们自身的存在，虽然我们在其发展的每个阶段都能直接通过自我意识加以肯定，但对其未来却只能靠道德根据加以期待。

的步伐在后一种情况下实际上并不比在前一种情况下更大胆。这就是说，上帝概念就其能由我们加以规定而言，已经是 a priori〔先验地〕、完全确定地给予的，而并不能借助经验和推论从假想的存在出发进一步加以规定。因此，上帝概念的实现只能做到这样的程度，即假定一个符合于它的对象是存在的，而不能再给它增加任何东西，因为这个对象只能用这一种 a priori〔先验地〕给予的方式加以规定。但在天启概念中却可以设想一个需要给予的经验，它作为经验，在需要给予的限度内，绝不能 a priori〔先验地〕加以规定，而是必须被假定为用各种方式可以 a posteriori〔后验地〕规定的。把天启假定为得到实现的，无非意味着，并且也只能意味着，把它设想为完全得到规定的和给予的，而这种完全的规定则必须由经验给予。因此，绝没有（in abstracto〔在理论上〕）发生关于这个一般概念的实在性的假定，而是这个概念只有应用于特定现象才能（in concreto〔在实际上〕）加以实现，并且通过这种应用发生的，无非是在纯粹理性信仰中发生的事情，即假定符合于一个 a priori〔先验地〕存在的概念的，是某种在这个概念之外的东西。——至于谈到信仰的**量**，那么，这仅仅是指**主观的**信仰，因为任何信仰都不要求有客观有效性，否则它就不成其为信仰。从这方面来看，纯粹理性信仰对一切理性存在者都普遍有效，因为它是基于道德规律对那种必然希望得到某种东西的欲求能力所作的 a priori〔先验〕规定，并且涉及一个 a priori〔先验地〕由纯粹理性给 (I,1,110)
予的概念。虽然纯粹理性信仰是建立在自由的规定之上的，因而不能强加于任何人，但能要求与期望每个人都有这种信仰。受经验制约的信仰不可能要求有这种普遍有效性，这是一目了然的。

因为在一方面，它所涉及的概念不是给予的，而是构成的，因此并非必然存在于人的心态里。如果有人没有达到这个一般概念，他也就不可能假定这个概念的呈现，因此，我们设想他作出这种假定也会是徒然的，因为我们甚至不能确实设想他有关于假定的概念。但在另一方面，心态的那种假定这个概念的呈现的规定也只能由一种基于经验需要的愿望促成。如果有人**在自身**并没有感觉到这种需要，即使他从历史上知道其他人有过这种需要，在他之内也绝不可能产生需要假定一种天启的愿望，因而也绝不可能产生对天启的信仰。——只有一种情况可以设想，在这种情况下，即使在一个人自身没有对那种需要的感觉，也至少可能发生短暂的信仰，就是说，如果一个自身并不需要天启表象的人不得不用它影响其他有此需要的人们的心灵，那就可能发生短暂的信仰。他的职责是在自身之外也尽力传播道德，他确信这在各个给定的主体中只有借助天启表象方才可能，所以，符合于他的职责的强烈愿望与这种确信相结合，就会促使他利用天启表象。他不操笃信不疑者的语言，就不可能真正有力地利用天启表象。伪装这种信仰会违背心态的真纯性，因而在道德上是不可能成立的。在这种情况下，即使他在变得更加冷酷以后，又逐渐置天启表象于不顾，但由此产生的需要天启信仰的迫切感，只要这种感觉依然存在，至少也会在他的身上引起信仰[①]。

---

① 每一位不为其个人利用由天启得出的表象，而是将其强烈的职责感与诚实（这已经谈得不少）结合起来的宗教导师，即使不是公开地，也至少在其内心中会向我们承认，这绝不是空洞的论辩，而是也在经验中，特别是在向民众作公开演说的时候得到证实的。

因此，由上所述可以得知，对天启的信仰不仅不能强加于人，(I,1,111)
而且也甚至不能要求或期望每个人都有这种信仰。

只有在两个条件下才可能有天启信仰，即：人们一方面希求成为善良的，另一方面需要关于已出现的天启的表象，作为一种在自身之内创造出善的手段①；同样，不信仰天启也可能有两个原因，即：或者人们根本没有善良意志，因而憎恨和拒绝一切要推动我们从善并且想限制我们的偏好的考虑，或者人们具有善良意志，为了使它能发挥作用，连天启的支持也不需要。前一种精神状态是道德的严重败坏；后一种精神状态如果不是基于我们的偏好的天然弱点或扼杀我们的偏好的生活方式，而是为了善本身，基于对善的有效尊重，那就是真正坚强的精神状态。我们不必害怕因此而使天启失去某种尊严，就可以作如是说，因为没有对善的敬爱，信仰就根本不可能成立，而在这种敬爱之情真正占支配地位时，只要有人还觉察到它对自己的某种良好影响，也就不必害怕他会拒绝它。只有结果才能告诉我们，在特定主体中不信天启是产生于这两个原因里的哪一个。

但是，为了不致过分草率地由此作出结论，我们在这里必须说(I,1,112)
明，尽管对天启的信仰不要求普遍有效性，但对天启概念的评论却要求普遍有效性。因为这一评论无非是要论证：天启就其概念说是绝对可能的，符合于这个概念的某种东西是可以假定的。天启

① 这也是耶稣的生活准则。就前一方面说，若有人想实现派遣给自己的使者的意志，他就应知道这学理是否出自上帝[13]；相反地，谁作恶，谁就害怕光明，不到光明里去[14]。就后一方面说，需要医生的不是健壮者，而是病弱者；我不是召唤正直的人，而是召唤有罪的人去悔罪[15]——我不认为这些说法是嘲弄。

评论就是根据 a priori〔先验〕原则这样做出的，因此是普遍有效的。所以，天启评论要求每个人都承认，不仅天启一般是可能的，而且一种在感性世界里实际给予的、自身具有一切天启标准的现象也能够是天启。这一评论必须就此了结，并且从合理的观点来看，每一个既不感到需要将天启应用于自己，也不感到需要将它应用于别人的人，也能够并且必须就此了结；不过，这一评论必须使那些信仰天启的人们承认自己的信仰的合理性，让他们完全安静地、不受干扰地拥有和应用信仰。

从关系来看，纯粹理性信仰涉及某种内容，而天启信仰则仅仅涉及这种 a priori〔先验地〕给予的、已经假定为得到承认的内容的特定形式。这个由上述一切足以看出的差别，在这里也仅仅是促使我们再次说明，不承认天启的这一特定形式的人不仅未必因此就否认上帝和不朽这样的内容，而且在不用这种形式设想它们，而能用它们来规定自己的意志时，也未必在内心消除对它们的信仰。

最后从模态来看，纯粹理性信仰是按照可能有道德规律的最终目的的假定，用确然的方式表达其自身的；就是说，一俟假定绝对的公正是可能的，对我们来说就绝对必然要设想上帝是存在的，道德存在者是不朽的。但对天启的信仰则只能用直言的方式表达其自身，说“某个现象是天启”，而不能说“它必然是天启”，因为在这个判断中尽管确实不能向我们指出有任何错误，但在自身依然可能有相反的情况。

§.13. 这一评论的梗概 (I,1,113)

在对天启概念可能做某种研究以前，这个概念起码必须初步加以规定。我们现在的情况比不上我们追溯并且仿佛看到纯粹哲学的一些特定概念最初产生时的情况，相反地，天启概念单纯是作为一个经验概念宣示出来的，即使比较仔细的研究得出了它的 a priori〔先验〕可能性，它也起码不具有能给自身提出 a priori〔先验〕证据的外观，因此，我们必须在这方面首先细察语言的习惯用法。这是在§.3.中已经论述过的。但是，天启概念至少从我们研究它的那种比较狭窄的意义上说，是同宗教有关系的，所以，为了将加以研究的概念由其更高的概念中推演出来，就必须先讲一般宗教的演绎(§.2.)。因此，在检验这一评论时要研究的第一个课题在于，天启概念是否被规定得符合于一向炫耀天启的一切时代和一切民族的习惯用语；我们之所以要这么做，是因为天启概念绝不是给定的概念，而是一个构成的概念。因为假如我们看到的实际结果是相反的，那么，不管我们违背习惯用语而提出和杜撰的概念会得到多么正确、多么深刻的研究，我们的整个工作也不过是一场游戏、一种论辩演习，而毫无实际用处。不过，要不对天启概念作初步的规定，即不指出它的属和属差，习惯用语也无法察知；因为不如此，每一评论的可能性就都会被取消，错误则会被奉为神明，而永远保留下来。

在对天启概念有这种初步的规定以后，应该研究它是否完全服从哲学的评判，它的问题须带到哪个裁判席面前。前者取决于它是否 a priori〔先验地〕可能，后者则必须通过真正的 a priori〔先验〕演绎，从那些能够推演出它的原则中得知，因为每个概念显然
(I,1,114) 都属于推演出自己的那个原则的范围。这种演绎实际上已经在 §.4.和 §.5.中给出，并且由此可以看到，天启概念应放在实践理性的裁判席面前。因此，必须服从严格检验的第二个论题就是这种 a priori〔先验〕演绎，因为对一般天启概念作任何评判的可能性、给定的概念的正确性以及加以评判的概念本身的合理性能否成立，都有赖于这种演绎的可能性。

从这种演绎中已经看出，加以研究的概念不必提出任何 a priori〔先验〕证据，而是期待着 a posteriori〔后验〕证据，所以必须在经验中才能表明这种需要得到的证据的可能性，而且也仅仅是表明它的可能性。这项工作是在 §.6.中进行的。因此，在这一节所作的检验中，问题仅仅在于，天启的经验需要作为所要得到的证据是否不是在实际上被列举出来，而是单纯正确地被指示出来，以及从人类的经验规定中是否能推演出会出现这样一种需要的可能性。

§.7.还表明了天启在自然界中的那种本身绝不会发生问题的可能性，这与其说是为了求得一种系统的必然性，倒不如说是为了更清楚地说明一个已经由天启概念的演绎阐明的命题，即对天启的可能性的研究绝不应该放在理论理性的法庭面前。

在完成这些研究以后，必定会十分清楚地看到，一般天启概念不仅就其本身而言是可以思议的，而且在出现经验需要的场合也能让人在它之外期待某种与它符合的东西。不过，既然这种符合的东西必须是感性世界中的现象，而这类现象必须被给予(不能被

构成），那么，人类精神在这里所能做的工作就无非是将天启概念应用于这样一类现象，而评判所能做的工作也无非是引导人类精神这么做，即确立起一些使这种应用成为可能的条件。这些条件是在§.8.、§.9.和§.10.中加以阐明的。这些条件不过是天启概念本身的一些由分析得出的规定，所以，在检验这些规定时问题仅仅在于，它们是否真正从天启概念而来，它们是否都得到了陈述。§.11.试图使后一点的检验易于进行。

但是，从这个概念的性质中显然已经得知，它在给予的经验中 (I,1,115)
的实际应用总是完全随意的，并没有建立在理性的需要之上，所以，（在§.12.中）还必须表明，这种应用一般以什么为基础，在何种限度内合乎理性。对于这样应用天启概念的合理性的这种演绎也需要特别加以检验。

从这一简短的概要中可以看出，对于天启的评判应该依据 a priori〔先验〕原则加以进行，因为在研究天启概念的经验证据时，这一评判只须表明天启概念的可能性。所以，从这一简短的概要中也可以看出，如果在上述任何一点中都不可能指出这一评判有错误，它就对普遍有效性提出了合法的要求。但是，在当前作出这一评判时，如果像确实可以预期的那样，犯了这样一类错误，那么，只要正确指出进行一种可能的评判的途径——这必定会立刻看到，尤其是通过共同的努力——也必定很容易补救这类错误，而提出对一切天启普遍生效的评判。

这时，通过这种评判，存在天启本身的可能性，尤其是相信特定的、给予的天启的可能性，只要事先在其经受特别评判的法庭面前得到验证，就成了完全确实的，而对此提出的一切异议都已永远归于沉寂，就此进行的一切争论都已永远得到解决[①]。通过这种评判，建立起了审视任何特定的、给予的天启的一切批判理论，因为它依据一切天启的标准制定了任何这样的评判的普遍原理。在首先解决了一种给予的天启实际上能有什么教诲的历史问题——它在一些特殊场合很容易成为最难解决的问题——以后，就有可能十分确定地判定一种天启是否能有神圣的起源，而且在有神圣
(I,1,116) 的起源时，也有可能对任何干扰都毫无畏惧，而去信仰这种天启。

① 这种争论以天启概念的二律背反为基础，并且完全是辩证的。一方说，承认天启是不可能的，另一方则说，承认天启是可能的；就是用这样的说法，两个命题直接相互矛盾。但是，如果前者被规定为依靠理论根据而承认天启是不可能的，后者被规定为为了限定欲求能力而承认天启是可能的，即信仰天启是可能的，那么，它们就不相互矛盾了，而是两者可以为真，而且按照我们的评判，两者也的确如此。

结 束 语

有一种流行甚广的意见，认为一切在实际上或表面上均属思辨的东西，很少能对人的心态产生什么影响。人们至多能用这种东西得到精神上的愉快。人们对这个结论表示忍耐，因为人们对它无法提出任何异议，就是有不同的结论，人们也不会受到任何伤害。此外，人们在实践方面也一如既往地思考和行动，以致一种基于思辨的原则犹如冻结起来的不生息资本，似乎潜藏在人的心灵当中，而人们用任何方法都察觉不出它的存在。唯心主义者和怀疑主义者的思辨历来就是这样。他们的思考同任何人都不一样，而他们的行动则同一切人都相同。

现代思辨研究的课题确实可以保证，它即使不一定（像它在维护自己时打算的那样）对生活产生实际的结果，也不会在趣味方面让人用很冷静、很超然的态度加以采纳。这就是说，人的心灵对于一切涉及宗教的东西都有一种必然的趣味，而且这能从一件事实得到极其自然的解释，那就是只有通过欲求能力的规定，宗教才成为可能的。因此，这种理论是由普遍的经验加以证实的，而人们对于自己为什么不在很早以前就从这种经验出发，达到思辨理论，也几乎都会感到惊奇。如果有人想否认另一类直接确实的命题，例如，在两个点之间只能有一条直线，我们宁可认为他可笑，对他表示惋惜，也不会对他发怒。如果数学家这时激动起来，那么，这或者仅仅是出于对自己的不满，以为自己未能立刻向那个人证明其错误，或者是出于猜测，以为这种顽固地否认上述命题的态度是基于激怒自己的恶意（因而也就是基于某种不道德的动机）。但是，这种不满却可能完全不同于有人否认上帝存在或灵魂不朽时在每
(I,1,117) 个人心中、在绝大多数毫无教养的人们心中激起的那种不满；后者混合了畏惧和憎恨的成分，显然是要表明，我们将这种信仰视为一项宝贵的财产，而将那种决意损害我们这项财产的人视为我们私人的仇敌。我们能使之涉及宗教，并且使之与宗教结合起来的观念越多，相应地说，这种趣味流行的范围也就越广；因此，要判定以前那种在心灵中居于支配地位的、不可能基于长久反思的宽容精神是不是一个很值得重视的特点，我们会在很大程度上犹豫不决。正是根据这种趣味也可以从另一方面解释一种强烈的厌恶情绪，这种情绪使我们对我们以前视若神明的一些表象表示反感，而在它们日趋成熟的时候，我们则使自己相信或确信它们并不是这样。诚然，我们回想起了我们过去岁月中的一些其他的梦境，例如，我们抱着对于过去那个还能很愉快地做梦的岁月的一种忧伤而令人高兴的怀念心情，回想起人们无私的助人为乐精神，回想起阿卡狄亚[16]的牧羊人的纯洁无瑕，尽管相反的情况及其给予我们的经验教训本身毕竟不可能令我们高兴。但是，长期以来我们都是带着烦恼的心情回想起那类虚幻境界的，而且要同时对它保持冷静，需要花很多时间，作很多反思。这种现象既不能用这类想法造成的害处的模糊表象加以解释（因为我们确实很冷静地看到了明显的害处本身），也不能像某位似乎自那时以来业已改变了自己的看法

的著作家一样，用我们之外的罪恶存在物的影响加以解释，而是只能用这样的事实加以解释，即神圣的东西对我们很宝贵，我们将任何掺杂附加的异物的做法都视为对这种东西的亵渎。这种趣味最后甚至于见之于下列事实，那就是我们对于任何其他知识的夸耀，绝不超过对于假想的更好的宗教见识的夸耀，好像在这当中包含着最大的荣誉，而且我们在确实假定这个课题是普遍有趣的时候，很乐于将这些见识告诉别人——除非人与人交往的良好成规排除了这样的交谈，虽然正是这种良好成规必须排除那些交谈，看来才能指出一种达到更好的宗教见识的普遍倾向。

因此，正像我们可以从这方面确信现在的研究将来并不会完全不带趣味地加以接受一样，我们也一定会担心这种趣味可能反过来反对我们，妨碍读者冷静地考察和权衡各种论据，假如他预见 (I,1,118)
到或实际看出那得出的结论并不完全符合于他预先抱有的看法。所以，如果我们完全不考虑得出结论的根据，仿佛我们不是走上一条 a priori〔先验地〕规定的、必然能引导我们达到这个结论的道路，而是如何得出这个结论仿佛完全取决于我们，则在这里再研究我们是否已拥有期待较佳结论的原因，或现在的结论是不是我们期望的最佳结论，看来仍然是件并非完全徒劳无益的工作；简单地说，完全不考虑这个结论的真理性，而单纯研究它的有用性，看来仍然是件并非完全徒劳无益的工作。

但在这里我们首先就遇到这样一些人，他们抱着对世界的最好的看法，会说这种研究根本得不出任何明智的结论，也许最好是完全放弃现在的研究；他们希望认识到，一切与天启相结合的东西都完全没有被归结为一些原理；他们畏惧、害怕和拒绝对天启作任何检验。但这些人在想成为正直的人时也会承认，他们对于自己的信仰有一种拙劣的看法；他们可以自己判定，他们是否更乐于敬重与珍视那类认为天启问题业已完全得到判决而毫无上诉希望的人；他们以为，重视声誉的人可能不再关心天启问题，甚至以为，完全毁灭天启事实是一种拙劣的英雄业绩，并且有人也可能确实出于悲天悯人的仁慈心，将这个根本纯洁无瑕的玩物赐予那些真正关心天启的人们。然而，我们在这里真正涉及的并不是这类人，因为在他们当中可能没有一个人会读这部著作，而仅仅是那些允许检验天启的人们。

按照我们的意向，现在的研究应该说是一种可能有的、最严格的研究。通过这种研究，我们失去了什么？得到了什么？哪一方面占优势呢？

我们失去的是我们对掠夺物的一切指望，既有客观的，也有主观的。我们不再可能希望借助于天启，进入超感性事物的领域，并从那里带回某种谁也不晓得为何物的掠夺品了，相反地，我们必须不提非分要求，满足于那种突然作为我们的全部素养而给予我们
(I,1,119) 的东西。我们同样不可能再进一步希望奴役别人，强制别人，把他们在共同的遗产中或在这种想象的获得物中所占有的份额当作我们的世袭财产，相反地，我们必须将我们限定于我们自己的事业，使每个人都为其自身。

我们获得的是我们的财产的充分安全与保障；这是防范讨厌的行善者的保障，他们将他们的赠品强加给我们，而我们并不知道用它们做什么；这是防范另一类肇事者的保障，他们想给我们弄坏他们自己并不知道怎么使用的东西。我们只须提到他们两者的贫

困，这是他们与我们共同的地方，而我们与他们的不同仅仅在于，我们知道这种贫困，并据此安排我们的开支。

我们还失去更多的东西或获得更多的东西吗？当然，丧失了对于超感性事物的预期认识，看来是一种重要的损失，是一种既不可补偿、也无法承受的损失，但如果经过详细研究，会得知我们对于任何事物都不需要这样的认识，甚至我们不能确信，我们是否真正拥有它们，我们是否在这一点上乃至于欺骗自己，那么，也许就很容易对这种损失作自我安慰了。

现在已经充分证明，关于超感性事物的任何理念的实在性，都不存在客观的确信，而只存在一种对于这些理念的信仰。一切迄今得到发展的信仰都是基于欲求能力的一种规定（上帝存在与灵魂不灭是基于高级欲求能力的一种规定，天意概念与天启概念是基于低级欲求能力的一种由高级欲求能力促成的规定），并且又与这类规定相互促进。已经清楚地表明，绝不可能再有这样一些理念，好像实践规律的直接或间接规定会推动我们去信仰它们的实在性。所以，这里剩下的唯一的问题就在于：是否不可能有一种不由这样一类规定产生的、不再对这样一类规定起促进作用的信仰。在前一情况下必定容易判明，这种信仰是否真正 in concreto〔实际上〕存在；就是说，这必定能从它作为促进意志规定的因素所必然引起的实践后果中得知。但在绝不可能有这类实践后果的后一情况下，这种信仰则是某种纯粹主观的东西，因此看来就难以对这种东西确定某种可靠的内容，而且在每位诚实的人都向我们申述他信仰这个或信仰那个时，好像我们也只能完全听其言，信其人。然而，甚至就这种情况也许还有可能察知某种东西。因为根本无法

(I,1,120)否认,在有人丝毫不反对某种东西,并对这种东西泰然处之的时候,他会经常规劝别人,同样也经常规劝自己,说大家应该相信这种东西。所有的历史信仰,如果不是基于欲求能力的规定,就几乎都属于这个类型。例如,对天启中的历史因素的信仰;职业历史学家的信仰,它与重视他的工作分不开,与他必须潜心研究的重要内容分不开;一个民族对于支持其民族自豪感的事件的信仰。从书上读到那些与我们具有同样概念、同样激情的存在者的事件与行动,是一件使我们感到愉快的事情;如果我们可以假定实际上有这样一类人存在过,这对增加我们的娱乐会有所裨益,我们越坚决假定这一点,历史就越使我们感兴趣,那类人与我们相似的事件和思维方式就越多。特别在某些情况下,即使一切纯属虚构,我们也会很少提出异议。这即使不属实,我们也会以为是编造得很好的。既然如此,关于这种情况我们怎么能达到对自己的某种确信呢?——对于人们是否真正承认某种东西的唯一真实的检验,就是看他是否据此行动,或在出现应用这种东西的场合是否会据此行动。关于本身没有、也不可能有实际用途的意见,也在任何时候依然有一种实验方法,即人们扪心自问,如果有可能就此判定某种确实的东西,自己是否愿意为了某种意见的正确性,而用自己的一部分财富或全部财富,用自己的生命或自由去打赌。于是,人们就用人为的方法,承认了一种本身不产生实际后果的意见是有实际用途的。假如人们用这种方法建议某人用其全部财富打赌,说历史上未曾有亚历山大大帝,他也许会毫不踌躇地打这个赌,因为他也许会完全抱着真诚的态度,极其模糊地设想,能够判定此事的经验绝对不再可能存在;但如果人们建议此人同样打赌说,绝不会有什么达赖喇嘛，并要求用直接的经验当场证实此事，他也许会很犹豫不决，从而暴露了他自己对此事的信仰并不完全有把握。关于超感性事物的概念并不是由纯粹实践理性 a priori〔先验地〕给出 (I,1,121) 的，因而这种事物本身绝不可能有任何实际后果。如果有人现在就超感性事物的信仰也同样计划打一个相当大的赌注，那么，他也许由于自己拒绝超感性事物，而很可能发现自己并未拥有对这类事物的信仰，只不过是自己劝说自己要有这种信仰而已；即使他真的打了这个赌，他也总是无法确信，他的心是否就没有极其模糊地考虑到，在这里也根本不必让这颗心受其自身的欺诈，因为（这类理念中的）问题无论通过论据还是通过经验，都永远无法加以判定，因而在这样一种赌注中就绝没有冒任何风险。所以，即使无法证明对这类理念的实在性绝不可能有任何信仰，也很容易由此得知，甚至连自己要澄清人们是否一般有这类信仰，也是绝对不可能的，而这恰恰等于说，这类信仰本身看来一般是不可能的。我们可以由此判断，关于失去我们那种要借助天启获得对超感性世界的广泛洞见的希望，我们是否有些感到十分难办的原因。

就第二项损失而言，我们请求每个人都凭自己的良心回答一个问题，那就是他究竟为了什么目的而希望有一种宗教；是为了自以为比别人高明，在别人面前自擂自吹，以满足自己的自尊心，说自己对良心的重视远远超过对身体的重视，还是为了把自己陶冶为善良的人。同时我们为了别人也需要一种宗教。这一方面是为了在他们当中传播纯粹的道德，但在这种情况下只能证明，我们的做法除了采取业已指出的途径，就不可能采取任何其他途径，所以，如果我们真正严肃对待这件事情，我们当然会乐于避免任何其他的途径；另一方面，假如我们不可能做到这一点，那么，我们之所以需要一种宗教，就是为了至少确保他们的合法性——一种本身完全合法的愿望。就由此实现这种愿望的可能性而言，最容易不过的做法无疑在于惊醒那种完全畏惧黑暗的人，从而将他们引向他们愿去的地方，尽量像他们愿意的那样，推动他们抱着升天的希望，让人把他们那必然会死的躯体焚毁。但如果事实已经表明，这样一种对待宗教的态度必然完全会毁灭道德，那么，人们当然完全乐于放弃自己无权要求得到的势力，尤其是因为，这种合法性以及在某些国度里被算作合法的一切东西，都是采用了一些不同于大
(I,1,122) 量常备军、军事处决、刑事处决以及诸如此类的东西的手段，在至少不对道德产生有害结果的条件下，十分稳妥可靠地达到的。

可以说，这就是对我们的损失所作的估计。现在就让我们将收获同它加以对比吧！

我们获得了我们的财产的充分保障。我们可以把我们的信仰用于我们的改良，而不必害怕它会让人用诡辩手法夺走，不必担心有人会嘲笑它，不必畏惧对愚蠢无能的惩罚。任何反驳都必定是错误的，我们能够 a priori〔先验地〕知道这一点；任何嘲笑都必定会反而变为对其始作俑者的嘲笑。

我们获得了完全凭良心行动的自由。这不是出于物质手段对良心的强制，这种强制毕竟无法实现，因为外在的强制虽然能迫使我们在嘴上承认它要得到的东西，但绝不能迫使我们在心里思考某种符合于它的东西；相反地，这是出于对精神的无限严厉的强制，它是由道义上的压抑与苦恼，由规劝、逼迫、威胁以及人们强加于我们心灵上的某种谁也不知其为何物的邪恶造成的。这些手段

必然会使心灵惊惧不安，并使心灵在最终能自己欺骗自己和假装信仰以前，长期感到痛苦；这种伪装远比完全无信仰更令人可怕，因为后者仅仅是在其存在的时期毁灭人的德性，前者则永远不抱任何改良的希望，毁灭人的德性，所以这样一类人绝不可再受到丝毫的重视或丝毫的信赖。这就是那种想在畏惧与恐怖之上建立信仰，然后才想在这类强制的信仰之上建立起道德（一种附带的事情，它虽然在必须有道德时会十分美妙，但在缺少道德时，单靠信仰也能帮助我们克服困难）的做法必然产生的后果，假如人们总是一贯地进行这种工作，而人的天性也并没有被其创造者安排得太好，以致会让歪曲成这样，那种做法也就总是会产生这些后果。

按这些原理的标准在人们心中产生信仰的唯一途径——基督教也显然对此有规定——也许是这样的：首先发展道德感，使善对他们成为真正可爱的与有价值的，从而在他们的心中唤起一种成为善人的决心；然后使他们到处都感觉到自己的弱点，并且只有在 (I,1,123)
这时才给他们提供得到天启支持的希望，而他们无需有人向他们大声疾呼"你们要信仰！"，也会拥有信仰。

这时，就可以听凭每位读者的心去判定优势在哪里，是在收获方面还是在损失方面，并保证有一种附带的方便，即每个人都会按自己对这个问题的判断更好地了解他自己这颗心。

向欧洲各国君主索回他们迄今压制的思想自由[17]

一篇演讲

〔费迪南德·特罗舍尔出版社，但泽 1793〕

《费希特全集》，第Ⅰ辑第1卷，第167—192页

李　理译　梁志学校

前　　言

(I,1,167)

有些学识渊博的先生，他们把一切用较为生动的方式写成的东西，都用高谈阔论的评语草草地打发掉，他们相信用这类方法就可以将他们自己的不少彻底的见解灌输给我们。假如目前的演讲大抵能到达这样一位具有彻底的见解的先生手里，我事先就会向他们承认，这篇演讲绝不打算彻底探讨一种内容如此丰富的题目，而只是想用几分热情来劝说不太了解情况的读者对一些至今有影响的思想引起关注，他们至少能通过自己高超的观点和强大的声音对公众舆论产生足够的影响。用彻底的思想通常是接近不了这些读者的。但是，如果那些具有较为彻底的见解的人们在这篇演讲中连一个较为坚实、较为深刻的体系的踪迹，连一个并非不值得进一步思考的暗示也都找不到，那么这过错大概有一部分是在他们自己。

我们时代的特征之一，是人们很喜欢对君主和大人物进行谴责。是那种讽刺君主的轻松感在吸引着人们呢，还是人们相信自己所讽刺的对象在外表上的伟大可以抬高自己的地位呢？在这一时代，绝大多数的德国君主毕竟都力图以意志善良和深孚众望标榜自己，他们作了很多努力，以消灭从前在他们与其同胞之间设下一条巨大鸿沟的礼仪，消灭这种既对其同胞有害，同样也对他们自已成为负担的礼仪，特别是某些君主，还作出一副尊重学者和知识的样子，这类事情是加倍引人注目的。如果有人在自己的良心面前不能证明自己对自己的事业有把握，不能证明自己有足够的坚定性，恰恰用自己说出真理的那种尊严，来承担传播已被承认的、有用的真理可能给我们自己带来的一切后果，那么，他们不是信赖这些很难加以指控的君主的善良，就是信赖自己的微不足道的和毫无结果的蒙昧。这篇演讲的作者认为，自己的论断或声音并不会侮辱世界上哪一位君主，倒会使他们都心怀感激。人们认为，他
(I,1,168) 在此试图论证的论点在某个大国简直会遭到反对，这种情况他自然不会一直不知道；但他还知道，在邻近的信奉基督教的国家里发生的事情更多，却没有人特别奋起反对，因为那里的人们向来没有养成别的习惯；他知道，研究**应该**发生或者**不应该**发生的事情，较之公正地评论实际**发生**的事情要容易些，而且他的处境也不能给他提供对后一种事情作出彻底评论的**论据**。他知道，即便不是所有这样的事实都应该加以辩护，但造成这些事实的动机却可能是非常高尚的——在这种情况下他会对具有独创性的好意表示钦佩，而这好意装出要夺走我们的财富的样子，想以此更有力地唤醒我们，去更加热情珍视和努力使用那种由于长期享受而已经使我们无动于衷的财富——在这种情况下他会对难得的慷慨风度表示惊讶，而具有这种风度的人经过深思熟虑，仅仅是为了促进和提高启蒙运动，就使自己及其最亲爱的朋友遭到被误解、被污蔑、被仇恨的危险。最后他知道，他自己通过这篇演讲，给所有的国家都提供了一个期待的机会，即**以允许它印刷和公开发行，以它在教士中的分发**等等，来证明国家意图的纯洁性。没有一个印刷和发行这

篇演讲的国家会企图镇压启蒙运动。如果作者弄错了，热爱真理的克兰茨先生[18]是不会错过时机来反驳他的。因此作者不登载自己的姓名，完全不是出于政治上的原因，而是出于写作上的原因。谁有权利过问此事，并依法过问，他就会毫不畏惧地向谁说出自己的姓名；而且在适当的时候，他将主动说出自己的姓名，因为他想到了卢梭说的，chaque honnête homme doit avouer，ce qu'il a écrit〔每一个正直的人都应该承认自己所写的一切〕。[19]

人类在他们当今最完美的国家宪法之下到底比在完全解体的情况下少受多少痛苦，我们在这里并不想研究；人类在忍受，这已经足够了——并且她应该忍受：我们国家宪法下的国度是艰辛与劳作的国度；享受的国度不在月亮底下。但是，正是这一苦难应该成为一种推动因素，促使她锻炼自己的力量，在对苦难所作的斗争中，在需要艰苦奋斗才能获得的胜利中，为了未来的享受而加强自身。人类应该受难，但她不应停留在苦难中。她的国家宪法，她的共同苦难的根源，迄今当然不可能成为更好的，否则，它们本来就是好的了；但它们应该不断改善。如果我们能够密切注视我们以往的人类历史，这种改善是已经出现过的。并且只要人类历史还在延续，这种改善就将通过两种方式出现，或者是通过使用暴力的突变，或者是通过逐渐的、缓慢而稳妥的进步。通过突变，通过暴力动摇国家和进行改革，一个民族可以在半个世纪内获得比在十个世纪中更大的进步，但这半个世纪也是痛苦和艰难的，这个民族也可能倒退这么远，被抛回到过去十个世纪的野蛮状态中。世界历史提供了这两方面的例证。暴力革命始终是人类勇敢的冒险行为；它成功了，争得的胜利对于所遭受的灾难就是值得的；它失败了，你们就通过苦难将自己推入了更大的苦难。较为稳妥的是逐渐向规模更大的启蒙运动进步，并且由此走向国家宪法的改良。你们所取得的进步，在它出现的时候，是不易觉察的；但你们回首以往，却看到了自己走过的一大段路程。人类在我们当今这个世纪，特别是在德国，就这样不知不觉地取得了巨大的进步。的确，哥特式建筑物的轮廓还几乎到处可见；毗邻的新建筑物还远远没有联结成为一个牢固的整体，但它们已经矗立起来，并且开始住人，而古老的强盗宫殿倒塌了。如果没有人来破坏我们，这些古老的宫殿将越来越多地被人们腾出来，让给畏光的猫头鹰和蝙蝠居住；新的建筑物将扩展，逐渐连成一个越来越井然有序的整体。

这就是我们的前景，有人想用压制我们的思想自由夺去我们的这一前景吗？——我们能够允许被夺去这一前景吗？如果有人阻碍人类精神的发展，那么只有两种情况是可能的：或者是一种不太可能的情况，即我们停滞不前，我们放弃一切对于减少我们的苦
(I,1,170) 难和增加我们的幸福的要求，我们允许给我们设置不可逾越的界限；或者是另一种颇为可能的情况，即被抑制的自然进程猛然爆发，毁灭了一切阻挡它前进的障碍，人类以最残酷的方式向他们的压迫者进行报复，革命成为必然。人们还没有真正把我们时代提供的这出可怕的戏剧派上用场。面对这出戏剧，有人还一直在别处修筑许多堤坝，阻拦人类精神的进程。我担心，已没有时间疏通这些堤坝，或时间已十分紧迫。而用这种疏通办法，人类精神的发展就不至于猛然将堤坝冲垮，使四周的田野成为一片可怕的荒漠。

不，民众，一切的一切都可以献出，**只有思想自由不能**。把你

们的儿子送去参加野蛮的战争吧！去和那些从来没有侮辱过他们的人相互残杀，他们或被瘟疫吞噬，或将瘟疫作为战利品带回到你们和平的住宅；在挨饿的孩子面前撕碎最后一小块面包，将它给了宠儿的狗吧——给吧，把一切都献出来；只有人类的这个从天而来的守护神，这个保证你们前面还有一个不同于忍耐、负重和悔恨的命运的信物，只有这个你们应该固守。未来世代的人们会向你们极力索取你们父辈交给你们，应由你们传给他们的东西。如果你们的父辈也像你们那样怯懦，你们现在不是还仍旧处于宗教独裁者最污辱人的精神奴役和肉体奴役之下吗？他们在浴血奋战中取得的，你们只要稍微坚定一些，就能守住。

你们不要因此仇恨你们的君主；你们应仇恨你们自己。造成你们苦难的一个首要根源，就是你们对他们及其助手看得过高。的确，他们用勤劳的双手拨开了尚未开化的野蛮世纪的黑暗，并且在发现了这个时代的一种生活准则时，就认为自己找到了璀璨的珍珠，他们将这点贫乏的生活准则原封不动地硬塞进他们的记忆里，就自以为是非常智慧的了。但你们完全可以相信，他们对他们应该知道的东西，对他们自己的真实使命，对人的价值和人的权利，比你们之中最孤陋寡闻的人都知道得少。他们怎么会晓得这些呢？——他们，就是为了他们，人们备有一种独特的真理，这真理不是取决于建立人类的普遍真理所依据的原则，而是取决于他们国家的宪法、地位和政治制度；他们，从他们少年时代起，人们就竭力从他们的头脑中去掉常人的模式，而灌输了许多只与这样一种真理适合的模式——从他们少年时代起，人们就在他们柔弱的心灵里铭刻了这样一种生活准则：阁下，您在这里看见的一切人，

(I,1,171) 都为您而在，都是您的所有[1]。他们，就算他们知道了这个，又怎么会有力量来理解它呢？——他们，他们的精神在早年被人用一种令人萎靡的道德学说，用性欲快感，人为地夺去其活力，而当他们失去这种快感时，在晚年又被人们用邪说迷信夺去其活力。如果人们在历史上遇到的毕竟大多不是可恶的，而不过是软弱的君主，人们就试图假定一种永远可以继续下去的天意的奇迹；至少我会把这些君主所**没有**的一切罪恶算作他们的德行，并为他们**没有**对我做那一切恶事而感激他们。

有人劝说这些君主压制思想自由——说这绝不是为了你们的缘故。你们尽可思考和研究，并在阁楼上祈祷你们想祈祷的事情；专制制度的仆从并不注意你们；他们的权力太稳固了；你们尽可相信或不相信他们的要求的合法性：这会对他们有什么妨害？他们懂得用污辱和饥饿，用要塞监禁或判处死刑来强迫你们。但你们在自己的研究中大喊了一声——他们自然不会不小心谨慎，来守卫好君主的耳朵——但是很可能，而且的确可能，说不定在什么时候一个不幸的字眼会落到君主的耳朵里，使他不断探索，使他终于英明起来，认识到什么是有利于他的和你们的和平的。他们想阻挡你们的正是这件事情，而在这件事情上，民众，你们绝不能让自己受到阻挡！

呼喊吧！用各种声音向你们君主的耳朵呼喊，直到他们听到你们绝不愿被剥夺思想自由。用你们的行为向君主证明这一保证的可靠吧！不要由于怕人家指责你们不谦虚，你们就被吓倒。你

---

① 这是路易十五世少年时的国师在一次国民大会上对这位王储讲过的话。

们能对什么不谦虚呢？是对皇冠上的金子和宝石，对你们君主衣服上的紫色；但不是对**他**。认为大家可以向君主说一些他们不知道的事情，这不算自恃正确。

特别是你们，你们这些有力量这样做的人，向那个导致我们种种弊端的最大的偏见，向那造成我们所有苦难的有毒的根源，向那个“守护我们的**幸福**是君主的使命”的说法，宣告最不可调和的战争吧！用我们知识的整个体系，到这种说法隐藏自己的所有避难所中追逐它吧！直到它从世界上被消灭，回到它由之而来的地狱中去。我们不知道什么能促进我们的幸福，如果君主知道，并且他 (I,1,172)
的生存是为了将我们领向幸福，那我们就只得闭上眼睛跟着我们的引路人走了；他对我们为所欲为，当我们问他时，他向我们保证，说这对于我们的幸福是必要的；他将绳索套在人类的脖子上，并且喊道：“安静，安静！这一切都是为了你好。”①

不，君主，你不是我们的**上帝**。从**上帝**那里我们期待的是幸福，从**你**那里我们期待的是对我们权利的保护。你不必对我们**发慈悲**；你应当**公正**。

---

① 宗教法庭的刽子手在干同样的事情时就是向唐·卡洛斯[20]这么说的。不同行业的人们竟然彼此不谋而合，多么令人奇怪！

演　讲

民众，野蛮时代过去了，在那个时代，有人敢以上帝名义向你们宣布，你们是一群牲畜，上帝把你们打发到世上，正是要你们给上帝的一群儿子背负重担，要你们为他们的舒适生活当长工和女仆，最后是供他们宰杀；上帝将他那支配你们的不容置疑的所有权转交给了他们，而他们能够依据神授的权利，作为上帝的代理人，因为你们有罪孽而折磨你们。但你们知道，或者如果你们还不知道，你们也可以确信，你们自己不是上帝的所有，而是上帝用他那神圣的印章将自由深深地盖入了你们的胸膛，使你们只属于你们自己。他们现在也不再敢向你们说："我们比你们强大，我们本来早就可以把你们全部杀死；我们却是如此善良，没有这样做；因此你们现存的生命是我们的赠品。但我们却不是将它无偿赠给你们的，而只是封给你们；因此，我们要求用它来为我们的利益服务，并在我们不再需要这么做时，还可以将它从你们那里拿走，这个要求并非不合理。"——如果这种推论方式有效的话，你们就表明了**你们**更强大，**他们**较弱小，你们的强大在于你们的双臂健壮有力，如
(I,1,173) 果你们让你们的双臂放下，他们就只能悲惨地、无依无靠地呆在那里。许多例证已经向他们显示了这一点，在这些例证面前他们还在颤抖。同样，你们也不会再继续相信他们的这类说法：你们大家

都是盲目的、无依无靠的和无知的，如果他们不将你们像未成年的孩子一样牵在他们父亲般的手上，你们自己一点也不知道该怎么办。他们只是到最近才用种种错误推论——这些错误推论连你们中间最没头脑的人也不会作出——显示出，他们也并不比你们知道得多，他们因为自认为知道得多，而将他们自己和你们推入了苦难境地。你们不要再听这类骗人的话了；你们要敢于向那个想统治你们的君主发问，他有什么权利来统治你们？

专制主义的一些雇佣大概会说，是通过继承权，但他们并不是专制主义最机智的辩护人。这是因为，假如你们的现在活着的君主能从他父亲那里继承下来这一权利，他父亲又能从他祖父那里继承下来，并且如此往上类推，那么第一个君主究竟是从哪里得到这种权利的呢？或者，如果第一个君主并没有这种权利，那么他怎么能将自己所没有的权利传下去呢？——还有，你们这些狡猾的诡辩家，你们竟然相信人能像一群牲畜或一片牧场一样被继承吗？真理并不像你们想象的那样能从表面上撇取到；真理存在于深处，我请你们为自己花一点力气，来和我一起寻找它。[①]

人既不是可以通过继承权得到的，也不是可以被出卖、被赠送的；人不能是任何人的所有，因为他就是他自己的所有，并且必须永远如此。他胸中深藏着一粒神圣的火花，这粒火花使他君临于动物之上，成为一个世界的公民，这个世界的第一位成员就是上

---

① 关于权利、不可出让的权利和可以出让的权利、契约、社会以及君权所作的这一扼要推演，请勿略去不读，而要细心阅读，并记在你们纯真、善良的心坎，因为如果不这样做，下文就无法理解，也没有可靠的论据。即使为了别的用途，例如，不在聪明人的社会中瞎说八道，在这方面得到一些业已确定的概念，也不是坏事。

帝，即人的良心。良心无条件地命令他要做这样的事情，而不要做那样的事情；这是**自由的和自动的**，而不受任何在他之外的强制。如果他要服从这种内心的呼声——这呼声也无条件地命令他这么做——他也必须不受外来的强制，必须从他人的一切影响下解放出来。因此，任何他人都不得支配他；他自己必须根据他内心的这样一个规律做事：他是自由的，并且必须永远是自由的；除了他心中的这一规律，任何东西都不能命令他，因为这一规律是他的唯一规律，如果他允许另一规律约束自己，他就违反了这一规律，他的
(I,1,174) 人性就会遭到毁灭，他的地位就会降低到动物这一等级。

如果这个规律是他的唯一规律，他就可以在这规律没有涉及的一切地方，做他想做的事情；他对这个唯一的规律**不曾禁止**的一切事物，都拥有**一种权利**。但**自由**和**人格**正属于这样的事物，没有这样的事物，就根本不可能有规律存在；此外，**受命于**规律的事情也属于**未被禁止**的事物的领域；因此可以说，人们对于唯有他根据职责行动的条件，对于他的职责所要求的行动，都拥有权利。这样一些权利是绝不能放弃的；它们是**不可出让的**。我们没有权力将它们出让。

对于单纯为这一规律所允许的行动，我也有一种权利；但我也可能不使用道德规律的这个许诺，于是，我就没有使用我的权利，我将它放弃了。因此，这第二种权利是**可出让**的；但人必须**自愿**放弃它们，而绝不是必须出让它们；否则它就不会受到他内心的规律的驱迫，而会受到另一规律的驱迫，这是做这样的事情的人的错误，也是能改变但又容忍了这样的事情的人的错误。

如果我可以完全无条件地将我**可出让**的权利放弃，可以将它

们**送给**别人，那么我也可以有条件地放弃它们，我可以用它们**交换**别人出让的东西。从可出让的权利与可出让的权利的这种交换中就产生了契约(Contract)。在别人同样放弃行使他的某一权利的条件下，我放弃行使我的某一权利。——这种按照契约可以出让的权利只能是见诸**外在行动**的权利，而不能是见诸**内心意向**的权利；因为在后一种情况下，任何一方都无法肯定，对方是否履行了条件。内心意向、真诚、尊敬、友谊、感激和爱都能自由给予，但却不能作为权利获得。

公民社会以全体成员与某个成员或某个成员与全体成员签订的这样一种契约为基础，而不能以任何别的东西为基础，因为让他人给自己立法，而不让自己给自己立法，这是完全不合法的。只有我自愿接受市民立法——我用什么标志接受它，在这里是无关紧要的——并且用它给我自己立法，它才对我有效。我不能允许任何法律强制我，除非放弃人性、人格和自由。按照这个社会契约，每个成员都放弃一些他所能出让的权利，而这是以其他成员也放弃一些他们所能出让的权利为条件的。

如果一个成员不遵守他的契约，并想索回他所出让的权利，社 (I,1,175)
会就会有一种权利，损害他那些由社会给他保障的权利，强迫他遵守他的契约。这种损害是他通过契约自愿承受的。这样就产生了**权力的实施**。

全社会从事于这种权力的实施，不可能没有弊端；因此它就被委托给一些或一个成员，而这个受到委托实施权力的成员就叫**君主**。

由此可见，君主的权利是由社会委托的；但社会却不能将自己所没有的权利委托给他。所以,我们这里想探讨的君主是否有权利限制我们的思想自由的问题,是以国家是否可能有这样的权利的问题为基础的。

能够**自由地**思考是人类知性不同于动物知性的显著特点。动物也有表象;但这些表象是彼此必然相继的,它们相互产生,就像机器中的**一个**运动必然产生另一个运动一样。在支配观念联想的这种盲目机械性中,精神只是被动的,而依靠自己的力量,按照自己的自由任性,对这种机械性进行积极的抵抗,并给自己的观念序列提供一个确定的方向,则是人的优越性,而且一个人越是强调自己的这一优越性,他便越不失为一个人。人能具有这种优越性的禀赋,也就是他的**意志**得以自由的禀赋;思想自由的表现,正如**意志**自由——他的**人格的不可分割的**组成部分——的表现一样,是唯有人能够说"我**在**,我是独立存在者"的必要条件。思想自由的表现同意志自由的表现一样,保证了人与神灵世界的联系,并使他与神灵世界一致;因为统治这个不可见的天国的,不仅应该有意志的一致,而且还应该有思想的一致。是的,思想自由的表现使我们对意志自由的更强烈的不断表现作了准备:通过我们的偏见和意见对真理规律的自由服从,我们首先学会拜倒在规律观念面前,默不出声;这个规律首先抑制了我们那种想支配道德规律的自私心。自由地、无私地热爱理论真理——**因为**它是真理——对于达到意向的道德净化是最富有成效的准备。这个同我们的人格,同我们
(I,1,176) 的道德有着密切联系的权利,这条由创造性智慧特别为我们铺设的通向道德净化的道路,我们难道能够在社会契约中放弃吗?我们难道有权利出让一种不可出让的权利吗?我们答应放弃这一权

利，这除了意味着我们答应在加入你们的公民社会时成为没有理性的创造物，成为动物，好让你们在驯服我们时少费些辛劳，难道还有什么别的意思吗？这样一种契约难道是合法的、有效的吗？

但是，他们向我们叫喊，难道有人想这样做吗？难道我们没有用洪亮的声音，庄严地向你们充分许诺过自由思考吗？——我们愿意承认这一点；我们愿意忘记人们企图夺走我们最好的救济物资的那种胆怯行为，忘记人们怎样勤勉努力，试图用每一新的光明给旧的黑暗染上颜色；[①]我们不想咬文嚼字——是的，你们允许我们**思考**，因为你们无法阻止它；但你们禁止我们传播我们的想法；就是说，你们并没有夺去我们的自由思考这一不可出让的权利，你们只是占有了传播我们的自由思想的权利。

为了使我们确信，并不是在同你们作无谓的争论，我们最初是否有这样一种权利呢？我们能够证明它吗？——如果我们对道德规律没有禁止的一切都有一种权利，谁能够指出道德规律有一条不允许说出自己的信念的禁令呢？谁有权利禁止别人说出自己的信念，而将这些信念看成对他的财产的冒犯呢？你们对我说，这可能妨碍别人享受他那建立在迄今为止的信念上的幸福，妨碍他那惬意的幻想和甜蜜的梦——但他怎么能只通过我讲的情节，而不倾听我的意见，不注意我的讲话，不用自己的思维形式理解我的讲话，就受到妨碍呢？如果他受到妨碍，那是他自己妨碍自己；我并没有妨碍

① 所以，有人就将一种似乎真是为了使我们摆脱法律的惩罚和服从自由的规律而制定的学说，最初用于支持经院派的神学，在最近则完全用于支持专制主义。在御座的脚边爬行，以便祈求到做君王脚凳的许可，这对有思想的男子汉来说，真是有失身份。

他。这完全是给予与获取的关系。难道我没有权利让人知道我有面包，让人在我的火边取取暖，在我的灯上点个火？如果那人不要
(I,1,177) 我的面包，那他就别伸手接受它；如果他不要我的温暖，那他就从我的火边走开；强迫他接受我的给予——这种权利我当然没有。

但是，因为这种自由传播的权利不是基于任何命令，而是仅仅基于道德规律的允许，因此就其自身来看，是不可出让的，此外，因为要能行使这一权利，还需要别人同意和接受我的给予，所以本来就可以设想，社会永远取消了这种同意，它让每一成员在进入社会时向自己保证，不对任何人讲出自己的信念。——一般说来，不论是谁都不会对这种放弃认真看待；这是因为，难道不是他们尽量慷慨地打开了国家特别惠赠给他们的丰饶角？难道不是单纯由于我们的执意抗拒，他们才直到现在还不向我们展现其中最难得的珍宝？但是，如果让我们永远承认我们无论如何也不愿承认的事情，即我们好像有权在进入社会的时候放弃我们的传播权，那么，这个自由给予的权利就与**自由获取**的权利冲突了；如果不是自由获取的权利也同时出让，给予的权利是不能出让的。即使我承认，你们本来有权要我答应不让任何人知道我有面包，但你们难道同时也有权强迫可怜的挨饿人吃你们那使他恶心的稀粥或死掉么？你们想剪断那条将人与人紧紧连在一起，将灵魂与灵魂交融在一起的绝佳纽带么？你们想将人类的最有价值的物物交换，将人类自由地、愉快地给予和获取自己所拥有的最珍贵之物的活动夺走吗？可我为什么还要带着情感向你们干枯的心田讲话呢？一个简明扼要的理性推论就会证明你们的要求的不合理性，你们用你们所有的诡辩手段也损害不了这个推论。——自由地获取一切对我们有

用的东西的权利，是我们人格的一个组成部分，自由地使用一切为了我们的精神教养和道德教养而对我们开放的东西，是我们的使命；没有这个条件，自由和道德对于我们将是一件无用的礼物。我们的教育和教养的最丰富的源泉之一是精神与精神的相互沟通。从这个源泉汲取教养的权利我们不能放弃，除非放弃我们的精神，放弃我们的自由和人格；因此，我们**不可**放弃这一权利；因此，其他人也不可放弃**他**那允许我们从中汲取教养的权利。由于我的**获取**的权利是不可出让的，所以其他人的**给予**的权利也成为不可出让的。——**我们**是否将我们的给予**强加**于你们，你们大概自己知道。你们知道，我们是否把职位和名誉职位交给那些假装被我们说服 (I,1,178) 了的人，我们是否解除那些不爱听我们的讲演，不爱读我们的论著的人的职务和荣誉，我们是否公开责骂和驱逐那些执笔反对我们的原理的人。尽管如此，人们还是用你们的论著来包装我们的论著，尽管如此，我们这一方面还是有民族中更明智的头脑和更高尚的良心，而你们那一方却只有傻瓜，伪君子，怯懦的作家——请你们竭尽自己的所能，亲自解释这点吧。

但是，你们向我喊道，我们根本不禁止你分发面包；只是你不应该给人毒物。——但是，如果你们称之为毒物的东西是使我健康和强壮的日常食物，又怎么说呢？难道我应该事先看到，别人虚弱的胃不能承受这食物么？他是死于我的**给予**呢，还是死于他自己的**进食**呢？如果他不能消化食物，那他就不该吃：我可没有给他填糠[1]，

---

① 把事先嚼碎的米粥塞到儿童口中，在依然盛行这种做法的省份，人们称为**填糠**。——有人也用面粉搓成的糠填鹅。

这种特权只有你们才有。——或者也来假设一下，我真的认为我给别人的东西是有毒的；我是企图毒害他才把这东西给他的——你们想怎样向我证明这一点呢？除了我的良心，谁能胜任我的法官呢？好了，不作比喻了。

我诚然可以传播**真理**，但不可传播**错误**。

啊！当你们说到这个的时候，**真理**究竟对你们意味着什么？**谬误**对你们意味着什么？毫无疑问，不是我们其他人所认为的；否则你们就会明白，你们所加的限定取消了整个许诺，你们又用左手拿走了你们用右手给予我们的东西；如果你们不是也允许传播谬误的话，真理的传播是绝不可能的。——然而，我要使你们更加明白我的意思。

毫无疑问，你们在这里谈的不是**主观**真理；因为你们不想说：我诚然可以传播**我**根据自己的良知和良心认为是真实的东西，但不能传播**我自己**看作是错误和虚假的东西。如果没有我与你们之间的契约，你们就不能对我的真心有法律上的要求，因为这只是一种内在的，而不是外在的职责；通过社会契约你们是不能得到真心的，因为你们永远不能为自己保证我的诺言的实现，你们不能看到我的心里。假如我向你们许诺了真心，而你们也接受了我的许诺，那你们当然就受了骗，但这是由于你们自己的过错；我本来并没有
(I,1,179) 向你们许诺过什么，因为你们通过我的许诺而得到的是一种实际上不可能行使的权利。——诚然，如果我有意欺骗你们，如果我经过深思熟虑，故意不给你们真理而给你们谬误，我就是一个可鄙的人；但我这样只是辱没了我自己，而不是辱没了你们；我只有用我的良心来洗刷这一点。

因此，你们谈的是**客观**真理；而客观真理是什么？——啊，你们这些聪明的专制主义诡辩家，你们对于下一个定义总是易如反掌——它是我们关于事物的表象与事物自身的符合。因此，你们的要求的意思就是——我真为要说出来的话而替你们脸红——：如果我的表象与事物自身真正符合，我就可以传播它；如果它并不真正与事物自身符合，我就应该保留它。

我们关于事物的表象与事物自身之间的符合只有两种方式才是可能的：或者事物自身通过我们的表象成为真实的，或者我们的表象通过事物自身成为真实的。由于在人的认识能力中两种情况都会出现，但又相互交织在一起，使我们无法清楚地将它们分开，所以马上可以看出，客观真理就其最严格的意义而言，正好同人和任何有限存在者的理智相矛盾，因此我们的表象与事物自身从来都不符合，也不可能符合。从这个意义上说，你们也许是想让我们感到不可能传播真理。

然而，还是存在着事物依照我们天性的机制而必定会全部向我们大家显现出来的某种必然形式，而且就我们的表象同这种可知性的必然形式相符合而言，我们也可以称这种形式为客观真实的——就是说，如果客观不是指事物自身，而是指一种被我们的认识能力的规律和直观的规律所必然决定的事物（现象），我们也可以称这种形式为客观真实的。在这个意义上，凡是按照正确的知觉，通过我们的认识能力的必然规律得出的东西，都是客观真理。——除了这种可以应用于感性世界的真理，还有一种无限高的意义上的真理，因为我们并不是通过知觉才认识到各个事物的特定的性状，而是这些性状应该通过最纯粹、最自由的自我活动，按照原始的正义与非正义概念自己**产生出来**。凡是合乎这些概念的，对一切灵魂和灵魂之父都是真实的；这种类型的真理在多数情
(I,1,180) 况下是很容易、很有把握认识的；我们的良心将它唤向我们。这样，比如人和上帝的永恒真理就在于，有不可出让的人的权利，思想自由也属于这类权利——我们为了保护自己的权利而将我们的权力交到某个人的手中，如果他恰好使用这个权力来压制我们的权利，特别是压制思想自由，他的行为就太不正义了。这些道德真理是绝对没有例外的；它们从来不会有问题，相反地，总是可以被归结为权利的必然有效的概念。关于后一种真理——这种真理你们反正很少放在心上，并且在内心里经常有反感——你们是不谈的；因为关于这种真理并没有争论——而你们谈的是关于人的前一种真理。你们命令道，**我们不应该坚持那种并不是根据必然的思维规律从正确的知觉引出的东西**。——你们是人类的宽宏大量、智慧仁慈的父亲；你们命令我们，永远正确地进行观察，永远正确地作出结论；你们禁止我们失误，以使我们不传播谬误。高贵的保护人，我们也恰恰不愿如此；这对我们自己正如对你们那样是可厌的。错误仅仅在于，当我们失误时，我们并不知道。——难道你们不能够给我们提供一个确实可靠、永远可用的真理标准，使你们父亲般的劝告成为对我们有益的吗？

关于这一点你们事先也已经想到了。比如你们说，我们只是不应该传播那些陈旧不堪、早已遭到驳斥的谬误。——**遭到驳斥的谬误**？它们**对谁来说**是遭到了驳斥？假如这驳斥能使**我们**明了，能使**我们**满足，你们以为我们还会坚持那些谬误吗？你们以为我们宁愿犯错误而不愿正确思考，宁愿胡言乱语而不愿聪明么？

你们以为我们可以承认一个谬误不过是一个谬误，以便立刻接受这个谬误么？你们设想我们会全然出于天才的任性，为了嘲弄和惹火我们善良的保护人，将我们自己清楚知道的错误东西写进世界里去么？

你们向我们发誓说，那些谬误早已遭到驳斥。那么，它们一定至少**对你们来说**是遭到了驳斥，因为你们毕竟不会欺骗我们。许多人已经摆脱了你们统治者多余的操劳，将他们的全部时间贡献于这种研究。尊贵的尘世之人，你们不想告诉我们，你们在多少个从事认真观察的不眠之夜，发现了他们迄今尚未能发现的东西么？或者，你们是否不靠任何思考，不靠任何教授，而仅仅借助于你们的非凡天才就发现了这类东西？但我们理解你们，并且我们早就 (I,1,181)
应该不做这种对你们和你们的仆从来说十分枯燥的研究，而介绍你们的真实思想了。——你们完全不谈我们这些其他的人称为真理或谬误的东西，你们何必对此费心呢？谁愿意用这些令人糊涂的思辨，败坏未来统治者以其操劳来恢复国家的希望的那些岁月？你们和你们的臣仆分享了人类的感受能力。你们将**思维**托付给了你们的臣仆——虽然不是为了你们，也不是为了思维本身，因为在你们的统治中这是完全不必要的——他们在他们愿意的时候，喜欢为取乐而进行思维，但丝毫不管进一步的后果。你们的**意志**支持了他们。这种寓于你们心中的平凡意志也决定了真理。这样，你们希望是真实的东西，就是真实的；你们希望是错误的东西，就是错误的。——你们**为什么**希望如此，这不是我们的问题，也不是你们的问题。你们的这种意志是真理的唯一标准。就像我们的金银只有盖了你们的印章才有价值一样，我们的概念也是如此。

国家机构必定需要有深刻的智慧，因为众所周知，从来都是推举最智慧、最优秀的人给国家掌舵，如果一只不圣洁的眼睛敢于看一眼国家机构的神秘枢机，那么，请允许我在这里说几句谨慎的话。如果我不自诩太甚，那么我真看到了你们在这里着意追求的一些利益。奴役人的躯体对于你们来说是一件轻而易举的事情；你们可以将他的双脚置于囚架中，将他的双手置于镣铐中，你们也可以在不得已时用饥饿或死亡的恐惧来阻止他讲不应讲的话。但你们却不能总是带着囚架或镣铐或让刽子手在场——你们的侦探也不可能无处不在；这种辛劳的统治将不会再给你们剩下享乐的时间。因此，你们必须考虑一种更可靠、更有效地奴役人的方法，使人即使没有囚架和镣铐也不会不按照你们所示意的那样进行呼吸。如果人的自我活动这个第一原则使他的思想软弱无力，如果除了你们直接或间接通过他的神父或你们的宗教圣旨给他下命令，他不敢再思考其他东西，那么他就完全成了你们想要的一架机器，这时你们就可以随意使用他了。我在你们所喜欢研究的历史中，钦佩第一批基督教国王的智慧。随着每一新的政府的出现，真理都发生着变化；甚至在**一个**政府存在的时期，它稍微延长得久一
(I,1,182) 点，真理就得变化几次。你们理解了这个生活准则的精神，但是你们——如果你们这门艺术的初学者说错了，请原谅他——对它的钻研还不够深入。有人把同一个真理奉为永久的真理；他们在新近的治国艺术中贯彻了它。人民终于习惯了这个真理，并将自己相信它的习惯视为它有真理性的证明，因为人们毕竟只是纯粹由于你们的权威才会相信它的。因此，你们这些君主，就完全效法你们的可敬的榜样吧！你们今天批驳你们昨天命令信奉的东西，你

们今天批准你们昨天曾经批驳的东西，以使他们永远不会丢掉那个以为只有你们的意志才是真理源泉的习惯。比如，你们长期希望一等于三；他们相信了你们，可惜，他们已经习惯于这样做，所以他们早就不向你们致以应有的谢意，而认为那是他们自己发现的。你们损害了自己的威望；你们也命令一就是一，当然，这并不是因为相反的说法自相矛盾，而是因为你们希望这样。

我理解你们是怎样看的；但我是与不受约束的人民打交道，他们不问你们的意图，而问你们的权利。我该怎样回答呢？

权利问题是一个令人不快的问题。我很遗憾，我得在我曾友好地与你们一起到达的这个地方与你们分手了。

假如你们有权规定什么是我们应该作为真理接受的，那你们的这种权利一定是从社会来的，而社会的这种权利一定是通过契约来的。这样一种契约是可能的吗？这种契约作为内在的信念，社会是从来都不能保证的，社会能把不相信某些命题，而只在外部承认它们，也就是不说反对它们的话，不写反对它们的文章，不教授反对它们的课，当作其社会成员接受这种契约的条件吗？——我想尽可能把话说得温和些。

这样一种契约在有形体的世界中也许是可能的。但只有那些不可侵犯的命题得到了足够确实，清晰的规定，使我们能向任何一个对它们持有某种异议的人无可辩驳地证明这一点——你们看到，这意味着要求有某种条件——，我们才可以将持有异议作为外在行动，惩罚任何一个那样的人。

但这在道德上也是可能的吗？也就是说，社会有权要求这样一种许诺，社会成员有权给予这样一种许诺吗？在这样一种契约中人的不可出让的权利不就会被出让了吗？出让这种权利是任何契约都不允许发生的，契约会因而成为违法的和无效的。——朝着任何一个可能的方向，对任何一个可能的思维客体进行自由的、
(I,1,183) 无限的研究，这毫无疑问是人的一种权利。除了他自己，任何人都不能规定他的选择、他的方向和他的界限。这是我们在上文中已经证明的。这里只有一个问题，即人是否可以根据契约自己给自己设定类似的界限？对于他那种不为道德规律所要求，而仅仅为道德规律所允许的外部行动的权利，他可以设定类似的界限。在这里推动他行动的不是别的，充其量说是爱好；这种爱好大概可以在它不受道德规律限制的地方，通过自愿制定的法规来限制。但是，当他达到了思考活动的那种界限时，当然就有某种东西推动他行动，推动他超越那种界限，向外进展，这就是他的追求无限的理性的本质。他的理性的规定就是不承认有绝对的界限；理性因此才是理性，他因此才是有理性的、自由的、独立的存在者。因此，对无限的不断探索是人的**不可出让的**权利。

人给自己设置这种界限所用的契约，虽然并不直接相当于说我想成为动物，但它却相当于说：我愿意仅仅在达到某一点以前(也就是说，在那些得到国家特许的原理真正对人的理性会普遍生效的时候，而这些原理我们已经送给你们，除此之外我们还送给你们一大堆其他困难)做有理性的人，而一俟我将来达到这一点，我就愿意成为非理性的动物。

如果一种超出那些确定的结果而**进行研究**的权利已经证实有不可出让性，那么，**共同**超出它们而进行研究的权利也就同时证实了有不可出让性。这是因为，谁有达到目的的权利，若不受其他权

利的阻挡，谁也就有获得手段的权利；这样，当人们从别人那里受到教益时，继续推进自己就是最优秀的手段之一；结果是，每个人都有了一种不可出让的权利，无限地**接受**自由地给予的教益。如果这一权利不被取消，别人**给予**这种教益的权利也就必然不可出让。

因此，社会绝对没有权利要求或接受这样一种许诺，因为这是违背人的不可出让的权利的；任何成员都无权给予这样一种许诺，因为这是违背别人的人格和别人合乎道德地行动的可能性的。每一个给予这种许诺的人，都是违背职责而行动的，他一旦认识到这一点，就有职责索回他的许诺。

古老的黑暗时代的朋友们和仆人们，你们对我大胆地得出结论会感到惊慌，因为你们这种类型的人是容易受惊的。你们希望，我至少还会给自己保留一个谨慎的用语——“在这方面诚然”，还 (I,1,184)
会给你们的宗教誓言，给你们的具有象征意义的书籍等等留一扇小小的后门。而我即使有这么一扇小小的后门，我在这里也不想为了讨你们的喜欢，就给你们打开；这恰恰是因为，人们一直这么小心地对待你们，一直太多地让你们讨价还价，一直小心翼翼地避开那使你们极度疼痛的脓疮，给你们洗刷黑色污斑，却不想弄湿你们的皮肤，因为你们已经叫嚷得很厉害。你们从现在起必须逐步养成去掉外壳来看真理的习惯。——但我也不愿不说一句安慰话，就让你们离去。对那些处于你们视野之外、你们永远也不会进入的未知国度，你们究竟怕什么呢？还是问问周游那些国度的人们，被道德的巨人吃掉、被多疑的海怪吞噬的危险是否有那么大？还是把这些在你们中间到处漫步的大胆的世界航行者至少看得与你们同样是道德健全的吧。如果每个人都可以尽自己的所能，克服愚昧无知，那就会产生一种突然而至的光明局面，为什么你们这么害怕这种光明局面呢？人的精神其实只是逐步开化起来的；你们在你们的时代还一定会缓慢地蹑踪而行；你们一定会葆有你们那一小群经过遴选的人马，葆有对你们的巨大功勋的自信。人的精神有时通过科学领域的一场革命会产生一个巨大的进步——对此你们也不必担心。如果在你们四周也会天亮，你们视力模糊的眼睛也就会在令人舒适的朦胧状态中看到你们自己和你们很宠爱的那些幸臣；是的，可以使你们宽慰的是你们四周将变得更加黑暗。这是你们一定会从经验中得知的。特别是这十年以来，强烈的光明投射到了科学领域，在这个局面出现以后，你们的头脑不是变得比以前更加混乱了吗？

君主们，现在请允许我再向**你们**请教。你们向我们预言，无限制的思想自由会产生巨大的痛苦。你们像处置孩子们的有害玩具一样，将思想自由拿到你们那里，替我们把它收藏起来，这不过是对我们的愚弄。你们让受你们监督的报纸撰写人用火红的颜色，给我们描绘那些被各种意见煽动起来的乌合之众制造的混乱；你们在那幅画面上暗示温顺的人民堕落为残暴的食人者的愤怒情绪，暗示他们怎样渴望鲜血而不渴望眼泪，他们怎样更贪婪地拥向刑场而不拥向剧院，他们怎样将他们同胞的撕碎的肢体在还血淋淋地冒着热气的时候，就伴着欢呼的歌声扛着去示众，他们的孩子怎样将流血的头颅当陀螺抽打——我们不想提醒你们，专制主义
(I,1,185) 和宗教狂热通常结成联盟，正是向这样的人民提供过更加血淋淋的节日；我们不想提醒你们，这不是思想自由的成果，而是已往长

期的精神奴役的结果；我们不想对你们说，没有什么地方比在坟墓里更安静了。——我们愿意向你们承认一切，我们愿意立刻十分懊悔地投入你们的怀抱，哭着向你们请求，将我们藏于你们父亲般的胸怀，以免除一切威胁我们的灾难，只要你们还能回答我们一个令人十分敬畏的问题。

噢，你们这些人，就像我们从你们嘴里听到的那样，你们作为行善的保护神必须保护民族的幸福；你们，你们这些人向我们多次保证，你们只把民族的幸福作为你们的亲切关怀的最高目的——但为什么在你们庄严的监督下洪水和飓风还总是破坏我们的田地和庄稼？为什么地下还冲出火焰，吞噬我们和我们的房屋？为什么刀剑与瘟疫还夺去你们所钟爱的成千上万的孩子的生命？你们务必首先命令飓风停息，然后再命令我们愤怒的意见的风暴平息；当我们的田野干旱时，你们务必首先让苍天下雨，而且当我们乞求你们这样做时，你们务必首先给我们一个令人神爽的太阳，然后再给我们使人幸福的真理。① 你们沉默了？你们不能做到这些吗？

那好吧！那位真的能够做到这些的存在者，那位能够从荒芜 (I,1,186)

---

① 你们的友人，那位在《文汇报》10月号第261期上发表文章的评论家[21]，诚然不希望人们将革命与自然现象相比；但经他同意，革命作为现象，也就是不按它的道德根据而言，而按它在感性世界中造成的后果而言，当然完全服从于自然规律。你们不可能向他指出一本书[22]以及其中他能相信的段落；而且我在这里也不可以这样做。你们完全可以向你们这位友人悄悄地暗示，他尽可勇敢地彻底从事哲学研究。这样，他就会用他那广博的知识和刚强的语言，远比他以前更熟练地指导你们的事业，同时也指导人类的事业。如果你们不认为朋友与谄媚者是合二为一的，你们就绝没有一位比哲学更好的女朋友了。因此，你们要放弃那位假的女朋友，她从诞生以来，侍奉过为首的、最优秀的人，她可以被一切人利用，而且有人曾经以巧妙的手腕靠她——这还是不久以前的事情——奴役你们，正像你们现在靠她奴役你们的人民一样。

废墟中造出新世界，从腐烂霉菌中造出生命的存在者，那位能够在爆发过的火山上让葡萄到处茂盛生长，在坟墓上让人们居住、生活和娱乐的存在者，如果我们将那操劳，将人们最小的操劳都交给他，消灭、减轻我们因使用盖了他的神圣印章的特许证书而给自己带来的痛苦，或者，如果我们必须忍受这痛苦，依靠我们自己的力量，把这痛苦用于高度陶冶我们的精神，你们会发怒吗？

君主们，你们不想成为我们的讨厌鬼，这是好的；你们想成为我们的上帝，这是不好的。你们为什么不愿下决心降到我们中间来，成为同类中的优秀人物呢？你们的世界统治是不成功的；你们知道这点。我在这里不想——我的心太受感动了——将你们迄今每天都作出的错误结论亮给你们看，不想将你们每一季度都修改的高瞻远瞩的计划亮给你们看，不想将你们部下的尸体堆指给你们看，这些尸体堆你们肯定是打算在胜利中带回的。——你们通过你们的行动，盲目地促成了你们从未想到的目的，你们总有一天会同我们一起通观这个伟大而确定的计划的一部分，会同我们一起对此表示惊讶。

你们全然被引入了歧途；我们并不期望从你们手中得到幸福，我们知道你们是人；但我们期望你们保护和交还我们的权利，这些权利也许是你们仅仅出于误会，而从我们这里拿走的。

我可以向你们证明，只有思想自由，只有不受阻碍、不受限制的思想自由，才能够建立和巩固国家的幸福；我可以用不可辩驳的理由向你们清楚地说明这一点；我可以用历史事实向你们证明这一点；我还可以将现今大大小小的国家指给你们看，它们由于有思想自由而不断繁荣昌盛，由于有思想自由而在你们眼皮下已经变得繁荣昌盛起来；但我不愿意这样做。我不愿意用真理带给你们作晨礼的珍宝，向你们颂扬这真理的本质美妙绝顶。我比所有做这种事的人都把你们想象得更好。我信任你们；你们喜欢倾听严肃而诚实的真理的声音：

> 君主，你没有权利压制我们的思想自由；而你没有权利做的事情，你就绝不要做，即便在你周围的世界毁灭，你将与你的人民被埋葬到世界废墟底下的时候。对于世界的废墟，对于废墟底下的你和我们，那位把你所尊重的权利赋予我们的存在者是会来关照的。 (I,1,187)

那么，你们让我们希望的尘世幸福，如果你们真的能够给予我们，究竟是什么呢？你们，你们这些能享受一切的人们，在你们心中感受一下什么是世间的欢乐吧！你们回想一下你们享受过的欢乐吧！这些欢乐与你们享受之前的操劳相比，与你们享受之后的恶心和厌烦相比，是值得的吗？你们还想为了我们，使自己再次承担这种操劳吗？噢，你们务必相信，你们能够给予我们的一切财富，你们的珍宝，你们的勋章绶带，你们那一群出色的人物，或商业的繁荣，货币的周转，生活资料的丰富——你们的这类享受，作为享受，与高贵者的汗水、你们的操劳以及我们的感激相比，都是不值得的。只有作为我们活动的工具，作为我们追求的一个近期目标，它们在有理性的人的眼中才有一些价值。我们在这个尘世的唯一幸福——如果这真是幸福——是自由的、不受阻碍的自我活动，是自力更生，辛勤劳动，努力追求自己的目标的活动。你们虽然也经常指点我们去走向另一个世界，但你们大多把人的受苦的德行、消极的忍耐和负重作为达到这个世界的代价。是的，我们正在眺望着这另一个世界，而这个世界并不像你们认为的那样，同眼前的世界截然分开，我们已经在这里把那个世界上的公民权利深深地藏在我们心坎，不愿让你们将这种权利拿走。在那个世界里现在已经给我们保管起来的，是我们**行为**的果实，而不是我们**受苦**的果实，那些果实已经在比眼前的气候里更温和的太阳照耀下成熟起来；请允许我们在这里为享受这些果实，用艰苦的劳动增强我们的力量。

因此，君主们，对于我们的思想自由，你们绝没有**权利**；你们无权判决什么是真的，什么是假的；你们无权给我们的研究规定对象或设置界限；你们无权阻止我们公布研究的结果，不管这些结果是真的还是假的，不管我们想向**谁**公布或**怎样**公布。关于这些事情，你们也绝没有**义务**；你们的义务仅仅在于尘世的目的，不在于启蒙 (I,1,188) 运动的超尘世的目的。考虑到启蒙运动，你们可能会十分苦恼，但**它**不属于你们操心的范围。——不过，你们或许乐于做那种超出你们的义务范围的事情。那好吧！让我们来看看你们能做些什么。

不错，君主们，你们是崇高的人；你们的确是上帝的代表；但这不是由于你们的天性生来崇高，不是由于你们是**造福**于人类的保护神，而是由于你们接受了保护上帝所给予的人类权利这一崇高使命，是由于这样一种使命使你们肩负起许多沉重的、不可推卸的职责。有这么一个令人敬畏的想法：千百万人对我说，你瞧，我们起源于上帝的家族，我们出身的印章就刻在我们的额头，但**我们**不知道怎样维护这印章给予我们的尊严，不知道怎样维护我们在离开父亲的家时作为我们的天赋而带到这个尘世的权利，**我们千百万人都不知道**怎样维护它们，于是我们将它们放到**你的**手里；由于它们的起源，它们在你看来是神圣的，你以我们的名义维护它们吧！你做我们的义父吧！直到我们回到我们真正的父亲的家里。

在国家里你们授予职位和等级；你们颁发财宝和荣誉证书；你们援助那缺吃少穿的人，给穷人以面包——但是，如果有人对你们说，这就是善行，那是弥天大谎。你们是不会行善的。你们所给的职位不是礼物；当你们将它给予最可尊敬的人时，它是你们压在你们的同胞肩上的一部分重担；当不可尊敬的人得到它时，这是对社会和最可尊敬的人的一种抢劫。你们授予的种种荣誉证书并不是你们授予的；它们早已判给每个有德行的人，你们不过是对社会庄严宣布它们的代言人而已。你们分发的钱财，从来就不是你们的；它是社会存放在你们手中的委托财产，以便满足社会的一切需要，即满足每个人的需要。社会通过你们的手来分发它们。你们把面包给予挨饿人，但如果不是社会关系迫使他交出面包，他本来是有面包的；社会通过你们将原来属于他的东西归还给他。如果你们用不容迷惑的智慧，用不可移易的责任心做这一切，绝不失误，绝不出错，那么你们就尽了你们的义务。

你们还想做更多的事情。那好吧！你们的同胞不只生活在国家里，他们也生活在精神世界里，在这一世界你们得到的地位并不比他们更高。作为地位平等的人，你们不能向他们提出什么要求，他们也不能向你们提出什么要求。你们可以为自己寻找真理，为 (I,1,189)
自己保持真理，按照你们对真理的全部感受享用真理；他们无权过问你们。你们可以置身事外，让真理的研究按自己的道路前进，而丝毫不操心这类研究。你们完全不必将社会交到你们手中的权力、影响和威望用于推进启蒙运动，因为社会并没有为此而给过你们这些权力、影响和威望。——你们在这里所做的，完全是善意，是你们所喜爱的；在这条道路上你们能够为人类作出真正的贡献，而你们对人类也负有完全不可推卸的责任。

你们自己也要尊重真理，并且要让人们看到这一点。我们虽然知道，你们在精神世界中同我们是一样的，最有权力的统治者所尊崇的真理同人民中最无足轻重的人所崇拜的真理是同样神圣的，尽管你们的服从不是尊敬真理，而是尊敬你们自己；但是，我们有时还是有足够的感受，而且我们中间的许多人总是有足够的感受，相信真理由于它的崇拜者的光彩，会得到新的光彩。你们要利用这种幻想，直到它消失；你们要让你们的人民一直相信，还有比你们更庄严的东西，还有比你们的法律更高的法律。你们要公开同他们一起拜倒在这些法律之下，他们会对这些法律，对你们更加敬畏。

你们要甘愿倾听真理的声音，不管真理的对象是什么；要让真理不断接近你们的王位，不要怕它会比你们的王位更光辉。你们想偷偷在它面前躲藏起来么？如果你们心地纯正，你们怕它什么呢？如果它不同意你们的决定，你们就要听从它；如果它向你们证实了你们的错误，你们就要改正这种错误。在这样做时，你们一定不会冒什么风险。你们是凡人，就是说，你们不会不犯错误，这我们从来就知道，不必通过你们的自白才得知。这样一种服从并不会使你们丧失尊严；你们越强大，它就越使你们增添尊严。你们可以继续贯彻你们的措施，谁能阻止你们这样做呢？你们可以继续有意识地、毫不踌躇地做不公正的事情，谁敢就此当面指责你们，痛斥你们实际上干的事情呢？但是，你们要自愿决定尊重自己，做正义的事情；对法权规律的这一服从，使你们与你们奴隶中最无足轻重的人都处于平等的地位，同时也使你们进入了最高的有限生灵的行列。

你们的尘世地位的尊严和你们的所有外在的优势，你们都归 (I,1,190)
因于你们的出身。假如你们出生在牧人的茅屋里，那么，正是这只现在执掌权杖的手会同样掌了牧鞭。每个有理性的人都会由于你们所握的这柄权杖，而尊重你们所代表的社会，但实际上却并非尊重你们。你们知道，我们深深的鞠躬，我们充满敬畏的举止，我们顺从的声调是对谁表示的吗？是对社会的代表，不是对你们。你们给一个稻草人穿上你们的王袍，将你们的权杖塞到他那充填了稻草的手里，把他放到你们的王位上，然后让我们走到他面前，你们以为我们在这时就会发觉没有那种只应由你们圣人散发出来的不可见的香气吗？你们以为我们的脊背会少一点柔韧性，我们的举止会少一点敬畏之意，我们的言语会少一点谨慎吗？难道你们还未曾想到去研究一下，这种敬畏有多少你们可归功于你们自己？假如你们只是我们中间的一员，人们将怎样对待你们？

从你们的宫廷大臣那里你们是不会得知这个道理的。他们虔诚地向你们保证，他们尊敬和爱戴的只是你们和你们个人，而不是作为君主的你们，如果他们发现你们喜欢听这话。即使真有一个智者能在你们宫廷大臣呼吸的空气中忍耐下来，你们从他那里也绝不会得知这个道理。智者将向社会的代表，而不是向你们回答你们的问题。我们同胞所受的待遇，就像一面镜子，有时从中可见到我们个人的价值——这种方便只是供私人利用的；国王的真实价值，在他死以前，人们是不便估量的。

尽管如此，如果你们还想得到这个大概值得回答的问题的答案，你们就得自己给出答案。如果你们不是通过你们的自命不凡的错视眼镜，而是用你们的道德良心的纯净镜面来观察自己，你们就能尊重自己，大约正是在你们这样尊重你们自己的程度上，你们的同胞在尊重你们。所以，如果你们想知道，当你们失去了王冠和权杖时，那种现在向你们唱颂歌的人是否嘲弄你们，那些现在满怀敬畏之心躲避你们的人是否会为了有意戏弄你们，向你们挑衅，人们是否会在第一天讥笑你们，在第二天用冷酷的眼光蔑视你们，在第三天忘掉你们的存在，或者，人们是否还会尊崇你们中间那位不必当国王而本来就伟大的人，那么，关于这些事情你们都去问你们自己吧。如果你们不想成为前一种人，而想成为后一种人，如果你们想让我们为了你们自己而尊敬你们，那么，你们就必须成为值得尊敬的。但是，除了自由地服从真理和正义，就再没有任何办法能使人成为值得尊敬的了。

(I,1,191)　你们切不可破坏自由的研究；你们可以促进它，而且你们几乎只有用你们自己对此表现出来的兴趣，用你们倾听它的结果的顺从态度，才能促进它。你们能够给予热爱真理的研究者的荣誉证书，他们很少为了别人而需要它们，而他们自己也绝不需要它们；他们的各种荣誉不是挂在你们的签名和印章上，它们存在于那些被他们照得更亮的同代人的心中，存在于那些用他们的灯点燃起自己的火把的后代人的书里，存在于你们所给的种种头衔都不起作用的精神世界里；这些报酬——可我说什么报酬呢？——这些对他们为别人服务所遭受的时间损失的赔偿，是对社会欠他们的债务的微薄偿还。他们真正的报偿更崇高，这就是他们的精神的更自由的活动和更广泛的传播。他们能不用你们的帮助，而自己做到达一点。不过，就是那些赔偿，你们也要将它们这样给予他们：既不使他们受到污辱，又使你们得到尊敬；要作为自由人对待自由人，使他们也可以拒绝它们。绝不要为了收买他们才给出它们——你们不会买到真理的仆人；他们是绝对不可收买的。

你们要将探索精神从事的各项研究工作引向人类目前最迫切的需要；但你们指引它们，要用轻柔的、智慧的手，绝不要充当统治者，而要充当自由的合作者，绝不要充当精神的主宰者，而要充当精神成果的愉快的同享者。强迫是真理所厌恶的，只有在真理出生的国度，即精神世界的自由气氛里，真理才能生长。

特别是，你们一定要最终认识你们真正的敌人，一小撮危害国家的罪犯，一小撮污辱你们的神圣权利和你们个人的人。正是他们，劝你们让你们的人民处于盲目与蒙昧之中，在人民中间散布新的谬误和保留旧的谬误，阻碍和禁止各种形式的自由研究。他们把你们的王国看作是在光明里绝不能够存在的黑暗王国。他们认为，你们的权力只有在夜幕中才能行使，你们只有在受蒙蔽者和受诱惑者中间才能进行统治。凡是劝告君主阻止启蒙运动在人民中间继续发展的人，都是当面对君主说：你的这些要求会激怒健康的人类理智，你必须压抑它们；你的原则和你的行为方式见不得阳光；不要使你的仆人受到更多的启发，否则他会咒骂你；你的理解力是软弱的；不要让人民变得更聪明，不然他们会看穿你；黑暗与夜晚是你所需要的环境，你必须设法使它在你的四周扩展开；你必须逃避白天。

只有那些劝告你们在你们四周扩大光明的人，才对你们有真
(I,1,192) 正的信任和真正的尊敬。他们认为，你们的各种权力是如此稳固，以致没有什么光明能损害它们；你们的各种意图是如此善良，以致它们在任何一种光明里都只会得到更多的成就；你们的心地是如此高尚，以致你们自己在这光明里会耐心看到或希望看到你们失误的景象，以便你们能够改正你们的失误。他们要求你们，你们应该像上帝一样居于光明之中，以便邀请所有的人来尊敬和热爱你们。只听从他们吧，他们将不要赞扬、不要报偿地给予你们忠告。

纠正公众对于法国革命的评论[23]

〔费迪南德·特罗舍尔
出版社，但泽 1793/1794〕

《费希特全集》，第Ⅰ辑
第1卷，第203—404页
李　理译　梁志学校

前　言

(I,1,203)

在我看来,法国革命对于全人类都是重要的。我谈的不是法国革命对法国及其邻国所产生的政治结果,要不是这些邻国采取不请自来的干预行动和轻率的自信态度,法国革命也许不会产生这些结果。所有这些结果本身虽说不少,但与更为重要的东西相比,总是微不足道的。

只要人们不变得更加明智和更加公正,他们谋求幸福的一切努力就是徒劳的。逃出了专制君主的地牢以后,他们会用自己的那些业已砸烂的镣铐的碎片自相残杀。如果他们自己的不幸或他人的不幸在他们及时受到警告的时候,并不能使他们以后变得明智和公正,那将是一个极为悲惨的命运。

所以,在我看来,世上的一切事件都是些富有教益的标牌,人类的伟大教育家将它们树立起来,以使人类能在它们上面知道什么是他们应该知道的苦难。这并不是说,人类从它们当中学到这类东西,因为我们在整个世界历史中发现的东西,无一不是先前由我们自己置于其中的;而是说,人类通过对实际事件的评论,以较为容易的方式来发展自身原有的东西。因此,在我看来,法国革命正是一幅关于人的权利和人的价值这个伟大课题的瑰丽画卷。

然而,我的用意肯定不是让少数遴选出来的人知道这些值得知道的事情，并且让这些人中的个别人照此行事。关于人的义务、权利和夙愿的理论并非学校的珍宝；终会到来这样一个时代，那时，我们孩子的保姆将用关于人的义务和人的权利的唯一真实和正确的观念教我们的幼儿学话，那时，这就是他们最先会说的话，那时，我们需要为他们准备的唯一的鞭子是说“这是不公正的”这
(I,1,204) 句吓人的话。但愿学校能以光荣地保存一些武器为满足，以便用它们保护人类的这一共同财富，抵御所有其他的诡辩术，这种诡辩术只能产生于学校，并从学校传播出来，但结果本身则是公共的，正如空气和阳光是公共的一样。只有学校传授这些武器，或者更确切地说，只有消除至今阻止发展这种在人心中受到压制但未被灭绝的真理的可悲偏见，学校自己的认识才能变得真正清晰、活跃和富有成果。只要你们在你们学校还同手艺人按照规定的制度谈论这些，就正是这种规定的制度一直在欺骗你们，并且如果你们仅仅对这种制度意见一致，你们就相互忽略了一些问题，对这些问题作出明确回答，可能会使你们感到十分困难。但是，经受过生育和教养孩子的考验的母亲却把历尽艰险而变得苍老的士兵和可尊敬的乡下人引来参与你们关于良心、正义和非正义的谈论，而你们自己的概念也会如同你们解释他们的事情那样，变得清晰起来。——然而，这是最微不足道的。那些认识如果不能作为共同的东西被引入生活，那还有什么意义呢？它们如果不至少被大多数人所采纳，又如何被引入生活呢？像现在这样，事情是不能长久的，尽管我们心中的确闪烁着神圣的火花，尽管这火花的确给我们指出了一位万能的主持公道者。难道我们想等暴发的洪水卷走我们的茅屋后再从事建设么？难道我们想在血泊和尸体中为发狂的

奴隶们作关于正义的演讲么？现在就是让人民认识自由的时候了，人民一旦认识自由，就会自己找到自由；这样，他们就不会舍弃自由，去做无法无天的事情，结果在半路上返回，也把我们拉着一起倒退了。绝没有什么办法能保护专制主义；也许有某些办法，能劝说那种由于给我们带来痛苦而把自己弄得比我们更加不幸的专制君主，从自己长期的不幸中解放出来，下降到我们中间，成为同类人中的领袖。阻止暴力革命有一个非常可靠的办法，而这个唯一的办法就是让人民彻底了解自己的权利和义务。法国革命为此向我们指明和描绘了一幅使人顿开眼界的瑰丽画卷；另一场无比重要的、我在这里并没有进一步指明的革命，现在已给我们保证了素材。

时代的示意一般总是不会不被察觉的。人们从前不曾想到的
事情，如今已成为日常交谈的话题。关于人们的权利、关于自由和 (I,1,205)
平等、关于契约和誓约的神圣性、关于王权的根据和限度的闲谈，在独具特色的人群和平庸无奇的人群里有时都取代了关于新近的时尚和昔日的冒险的谈论。人们开始学习了。

但是，这幅竖立起来的画面不仅用于教导人们，同时也用于对头脑和心灵作严格检验。对一切独立思考的反感，精神的懒散习气，连简短推论都无法理解的智力不足，以及弥漫于我们的全部片断意见中的偏见和矛盾——所有这些现象，一方面，是竭力不让任何事物离开其以往的亲切环境的行径，是懒惰的或卑鄙的利己主义，是对真理的羞怯畏惧，或者，当真理的光芒违背着我们的意志照亮我们的时候，是人们用来关闭自己眼睛的强制力量；另一方面，所有这些现象绝不比诸如人的权利和人的义务这样一些十分

明白易懂、影响广泛的话题坦露得更加明显。

对付后一种弊病是无法可想的。谁惧怕真理，把它看作敌人，谁就总是会在真理面前进行抵抗。如果真理在畏光者藏身的各个角落里追逐他，他就总是会在自己的心灵的深渊里找到一个新的藏身之处。谁不喜欢毫不修饰地追求圣美，谁就根本不配获得圣美。——我们将某个命题注入你的头脑，并非因为它是**这个命题**，而是因为它是真实的。如果与此相反的命题是真实的，我们也会全然不考虑它的内容或结果，把它提供给你，因为它是真实的。只要你不培养自己为真理而热爱真理的品德，你对我们来说就全然无用，因为这种热爱是为了公正本身而热爱公正的初步准备。热爱真理是培养纯粹善良性格的第一步；如果你尚未迈出这一步，你就暂且不要自夸吧。

对付前一种弊病，对付思想的偏见和懒散，有一个方法，那就是给人以教导和友好的帮助。谁需要这样一个朋友，而周围又没有更好的，我便愿意成为他的这样一个朋友；我正是为此而写本书的。

我的研究须进一步选择哪种程序，我已部分地在导论中，部分地在第二章中预先作了说明。这个第一卷只是一个尝试，因此，我在第一卷写到一半时就搁笔了。我是否还重新执笔写完这个第一
(I,1,206) 卷，这取决于读者。在此期间，法兰西民族也许会给写第二卷[24]提供充足的素材，而第二卷应提出评论法兰西民族宪法的明智性的原理。

如果这本书真的落到了学者的手里，那么，这些学者极易看到，我是从什么原理出发的，为什么我没有选择条理严密的程序，

而是用通俗读本的形式继续进行我的观察，为什么我绝不把一些原理规定得比目前的需要对它们所要求的更严格，为什么我在报告中有时加了许多或许超过实际需要的修饰词或鼓动语，而严格的哲学评论只有在第一卷完成以后才可能作出。

对于那些不是学者或不完全是学者的读者，我再就小心使用本书的方法作一些十分必要的说明。[①]

如果我在说完了到此为止的一切以后，还能向读者保证，我认为我写的一切都是真实的，那我也并不就值得读者的信任。我是用确信的语气写的，因为那种本来不怀疑而装作怀疑的做法是虚伪的。我对我所写的一切都经过深思熟虑，因此有理由不加怀疑。虽然由此可知，我不会信口开河，不会扯谎，但不能由此得出结论说，我不会弄错。这是我不知道的；我只知道，我不想弄错。但是如果我也弄错了，那对读者也无甚要紧，因为我并不希望读者逐字逐句接受我的论断，而是希望他和我一起对同一对象进行思考。即使我确切地知道，我的手稿以最明确的描述方式包含了最纯粹的真理，但如果我同时还知道，没有一个读者会经过自己的思考信服它，我也会把手稿付之一炬。那种已经被我相信，因而对我无疑是真理的东西，对于读者也许只是一种意见、妄想和偏见，因为他们尚未作出判断。即便是神圣的基督教福音，对于一个尚未相信它为真理的人来说，也是不真实的。如果我的谬误会促使读者自己发现纯粹的真理，并将这真理告知给我，那他与我就得益匪浅了。即使我的谬误不能起这种抛砖引玉的作用，而只能使读者练

① 这些说明，我恳求不要略而不读。

习独立思考，它的益处也已经够大了。任何一个懂得和热爱自己
(I,1,207) 的义务的作者，都不会以读者相信他的意见为目的，而只会以读者检验自己的意见为目的。我们的一切教导必须以唤起独立思考为目的，否则我们带给人类的最美妙的礼物就是一种极其危险的赠品。因此，每个人都应该自己进行判断。如果他弄错了（也许是同我一起弄错的），那会使我感到遗憾；但在这种情况下，他不会说是我把他引向歧途的，而会说他自己弄错了。我不想给任何人免除这一独立思考的工作，一个作者应**先于**他的读者思考，但不能**代替**他的读者思考。

如果我也弄错了，读者也全然不必同我一起弄错；但我也应该告诫他说，他可以不许我说过头的话。他在读本书时会发现一些将要进一步得到规定的原理；由于本书尚未结束，重要的章节尚未到他手里，所以他同样可以期待现在制定的原理将会在其进一步的运用中得到更明确的规定，而且我请求读者，如果他愿意，在那以前就亲自尝试，练习如何运用这些原理。

但是，如果他希望赶快将这些原理应用于他反对现存国家的行动中去，他就大错特错了。绝大多数国家的宪法不仅是极其错误的，而且也是极其不公正的；在这些国家中，人的不可出让、不可剥夺的权利遭到了伤害。对于这种情况，我当然由衷相信，我已经致力于、并且还要致力于使读者也同样相信这一点。但是在目前，除了将我们那种不允许用武力加以剥夺的东西送给这些国家，还无法对付它们，而且这些国家本身也肯定不知道自己怎么办；但对我们自己来说，则首先要获得知识，其次要获得对正义的深切热爱，并且将两者在我们四周，在我们力所能及的范围内加以传播。

自由的威严必须自下而上而来；不造成混乱的解放则只能自上而下而来。

“尽管我们想使自己配得上获得自由，君主们却绝不会让我们自由。”——不要相信这个说法，我的读者。迄今为止，人类都在很大程度上滞留在自己遭受的苦难中；但如果并非一切都在欺骗我，现在就是曙光即临、自由将至的时候了。你的智者们绝大部分还都是盲目人民的盲目领袖；你的主人们难道会知道得更多一些么？他们绝大部分是在懒散习气和愚昧无知中熏陶出来的，即或他们学点什么，学的也是一种对于他们来说业已明确完成的真理。众所周知，他们一旦掌握政权，就不再继续深造了，他们除了至多读 (I,1,208)
一些含有不少水分的诡辩术著作，任何新近发表的文章都不读，而这些诡辩术著作至少在他们的统治时期总是落后于时代的；难道这些人会知道得更多一些么？你可以确信，他们在签署了反对思想自由的命令，支持了使成千万人丧生的战争之后，就安然躺下睡觉了，并以为度过了一个令上帝和人们都颇为满意的统治时日。口说是无济于事的，究竟谁能这么大声呼喊，使之传入君主们的耳朵，经过他们的理解进入他们的心里呢？只有行动才能有所帮助。民众们，你们要公正，这样，你们的君主们就无法单方面坚持他们的不公正了。

我还要作一个概括性的说明，然后我就让读者心平气静地进行自己的观察。——我的说法对于读者是无关紧要的；因为这里的问题全然不在于一个证明的可信或不可信，而在于那些必须由读者自己权衡的理由的重要或不重要。但是，在我撰写此书时，想到我的时代和后世，却对我至关重要。我的写作的基本准则是：

“绝不写你自己必定为之脸红的东西”;我就此对自己进行检验,提出了这样一个问题:“你能够希望你的时代和全部后世人——如果可能的话——都知道你写了这个吗?”我对我目前的这篇论著进行了这种检验,而它经受住了这种检验。我可能会弄错。一旦我发现这些错误,或者一旦别人向我指出这些错误,我就会赶紧收回它们;因为弄错并不丢脸。我曾同德国的一位诡辩家[25]严肃地谈过,这不丢脸,这会给人以光荣。热爱真理的敌人的人,是不热爱真理的。如果他有理由要求我说出自己的姓名,他将是第一个听到我说出自己姓名的人。在别的办法都不行时,用蛊惑人心的狡计、奸诈阴险的花招和清除一切道德根据的手段来保护公认的谬误,来诽谤道德及其最神圣的产物,诽谤宗教和人的自由,这才是丢脸的,而我并没有这样做。因此,我的心不会禁止我道出自己的姓名。然而读者会认识到,在一个学者并不害怕在一篇书评中指控
(I,1,209) 另一个学者犯有叛逆罪[26]的时代,在可能会有一些君主接受这种控告的时代,任何一个愿意平平安安过日子的聪明人都不会允许自己这样做的。尽管如此,我在这里仍向读者作出一项我曾经向自己作出的保证:我将承认我是本书的作者,无论是在我的有生之年由我自己来承认,还是在我死后由别人来承认。一些可能以这样或那样的方式认识我的人,大概会看到,大家并未因为我这本书就对他们所不了解的我那些匿名发表著作的理由不再表示宽容。

作　者

导论　我们须依据什么原理评论政治变革?

已经发生的事情,属于知识范围,而不属于判断范围。虽然,为了寻找和区别这种纯历史的真理,我们也非常需要判断力——之所以需要判断力,一方面是为了评论所谓事实本身在以自然法规为依据的世界中存在的可能性或不可能性,另一方面是为了评论证人说出它们的意愿或能力;但这种真理一旦被查明,对于每一个相信它的人来说,判断力就完成了自己的任务,将那经过提炼、得到保证的纯粹占有物转交给记忆。

但是,对事实本身的评论完全不同于对事实的可信程度的评论,而是对事实的反思。在对事实本身的评论中,业已给定的、由于别的理由而被承认为真实的事实将与规律进行比较,其目的在于:或者由事实同规律的一致来论证事实,或者由规律同事实的一致来论证规律。在前一种情况下,据以检验事实的规律必须先于事实而存在,并且必须绝对有效,即被承认为是事实必须依据的规律,因为不是规律有待于事件承认其有效性,而是事件有待于规律承认其有效性。在后一种情况下,必须通过与事实的比较,发现规 (I,1,210)
律本身或规律所具有的较大或较小的普遍有效性。

与我们忽略这种重要区别相比,绝没有什么东西更能迷乱我们的判断,也没有什么东西更能使我们不为自己和别人所理解。在那种场合,我们想进行判断,却根本不知道从什么观点出发进行判断;我们在某些事实中诉诸规律,诉诸普遍有效的真理,却不知道我们应该用规律来检验事实,还是用事实来检验规律,不知道我们应检验角规,还是检验垂线。

这就是那乏味的诡辩的丰富源泉;不仅我们的彬彬有礼的先生们和女士们,就连我们的最受称赞的作家们,如果他们评论起法国在我们时代向我们提供的宏伟场面,也每天都会被搅得眼花缭乱,陷入这种诡辩。

在对一场革命进行评论的时候——说到这里,我们就接近自己的题目了——只能提出两个问题:第一个是关于它的合法性的问题,第二个是关于它的明智性的问题。就第一个问题而言,要么可以一般地问:人民究竟是否有权随意改变其国家宪法?要么可以具体地问:人民有权以某种特定方式,通过某些人和某些手段,按照某些原理任意改变其国家宪法吗?第二个问题是:那些为达到预期目的而选择的手段是最适当的手段吗?照理说,这个问题应当这样提出:这些手段在业已给定的情况下是最佳手段吗?

那么,我们必须根据什么原理对这两个问题作出判断呢?我们应让已有的事实遵循哪些规律呢?是遵循我们从这些事实中才推导出来的——即或不是正好从这些事实中,但也是从经验事实中推导出来的——规律呢,还是遵循永恒的规律呢?这种永恒规律在还不可能有经验时就已经有效,并且即使一切经验有朝一日都可能不复存在,也还将有效。难道我们想说,最经常发生的事就是正确的吗?难道我们想说,像宗教教义在宗教会议上要由多数人的意见加以决定一样，道德上的善要由多数人的行动加以决定吗？难道我们想说，成功即是明智吗？或者说，我们宁愿立即将两个问题合并，等待那同时也是正义和明智的试金石的成功，然后根据出现的结果，将强盗或称作英雄或称作罪犯，将苏格拉底或称作 (I,1,211)
罪人或称作有德行的智者吗？

我知道，许多人根本怀疑真理和正义的永恒规律的存在，他们除了承认由多数人的意见所决定的真理，就根本不承认别的什么真理，除了承认由轻微的或强烈的神经刺激所决定的道德上的善，就根本不承认别的什么道德上的善；我知道，他们因此放弃了自己的智慧和理性本质，而把自己变成了由外部感性印象所决定的动物，变成了必然由齿轮的啮合所决定的机器，变成了由液汁的循环和分馏而产生思想果实的树木；我知道，只要他们的思维机器得到正确的调整，他们就会立刻通过那种论断而把自己变成所有这些东西。在这里，我的打算绝不是针对这些东西本身来保护他们的人性，也绝不是向他们证明，他们不是非理性的动物，而是纯粹的精神实体。如果他们的精神的时钟走得正确，他们完全可以不考虑我们的问题，不参与我们的研究。他们何必要诉诸明智或权利的观念呢？

但我看到，也有另外一些人，虽然他们或者明确地捍卫精神世界的这些原始规律，或者在他们的研究尚未深入到这个最远的范围时，就沉默地接受这些规律，相信它们的原始性的结果，但连他们也决意根据经验规律进行判断。他们拥有了解情况的公众，这些公众很想使自己已经拥有和悉心掌握的专业知识充分有效；他们也拥有精神涣散、思想肤浅的公众，这些公众害怕做思维工作，对一切事物都希望亲眼看到，亲耳听到，亲手摸到；这些期待着从以往的经验中获得有利判断的受惠阶层在自己方面一切都有了；相反的意见看来已无处容身。但我希望我的书能有读者；我希望找到通往读者心灵的入口处。我该怎样做呢？试试看吧，看我能否用什么方法使我同大部分人一致起来。

I

那么，人民是否有权利改变其国家宪法的问题，或更明确地
(I,1,212) 说，人民是否有权利以某种方式这样做的问题，就应该通过经验来回答吗？这个问题的答案真能通过经验来试探吗？——从最一般的意义上说，经验原理在这里是指**考虑清楚的命题**，**或不知不觉地给我们的判断奠定基础的命题**，**这些原理是我们单纯依靠感官的见证就接受了的**，而**不必将它们归结为全部真理的第一原理**。我认为，这些经验原理对于人们给上述问题业已提出和现在每天还在提出的答案，即对于上述问题的回答，以两种方式产生了影响，一种是**非任意的**，一种是**任意的**，并且是**有意识的**。

经验原理在我们没有意识到它们的情况下，会对我们作出的判断产生影响，因为我们并不把它们视为经验原理，并不把它们视为我们出于对我们感官的完全信赖而接受的原理，而是把它们视为纯粹精神的、永远真实的原理。——出于对我们的父辈和导师的尊敬，我们不经证明就将一些命题接受为原理，但这些命题并不是原理，它们的真理性依赖于它们能否从更高的原理推导出来。我们进入世界，在我们将要认识的一切人身上重新发现了我们的原理，因为他们也出于对其父母和导师的尊敬接受了这些原理。

没有人由于某个矛盾而提醒我们注意我们的确信有缺陷，注意对这些原理需要再进行检验。对普遍一致性的信任补充了我们对导师的信任。我们之所以处处发现这些原理在经验中得到确认，也正是由于每一个人都认为它们是普遍规律，并根据这些规律来安排自己的行动。我们自己将它们作为我们行动和判断的根据，在每一次重新应用它们的时候，它们都会同我们的自我更紧密地结合起来，直到最后同我们的自我交织到一起，以致除了与自我同时被消灭外，没有其他出路。

这是民众普遍抱有的一套意见的起源，人们习惯于将其结果作为人类健全理智的判断交给我们，殊不知人类健全理智也有自己的时尚，正如我们的大礼服或我们的发式一样。——在二十年前，我们认为未榨干的黄瓜是不卫生的，而现在则认为榨干的黄瓜是不卫生的，并且同样是出于至今我们中间的大多数人还依据的那些理由。一个人可能是另一个人的**主人**；一个公民可能由于其出身比其同胞高贵而得到某种**权利**；一个君主据说注定是为其臣民谋**幸福**的。

我要求你们所有这些将康德的彻底性同苏格拉底的通俗性结 (I,1,213)
合起来的人，试从一个未受过教育的农奴主那里夺过前一类命题，或者从一个未受过教育的旧贵族那里夺过后一类命题，用一些问题，用一些极简单的问题把他逼入困境；他理解了你们的前提，怀着完全信服的态度同意你们的这些前提，但你们这时得到了可怕的结论，而且使你们大为吃惊的是，一个以前能洞察一切的人何以突然完全失明，不能把握你们的结论同前提的明显的联系。你们的结论也的确是违反**他**的健全理智的。

这些命题本身是否正确，即它们能从它们所从属的原理中推导出来，还是同这些原理相矛盾，并未加以研究；这些命题至少对那种由于其导师、同胞和经验的权威性而接受它们的人来说是纯粹的经验原理，并且他的一切以这些原理为根据的判断都是经验的判断。我将在这一研究过程中举出许多这样的政治偏见——它们至少对那后来不曾研究过它们的人是偏见——并对其正确性进行检验。

这就是在进行目前的判断时，感性生活、经验官能对我们的理智的不易察觉的影响。在进行这一研究时，感性生活借助于我们对利益的模糊感觉，对我们的意志，因而对我们的判断也有同样不易察觉和同样有力的影响。

我们的判断经常是依赖于我们的偏好倾向的，特别是在谈到正义问题的时候。我们自己遭受的不公正，我们觉得比别人遭受的同样的不公正要严重得多。是的，偏好经常还在更大的程度上使我们的判断发生错误。如果我们的自私心在冠冕堂皇的面具下努力向别人并最后也向我们自己提出一些要求，我们就会将它们变成合法的要求，并且当人们还未怎样，而只是防止我们做不公正的事情时，我们就会经常大喊不公正。不要认为，我们想欺骗你们；我们自己早在你们之前就已受欺骗。我们自己完全严肃地相信我们的要求的合法性；我们从来不曾试图欺骗你们；早在你们之前我们已把自己欺骗了。

当人们想从历史事实出发回答提出的问题时，人们是随意地
(I,1,214) 和自觉地根据经验原理研究问题的。很难相信，一个试图给予这种回答的人真正预先知道所问的东西是什么。这要在后面才能完全弄清楚。

难道我们想从已经指明的原理出发回答眼前的问题吗？从我们出于真诚和信赖而接受的一些命题出发回答问题吗？但是，如果这些命题本身是错误的，我们以之为根据的回答也就必然是错误的。那些以其威望供我们构成我们的一套意见的人，当然认为这些命题是真实的。但是，如果他们弄错了，又怎么办呢？我们的人民和我们的时代无疑会同我们一起认为这些命题是真实的。但是，我们这些知道很多事实的人，难道就不知道在罗马被普遍认为是错误的东西，在君士坦丁堡恰好被普遍认为是真实的么？我们难道不知道几百年前在维藤贝格和日内瓦被普遍认为是正确的东西，现在恰恰在那里被同样普遍地认为是一种有害的谬误么？如果我们被置于其他民族或另一个时代之中，我们也想坚持我们现在这些同那时普遍的思想方法、同我们检验真理的试金石相违背的原理么？或者，这种至今对我们来说都是真实的东西，在那种情况下对我们来说就不再真实了吗？我们的真理是以时代和情况为转移的吗？

那么我们究竟应该寻找一个什么样的答案呢？寻找一个只对我们的时代，只对与我们意见一致的人有效的答案么？如果是这样，我们就不必再致力于研究了；没有我们，他们反正会像我们一样回答问题。或者，我们想寻找一个对一切时代和一切民族，对一切人都有效的答案么？如果是这样，我们就必须将答案建立在普遍有效的原理之上。

在涉及权利问题的时候，我们想允许我们的利益有一种影响吗？也就是说，我们的爱好应该成为全人类共同的道德规律吗？——佩戴金羊皮勋章的骑士，你现在除了这块羊皮之外，的确已什么都不是了；的确没人否认，当那种对你的高贵出身、你的头衔和你的勋章的尊敬突然从世上消失，而你在转眼之间只得根据你本人的价值得到尊敬的时候，当你那依靠非正义的权利而占有的全部财产被夺去的时候，你会非常不舒服的；的确，你将成为最不受尊敬和最贫穷潦倒的人，你将陷入最大的不幸。但请原谅，问题也绝不涉及你的幸与不幸，而是涉及我们的权利。你认为，“使
(I,1,215) 你苦难的东西，绝不可能是正义的”。但是请在这里看看你那些迄今受你压迫的、毫无人身自由的奴隶们吧！——甚至连分掉你的财产中那一小部分你有权占有的财产；让你成为他们的奴隶，就像他们迄今为止当你的奴隶一样；把你的儿女们收为他们的长工和女仆，就像你迄今为止把他们的儿女收为长工和女仆一样；让人在自己面前对你施展淫威，就像你迄今为止在自己面前让人对他们施展淫威一样——就是这样做，也会使他们真正感到很幸福。——他们向我们喊道：“有钱的人、有特权的人不属于人民；这类人不得分享普遍的人权”。这是**他们**的利益。他们的结论同你的结论一样彻底。他们认为，能使他们幸福的东西，绝不可能是不公正的。我们应当听取他们的意见吗？如果不应当听取，就请允许我们也不听取你的意见吧！

抵御感性生活的这种隐蔽的欺骗，就是对意志最善良、头脑最清楚的人来说也是很难的。任何一个贵族①，任何一个君主国家

① 仅指贵族，而不再指别人。德国读者中有许多名门出身的人物都尊敬高尚的贵族称号，尊敬精神的高洁，而我自然也不比任何人逊色。在这里，我只举冯·克尼格男爵[27]和那位撰写《一位丹麦爱国者关于常备军等等的想法》一书的高贵作者[28]为例。

的军人，任何一个服务于业已声明反对法国革命的宫廷的商人，①他们的意见都不应该在这一研究中加以听取。难道在这一研究中 (I,1,216) 也掺杂了在苛捐杂税重压下呻吟的普通公民、饱受奴役的农民和精疲力尽的士兵的意见吗？或者说，如果他们要这样做，我们就应该听取他们的意见吗？只有既非压迫者也非被压迫者的人，才能在此成为法官，因为这种人的双手和遗产不曾沾染上对民族的掠夺，他的头脑不曾从小就被压入我们时代约定俗成的模式，他的心灵对人的价值和人的权利怀有一种热烈而沉静的敬畏之情。

这就是感性生活的隐蔽的欺骗。如果人们想从历史角度出发回答问题，人们显然会引用历史的例证。——但是，即使这是真的，难道真会有一些人，有一些能够正确思考的人，有一些学者，他们相信，通过对发生什么事情或已经发生了什么事情的问题的回答，就能回答应该发生什么事情吗？——不可能，我们没有这样的人，他们对自己都没有正确的理解。我们用不着与他们一起作严格的证明，这在这里完全是我们计划之外的，我们只想给他们弄清楚他们自己说的话。

如果他们谈到一种应该，他们也就因而直接说出了存在另一种东西的可能。关于必须如此而绝不可能是另一种样子的事情，没有任何一个有理性的人会研究它应该如此还是另一种样子。他

① 这样的人更不应该在欧洲最重要的学术性报纸中成为评判这类论著的法官，并因而俨然成为民意的阐述者[29]。——即使这类论著被认为应该在报纸上加以报道，我也至少不能容忍任何经验主义者对它发表的评论。他应该是评判他自己的事情的法官。一位思辨的思想家才是我的法官，否则，任何人都不可能是我的法官！不过，这一规则也有例外。比如，我对汉诺威枢密院秘书布兰德先生关于法国革命的论著[30]就评价很高，大家还是应听取独立思考的诚实人的声音，不要理会不诚实的转变。

们由于使用应该这个词,而直接承认了一些事物对自然的必然性的独立性。他们不可能并且也不愿意承认任何其他事物有这种独立性或自由——这个词正好表达了这个意思——,而只承认有理性的存在者的决断才有独立性或自由,而这种决断在这方面也可被称为行动。所以,他们承认有理性的存在者的自由行动。

关于自由行动,他们想研究它们应该如此,还是另一种样子,也就是说,他们想使明确给定的行动遵循某一准则,并对行动与准则的一致作出判断。那么,他们想从何处得到这个准则呢?从那种须以这个准则而定的行动中是不能得到的;因为行动应该依照准则加以检验,而不是准则应该依照行动加以检验。从经验给予的其他自由行动中能否得到呢?——他们也许是想从他们的规定根据中得出共同性,并将这共同性置于作为规律的统一性之下吧?但他们至少不会做这样不恰当的事,竟然想使能行动的自由存在
(I,1,217) 者遵循一个不能成为其行动根据的规律,因为这一存在者并不了解这个规律;他们不想根据普鲁士的宗教敕令,对犹太民族的始祖亚伯拉罕的正宗性[31]作出评判,不想根据不伦瑞克公爵反对巴黎人的宣言[32],对犹太民族灭绝迦南人的合法性[33]作出评判。他们除了指望能行动的自由存在者利用自己的时代可能积累的经验,遵守多种多样的经验所能支持的规律,就不能再向这种存在者苛求别的什么了。因此,他们必须为每一个时代都确定一个理性存在者自由行动的固有规律。根据这些规律,我们今天具有完全不同于一百年以前我们的父辈的权利和义务;根据这些规律,一百年以后,由于经验的增加,精神世界的整个道德体系又将全部改变,而他们自己,如果他们能够达到这样的高龄,在那时就会咒骂他们现

在称之为正确的东西，而将他们现在咒骂的东西称为正确的。——但是，我为什么要说到每一个时代呢？——他们必须给每一单个的人都假定一个特殊的规律，因为每一单个的人在历史中都不可能像他们那样强，而他们也毕竟不能苛求任何人从自己所不知道的事件中得出行为的规则。或者，还是我们有义务成为像他们那样思想深刻的历史研究家，以使我们不再一直对我们的义务一无所知呢？

最后，由于他们的经验总有一个完结，他们就不得不达到自己无法证明任何以往的经验的地步。这时他们想根据什么规律作出判断呢？还是应该就此止步呢？比如，在亚当作出第一个决断的时候，就应完全停止考察一个自由行动应该与否，因为他们不可能向他举出他在开天辟地以来应该引以为准则的经验。

用经验回答权利问题的辩护人，如果他们有幸不曾前后不一致，如果他们的心不曾欺骗他们说，感觉比头脑思考和嘴巴说话更正确，他们就会陷入这种矛盾和更为糟糕的矛盾。而我们看到，他们对一切民族和一切时代的自由行动差不多都是按照一模一样的原理作出评判的，而且似乎也同样不害怕会与以后的经验发生矛盾；他们把他们错误地称为历史证明或者历史演绎的东西只当作 (I,1,218)
实例，当作原理的感性表现加以运用。

或者，他们有时也可能将我们的问题同“**我这样行动是明智的吗**?”这个完全不同的问题混淆起来。在第一个问题尚未完全得到回答以前，第二个问题根本不会产生。——履行你的义务与合理地寻求你的利益，是完全不同的两回事，这对质朴无华、未受陶冶的人类理智来说是昭然若揭的，只有学校才有一种特别的技巧，可能把眼睛遮蔽起来，不让见到阳光，使这种昭然若揭成为昏暗不明。义务往往是牺牲自己的理解得完全正确的利益——连不在这样的情况下牺牲自己的利益，也完全有赖于我们的随意性，在这件事情上我们除了至多对自己负责，就不对任何人负责；反之，合乎义务的事情则可以是其他人向我们要求的，并且可以是作为责任向我们要求的；对这两件事情每个人都有亲身的感受，即使他并不总是承认这一点。因此两个问题是有本质差别的。

如果他们真的承认一种根据普遍有效的规律所能要求的应该，一种取决于这类规律的可以或不可以，而不是单纯在做文字游戏，那么，他们同时也就承认了这类规律并不是必须从经验中才能推导出来，也不是必须由经验加以确证的，而是一切经验都在某种程度上服从这类规律，它本身给人们对一切经验进行某种评判奠定了基础，因此它必须不依赖于任何经验，并且必须超乎经验加以思考。如果他们不承认这样一种应该，他们为何要参与这种对他们来说毫无意义和纯属幻想的研究呢？如果是这样，那他们就心平气静地让我们从事我们的研究，他们从事他们的吧！

关于应该和可以的问题，或随即产生的权利问题，完全不受历史的裁决。历史的回答完全不适合我们的问题；它向我们回答了一切其余的问题，唯独不曾回答我们想知道的问题；如果我们将它所作的回答同我们的问题串在一起，那就是一种以此代彼的可笑做法了。这个问题应受我们将要寻找的另一种裁判。——第二个问题，即明智性问题，是否受这种裁判，在什么条件下受这种裁判，将在下面得到说明。

因此，我们极想根据一种不是来自任何事实、不可能寓于任何事实的规律，对事实进行评判。那么我们究竟想从何处获得这种规律呢？我们想在哪儿发现它呢？它无疑是**在我们的自我中**发现 (I,1,219)
的，因为这种规律**在我们之外**是无法找到的；更确切地说，它不是在我们那个借助经验由外界事物塑造和构成的自我(因为那不是我们的真实的自我，而是异己的搀杂物)中，而是在我们的自我的**纯粹的**、**原始的**形式中，因此是在我们这个不借助任何经验都会存在的自我中发现的。看来这里的困难仅仅在于，从我们的构成中剔除一切异己的搀杂物，纯粹得到我们的自我的原始形式。但是，如果我们能够在我们之内找到某种具有完全不同的本质、因而绝对不可能由经验产生的东西，我们就确实可以得出结论说，这就是我们的原始形式。这样的东西我们确实是可以在应该的规律中找到的。这种规律一旦存在于我们之内——而它的存在是事实——那么，由于它完全与经验的本质相对立，它就不可能是由经验而来的异己搀杂物，而一定是我们的自我的纯粹形式。因此，这种规律存在于我们之内的**事实**就引导我们达到我们的自我的这种原始形式，而从我们的自我的这一原始形式又派生出规律在事实中的表现，**作为**由**事实的原因产生的结果**。

为了避免任何自相矛盾的嫌疑，我还要强调指出，这种规律存在于我们之内的事实，如同一切事实一样，诚然是由(内部)经验**给予**我们的意识的；我们将通过各种具体情况中的经验，比如，在一种不可饶恕的倾向诱惑我们的时候，意识到我们内心的声音，它向我们喊道：不要这样做，这是不对的；经验向我们提供这种规律在我们心中引起各种表现、各种结果，但经验并未因此就**创造**这种规律，这是经验绝对做不到的。

我们的自我的这一原始的、不变的形式，就这样追求着它的各种由经验所决定而又反过来决定经验的变化形式同它自身相一致，因此它叫做命令；它是理性自身的原始形式，所以它始终为一切理性精神追求这一点，因此也叫做规律；它只能为单纯依赖于理性而不依赖于自然必然性的行为追求这一点，即只能为自由的行为追求这一点，因此它也叫做道德规律。它在我们之中的表现有一些最习以为常的、连最孤陋寡闻的人也知道的名称，那就是良
(I,1,220) 心、我们内心的法官、互相控告而又彼此原谅的思想，等等。

凡是这一规律向我们要求的，一般称作正义、合乎义务；凡是这一规律向我们禁止的，一般称作非正义、违背义务。前者是我们应该做的，后者是我们不应该做的。——如果我们作为理性存在者绝对地、毫无例外地服从这一规律，那么，我们作为这样的存在者，就绝不能服从任何其他规律；因此，凡在这一规律沉默的地方，我们都不服从任何规律，我们怎么做都可以。凡是这一规律不禁止的事情，我们都可以做。对于我们可以做的事情，我们都有权利，因为这个“可以”是合法的。

在我们的本质中使规律可能成立的必要东西如同规律真正要求的东西一样，是与单纯为规律所允许的东西一起，属于规律不加禁止的东西的整个范围之内的；因此，我们也同样可以说，我们有权利成为有理性的存在者，我们有权利履行我们的义务，正如我们可以说我们有权利做道德规律所允许的事情一样。

但这里立刻出现了一个巨大的本质差别。只有道德规律允许我们做的事情，我们才有权利做；但我们也有相反的权利，不做这种事情。道德规律是沉默的，而我们只服从自己的随意性。——

我们也有权利履行我们的义务;但我们没有相反的权利,不履行我们的义务。同样,我们有权利成为自由的、道德的存在者;但我们没有权利不成为这样的存在者。这两种情况下的权利是完全不同的:在第一种情况中,它的确是肯定的,在第二种情况中,则只是否定的。我有权利做道德规律允许的事情,其意思是说,做与不做只取决于我的随意性;我有权利成为自由的,并履行我的义务,其意思仅仅是说,任何事物都不可阻止我这样做,任何人都没有权利阻止我这样做。这种差别就其结果而言是极为重要的。

这就是对于自由行动的合法性或不合法性进行的一切研究所必须依据的原理,其他原理都绝对无效。研究必须回到我们精神的原始形式,而一定不要停留在我们精神的色彩上,这些色彩是由偶然的东西和习惯,是由不自觉地出于误会或自觉地出于压制欲望而散布的偏见带给我们的精神的。(研究必须根据 a priori〔先验〕原理进行,更具体地说,必须根据实践原理进行,而绝不可根据经验原理进行。)谁在这个问题上还没有打定主意,谁就还没有成熟到可以胜任所交给的评判工作。他将在黑暗中来回摸索,靠手 (I,1,221)
指尖寻找自己的道路;他将随着自己的联想的水流游去,期待着这股水流把他带到幸福岛上去的运气;他将尽可能把一些不同种类的材料,按照他在自己记忆的表层发现它们的那种秩序堆放在一起;无论他自己还是别人都将不能理解他;他将得到高贵的读者的掌声,这些读者在他这里重新发现了自己。讲述描写这种对象的作者的历史,本来就不是我的意愿。

Ⅱ

评论一场革命时可能出现的第二个问题，是关于革命的**明智性**的问题，即是否选择了达到预期目的的最好的——至少在这种情况下是最好的——手段。

于是，我们的学识广博的专家们都聚集起来，研究这个问题，他们很自信地假定，这个问题——关于明智性的问题——完全应受他们的裁判。他们喊道，“历史，历史，这是一切时代的观测所，是各个民族的导师，是未来最可靠的预言家”。我不想听他们的叫喊，而想剖析已提出的问题，看在这个问题里包含了哪些其他问题；在这种情况下，每个人都可以各得其所，并且只有这样，才可以就他们赞扬的历史说几句话。

如果所选的手段与目的的关系应该受到检验，那么，首先是目的本身的善必须加以评判，在我们的情况下，就是那种应当成为国家宪法根据的目的的善必须加以评判。——国家组织的最好的终极目的是什么？这一问题取决于对下列问题的回答：每个人的终极目的是什么？这个问题的答案是纯粹道德的，必须以道德规律为根据，唯有道德规律才把人作为人加以支配，并给人提出一个终极目的。每一个在道德上可能成立的国家组织最初产生于道德规律的唯一条件是，国家组织的终极目的不能与道德规律所规定的每个个人的终极目的相矛盾，不能阻碍或破坏后一终极目的的实现。凡是违背这一基本规则的终极目的，本身就是卑鄙的，因为它是非正义的。此外，如果整个组织不应成为完全无目的的，整个组织的终极目的还必须促进每个个人的最高终极目的。但是，由于

每个个人的终极目的可能有许多程度上的不同，而且程度的提高
是无限的，因而无法指出任何确定的最高等级，所以在这方面，作 (I,1,222)
为终极目的的善无法根据某一固定的规则，而只能根据其可能实
现的程度加以确定。

既然已经假定，整个人类和每个个人的终极目的不应按照经验规律，而应按照人类的原始形式加以确定，那么，在这里历史学家要做的工作，充其量说，无非是向我们提供一些材料，用以比较终极目的在不同国家宪法中实现的程度；但我们担心，他们在已往各国历史中寻找这样的材料，会是一件十分吃力而不讨好的事情，他们将满载无用的收获而归。

第二项任务是将所选择的手段与目的进行比较，看一看前者与后者的关系是否同原因与结果的关系一样。而这项检验确实用两种方式是可能的，也就是说，或者按照**思考清楚的规律**，或者按照**相似的情况**。

如果谈的是在一个社会组织中达到某种终极目的的手段，那么，使用这些手段的对象首先是人的精神，终极目的是在人的精神当中，并通过人的精神才能达到的。这些精神按照某些普遍规则受到刺激，开始运动，确定行动，而这些普遍规则，如果我们能足够透彻地认识它们的话，大概可以被称作规律。我在这里谈的并不是人类的第一个基本规律，它应当永远规定人的自由行动；我谈的是这样一些规则，按照这些规则，人能够得到规定，特别是应该得到与那种原始形式相一致的规定，因为他不仅是原初的、纯粹的人，而且是受到经验和感性附加物塑造的人。也就是说，正如一切精神就其原始理性形式而言是相同的一样，一切人就其某些其他

的感性精神形式而言也是相同的。时代、气候和工作使他们之间产生的一些区别，同全部共同之处相比，的确是微不足道的，而且**必须随着文化的发展**，借助明智的国家宪法**越来越被摈弃**；人们很容易弄懂这些区别，而利用这些区别的手段也是微不足道的、无关宏旨的家庭常用药方。然而对它们的普遍形式的研究，却不是这么简单地完成的。

于是，这里就是真正出现经验的地方，但出现的不是那类经
(I,1,223)验，比如曾经有许多大君主国存在，或某一天在菲利皮突然发生了战役[34]，而是我们熟悉得多的经验——这是**经验心理学**研究的对象。——把你自己选择为你最知己的谈话朋友，跟踪你自己到你心灵最秘密的地方，把你全部的秘密都引诱出来，**认识你自己**——这就是经验心理学的首要原理。从这种对**你的**欲望和偏好的过程的自我观察中，从这种对**你的**感性自我的形式的自我观察中，你会给你自己得出一些规则，你的确可以相信，它们对于一切具有人的面貌的东西都是有效的。在这一点上，他们与你都是相似的。——请不要忽略我说的是**在这一点上**。你也许下了很大决心，要永远听从你的良心的呼声；你会在自己面前羞愧，你是一个诚实的人。我并不劝你满怀信心地认为其他每个人也都同样如此。他也许丝毫不认为单纯有利的东西就是卑鄙的，并且同样坚定地下定决心，听从他的利益的呼声。自私自利是他的行动的动力，正如尊重规律是你的行动的动力一样。但你完全可以相信，这两种如此大相径庭的动力却差不多在同一条道路上指引着你们两种人去行动。——此外，你大概还能从你的心灵发展的历史中回忆起一个时代，那时你也不比他现在好多少；你大概还会记得，你

是怎样逐渐皈依理性的，怎样在精神上获得新生的。正是这一道路——不是说一定得从这一点出发——也是他必须走的，如果他应该成为一个更好的人的话；而你必须帮助他走上这条道路，如果你想使他成为这样的人的话。

经验心理学的规则将通过不断进行的明智的观察近乎上升到规律的地位，在一部国家宪法中为达到其最终目标而选择的各种手段必须按照这些规则加以检验；必须检验，它们按照感性的人的一般类推方法，是否能够并且将会对人产生期望的结果；这一评判方式是最彻底、最可靠和最易懂的。平庸的历史学家是不研究这种评判方式的，相反地，这种评判方式是独立思考者考察的事情。

寻找这一问题的答案的第二条道路，是**根据相似的情况作出评判**。这种评判的原则是：相似的原因曾经产生过某种结果，所以 (I,1,224)
它们现在也会产生相似的结果。这种评判方式乍看好像是纯粹历史的；但它有时候是超越历史的。

首先，能指明的原因从来都是单纯相似，而绝不是完全相同，因此，也就只能推出相似的结果，而绝不可能推出相同的结果。但你们究竟从何处知道，要求的结果在哪一点上会同已有的结果真正相似，在哪一点上又会像不相似之处出现那样，不同已有的结果相似呢？这两种结果中没有一种是历史教给你们的；你们如果想知道它们，就必须按照理性规律来寻找它们。

那么，你们关于相似的原因将有相似的结果的推论究竟是建立在什么上面的呢？如果这个推论是合法的，那么，你们就必定是暗中假定，结果与原因实际上通过一个普遍有效的规律互相联系起来，结果是根据这一规律从原因产生的。

因此，你们这些维护这种评判方式的唯一有效性或优先有效性的人们，就看一看我们同你们在何种程度上意见一致，在何处又分道扬镳的吧！你们同我们一致承认一个规律及其普遍有效性；但你们并没有兴趣发现它。你们仅仅想得到结果；但结果与原因的联系却是你们最不关心的事情。我们寻找规律本身，并按照规律从已有的原因中推论出结果。你们买的是倒手货；我们则从第一个卖主那里得到我们的货物。你们好好地想一想，我们两者当中谁能更公正、更便宜地得到货物呢？你们观察巨大的整体，从瞭望台上俯视拥挤在市场上的人群；我们则深入讨论个人，特别重视每个人，对他进行彻底的研究。你们好好地想一想，谁将得知更多的东西呢？

如果你们遇到一种在你们的历史中尚未出现过的情况，你们将如何办呢？我十分担心，在涉及实现一个国家组织的唯一真正目的所使用的手段问题时，真会出现这种情况。我担心，你们在迄今为止的一切国家中寻找一个统一的目的，将会徒劳无效；在这些由偶然情况拼凑而成的国家中，每一个时代都抱着对已故亡灵小心谨慎的尊敬心情，对它们进行修修补补，但这些国家的最值得称道的特点是它们的不连贯性，因为它们的某些原理的贯彻把人类完全压坏了，人类在未来复活的一切希望都被化为乌有，所以，在这些国家中，人们最多只能碰到这样一个统一的目的，这个统一的目的将不同种类的食肉动物聚集在一起，使弱肉强食，使更弱者自相吞食。我担心，关于某些动力对人类发生的结果，你们在你们的
(I,1,225) 历史中不会找到任何报道，因为历史上的英雄们忘记了让人将这些结果铭记在心。因此，你们将不得不满足于 a priori〔先验的〕研

究，如果 a posteriori〔后验的〕研究不可能的话。

既然我们已经讲到这个内容丰富的课题，那我们就再说两句话吧！整个人类的情况是同个人的情况一样的。整个人类就像个人一样，是通过它生存时期的种种遭遇而得到塑造的。我们已经完全忘记了我们最初在孩提年代的事情。这些事情对于我们来说就会因此而消失了吗？我们的精神发展的完全独创性的个人方向就会因为我们不知道这些事情而不建立在它们之上吗？我们就是完全记住了这些事情，人类的那些遭遇究竟会与我们有什么关系呢？——我们进入了少年时代，我们小小的行动和感受不断铭刻在我们的记忆里。在此期间，我们的教育通过它们向前推进了，并且随着教育的推进，我们开始对我们自己的幼稚想法和莽撞行为感到羞愧；正是这种使我们聪明的东西，由于它使我们更加成熟，会在我们的记忆中遭到厌恶，并且如果我们能够做到，我们是愿意忘记它的。我们能毫无所谓地回忆它的那个时期会姗姗来迟；只有那些年代对于我们已经变得陌生，而我们也不再把自己看作同一个人的时候，它才会到来。——看来人类还没有成长到懂得羞愧的年龄，否则，人类就不会吹嘘自己那些幼稚的英雄行为，也不会认为列举那些行为有什么价值。

除了作为已经获得的财产而确实留在人间的东西，就没有什么是人类的年龄和经验的真正收获。人类是**如何**获得这些东西的，这对我们并不很重要，我们的好奇心在通常的历史中也很少能就这个问题得到什么教益。历史详尽地向我们描述建筑物的支架和外部构件，而石头与石头之间是如何衔接的，历史在奇妙的支架面前则无法看到。无论如何，这本来是我们想知道的；至于这个支架，只要建筑物盖起来，它就会被拆掉！①

(I,1,226) 难道应该因此让历史研究完全停止吗？噢，不！只应该把它从你们手中拿掉，你们这些人永远是孩子，除了**学习**以外，绝不会做任何其他事情；你们这些人永远让别人**给予**你们，而绝不会自己**创造**；你们的最高创造力从来没有超出过**模仿**。历史研究应该交给真正的哲学家去照管，以便这种哲学家在五彩缤纷、颜色夺目的木偶戏中给你们作出可以理解的证明：所有的道路都试过，但没有一条通向目标；于是，你们终于不再诽谤他那种依据原理采取的、反对你们盲目试验的道路了；历史研究应该交给他照管，以便他通过历史研究，在你们应该学习的字母表中给一些字母涂上红色，好让你们在未能认识它们的内在性格以前，一直靠颜色认识这些字母。

真正的哲学家应该将历史研究用于丰富并最终巩固经验心理学。——认识群体中的人和通常情况下的人，不需要广博的历史知识。对于每个人来说，自己的心灵和左邻右舍的行为方式就是一个永远做不完的课题。但是，天赋特优的灵魂在非常的情况下会有什么能力，这却不是日常经验所能表明的。这种灵魂并不是

---

① 我们在这里并不是写一篇反对历史的论文，所以应该在附注中提到：你们说，“我们也尤其需要历史，以赞赏天意在执行其伟大计划时的智慧。”但这不是真实的。你们只是想赞赏你们自己的洞察力。你们可能是偶然产生了一个随心所欲的念头；如果你们代表天意，你们是会那样做的。——有人拥有无比巨大的可能性，会在迄今为止的人类命运的进程中揭示对人类充满敌意的恶人的计划，这种恶人的一切作为都是着眼于人类尽可能道德败坏和遭受苦难。但这也不会是真实的。唯一真实的事情大概是这样：有一个无限多样的东西，它本身无所谓善恶，而只有通过理性存在者的自由使用才能变成善的或恶的，并且只有当**我们**变得更好时，它才能在事实上变得更好。

在所有的世纪都能产生出来，都处于那些使自己的全部能力得到发展和表现的情况之下。为了认识这种灵魂，认识身着节日盛装的人们，就需要历史的教诲。你们也许是想向我当面计算我们在这方面用你们的历史研究方法得到了多少东西吗？想向我举出你们教给我们的普鲁塔克[35]的威名吗？

如果注意倾听我们的专家反对在生活中运用原始理性原理的高谈阔论，注意倾听我们的经验主义者对我们的哲学家大发雷霆，好像在理论和实践之间存在着永远不可调和的矛盾，那么，要想忍 (I,1,227)
住不动肝火或义愤填膺，的确是困难的，因为我们的肝胆或胸腔很容易激动起来。——但是我请问你们，**你们**究竟依据什么在生活中进行你们的各项工作？你们是把它们完全交给盲目飘曳的偶然性支配呢？或者说，既然你们的言谈大多很虔诚，你们是要将它们交给天意去指引呢？还是你们也要按照规则办事呢？在前一种情况下，你们那些喋喋不休地叫人民不要被哲学家们的欺骗所迷惑的警告又有何用呢？你们还是完全安静下来，让你们的偶然性来统治吧！如果哲学家们胜利了，他们就是正确的；如果他们没有胜利，他们就是错误的。对他们进行驳斥，那不是你们的事情；偶然性会对他们进行判决。在后一种情况下，你们究竟从哪儿得到你们的规则呢？你们说是从经验中得到的。但如果这并不是说，你们的确是从你们以前的其他人的言论中找到这些规则的，并且出于对他们的权威的尊敬而将这些规则接受下来——虽然实际上你们说的就是这个意思——那么我问你们，那些人是从哪儿得到这些规则的呢？你们一步也没有前进。但如果你们说的不是这个意思，那么，你们就必须首先评判经验，将各式各样的经验置于某种统一之下，并从中得出你们的规则。你们所走的这条道路，不可能又是从经验中得出的，相反地，理性的原始规律已经为你们标明道路的方向和步伐，而这种规律作为逻辑你们在学校中已经熟悉。但这种规律给你们规定的只是你们作出评判的形式，而不是你们想据以评判事实的观点。我刚才说到，你们必须将这种多样性置于某种确定的统一之下，如果你们明白这个说法，你们肯定不会反驳我。如果你们不明白，那就对它思考一下。你们究竟是怎么达到这些统一的概念的呢？对经验中给予的东西加以评判是不会产生这些概念的，因为每一评判的可能性都以这些概念为先决条件，正如你们从以上所述必定已经理解的那样。因此，它们必定原初在一切经验之前就已经存在于你们的心灵中，你们已经在根据它们进行评判，但并不知道这一点。经验本身是一个装满了杂乱无章的字母的箱子，正是人的精神给这种混乱带来一种意义，用这些字母在这里组成荷马的一部伊利亚特史诗，在那里组成施连克特[36]的一出历史剧。——因此，你们对自己做了极不公正的事情；你们自己可能都不相信，你们更是一些哲学家。你们的情况犹如
(I,1,228) 喜剧中的汝尔旦[37]先生：你们把自己的全部生活都哲学化了，但连一个哲学名词都不懂。所以，请原谅我们的罪孽吧，这罪孽是你们和我们同时犯下的。

我们和你们之间争论的根本焦点在哪里，我可以告诉你们。你们诚然不愿意完全同理性一起堕落，但也不愿意完全同陈规惯例，同你们这位乐善好施的朋友一起堕落。你们想脚踏两只船，却因此在这两个互不相容的领域之间坠入了无法怨天尤人的尴尬境地。你们还是宁可果敢地追随感激之情，而这种情感把你们引向

陈规惯例，这时我们才知道，我们是怎样同你们发生争论的。

你们大概愿意稍微合理地行动，只是为了上天的缘故，才不愿意完全合理地行动。——这大概是对的！但是，你们为何刚好在到达你们确定的界限时不再向前迈进几步？你们为何不在这界限之内就停止呢？对此你们不可能提出一个合理的根据，因为你们在这里抛开了理性。那么你们想如何向我们回答这个问题呢？你们想如何向你们的同盟者回答这个问题呢？就事情本身而言，他们是同你们一致的，只是就界限而言，他们同你们不一致。——你们想如何向旧事物的坚决捍卫者如实回答这个问题呢？你们同整个世界陷入了争论，你们茕茕孑立，得不到任何答案。

但你们坚持认为，我们的哲学原理是不能引入生活的，我们的理论诚然不可反驳，但**不能实行**。——你们完全是在**一切都应维持现状**的条件下作如是观，因为否则，你们的主张就太糟糕了。但是，究竟谁说应该这样维持现状呢？究竟谁雇用了你们去修补东西和滥竽充数，去给破旧的大衣缝上一块新补钉，去给人洗澡，而不想弄湿别人的皮肤呢？究竟谁否认机器将因此完全停止转动，裂缝将变得越来越大，一个黑人将依然是黑人呢？难道你们做错了事，应该由我们背黑锅吗？

但是，你们**希望**一切事物都完好无损，依然如故；你们反抗我们，你们叫喊我们的原理不能实行，即由此而来。你们至少要诚实，你们不要再说“我们**不能**实行你们的原理”，而要心口如一，直率地说“我们**不愿意**实行它们”。

你们叫喊你们不喜欢的东西是不可能实现的，这种叫喊并不是你们今天才开始的；自从一位勇敢、坚定的人来到你们中间，对

你们说应该怎样更聪明地着手你们的事情以来，你们一直就是这样叫喊的。然而，尽管你们叫喊，就在你们证明那种东西不可能的
(I,1,229) 时候，有些事情还是成为现实了。——你们在不久前还对一个走上我们的道路的人发出这种叫喊，而那个人的唯一错误就是没有在这条路上走得更远。他说，“proposez nous donc ce，qui est faisable〔请您提出可行的办法〕”——就是说，“proposez nous ce，qu'on fait〔请您实行大家所实行的办法〕”，这就完全正确地答复了你们[38]。此后你们从那唯一能使你们聪明起来的经验中得到了教诲：他的建议并不是全然不相宜的。

被你们一再称为梦想家的卢梭，就在他的梦想在你们眼皮底下正在成为现实的时候，对你们这些经验主义者采取了过分宽容的态度；这是他的过错。有人还会用完全不同于卢梭的口吻同你们谈话。在你们的眼皮底下，由于卢梭的唤醒——如果你们还不知道，我可以作这个补充，使你们惭愧——人的精神完成了一件工作，它的中心思想是人的精神衡量了自己[39]，假如你们能把握这个思想，你们会将它解释为一切不可能的工作中最不可能的工作。你们还在来回琢磨着报告中的词句，什么也没有察觉，什么也没有斥责；你们把你们自己裹在这篇报告的碎纸片里，就像裹在第二张狮子皮里一样；当你们最卑鄙地违背了它的各条原理时，你们却以为自己在毫无恶意、毫无偏袒地遵循它们办事；但在这个时候，也许年轻力壮的人们悄悄地靠这篇报告的精神得到了滋养，而他们在未阐明它的原理以前，是斥责它在人类知识体系的各个部分的影响的，是斥责它所必然造成的人类思维方式的全新创造的。你们还必须经常擦拭你们的眼睛，以使你们确信，如果在你们的不可

能性中又有一个成为现实，你们是否看得准确。

你们想按照孩子的力量来测量男子汉的力量吗？你们相信自由的人将不如带着枷锁的人能做更多的事情吗？你们想按照我们日常具有的力量来评判一个伟大的决断给予我们的力量吗？你们究竟想靠你们的经验干什么？经验除了给我们描述孩子、受束缚的人和普通人，还能描述某种不同的东西吗？

你们同样是有资格评判人类力量的界限的法官！你们还在你们的脖子最柔软的时候就在权威的桎梏下受到禁锢，你们经过艰 (I,1,230)
苦努力，被纳入一种与自然相矛盾的、人为想象出来的思维形式中，你们由于不断吸收陌生的原理，由于不断偎依在陌生的计划之下，由于你们的身体有千百种需求，而使自己被异化，你们为精神的一种更高的蓬勃发展，为你们的自我的一种强大的神圣感情而遭到毁灭，你们能够判断人能做什么吗？你们的力量就是衡量整个人的力量的标准吗？你们听到过神仙的金色翅膀振动的声音吗？——我说的不是被鼓动起来唱颂歌的神仙，而是被鼓动起来行动的神仙。“**我要**统治你们的灵魂，并且要不顾一切感性刺激，不顾一切外来阻碍，在经过多年的斗争以后做出结果来，告诉你们**结果就在这里**”，你们提出过这样一种有力的誓言吗？“你能够杀死我，却无法改变我的决心”，你们觉得自己有能力这样向专制君主犯颜直谏吗？你们这么说过吗？——如果这是你们不可能做到的，那你们就离开这里，这里对于你们是神圣的。

人**能够**做到他**应该**做的事情；如果他说“我**不能**做到”，那就是他**不愿意**做。

Ⅲ

我们应该将我们的事情提交给一种研究去评判，如果不预先使这种研究得到澄清，就完全不可能作出一个判断。现在，当这一研究已经得到澄清的时候，产生了一种新的研究，在对这种研究作出判定以前，同样不可能作出一个彻底的、相关的判断——这是根据两个有职有权的裁判的地位和他们的陈述的互相从属关系所作的判定。我想说得更清楚一些。

一个行动可能很明智，但它确实是错误的，我们能对一件事有权利，但使用这一权利却会是很不明智的，因为两个裁判依据的法规完全不同，所决定的问题完全不同，作出的陈述也完全彼此无关。为什么适用于某一事情的“是”或“否”，就一定得适用于另一事情呢？如果我们把我们的问题提交给了两个裁判，想按照我们将会得到的回答来决定我们的取舍，但如果一个裁判所允许或命令的，恰好是另一个裁判所劝阻的，我们应该服从哪一个呢？

理性对于精神存在者的自由行动所作的陈述是绝对有效的、普遍的**规律**；理性所要求的，就必须绝对产生；理性所允许的，就绝
(I,1,231) 对不允许受到阻碍。明智的呼声只是**良好的建议**；如果我们明智，我们当然会听取它。但是，如果我们不像你们那样明智，如果我们不具有你们那种对利益精打细算的能力——诚然这于我们是不利的——你们可以**强迫**我们明智吗？如果道德规律对我们的一个问题回答道：“你不可以”，那我们就不可以做。但明智的呼声还在高声叫道：“做吧，这是你的最高利益；如果你放弃它，你的**整个幸福**就都受到破坏，你就坠入了苦难深渊，你头上的宇宙废墟就会倒塌

下来。让它们倒塌吧！让它们将你连同你那种**不曾做过不公正的事情**和**无愧于**更好的命运的意识都一起埋葬掉吧！”

如果道德规律回答你说：“你可以做”，那你就去吧，并和明智者商量一番；然后探讨你的利益，权衡轻重，选择最重要的，心安理得地享用它；你的心将它赐予了你。

但如果我们提出这个问题，只是为了用以评判另一个人的行动，那么，我们在道德规律和明智作出不同回答的情况下须采取何种态度呢？——他的行为如果是不公正的，则应遭到我们的极端厌恶，而且这不公正如果涉及我们，还将受到我们的制裁。他的行为如果只是不明智的，则只应受到我们的责备。极而言之，他应得到我们的同情和良好祝愿；我们不能不尊敬他，因为他尊重了规律。

但是，呵，人们堕落的一个深刻的、隐蔽的、不可消除的特征，就是他们总是宁愿表示善意而不愿办事公正，宁愿施舍，而不愿还债！——但是，我们是宽容的，我们寻找他们自身的长处，愿意将他们引回发挥他们长处的道路，哪怕是用强迫的方式。

那么，难道我们能确有把握地知道，什么是促进**他**幸福或不幸的东西吗？**我们**处在他的境地可能会感到非常痛苦；但是，难道我们知道，**他**按照自己的特点、力量和素质是否也会同样感到痛苦呢？我们本来很推崇和考虑人的个性的不同，为何在此我们就忘记了自己的原理呢？我们到底有一个判断幸福的普遍规律吗？何处可以找到它呢？

人的普遍特征是很喜欢按自己的个人方向来衡量别人的个人方向，很喜欢为别人出谋划策，而这些计划的错误正在于它们只适 (I,1,232)

合于谋划者本人。这种特征是从何而来的呢？胆怯者给勇敢者指路，勇敢者给胆怯者指路，这路当然是勇敢者自己要走的，但听取这种好心劝告的可怜人就要倒霉了！他将永远不得其所，他将永远需要一个保护人，因为他总是一个尚未成年的人。——亚历山大说，假如我是巴门尼奥，我也会这样做的[40]；而且在说这句话的时候，他也许比他在以往任何时候都更是一位哲学家。你自己应该拥有一切，否则你就是子虚乌有。——你要在这一特征中认识我们精神本质的基本特征遭到歪曲的感性形象，而这一基本特征就是在理性存在者本身的行为方式中创造一致性。

但是，假定你们能够证明你们实际上永远不能证明的东西，即他由于自己的行为必然会遭受不幸，而你们感到自己为你们的恻隐之心所驱使，能够使他在深渊的边缘止步，那么，你们就不想至少一直忍耐到你们亲自斟酌过你们的行为的合法性之后吗？

他表示许可有一个统一的规律，这一规律对你们如同对他一样有所约束。如果这一规律真的是你们共同的统一规律，那么他表示的许可对于你们来说就是禁止。这一规律要他不服从任何其他规律，而只服从这一规律。在目前的情况下，这个规律是沉默的，因而使他摆脱了一切规律性；你们想用你们的强制手段给他施加一个新的规律吗？在这种情况下，你们就取消了这个规律所给予的许可，你们就是想将这个规律希求的自由人捆绑起来，你们就是不服从规律，你们就将自己的座位置于神的座位之上，因为连神也绝不会违背任何自由存在者的意志而使之成为幸福的。

不，有理性的创造物，你绝不能违反任何人的权利而使他成为幸福的，因为这是不公正的。

呵,神圣的权利！人们何时才会为了真正的你,为了神刻在我们额上的印记而承认你,在你面前跪下祷告呢？你何时才能像一个从天而降的盾牌,在与那策划反对我们的整个感性利益的战斗中掩护我们,一露面就将我们所有的对手都化为石头呢？军队何时才会在你的意念面前颤抖和倒下,武器何时才会在你的威严的光芒面前从强者手中落地呢？

Ⅳ (I,1,233)

在这篇致力于预先作出说明的导论中,还应承认这样一些说明也占有一定的位置,这些说明虽然并不真正是作出评判的原理,但涉及公众作出评判的权利本身。

人们现在又开始在自由的政治研究上说长道短了,就像从前在宗教研究上闲谈**公开**的和**秘传**的真理那样。这就意味着,你们这些没有搞过研究的公众不应该明白这种事情,所以他们谨防用德语来说这种事情;因而就意味着谨防用德语来说每个人都可能知道的真理,因为从这些真理中同样不会产生许多令人安慰的东西,并且意味着,谨防用德语来说其他真理,很遗憾,这些真理同样是真实的,但任何人都不应该知道它们是真实的。——瞧,亲爱的公众,你们所爱的人们在如此要弄你们,而你们却怀着毫不拘泥的孩子般的态度,对他们从他们丰盛的宴席上给你们扫下来的面包屑表示高兴。不要相信他们;你们衷心喜悦的,只是家喻户晓的东西;你们当然应该看到秘传的东西;但这不是供给你们的。他们说,“君主的宝座将要并且必须永远矗立”;这就是说,他们设想,君主就是法律的主管人。他们说,“只有受统治的人民才可能自由”;

这就是说，他们设想，人民应受他们所立的法律的统治。

怯懦的灵魂，你们作出一副神秘的样子，对我们耳语你们所发现的事情，这也是你们长期的恶习之一；但是，教母，你们又摆出一副聪明的面孔，对我们补充说，“不要再把这传出去！”这不是男子汉的气概；男子汉说的事情，是谁都可以知道的。

“但是，如果谁都知道这个事情，可能会产生巨大的不幸。”如果你们没有受委托来为世界的幸福操心，那就让这成为你们最后操心的事情吧。真理并不是学校独有的遗产；它是人类从其共同的父亲那里得到的共同财产，以作为最宝贵的陈设，作为将精神与精神最紧密地结合在一起的手段；每个人都有同样的权利来寻找真理，并按照他对真理的全部感受来享用真理。你们不能阻止他这样做，因为这是不公正的；你们不能欺骗他，不能愚弄他，哪怕是出于最善良的好心。你们并不知道，怎么对他行善。但你们知道，你们绝对不应欺骗，绝对不应违背你们的信念说话。诚然，我们也
(I,1,234) 不能强迫你们告诉他真理；你们可以完全保留你们的信念；我们既无办法，也无权利逼迫你们的心灵道出真理。但是，我愿意将真理告诉他。我是这样善良，你们表示怀疑吗？难道我没有权利按照我的想法做事吗？你们能够阻止这么做而毫无不公正之处吗？在你们对我自由使用我的所有，因而对我行使人的权利提出争议时，你们对我毫无不公正之处吗？在你们夺去那种给别人自由提供的达到更高精神文化的手段时，你们对别人毫无不公正之处吗？我的倾诉可能产生什么结果，这不是你们该操心的事情；你们该操心的事情只是不要不公正。

但是，真会有这么多可怕的事情产生吗？或者，这不过是你们

那种将风磨当作巨人的狂热幻想吧!?——真理提高我们的精神境界,使我们的精神变得高尚;真理使我们了解我们的权利和我们的义务,教我们寻找一些能够维护我们的权利,能够为人类有效地履行我们的义务的最佳方法。难道真理的普遍传播会产生有害的结果吗?有人想永远使我们处于动物状态,以便他们可以永远奴役我们,并到他们需要的时候杀害我们,真理的普遍传播也许对这些人会产生有害的结果吧!?但除了他们必须改操另一种手艺,对他们还会产生什么结果呢?你们是把这当作一种不幸而表示害怕吧?当然,在这个问题上我们同你们是不一致的;我们不害怕这一不幸。呵,但愿对真理最清楚、最生动的认识在所有的人中间传播开来!但愿一切谬误和偏见都从地球上消灭!这时天就会在地上了。

对整体缺乏全局观念的不完整的知识和不连贯的命题——它们只是飘浮在记忆表面,信口说来而无法理解——可能会造成危害,但它们不是认识。这种命题并不是我们从它的原理发展而来的,我们无法通观它的结果,连它的意义我们也不理解。——但是,它们也不会造成危害;它们在灵魂中就像死的资金,不发生任何影响。正是激情将它们作为掩饰的托词;如果没有这个托词,激情就会寻找另一个托词,或者,如果连一个托词也找不到,激情就会不要任何托词而存在。

那么,我们对你们做了很不公正的事情吗?如果你们知道某种透彻的道理,你们也就会看到它的结果,并且知道这些结果如同每一真理产生的结果一样,只会有益,不会有害。你们至多能匆匆 (I,1,235)
地在这里或那里撕下一块破布,而且你们对它的陌生形状惊惧不已，以致马上将它作为神圣的遗骸封存起来，使之不为世俗的眼睛所见。所以，我们今后将对你们的秘传真理不抱任何渴望。我估计，你们把你们拥有的一切都极其真诚地给予了我们，而封存的箱子之所以封存起来，也只是为了使我们不要看到它们是空的。

瞧，人类的女施主，充满生机的真理，那些自命为你的牧师的人们就是这样对待你的。由于他们还从来没有看到你，他们就肆无忌惮地诽谤你。你在他们看来是一个与人类为敌的魔鬼。他们给自己雕刻了一个木像，他们不向你，而向这个木像祷告。他们仅仅使用摩西看到自己的神性的那个方法，在盛大的节日里向人民展示这一木像，并且声称，谁触摸他们的约柜，谁就必然会死去。呵，结束他们的把戏吧。愿你带着你那柔和的光辉亲自出现在我们中间，使所有的人民向你致敬。

第一卷　对革命合法性的评论

第一章　人民究竟有权改变其国家宪法吗？

卢梭以来，总是有人说，“一切公民社会**现时**都是建立在契约之上的”这句话是一位近代天赋人权论者讲的。而我却想知道，这是指哪一位大人物。至少卢梭没说这话；①如果卢梭以来有人说了这样的话，那么这个人的话也是不值得人们竭力反对的。当然，(I,1,236)
人们从我们的国家宪法和迄今为止在历史上所知的一切国家宪法中看到，这些宪法的形成并不是理智冷静磋商的结果，而是偶然事件或暴力压迫的产物。如果允许说句亵渎的话，以使它们令人憎恨，那么我要说，它们都是建立在**强者的权利**之上的。

---

① 人们对他的《社会契约论》肯定是浮光掠影地看了一遍，或者，人们只是从其他人的引文中知道了他的社会契约论，以期从中找到这句话。在第一卷第一章中，他是这样预告他的研究对象的：Comment ce changement s'est il fait? Je l'ignore. Qu'est ce, qui peut le rendre legitime? Je crois pouvoir resoudre cette question.〔这一转变是怎样造成的？我不知道。怎样才能使它合法？这个问题我认为能够解决。〕[41]因此，他在整本书中探索的是**权利**，而不是事实。——“但是他总在谈**起**人类的进步啊。”是这样吗？这使先生们感到迷惑吗？你们大概也谈到事情发生了，而不是每次都有预告。让我举个例子，以使你们这些不理解这话的弱者明白我的话，那就是 ponamus casum〔道听途说〕。如果你们对此不缺乏活跃的精神，事情则已经发生。

但是，一个公民社会**按照常规**只能建立在它的社会成员的契约之上，而不能建立在别的什么之上；任何一个国家，如果在此后不起码致力于寻求每一个成员对每一在法律上应属于他的东西的同意，她所做的就完全不合法，并且犯了违反人的第一权利、违反人**本身**的权利的罪过——这两点甚至对最愚笨的人也不必费力就能说明。

如果作为理性存在者的人只是绝对服从道德规律，那么他就不能服从其他规律，而且谁都不可斗胆加给他另一个规律。在他不受道德规律约束的地方，他是完全自由的；在道德规律给他以允诺的地方，道德规律指示他去找他自己的自由意志，禁止他在此时承认这一自由意志之外的其他规律。但正因为向他指出了他的自由意志，将这种意志作为在得到允许时判定他的行为的唯一根据，所以他也可不做允许做的事情。如果他不做允许做的事情，对另一个人关系重大，那么这个人可以请求他不做，而他也有充分的权利，应这种请求自由地放弃自己的不容屈辱的权利——但他却不允许那人强迫自己。他可以自由地将自己权利的行使**赠送**给那个人。

他也可以同那个人相互交换权利；他仿佛可以**出卖**他的权
(I,1,237) 利。——你要求我不行使我的某些权利，因为这些权利的行使对你不利；那么好吧，你也有某些权利，其行使是对我不利的，因此，你要放弃你的那些权利，那我就放弃我的这些权利。

那么谁在这一契约中把规律加给我呢？显然是我自己。人是不能被束缚住的，除非他自己束缚自己；人是不能被给予规律的，除非他自己给予自己。如果他允许别人的意志加给自己一个规律，那他就放弃了自己的人性，使自己沦为动物；这是他不允许的。

以前人们认为，天赋人权——我顺便提到这一点——必定溯源于人的原始自然状态；最近人们又热衷于这种做法，并在其中发现了谁知什么无聊玩意的起源。但这一道路却是唯一正确的：为了找到一切契约的约束力的根据，我们必须对那种尚不受任何外在契约的约束，而只受其天赋的规律支配的人们，也就是对那种只服从于道德规律的人们作一思考；而这就是自然状态。——“但这样一种自然状态无论过去还是现在都是在现实世界中无处可寻的”。——即使这种说法是真的，究竟谁叫你们在现实世界中寻找我们的思想呢？难道你们就一定能看遍一切吗？但很遗憾，这种自然状态不是现实存在的！它应当存在。诚然，连我们那些具有敏锐洞察力的天赋人权论者也认为，每个人都从出生之日起就由于国家的现实成就而对国家心怀感激之情，并受到了她的约束。遗憾的是，在理论上提出这一原则之前，人们就一直在实际上运用了这一原则。国家没有问过我们当中任何人是否同意这样做；但她本来是应当征求我们的同意的，而我们在她这样询问之前也本来应当一直处于自然状态，也就是说，我们本来应当不受任何契约的限制，单纯服从于道德规律。但是，当我们能重新回到这条道路上来时，我们却离开了这个自然状态！

只是由于我们自己将道德规律加于自己，所以一种实定的法律对我们就有约束力了。我们的意志、我们不断下定的决心就是立法者，而并非别的什么人是立法者。别人不可能成为立法者。别人的意志不是我们的法律；即使是上帝的意志，如果它与理性规律有所不同，也不能成为我们的法律。

但关于这个问题，枢密院秘书雷贝格先生却作出了一项新的重要发现，即：卢梭所说的 volonté générale〔共同意志〕是一种同人的道德本质相混淆的产物，因此人过去没有，现在也不能屈服于任何别的法律，而只能屈服于实践理性的规律[42]。——在此我不
(I,1,238) 想深究卢梭所说的或所想的东西；我只想稍微研究一下雷贝格先生本来应该说些什么。按照他的看法，实践理性的立法不足以成为一个国家的基础；公民立法向前迈进了一步；它所涉及的是实践理性立法转交给自由意志的东西。——这也是我的看法，我认为，雷贝格先生本来还可将这句话进一步加以扩展，甚至可以说：理性的道德规律与公民立法根本不相干，它在尚无公民立法时就已完全完成了，后者如果想重新批准前者，那不过是作了桩多余和有害的事情。公民立法的领域是通过理性得到解放的领域；它拥有的对象是**人的可出让的权利**。雷贝格先生的这些看法都是正确的，而且他会原谅我们以某种更为确定的说法翻译他的意思，因为他本人十分痛恨一切别的不确定的说法。然而他的结论是：由于这一立法以某些本身属于自由意志的因素为基础，所以——不过，我无法一下子看清楚他要得出什么结论。但是我这样来提出问题：即使这些法律可能达到它们预想的目的，但**它们的约束力究竟是从何产生的呢**？——我不知道雷贝格先生会对“契约”一词有多大反感；他通篇都躲躲闪闪，以回避这个词，直到他最后在第五十页①上还是不得不承认，公民社会**在某种程度上**应被看作是一种自愿的社团[43]。我得承认，我不喜欢这种“在某种程度上”以及诸

① 他的《法国革命研究》。

如此类的字眼。若你知道什么彻底的东西，愿意将它讲给我们听，那你就要说得明确，不要用你那个“在某种程度上”，而要划出一条明确的界线；若你不知道什么，或者你不敢说什么，那就干脆别说。不要犹抱琵琶半遮面。——噢，刚才的问题是：公民法律的**约束力**是从何产生的？我的回答是：它产生于个人对法律的自愿接受；除了承认自己立定的法律，不承认任何别的法律的权利，就是卢梭所说的那种 souveraineté indivisible，inalienable〔不可分割的、不可出让的主权〕的根据，这根据并非我们的理性本质本身，而是基于理性规律的第一个设准之上，成为我们的**统一的**法律。雷贝格先 (I,1,239)
生既不承认那一权利，也不说明那一权利来自纯粹理性的原始原理是没有根据的，而是向我们讲了一大堆我们在别的时候才想听的事情。我们问他：陌生人，你**从何而来**？而他却给我们讲了几个关于他是**何人**的童话，于是我们在这当儿就忘记了那个令人不愉快的问题。

这位作家以自己的尖锐语调给人留下深刻印象，并且不断地抱怨乏味的、肤浅的、令人讨厌的空谈；为使读者判断自己能从他的彻底性中期待什么，我来审阅一下我着手研究的第一部分。他在第四十五页上说：“假定有一批原先彼此独立居住的人联合在一起，共同为维持其内部的秩序和抵御外来的敌人而操劳。”——在这里，他不仅在某种程度上，而且完全承认了一种社会契约。“邻人中有一位本来拒绝契约带来的约束力。他随后认为加入契约还是有益的。但是他现在没有权利提出这种要求了。”——要求**什么**呢？要求加入契约吗？提出要求是他自己的事情。他没有权利要求自己去请社会接纳他吗？一位本来已经证明自己能驾驭语言的作家,在这里却允许自己如此疏忽大意。——他想说的是要求**接纳**。我请问:他过去有这个权利吗?他在加入一切契约之前就对社会有合法要求吗?我是信口说来呢,还是经过思考才说呢?人们写得这样含糊不清,以使别人在不知不觉中就放过一句错话,而且人们从这句话中得出一个即使前提正确,也依然是错误的结论:“他接着说,他必须忍受特别约定的条件,这些条件对他来说也许比对别人更苛刻。”这种同他特别约定的条件对他来说会比(同样的条件)对别人更苛刻吗?我本来以为,其他人不是处于同样的条件之下;他们处于别的条件之下,这些条件**本身**要温和些(只是相比较而言),而这并不是因为它们使那个人感到更苛刻的缘故。关于这句话的疏忽之处就谈这么多。现在来谈谈事情本身!为什么他**必须**忍受特别约定的条件呢?为什么**现在**他必须忍受呢?如果他现在必须忍受,那么,在社会过去喜欢加给他较苛刻的条件时,他过去也必须忍受。也许社会并不会如此?但是,他无论现在还是过去,都不必忍受特别约定的条件。如果条件对他来说过于苛
(I,1,240) 刻,那么他有充分的权利放弃加入社会。他与社会是买卖双方,他们在期待脱手自己的商品时,都对自己的商品估计很高。幸运是属于在交易中获利的那一方的!谁应规定市场价格呢?——问题仅仅在于,是否不存在这样一些权利,这些权利本身不可出让,它们的出让会使任何一个契约违法和无效。对这个问题,雷贝格先生从他所有的实例中都找不到答案;他将不得不同我们一起从事思辨,或不得不保持沉默。

这位作家无视争论焦点和法庭;他总是从**发生的**事实中推论出**应该发生的事情**;他又将卢梭及其后继者已经说明的一切和我

在此说明的一切搅乱；他在社会中寻找土地私有权的起源；他无须我们出力，就从我们出生之日起，将我们与国家联结在一起——我还不得不经常返回来评论这位作家。

如果社会契约的约束力仅仅产生于缔约者的意志，而且这种意志是能够改变的，那么显然，关于缔约者能否改变契约的问题就与他们究竟能否缔约的问题完全成为同一个问题了。旧契约的每一改变都是一个新的契约，在这一新契约中，旧契约将在这样或那样的程度上被废除，或者完全被废除，将在这样或那样的程度上得到认可。改变与认可从第二个契约的缔约者的同意中获得自身的约束力。因此，按道理说，这样一个问题是根本不会提出的。——所有缔约者都必须意见一致，谁都不能被迫加入契约，这是直接从上文得出的结论。否则，就不是由缔约者的意志，而是由别的什么东西给缔约者加上了一条法律。

“但是，如果契约的永久有效性和不可改变性是契约的条件呢？”我不想在这里深究，这样一个永久有效的、甚至经缔约双方同意都不能废除的契约，是否根本就有矛盾。为使研究更富有成果、更有说服力和更有趣味性，我马上就在下面着手谈到这个问题，并这样提问：一个不可改变的国家组织难道不是有矛盾的和不可能的吗？这里，全部研究都是从道德原则中引出的，因此这里谈的只能是道德的矛盾和道德的不可能性。这一问题本来是这样表述的：任何一部国家宪法的不可修改性难道不违反那种由道德规律 (I,1,241)
提出的人的使命吗？

在感性世界中，在我们的冲动、作为和遭遇中，被看作现象的一切事物的全部意义，就在于它们能对教化产生影响。享乐本身是没有任何意义的；它至多作为振奋和更新我们获得教化的力量的手段，才有意义。

教化系指锻炼一切力量，以达到完全自由的目的，达到完全不依赖于所有那些不是我们自己，不是我们的纯粹自我的东西的目的。我想更清楚地阐述一下这个问题。

如果我们真正的最终目的是用我们的纯粹自我的形式[①]，通过我们内心的道德规律向我们提出的，那么，在我们之内一切不属于这一纯粹形式的东西，或一切使我们成为感性存在物的东西，本身就不是目的，而只是用以达到我们的更高的精神目的的手段。这一手段绝不应该规定我们，而总是应该由我们内心的更高东西，由理性加以规定。它除了受命于理性，就绝不应该有能动性；除了按照理性给它规定的准则，就绝不应该按照别的方式而有能动性。关于感性我们能够说的，就是马蒙特[44]报道的那类野人在唱死亡赞歌时关于面临的危险所唱的那段歌词：喏，从我们一出生，它就要求我们参加一场长期的、可怕的战斗，或为自由而战，或为受奴役而战。它对我们说，你若战胜了，那我愿做你的奴隶。我会成为你十分有用的仆人；但我一直不是个俯首帖耳的仆人，一旦你放松加于我的桎梏，我就会起来反抗我的主人和战胜者。而如果我战
(I,1,242) 胜了你，我就会咒骂你，侮辱你，将你踩在脚下。你对我毫无用处，所以我会试图根据占领者的权利将你彻底消灭。

在这一战斗中，感性必定会发生两种情况。首先，它会被抑制

---

① 读者在导论中一定已弄清了这些名词，否则就无法理解这一章和以下各章；而这是读者自己的责任。

和被奴役；它不应再发号施令，而应服役效劳；它不应再自以为能够给我们规定或决定目的。这是我们的自我得到解放的第一步行动，即对感性的**抑制**。——但这还远远不是全部发生的情况。感性不仅不应当是统治者，而且还应当是仆人，一个灵活、能干的仆人；它应当被使用。这里包括，人们寻找它的一切力量，以各种方式陶冶它们，无限提高和加强它们。这是我们的自我得到解放的第二步行动，即对感性的**教化**。

这里，有两点需要说明：首先，我在这里谈到感性时，我所理解的感性不仅仅是人们通常用这一名称所指的东西，即不仅仅是低级的感受能力，或者甚至不单纯是人的体力。与纯粹自我相对立的一切都属于感性，感性本身并不是纯粹自我，因此，我们的一切体力和感受能力，只要能被我们之外的东西所决定，就属于感性。一切可以陶冶、锻炼和增强的东西，都属于感性。而我们的自我的纯粹形式是无法陶冶的；它是完全不可改变的。因此，在感性一词的这个意义上说，用最纯粹的思维或最崇高的宗教观念去陶冶精神或心灵，也就像通过跳舞去锻炼双脚一样，都属于陶冶感性、陶冶我们之内的感性存在物的范围。

第二，锻炼和提高感性力量的建议，大概会使人想到，这将增强感性本身的威力，它将装备新的武器以反对理性。但事实并非如此。无视规律是感性的本性；只有在无视规律中感性才具有特殊实力，它一旦被夺去这一工具，就会失去力量。而所有那种陶冶工作，即使不是按照规律，至少也都是按照规则进行的，以求达到一定的目的，因此它们至少是合乎规律的；陶冶工作似乎给感性披上了理性的制服；理性给予的武器，对其自身是无害的，面对这些武器，理性不会受到伤害。

战胜感性者的这两项权利的高度行使，会使人成为自由的，也就是说，会使人单纯依赖于自身，依赖于他的纯粹自我。在现象世
(I,1,243) 界中，具体存在的自我必须与自我的每个内在意志保持一致。没有第一项权利的行使，人连意志都不能有；他的行动会由那种在他之外的、作用于他的感性的推动力所决定；他会成为一架乐器，这架乐器在感性世界的大型音乐会上参加协奏，每一次都发出盲目的命运在它身上奏响的音符。在行使第一项权利之后，他虽然能够有自己行动的意志，但是，若不行使第二项权利，他的意志就会是软弱无力的意志；他有了意志，而这就是他的一切。他可以是个统治者，但没有仆从；他可以是个国王，但没有臣民。他还将永远受命运权杖的摆布，还将被命运的锁链所束缚，他的意志只是同这种锁链相撞击而发出的无力声响。战胜者的第一步行动保证了我们的意志；第二步行动，即对我们力量的征集和训练，保证了我们的能力。

这种达到自由的教化，就人作为感性世界的一部分而言，是人唯一可能的终极目的；但人的最高的感性终极目的，还不是人本身的终极目的，而是实现人的更高的精神终极目的，即实现人的意志与理性规律的完全一致的最后手段。人的一切所作所为，必须被看作是达到感性世界中的这一终极目的的手段，否则，就是一种无目的的活动，一种非理性的活动。

诚然，人类迄今的道路是促成这一目的的。——但我请求，这一目的的尊贵保护人，你们不要急于将这话当作对你们的明智成就的伟大颂扬，在你们蛮有把握地将我列入你们的谄媚者行列之

前，还是先等一下。让我先耐心同你们一起来研究，按道理说，我能用那句话说出些什么。——如果我在事后思考这一道路，假设这一道路可能有过目的，那么，按道理说，除了现在业已展示出来的这一目的，我就不能观察到任何其他目的，因为这一目的才是唯一可能的。因此，我绝不说，你们或任何人在确定这一道路的方向时就已经明确地考虑到了这一目的，而是仅仅说，我为了对其合目的性作出可能的评论，明确地想到这一目的。“如果这一道路确实是由一个理性存在者所引导，而那一目的概念已成为他的引导活动的基础，那么这一理性存在者是否选择了最适用于达到这一目的的方法呢?”我问自己。我不说事实是如此；这我如何知道呢？——那么我将在这一研究中发现什么呢？ (I,1,244)

第一，没有一个人是被教化的，而是每个人都必须自己教化自己。一切单纯的受动行为都恰好与教化相背离；教化是通过自我能动性发生的，并以自我能动性为目的。因此，任何教化计划都不能被规定为是必然达到的；这种计划对自由产生作用，并依赖于自由的使用。所以问题是这样的：是否有过一些对象，自由的存在者为了达到最终的教化目的而能借助它们锻炼自己的自我能动性？

在整个经验世界中，究竟会有什么东西不能帮助那些想要行动的人锻炼自己的能动性呢？这一要求是容易满足的，因为它并不太勉为其难。谁愿意陶冶自己，谁就可以借助一切东西陶冶自己。有人说，战争是培养人的；确实如此，战争提高了我们的灵魂，使我们具有英雄主义的情感和行为，使我们蔑视危险和死亡，使我们看轻那些每天都可能被抢劫的财产，使我们对一切具有人的面貌的生灵表示深切同情，因为共同的危险或遭遇使这一切与我们更加息息相关。但是,切不可把这些话当作对你们嗜血的战争欲的赞美,当作呻吟着的人类对你们低声下气的请求,以为他们请求你们,可不要不再让人类在血战中互相残杀。战争只是将一种本身就具有力量的灵魂提高为英雄主义;那种不高尚的灵魂则会受战争的鼓舞,去掠夺和压迫手无寸铁的弱者;战争产生出英雄好汉和怯懦民贼,这两种人当中哪一种更多呢?——如果你们仅按照这个原则来进行判断,那你们只能一无所知;你们会比你们那个丧失理智的时代所允许你们的更糟。最残酷的专制主义是教化人的。奴隶在暴君所作的死刑宣判中听到了不可改变的厄运的判决,他的意志自愿服从这铁一般的命运,这使他感到的自豪超过了自然界中任何事物对他的侮辱。这种命运今天使奴隶青云直上,登基称王,明天又将他掷回一无所有的境地;这种命运除了使人成为人,什么也没有给他留下;这种命运给予高尚的阿拉伯人和土耳其人的,是从他们的小说中透出来的温柔禀赋,是为支配着他们的行为的那种外族人和制造痛苦的人所献出的牺牲精神。同样是这一命运,它使不高尚的日本人成为铁石心肠的罪犯,因为清白无瑕不能保护他们。——因此,你们也成为暴君吧。否则,如果我们愿意,我们还会在你们的丝编绳套中使自己变得更高尚。

(I,1,245) 教化的方法总是有的;现在产生了第二个问题:这些方法真的已被使用了吗?迄今为止的人类历史进程能够证明人类走向完全自由的进步吗?——你们不要在这一研究面前害怕;我们不像你们那样按照已有的结果作出判断。如果没有什么显著的进步,你们可以直截了当地说:这是你们的过失;你们没有使用现成的方法。而我们则不必对此作出任何透彻的回答,而且由于我们不是诡辩家，我们将根本无以作答。

但是，这样一种进步确实是可见的，而且绝对不能静止的人类天性也必然会导致这种进步。自从我们能够观望人的感性力量的进程以来，这种力量的确已经以各种方式得到陶冶和增强。我们应当将这归功于你们呢，还是记在谁的账上呢？

在建立和治理你们的国家中，我们的教化的可能性和简易性真的曾经是你们的终极目的吗？我查看了你们自己对此的解释，在我所能回顾的范围内，我听到你们谈的是对你们的权利和你们的尊严的维护，是对你们所受的侮辱的复仇。在这里，你们的计划似乎完全不是着眼于我们，而只是着眼于你们的，而我们似乎只是作为达到你们的目的的工具才被列入了你们的计划。或者说，在一种难得的宽容精神使你们不得不张开贵口时，你们才侈谈你们的忠实臣民的幸福。请原谅，你们的宽容精神在我们看来有些值得怀疑，因为你们为我们寻求的目的——感性的享受，是我们自己所完全放弃的。

但是，也许你们只是不会表达；也许你们的行为比你们的言词要好。因此，我尽可能通过你们的错综复杂的曲径迷宫，通过你们遍布于这一路径上的深邃神秘的黑暗，来探寻你们的行为准则的统一性，我能够将这种统一性作为你们行为的目的。我在上帝面前认真地进行研究，发现你们对内用你们的意志实行独裁，对外把你们的疆界加以扩张。我将第一个目的作为手段，使它与我们的最高终极目的——达到自由的教化——联系起来；我承认我不理解，如果除了你们，谁都不能有自我能动性，那如何能提高我们的自我能动性；如果除了你们，在你们的整个国家中谁都不准有意

志，那怎么能达到解放我们的意志的目的；如果你们是启动千百万
(I,1,246) 躯体的唯一灵魂，那怎么可能为产生纯粹自我服务。我将第二个目的与我们的那个终极目的进行比较，我还是没有足够的敏锐性，能看出什么东西会对我们的教化有所帮助，你们的意志是否代表成千上万的人们的意志。你们以为，如果我们的占有者拥有许多畜群，关于我们的价值的观念就会大大得到提高吗？

诚然，就是这一切也没人能看出来，没人这样幸运，能察知你们深藏的政治秘密①，特别是一切讳莫如深的东西，即欧洲均衡的秘密。你们希望，你们的意志在你们的国家中独占统治地位，以使你们在那种均衡遭到危险的情况下，能立即将全国的力量动员起来与之斗争；你们希望，你们的国家在内部尽可能强大有力，在外部尽可能疆域辽阔，以使你们能投入足够的力量来对付这种危险。维护这一均衡是你们的最终目的，而那两个目的则是达到这一目的的手段。

那么，你们真正的最终目的就是这个吗？请允许我对此再怀疑一会儿。除了像你们这样的人，究竟谁会害怕这种如此糟糕的均衡呢？在那些人中间肯定真有一些人试图破坏这种均衡。那么这些破坏安宁者的最终目的是什么呢？毫无疑问，正是你们冒称为达到你们的更高终极目的的手段的东西，即最没有限制、最广泛推行的独裁统治。

---

① 有人说，只要有健全人类理智，就能理解他现在还十分难于理解的东西，当他说这话时，那位在上面赞扬过的作家尤其会在暗中毛骨悚然[45]。我向这位作家承认，我也有同样的看法。——“但是，如果有人大声这么说，大家对透彻性的兴趣就会消失；大家会变得肤浅起来！”——请雷贝格先生让其反对者操心这类事情吧！

但必须大致确定，每一个国家的势力须有多大，如果天平的托盘必须保持均衡，政治就应委托国家维护这一均衡。在这里你们可以发现你们的确定界限；如果除了均衡外，你们真对其他都不关心，如果你们全都真诚地这样想，那么，你们就一直走到这一界限吧，同时也让别人安静地向前走到这一界限吧。但别人已经超越了这一界限；你们现在也必须超越这一界限，以重新建立被打破的平衡吗？如果天平的托盘原先是水平的，那么你们本来就没有必要让它们偏斜；你们本应阻止这事的发生。人们怀疑你们，你们只 (I,1,247)
是为自己找一个跨越你们的界限的借口，才允许这样做，因为你们悄悄心怀希望，自以为会在这里占别人一点便宜，比别人多迈出几步；于是连你们也又会在你们的那一部分中破坏均衡。在我们的时代，人们已经看到大国集团瓜分各个国家，以保持均衡。即使谁也没有得到什么，这也同样会发生。为什么它们首先选择第一种方法而不选择第二种方法呢？当然，只要你们还没有足够的力量，成为你们更想成为的人，即成为这一均衡的破坏者，你们可能真的会满足于做这一均衡的维护者；你们会满足于阻止别人取消这种均衡，以使你们有朝一日能自己取消它。但**一切君主国家的倾向都在于对内实行毫无限制的独裁统治，对外实行一统天下的君主专制**，这是一条已由 a priori〔先验〕根据和整个历史得到证明的真理。我们的政治家维护遭到威胁的均衡，从而十分幼稚地承认了这一点，因为他们能很有把握地假定他们自己已经知道对方的意思。当一个部长听到别人严肃地谈论均衡问题时，他一定会发笑，而当我们这些在此既不必赢得立足之地，又不必获得养老金的人毫无拘束地参与他们的重要研究时，他们双方就一定都会发笑。

如果没有一个近代君主国家能特别接近自己的目标，那么，它所缺少的确乎不是**愿望**，而是**能力**。

但是，假定这一均衡真是你们的最终目的——尽管事实证明并非如此，那么，这一目的也不会因而一定是我们的目的。我们至少必须将这一目的作为手段，与我们的最终目的联系起来。我们至少可以提问：究竟为何必须保持这一均衡？

你们说，一旦这一均衡被打破，就会发生一场一个国家反对所有的国家的可怕战争，而这一个国家将吞噬所有的国家。照此说法，你们是为了我们，才这么害怕这一战争，才害怕这场在一切民族都能团结在一个首领之下时也许会产生永久和平的战争吗？你们才害怕这一战争，并为了在它面前保护我们，才无休止地纠缠我们吗？你们是为了我们，才害怕外来势力的奴役，并为了保护我们免遭这一不幸，才宁愿自己来奴役我们吗？噢，可不要过于自信地
(I,1,248) 将你们看问题的方式转嫁给我们！你们宁愿自己奴役我们，而不愿他人奴役我们，这是可信的，但我们不知道这如何会对我们有更多的好处。你们对我们的自由怀有温柔的爱；你们想独占这种爱。——对人民来说，在欧洲彻底消除这种均衡，绝不会比用招致不幸的手段维护这一均衡更有坏处。

但在所说的均衡消除之后，那种战争，那种普遍的占领会以何种方式、在何种条件下必然接踵而来呢？究竟谁将进行战争呢？是对你们的战争由衷感到厌倦，愿意在和平的宁静中发展自己的人民吗？你们以为，德国的手艺人和农民非常关心的事情，就是洛林或阿尔萨斯的手艺人和农民会在地理课本讲到德意志帝国的章节中找到自己的城市和村庄，扔下刻刀和农具而从戎，以期打到那

边去吗？不，发起这场战争的将是那种在消除了均衡之后变得最强大的君主。所以，还是看看你们如何进行论证，我们又如何进行反证吧。——你们说，为了不致使一个君主国吞并和奴役一切国家，必须有许多强大得足以保持均衡的君主国家，而为了使它们足够强大，每一个君主国都必须设法对内保证独裁统治，对外不断扩大疆界。——我们的推论却相反：这种不断内外扩张的努力，对于人民是一种巨大不幸；如果人民真是为了免除另一种巨大无比的不幸，而必须忍受这一不幸，那就让我们来寻找那一更大不幸的根源，并在可能的情况下对它加以疏导，使之不能为患。我们在毫无限制的君主政体的宪法中发现了这一根源；每一个毫无限制的君主国家（你们自己也这样说）都不断地力求成为一统天下的君主国家。如果让我们堵塞住这一根源，我们的灾难也就从根本上消除了。如果没有人再想侵略我们，我们就无须再武装起来；这时，可怕的战争和那更为可怕的、永无休止的备战——这是我们为阻止战争而必须忍受的——就不再必要了，而你们也不再有必要这么直接致力于你们意志的独裁统治了。——你们说，既然毫无限制的君主国家是应当存在的，所以人类必须忍受一大堆不幸。我们回答说，既然人类不愿忍受这一大堆不幸，所以任何毫无限制的君 (I,1,249)
主国家都是不应当存在的。我知道，你们是靠常备军，靠重型火炮，靠镣铐和监禁来支持你们的结论的；但是这些结论在我看来并不因此就更坚实有据。

将尊敬给予那应当得到尊敬的人吧！将公正给予每一个人吧！欧洲的这架人造政治机器的各种齿轮装置在相互摩擦，这使人类的活动一直紧张不安。这是内部与外部的抗争力量的永久斗争。在内部，君主通过等级从属关系的巧妙技艺，压迫其下属；而这类下属又压迫自己的下属；如此类推下去，直至压迫种地的奴隶。每一种力量都抗拒着外来的影响，并又向上施加压力。这样，通过这一机器的各种游戏，通过使这些游戏具有生气的人类精神的活力，这种奇特的、在组成方面违反自然的巧妙技艺就得到了保持；即使它是从同一点出发的，它也产生出了极其不同的产物，在德国产生出一个联邦共和国，在法国产生出一个毫无限制的君主国。在没有从属关系的外部，作用与反作用是由一种不断达到一统天下的君主国的倾向所决定和保持的，而这种倾向总是不能被考虑得很清楚，因而也就成了一切活动的最终目标；它在政治行列中消灭了一个瑞典，削弱了一个奥地利和西班牙，并振兴了一个俄国和普鲁士；它在人类的道德现象上推出一种导致英雄行为的新动力，即没有民族的民族自豪感。考察这些各式各样的游戏，能使有思想的考察者获得一种清醒的愉快情绪，但它不能满足智者，并向他说明什么是他的苦难。

如果我们不仅仅**在**你们的政治宪法**之下**，而且也**通过**这种宪法，获得了通向自由的教化，那么，我们不必为此感谢你们，因为这不仅不是你们的目的，甚至是违反你们的目的的。你们的出发点是，除了你们的意志自由之外，在人类中消灭一切意志自由；我们为意志自由而与你们进行了斗争，如果我们在这一斗争中已变得更为强大，你们就一定无事可做了。——的确，为了完全公正地对待你们，我得说你们甚至有意培育了我们的某些力量；但并非为了使我们对我们的目的，而是为了使我们对你们的目的更为适用。你们完全像我们应当对待自己那样对待我们。你们奴役我们的感性，强迫它承认法律。在奴役它之后，你们就把它陶冶得适用于各种目的。在这个限度内，你们做的一切都是对的，假如你们能就此止步，你们就真会成为未成年的人类的保护人了。但这样一来，给被抑制和受陶冶的感性规定目的的那位高高在上的统治者就是你们的理性，而不是我们的理性，是你们的自我的意志，而不是我们的自我的意志了。你们让我们教授各门科学，它们的形式和内容是按照你们的意图安排的，以使我们能对它们更为顺从。你们让我们教授各门艺术，以使我们能对你们和你们周围的人退避三舍，或者使我们炫耀你们，并在你们自己的双手达不到的地方，炫耀你们手中的压迫工具，以便你们把庶民百姓弄得眼花缭乱。最后，你们教给千百万人一种你们大多都很拿手的高招，即看风使舵、左右逢源的艺术，精诚团结、又突然分裂的艺术，以及使劲钻营的技巧；这样，你们就能把这些技艺应用于反对一切不愿承认你们的意志为法律的人们了。据我所知，这就是你们蓄意为我们的教化所作的贡献。 (I,1,250)

但在另一方面，你们又蓄意阻碍了这种教化，阻止了我们前进的步伐，在我们的道路上设置了陷阱。我不想提醒你们回忆一切典型的君主国家的行为，它们最坚决、最彻底地表达了自己的原则，我也不想提醒你们回忆罗马教皇的统治。对这些胡作非为你们是无罪的；那时你们自己就是别人手中的工具，正像我们现在是你们手中的工具一样。但是，自从你们获得自由以来，你们的原则究竟和你们先师的原则相去多远呢？你们当中只有少数人对这位先师表示应有的感激之情[①]。为了将人的自我能动性的最后一点

① 可做对了！有人开始看清并履行自己的义务了。

萌芽碾碎，为了使人成为纯粹被动的人，有人让人的意志依赖于外来的权威，——这正是这可怕的一统天下的君主国引用过的原则；这个原则比任何阴间地狱的笑话所杜撰的都更为真实；毫无限制的君主国家的存亡必系于此。谁不能决定自己愿意相信的东西，谁就绝不敢决定自己愿意做的事情；但是，谁能使自己的理智自
(I,1,251) 由，谁也就能马上解放自己的意志。——弗利德里希[46]在天之灵，这挽救了你在明辨是非的后世人面前的荣誉，使你高于践踏众生的专制君主阶层，使你加入启迪人民争取自由的教育者的光荣行列。在不知不觉中漏掉这种自然而然的结果，这是你那具有远见之明的才智所不能做的；你毕竟愿意你的人民的理智获得自由；因此，你必定愿意他们自己自由；如果他们在你看来已经成熟到争取自由的程度，那么，本来就是你使他们成为你有时在很艰苦的训练条件下所培养的人。——但是，你们其他人做些什么呢？你们的做法诚然是一贯的，也许比你们自己所意识到的更一贯，因为据说本能比推理更正确地引导过人，这也许不是头一次了。如果你们想占据统治地位，你们就必须首先奴役人的理智；如果人的理智依赖于你们的自由意志，其余的事情也就会毫不费力地照此而行。在毫无限制的思想自由的近旁，毫无限制的君主国家是无法存在的。你们意识到或感觉到了这一点，并且采取了相应措施。我给你们举个例子，过去有一位勇敢的人[47]，他摆脱精神奴役，从罗马暴君手中，窃取了谈论我们的意见的权利，并将此事记入一本绝版的禁书，如果他现在走来，你们现在就会把这个人砌进你们给活人修好的墓穴中。在过去，这件事情一开始就几乎不能令人忍受，尤其是因为那本书给了精神自由一个广阔的活动余地。这本书的发

现曾经使你们高兴，但这个广阔的活动余地却并不使你们高兴。从前发生的事情无法不再发生，但你们是在为防范未来采取措施。你们用强制手段，将每个人都禁锢在他们的精神在每一次得到蓬勃发展时占有的空间里，你们就像要使一个用魔法召来的幽灵发迷和就范一样，在这个空间里用显赫标志和附加条款给每个人树立界桩，使他们的公民荣誉和生存权利受这些附加条款的束缚。你们说，“很遗憾，既然你到了这里，我们就要把你留在这里，你可不能越过这些界桩，再向前走！”——现在你们比任何时候都更能保证对我们的精神的奴役。我们的意见受到生硬的、死板的条文的约束；假如你们让生气蓬勃的法官评判我们的意见，那该多好！他不受任何矛盾的刺激，因而至少有可能隔着一定距离来追踪人类的进程，而我们今天也真有可能获得长足进步了。——这就是你们的高招！只要我们不理解书中写的并不都是真的，而只一厢情愿地认为，既然书中写的是真实的，所以这本书是好的、神圣的和绝妙的，你们就能把我们牢牢地绑在这条举世无双的锁链上。

在这里，你们始终忠于这一原则，忠于这一原则的一切方面。(I,1,252)
你们在人类精神可能有的一切取向上都插了界桩，称它为你们专有的基本真理，而且你们在近旁布置了有学问的拳击手，他们把每个想超越界桩的人都驱赶回去。由于你们不能总是指望这些雇佣兵不可战胜，所以你们为了更保险起见，在界桩之间编起一道公民篱笆墙，并派人看守篱笆墙的小门。你们可以容许我们在篱笆墙之内来回溜达；碰上你们高兴，你们大概还会扔给我们一些制钱，以期在我们捡钱的时候，你们好从中取乐。但对于胆敢跨越这道篱笆墙的人，你们就要让他吃苦头了，因为那人根本就不想承认这道篱笆墙是人类精神的界线。如果有人偶尔钻过去，这也是由于你们和你们的看门人都不曾察觉。除此以外，一切旨在使理性恢复其受到压制的权利的努力，一切旨在使人类自己站立起来，让他们用自己的眼睛观察事物的努力，或者——让我举个能使你们立刻信服的例子——一切像目前这样的研究，在你们看来都是愚蠢和暴行。

由此可见，这可以说是我们关于我们在你们的国家宪法之下取得的教化的进步向你们所作的清算。我略而不谈这种进步对我们的直接道德陶冶所产生的影响；我不想在这里向你们提起从你们的王座扩散到你们周围的道德腐败现象，根据它不断增长的程度，人们可以计算出还要走多少里程，才能达到你们的官邸。

现在已经证明，如果达到自由的教化①确实能成为国家组织
(I,1,253) 的唯一终极目的，那么，无论是什么国家宪法，只要它的终极目的与此完全相反，是在于对一切人进行奴役，使一个人得到自由，让一切人的教化都服务于这一个人的目的，阻止导致大多数人自由的各种教化，它就不仅能加以修改，而且也确实必须加以修改。现在我们该谈问题的第二部分了：假如有一种国家宪法可以用最可

---

① 在此，我还可能遇到一个误解，这个误解不会来自没有学问的读者，只会来自学者。大概从这本论著到此为止的全部论述中已经可以清楚地看到，我区别了三种自由：先验的自由，它在一切理性精神中都是相同的，系指成为第一独立原因的能力；尘世的自由，系指人们确实不依赖于自身以外的任何东西的情况，只有无限精神有这种自由，但这种自由是一切有限精神的最终教化目的；政治的自由，系指除了人们自己给自己立的法律，就不承认任何法律的权利。这种自由应当存在于每个国家。我希望，不论我说的哪一种自由，都没有任何歧义。如果有人想搅乱我分析过的东西，这也许是为了要我为他自己的错误而代受惩罚，那么这一附注就是对他的有力制止。

靠的方法证明自己着意于这一终极目的，这一宪法不是绝对不能修改的吗？

如果确实选中了适当的方法，人类就能逐步接近自己的伟大目标；人类的每一个成员都将更加自由，而那些已达到目的的手段就该废弃了。这种国家宪法机器中的齿轮将一个随着一个停止转动而被拆掉，因为下一个将被嵌接的齿轮会开始以自己的冲力进入运动。这架机器会越来越简单。终极目的一旦能完全实现，就不再需要任何国家宪法了；机器将停息，因为再也没有什么反作用力推动它了。理性的普遍有效规律将把一切人都联合起来，以达到最高的信念统一。任何别的法律都无须再对他们的行动进行监督。任何标准都无需再去规定每个社会成员应牺牲自己的多少权利，因为没有一个人的要求会超过所需，也没有一个人的给予会少于所需。任何法官都无须再对他们的争执进行裁决，因为他们将永远一致。

在这里，连人类的敬仰者也无法匆匆一瞥，而不感到自己的心灵为温柔的光辉所照透。我现在还不能描绘出那幅轮廓，我现在还在涂抹颜色。但在这里我请求你们，可别害怕通常那个“有这么多人，这么多不同信念”的说法！这种说法与另一种说法相反，认为人类必须并应当有一个终极目的，而且也将只有一个终极目的，不同的人为达到终极目的而提出的各种不同目的，将不仅相互协调，而且还相互促成，互相支持。但另一种说法是：决非如此。你们可不要让这令人神清气爽的前景被一种猜忌的想法所败坏，而 (I,1,254)
这种想法认为，这是永远不会实现的。诚然，它是永远不会全部实现的；但是，这不全然是一个甜蜜的梦，不全然是一种骗人的希望，它的可靠基础是建立在人类的必然进步之上的，人类应当、将要并且必定越来越接近这一目标。人类在你们眼前已经开始突破一个终点；一种秘密谋害人类的厄运，在人类自身并在人类之外集合了全部力量来反对人类，人类在同这种厄运进行的艰苦斗争中取得了一些成绩，这些成绩至少要比你们那种以蔑视人类为目的的独裁宪法要强。但我并不想未谈自己的课题就做结论，并不想未播种就收获。

没有一部国家宪法是不可修改的，一切宪法都可修改，这是由宪法的本质决定的。一部坏的宪法违背一切国家组织的必然终极目的，它必须加以修改；一部好的宪法促进这一目的，它自身就能修改。前一种宪法是烂草地里的一堆火，这堆火冒着烟，既不发光也不发热；它必定被扑灭。后一种宪法是一支蜡烛，它自己消耗自己，闪闪发光；在白天来临时，它就会熄灭。

因此，社会契约中的附加条款规定社会契约不应修改，这是违背人类精神的最大矛盾。我许诺说，我绝不修改也不让别人修改这一国家宪法，这就意味着我许诺说，我不做人，也不允许任何人在我所能及的范围内做人。我对自己能达到机灵的动物这一阶段已经心满意足。我要求自己和所有的人都停留在我们已经达到的教化发展阶段。海狸今天仍像其祖先在几千年以前那样筑窝，蜜蜂今天仍像其族类在几千年以前那样构建蜂房，我们和我们的后代也想与这类动物一样，在几千年之后还像今天这样建立我们的思维方式，建立我们的理论、政治和道德的准则。而这样一种诺许，即使真有，难道是可行的吗？不，人啊，你不能作这种许诺；你没有权利放弃你的人性。你的许诺是违法的，因此在法律上是无效的。

那么，人类就会这样忘乎所以，以致放弃了标志着他们的动物性高于其他动物的唯一优先权，放弃了可以臻于无限完善的优先 (I,1,255)
权吗？以致他们在专制君主的铁的桎梏下甚至永远放弃了打破这一桎梏的愿望吗？不，我们可不能失去人类的神圣天堂，不能失去这样一种令人安慰的想法：从我们的一切工作和一切苦难中，我们的同胞会产生出一种新的完善和新的幸福，我们现在就在为之工作，而且不会徒劳无功；在我们现在殚精竭虑和严重失误——这更糟糕——的地方，有朝一日会有一代人兴旺起来，他们永远可以做自己愿意做的事，因为他们只想做好事；这时，我们将在更高的领域中为我们的后代高兴，从他们的德行中又发现我们在他们身上培植的每一棵幼芽都已茁壮成长，并且把这种幼芽看作是我们自己的。这一时代的前景使我们欢欣鼓舞，感受到我们的尊严，即使我们目前的状况与这种前景背道而驰，我们的天赋也至少能向我们表明这种前景。要把勇敢精神和高度热情灌注于我们的行动，如果我们对此感到后悔，那么，第一个想法“我是在履行自己的义务”就会使我们泰然自若，而第二个想法“我撒出的种子在道德世界中一粒也没有丢失”则会使我们神清气爽。我将在收割之日看到种子结出的许多果实，并用它们为自己编织不朽的花环。

在你们亵渎神明的年代里，你们曾用巨大的力量，将耶稣和路德这两位自由的神圣保护者套在人类的枷锁中牵来拖去，随心所欲地折磨他们。他们现在从高高的天宇下望你们的后代，使你们为那已经破土而出、随风摇曳的幼苗感到高兴。第三个人[48]，在人类和他本人或许都没有意识到的情况下，已经完成你们的工作，他砸碎了人类最后的最强大的枷锁，不久，他将被召集到你们那里。我们将会缅怀他；你们也将会把你们社会中为他留下的位置欣然指定给他，而且将来那个理解他和描述他的时代会感谢你们。

(I,1,256)
第二章　对这一研究的以下进程的预示

谁将自己的各个命题用严格的推论方式从理性最初的原理中推导出来，谁就事先对它们的真理性和一切反对它们的异议的非真理性有了把握；凡是与它们相比不能成立的，都必定是错误的，这一点他不用听就能知道。因此，如果上一章已经通过正确的推论，从同样一些最初的原理出发，证明——是否已经证明，我交给更敏锐的思想家去判定，不过要**假定**已经证明——人民改变其国家宪法的权利是不可出让、不可丧失的人权，那么，对这一权利的不可丧失性提出的种种异议就肯定是用骗人手段炮制的，而且是建立在假象之上的。如果我们想严格进行推论，那么，对于一般革命的合法性的研究，进而对于每一革命的合法性的研究就结束了。每一个持不同意见的人，都必须或者指出我们的假定或推论中的错误，或者，即使他没有找到那种作为他的意见的根据的假象，也必须把他的意见当作错误的和不正确的而加以放弃。利用每一个适当机会都提醒和再三叮嘱这一点，这并不多余。这样，我们的读者——这里我并不仅仅指不懂哲学的读者——就会渐渐习惯于在坚实可靠的原理之下将他的各个信念或意见统一成为一个体系，就会失去拼凑各式各样破烂的兴趣，失去喋喋不休争论的兴趣。凡是通过正确推论，从一个已经证明的命题中得出的结论，都是真实的，你们将无法用它的危险外表吓唬坚定的思想家；凡是与已经证明的命题相矛盾的结论，都是错误的，而必须加以放弃，即使这似乎会扭转乾坤。

但是，这一必然结论在目前仅仅是一个不能实现的愿望，而且一般说来也许在很长时间内还仅仅是这样一个愿望，因此，在目前的现实形势下，如果有人在制定了进行评论的第一批原理之后就停滞不前，让读者自己操心这些原理的使用，让他们自己把自己其余的见解与这些原理统一起来，或按照这些原理纠正自己其余的见解，那么，这种人给他们做的就会是一件很糟糕的工作。因此，我们将做一些我们要严格遵守作家的本分便不必去做的事情；我 (I,1,257)
们将寻找对这一权利的不可丧失性可能提出的一切异议，并揭露它们的假象。

一种反驳必须根据最初的理性原理提出，因为证明就是根据这种原理提出的。这种反驳必须表明：达到自由的教化并不是公民社会的唯一可能的终极目的；在这一教化中向无限进展，绝不是一项不可出让的人权，并且国家宪法的不可修改性同这一通向无限的进程并不矛盾。

这样一种反驳迄今为止还不可能作出，因为至少据我所知，还没有人从这一方面提出过那些命题，所以，我不必讨论这种反驳。我要做的全部事情在于，向未来的反驳者指出他所必须做到的，这并不是反驳者一定能知道的，而我却知道。另一种反驳是不可能的。

但有人说，人民改变其国家宪法的权利肯定可以出让，因为这一权利确实已经被出让，这时就可能产生误解。不过，这样一种异议也暴露了它的始作俑者在作出目前的评论时极为笨拙，因为这个异议清楚地表明，它的始作俑者也根本不知道自己在谈什么。假如我们断言过，出让这一权利是违反自然必然性的规律的，这一权利是不能出让的（出让在物质世界中是不可能的），那么，也许这一回答是很成功的，它从“此事确实已经发生”出发，向我们表明了“此事能够发生”。但我们并没有那样断言过，而只是主张说，这类事情违反道德规律，是不应该发生的（即在道德方面是不可能的），所以，这种来自一个迥然不同的领域的异议就不能击中我们了。遗憾的是，现实世界中常发生一些不应当发生的事情；但这些事情不会由于其发生而成为正当的。

但是，有人还是坚持认为，这一权利已被出让。我们必须逐步地、一点一点地剥去这种论断的假象，而不是一般地指出，持这种论断的人肯定是错误的。

这样一种出让只有通过契约才能发生；甚至连雷贝格先生也在某种程度上承认这一命题，而且当他认为没人觉察的时候，他更
(I,1,258) 完全承认这一命题。如果还有人态度更强硬，那我请这个人坚持我在第一章开头阐述的观点，直到我剖析完最后一个反对这一命题的诡辩，这个权利可能已经出让给国家本身的成员，或者出让给国家以外的什么人。在国家中，这个权利是通过一切成员之间的契约出让的，或者通过普通阶层同受惠阶层、手工业同业公会之间的契约出让的，或者通过普通阶层同唯一受惠者、君主之间的契约出让的；在国家之外，这种权利出让给其他国家。总之，在所有这些情况中，这一权利都可以全部或部分地出让。

在研究这种异议时，我们必须回答以下两个问题，第一个问题

是历史方面的问题：即使这样一种出让已经通过契约发生，这种契约是可以证明的吗？第二个问题必须从天赋人权论出发来回答：**在这种情况下**应该或允许发生那种事情吗？根据我们以前的说明，读者事先就能知道答案是什么；他知道，我们进行这一研究，绝不是为了纠正我们的原理，而是为了在应用中更清楚地阐明我们的原理。如果读者希望在后面几章中能找到对他主观臆想的见解更为有利的解释，我们现在就十分坦诚地劝他把这本书丢开，如果他还没有丢开的话。

第三章　改变国家宪法的权利可以通过全体社会成员之间的契约出让吗？

我们的道路穿过朦胧的晨曦，从黑暗走向光明。除了天赋指引的道路，我不能给我的读者指引别的道路。在上文中，我已经谈到人民改变其国家宪法的权利，但没有规定人民这一概念。在别的情况下铸成大错的东西，如果是由自然不可避免地带来的，就不是什么错误。——只要最广泛的社会、整个人类以及整个精神世界——如果我们愿意的话——都被认为只与道德规律有关联，那就必须把它们看作一个个体。规律是相同的，在其领域内只存在**一个**意志。只有这一规律让我们转向自由意志的领域，才会有许 (I,1,259)
许多多的个人。在这一领域中占统治地位的是契约，契约是由许多人缔结的。如果在本章结束时，人民这一概念**还**不明确，那就是我的过错。

贯穿于整个这一章的前提是：国家的一切成员本身都是平等

的，在公民契约中，任何人作出的许诺都不超过所有的人对他的许诺。我绝不想通过不正当的方法得出结论说，情况是如此或应该如此。在后面几章中我还得谈这个问题。眼下我仅仅研究，如果情况是如此，那会对国家宪法的可修改性产生什么结果？

改变国家宪法的权利，可以通过全体社会成员之间的契约，以两种方式出让。这就是，或者全体成员都许诺，绝不修改国家宪法；或者全体成员都许诺，修改国家宪法，非经每个人的同意不可。

关于第一个许诺，上文已经就其内容，就其对象——国家宪法的不可修改性——指出，这种许诺是绝对不许可的，因为它直接违反了人类的最高终极目的。在形式上，这似乎是所有的人作出的许诺，是共同的意志；人民好像自己向自己作了一项许诺。那么，如果修改国家宪法在以后会成为共同意志，成为所有的人的意志，究竟谁有权利对此提出异议呢？这样一种臆想出来的契约是违反一切契约的形式条件的，即缔结契约至少须有两位伦理角色，而在这里却只有一位，即人民。因此，这一前提本身是不可能的，是矛盾的。现在只剩下第二个前提，即在公民契约中已经达成协议：在缺少共同意志，缺少所有的人的意志的情况下，宪法不应加以修改；所有的人都已经向每个人作出许诺，未经每个人的特别同意，他们将不修改宪法。

在公民契约中，必定已有这样一种许诺，并且这一许诺必定有效和有约束力。这看来既是理所当然的，也符合我们自己在上文确定的原理。这是否真实，取决于人们对它的看法。但是，让读者随心所欲地看待这件事情，却不是我们的态度，因此我们必须首先对已设定的命题作一简单分析。可以说，这样一种许诺自身包含了以下两点：第一，未经每一个人的同意，所有的人都不会放弃任何旧事物；第二，所有的人都不能强迫任何一个公民，未经他本人同意就接受安放在他位置上的新事物。 (I,1,260)

这一许诺的第二部分说，各种新的礼仪不能约束任何对它们不表示同意的人。按道理讲，这一部分是绝不会由契约提出的；正如上文已经证明的，相反的说法将会违反一切人权中的第一权利。谁通过契约向我许诺说，绝不损害我的任何一项不可出让的人权，谁就等于什么也没有向我许诺，这是他在缔结一切契约之前就不可做的。国家可能许诺了这一点，也可能没许诺。任何一项新的礼仪未经服从于旧宪法的公民的同意，就对他没有约束力，这不是由契约，而是由人的权利所决定的。

关于许诺的第一部分的问题，乍看十分容易，可照此回答，而且我预见到，我的绝大部分同我一起思考问题的读者，将会作出这样的回答。他们会说，国家的机构是公民契约的条件；所有的人都对所有的人负有责任，以满足这些条件；如果有些人，在未经其他人同意的情况下取消了这些条件，那么，他们就单方面破坏了这一契约，他们的行动就违反了他们在这一契约中承担的义务。因此，未经所有人的同意，就不能取消国家的任何机构，这是不言而喻的。

如果这些推论是完全正确的，我们的理论就会冒很大危险，虽然不至于被推翻，但必定会招致谴责，说它不能应用于生活。但愿还能很清楚地证明，每一部国家宪法，都由于道德规律所要求的教化的进步，必须不断加以修改和完善。如果国家的每一个成员对最微不足道的修改都必须先表示自己同意，那么现实世界中何时才能出现这样一种改善呢？而我们的证明除了成为学校的艺术品和诡辩的试验品，还能成为别的什么呢？但是，在我们匆忙作出结论以前，还是让我们先比平常更深入地探讨一下契约的本质吧。

如果像现实情况那样，不能就天赋人权缔结什么契约，那么，通过契约，我就对某人得到了一种权利，一种我原来根据单纯的理性规律没有得到的权利，而这个人则对我负有了一种义务，一种他原来根据单纯的理性规律也同样没有承担的义务。使他负有这种义务的是什么东西呢？是他的**意志**；因为在道德规律沉默的地方，
(I,1,261) 除了我们自己的意志，什么都不能约束我们。我的**权利**是建立在他的**义务**之上的，因而最终是建立在他的义务所依据的意志之上的。如果他没有这种意志，我就得不到这种权利。——欺骗性的许诺是不能给予任何权利的。请不要被这些说法在表面上的严酷性所吓倒。事实**就是**如此，人是可以照实说话的。在我们作出结论之后，道德观念，契约的神圣性就会知道如何拯救自己。

我作出一个诚实的许诺。我确实有遵守自己的许诺的意志，因此使自己承担一项义务，给别人一项权利。别人原来没有这种意志，也就没有给我任何权利。他欺骗了我吗？他以阴险的方式夺走了我的一项权利吗？

迄今为止，我们的一位洞察力最敏锐、思想最坚定的天赋人权论者说①：“根据天赋人权论，我完全没有权利换取别人的真心实

① 这是施马尔茨先生在他的《纯粹的天赋人权》中说的[49]；他会原谅我在此对他表示敬意。但我不是从他的原理出发，而是从我自己的原理出发得出结论的，这一点每一位专家都会看到。

意。如果别人对我作出一个欺骗性的许诺，那么，我在受这一诺言引诱而导致某种恶果以前，是不能抱怨受害的。”下面是评论，并且在使人感到困难的地方，还有对这些说法的纠正。

当我向他作真心实意的许诺时，我认为他在撒谎吗？或者说，我反而不认为他也与我一样真心实意吗？如果我假定他在撒谎，那我还会以诚实的方式向他作出许诺吗？我还会有遵守自己诺言的意志吗？因此，我的意志是有条件的。我通过我的**意志**给予他的**权利**，也是有条件的。如果他撒谎了，那么他就不会得到权利，因为我没有得到权利。这样，**就根本没有缔结任何契约**，因为**谁也** (I,1,262)
没有给予权利，谁也没有承担义务。

你对我说：即使**他**撒谎，**我**也不想做一个骗子；他的背信弃义不应取消**我的**信义；我愿诚实地对他遵守自己的诺言。——你可以这样做，只是你不能混淆各种概念；你不能从天赋人权的边界进入道德的边界。这样，你就不是向他偿还债务；你什么也没有欠他，你是赠送给他一些东西。你遵守自己的诺言，并不是由于他的权利对你的要求，因为他原来就没有权利；而是由于你的自尊自重的要求。你这样做，并不是为了**他**不致被贬低，而是为了**你**自己不致被贬低。

因此，真心实意是每一契约的唯一条件。如果在双方中有一方不愿意守信，甚至双方都不愿意守信，那就根本不能缔结契约。

双方在作出许诺时都是真心实意的。在他们之间缔结了一项契约。他们分手后，其中一方或者双方都改变了主意，并在心里撤回了自己的意志。于是，这一契约就被取消了，诺言付诸东流；因为权利和义务都被取消了。

到此为止，整个事情还停留在内心裁判的领域。每个人都知道自己是怎么想的；但谁都不知道对方是怎么想的。除了上帝这个双方共同的内心法官、道德规律的执行者以外，任何存在者都不知道**是否**真的存在一项契约。

现在，一方实践了自己的诺言，于是事情就转向了现象界。这会产生什么结果，又不产生什么结果呢？毫无疑问，这一方通过自己的行动清楚地表明，他的想法是真诚的，而且也相信对方的想法同样是真诚的；他**认为**自己确实同别人缔结了契约；**认为**自己给予了对方一项对于自己的权利，并获得了对于对方的一项权利。但是，如果他以前没有对别人的这一权利，或仅仅部分地拥有这一权利，他是通过自己的这一行动**获得**了这一权利呢，还是仅仅**增强**了这一权利呢？这如何可能呢？如果他关于对方应当履行其诺言的意志对于对方没有约束力，对方还会怀疑它的现实性，那么，这就根本不再能使他的意志的现实性在现象界里得到证实。这一次同另一次一样，要实现的仍然只是他的意志，而一种异己的意志却
(I,1,263) 从来没有约束力。或者，为了杜绝一切可能的借口，他通过他的真心实意的外在标志，大概可以获得对于对方的真心实意的充分权利吗？也就是说，他通过自己实践诺言，大概可以约束对方**真愿意**实践其诺言，并使对方以**其自身的这一意志**约束其自身吗？如果我对于对方的真心实意从来没有充分的权利，我如何能用我自己的真心实意获得它呢？难道我的道德观念能约束对方也具有同样的道德观念吗？我不是一般道德规律的执行者，上帝才是这样的执行者。上帝才能对欺骗进行惩罚。我只是我那种为道德规律所允许的权利的执行者，而这些权利并不包括对于对方的心灵纯洁

性的监督。

因此，如果不是对方的自由意志——对这一自由意志的方向我是不了解的——已经给予、并将继续给予我要求对方实践其诺言的权利，即使我这方面实践了诺言，我也得不到这种权利。——但是，对方的背信弃义的确会妨碍我实践自己的诺言。按照这些原理，谁还敢缔结什么契约呢？——只要我们在这些原理的应用中更向前迈进一步，一切就都会昭然若揭，困难也会令人满意地得到了解决。

我以为，对方对我实践诺言是有权利的；实践的结果不是我的，而是他的；我那些在我实践诺言时使用过的力量和使用这些力量所产生的结果是对方的所有。我抱着这样的想法，实践了诺言。但我在这点上弄错了。那些力量与结果本来是我的，对方对我是没有权利的，因为他没有给予我任何对于他的权利。在一切道德观念的最高裁判眼里，它们本来就是我的；而任何一个有限的精神原先都无法知道，它们是谁的。对方没有实践自己的诺言，于是，从前只有最高裁判知道的东西，现在在现象界也众所周知了。我的实践结果不会由于他不实践诺言而重新成为我的；它从一开始就是我的。大家只会知道，它是我的。我保存了我的所有——我的实践诺言的产物是我自己的。我所使用的力量的产物，这种徒劳无益地损失的东西，也是我的所有。这损失不能由我承担；它是不应该损失的。在对方的力量中可以找到它；按照规定，我可以支配对方的力量。我可以迫使对方完全赔偿损失。这时，我就没有因为对方的背信弃义而损失任何东西，对方也没有因此赢得任何东西。我们双方都退回到了我们缔约前的状态；一切都归于原状，事情也应当如此，因为在我们之间本没有什么契约。

(I,1,264) 只有对方完全实践其诺言时，他才能将我实践诺言的结果归入他的所有。凭靠我的自由意志，我实践诺言的结果**已经**是他的；但它是他的，除了原先就知道他将实践其诺言的心灵启示者，则无人知晓。他通过实践自己的诺言，也在现象界证明，我实践诺言的结果是他的。——在那看不见的裁判席面前，一旦双方都有履行诺言的真实意愿，就缔结成了契约。在现象界，则只有当双方都完全实践了诺言之后，这个契约才会出现。将契约带入现象界的那一时刻，毁灭了契约。

让我们将这一点应用于双方实践诺言的一种持久性联系——公民契约就是这样一种联系——吧！至少必须假定，所有的人都给了对方一项对于自己的权利，并接受了一项对于对方的权利，因为必须假定，双方都是诚实的人。他们已经在现象界表明，他们原来都是诚实的人；如果在应当积极行动的地方，他们无所作为，或者在应当无所作为的地方，他们积极行动，那么，他们每一个人就都通过积极行动或无所作为，通过对法律处分的服从，实践了自己那一部分诺言。只要一个人没有在语言或行动上表示已改变意志，那就必须认为他在遵守契约。

现在，有一个人改变了自己的意志，于是，从这一时刻起，他在那看不见的裁判席前就不再遵守契约了；他对国家不再拥有权利，国家也不再对他拥有权利。他表示自己改变了意志的方法，或者是公开发表声明，或者是放弃契约所规定的帮助，并在这种情况下不按法律规定赎罪[①]。现在他对国家的关系是怎样的呢？国家对他的关系又是怎样的呢？双方还有相互的权利和义务吗？如果有，是哪些呢？

显然，双方都退回到了单纯的自然状态；他们现在还共同具有的法律是道德规律。根据这一规律，在不实践诺言的情况下，如果 (I,1,265)
一方履行了诺言，那么，正确的做法就是我们在上文已经看到的：收回实践诺言的产物和补偿损失。

但这里真的会出现这种情况吗？在一个公民社会中，如果所有的人都有相同的权利和相同的义务——本章只谈这一点——而且每个人在玩忽职守的情况下都通过赎罪诚实地实践了他应该根据时间、地点和情况实践的诺言，那么我不明白怎么还要找他们算账呢？到此为止，你们向我实践了所欠的诺言；我也向你们实践了所欠的诺言。从此刻起，你们不再实践诺言了，我也不再实践诺言了。同数相抵，我们的账结清了。如果你们很善于算计**利益**，那么我在这方面对于你们可能还有很多拖欠。但我们现在谈的不是这个问题；我们是在谈权利。如果**我**陷于这样一种境地，即我必须为你们的利益做的事情，远远超过你们能为我的利益做的事情，那

---

① 如果这行得通，凡是该受惩罚的人就都会退出契约，惩罚也就会完全不可能了。这时，人们可以说，而我也合乎逻辑地回答说：只要愿意，每个人都可以这样做，而国家惩罚他，就会犯最大的不公正。按道理说，任何人都不能受这种惩罚，除非他以后还想留在国家中。——那么，死刑的结果是什么呢？啊，如果是为了表明，对公民犯法所判的每一项死刑都是谋杀，那就无须这样绕圈子了。——在注释中就谈这么多！

如果社会中的公民冒犯了不可出让的人权（不仅是契约权），他就不再是**公民**，而是**敌人**了；社会不让他**赎罪**，而是向他报仇，也就是说，社会按照公民自己提出的法律来处治他。

么，做这些事情就是我的义务，而要求做这些事情就是**你们的权利**。我不可提出起诉，要求归还，因为我为你们所做的一切，根据契约规定，绝不是我的所有，而是你们的所有。你们为我所做的一切，你们难道可以讨回吗？这在法律上是我的所有。

于是，这后一说明就完全揭露了一切诡辩的假象，这些诡辩是有人为反对公民改变其宪法的权利，从那些伟大行善者的长篇大论中推论出来的，他应当为这些诡辩感谢那些伟大行善者。他们都谈到感激，谈到公正；他们都指望慈善的捐赠。但在这一评论中谈的不是这个问题；我们谈的是严格规定的权利，是讨还债务。还是先让我们清理一下这笔账；然后我们就会看到，我们还剩下什么东西可以赠送。——他们当中有人在刚刚抱怨过毫无意义的说教，抱怨过那些将道德与政治相混淆的夸夸其谈者的迟钝滑稽、随心所欲的想法之后，就告诫我们不要应用那种只归功于我们慈爱的母亲的文化，以免使它支离破碎[50]。但是，我们且让孩子们同他们的母亲玩耍，让我们像男子汉那样言归正传吧！

(I,1,266) 究竟什么是国家可以对我们提出起诉，要求偿还的债务呢？有些人说，是我们的全部所有，这是国家借给我们的，出借的条件是我们应当成为国家的成员。另一些人说，至少是土地所有，因为土地是属于国家的。其实，这些人丝毫不比别人更慷慨。当那些人把我们的衣服剥光时，这些人则把我们赶到露天；因为土地和大海都已被占领，甚至连尚未发现的东西，也都根据上帝的法律由教皇予以赠送。倘若这种威胁十分严重，我们当然一定会失去退出公民社会的兴趣。对一般所有权的法律根据，特别对土地所有权的法律根据进行研究，将会把事情弄清楚。

最初，我们自己就是我们的所有。任何人都不是我们的主人，也不能成为我们的主人。我们将盖有上帝印章的获释契据深藏于我们心中。上帝亲自释放了我们，并对我们说道："从现在起，你们不再是任何人的奴隶了。"什么存在者可以把我们据为己有呢？

我说，**我们**是**我们的**所有，因而假定了我们自身具有某种双重性：既是一个所有者，又是一种所有物。我们自身的纯粹自我、理性，是我们的感性生活、我们一切精神力量和肉体力量的主人；理性可以将它们作为实现任何一个目的的手段加以使用。

在我们四周有许多事物，它们不是它们自己的所有，因为这些事物不是自由的。但是，它们原先也不是我们的所有，因为它们并不直接属于我们的感性自我。

我们有权利使用自己的感性力量，以实现任何一个未被理性规律禁止的目的。理性规律不禁止我们通过自己的力量，使用那些不属于其自身所有的事物，把它们作为实现我们目的的手段，或者使它们成为合适的手段。因此，我们有权利将我们的力量应用于这些事物。

倘若我们已赋予事物以实现我们目的的手段这种形式，那么，其他存在者要么是在不使用我们力量的影响，因而不使用我们力量本身——这种力量本来是我们的所有——的情况下不能使用这 (I,1,267)
种形式，要么是在不破坏这种形式，也就是说，不抑制我们的力量自由发挥影响(因为我们力量的直接作用的消失，对事物没有什么损害；只要影响仍然存在，我们的作用就存在)的情况下不能使用这种形式。但是，任何理性存在者都不能这样做；因为道德规律禁止他破坏任何一个自由存在者的自由影响，而根据这一禁令，我们自身有权利阻止这种破坏作用。因此,我们有权利不允许任何其他人使用我们运用自己的力量塑造成的事物,我们把我们自己的形式赋予了这些事物。而这种对事物的权利就叫做**所有权**。

用自己的力量对事物进行的这种塑造(造型),是所有权的真实法律根据;但也是唯一的天赋人权的法律根据。① 在施略策[51]的《政治通报》中写道:“不劳动者不得食”,雷贝格先生大概不会觉得这太幼稚吧[52]。如果我愿意送给不劳动者一些吃食,他当然可以吃饭。但他对吃饭是没有合法要求的。他不可以把他人的力量为己所用;如果没人有如此好心,自愿为他做事,他就必须使用他自己的力量来寻找或准备食物,不然就得饿死,这是天经地义的事情。

但雷贝格先生却说,人是不能产生新东西,不能作出创造的;人把自己的形式赋予质料,但这质料必定在此之前就已存在;人即使能立刻说明他对质料的形式具有以法律为根据的要求,也永远不能证明自己对质料具有所有权[53]。雷贝格先生从他整本书中的一个唯一敏锐的、本来能引导到有益探讨的观点出发,得出了一个
(I,1,268) 错误的结论,这的确使我们深感遗憾。他将这一观点运用于土地所有权;他认为,既然按照这一观点,按照天赋权利,任何人都不能成为土地所有者,那么,这项权利就必定来自国家。

雷贝格先生远远没有从自己的原理出发进行充分推论。不仅土地是不由我们创造的质料,而且一切能够成为我们所有的东西,都是以这种完全不用我们费力就现成存在的质料为基础的。我的

---

① 施马尔茨先生所谓的财产自然增益,归根到底是建立在造型上的[54]。

衣着当然原来是裁缝的合法所有，是裁缝做出了衣服，这衣服是他通过契约转让给我的；而衣料在未到裁缝手里之前，本来是织布工人的所有；织成布的羊毛是牧羊人的所有；牧人的羊群是他通过遗产继承或通过契约获得的羊生下来的；第一只羊则是驯化它和喂养它的人的所有。但这第一只羊本身是从何而来的呢？它是在不用人费力的情况下组织起来的质料。国家如果将它交给了第一个占有者，那么毫无疑问，我也只是由于国家的惠予才有了我的衣服。一旦我退出这个联合体，国家就会让我脱下衣服。

但最重要的是，国家究竟如何会获得一种组成国家的任何一个成员都没有的权利呢？你们说，任何人都没有对质料的所有权；那么，当所有的人将自己的权利联合在一起时，就会产生出这种权利吗？难道你们把许多属于同一种类的部分组成一个整体时，这一整体就与其组成部分不属于同一种类了吗？你们认为，如果每个人都把朗姆酒倒入杯中，杯中会出现潘趣酒吗？这是不合逻辑的。

不仅认为**这类**质料的所有权无法予以明确阐明的看法本身完全正确，而且认为与这种权利相矛盾的权利能够予以明确阐明的看法本身也完全正确。这种权利是与**天赋权利意义上的原始质料**概念相矛盾的。如果只有通过造型才能占有，而其他的占有都不可能，那么，一切尚未成形的原始质料就必然是尚未被占有的，还不属于任何人所有。我们对原始质料有**占有权**，对被我们改变了形式的质料有**所有权**。第一种权利标志了道德的可能性；第二种权利标志了道德的和质料的现实性。如果你们不同时拿走我们质料的形式，就不能拿走我们的质料，如果你们不可拿走我们的这种形式，那么，我们便不想同你们就想象的脱离形式的质料的所有权问题进行争论，因为你们是无法真的把形式与质料分离开的。倘若这质料不是我们的所有，那它也不是你们的所有；而且由于你们
(I,1,269) 必须把形式留给我们，所以你们也必须把质料留给我们。人们即使不用严格的哲学语言，也可以用形象语言正确地说：上帝是原始质料的所有者；他授予我们这些质料，每个人都被授予现实存在的全部质料；我们心中的自由规律就是上帝的授书；在我们赋予质料以形式时，他交给了我们真正的所有物。人们本来可以一直认为那套老想法并不太陈腐；当然人们肯定不是从亚当那里或挪亚的三个儿子[55]那里继承了这些授予物。我们不是继承了它们；每一个人都是在得到道德自由这一赠品的同时，直接获得了它们。

难道情况不是如此吗？如果原始质料本身可以是任何一个人的所有物，我们还如何能获得什么所有物呢？我们还能占有什么呢？寻找对质料的所有权的证明，就意味着想根本取消一切所有权。

如果将这些命题应用于土地所有权，那么，每个人本来都有占有全部土地的权利。但是没有一个人能充分行使这一权利.相反地，大家都担心，别人已经占据的地方，他就无法再去占据了。其原因一方面在于每个人都有自己的弱点，另一方面在于每个人都有同样的权利。所有的人都对同一大小的土地有合法的要求，必须按同样的份额分给他们土地，这种情况就像一些法国作家所断言的，只有当每个人都不仅对土地有占有权，而且还有真正的所有权时才会产生。但是，他只有依靠自己的劳动，作出奉献，才能使某些东西成为他的所有，因此，多劳者多得，不劳者不得，就是不言

而喻的。请你们设想，有一群人荷锄牵畜来到一座荒凉的处女岛上。每个人都用自己的犁开垦自己想开垦的地；这个人用犁开垦的地方，别人的犁就不能来占了。每个人都尽力开垦，到傍晚时分，谁开出了最大一块地，谁就合法占有了这块地。现在，整座岛都被开垦了。谁在白天睡了大觉，谁就一无所得，这是天经地义的事情。

雷贝格先生提出的问题①是：这种加工不属于我们的东西的权利从何谈起？② 这个问题我已在上文作了回答，而且在这之前，(I,1,270)
比如施马尔茨先生的《天赋人权论》一书，③也详尽地回答过这个问题[56]。雷贝格先生在这样提问时，特别强调这种权利是“可排除的”，而这个“可排除的”据说有判定作用，并且不会使天平有一丝偏差。倘若我手中直接掌握一块原始质料，别人就肯定被排除了；因为他不把它从我手里夺走，就不能对它进行加工，而他是不能将它从我手里夺走的。若他在我想将这块原始质料从地上捡起来时抢先了一步，它就是他手中之物了，而我就被排除了。当它还在地上的时候，我们两人对它有同样的权利；现在我有了排他的权利，或者就像雷贝格先生说的那样，有了对它进行加工的可排除的④

① 上文提到的他的书第 13 页。

② 我们听见了，人们在打算什么！

③ 关于这本著作，雷贝格先生或者在写自己的书以前就必须先读；或者必须在读过以后再加以反驳。

④ “可排除的”相当于“能排除的”；好像是加工者要求自己被排除，而不是要求排除所有其他的人。——把这种东西硬栽给每一个其他的作家，是不成体统的咬文嚼字方法；但是对于那种用自己的腔调反对其他人的人，正应该使用这种方法。Metiri——quemque suo modulo ac pede verum est.〔每个人都要干自己的本行，不要干自己不懂的事情。〕[57]

权利，它就直接操在我的手中。

但他也不是在谈可以直接拿在手中的那些东西，他是在一般地谈论对象，他的彻底性似乎没有涉及到这些对象。他以土地问题为例问道："若我想在一块耕地上播种，但另一个手里没有合适
(I,1,271) 耕地的人，或同样看中我这块地的人，也想种这块地，裁决的根据应从何而来呢？"[58]如果这块发生问题的土地真的是一块耕地（或者，这里用这个词，只是为了替换掉那些令人腻味的词？），裁决是容易作出的，可以说，提出这种问题的人不值得一理。一块耕地被翻耕，必定是某人翻耕过它，根据天赋人权论，这个人就是所有者，其他人并不想作徒劳和非法的努力，再去耕种这块地。每一块耕地都有一个所有者，所以这块耕地肯定也有所有者；因为它不再是原始质料，它已经具有一种形式。雷贝格先生很想在这块已知的耕地上播种。（如果不是这一切，或许他的整本书全是写他所喜爱的 copia dicendi〔宏论〕。）因此，这块耕地一定真的是新翻过的。我认为，这就足以成为排除任何他人来耕种这块地的理由。但是我们却不想通过法律辩护手段，利用我们对手的不明智之处，我们做研究，是为了开导人。即使这块耕地不是新近翻耕的，即使这块耕地多年来都不曾新翻过，但只要土地上还留有第一次耕作的一丁点结果，第一个耕作者或其代理人就总是合法的占有者。那么，一旦这种结果消失了呢？一旦这种结果的外在痕迹消失，那么现在占有这块地的人——他不知道以前有人耕种过这块地——自然就成了名正言顺的占有者，但他却不是合法的占有者。如果真正的占有者提出抗议，他就必须放弃耕种。

雷贝格先生的下一个问题不管因为接近于第一个问题而变得

如何可疑，我们都愿意认为，对这个问题可以作较为像样的解释。他问道："我单纯从理性出发，能用什么证明两个人所站的这块土地属于这个人，而不是另一个人呢？"[59]我们想假定，如果我们要回答这个问题，土地在这里就必须叫土地，它不叫可耕地，而叫从未耕种过的生地；这样，这个问题就值得作一个回答了。可他所说的究竟是哪一块地呢？是两人所站的那同一块地吗？他究竟在何处划定这块地的界限呢？他究竟在何处把这块地同另一块不再是两人所站的地分开呢？他那种悄悄置放篱笆、界石，挖出沟渠、田埂的幻想莫非没有在此捉弄他吗？这些东西是不可能存在的，否则土地就已经被占据了，不是属于这个人，就是属于另一个人，或者，(I,1,272)
不属于两者中的任何人，而唯独属于第三者。所以，由于**土地**一词，还得请求原谅：我们宁愿说**地方**这个词！两个人不能站在同一个地方，因为这违反物质不可入性的规律。一个人所站的地方，另一个人就不能站；只有撞开别人，他才能站在那里，但他却不可这样做。如果一块地方原先没有所有者，那么，任何站在这块地方上的人都是它的合法的和唯一的所有者。他是由于站在这块地方上才成为它的所有者的。但是，因为他只能用自己的躯体覆盖这块地方，所以他的财产也不会再扩大。现在，其中一人犁了一条田垄。这条垄是他的，是他劳动的成果。他依照自己的理性本质，有权利犁田垄。你们说，他无法证明泥土是他的所有。这不关他什么事。至少他现在用泥土犁出的田垄是他的。你们可以拿走泥土，但得把田垄给他留下！他的邻人紧挨着他的田垄，也犁出一条田垄。他当然可以这样做；但在第一个人犁过的地方，他只有破坏掉第一个人的田垄，才能下犁，而他是不可这么做的。这样，关于为什么在尚未被占领的土地上，某人所站的地方和他所犁的田垄属于这个人，而不属于不站在这块地方上和未犁田垄的人的问题，就得到了满意的解答，而这时我们也就把雷贝格先生讲的不可能性变成了现实。

总的来说，最后一种形式的合法所有者才是物品的所有者。我把一块金子交给金匠，委托他用这块金子给我制出一只酒杯。这块金子不管是我自己淘到的，还是通过契约得到的，反正是我合法占有的。我答应为此付一笔工钱给金匠；我们之间似乎有了一项契约。他送来酒杯，而我却没有付给他工钱，我们之间就没有契约了；他的劳动原来是他的，现在仍是他的。——但这金子该是我的吧？如果我能做到不要回酒杯，也不毁弃酒杯，而把金子要回来，我是可以要回金子的。如果他愿意赔偿我的损失，这是对的，也很好；但我却没有对他的酒杯的合法要求。他是这一最后形式的合法占有者；因为他是在我的同意下把他的形式赋予了我的金子。如果他未经我同意，把我的金子做成了酒杯，那他就是这一形式的非法占有者，不管还不还这一形式，他都得把金子还给我。

(I,1,273) 这一切说明，不是国家，而是人本身的理性本质是所有权的根源，我们的确是根据纯粹的天赋人权才占有一些东西，才能合法地将其他人都排除在外，不让他们占有这些东西。

但是有人说，这对我们这些出生于国家中的人能有何帮助呢？大家承认，我们根据纯粹的天赋人权本来能获得一份财产，并因此使财产完全独立于国家。但是，我们却不是这样获得自己的财产的，我们为自己的财产而感谢国家的规定，而且，如果我们与国家中断联系，我们还必须把这一财产交还给国家。——我们会看到，这种忧虑是否有根据。

诚然，我们在出生时是贫困的，赤身裸体，需要照料。国家自以为为发展我们的力量做了一些事情，她认为，如果她没有做这些事情，我们在此刻也还会那么贫困，赤身裸体，需要照料——下面就谈这个方面！现在我已经飞跃过了笨拙不灵、度日维艰的动物的时代；我们的力量应该说已经得到发展，我们应当已能够自助。国家为这一发展所作的贡献，如果可以指明的话，我以后会承认的。现在，我们的力量已经发展起来，我们想占有一些东西，我们睁大眼睛向四周环顾，看到除了空气和阳光，一切都有其主人，原因很简单，因为空气和阳光不能接受任何外来的形式。我们可以走遍全球，但找不到能使我们那种囊括一切原始质料的占有权对之生效的某种东西。原始质料已所剩无几。难道我们想责备国家，似乎国家拿走了一切，什么也没给我们剩下吗？不，如果这样，我们就会显得太笨拙，表明我们对事情毫无理解。把一切都占据了的，并不是国家，而是许多单个的人。难道我们想指望这些在我们出生之前没有等待我们，没有考虑我们的人吗？难道我们想在自己尚未出现之前，就要求在现象界里的权利吗？所有的位置都已被占，这对我们来说当然是严重的事情，但我们为何不也早些出生呢？我们当然不能因为自己有某种需要，而把别人从他占的位置上推下来。但我们可以看看自己如何能及时赶到，这是我们关心的事情。

有人认为，国家在这里成了一种中介。国家指定我们暂时共同支配我们父母的财产——如果他们有财产的话，并指定我们在父母死后继承这一财产。国家的高明之处，也许在于她消除了一

(I,1,274) 项不是由她引起——如我们刚才承认的——的弊端。但请允许我暂且提出一个问题,以引起注意:国家究竟从哪儿来的权利,能先赠给我对他人财产的共同支配权,然后又赠给我对他人财产的全部支配权呢？难道全体可以拥有个人所没有的权力吗？难道我没有说过,当每一个人都只往杯子里斟朗姆酒时,是不会产生潘趣酒的吗？

我们将在谈教化问题时看到,子女们如何根据天赋人权原则共同支配其父母的财产。现在我们是在谈继承人问题。有人说,根据天赋人权是不会产生继承权的[60]。啊！真是个大而无边的权利;只是人们必须懂得理解纯粹的概念,而不能用幻想让异样的、来自习惯的特征混淆进概念。

一个人一俟退出现象界,他就失去了他在现象界的权利。他的财产又会成为原始质料那样的东西,因为现在谁都不是其形式的所有者了。整个人类都是每一个死者的合法继承人,因为整个人类都有无限制地占有一切没有主人的东西的权利。谁先真正占有它,谁就成为合法的占有者。所以,自然界逐步让老的占有者退出历史舞台,从而照顾了后来者。在这里,自然界与道德规律是完全一致的。前者不管以往一直是什么,在这里则是后者的仆人。道德规律说:“你不应当把任何人从他的位置上推下来。”你说:“但我必须有一个位置。”自然界说:“这里是你的位置”,于是它把你不可以推下去的人推下去了。①

① 关于这一点和下一点,在第一章开头受到赞扬的那位天赋人权论者并没有这样向我解释:好像我叙述一个历史事实;按照他的说法,好像我认为这是**在时间当中**发生的！我在我的书中都没有想到对此作出报道。

当人们成为公民时，他们说："我们不喜欢这种对财产的追逐，这会白费力气；我们不喜欢在这方面必定会产生的争纷和敌意。"他们说得很对。因此，每个人都应当拿取离自己最近的东西，这样他就省得自己和别人周旋了。他应当拿取原来他父亲屋里和屋子 (I,1,275)
四周的东西；如果他愿意放弃他应得的对任何其他已故同胞的财产的占有权，我们大家就都放弃对这份空缺的财产的占有权。因此，你的公民继承权并不是无偿的，你为此放弃了一项可出让的权利，这项权利规定，只要你能做到，你可以继承每一个死者的财产。如果你在国家生活中确实没有侵占过他人的财产，你就履行了自己的条件，国家也履行了她的条件。依照你所履行的契约，你父亲的遗产是你的。即使你退出国家，你也可以问心无愧地占有这份遗产。如果国家要求你退还这份遗产，你就可以向国家要求你在放弃占有任何已故同胞的财产期间本来可能占有的一切东西，这样，国家就会把这份遗产归于你了。

我们在国家中获得财产的第二种方式，是通过劳动契约。在国家中，单纯的劳动很少、甚至根本不会产生财产，因为原始质料是很少的，甚至根本没有。我们想加工的任何东西，都已有自己的形式；不经过最后一种形式的所有者同意，我们就不可对任何东西进行加工。如果这一所有者委托我们进一步加工一个东西，他凭靠的是对我们所用的力气——它原本是我们的财产——的补偿，那么，他从自己财产中转让给我们的东西就通过契约和劳动而成为我们的财产了。他把这份财产卖给我们。如果他同意我们任意加工这一东西（保管这一东西已经是一种相当费力的事情），而不因此向我们要求什么，那么，这一东西本身也同样是通过契约和劳动而成为我们的财产的,因为在我们尚未对这一东西花费力气之前,我们不能逼迫原来的所有者遵守自己的诺言。但他也可能从未有过把这份财产给予我们的意愿,或已经改变了这一意愿,于是,依照上述分析,这份财产就不应该是我们的。但另一方面,他并没有将任何东西收入他的财产中,所以他不是卖给我们这份财产,而是赠送给我们这份财产。遗产和劳动契约穷尽了我们在国家中获得财产的一切形式。商业只是一种对以遗产或劳动契约为占有前提的财产的交换契约。

“但这些契约是在国家中,在国家保护下,由于国家的存在才缔结的,国家的第一个契约是一切后来可能缔结的契约的基础;因此,我们通过契约获得的一切都归功于国家。”——突然说了很多,又很快下了结论!我们需要时间分析这些事情。

这里,我首先得责备各种概念的混乱,据我所知,这种混乱直
(I,1,276) 至今日还普遍存在,并紧紧与语言的内核交织在一起,使人难以找到一个词,以结束这一混乱。“社会”这个词就是产生讨厌的误解的根源。人们时而将它与处于一般契约中的人们等同起来,时而将它与处于特殊公民契约中的人们等同起来,即与国家等同起来;这就悄悄躲过了一个重要研讨课题,即:那些生活在一起,而不处于任何契约——更不要说公民契约——中的人们的状况如何呢?我在“社会”这个词中区分了两个主要含义:其一表达许多人之间的一种自然联系,这种联系不是别的,而只能是人们在空间上的相互关系;其二表达一种道德联系,即人们相互之间的权利与义务的关系。大家都是在后一种意义上使用这个词的,并让这些权利和义务由契约——一般契约或特殊公民契约——加以规定。因此,

每一个社会都是而且也必定是通过契约产生的，没有契约，任何社会都不可能产生。

人们为什么竟然忘记了“社会”一词的前一种意义呢？——那些不是单纯物体的存在者，即使作为物体相互存在于空间中，也绝不可能没有道德关系。——说得不错！但这是怎么回事呢？——那种关于人的自然状态的陈旧错误观念对这种说法负有责任；那种观念认为，一切人反对一切人的战争是正当的；强者有统治这块土地的权利。有人认为，如果不是两个人都获得充分权利，把对方宣布为一份好猎物，抓来烘烤它，这两个人是不会相互逼近一步的。但如果谁都不敢肯定自己是否也能成为强者，他们便一定会互相说：“别吃掉我，亲爱的，我也不想吃你。”从此刻起，相互吃掉对方就不再是正当的了，因为双方已作出这种许诺；尽管双方都同时拥有吃掉对方的充分权利，但他们都没有不相互遵守诺言的权利。于是他们就可以相安地生活了。好一种彻底的哲学！甚至那些已完全抛弃这种观念的体系，也表现出或多或少受这种观念的影响。

诚然，人们不处于**你们**所说的第二种意义上的社会中，人们不处于契约中，也能生活在一起，也就是说，人们能在第一种意义的社会中生活在一起，这在道德上是可能的。这时，他们也不是没有相互的权利和义务。他们的共同法律是自由法律，这一法律足以严格地规定他们；其原则是：只要他人的自由不妨碍你的自由，你 (I,1,277)
就不得妨碍他人的自由。“但是，人难道**会**在没有强制性法律的情况下服从这一原则吗？难道人不更想问自己能够做什么，而要问自己可以做什么吗？”——我知道，你们总是提到人的本性是恶的，我不能相信这一点；但就算这是事实，这些强制性法律在自然状态中也有效；谁阻碍我的自由，我就有权强迫他重新恢复我的自由及其一切作用。“你**可以**这样做；但你**能**永远这样做吗？你能永远是强者吗？”——你们总是谈我**可能**做什么或将**要**做什么；我却在谈我**应当**做什么。如果道德规律统治了自然界，那么，只要我正确，我就**可能**永远是强者，因为我在这种情况下**应当**是强者。你们不断地将我置于自然必然性的领域中。请你们稍微耐心一些，我不用参与你们对“人在自然状态中**真能成为什么**”这一假设的研究，就会打消你们心中的异议。

人也可能不必生活在国家和公民契约中，而处于你们所说的第二个意义上的社会中，也就是说，处于一般契约中。在一般契约中合法的东西，不必由契约的特殊形式——公民契约加以规定，这会是一种明显的循环论证。（对那些认为这是显而易见的人也应顺便指出这一点。）我们缔结了一项契约，规定那些一般的契约应当有效；这一契约本身是有效的，因为按照我们的契约，一般的契约都是有效的。正如上面已经指出的，道德规律已严格规定，双方必须实践诺言，一方不履行诺言，就必须补偿损失。我不是从国家那里获得要求坚决做到这一点的权利的，我在从共同的精神鼻祖那里获得装备我的自由这一礼物的同时，就获得了这项权利。

我作这样的分析，不是为了单纯好玩，而是为了从中得出一个重要结论。如果国家既不能拿走也不能给予我们原来属于我们的权利，这一切关系实际上就必定会在公民社会中继续下去。我作为人拥有的权利，我绝不能**因为我是公民**而拥有。我作为公民应当拥有的权利，我不能是作为人就已经拥有的。如果有人认为，人的自然状态将通过公民契约加以消除，这是一个大错误。它是永远不会消除的；它不断地与人一起，进入了国家。国家中的人可以从各个方面加以观察。首先，他是孤立的，仅仅同自己的良心，同 (I,1,278)
自己的道德格言的最高执行官在一起。这是他的最高法庭，他的一切其他方面都从属于良心。在这里，任何异己者都不能作他的法官（上帝对他来说不是异己者）。这一法庭的看不见的法官据以发言的法律是仅仅涉及精神世界的道德规律。在这第一个方面，人是**精神**。其次，人可以在社会中，在和他的其他同类的共同生活中加以观察。在这一关系中，人的法律是规定现象界、并且叫做天赋人权的道德规律。在这个外在法庭面前，每一个人都是自己的法官，都与自己的法官生活在一起。在这一方面人是**人**。现在他缔结了各种契约。契约的领域是不完全取决于道德规律的现象界。人在这一领域中的法律是**自由的**（不受法律约束的）随意性。如果他由于撤回自己的随意性而损害了他人的自由，他的随意性就不再是自由的；他回到法律之下，并且他得根据法律受判决。人愿意缔结多少契约，就可以缔结多少契约。他也可以缔结一个人同全体的特殊契约或全体同一个人的特殊契约，这种契约叫做公民契约。这种契约的领域是自由的随意性领域的任意一部分。就像一般性契约一样，这种契约也以法律和权利构成其特殊性。由于人处于这种契约中，所以他叫做公民。为了便于清楚地说明这些不同领域的范围和关系，我们可以画一个圆。整个的圆都是良心领域。我们在这个圆中画一个小许多的圆，这个圆包括可见世界，即包括良心领域中的这样一个部分，在这个部分中，除了良心，天赋人权、涉及全部义务的法律也起审判作用。我们在第二个圆中画第三个更小的圆，在这个圆中，除了良心和天赋人权，契约权利也起审判作用。在第三个圆中还可以画第四个更小的圆，这个小圆中，除了上述各个法官，还有特殊的公民契约起审判作用的地方。为了更形象地说明我的思想，我不揣冒昧，将图附录于下。

(I,1,279) 只是还需补充说明，高级法庭领域以看不见的方式贯穿于低级法庭领域；天赋人权即使在自己的领域中，也只涉及那些不为良心管辖的对象，如此等等。各个内圆根本不包括那些在自己界限之内被各个外圆所包括的范围，属于这些范围的只是内圆的法庭所涉及的完全不同的对象。为了十分清楚地说明这一点，

须剪出四个这样的圆，把它们叠放在一起。良心领域包括一切范围；公民契约领域包括的范围最小。可以允许一个人从圆心退到边线，甚至可以退出天赋人权领域，如果他愿意生活在一个荒岛上的话。但只要他不是动物，他就绝不能走出良心领域。现在可以判断一下，领域最小的国家有何权力超出自己的界线，企图占领一
(I,1,280) 般契约领域，甚至占领天赋人权领域，乃至愿天成全，占领良心领域呢？①

---

① 只有区别这些不同领域，才能阐明那位古希腊诡辩学家和他的可尊敬的学生[61]的种种谬论。这位老师对他的学生说："你若第一次诉讼获胜，就付给我一百个泰伦特；你若败诉，就什么都不用付给我。"然后他就向学生传授了自己的艺术。老师需要钱用，但付钱却没个期限；老师到法庭向他的学生提出起诉。他说："尊敬的法官，他无论怎样都得付给我这一百泰伦特。——如果你们判他付钱，这是由于你们的判决；

因此，我在国家生活中通过任何一项契约获得的东西，都是我作为人，而不是作为公民获得的东西。难道为能缔结一项契约，我不必是一个道德人吗？那我作为公民是一个道德人吗？作为一个公民，我究竟有自由意志吗？啊，不，只有把我和全体放到一起，才会产生出这种道德人：只有全体的意志才能产生出国家的意志。如果我真能缔结一项契约，我就必须作为人来缔结，作为公民我是无法缔结的。与我缔结契约的那个人，同样也是作为人来缔结的，这是由于已经谈到的原因。

即使我已经同国家缔结了契约，它也只能是我作为人缔结的，这一点在当前情况下似乎比在上述情况下更显而易见。属于契约的两个自愿决断，一个是国家的，一个是我的。假如我的意志被国 (I,1,281)

如果他胜诉，那是由于我们的契约，因为他第一次诉讼获胜了。"那位可尊敬的学生回答说："不，在任何情况下我都不用付钱。如果你们作出对我有利的判决，那么，由于这一判决，我就不用付钱；如果判决对我不利，根据我们的契约，我也不用付钱，因为我没有打赢第一次官司。"法官——他们是雅典人——认为他们无法作出判决。每一位理解上述理论的读者都能立刻对这一诉讼作出判断——请原谅，我偶尔会出其不意地进行考试。谁不能对此作出判断，谁就没有理解上述理论，他应钻研这一理论，直到能对此作出判断！

谁没有看到，这老少两个诡辩家是想从一个领域跳到另一个领域，从而搅乱这一诉讼；而且老者是企图通过契约的特殊条件引起这种混乱。当一方要在契约领域搜寻对方时，另一方就想逃入国家领域；当一方想在国家领域搜寻对方时，另一方又想逃入契约领域。如果允许他们这样做，他们双方就永远不会相遇。雅典法官们，你们若能把他们打发到他们真正的法庭去，那该多好啊！雅典的最高法院是不能说出什么是契约中合法的东西的，契约法要比它古老。他们目前的诉讼根本不属你们的法官席管；这不是民法诉讼。你们让他们走开吧。如果那个学生在真正的诉讼中履行契约的条件，那不是你们，而是事情本身作出了判决。这时，那位老师可能会来到你们这里，他不是来恳求国家判决什么是合法的，而是恳求国家依照公民契约保护他的天赋权利。这时你们就有事可做了；但现在还无事可做。

家的意志所包容，那就只有一个意志了；国家与其自身缔结了一项契约，这是自相矛盾的。如果我履行了自己的诺言，国家也履行了她的诺言，契约就实施了；我履行的诺言归于国家，国家履行的诺言归于我。

但有人说，假如国家没有履行其诺言，那你就不能对你作为人总能缔结的那些契约的神圣性指望太高。如果对方不遵守诺言，根据天赋人权，你当然有权强迫对方交还你所实践的诺言并赔偿损失，然而你不会总是强者啊。现在强者是国家，而不是你。如果有谁损害了你的权利，她就帮助你获得这一权利，你可以一直把这一权利称为人的权利。敬畏国家是让天赋人权少受到损害的原因。——这样，我们刚才答应要驳斥的异议就可以说近在咫尺，摆在我们眼前了。

国家在谁面前保护了我的权利呢？在一个异国人面前还是在一个国人面前？如果是在一个异国人面前保护了我的权利，则仅仅是契约使她对此负有义务。而当时我是在契约之内的。我自己也以种种方式，甚至仅仅以不扰乱国家的方式，属于保护者。我也帮助保护了其他国人的权利。我是在履行我的义务；国家是在履行她的义务。现在这已成为过去。我们的契约已经实施，双方都遵守了自己的诺言。如果我现在退出契约，那么，国家保护我的权利的全部义务当然就停止了；因为我帮助保护其他人的权利的义务停止了。这时我就必须考虑如何自助。

如果国家是在一个国人面前保护了我的权利，那我就重复以上所说的；但我还要进一步加以补充。我与我的国人和你们的国人缔结了契约，这是人与人之间缔结的契约。在这里，我们的法律不是别的，而是天赋人权。对方损害了我，因而与我处于敌对关系中。我有权利把他当作敌人对待，直到我重新获得我的全部所有。你们不想让我把你们的国人当作敌人对待吗？那好吧，你们自己来帮助我和平地获得我的权利。只要你们反对我合法地追求我的权利，偏袒了另一方，事情就成为你们的了。现在，你们所有的人都是在天赋人权法庭前受到控告的**一个**道德人，而我是进行控告的另一个道德人。现在我不是公民。或者你们把我的权利和平地 (I,1,282)
交给我，或者我同你们进行战争。我或者是你们的同国人，或者是异国人；我或者已退出你们的国家，或者从来就不曾处于你们的国家中——这与现在的事情都完全无关，因为在这一行动中我根本就不是公民。“怎么？你一个人想同整个国家进行战争吗？你肯定是弱者。”——是这样吗？难道你们已经联合起来要成为不公正的人吗？难道有人要与你们联合起来，以便能不受惩罚地进行掠夺吗？如果你们是这样进行哲学探讨的，那我就让你们站在这里，而我要继续走我的路了。

现在已经证明，我们在国家中获得并受国家保护的一切财产，即使我们退出国家，在法律上也归我们所有。我们在谈第二个对象，即我们在国家中所获得的**教化**，国家威胁我们说，要重新审理这个对象。不管第一次诉讼如何可怕，这一次诉讼还要可怕得多。假如有人像他们威胁我们的那样，把我们的衣服剥得精光，把我们从大地和海洋上驱逐出去，我们也许就发现了一种逃到空中去的工具，在那里我们可以安静地生存了。但是，要夺走我们体力方面和精神方面的一切技能，则除了用一柄巨锤砸我们的脑袋，别无任何办法。

国家把我们的教化当作她的东西，要求退还。如果我们不能把它还给国家，我们就会受国家的束缚，再无被解救的希望。我们承认，国家发明了一种使我们永远依附于国家的办法——国家会说，这是最佳的，最舒适的办法。我们想说什么呢？想要回人的权利吗？但是，我们即使不是为自己可能成为人，也得为这种人性意识本身而感谢国家。你说："请尊重我的人性。"国家答道："忘恩负义的东西，如果我没有使你成为人，你会是人吗？难道你要用我本人在你身上维护过的权利来反对我吗？啊！假如我永远不让你感觉到你高于动物，我现在就不必这么为你费尽心机了。"

啊，国家，原来你把我培养起来的最终目的是使我成为对于实现你的目的有用的人，而不是使我成为对于实现我的目的有用的人。你就像对待一块被认为对你有某种用途的原始质料那样来对待我。但现在我自己给我指定目的，并想自己实现这些目的。你说，你并没有为此而培养过我。这就对了。这就是说，我的这种教化不是从你那里得到的，我也不必把它还给你。你必须把这种教化完全留给我；而那种用于**你的**目的的教化，我想向你保证，我永远不使用它。

(I,1,283) 你所给我的培养，难道是你仅仅以我永远为你服务为条件才给我的吗？难道你问过我是否接受这一条件吗？难道我考虑过此事，答应过此事吗？我饥肠辘辘，走进朝圣者的宿地，恰巧发现在我座位前有一份红扁豆菜。我贪婪地吃了起来，在心里感谢那慷慨的无名施主。你从暗处跳将出来，抓住我说："你是我的了；你为何尝了这个菜？这个菜是买你作长子的代价。"——这样做既不大度，也不公正。

假如你问过我，我也就会回答过你；我们就会真正缔结一项契约。但这项契约能涉及什么内容呢？你本当对我说："我想把你从一个单纯受动的动物变成一个有主动性的人，"而我也本当向你作出相反的保证，说我永远不成为有主动性的人；你本当对我说："我想教你能自己作出判断，"而我也本当庄严地答应你，说我永远不自己作出判断。是这些内容吗？你曾承认，我还没有得到培养；因为否则你为何打算培养我呢？但在你着手施教之前，我应先评判和赞同你的宪法吗？亲爱的，可我这时怎能做到这一点呢？你得先完成你的工作，你得先把我培养成一个有理性的人，然后我们才能考虑这个问题。你当然可以有一个附带的目的，即通过你给我的教化，使我能认为你的宪法是完美杰出的，并学会出于信念而热爱它。但你不能事先就责成我这样做，因为你依然是不想教化我，反而想扭曲我，损害我；不想擦亮我的眼睛，反而想在我眼前架上一副有色眼镜。请你把已许诺的教化给我。如果我通过这一教化热爱起你的宪法，那你就达到了你的目的。如果我没有因而热爱你的宪法，那么，或者是你给我的所谓教化毫无用处，而且你没有遵守自己的诺言，或者是在你的教化有用时，你的宪法毫无用处。我除了把你的赠品用于你自己的改善，还能更好地应用它吗？——啊，我为何要按照这些人的方式来回答他们呢？我为何要在这些诡辩家自己的领域中同他们作游戏呢？他们大概能领会比这更大的矛盾。我要同那种公正的研究真理的人对话。

教化不像一件披在瘫痪人裸露的双肩上的大衣，可以披在人身上。用你的双手抓住衣服，把它紧贴在你躯体特有的各个弯曲部位，否则，你会永远裸露出躯体，感到寒冷。如果我是某种自觉 (I,1,284)

的东西，我得最终把我是什么归功于我自己。如果我只有和别的东西交织在一起，或依靠别的东西，才是某种东西——例如，是一件打扫房间的器具，它的最受人欢迎的效用又是来自房间；或者是一把剑，它只有在挥动的手上才有杀伤力；再者是一支管笛，只有吹笛能手的嘴才能使它产生甜润的声音——那么，我肯定不会自己走出你们的房间，使我自己摆脱你们的手，把我自己同你们的嘴分开。啊，国家，如果你把我变成了这样的东西，如果我允许你们把我弄成这样，你就要在另一个法官席前对此负责；我至少永远不会追究你的责任。——谁用自己的教化来反对国家，他的教化就不是从国家获得的；谁的教化是从国家获得的，他就不会用它来反对国家。

我应该对读者说出一切吗？我应该在这里也使用刚才阐明的社会和国家的区别吗？教化既不可能是前者给的，也不可能是后者给的；任何人都不能被教化。社会提供教化的方法要比国家提供的方法多得无与伦比，也有用得无法比拟。双方对我们教化的影响，就像对它们双方的领域的影响一样。

我不想在此提及人的感性本质的基本特征，这种本质在孤立无援时就失去了自己的全部力量，人看见它时，除了想帮助它克服弱点，别无他感。难道是国家把这种特征植入我们内心的吗？我不想提及人们爱自己所生的或自己的女人所生的孩子这种动物本能。难道是国家把这种本能铸入我们内心的吗？我不想提醒人们，一个人出生的那一时刻，对于某一个人来说必定是高兴的时刻，因为那一时刻使这个人摆脱了沉重的负担和折磨人的疼痛；我不想提及，我刚从母腹出来，就与一个人处于一种相互慰藉的甜蜜关系中。我的母亲喂养了我，我解脱了她的负担。[①] 难道是国家给予这一神圣的自然规律吗？——这一切我都不想提及，因为我 (I,1,285)
在这里不想把人看作动物，而想把人看作精神。我不想谈人的感性本质的特征，而想谈人的权利。

我走进现象界的第一步是由一只陌生的手帮忙的；这只手向我伸出来，给了我充分有效的潜在权利。难道你把我拖出娘胎，是为了让我无依无靠地死掉吗？没有你的帮忙，我会死掉。你答应要抚养我，如果你不遵守你的诺言，我就控告你，诉述我自从被你拖出娘胎到我与世告别所忍受的一切苦难。我可以控告，因为我具有你一定知道的理性特征。

我的第一声啼哭是对生灵世界的呼喊：又一个生灵进入了现象界，他想在现象界实现自己的权利；这声啼哭是向整个自然界庄严宣布和预告这些权利；是对这些权利的庄严占有。我无非是通过这种软弱的啼哭，才能占有这些权利；我再没有别的办法。你听

---

① 你的母亲也许发现了使自己解脱负担的其他办法。她为了不必给予你什么，而不想获取你任何东西。但是别提这个了！你总会有个乳母吧。你去感谢她吧，如果她已死，你就去给她哭坟。即使她过去在所有人眼里都是一个可轻视的人，即使她用其乳汁向你注入了毒素，这种毒素至今都在噬咬你的神经，并且还要继续噬咬下去，直到你死，但这是不足道的，她还是做了你母亲不想做的事——她把一根无限延伸的巨大链条的唯一终端系在你的心头，这根链条从她这第一个点出发，最终将把所有的人与你的心都联结在一起，这是相互自由给予和获取的链条。

锐利的箭飞去吧，把你射中的每一位母亲的心都戳破吧！但是，不要不带止痛药膏就飞走。这种药物的功效在于：对所造成的损害尽可能加以补偿，对未来尽可能加以改善，或者，如果这不可能，那就坚信人们在目前情况下将采取其他行动，对别人提出警告和劝诫——但也**不过**是想完全挽回已经发生的事情。你应当永远伤其内部，以把那旧的恶性伤口暴露出来，使之痊愈。

到我的啼哭，在我身上看到了你的一些权利，急忙跑来保护它们，直到我能够自己保护它们。你在我身上保护了整个人类的权利。

这是父母权力的法律根据。如果一个带有人的面貌的人没有能力维护自己的人权，整个人类就都有权利和义务，替他行使这些权利。它们成为整个人类共同具存的一部分权利，对它们的维护成为整个人类共同承担的义务；对它们的损害就是对整个人类的损害。整个人类都共同要求的东西，会落入那首先强占它的人的手里。非理性事物本身将是一种所有；没有能力运用理性的存在
(I,1,286) 者本身并不能是一种所有，但他的权利将是强占这些权利的人的所有。这里，对权利的强占是通过对权利的行使产生的。帮助我出生、并把我置于现象界的助产士，行使了我的第一项权利。我要求占据空间的一个位置。我不能自己占据这一位置；当她把我放在我自己无法去的位置时，她替我做到了这一点。假如她没有通过契约答应我父母，把她对我的权利还给他们，假如她根本没有依照这一契约，以我父母的名义这样做，那么，我的权利就通过她这第一次行使而成为她的了；但这样一来，她就成了我的父母。——每一个不管多么陌生的孩子，如果我在他出世时接受了他，如果没有任何契约约束我，要我归还他的权利，我就可以合法地占有他的权利。父母通常能占有自己孩子的权利，这是由于他们是孩子出生时最亲近的人，他们预见并事先就准备好了迎接孩子出世。因此，这是偶然的。根据天赋权利，他们**作为**父母对自己的孩子并没有唯一的权利。他们只有通过占领，才能把他们和全人类共同拥有的占有权变为所有权。——我让读者将这一理论运用于那些已经丧失理智的人们，并请他就此检验自己是否正确把握了这一

理论。

如果我把某个没有运用理性的理性存在者的权利变成我的，那么，正因为它们是我的，所以，不管别人有什么责难，它们仍是我的权利。——我已合法占有这个未成年的孩子的权利，而你要求保护他。假如你是他的生父或生母，我便可以对你说："不"。假如这个未成年的孩子不是未成年的，而是能掌握自己理性的，他就有权利对你说"我不想要你的保护"。假如他毫无疑问地有这个权利，那么，我也有这个权利——因为他的权利就是我的权利，并且我要作为他的权利的执行者对你说："我不想要你的保护"。如果你想就此事与我协调一致，你是可以这样做的，我也可以这样做。但除了孩子本人，谁都无权向我依法要回这些权利。随着这个孩子的理性的发展，他将自己逐项运用权利，逐步接替我的自我，以塑造他自己的自我，而这对我来说将足以成为不干涉他人权利的暗示，如果我干涉，他就有权拒绝我，不让我越雷池一步。——我知道，国家一向对这里提到的各个问题作出过各种规定；但我也知道，国家一向就致力于用各种方式使我们习惯于做机器，而不要做 (I,1,287)
独立的存在者。

如果我接受了这个孩子的权利，我也就同时接受了他的义务，因为只有他有义务，他才有权利。我完全是以他的思想去行动，我的理性完全代替了他的理性。我接受了他对别人的义务。这个孩子给你造成了损失；你的损失必须得到补偿。你不能与这个孩子交往，他没有掌握自己的理性。你是在与我交往，我已经代替他，自告奋勇地掌握了理性。对于你来说，我似乎成了他的抵押品。我接受了他对自己的更高的义务，接受了他对道德规律本身的关系。他接受召唤，通过教化，为达到一切道德存在者的最高终极目的而努力。为了能够做到这一点，他必须首先能够生活在已经接纳了他的现象界中。我必须养育他，因为他自己必须养育自己，而我是在代替他行动。与此相对应，我有权利把他发挥力量的产物作为我的所有，因为他的力量是我的。这是自然状态中的共同所有，说得更正确些，这可以叫做共享权利；因为任何一个没有占领能力的人都不会有真正的所有，而一个孩子是没有占领能力的。孩子有义务和权利，寻找和使用教化的方法。我替他接受了这种义务和权利；因此，他有充分权利，向我要求这些由我掌握的方法。使用一切力量致力于他的教化，这不是我的良好意愿，而是我不可推卸的义务。可以说——我只是顺便提起——任何人对未成年人进行监护都不容易，因为按照我们自己的演绎，如果不是国家做好事，从中调解，使这项工作成为父母的公民义务，这种监护的负担远比其蝇头小利大得多。但是，这里又表现出你们对人的本质的怀疑，自从你们用你们不断干涉他人边界的公民规定，第一次把这种本质毁坏之后，你们就不断地对这种本质加以诽谤。这种本质的每一个基本特征都是好的，只是由于其蜕化，它们才变得有害了。每一个人都喜欢做上司，宁愿保护他人，而不愿被他人保护。因此，每个人都自视甚高，并且自以为有某种重要性。每个人都喜欢在别人身上再现自己，并把别人的性格特征变成他自己的性格特征的翻版。假如你们不曾发现一个不幸的秘密，不把降低身份
(I,1,288) 的耻辱变成我们的光荣，不把他人眼里的假象变得比我们眼里的荣誉更赏心悦目，一句话，假如你们不曾把我们高尚的自豪感从我们心灵中剔除，代之以你们狭隘的虚荣心，那么，这些卓越的基本

特征只要不干涉他人的自由，就将一直促使我们照料那些未成年人，在他们身上再现我们自己，并且使我们自视甚高。

我的监护人曾为我做过这些，他们不过是尽了自己的义务。但他们自己都生活在社会中，每一个和他们有共同点的人，都一起塑造了我；他们说的每一句话，也都曾经用于发展我的各种能力。——我得感谢那良好的天性，感谢那让我出生在社会中的幸运的偶然事件，因为它们并没打算要我出生；此外，如果它们真的有意要我出生，我还得感谢它们的好心肠！于是，它们就是出于坦率的善意给了可怜人一个施舍，它们不是在还债；而我则应表示我那只能用于接受馈赠时的感谢。但这里有国家什么事呢？如果她不能证明，社会仅仅靠她才存在，社会的功绩就不是她的。国家不能证明这一点。我们已经证明，国家本身是靠社会才存在的。国家本身应将她必须归功于社会的东西归功于社会；我们即使没有国家作中介，也会对社会心满意足的。

但是，我的眼界扩大了，我迈进更高的精神文化的门槛。我发现各种初级学校和高级学校准备接受我。这些学校至少是由于国家的规定才存在的吧？但不难说明：这些学校也不是国家的教育机构，而是社会的教育机构；它们的存在不是以公民契约为基础，而是以或大或小的社会缔结的另一些特殊契约为基础；在这些学校中，可以算作国家的关照的，充其量说，是那种压制思想、使思想的自由活力瘫痪的东西，是那种修道院的清规戒律，是那种对各种正当信仰的监视，是对旧事物的眷恋——它**因为**是旧事物，所以就成了钦定的教科书和课程。不过，我并不想过分精细地对待一切；至少有一次，我想让国家沉湎于她那种把社会中的一切好事都归

功于她自己，把社会中的一切坏事都归咎于我们违抗她的圣旨的癖好。她可能捐助过那些教育机构，给它们聘任过教师，并支付过
(I,1,289) 他们的工资。我不想提醒她，如果我不使用我自己的力量，那么，不管她如何给予明智的关照，我既不会变得有教养，也不会变得聪明起来。但愿她具有一种使人们违背自己的意志而变得聪明起来的能力，但愿她会用她那崇高的支持，用那些将要领受她的绝技的人们，用她的王公子弟和贵族，给我们就此作出辉煌的试验。

那么，国家聘任过我们的教师，支付过他们的工资吗？国家的聘任，就是她把那种深究我们的内心，将他们的思想输入我们头脑的能力灌注给教师吗？就是她把那种对我们作为他们精神的孩子所表示的温柔同情灌注给教师吗？国家给予的微薄薪俸就是她对教师职务担负的无穷麻烦，对他们忍受的一切忧虑和持续辛劳所付的补偿吗？就是她对教师维护人类精神已经达到的地步所付的报酬吗？或者，也是她对教师大力推进人类精神所付的报酬吗？啊，你们尽可相信国家说的一切，唯有这些话不能相信。要不是一个人的豁达、柔和的思想和他那颗为人的价值而热血沸腾的心早已使他注定成为人类的导师，任何神圣的召唤都不能使他成为这样的导师；这种召唤所能做到的，无非是让一个人占据一个空缺位置，如果这个人没有在此之前早已得到更高的任命，他排挤可尊敬的人，压制其职位，就都是徒劳的。真理的自由传递是把精神世界团结在一起的绝佳纽带；这是一种无人知晓的秘密，因为人们已经接受了它。真理是这个更高的世界的共同遗产，它像以太那样自由，可以同时被无数人享用，而不会耗尽。你们把我的那份遗产交给我时，不是把它作为我的所有，而是把它作为一件应流传给你们

后代的神圣信物。我会把它交给后人的，我必须这样做；如果它能在我手上增殖起来，我该多幸福啊；只有这样，我才能报偿我在精神世界中的地位。呵，国家，我当然是在偿付债务，但不是向你还债；你的领域不属于我要结账的那个世界。——你谈到薪金吗？你的汇票在这个世界中不起作用，付给人类导师的不是你铸造成的制钱。人类的导师经常向他人传授真理，因而他自己也发现了对真理新的阐明，每一个经过他的教导皈依了真理的学生，都向他展示了真理的新的一页。你所能给予他的一切快乐和一切报酬，都不能与他每天重新领略到的东西相比，这东西就是：产生出思想上的一致，把人的精神同他的精神融为一体。你为他这短暂一生所能开辟的前景，无法与他的前景相比，这种前景就是他的工作成 (I,1,290)
果将永远延续下去，他置于人类日臻完善的无穷因果系列中的东西，一件都不会消失。一个学生，如果只当学生和徒弟，如果只能摹仿，是不会高于师傅的；但是，那种能使自己所有的学生都比自己高明的师傅，却是伟大和幸福的。他一定会渐渐明白，从他撒出的种子中长出一棵什么样的人的价值和人的幸福的秧苗！——让我的名字消失吧，让后世人不再提起我的名字吧，只要我的存在构成了我的同胞日臻完善的巨大链条中的一个环节，只要这一环节套着别的环节，一直无限延伸；即使此事无人知晓，这也足矣。

不，古代思想家们，古希腊人和罗马人，你们的影子悄悄在我身边盘旋，我的精神首先受到你们那永世流芳的著作的诱导；正是你们潜移默化地向我的心灵注入了这种无畏的气概，这种对狡诈、危险和死亡的蔑视，这种对一切坚实宏伟的事物的感情。——另一部分依然健在的导师们，我在你们的扶掖下，还在每天都想深入探究我们的精神及其概念的本质，想把自己日益从根深蒂固的偏见中解脱出来。我要告诉你们，我从来不曾有过这种可耻的想法：我为买你们的著作所付的那几个可怜的格罗森，已经报偿了这一切。此时此刻，我的精神怀着思慕之情，飞向你们那鲜为人知的坟墓，或飞向你们所逗留的远隔千山万水的城市；我的精神想激动地、但又像男子汉那样地在你们墓前表示感谢，或者握住你们的手，对你们说："你们是我的父亲，你们的精神的各个组成部分已经成为我的精神。"——你们这些给我授课的导师们，特别是可尊敬的盖×××[62]，由于你那繁花似锦、真正和谐的思路，我的精神第一次从长久的昏睡中苏醒过来，并发现了自己。对于你们，我将来也许还会表示感谢，而这将是使你们满足的报酬。

因此，国家想要回那不是她给我，也不可能是她给我的教化，是徒然的；她抱怨我用一件不是她给我的赠品来反对她，也是徒然的。一个人只要愿意，他就有充分权利退出国家；公民契约——这种契约只有当每个人都愿意的时候才有效，而且随时都可以解
(I,1,291) 除——和有关他的财产或他所获得的教化的特殊契约都不可能阻止他退出国家；他的财产仍然是他的；他那本来就不可剥夺的教化，根本没有授予国家什么权力，让她控告违背契约或控告忘恩负义。

只要一个人能退出国家，许多人就都能退出国家。现在，这些人都只服从天赋权利，他们相互对立，与他们所离弃的国家也是对立的。如果那些相互分离的人想较为紧密地团结起来，并在任意的条件下缔结一项新的公民契约，那么，他们根据天赋权利——他们已经退到这种权利的领域——是有充分权利这样做的。于是，

一个新的国家就产生了，那种在目前还只包括一部分契约的革命就完成了。每一次革命都是同从前的契约脱离关系，并形成一个以新的契约为依据的联合体。这两者都是合法的，因此，每一场革命也都是合法的；在革命中，这两者都是以合法的方式发生的，也就是说，是出于自由的意志发生的。

到现在为止，还存在着两个国家，它们相互毗邻或相互包容，它们的关系犹如一切相互对立的国家的关系，也就是说，犹如不受任何特殊契约约束、仅仅服从于天赋权利的法律的个人的关系。但是，我在这里遭到了关于在国家中损害国家的强烈异议，这种情况显然会在此出现。我脱离了国家，并加入了新的联合体；我左右的两位邻人还处于旧的联合体中。这样，在整个漫长的时间里，一切都混杂在一起。难道不会由此产生什么混乱和无序吗？

但是，请不要总是先问由此**将会**产生什么，而是要首先研究一下，什么是你们**可以**做的或**不可以**做的，以避免不该发生的事情。你们不可阻止我退出你们的联合体，加入新的联合体，否则你们就会损害我的人权。我也不可强迫你们放弃旧的联合体，同我一起加入新的联合体，否则我就会损害你们的人权。所以，我们双方都必须尽可能做好准备，忍受我们所不能阻止的事情。对一个国家来说，看到在自己内部产生出一个国家，很可能是不惬意的；但现在谈的不是这个问题。现在谈的问题在于：国家是否可以合法地阻止此事的发生？我对这个问题的回答是否定的。

但是，请问你们，甚至许多不幸都会由此产生出来，难道这不是必然的，也不过是或然的吗？你们这些人如此害怕这种危险情况，可你们难道还从未考虑过你们自己的处境，还从未发现你们周围就经常有千百倍这样的危险吗？

(I,1,292)　在几乎所有的欧洲国家中，都蔓延着一个强大有力、怀有敌意的国家，她同所有其他国家都一直处于战争状态，她在有些国家中，还十分严重地压迫着公民；这就是犹太民族。我认为，犹太民族之所以变得这么可怕，并不是由于它形成了一个与外界隔绝、又紧密团结的国家，而是由于这个国家是建立在对全人类的仇恨之上的。我希望能在下面说明这一点。这个民族的极少数人，可以把他们的祖先的历史追溯到比我们其他人的所有历史都更久远的时代，并且把一位比我们的所有历史都更古老的埃米尔[63]看作他们的老祖宗——这种传说我们自己已收入我们的信条中。这个民族在所有民族中都看到了他们从自己所热爱的祖国驱逐出来的人们的后裔；这个民族已经诅咒自己或将要诅咒自己成为劳筋伤骨、将推崇一切高尚情感的精神都加以泯灭的小商人；这个民族通过人类具有的最禁锢人的东西，通过自己的宗教，把我们的筵宴、我们的欢乐酒以及我们的由衷喜悦之感的甜蜜交流都排斥了；这个民族甚至在权利义务方面，在上帝的灵魂方面都同我们其他所有人隔绝了。对这样一种民族应当期望的是某种别的东西，而不是我们所看到的这类事情：在一个拥有无限权力的国王不可从我手中夺走我父亲的茅屋的国家里，在一个我在威力无比的大臣面前维护我的权利的国家里，第一个犹太人却把我抢劫一空，而不受惩罚，并对此欣喜若狂。你们目睹了这一切，而且无法否认这一切，于是你们就侈谈起了宽容、人权、公民权利等等甜蜜的字眼，但与此同时，你们却伤害了我们的第一人权；你们是无法用你们给予那些不信基督教的人的一切头衔、尊严和荣誉地位，来满足你们对他们的仁慈的宽容精神的，但与此同时，你们却公开谩骂那些只是不像你们那样信基督教的人，并夺走他们的公民荣誉和谋生的尊严。难道你们在这里不记得国中之国了吗？难道你们在这里想不起那种可以理解的思想了吗？按照那种思想，犹太人用不着你们，就是一个比你们所有的国家都更坚固强大的国家的公民，如果你们把你们国家的公民权利也给予他们，他们就会把你们其余的公民全部踩在脚下。①

与这个国家相并行，还形成了一个几乎同样可怕的军事君主

---

① 不宽容的毒气就像远离我的心扉那样，远离这些书页吧！那位能够突破横在他面前的坚固的、可以说是不可逾越的堡垒，去**普遍地爱正义、爱人和爱真理**的犹太 (I,1,293)
人，是一位英雄，一位圣人。我不知道，是否有过这种人，也不知道现在是否有这种人。只要我看到他们，我愿意相信有这种人。只是不要把美丽的假象当作真实的东西卖给我！——就让犹太人永远不相信基督教吧，就让他们根本不信上帝吧，只要他们不相信有两种不同的道德规律，不相信与人类为敌的上帝。他们必须有人的权利，尽管他们不承认我们有同样的权利；因为他们**是**人，他们的不公正并不能使我们有理由也对他们不公正。不要违背任何一个犹太人的意志，对他采取强制手段，不要在你的身旁，在你能够阻止这种事情的地方，容忍这种事情发生；关于这件事情，你对他绝对负有责任。如果你昨天吃过饭，今天又饿了，而且只有够今天吃的面包，你就把它给了那个昨天还没有吃饭，正在你身旁挨饿的犹太人吧，你这样做非常对。但要给他们公民权利，则除了在夜里把他们的脑袋都割下来，给他们安上丝毫没有犹太人思想的其他脑袋，我至少看不出还有什么别的办法。为了保护我们，不受他们的损害，除了占领他们所赞誉的国土，把他们都赶走，我也看不出有什么别的办法。

在各国盛行的那种对犹太人的宽容——在这里宽容对于独立的思想家来说是不存在的——十分清楚地表明，其目的究竟何在。——维护你的信仰，这是你非常关心的事情。你看这些犹太人，他们根本不信基督教；这一定是你不能忍受的；而且我看到，你对他们做了大量好事。“啊，他们有迷信，这对我来说已经够了。你尽可信仰琐罗亚斯德或孔子、摩西或穆罕默德、罗马教皇、路德或加尔文，这对我来说都无所谓；只要你信仰一种异己的理性就行。但你想有**自己的**理性，这我绝不会容忍。你还未成年，不然你就长得和我一般高了。”——我并不想说，人们应当由于犹太人的信仰而迫害他们，而是想说，人们根本不应当由于信仰而迫害任何人。

制国家，这就是军队。把各个军事人员束缚到这个国家上的，同样 (I,1,294) 是那种使他们的地位巩固的东西，即严格的军纪和用血写成的军法，因此，他们把自己的屈辱看作自己的荣誉，把对市民和农民犯罪时的免受惩罚看作国家欠他们的其余债务的补偿。最粗鲁的蛮人以为，穿上军装就肯定比那胆怯的、受到各方恐吓的农民优越，农民若能忍受他的戏弄、谩骂和侮辱，而没有再让他拖到他尊敬的长官面前被打死，那真是太走运了。具有较多的想象力，却没有受过多少教育的年轻人，把自己的卫士绶带当作资格证书，以为有了它就可以用讥讽的口吻轻视商人、可尊敬的学者和有功勋的政治家——这些人也许在想象力测试中就能胜过他——可以嘲弄他们，冲撞他们或用脚踢来治愈我们的献身于科学的年轻人可能有的坏习惯。[①]

自从这个国家不再是未成年的民众的财富和贫乏的文化的唯

我知道，在由学识丰富的人组成的各种法庭面前受审时，人们尽可抨击整个道德风尚及其最神圣的产物——宗教，也不可抨击犹太民族。我要对这些人说，从来没有一个犹太人欺骗过我，因为我从来不与他们交往；我曾多次冒着个人风险，在对自己不利的情况下，保护过受人嘲弄的犹太人；所以我是不讲私仇的。我所说过的话，我都认为是真实的；我**这样**说，是因为我认为这是必要的。我补充一点：在关于犹太人的问题上，许多现代作家的做法在我看来是非常不合逻辑的。我认为，我有权利说出我在想**什么和怎样想**。谁不喜欢我所说的话，请他不要谩骂，不要诽谤，不要介意，而要**驳斥上述事实**。

① 每一个了解某些强大守备部队的人都知道，这里没有一种特征不可用无数事实加以证明。我补充几句：此外，正是这一阶层极好地培育了一些高尚品德；在我们的时代，几乎只有在受过教育的军官那里，还可以看到迅速、勇敢和坚毅，男子汉的坦率和正直，社会生活的乐趣。所以，我更加衷心地向我认识或不认识的这一阶层的一切可尊敬的男子汉表示我的敬意。——但是，此处的一般判断根本不是基于数量或大或小的事实之上的，而是基于论证之上的。如果一个阶层逃避了一般法庭，被带到一个特

一占有者以来，她的危险性就减少了，但贵族还一直是一个真正的国中之国。它的门阀观念、内部通婚以及它对某些公职还一直具有的唯一权利，把它自己孤立起来。充其量说，只有在人民还需要这样一种抵御专制主义的屏障的地方，它还是好的。——我不提天主教僧侣统治集团的那种依然存在的强大权力，因为我首先是为新教国家写书的；但是，如果连我们的僧侣也不通过他们对最高 (I,1,295)
教会监理会、教会监理会和教区牧师的唯一服从，通过他们的分立的法庭，通过有时还很盛行的准则，向迦特和亚实基伦宣告某些东西[64]，以免贻笑市侩庸人，一句话，如果他们没有通过其分立的国家，更加公开、更加严重地压迫被排斥在外的公民，那么，这只能证明，改革的确给基督教带来了更好的精神。我们的僧侣不是也成功地阻止过人类精神的进步，侥幸地反对过重要的改良吗？——手艺人和手工业者行会发出许多小小的揶揄，人们只是因为不得不同更大的折磨作斗争，才不大感到它们。

所有这些都是国中之国，它们不仅具有孤立的利益，而且具有与其他一切公民对立的利益。我在这里只是顺便提一下这些真理，但是，如果我什么时候能再见到我的读者，我必须在下一章追溯真理的原则。这些确实是敌对的国家。为什么人们就是不在这里想起自己的原则呢？

殊法庭上来，如果这个法庭的法律与一切道德的一般规律大相径庭，它对在一般道德规律面前几乎构不成错误的行为严加惩罚，对一般道德规律可能严加惩罚的违法行为则略而不见，那么，这一阶层就是在维护一种孤立的利益，一种孤立的道德，就会成为一个危险的国中之国。谁逃脱了这样一种状况的引诱，谁就愈发是个高尚的人；但他并没有推翻通常的规则，而只是做了一桩例外的事。

任何一个国家都不是因为在空间上处于另一个国家中而具有危险性，而是因为同别国利益相对立而具有危险性。如果所有的国家都像与世隔绝的人一样，服从于天赋人权法律，而且这项法律严禁任何人在他人的合法自由没有妨碍自己的自由的情况下妨碍他人的这种自由，那么，除非一个国家的成员或两个国家的成员都已团结起来，要做不公正的人，这种冲突就根本不会发生。他们不应当成为不公正的人。所以，他们根本不应当抱怨环境的压力，而应当抱怨他们自己的居心不良。他们大家只可以做公正的人，这样，他们就能够既完全混合，又相互分离，做各种各样最不同的事情。

难道你们从来不曾看到，在德意志帝国的不同区域中，受大大小小的暴君压榨的大片地产穿过了温和、友善的诸侯们所赐的土地吗？难道你们从来不曾看到，尽管如此，那日渐衰老的奴隶还在强壮的农民身旁静静地耕种吗？难道你们从来不曾越出过某个帝
(I,1,296) 国直辖市的边界吗？在这个区域内得到养育、受过教育、受人尊敬的农民，认为他和你们是同类，这并不新鲜，因为他是人；这个区域的边界标志不是徽章，而是张贴于各处的两幅画，即“短斧下面的手”和“绑在板车上的人”；在这些边界上，你们碰到了裹着破布的干尸，它们在进入你们的视野之前，就在你们完整的衣服面前解掉了他们剩下的头布。奴隶们平静地生活在那些农民的身旁，生活在农民中间，现在正在为那以前出卖他们的血的人流尽自己的最后一滴血。这里当然是极不相同的国家处于同一空间，而这些国家之间没有相互发生冲突。

但愿那些已退出老联合体的人们能通过一个新的联合体团结

起来，通过更多的人的自愿加入，壮大自己的联盟；他们有充分的权利这么做。如果老联合体最终再也没有追随者了，如果所有的人都已自愿转向新联合体，那么，整个革命就合法地完成了。

我就此搁笔了。如果我能发现我的劳动没有白费，如果公众哪天能用行动来驳斥那种司空见惯的、说公众进行这种研究还远不够成熟的责难，我就会重新拿起笔来。如果我没有发现，我就要在另一领域中走我自己的路了。

第四章　就改变国家的权利，一般谈谈受惠阶层

(I,1,299)

现在，我们的路已经走过天赋人权的平坦大道；从今以后，我们的路要蜿蜒迂回于具有哥特式意味的阴暗山隘和半开化政治的荆棘灌木之中。我必须请求那些与我同到此地的读者在这里重新表现出自己的宽容和勇气。在理性的审判席前，用充分的理性权利对待某些很不习惯使用理性语言的意见，甚至还要对它们那种不善于辞令的情况有好处，而同时做被告人的辩护人和公正的法官，这确实不是容易的事情。不公正地办事，这至少不是我的意愿。根据法官的准则，应当认为每个人都是非常诚实的，所以，当诉讼开始时，我要处处为被告人提出所能找到的最好理由；如果被告人的案子这样还不能断定；那就更无须怀疑，此案在用一些更坏的理由加以辩护的时候，是否属实。

优秀的公民是这样一些人，其他公民有义务向他们偿付特殊债务，而他们却不用偿还这些债务——大概他们同样不能向其他

公民要回的其它债务已抵消了这些债务。对这些优秀公民根据义务支付债务的问题我们在此用不着犯难！即使是他们屈尊接受身份卑微的公民的尊敬并重视他们，或者他们努力使用我们允许他们拥有的优先权，努力运用我们的服务，并花光那让给他们的收入——哪怕他们硬说这就是他们所要支付的债务，我们也可以接受。——这种相互的权利与义务只能以契约为根据，而这种特殊契约的有效性或无效性是以我们在上文阐明的一般契约原则为基础的，这一点无须进一步研究，大家就都可以立刻看到。

人们对这种契约的有效性的一切攻击，看来大多是基于怀疑：这种优秀公民与其他公民之间的相互支付是否可认为是等价的？或者，一方的真正的内在价值是否远远超过另一方的？前者支付
(I,1,300) 的价值是否确实还清了后者支付的价值？或者还欠后者一个余数？这里是否真的进行着利益的交换？还是其中一方得到了超出一切限度的优惠？怀疑现存的情况实际上大多是后一种情况，就使人们把**优秀**公民也称为**受惠**者；我不想否认，我内心有同样的怀疑，所以我也可以从现在起姑且使用这一称呼，直到我能证明其正确性。根据我们以上已经确定和阐明的原理，在不可出让的人权被出让的地方，那种超出一切限度的优惠就肯定会产生。人的不可出让的权利是不可能有等价补偿物的；只要我们依然是人，我们就不可放弃这种权利；放弃这一权利的契约本身是完全无效的，毫无意义的。因此，根据我们的上述观察，我们就能对每一项“受惠契约”的有效性的唯一条件作出规定：

任何一项不可出让的人权都不会通过这种契约而必然成为可出让的。这一条件包括的范围很广，但它是唯一的条件。我们是

能够按照我们的意愿，以我们同意的条件出让我们可出让的权利的；我们能无代价地奉送它们；别人只须接受它们而不必做任何事情；于是这项契约就签订了，并被引入现象界。

哪怕人愿意单方面取消他的任何一项契约，这都是一种不可出让的人权；任何一项契约的不可改变性和永久有效性都是对人权本身的最大违背。就特殊公民契约而言，这已经在上文从它的内容和终极目的出发得到证明；就所有一般契约而言，这个结论也可以从上文关于契约形式本身确定的原则中毫不费力地得出来。

也就是说，在契约中，彼此自由的随意性是权利和义务的根据。上文已经证明，只能就一种取决于我们的随意性的、可变的东西缔结一项契约，而不能就那种使我们的意志不可改变地取决于道德规律的东西缔结一项契约。一旦有一方改变了他对契约的内容的随意性，相互的权利和义务，因而契约本身就被取消了，这一点也已在上文阐明。所以，这里还只须回答一个问题：一个人是否有权事先许诺永远不改变他对某一内容的随意性，就像他所许诺的，永远不改变他履行义务的意志？对这个问题的回答，决定了对 (I,1,301)
原来提出的那个问题的回答，即一项契约的不可改变性是否可与人的不可出让的权利一致起来？在契约中，由于权利和义务的延续只能基于自由的随意性的延续，所以，一项契约的不可改变性必然是以人们永远不想改变自己对契约内容的随意性这一诺言为前提的。我缔结一项不可改变的契约，就等于我自告奋勇地说，我永远不改变我现在对契约所包括的内容的意志。

随意性本身，正因为它是随意性，就完全摆脱了有约束力的理性规律；它的方向依赖于决定我们的认识程度的自然原因。我采取了在我看来总是最有用和最有益的决定，由于道德规律的允许，我对此最有充分的权利。随着我的认识的增减，我的随意性必然要改变。许诺说不改变它，就相当于许诺说不增加也不完善自己的认识。但这是任何人都不能许诺的。每一个人都有**义务**，因而也有**不可出让**的权利，无限地致力于自己的完善，并且总是遵循自己的最好认识。因此，他也有按照他的完善程度改变他的随意性这一不可出让的权利；但他绝没有权利，许诺他永远不想改变自己的随意性。因此，不管是什么性质的契约，其中附加上不应修改这项契约的条款，都是完全空洞的，没有任何意义的，因为它违背了人的不可出让的权利，最好是不把这种附加条款放在眼里。

尽管如此，即使是单方面取消最不利的契约，也要服从一切单方面取消契约的条件。不管你如何遭受损失，你不但没有权利要求对方偿还他曾经由于你的好意收入他的财产的东西，而且你还得补偿他通过计算证明在你收回自己的好意的时期遭受的损失。过去的已经过去，你可以为将来采取更好的措施。你已经把一些你曾经不会运用的权利赠送他人；现在你学会了更好地运用它们。你要索回这些权利的行使，但不要惩罚别人以前对你缺乏考虑的
(I,1,302) 好意的滥用；这只能怪你自己。你用出色的宝贵的东西换了没有价值的东西；你当然是受了损失，如果你认识到这一点，那你就收回它们，不要再用它们换取不值钱的东西。因为你从前是傻瓜，就强迫你一直做傻瓜，这可能是极为不公正的；但是，你承担你以前的愚蠢行为造成的后果，这绝不是不公正的。

因此，未受惠公民一旦开始察觉自己与受惠公民缔结契约是吃亏的，就完全有权利取消这一不利的契约。他免除了对方的诺

言，也相应地收回了自己的诺言。他或者完全取消对方有义务履行的诺言，因为他认为自己可以不需要它们，或者考虑用比较公道的价格买到它们。他也许不再认为，一小撮王公贵族用他的钱来建造一座辉煌宫廷是他的莫大光荣，或者不再认为，一群高官靠敲诈他的大片田地的出产来养肥自己，对于拯救他的灵魂有莫大好处；或者，他也许服一段对他不可避免的兵役，来换取较容易忍受的条件。谁的条件对他来说最相宜，他就把履行诺言的任务委托给谁。谁能阻止国家这样做呢？

我说的是国家，这样我就面临着一个强烈的异议：受惠者也是国家的公民；因此，如果他不同意取消他的特权，就不能定出普遍有约束力的契约。——但这不是真实的，受惠者正由于是受惠者，就肯定不是公民。你们说，他同其他公民缔结了一项契约。难道他能作为没有自己意志的公民，作为只有在和所有其他公民的结合中才能构成一个道德人的公民缔结契约吗？当他缔结契约的时候，他是契约的一方；他是一方，而这项契约应当由另一方来取消；在讨论取消这一契约时，他得忍受沉默。此事解决之后，他又会重新获得公民的表决权。如果讨论的问题是，应当怎样和以什么条件重新给他空出的行政职位补缺，那他可以说出自己的意见。假如产生了有关贵族的问题，他也许可以说："我们国家中应当有贵族。"但他却不可以说："我想成为我们国家的一个贵族。"

但是，我们的受惠者却采取了另一种态度。当我们想取消同他们缔结的契约，把他们可能履行的诺言以较温和的条件委托给其他人时，他们就向我们出示他们排除所有其他人掌管这种履行诺言的事宜的个人优先资格；这是不准别人做此事的禁令。如果 (I,1,303)

容忍他们这样做，我们的境遇就会比原来更糟。我们必须继续接受他们履行这些诺言；我们不可以取消它们；因为他们就靠做这件事过活。我们不可以把此事委托给别人，这是他们的唯一依托；我们不能和他们讨价还价，他们阻止了一切竞争；他们随心所欲地对我们过高估价他们做的工作，我们只有付账，别无他法。比如说，我们不想再要我们国家大厦上的那种单纯作为装饰物的东西了。但他们说："不行，这些装饰物必须存在，因为我们是为了构成这些装饰物才存在的；如果它们不再存在，我们也就不再存在了。"——"那好吧"，我们说，"但你们究竟为何要存在呢?"他们回答道："因为装饰物必须存在。"——"我们想取消无用的东西。"——他们说："不，这些东西根本不是无用的；它们对我们有用。"——"好吧，但是你们到底用它们干什么呢?"——"我们是为利用它们而利用它们。"——我们和他们的谈话毫无进展。所以，我们不能再听其言，而必须研究，他们所出示的究竟是一种什么资格。

他们，只有他们，有排他的资格。——但这个他们究竟是谁呢？他们究竟通过什么而与其他一切不是这个他们的人相区别呢？究竟什么是他们的唯一标志呢？这一标志不是以我们想取消的那个假定的契约为根据的；他们的权利应当比他们缔结的任何契约出现的年代更悠远。因此，这一权利必定是一种天生的权利，遗传给他们的权利。但我们除了普通的人权，就不知道还有什么天生的权利，而且普通的人权绝不是排他的权利。所以，他们的权利即使不是直接从普通的人权那里，最终也必定是从把这一权利交给他们的另一个人那里获得的，而且肯定是通过契约获得的，因为没有一项对于人的权利能够以其他途径获得。——现在，我们不想寻找这项契约了。上文已经清楚地说明，我们有充分权利，取消和消除这一契约对我们的约束。现在，我们只想谈谈特殊的权利转交，在这里且假定这种转交是有法律效力的。

每一项对于人的权利都基于另一方的义务之上；由于这里谈的不是天赋人权，而是后天获得的公民权利，所以，对于人的权利不是基于理性规律加给的义务，而是基于自己的自由随意性加给的义务；因此，这一权利是以契约为前提的。说这一权利是**转交**
的，就意味着**契约一方不是自己加入契约**，**而是指派另一个人加入** (I,1,304)
契约。显然，这至少必须让对方**知道**；否则他怎能知道他必须对谁充分履行自己的义务呢？这样做也必须通过他的**意志**，这在我们的体系中是直接从下列思想得出的：甚至同第一个真正的缔约者订的契约，也只有通过他的持久意志，才得以持续存在；但是在这里，我们也可以把转交的权利完全赠送给对方。如果被指派的一方只是以**同样的**条件被指派加入契约的，他可以一直说，这对另一方来说完全无所谓，只要这第二方依然是**同一个**人。

但是，在我们国家转交权利的问题——这里正谈这个问题——上，在**传授权利**的问题上，这第二方并不一直是同一个人，连那个承担了义务的人，据说也指派了另一个人在契约中接替他。如果一个契约真的是受惠者和吃亏者这两方之间的契约，那完全可以预料，受惠者一方的代表是自愿、乐意加入契约的；但是，吃亏者一方的代表也同样是自愿加入契约的吗？或者，吃亏者一方能不问别人是否愿意承担，就十分专横地把自己的义务转交给另一个人吗？或者，不管这叫什么，一个异己的意志能约束这个人吗？——**异己的意志是永远没有约束力的**，这是一切契约权利的首要原则。尽管受惠者一直在这里否认，吃亏者在其有生之年可以随自己的心愿取消他的契约；但如果这个吃亏者逝世，他的义务肯定也就终止了，因为他再也不能履行他的义务了。谁退出了现象界，谁就丧失了自己在现象界的权利，并摆脱了自己在现象界的义务。受惠者如果能做到，尽可到另一个世界去追踪他，在那里对他提出要求；可在这个世界里，再也找不到他了。——但是，抓住那第一个最好的人，对他说："我曾对某人有要求，他以自己的死逃脱了这些要求，我的这些要求必须得到满足；你过来，**你**应当替他向我作出保证。""这从何谈起？"你对我说："可他让我找你。""真遗憾，你让他骗了；他对我没有权利，除了我自己，任何人对我都没有权利。""可你是他的儿子。""但并不是他的财产。""在你还未成年的时候，他作为你的权利的掌管人，把你包括进了同我缔结的契约中。""在我成年以前，他大概可以这样做，但在我成年之后就不可
(I,1,305) 以了。现在我已成年，我是我自己权利的掌管者，我不给你对我的任何权利。"[65]

雷贝格先生①所谓的**继承权**没有进一步加以区别，它包括了继承那些不是他们自己所有的**物品**的权利，也包括继承那些大概都是他们自己所有的**人们**所承担的义务的权利。这种给研究工作制造混乱的做法，这种用欺骗手段得出他不希望通过论证必然得出的规定，是出于几乎不可想象的无知呢，还是出于经过明确思考的诡诈企图呢？我应当认为，这两种权利——前一种经过严密论证的权利和后一种凭空虚构的、违反理性的权

① 在上文提到的他的论著[66]的第 32 页。

利——是显然不同的。上文(第 263—265 页)已阐明公民对物品的唯一继承权的法律根据。它基于一切公民相互之间的契约,这项契约规定,一切公民必须放弃对**每一个**已故者的财产的**共同**继承权,才能获得对**某些**已故者的财产的**唯一**继承权。他们无须就契约的对象,就财产,询问此事可否;他们非常肯定,他们拥有这些东西是不会有任何异议的。对人所承担的义务的继承权的法律根据,只能基于受惠公民的契约,这项契约规定,他们必须放弃对**一切**被损害者和被压迫者的义务的**共同**继承权,才能获得对**某些**被损害者和被压迫者的义务的**唯一**继承权。而那项假定的、换取被出让的唯一继承权的共同继承权,如果它不是以强者的权利,以一切人反对一切人的有法律效力的战争为根据,如果那个契约不是街头强盗——他们在强盗窝里和平分赃,这样就不至相互挥舞刀剑,杀得你死我活,这大概不会是契约所期望的——的契约,那么请问,这一共同继承权的根据除了先前那个同被损害的公民缔结的契约,即他们永远不要回自己所放弃的权利的契约,还能是什么呢?在这里,如果完全不考虑,这种契约依照上文所述,由于出让了改变自己的随意性这一不可出让的人权,本身就没有法律效力,那么,在第一批受损害者死去之后,其他受损害者究竟应从何而来呢?必须继承的义务应从何产生呢?难道人们对那些应当承担这些义务的人们,也像在继承物品的契约中不问物品如何 (I,1,306)
那样,全然不想问他们承担的义务如何吗?毫无疑问,在一个除了承认教会所讲的上帝面前人人平等,根本不承认人与人之间有任何平等的制度中,人们对这个问题也会不假思索地给予肯定回答。即使有人提问,人本身作为一个所有物,是否也可以被继承、交换、出卖和赠送，人们也一定会依照这个制度的实质，作出肯定的回答。

孟德斯鸠说[67]，人们在说十分清楚的事情时，极少被证明有罪。我在这里讲的事情极大地违背了各民族的一般看法——它们在别的时候也称作共同的人类意识，这是比较符合实际的名称——这绝不是我不知道的。但这与我何干呢？你们去努力追溯原理，推翻这些意见吧；或者，如果你们不得不让它们存留，你们则可以确信，一切通过正确推论得出的看法都必然是正确的，而你们的那种与此矛盾的看法则必然是错误的，尽管从开始有人类到现在，所有的人可能都同你们看法一致。从我们所知的第一个立法民族埃及人开始，当然在一切国家中人们都一直认为，儿子应当一起承担父亲的义务，因此，那种根据权威观点决定自己态度的无头脑的人们就以为，这必定是真实的。但是，在许多以自己的法律向我们传播自己意见的国家中，人们也曾认为，父亲丢弃自己新生的孩子，或处死自己已经长大的孩子，是合法的，任何人都无权过问。这是为什么呢？人们在坚持第一种看法时，没有保留第二种看法，这种情况怎么会出现呢？也许这两种看法不是以“孩子是父亲的所有，父亲可以任意处置他”这同一命题为依据？也许让一个还完
(I,1,307) 全没有自我意识的年幼的孩子无依无靠地死去——他在死的时候，或许比你们扼死的一只鸽子更没有什么感觉——，或让一个长大的孩子猝死，一下子摆脱所有的生活艰辛，这比让他能完全感觉到自己的力量和权利，并由于害怕死去而被迫一辈子做奴仆更残酷？但这是出于基督教持有的另一种看法，它对你们来说，无非意味着人的灵魂不死，意味着人在尘世度过的生命，特别是人的最后

时刻，对你们这个灵魂在来世的命运具有影响，而这种看法是与那种任意支配**人的生命**的看法对立的。基督教，或准确地说，它出卖给专制主义的仆人，已经忘记了传播一种反对任意支配**人的自由**的看法；而哲学家也不能像热情的上帝使者那样，一下子控制群众的舆论。——按照你们的种种互不关联的看法中的第一种看法的意图，你们已经让一种较为温和的、较有人情味的宗教所改变；按照第二种看法的意图，半野蛮的原始思维方式还一直决定着你们，这种思维方式现在已迈出了戒食人肉的第一步。这种思维方式企图从连一顿好饭都指望不上的同胞的窘困境地中榨出一切其他可能得到的好处，要求他作出一辈子当奴隶的许诺，甚至完全放弃对自由的向往，除此之外，还能有什么思维方式这么做吗？如果这个胆战心惊的人已作出许诺，让他的子女向压迫者的子女卑躬屈膝，如果他由于内心害怕还作出许诺，让他的第三代、第四代、第五代，以至子孙万代都这样卑躬屈膝，其原因何在呢？——如果不是面临那个要烘烤自己的柴火堆或通红的铁扦，有人能作出这种许诺吗？看看你们的权威吧！

男子汉在把这些原理运用于目前的世界局势时，定然会感觉到在自己心中沸腾的愤慨之情，甚至连那位颇为大胆的雷贝格先生也不愿意否认他们的所有认识，不愿意对他们恶意地解释他们的忧伤感觉。但是他的菩萨心肠维持不了多久。他说：“人们一下子就毁灭了一种公民秩序存在的一切可能性，因为一件 (I,1,308)
也许是由祖先出于迫不得已而做的事情（他想说，这位祖先对此负有责任)①,即使是一百万年以前的事情,现在也不应该依然对这些后来的继承人有约束力。如果不逼迫子女们或其他继承人占据已故者的位置,任何一个国家都无法存在。”[68]如果这意味着,假如现存的宪法不复存在,现存的国家一个也不能存在,那么,他的话是完全正确的,他无须敏锐的洞察力,就能向我们揭示这一点。但是,如果这意味着,没有这些礼仪典章,任何公民联合体就都是根本无法想象的,而且这种礼仪典章作为标志包含在每一概念之中,那么,我会由此得出结论说,公民联合体本身是完全违背理性的、不合法的和定然不可容忍的。雷贝格先生的推论大概是:应当有一种公民宪法,但没有不公正,就不可能产生这种宪法,因此必须做不公正的事。我的推论则相反:不应当做不公正的事,但没有不公正,就不可能有公民宪法,因此必定不存在公民宪法。这样,对我们的争论进行裁决就有赖于对下列问题的回答:在公民联合体中生活,是不是人类的最终目的?或者,办事公正是不是人类的最终目的?雷贝格主张,“如果不让那一机构继续继承公民义务,国家宪法就根本不可能存在”,对这个论断本身的检验不属于这里讨论的问题。我谈的还不是某一特定国家宪法可能有的机构,而是所有一般国家宪法在道德上存在的可能性的唯一条件。

到目前为止,我们已经就受惠契约的形式研究了这一契约的有效性,并且发现,不仅不发生人们所谓的继承受惠的事情,而且只要第一个直接缔约者愿意,他就可以取消每一项他认为使他受

---

① 第60页。此人不停地喊叫些不明不白的废话,他的东西不经过加工润色,一行都没法抄录。

到损害的契约。我们曾提到，在这种情况下，单方面取消契约者有 (I,1,309) 义务退回并赔偿对方的支付。为能对这一赔偿作出估计，我们现在还必须对受惠契约可能有的内容，也就是对这种契约的对象作一研究。——这种契约的唯一可以想象的内容，是我们在一系列内容中发现它之前必须立刻先讲的。因为也许有人认为，国家的普通成员可能已经在一项契约中，向某一受惠的公民阶级或某个受惠者完全出让了修改国家宪法的权利。这种契约一经缔结，所有其他属于国家宪法的受惠契约就都随之固定为少数公民的不可侵犯的契约。如果他们不事先赔偿，就不能破坏这一契约，那么，他们也就不能取消所有其他的受惠契约，因为除了保留其他契约，因而保留那一契约本身，任何补偿都不可能与取消第一个契约是等价的。——但这种契约本身就是无效的，这恰恰是因为，它使所有其他的受惠契约成为一部分国家成员的不可改变的契约，因而取消了改变自己的随意性这一不可出让的人权。——我完全放弃对这一宪法作任何修改的权利，并把这一权利交给别人，这就意味着，我不想改变我对那种在权利中加给我的义务的自由随意性，我要像其他人那样，一直把我今天认为是必要和有用的东西视为必要的和有用的。这种许诺大概是违反理性的吧？这样一种契约等于零，因此，不会阻碍任何一个国家成员放弃其受惠契约。

就像在所有一般契约中一样，在这一契约中，也只能放弃可出让的权利。因此，如果能找到一种发现一切可出让权利的线索，这一线索就将是详尽研究受惠契约以及一切一般契约的所有可能的内容的可靠手段。

可出让的权利都是不可出让的权利的变形，后者可以用各种不同的方式加以实行，自由的存在者有权采用任何一种实行方式；但正因为有各种各样的方式，所以它们本身都是不可出让的。我不是用这种方式实行这一权利，就是用另一种方式实行这一权利，不管用何种方式，我当然都必须实行这一权利，因为这一原始权利是不可出让的。

(I,1,310) 人类的一切原始权利都可归结为以下两类：**不可改变的精神世界的权利**和**可改变的感性世界的权利**。通过我心中的道德规律，我的纯粹自我的形式被规定为不可改变的：我应当是一个自我，一个独立的存在者，一个人，我应当永远愿意履行我的义务；因此，我有权利做一个人，有权利**愿意**履行我的义务。这些权利是不可出让的，从这些权利中不会产生可出让的权利，因为我的自我在这方面是不能改变的。在我之内本身不是这一纯粹自我的一切东西，就是感性（从最广泛的意义上说，是感性世界部分），因此是可以改变的。我有权利通过逐步加工在我之内的这一可变自我（它是一种变形），把它陶冶成纯粹自我的那种既定的形式；我有权利**履行**我的义务。由于我的自我的那种纯粹形式已被规定为不可改变的，所以我的感性自我中将要产生的形式也就被规定为不可改变的（即在观念中）。履行我的义务的权利，只能用**一种**方式实行，并且是不能变形的，因此，从中不会产生可出让的权利。但是，在我的这一感性自我中，还有一批变形，它们是不能同纯粹自我的那种不可改变的形式联系起来的；这些变形不是由不可改变的道德规律规定的，因此，对它们进行规定是属于我的随意性——其本身是可改变的——之内的事情。由于随意性是这样的，所以它能用各种方式规定那些变形；它有权利采用各种规定方式；但所有的方式本身都是可出让的；这里才是我们进入可出让的权利领域的地方。

通过这一随意性，或者是我内在的力量，也就是我心情中发生的东西，得到了改变；或者是我外在的体力得到了改变。在第一种力量方面，我可以把我的观察对准某一点，思考和判断这个对象或其他对象；我可以因而使自己渴望这样的东西，讨厌那样的东西，尊敬这个人，鄙视那个人，爱这个人，恨那个人。由于这一切都是我的心情的可变规定，所以对它们的权利在道德方面也许不是不可出让的；但是，它们在自然方面确实是不可出让的。它们也许可以出让，但它们不能够出让，因为任何一个异己的存在者都无法知道，我是否履行我对他承担的义务。可以形象地说，它们经常被出让给我们自己，出让给我们的判断力。我们的判断力经常劝告我们，把我们的想法从这个对象引开，而对准那个对象，并且自由的随意性把这个良好建议变成我们的一项法律。[①] 人们绝不会作出 (I,1,311)
有法律效力的诺言，说自己不想思考某些事物或某些界线以外的东西，自己想喜欢另一个人，钟爱他、尊敬他，因为即使这完全决定于我们的随意性，但这另一个人怎能确信我们向他遵守了诺言呢？

因此，除了使用我们的体力的权利，即我们的外在行动的权利，根本就不存在什么可以通过契约出让的权利。

---

① 遗憾的是，在这里所有那些还从未意识到立法的自由随意性的人们，一直随着自己的联想逐流，被盲目的想象力所左右，完全不理解我。但过错不在我。——人的思想方向也是自由的；谁还没有使它成为自由的，谁当然不会接受自由的其他方式。

我们的各种行动关系到**人**或**事**。对人我们或者实行**天赋**权利，或者实行**后天获得**的权利。第一项被迫自卫的权利，战争的权利，可以出让给别人，但这需有两个限制条件。我们必须保留这项权利，或者更确切地说，即使不强调保留，这项权利也必然是我们的，以便在那种把我们的生命——这是不可补偿的占有——置于危险境地，并且使期待他人的帮助毫无可能的快速进攻面前，保卫我们自己，并且在我们权利的最高捍卫者面前，**永远**保卫我们固有的特性。尽管在大多数国家中，这一项权利由于那种对法律的畏惧，由于那种对紧急自卫情况——这种情况在每一个人看来，就像我们在畏惧时刻所看到的危险那样明显——的证据的要求，曾经明显地遭受过伤害，但总的说来，从来没有人对它产生过怀疑。第二项权利在大多数国家中人们已经完全避而不谈，人们试图使用一切手段，特别是使用从基督教中借用的劝告理由，说服我们默默忍受一切不公正的事情——我们的保卫者不想为此报仇雪恨，或者因为他们自己给我们带来这种不公正的事情，他们也不可能为此报仇雪恨——说服我们甘愿将自己奉献给我们的刽子手或屠杀者。但是，因为这一权利受到了压制，它的基础就更坚实。——你在他人的一切暴力面前保护我们，这是对的，也是好的；但是，如果你自己直接对我们实行暴力，或者，你放弃已经许诺的那种不可由
(I,1,312) 我们自己承担的保护，使他人的暴力行为成为你自己的暴力行为，这时，谁应当在你面前保护我们呢？你不能做你自己的法官；如果我们在你面前不可以自己获得权利，我们就完全放弃了那种针对你的自卫权利，而这是我们不可以做的；因为只有各种实行这一权利的方式，无论它是由我们本人还是由代理人实行，才是可出让

的，但这一权利本身却是不可出让的。在这里，我还不必研究，这种对最大暴力的防卫在一个国家中如果不引起混乱和破坏，是否可能发生，怎样才可能发生；我只须指出，这种防卫是存在的，而且必然存在。此外，我们在他人面前这样保卫我们的权利，本身就是一种劳累的义务，而绝不是一种收益，所以不用考虑，那种被我们免除了这类操劳的人，如何会因而受到损害，如何会要求我们对此进行赔偿。他自己对我们施行暴力而免受惩罚，是一种本身不公正的、无法律根据的做法，或者说，他从侮辱我们的人那里勒索过量赔偿，并把它据为己有，也是一种同样不公正的、没有法律根据的做法，而他一定会把这类做法当作失去的利益向我们索取。但它的提出将是公开请求我们允许他继续不受惩罚地做不公正的人，结果会立即遭到回绝。或者，他为保护我们而从我们这里获得的东西，就价值而言，也许远远超过了他付出的辛劳，他会怕我们收回这种东西吗？我们绝不会一取消我们对他的委托，就收回给他的佣金。我们将在适当的地方谈到这一佣金，并将看到，按道理应对它作出什么决定。——但是，在这里我们必须立刻设想一种报酬方式，因为按我们的计划，我们在行文中将不会谈到它。在上文中我们说过，谁都不可能作出想钟爱或尊敬某人的有约束力的诺言，因为对方永远无法知道，他是否完全遵守他的义务。但确实可能有些职业，就其本质而言，它们能引起人们的钟爱和尊敬；而且任何职业几乎都不会比保卫手无寸铁的人，比在暴行面前保护被压迫者这一崇高职业更令人尊敬的了。我们迄今为止的保护人可能会说，与这一职业必然相联系的尊敬，由于习惯于对它的享受，已经成为这一职业的需要，并且这一职业已经通过我们的契

约，有权指望一直占有这种需要；这种尊敬至少会由于取消这一契
(I,1,313) 约而被剥夺。我们回答他说：没有什么行为比在这种职位上做不公正的事情，用保护手无寸铁的无辜者的权力来压迫他们更丢你们脸的了。如果我们剥夺了这一职业吸引民族的尊敬的可能性，我们也就同时使它避免了在民族面前公开出丑，成为民族咒骂和憎恶的对象的诱因。同数相抵。——但是，只有**这一职业**才会对于自己的廉洁、公正、勇气和力量有把握；**它**肯定永远不会辱没自己。——好吧，使它受到尊敬的反正不是它所接受的委托，而是对这项委托的忠实执行。假如在这项委托中它做了一切可能做的事情，它也不过是做了我们可以期待它做的事情，做了它根据委托必须做的事情。——自愿地从事于那种不为任何命令所要求的高尚事业，更加受人尊敬，而这一职业现在是自由的。——对手无寸铁者施行暴力的压迫者还一直会存在，人类还将一直在这里或那里受苦；如果这一职业现在用自己的力量勇敢地抵抗不公正的强者，肩负起把人类救出苦难深渊的使命，我们的确不会不尊敬它。从来就不乏获得尊敬的动因，但愿意靠艰苦努力来获得这种尊敬的大丈夫却常常很少。

后天得到的对人的权利是通过契约获得的。我们有权利缔结各种契约，可以**全部**或**部分地**出让这一权利。我说的是全部；但由于这种出让本身只有通过契约才可能，所以很显然，在出让这一权利之前，它至少必须履行过一次；否则，连这样一种出让也是荒谬的，因为像上文已经指出的，天赋人权本身是不能出让的，只有它的特殊变形才能出让。——契约的这一方对另一方许诺说：我只要同你处于目前的契约中，就既不想同你本人，也不想同别人缔结

另一项契约。这种契约就其形式而言是完全有法律效力的；就其内容而言，它由于范围过宽，是极其糟糕的，如果人们在这里像那种同土地财产相连的农民那样，认为这一契约是不可改变的，那么，人就将完全被这一契约贬低为动物。即使不考虑这种本身没有法律根据的不可改变性，只要受损害者不可能完全摆脱他的压迫者，他就会严格按照规定，放弃向受惠者要求任何较好的条件，放弃那些也许想较为温和地对待他的其他人的任何帮助。世界对 (I,1,314)
他来说将空无一人，没有一个与他相同的存在者。那种也许永远不会复返的极度恐惧时刻，在这样一种契约中被匆匆感到，而且由于对压迫者的依赖，将一再持续下去。

如果一方许诺说，只是不同某些人缔结契约，或者，只是不就某些内容缔结契约，缔结契约的权利就被**部分地**出让了。这种许诺本身是否有法律效力，这不成问题，因为甚至连根本不缔结契约这个许诺的法律效力也是无可争议的。关于某些人有权利同他们缔结契约的例外情况，就不必再说什么了。在契约内容方面(除了婚姻契约，众所周知，这种契约处处受到各种方式的限制，没有地主的同意，农奴根本就不能缔结)或者是缔结关于**劳力**的契约，即劳务契约，或者是缔结关于**物品**的契约，即交换或贸易契约。在第一种契约方面，一方或者是完全出让自己的这样一种权利，即与任何一个非受惠者缔结关于使用自己的劳力，为他人劳动的契约；或者，他只是在他的对方能自己使用他的劳动的限度内，出让这种权利；他答应只要他有剩余时间，他就为另一个人劳动，首先询问那个人是否会需要他。在这里，也可能已经事先对劳动工资作出某种永久的规定；这样，即使劳动者能在别人那里多挣钱，他也得留下来，无论如何为某个价格干许多活。这里一直假定，一方没有通过第一项受惠契约，放弃完全使用自己劳力的权利；因为在这种情况下——我们在下文还将继续谈到这种情况——根本就不会产生任何别的劳务契约。——在贸易契约方面，一方或者可以完全出让这样一种权利，即把自己的农业或工业产品出售给任何一位唯一的受惠者，或者，仅仅在受惠者想购买这些产品的情况下，可以出让这种权利；这样，受惠者就可以像瑞士许多省城从其当地农民取得专买权那样，取得专买权，或者可以像德国许多大庄园主从其下属取得优先购买权那样，取得优先购买权。特别是在后一种情况中，可以对商品价格作出某种规定，这样，卖主即使在别处能卖得好价钱，他也有义务以一定价格把商品卖给受惠者。或者也可
(I,1,315) 以反过来缔结贸易契约，即：一方不是必须购买受惠者的所有商品或受惠者拥有的商品，便是必须专门购买受惠者的某些商品；即使他在别处能较便宜地买到这些货物，他也必须以一定的价格从受惠者这里购买；这样，受惠者就有了专卖权或者优先销售权。这种契约最残酷、最恶毒的一种变形是：受损害的一方有义务绝对购买一定数量的某种商品，以一定的价格支付这批商品，就像在许多国家中政府卖盐那样，也像弗利德利希二世有一个时期逼迫每一个犹太人在结婚时购买一定数量的瓷器那样。

第二种可以通过我们与受惠者之间的契约出让的权利，是对物品的权利，即最广义的所有权。人们在习惯上仅仅把对一物品的持续占有称为对它的所有；但是，由于只有专有是所有的真正性质，所以对于只能享用一次、会在享用中消耗掉的东西的直接享用，也是一种真正的所有；因为在任何一个人享用该物时，其他所

有的人都不得享用。

于是，这一所有权也可以像契约权那样，**全部**或**部分地**出让。它可以全部出让。那种最直接的、为人的一切其他所有物奠定基础的所有物，是人的劳力。谁能自由使用它，谁就直接从劳力上获得一种所有，而他通过使用劳力，莫不会很快获得对自身外的物品的所有。因此，只能**这样**设想所有权的全部出让：我们劳力的自由使用被出让了，自由使用它的权利转交给了另一个人，它由此已成为**这个人**的所有。按照法律条文说，在古老民族那里一切奴隶的情况就是这样，在我们这里一切依附于地产的农民的情况也是这样；如果主人过去或现在打算免除他的不可更改的权利，这是他的好意，但按照宪法，他并没有义务这样做。——尽管如此，这种出让只有在**一种**条件下才会发生：主人必须保障那种听任主人支配自己劳力的奴隶的生计；这不是善意，奴仆有充分权利要求主人这样做。每个人都必须生存，这是不可出让的人权。这里不必说：(I,1,316)
“我若不养活我的奴隶，他会死掉，我失去了他，这是我的损失；但聪明确实会促使我养活他。”这里谈的，不是你的损失，而是他的权利；不是你的聪明，而是你不可免除的义务；你的奴隶是人。如果一只动物的赢利不能抵偿其喂养费，它的占有者就可以让它死掉，或把它宰掉；但一个人的劳力的占有者是不能这样做的。这种应该承担的生活费是这个人在其主人财产中所拥有的自己的财产，不管他怎么吃，他所吃的都是他的直接所有。这就是说，完全出让所有也是不可能的，正如它过去也不可能一样，因为任何人权本身都是不能出让的，只有人权的特殊变形才能出让。那出让了对自己劳力的自由支配的人，除了人权这一所有，已经放弃一切所有，这是不言而喻的。

所有权也只能部分地出让。**劳力**这种所有物是能部分地出让的，其结果是：一部分劳力无论我们自己会不会需要它，都属于受惠者，就像服**适度的**[①]劳役那样；或者，其结果是：我们自己不需要的过剩劳力，有条件地或无条件地属于受惠者，就像我们上文谈到的限制缔结劳动契约的权利那样。——某些东西的所有权是可以出让的，这样，我们就不可用任何方式占有这些东西了。这包括打猎、捕鱼、养鸽之类的专有权利；包括某些地区的这样一类规定，即生长在农民土地上的橡树不属于农民，而属于地主；包括使用牧场的特许权，等等。

受损害的一方也能单方面取消所有这些权利，根据上文所说，这已毋庸置疑。这里只存在关于单方面取消权利的情况下的赔偿问题。——关于限制我们缔结契约的权利的第一种方式，如果这种权利被完全取消，在一般情况下（我们马上就会谈到特殊情况）
(I,1,317) 只能设想受惠者抱怨说，他那方面对我们的契约的持久性抱有希望，因而耽误了缔结一些对他有用、有利的契约。但对这种抱怨可以作出这样的简短回答：由于和他缔结的契约，我们这方面对此负有义务，所以我们也同样耽误了缔结一些对**我们**有用、有利的契约，迄今为止，我们都没有缔结任何契约。现在我们向他宣布取消同他订的契约。他从现在起，应该知道必须对我们期待什么；他从

① 这是对少数不明真相的人说的！——农奴（glebae adscriptus）须服**过度**的劳役；地主要求他干多少活，他就得干多少活。地主通常要求在他的地里干六天徭役，第七天干传递信函或驾车进城的事情。较为自由的农民——地主对其土地只有部分所有权——的服役是**适度的**；他服的劳役有一定的数量。

现在起，应该尽量利用好他的时间。我们同样应该设法利用我们的时间；我们并没有使他吃亏，我们与他迈出了同样的一步。——但是，他的抱怨变得越发肯定。关于排他的劳动契约，关于已经全部或部分出让的对我们劳力的支配，他会在我们把契约退给他时抱怨说，他再也找不到给他干活的人了。这样，他就必须干一个人干不了的活，或者必须干自己能干却不想干的活。这里包含的首要前提，如果转述得正确，无非意味着：他的需求大于个人力量所能满足的需求，他为了满足这些需求，就要求使用别人的劳力，而别人在使用自己的劳力满足他的需求时，就应当相应地中断自己的需求。这种抱怨是否应当驳回，这大概无须进一步研究。但他援引了一条更有效的理由，为他更为繁多的需求辩护。虽然他直接拥有的劳力并不比别人的更多，但他却拥有**更多的劳力的产物**，这种产物大概是历代祖先留传给他的。他有更多的财产，为使用这些财产，就要求有更多的人力。——好吧，这种财产是他的，而且必须依然是他的；如果他为使用这些财产而需要别人的劳力，那么他可以看看，他能以什么条件获得这些劳力。在这里产生了他的各部分财产与他雇来加工整个财产的人们的劳力的自由交易，在这种交易中，每一方都试图获取尽可能大的收益。谁的条件对他最适宜，他就愿意用谁。他如果向处于困境的窘迫者炫耀自己的优势，就可能承受这样一种不利后果：一旦令人窒息的困境迁移，窘迫者就会向他宣布解除这桩买卖；他如果给窘迫者的条件公道，就将获得这样一种好处：他的契约会较为持久。——但如果每个人都向他过高估价自己的劳动，那么，他就不再能像过去那样高度利用他的财产了；他的财产的价值会大大减少。——这种事情 (I,1,318)

是可能发生的;但这与我们有何相干呢?我们没有犁掉他一毫土地,没有拿走他一文现金。这是我们不可以做的。但我们可以取消与他缔结那种看来对我们不利的契约,而且我们已经这样做了。如果他的遗产因此减少了,那么,它在此之前一定是通过我们的劳力得到增殖的,而我们的劳力绝不是他的遗产。——一个拥有上千胡符土地的人,他的每一胡符土地为什么必然能比一个只拥有一胡符土地的人的土地生产出那么多东西呢?——几乎在所有君主制国家里,人们都抱怨财富分配不均,抱怨在一大群一无所有的人身旁一小部分人拥有无法估量的地产;在这些国家现今实行宪法时,这种现象使你们奇怪吗?在不侵犯所有权而促成财产分配得比较平均的前提下,你们就不能找到解决这一棘手问题的办法吗?如果物品的标价增长——这是由于大多数国家盛行着一种依靠商业和工厂,以牺牲其他一切人的利益为代价来发财致富的风气;是由于我们时代的欺骗性贸易,它越来越接近于崩溃,一切与它略微有一点关系的人都受到损失其全部财产的威胁;是由于无限制的贷款,它把欧洲铸造的货币增加了十几倍——我是说,如果物品的标价如此不按照比例增长,那么,它们就越来越失去了交换物品本身的价值。农产品占有者,即土地所有者,不断提高我们所必须获得的物品的价格,正因为如此,他的田产本身也按照与现金的比值不断涨价。但他的支出难道也在增大吗?或许,那种向他供应需要的奢侈品的商人知道如何使自己不受损失;那种为他生产必需品的、两头受挤的手工业者在这方面懂得少一些。——但农民怎样呢?他或者仍然是土地财产的一部分,或者他无偿地服劳役,或者他在挣一份极其微薄的工钱;他的儿女们仍然要作为被强制的雇工给地主干活，挣一份早在几百年前就无法与他们的劳务相比的钱。他一无所有，而且除了一点可怜的维持当天生活的费用，永远什么都不会有。假如地主懂得削减其奢侈品，那么，他早就是全部国家财富的唯一占有者，或者，如果现存的贸易制度经历一场肯定要经历的彻底变革，那么，他肯定会成为全部国家财富的唯一占有者，而且除了他，谁都将一无所有。你们如果想阻止此 (I,1,319)
事发生，就要做你们本来有义务做的事情：你们要开放那种与人的天赋遗产、人的劳力进行的交易；你们将看到这样一种令人诧异的场面：**土地财产和一切财产的收益与财产的多寡成反比例**，在没有那种历来都不公正的强制性土地法的情况下，土地本身会逐渐分配到绝大多数人中间，而你们的问题就得到了解决。凡是有眼能看的人，就请看吧！而我继续走我的路了。

如果受惠者没有这种世袭财产为有效依托，那么，不管他愿意与否，他都必须干活，我们绝没有养活他的义务。——但他说，他不**会**干活。他相信我们会继续干活来养活他，所以他就不去锻炼和培养自己的力量；他没有学会任何能够养活自己的本领；但现在已经为时过晚，并且由于长期懒散，他的力量现在大大减弱，似乎已经生锈，以致他不可能学会一点有用的本领了。——诚然，由于我们的不明智的契约，我们对此负有责任。假如我们不让他从小认为，他什么都不用干，我们都会养活他，那么，他一定会学到一点本领。因此，人们认为我们必须赔偿他的损失，也就是说，在他学会自己养活自己之前，我们必须养活他，这是有道理的。但我们应当怎样养活他呢？我们应当继续让自己缺少生活必需品，从而使他沉迷于富裕生活呢，还是我们供给他生活必需品，也就够了呢？——这样我们就面临一个问题，对这个问题作彻底的回答是我们这个时代的需要。

大家已经在我们中间看到许多人的忧郁情绪，听到许多人对臆想的贫困的强烈抱怨，他们从极其富裕的生活突然沦落到了非常一般的生活状况；大家已经听到**这样一些人**在抱怨，这些人最幸福的日子都从来比不上那些人最糟糕的日子，而且可能认为那些人的一小点残存的幸福也是值得自己羡慕的幸福。那种迄今盛行于一位国王[69]筵席间的极大铺张浪费受到了一些限制，那些从来没有参加，今后也不会参加这类受到限制的筵席的人们就为这位
(I,1,320) 君王感到惋惜；一位王后[70]在短期内缺少一些衣料，那些十分有幸能分担**这种**缺乏的人们就为她的贫困抱怨。如果说我们的这个时代也缺乏一些可以赞美的特征，那么，至少同情心看来不属于此列——有一个制度规定，凡人中的一个阶级，有一种我不知道是什么的权利，须满足最荒诞无稽的想象力随便臆造出来的一切需要；第二个阶级须满足的需要只是没有第一个阶级的那么多；第三个阶级须满足的需要只是没有第二个阶级的那么多，如此下推，直至最后达到这样一个阶级，这个阶级为了能够向那些高等凡人提供最不必需的物品，就不得不自己缺乏最必需的物品。难道人们一定要以这个既定的制度为前提，发出那些怨言吗？或者，人们把这种权利的根据单纯归之于习惯，并得出结论说，因为**一个**家庭到现在为止已经消耗了千百万个家庭的必需品，所以它就必然会继续消耗必需品；难道人们一定要这么解释吗？我们思维方式中的一种令人瞩目的无逻辑性在于，我们对于一位偶尔没有新亚麻布的王后的困苦总是那么敏感，而对于另一位为祖国也生了许多健康

孩子的母亲的贫困，对于她自己衣衫褴褛，看着孩子们在自己眼前赤身露体地走动，同时由于缺乏生活费用，体内的营养正在枯竭，这使新生婴儿无力地嘤泣——对于这种贫困，我们则认为是理所当然的事情。——“这些人已习惯于此，他们不知道什么更好的东西”，那酒足饭饱的纵情享乐者，一边咂着美味好酒，一边用臭嘴这么说。但这不是真实的，人们永远不会习惯于挨饿，不会习惯于吃反常的食物，不会习惯于渐渐失去一切力量和一切勇气，不会习惯于在严冬赤身露体。雷贝格先生认为“不劳动者不得食”的说法是幼稚的；请他允许我们认为“唯独劳动者不得食，或唯独劳动者应吃最坏食物”这种说法也是同样幼稚的。

这种无逻辑性的原因是容易发现的。总的来说，我们的时代对舆论的需要要比对天性的需要敏感得多。那些评论者差不多谁都有必需品，而且从小就有必需品；他们可以不要的东西，他们已经转为非必需品和日常需要的奢侈品。这些需要不能都像每个人所期望的那样得到满足，这是一般的命运。你有现代化的家具，但还缺少一个画廊；你也许会得到它，然后你又会缺少一个古玩收藏室。——那位王后还只缺少一个昂贵的项链[71]；但请你相信，她的苦楚并不亚于你那位还缺一件颜色鲜艳的衣服的时髦夫人的苦 (I,1,321)
楚。——欲壑难填，我们总是不能满足那些日益增长的欲望；我们甚至经常被迫返回来，中断我们已经习惯的需要，把我们已经算作不可缺少的需要视为已经得到满足。这是我们从经验得知的一种苦楚；每一个感到这种苦楚的人，都是我们的难兄难弟，我们内心对他充满了同情。我们的想象力通过其魔法，马上使我们对这类感到苦楚的人设身处地：那位不幸的君王减少了大批佳肴；富有的天主教教士不再想象他的美酒或他最爱吃的酥皮馅儿饼；小小的女市民或富裕的女农民不再想象她们的牛奶咖啡；上流社会或中上流社会的每个成员都不再想象满足自己过去已经获得的需要；对这类有苦楚的人怎么会感觉不到一切内心的同情呢？——我们只是**根据占有的习惯**来考虑和区别**非必需品**和**必需品**，因为我们自己确实已经体会到，有些过去不是必需品的东西怎样通过习惯成了我们的必需品；关于它们在**种类**上的真正区别，我们根本没有什么观念，即使我们经过思考获得了关于它们的概念，我们也没有任何由想象力赋予活力的、推动我们的感觉的观念，因为我们自己从来不处于这种最坏的境地，而且我们一向谨防别人注视自己。我们对狄德罗的那位金融借贷人说，“这是反常的，这样挨饿不行”，因为**我们**从来没有这样挨过饿。我们认为，就像我们已经习惯于不劳神费心，就没有大人物的丰盛筵席、华丽的衣服或持久的极乐生活那样，人们应该习惯于长期食物匮乏、寒冷、衣不蔽体或精疲力竭的劳动。我们不知道或感觉不到，这些东西不只是按照**程度**，而且是按照**种类**区别的。——我们忘记了，我们所放弃的大批东西，是我们以自愿的方式放弃的，当我们想**使自己**以后遭受最必需的物品的匮乏时，我们也许能在一段时间中拥有这些东西；但
(I,1,322) 在缺乏这些东西时，就没有**一点**自愿的痕迹了，他们不得不缺乏他们所缺乏的一切东西。在谈到受惠者的事情时，我们非常重视自愿牺牲和被迫牺牲的区别，为什么在谈到被压迫者的事情时，我们竟然忘记了这一点呢？

对**本身**非必需的东西与**本身**必需的东西具有判定作用的不是习惯，而是天性。每一个劳动者都必须拥有对人体有好处，足够补

充体力的食品，拥有合乎时令，有利于健康的衣服和牢固完好、讲究卫生的住房，这是原则。

超越这一界线，在不被天性解释为必需品的东西的领域，诚然是习惯作出判定；在这里，苦楚大概是按照习以为常的需求未得到满足的程度增加的。我仅说**大概**，这是出于两个原因。第一，我们的许多需求仅仅是想象力的需求；我们需要它们，只是因为我们认为需要它们。我们有它们时，它们并不使我们满意；我们缺少它们时，对它们的需要只是通过不舒服的感觉显示出来。这类物品的唯一标志是，我们仅仅为了别人才想获得它们。它们包括一切豪华的东西，单纯豪华的东西；包括一切时髦的东西，其特征既不是美，也不是舒适或这类物品的什么特征，而是其时髦。在这里我们只能有这样的意图：对于别人，不是使我们的鉴赏能力引人注目——因为这些物品的特征不是美——而是仅仅使我们对普遍形式的附和，使我们的富裕引人注目。既然考虑这些物品只是为了别人，所以这些别人就能十分有效地宣布解除我们占有它们的义务。到现在为止，他们一直向我们提供这些物品的费用；如果他们取消这些费用，则可以理解，他们不再要求我们继续这样挥霍。这时，我们的情况就是众所周知的。众所周知，我们的收入不再足以继续那样体面地挥霍。我们还要求继续这样挥霍吗？也就是说，我们还要求打肿脸充胖子吗？这种要求是非常愚蠢的，对放弃这种要求感到痛苦是非常荒谬的，因此，这种要求根本就不值得怜惜，有理性的人对它根本不屑一顾。弃绝这些需要，并不会使那种在众所周知的情况下用别人的钱满足这些需求的人遭受痛苦，这 (I,1,323)
些需要在记总账时必须扣除。第二，需求得到满足，的确引起一种粗糙的或细腻的感官上的享受，一种神经上的刺激，或者引起一种想象力的轻微运动，但是不容否认，在享受的程度上，因而在通过习惯产生的需求的程度上，存在着很大不同。人的本性大概有一种感受刺激性的最大极限；超过这一极限，它就会变得很弱，觉察不到。大概不用怀疑，我们这个世纪的奢侈品还达不到这个极限，在某些地方还没有超越它。缺乏接近这一极限的物品，更确切地说，缺乏超越这一极限的物品，绝对不会引起不舒服的感觉，这种感觉是由那种还在巨大感受刺激性的极限内得不到满足的欲望所引起的。在确立弃绝需求和忍受痛苦的正确关系时，也要注意这一点。

扣除必须扣除的东西，诚然就剩下了受惠者的全部苦楚，这些苦楚必定产生于我们取消契约给他们导致的那些对业已习惯的奢侈品的限制。我们对这些苦楚诚然完全负有责任，因为我们好心许诺，不断供应他们无限制地需要的奢侈品。我们有义务消除这些苦楚，只要一方面允许这种公正，另一方面要求这种公正。——就一方面允许这种公正而言，正如我们在上文所确定的，每一个人都必须有必需品，这是不可出让的人权。只要你们同我们签订的契约夺走了我们当中任何一个人拥有必需品的可能性，这一契约本身就是无法律效力的，应该完全不给赔偿，就加以取消。只要还有一个人由于你们的缘故，不可能通过他的劳动获得必需品，你们的奢侈品就必须受到限制，而无须给予你们任何同情。——我说的是，通过他的劳动获得必需品，因为只有在合乎目的地使用他的劳力的条件下，他才有资格要求必需品，而且我们根本没有要求受惠者养活所有的游手好闲者。当我们把“不劳动者不得食”应用于有劳动能力的受惠者时，我们也同样严格地将它应用于普通公民。——就另一方面要求公正而言，受惠者依靠习惯势力，什么都不干，却大量消耗。他的法律根据也是我们的法律根据。他的真正弊端，他的一切苦楚的根源，我们已经揭开，我们也必须重新堵塞。正如他已逐渐习惯于无所事事和挥霍浪费一样，他也必须再逐渐祛除这种习惯。他必须从我们取消契约的那个时刻起，尽可 (I,1,324) 能培养自己的劳力，尽可能使用自己的劳力。使用这种劳力可能给他引起的痛苦，根本就无须考虑，因为这是自然出于行善的目的加于我们的痛苦，我们全然没有权利为他解除这种痛苦。世上任何人都没有权利不使用自己的劳力，而靠别人的劳力生活。必须大致估计一下，在多长时间之内他能做到使用自己的劳力给自己创造必需品。在那时以前，我们得一直为他的生活费用操劳，但在另一方面，我们也有监督权利，看他是否确实在掌握技能，以便在我们不再想养活他的时候，他能自己养活自己。——他必须从我们取消契约的那个时刻起，逐步学会弃绝对越来越多的需求的满足；在开始的时候，我们在扣除了上文算出的东西以后，会把他以前的收入中所剩的部分给他；然后把给他的部分逐步减少，直至他的需求同我们的需求大体平衡为止；这样，他就既不会抱怨不公正，也不会抱怨无法忍受的艰苦了。如果他通过这种努力，还能变得善良，变得聪明起来，他总有一天还会感谢我们把他从一个挥霍无度的懒汉变成了一个生活俭朴的劳动者，把他从一个毫无用处的尘世累赘变成了人类社会的有用成员。

第五章　就改变国家的权利，特别谈谈贵族

那些同时被人们当作伟大历史专家的政治家们说，“一切古老民族都有过自己的贵族”，并让我们悄悄从中得出一个结论，即贵族同公民社会一样古老，在一切井然有序的国家中都必定存在贵族。在这些人看来，不言而喻，每一个国家都必然有贵族，但正是这些
(I,1,325) 人，当他们也偏偏要参与解释现今贵族的起源时，就沉迷于假想之中，而他们的这些假想也只能以别的假想为依据，这真是离奇。

我谈的不是贵族**个人**，不是伟大人物通过**自己的**业绩获得的名望或利益；我谈的是人们想谈的**世袭贵族**，是伟大人物通过人们怀念他的这些业绩而**传给其后人**的名望或可能得到的利益。

我把这种世袭贵族区分为**名望**贵族与**实权**贵族。在我看来，这种区分是一种必定会把我们从假想的迷途引向平坦笔直的轨道的线索；毫无疑问，在我们中间关于这一题目之所以流行种种谬误，其原因就在于忽略了这种区分。

那种关于古老民族有贵族的论断，确有几分道理，但也有几分谬误。古老民族大都只有名望贵族；除了一些由暴力压迫，而不是由国家宪法造成的短暂情况以外，这些民族都没有实权贵族。

凡各个部落生活在持久的联系和了解中的地方，就必然产生名望贵族。几乎没**有**什么事项是名望贵族不能涉及的。有一种学者贵族。诚然，伟大的学者很少留下孩子；我们不会在姓莱布尼茨、牛顿的人身上，也不会在姓康德的人身上认为自己发现了这些伟大人物的后代；但是，谁能看到一个他所不认识的路德，而不猜

测他是这位伟大德国人的后代，不进一步注意他呢！有一种商人贵族。在提到某些名垂贸易史册的姓名时，如果名字前面的“伯爵”、“男爵”或者“冯”不禁止我们设想这些名垂史册的人物的后代①，如果那值得尊敬的名字不是看来迥然相异，如果那人的名字没有变成了一座山、一条峡谷或一个角落的名称，我们会经常以为 (I,1,326)
自己发现了这些人物的后代。有一种品行高尚、建立了丰功伟绩的贵族。每一个赋予自己的名字以一定声望的人，都同时随着这个名字把自己的声望传给了他的后代。

凡人们生活在国家中的地方，只要这个国家有一段历史，一定会很快产生一种相似的公民贵族。一个在我国历史上经常出现，在历史故事中经常吸引我们注意的名字，是我们的老相识。对于拥有这个引人注目的名字的人，我们时而在内心感到同情，时而感到害怕和畏惧，时而又对于所完成的伟大业绩感到尊敬。我们看到一位叫这个名字的人，从前所有的画面都随同这个名字与我们的想象力联系在一起。这位陌生人还没有向我们开口，我们就立刻判断出他的出身；我们知道他的父亲、祖父和旁系亲属是何人，他们干了些什么；一切都从我们心灵前闪过。这样，我们的注意力就被拥有这一引人注目的名字的人所吸引，我们的兴趣被激发起来，从这时起，我们对他的观察就更为仔细，以便继续在他和他的伟大祖先之间进行比较。罗马人根据自己的思维方式，用以描绘一种贵族的“Nobilis〔显贵〕”一词，贴切地表达了这个意思；他们称这种

① 有名望的商人还一直贪求做无名贵族的荣誉！不要这样贪求吧，而且让那些可尊敬的德国学者们也去掉他们尊贵名字的贵族称号吧！

贵族为一种很容易识别的人，人们对他已有所知，将更仔细地观察他，而且很快将进一步认识他。最自然不过的事情是：这种注意力很快就转变为对于荣膺这个名字的人物的尊敬和信赖；只要他没有正式证明我们有错误，人们就假定他具有他的伟大祖先或亲戚的才能。如果有一种活动，它完全是我们历史上某位伟人自己的事情，如果我们现在没有遗忘他，我们就会把这一活动托付给他；对他的怀念不转向他的后代，还会转向谁呢？并且由于我们不能把这种怀念寄托给他本人，我们不把它寄托给他的名字，还会寄托给谁呢？正是一位斯奇比奥[72]，曾经使迦太基走向了没落；人们除了期待一位斯奇比奥[73]，肯定未曾期待任何人去完全消灭这个国家。

在古老民族中是有这种名望贵族的。在希腊人当中有过，但
(I,1,327) 不太明显，因为他们那里流行的风俗是儿子不用父名，而用自己的名字，姓氏也不普遍，无法支持那种单纯依赖于字眼的想象力的蒙骗。人们必须先了解年轻的希腊人的出身，或者他必须自己表明自己的出身；由于在得到消息时有这样的耽搁，或者由于不得不自己表明身世，年轻的希腊人出现于这个伟大世界时指望获得的印象就失去了大部分。尽管如此，西蒙[74]或康农[75]的出现肯定使人重新想起马拉松战役[76]。——我认为，实权贵族或某些家族独有的特权，除了在斯巴达时代的赫拉克利得王族当中，至少在自由的希腊是不存在的。但是，自莱库尔格[77]立法以来，这一受到极大限制的、处于无情的民选监察长官的严格监督之下的统治，就更多地是一种世袭义务，而不是一种世袭优惠，除去这个情况以外，那些家族的标志可以追溯到一些原则，它们与那种靠出身继承个人特权完全不同。这一标志是以继承拉科尼亚为根据的；因此，这种贵族

最好是与我们的采邑贵族相比较——由此等而下之——而不是与我们的种姓贵族相比较。在赫尔克里斯时代，根据希腊实行的制度，各个王国可传给并分给子孙后代，赫尔克里斯有权利得到伯罗奔尼撒的一些土地。他的后代们在经过一番尝试之后，终于通过武力成功地行使了这一继承权。两位兄弟[78]住在斯巴达城，把拉科尼亚看作他们的遗产。他们家族的特权即由此而来。

在罗马，这种名望贵族，这种贵族阶层——也是由于他们所提倡的姓氏——有很大的活动范围，并成为一种体制。他们的公民分为贵族、骑士和平民，这看起来虽然在预示着另一种贵族，而不是预示着一种单纯的名望贵族，但是我们将继续在下面谈到这一点。那种贵族阶层基于三个最高国家职务——执政官、军政官与民政官——的管理活动；它们被称为牙座官。一个家族的祖先中掌管这种官职的人越多，这个家族就越高贵；那些获得称号的祖先 (I,1,328)
的肖像被悬挂在房子的最中央，并在出殡时被抬在前面。——人民在选举时，正是由于那种名望的缘故，首先优待古老家族，这是十分自然的；但这些家族对那种职位很少有**独占的特权**，相反地，人民有时倒喜欢推出一个尚无人知晓的新家族。新家族的这些祖先对于自己出身寒微不但毫无愧色，而且甚至十分自豪地公开提醒人们，他们自身的崛起是靠他们自己的力量，而不是靠祖先荣誉的支持。——如果人们把**这种**贵族等同于**我们的**贵族，把**这些**新王族(novi homines)的祖先等同于**我们**新封的贵族，这就表现出一种可笑的无知。假如在我们这里某些国家公仆的随从上升为贵族阶层，比如说，假如某位大臣、某位将军或某位主教的后裔仅仅凭靠其出身，而不按任何其他规定，就必然会成为贵族，那倒可以与罗马新贵之崛起作一番比较。

人们虽然可以从罗马公民之划分为贵族、骑士和平民中推断出另一种不同于单纯名望贵族的贵族，但在进行这种推论时，人们会混淆本质的东西与偶然的东西，权利与僭越，时间与地点。——罗慕洛[79]是这种划分的奠基人，他想通过这种划分来标志个人在国家中暂时的地位和状况，但绝不想标志某些家族的世袭特权，对于这种特权他不可能有什么概念。他按照年龄选择**祖先**与其后来繁衍的子孙，即被封的贵族，年龄使他们不必参战而更适合于做谘议和内政工作。在他所进行的连绵不绝的战争中，他们接受委派，留在国内，主管政务。难道我们相信，这位贪得无厌的好战者和独断专行的统治者想让这些祖先的年轻力壮的儿子们继承其父辈不上战场的特权吗？或者，难道我们相信，在选举未来的元老们——现有的元老们将因死亡而离位——时，他曾想把选择范围局限于这些儿子们中间，而不像以往那样，给将来从全体公民中选出年龄最高、最有智慧的人——不管他们从前是骑士还是平民——留有余地吗？他的第一批元老——他们有些是骑士，有些是平民——
(I,1,329) 的儿子们最有可能成为元老，正如国王最乐意想象的那样。——被指派为骑马服务的**骑士**，他是按照财富选定的，他们必须有财力养一匹马。——谁除了身强力壮之外一无所有——这在现在才出现的人民中肯定不是什么不光彩的事——谁就被指派为步行服务，并叫作**平民**。我希望人们能找到“平民”这个词的来源。如果不是一切都欺骗我，这个词本来的意思是步行士卒，并不包含丝毫的贬义。人们是根据什么原则在以后的统治中安排公民关系的，这没法证实。骑士的儿子很可能大部分又成为骑士，因为他继承父亲的遗产后，已经给当骑士所需要的财产创造了最有保障的先决条件；但是，如果不认为元老们已经由于罗慕洛的横死获得了某种优势，如果这不是后来平民们出于嫉妒心的捏造，那么，要说元老的每个儿子又都成为元老，骑士或平民的儿子都不可能成为元老，这是**不大**可能的。人们需要**有智慧的**顾问，而智慧并不总是通过出身遗传的。这一点连努玛[80]也相信。

这种简单的法制在谢尔维·图里[81]统治下由于推行财产调查而变得很混乱。财富贵族产生了，这种贵族在共和国期间举足轻重，最后在外在标志方面创立了罗斯奇法律[82]；但是，这种贵族根本不是直接基于出身，而是基于他们凭借出身所继承的财富。头等公民的后代如果失去或浪费了他们自己的遗产，就会沦为贱民，并且会随着失去财产而失去他们在剧院的座位。

在年轻的塔奎尼[83]专制统治之下，特别是在那种由革命引起的混乱局面中，在由被驱逐的塔奎尼家族的阴险努力进一步造成的混乱局面中，**古罗马的贵族**，即昔日元老的后裔们，掌握了很大的特权；而人民，由于暴君的压迫，由于接连不断的战争的消耗，由于他们自己不善理财，由于债主的残酷吸吮，则必须容忍那些贵族 (I,1,330)
们的做法。他们不是作为公民，而是作为不独立的负债人，专门把那些家族推举到其渴望的一切显要的政府职位上，而那些家族也只是靠其财富，支付自己的开销。在**这个**时候，罗马是有真正的世袭实权贵族的；但这一贵族的各项特权不是基于国家宪法，而是基于偶然情况和暴力压迫；所以，它们是不公正的权利。——绝望使受歧视的人民群众重新获得力量，它解除了人民群众忍受的痛苦。他们在与古罗马贵族的长期战争中，重新获得了他们与那些贵族曾经共同拥有的公民权利，从这时起，贵族、骑士与平民之间的区别就成了单纯名义上的区别。每个人都可以不受限制地成为国家中的各种人：独有的古罗马贵族消亡了，代之而起的是那种显贵。——从这时起，由于共和国中出现了商业和财富，骑士们似乎主要是致力于增加自己的财富，满足于做财富贵族，而把管理开支庞大的国家机构之事让给了别人。我们在共和国的大家族中很少发现他们的后裔。平民们并不让罗马贵族们享有任何特权，在前者和后者中，我们都看到有数量相等、地位相同的显贵世家。

罗马人所熟悉的野蛮民族，除了名望贵族，没有也不可能有其他贵族；如果罗马的作家们在这些民族中发现一种显贵，那他们也肯定只是按照他们的语言的意思使用了这个词。不过，这种情况在研究下列问题时是会立刻产生的：我们的欧洲贵族究竟是一种什么贵族呢？为了能对此作出判断，还得提问：这种贵族究竟是从何产生的呢？对我们的贵族及其辩护人作一些历史研究，以便向他们指出，他们所寻找的东西，即使在历史上也无法找到，这并非毫无裨益。

现今欧洲的大多数强大民族都起源于日耳曼部落，这些部落自由自在，没有法律，就像北美野蛮人那样，在自己的森林中游荡。在法兰克帝国中，他们最早组成了固定的国家。从这个帝国产生了欧洲最大的帝国：德意志帝国、法兰西帝国、意大利各国。这一帝国和起源于这一帝国的各个分支，特别是最重要的德意志帝国，
(I,1,331) 轮流统治、教导、培育并且几乎是创造了其他并不直接起源于日耳曼部落的帝国。在日耳曼森林中可以找到法兰克秩序的精神；在法兰克帝国中可以找到近代欧洲体制的基础。——在日耳曼人中有两个阶层：自由人与奴仆。在自由人中有一种名望贵族；那时没

有实权贵族，也不可能有。在这些人民中间，贵族的特权该与什么有关呢？与他们的同胞有关吗？在他们那里，这些同胞完全独立地生活，除了家庭的联系，根本不知道任何固定和持久的团体，除了在一个短期的个别行动中能服从命令，几乎不服从任何命令。或者，与土地占有者有关吗？在他们那里，这些人不爱种地，一年就换一个地方。谁以英勇活动、强壮和无畏、掠夺和胜利著称，谁就引人注目，成为谈论的话题；他有了名声，按罗马人的说法，变成了显贵。看到他的儿孙们时，他的部落就会回忆起他的伟大业绩，用尊重他的儿孙的方法来怀念他，并对他的儿孙抱有良好的先入之见，认为他们会像其祖先那样。在这种良好的先入之见和对那些业绩的回忆的推动下，这些人就发达起来。——塔西陀说[①]："他们按照高贵来选举他们的国王；按照个人的勇敢来选择他们的将领。"谁是那些国王？谁是这些将领？他们之间的区别何在？——毫无疑问，前者率领整个游荡的部落，给它引导方向，确定它的落脚点，给它分配土地和牧场。谁愿意服从，谁就服从；谁不愿意服从，谁就带着全家离开部落，孤独地游荡，或者设法加入另一个部落。这样一种部落首领必须有一定的威望；而在一个只注重战斗勇敢的民族中，这种威望除了基于对他祖先的伟大业绩的怀念，还能基于什么呢？他以他自己作出的、参加选举的全体人民都熟悉的业绩，把他祖先的伟大业绩留在他们的记忆中。如果整个部落都投入战争，那也正是这位国王率领他们。但实际情况通常都不是这样。部落内的各派都依照他们的勇敢程度和突然想

① 《日耳曼尼亚志》，第7章[84]。

(I,1,332) 法有不同的漫游路线。[①] 他们的目的都是获取战利品。各处都有人投入勇敢行动；每个人都宣讲自己的构想，并竭力招徕同伴；每一派都选一位他们最熟悉的、最勇敢的人作自己的首领；每一派都走自己的路。各派经常同时向不同方向出击和抢劫，国王能率领所有这些派别吗？回来之后，他们在其他团体中进行其他活动；也许选另外一个人做他们的首领，但总是选勇敢的人。——这就是塔西陀所谈的那种将领。谁经常以这种方式当首领，并且很幸运，勇敢地完成了他的行动，他的名字就会在整个部落中著称，而且他逐步领导起全部落的所有成员；假如人们不曾要求他做这样的首领，就对任何勇敢的冒险行动都不可能作出决断；这时，他自己也就像国王那样变得高贵起来，而且在国王死后，他本人或由他亲自教育成人的、能效法他的榜样的儿子会很容易当选为国王。由此可见，这里还没有丝毫世袭实权贵族的痕迹。

这就是塔西陀时代，当时各个日耳曼部落的联系还比较紧密，每个部落还在很大的程度上形成一个整体，这个整体的每个成员还有机会了解他们中间最勇敢的人的业绩，了解这些人的祖先的业绩。后来，由于这些民族内部的普遍骚乱，由于来自东方的压迫，由于向南和向西迁徙，迄今为止的各个部落分离了，并且它们之间的融合产生了新的部落，这些新部落又不断相互融合，再次形成新的部落，这些部落的名字在任何上古历史学家那里都是找不到的。这时，这种名望贵族也肯定将近消亡了。今天还处于自己的民族当中的人——这个民族了解他和他祖先的业绩，而他也同

① 塔西陀：《日耳曼尼亚志》，第 14 章[85]。

样了解这个民族的最伟大和最有名的人——明天也许会受到一个不了解他的英雄业绩的民族的压抑，就像他对这个民族的英雄业绩也不甚了解一样。那些较少受到压迫、留在日耳曼人当中的民族，其情况就是如此，比如萨克逊人、佛里斯兰人等等。而那些进 (I,1,333) 驻罗马帝国的部落，如勃艮第人、汪达尔人、法兰克人和阿列曼人，它们的情况也肯定是这样的。我们从后两个部落的名字上就可以看到，前两个部落是由各种自由人融合而成的，后两个部落则是由一切可能属于日耳曼人的部落融合而成的。

在这些正在普遍解体与融合的部落的某些成员之间还存一种联系，这种联系会成为有朝一日将再次出现在他们中间的一切联系的原因，因此对这种联系进行研究是极为重要的。

塔西陀[①]讲到："日耳曼族的年轻人在靠祖先的荣誉不能在周围召集起其他年轻人时，就靠拢在一位年事已高，早就以个人业绩出众的武夫周围，没有一个人对这种战斗友谊感到惭愧。投入战斗时，如果这样一个首领不如他的战友们勇敢，这就会成为他的耻辱；如果他的战友们不如其首领勇敢，这就会成为他们的耻辱；如果在一场战役中首领战死，他们生还，这就是他们受诟终生的耻辱烙印。他们的最首要、最神圣的誓言是掩护首领，保卫首领，把他们自己的英雄业绩归功于首领。"——这样一种英雄是联合他的战友们的结合点，他们把一切都同他相联系；随他行而往，随他立而止。这是奔流不息的各个部落唯一遗留下来的一些固定点；这些点必须把其余已经解体的部分引向自己一边。那些不确定的、没

① 《日耳曼尼亚志》，第13、14章。

有首领的散落民族，在看到这样一种联系时，就加入进来；人群越大，他们当中勇敢的人越多，参加的人数就越多。他们的旋转带动了一切，所以，这些人群就像雪球一样越滚越大，侵入并占领了欧洲帝国的各省。

(I,1,334)　占领者按照其义务，把战利品分给他忠实的战友们。——塔西陀说①："伟大的战斗友谊只有通过战争才能巩固。他们期待着他们的首领慷慨地赐予他们战马和带血的常胜矛枪；他们不想要军饷，而是期待着虽不精美，但却丰盛的筵席。这一挥霍是由战争的收益来支付的。"——较为舒适的气候，已经耕种的田地，丰富多彩的享受，即已经由被征服者给他们准备好的奢侈，诱使他们在和平中享受现成的东西，放弃他们那种令人不快的森林游牧生活方式。他们开始喜欢耕种，喜欢与此相联系的定居。于是农田也成为他们的战利品；征服者分给他们农田，使他们得到满足。在分配时，征服者仿效森林中推行过的政策，不是把农田作为永久财产分给他们，以免他们由于占有的习惯而贪图安逸，而是仅仅把农田作为任意一段时间的享用品分给他们。

你们在这里看到了**封建制度**的起源。有人曾经推测，封建制度是与我们现今贵族的起源相联系的，但忘了提出一个问题：**贵族是封建制度的起因呢，还是封建制度是贵族的起因呢**？而只有回答这一问题，才能使我们得到正确的观点。

征服者的战友们从他这里获得田产，作为报酬。难道他们是由于享用这一田产而有义务陪同他征战吗？绝对不是；早在这以

① 《日耳曼尼亚志》，第13、14章[86]。

前，他们就通过誓约负有这个义务，他们是由于他的身份，而不是由于他的农田而依赖于征服者的。假如征服者从来不曾、也不可能给他们农田，他们还是有义务根据他们最初立下的誓约，在他的一切活动中陪同他。——当然，由于享受平静的生活方式，由于接受所授的财产，赠品可能对颁发者不利，受采邑者由于从其主人那里获得了一些占有物，他们这时就可能拒绝随同他奔赴战场；而在他们还一无所有的时候，他们是会毫不犹豫地这么做的。诚然，采邑主所能采取的第二步行动是他没收封给他们的采邑；但这全然不是适当的惩罚，这根本就不是惩罚，因为即使没有那种违背义务 (I,1,335)
的事情发生，他也有充分权利收回他的田产。

当然，征服者的这些封臣拥有显赫的名望。一件自然而然的事情是：其他自由人的眼睛盯着这样一些人，这些人最先是站在获得胜利的占领者一边战斗的，在其面前以种种英雄行为著称，每天都参与自己君主的社交活动，在他的筵席上进餐；同样自然而然的是，人民也对这些人的儿子们表示了一部分对他们父亲应有的敬意，如果他们没有由于自己的怯懦使自己不配享受这种敬意。但是，在这里我们还没有看到实权贵族；——还是这种贵族已经对其主人的分封财产有了独享的权利呢？

当然，只有征服者的随同者和战友有权利要求分享战利品，特别是分享作为战利品的一部分田产；其余的人只要求在被征服的国家里分到住宅。但是，究竟是什么东西给了那些人这种特权呢？难道是他们的出身吗？还是除了国王的战斗情谊以外的什么东西呢？每一个其他的自由人确实被排除在占有采邑的行列之外了；但这并不是因为他不是别的，只是一个自由人，而是因为他不是国王的战友。这种战斗情谊就是权利的起源。如果应当对某些家族当时拥有某种独享的特权作出什么证明，那就必须指出，不是每一个自由人，而是只有他们当中的一些人曾有权利跟随一位英雄出征。而这样一种独享的权利应当从何处产生呢？产生在他们的森林中吗？按照塔西陀的明确记载，在那里，正是那些不足以依靠祖先荣誉在自己周围聚集一群年轻人的人才陪同一位强有力的武夫出征。或者这种权利是在君主专制出现之后才产生的吗？在后一种情况下，究竟谁有独享的特权呢？难道是那些已经属于君主的随从的人吗？或是他们的孩子呢？

孟德斯鸠并没有研究名望贵族与实权贵族的上述区分，而是认为，在进行征服之前就存在一种独有的世袭贵族，并对这种事实提供了两个论据；因此，根据以上推论，他必定认为，只有他假定的
(I,1,336) 贵族才有资格陪同一位从事征服活动的英雄出征，因为他自己在关于封建制度起源的问题上同我们的意见是一致的；而这本来是他的两个论据必须证明的。

虔诚者路易[87]有一个叫爱奔的人，他出生时是奴隶，后来获得自由，路易把他提升为兰斯大主教。这位国王的传记作者戴甘[88]指责这位爱奔忘恩负义，因此对他说："你给他什么报答呢？他使你得到自由；当然没有使你成为贵族，这是给你自由后不可能做到的事。"①孟德斯鸠想由此证明，当时在单纯的自由人和贵族之间

① 《论法的精神》，第 30 章，第 25 节[89]。——Fecit te liberum, non nobilem, quod impossibile est post libertatem〔他使你得到自由，而没有使你成为贵族，他给予你自由之后，不可能使你成为贵族〕。

已经存在一种常见的差别。但这段话究竟说了些什么呢？——我们不想像杜波[90]神父那样作解释，他的解释正确地批评了孟德斯鸠。——那位传记作者说，给一位获得自由的奴隶以贵族称号是 (I,1,337) 不可能的。在哪方面不可能呢？物质方面还是道德方面？再或是政治方面？——是出于自然的原因还是由于帝国宪法？戴甘不是说些荒谬的话，就是不想说出后一种原因。如果只有占有采邑是贵族的标志，如果只有国王的战斗友谊是获得采邑的途径——就像孟德斯鸠所承认的那样，在这方面他是很坚决的——那么，每一个主教自己就把自己排除在这种采邑贵族之外了。虽然主教们，至少是出身于日耳曼民族的主教们，在这个时代也亲自奔赴战场，但没有一个在教会供职的人能像那些战友一样，同一位国王这么亲密，这么生死与共。两者显然不可兼得。因此，戴甘本来应说的是给**一个主教**以贵族称号是不可能的，而不是给**一个获得自由的人**以贵族称号是不可能的。所以，戴甘谈的不是政治上的不可能性，而是物质上和道德上的不可能性，并且他所指的是名望贵族。爱奔出身于奴隶，这是有人早已知道的事情；对他获得自由的审理和国王使他获得的高位，不过使此事更加广为人知罢了；但是，在作出这样一种公开宣告之后，国王总不能命令和要求公众舆论相信爱奔是出身于古老的自由家族。——也许爱奔由于出身低贱，曾受到歧视，这伤了他的心，并引起了他对国王的仇恨，因而他认为，国王把他提拔到那个高位，不过是使他遭受别人的讥评。戴甘似乎要设法在爱奔面前为国王辩解。因此，这段话所能证明的，也许是这个时代的人不像尊重自由人那样尊重奴隶出身的人；这种意见可以毫无区别地适合于每个时代。——人们并没有责备这种解释在戴甘那里是以他不能期望得到的哲学上的区分为前提的。如果像人们假定已经证明的那样，在戴甘的时代除了名望贵族，没有其他贵族，那么，戴甘就没有什么可区别的了，这样，他的话对他的同时代人来说，除了已经指出的意义以外，就不可能有别的意义。而孟德斯鸠则相反，为了把这种意义强加给作者的记载——他把作者与此联系起来——他必须假定，戴甘已经具有关于世袭
(I,1,338) 实权贵族的概念，因此，在他的时代已经存在这样一种贵族；一句话，为了解释的需要，他必须把他想通过解释加以证明的东西假定为业已得到证明的。

查理大帝[91]在其国土分割文件中规定，他的任何一个儿子手下的任何一个封臣都只能在其封主的领地内占有一份采邑①，但封臣的自由土地，②不管位于谁的领地内，都应当保留；但是，他允许每一个自由人在其封主死亡后，或在至今尚无封主时，可以选择一个他愿意在其领地内受封的封主。在一个于 587 年由贡特兰[93]、查理柏[94]和布纶荷[95]在莱桑德利缔结的类似的国土分配契约——这个契约几乎在所有部分都同查理大帝的规定相似——中有对封臣的同样规定，但是没有对自由人的规定；于是孟德斯鸠从中得出结论说，只是在贡特兰和查理大帝的统治交替的时期，自由

① 在所引的孟德斯鸠著作第 31 章，第 25 节[92]。——从这种规定中也可得出结论，在查理大帝时代，采邑法还是以旧的形态继续存在。他的儿子们在还未掌权之前就有了自己的封臣，但他们还没有可以分封的采地。因此，他们的封臣并不是通过占有采地，而只是通过誓约对他们个人负有义务，同他们个人联结起来的。

② 自由人不是作为采地，而是作为财产所占有的田产，叫做自由土地。当时所有的田产不是采地，就是自由土地。

人才获得了占有采邑的权利，或者——我认为这是同一个意思——才获得了申请陪同国王或其他大人物的权利。但是，如果人们不事先作出这种假设，我则看不出如何能得出这个结论。我 (I,1,339)
想作一个相反的假设。我们想看看，那两个国土分割文件的区别是否不能得到这么自然的解释。——如果从君主专制国家伊始，也就是说，在贡特兰时代前后，自由人就有权利依附于一个他愿意依附的封主，那么，在莱桑德利国土分割契约中对此作出规定就完全是多余的。这不应当，也不可能是什么新实行的权利。不管一个自由人是依附于贡特兰，还是依附于查理柏，他都成为封臣，服从其封主的命令；由于只有在随同出征的条件下才能获得采地，而这一条件却把封臣束缚于封主个人，所以这个封臣就不能是另一个封主的人，也不能占有另一个封主的封地。这就是产生于实际情况的结论，而无须任何别的规定。——但是，正是这些现在成为封臣的自由人占有自由土地。由于这种土地是无条件授予的，所以它们也可以被无条件没收；它们不容争辩地属于其所有者。如果一个在贡特兰领地中占有一份自由土地的自由人，把自己献给查理柏，以获得分封，那么，从现在起，他当然就不可以再占有贡特兰领地中的采地了，但是他的自由土地还必须归他占有。——现在，双方开战了。自由人由于其自由土地，有义务在贡特兰主管下服兵役；同时由于其封臣誓约，有义务直接在查理柏手下服兵役。他不能把自己一分为二；采邑有优先权，因为采邑直接把封臣的人身束缚于封主的人身上了。但是应当怎样使贡特兰满意呢？侵犯自由土地的所有权，把它交给另一个已经据此替他服过兵役的人，这是他不可以做的。这一定会引起国王之间各种各样的争执。查

(I,1,340) 理大帝的祖先们极有可能曾试图通过对自由土地的所有权的非法侵犯，或者通过对自由人选自己喜欢的人为封主的权利的侵犯——这也同样非法——来消除这些争执的起因。他们或者像没收采邑那样，没收了已把另一个君主作为自己的封主的人位于他们领地中的自由土地，或者禁止了一切自由土地占有者参加选举他们以外的其他人为封主。而查理受到远古时代的经验的告诫，认为**用明确的语言**，坚决地禁止已经被**实际情况**禁止了的东西是必要的，没有这种先前的经验，他的前辈不可能禁止这种东西。——此外，这时已经找到了另一条出路，以避免采邑义务和自由土地义务的那些冲突；人们在孟德斯鸠书中看到他引用的明确规定，已经允许用另一种服务来代替以自由土地为依据的服务。

于是，这种情况并没有证明是**支持**孟德斯鸠，规定的内容反而证明一切都是**反对**孟德斯鸠的，并推翻了他的体系，使之无法挽救。谁由于其封主死亡而失去了封主，谁就像不曾有过封主的人一样，被称为**自由的**。但是，在封主未死之前，这位封臣是何许人也？那时他也**自由**吗？他在这种关系中被法律称为封臣。因此，自由人就不只是**相对于奴隶**，而且也是**相对于封臣**被称为自由的；事实上，像我们已经在上面从塔西陀的记载中看到的那样，根据原初的宪法，没有一个人比封臣的自由更少。但是，在封臣由于其封主之死，甚至自身失去其作为封臣的特点，并退回到自由人的普通等级的时候，人们想怎样来寻找一个世袭贵族呢？人们怎能相信，在最高贵的人都必须一直等待做高于自由人的人的地方，曾有过高于自由人的人呢？难道由于他的封主的死亡，他就被罢免做贵族了吗？我认为，在作出这样一个十分重要的证明之后，人们就不应当再费口舌捍卫那种体系了。

我不否认我对伟大人物的尊敬，如果我以为自己比他看得更远，那我是站在他的肩上，得到了他本人的支持。在著作领域中，我看到一位最伟大的人物由于他有不可估量的知识和令人惊叹的洞察力，而被拉去捍卫各种事先确定的见解，而在这些见解面前，他的那些特点一定会使他受到保护，这样一种情景与其说是激动人心的，倒不如说是警告人们的。 (I,1,341)

我们仍旧没有发现世袭实权贵族；我们仍旧一直没有发现国王的直接战友的个人特权，只发现了那种必然是由战斗情谊产生的权利，即分享战利品。——征服者们制定法律，他们的战友和食客会受到特别优待，这是可以预料的。谁杀死一个自由人或获得自由的人，谁就付 200 苏金币，谁杀死一个国王的随从，谁就付 600 苏金币，这是与死者遗属所签订的条约规定了的①。这诚然是一种特权；但是，如果要为世袭实权贵族证明这种特权，那就必须再一次指出，有些自由家族已被排除在与这种权利相联系的地位之外了，即不能作国王的随从；但是，由这一点得到的正是相反的证明。因此，这仅仅是一种个人的优惠，封臣一死，这一优惠就从家庭中取消了；如果封主死在封臣之前，连封臣自己也会失去这一

① 苏为古罗马金币单位。在这里，没有人会想到我们的先令。没有必要规定这种钱币的价值。——一项谋杀不是被看作对国家的损害，而是仅仅被看作对家族的损害——使封主的家族缺员——或者，如果是奴隶被杀的话，被看作对物主的损失，这完全是他们原来的宪法的精神（见塔西陀，第 21 节[96]）。后者有报仇的权利。这一权利可用法律规定的钱买下。以后，在调停此事的法院的和平名义下，谋杀者再付这一罚金的第三部分。

优惠；他找不到什么办法能被吸收为他的封主的后继者的随从。——查理大帝曾有一个封臣，谁杀死了他，那人就得付600苏金币。查理死了，他不愿意或者不能成为虔诚者路易的封臣，根据
(I,1,342) 查理的上述规定，他现在就叫作自由人。他被杀死了。根据上述法律，谋杀者得付多少钱呢？——除此之外，他们在法庭面前很少能得到优惠，以致每一个控告奴隶、并要求同他依法进行决斗的贵族，都必须徒步行走，身着衬衣，用武器和木棍同他战斗。① 可以预料，国王的这样一种战士的儿子也许是由其父亲传授给枪法的，他愿意接替父亲的义务，而国王也不会轻易愿意把这种义务转交给别人。这样，他就开始占有他父亲曾占有的权利；但这不是由于他的出身，而是由于他自己已献身给国王。诚然，对祖先功绩的感激怀念必定会促使国王们在某种自由选择中，首先选择有名望的人物的后代，而不选择无名的陌生家族的后代；但法律并不要求他们这样做。因此，那种对歧视古老家族的抱怨，那种对起用无名家族或外国家族的抱怨——这些抱怨在梅罗文王朝[99]统治时期就已经有人提出，在虔诚者路易和秃头者查理[100]时期则呼声更高、更尖锐——根本不是基于帝国宪法受到的损害，因为这部宪法反正不会容忍已经变得强大和独立的封臣们；它们是基于对那种感激怀念的忽视，而在这里它们并不是单纯基于贵族的嫉妒和傲慢。

---

① 见孟德斯鸠，第28章，第24节[97]。他在这一节摆出了他的权威。——Villain〔农奴〕出现在波马诺亚的书[98]中，这除了奴隶的意思，不可能有任何其他的意思。每个自由人，即使他不是封臣，也都被认为必须服兵役，因此，他曾经受过使用武器的训练；只有奴隶被排除在这两种人之外。这里不是从语言角度来证明这个词的意义的地方。

在这期间，人民的精神日益从好战的掠夺欲望转变为对他们拥有的东西的和平享受；采邑成为终身的授予物，最终成为世袭的授与物，整个制度正好被颠倒过来。从前，与国王的战斗情谊是占 (I,1,343) 有采邑和个人特权的原因，现在，在第一个继承父亲采邑的人那里，占有采邑成为与国王的战斗情谊的原因，成为与此相联系的个人特权的原因；从前，服兵役给了战士一种要求采邑的权利，现在采邑给了国王一种要求服兵役的权利。继承采邑者同时也继承了种种基于采邑的义务，只有根据这些义务，他才能继承种种与此相联系的个人特权。这时，才有了一种继承权利的贵族，这是我们的新贵族的两个独特标志。也只有以这种方式，只有在这种条件下，一个民族——不管它如何野蛮——才能想到使这样一种东西成为世袭的，这种东西按照其本性而言，只能自愿接受，但绝不能转交，即义务和权利。他们把义务和权利同某种当然可以世袭的东西联系起来，即同土地联系起来。谁不愿意要土地，谁就不负有义务，也放弃了特权，这都随每个人的方便。契约权利仍然不受损害地存在着。谁接受了土地，谁也就接受了各种基于土地的义务，这不是通过一种默契，而是通过一种正式契约，即通过那种代替了森林中通行的献身誓约的采邑誓约。个人特权与这些义务相互结合在一起，他在继承采邑的时候，并没有继承这些个人特权，而是由于接受了基于采邑的义务，才获得了这些个人特权，因此，他不是通过遗产，而是通过契约才获得这些特权。

这就是我们的世袭实权贵族产生的最初起因；但这种世袭实权贵族还远远不是真正的。出身还一直没有产生贵族；出身产生了采邑，采邑才产生了贵族。如果一位直接的帝国封臣有许多儿子，只有其中**一个**儿子继承了采邑，那么，也就只有**这个**儿子继承了贵族。这个儿子大多把自己的一部分采邑作为复采邑，分给他的兄弟们，这些兄弟就成为**他的贵族**，**他**自己则是国王的一个贵族。——关于这一点我们不久即会谈到。

我们现今的世袭贵族不是间接通过什么遗产，通过田产产生的，而是直接通过出身产生的，不是由于继承特殊义务产生的，而是由于自以为可以摆脱一切义务，只继承特权产生的，为了揭示这一产生过程，我们必须深入到一个同样黑暗而更为腐朽的时代中去，在这个时代，古老的野蛮状态已经失去其昔日的重要地位，但依然会存在，人们依然会相信自己早已毁灭其基石的那个制度继续存在。

(I,1,344) 在当时法兰克帝国的各个国家中，那些原初的采邑都无限分割成另外一些附属于它们的采邑；每一块采邑都是一棵生长枝干的树木，这些枝干又生长出自己的枝桠，枝桠则生长出自己的叶子。每个封臣都收罗自己的二封臣，每个二封臣又收罗自己的三封臣；大家的目的都是试图依靠自己的势力，能够对抗自己的直接封主，使自己独立于这位封主；谁都没有事先预料到自己不久即会遭遇的事情，那就是他的封臣们不久就会把他教给他们用于反对**他的**封主的力量，转而对准**他们的**封主。帝国，这个最大的封主，首先丧失了力量；各个直接的采邑按照其面积大小，逐渐步其后尘，这样，间接的采邑和更为间接的采邑也开始失去力量。帝国有多少大采邑，帝国就分为多少国家；这些国家有多少附属的采邑，又分为多少国家，如此下推。自由土地的占有者过去不是任何人的封主，也不是任何人的奴仆，从来都处于帝国的保护之下；这时他则失去了支持，因为帝国失去了力量。如果他没有足够的力量保护自己，如果他的自由土地的面积不足以分割成块，给自己收罗封臣，他就必须加入一个强大的团体，把他的自由土地当作一个巨大的帝国采邑的复采邑，归并于帝国采邑。就是这样，所有的自由土地都渐渐成为采邑，而帝国在由于采邑世袭，早已失去了它的最初所有——采邑——之后，也失去了它的最后所有。在以前各个时代的动乱和战争中，许多自由人都丧失了自由；那些还拥有部分自由，但没有财产购买现在还允许的另一部分自由的人们，现在也肯定失去了自由。从此时起，除了**奴隶**或**封臣**，就别无他人了；**自由人**已不复存在。

自从采用法律和法庭以来，封臣们在其领地中拥有了司法权。他们在他们的法庭——被人称之为他们的**宫廷**[①]——面前，把自己在帝国法庭面前具有的类似的特权给了自己的封臣；这些封臣如果还有自己的封臣，就又把这些特权给了自己的封臣。帝国有自己的贵族，每个较小的领主也有他们的贵族[②]。伯爵，即自由土 (I,1,345)
地占有者的法官，早已失去了他们曾经行使过的司法权。自由土地已不复存在。这些封臣们已经通过继承遗产的方式把伯爵领地侵吞了，也许是把其中的绝大部分作为采邑占有的。所有的法庭都是采邑法庭，在这些法庭面前，一切进入其中的封主都是贵族。

---

① 即 La cour〔宫廷〕，或 palatium〔宫廷〕；由此就产生了 comes platinus〔宫廷陪审法官〕——直接的帝国法庭的陪审法官。在帝国法庭里，帝国的封臣们受到审判，他们与伯爵相反，因为伯爵是以帝国的名义对占有自由土地的自由人进行审判。

② 由此产生了 Pairs〔重臣〕，或 pares〔重臣〕，他们代表直接的帝国封臣和帝国贵族。他们相互之间是一样的，处于同一等级上。占有采邑和复采邑的间接的贵族和更为间接的贵族则同他们不一样。

因此，只存在贵族和奴隶；那时已没有第三等级了。

不管这类贵族出身如何间接，它还是以占有采邑为基础的。封臣的名称是根据其封地定的；那时没有家族姓氏①。那些不能得到采邑的封臣后裔又重新成为无名人氏，人们能够据以认识他们的东西不复存在了；他们变成了什么人，这无法说明——ignotis perierunt mortibus[101]〔他们陷入险境，默默死去〕。——这时，除了一块彩绘的木板这类小玩意儿表示贵族身份，依然不存在单靠出身产生的贵族。

较大的封臣在自己的宫廷里教自己的领主子弟习武。这些宫廷渐渐显赫起来，并且具有彬彬有礼的气氛；骑士精神产生了，并随之产生了骑士比武。全身披挂铠甲的战斗骑士想用某种东西标志自己，在经过几番尝试之后，就在盾牌上画一幅画作为标志。他 (I,1,346) 靠勇敢和强有力的行动享有了名望，这幅画对他的后代来说就获得了某种庄严的意义。各个家族的联结点被发现了，从父亲那里没有继承到什么的人，至少继承了那幅画在他盾牌上的画，并且也常被人们按这幅画称呼自己。——我们古老的德国家族的姓名或者是来源于他们原先的采邑，在这种情况下人们大多能指出同名的村庄或城堡；或者是来源于他们的盾徽，在这种情况下相似性就很明显，盾徽学称这种盾徽为表意盾徽。——当时姓名是从盾徽而

① 但愿没有一个略懂日耳曼民族史的人会否认这一点。梅罗文、加洛林和加佩的名字是后来历史学家为了便于综观全貌虚构出来的。梅罗维(克洛雏很可能不知道自己更早的祖先)、查理和加佩[102]都是个人的名字，路易十六有权不愿意叫加佩[103]。如果他不再叫法国国王，那他除了自己的洗礼名字外，就根本没有名字了。任何一个国王或掌权的诸侯都没有自己的名字；国王、公爵和诸侯都是表示身份的名称，而不是名字。

来。新封的贵族家族的情况正相反，他们的盾徽常常来自姓名。

在这期间，战争中有一种主要情况也发生了变化。原来只有自由人上战场。现在自由人已成为贵族，由于压迫一切不能成为这种人的人，自由人的数量大为减少；但是，由于每一个无论多小的领主都参战，战斗的次数大大增加了。最强大的封臣，如果只率领他的贵族上战场，就无法抵御他的敌人；一个也要打仗的小村领主的人马就更少了。这时，无人身自由的农民也来服兵役了。较为强大的封臣们想启用他们的领主后代中那些受过武器训练的人们在战斗中做隶农的指挥官。他们过去无法给他们采邑，为了在这方面使用他们，可能在他们的宫廷和法庭面前给他们以他们真正的领主所具有的特权。这已成为司空见惯的事情；这时，那些并没有从他们那里明确获得这种特权的人，也无理地要求这种特权，把它作为理所当然的东西。没有人能够或者愿意查处此事，这样就产生了一种冒险的看法：人们可以直接依靠出身获得**优于**他人和**高于**他人的特权。

我已经在前一章指出，这本身是不可能的，因为它违背人的天赋的、不可出让的权利；在任何一个古老国家，并且在很长一段时间内，在任何一个近代国家，人们都不会持这种看法；在现代国家中这种偏见并不是由宪法确立的，而是由愚昧无知、滥用职权和无理要求逐渐导致的。——但是，现在还是让我们来逐个审查贵族 (I,1,347)
的全部要求吧！

首先，他们要求我们有一种看法，即他们想被看作更高贵的人。古老民族的贵族也同样要求人们有这种看法；在这一点上，新贵族和旧贵族是完全一致的，但在方式上又有明显不同。——现代贵族对我们说,“我出身于贵族。”如果一个罗马人自称是布鲁图[104]、斯奇比奥、阿庇[105],或者西蒙自称是米太亚德的儿子,情况则完全不同。这时,**特定**人物的**特定**业绩就在听到他的尊姓的民众心里突然呈现出来,同那个通过自己的名字或父名重新唤起人们对自己的怀念的人物联系在一起。但是,对那种不确定的、泛泛的**贵族**概念,**我们**如何设想呢?至少没有什么明确的想法。——或者,现代贵族也告诉我们他的名字:我是冯·X先生,或者是冯·Y先生或冯·Z先生;这样,他和我们一样,也大多没有什么了不起。总的来说,我们在我们祖国的历史上了解本乡本土,远不及古老民族,因为有人尽量阻止我们参与公共事务,而我们在必要时知道的东西也极少能激发我们参与这类事务,因为这大多不值得去参与。我们如果已经非常透彻了解X世家或Y世家的祖先的业绩,还要知道什么呢?也许,某个人曾在国王弗里德利希二世[106]比武时参加过格斗;另一个人曾参加过十字军东征;在近代,第三个人就像所有的人都习惯于当部长一样,是部长;第四个人就像所有的人都习惯于当将军一样,是将军;第五个人作为使节缔结了交换几个村庄的契约或赎回了一块典押的土地;第六个人在各种战斗中表现勇敢。好吧;但他是**如何**表现勇敢的呢?人们难道不能得知他的英雄气概的各种特征,不能得知各种情况的特殊细节吗?人们真是无所不问!他表现得足够勇敢;这已载于某本编年史中。——目前,大概除了普鲁士国家,我还不知道有什么国家会由于称呼某些名字而唤起强烈的联想。我听人称呼凯特[107]、施威
(I,1,348) 林[108]、温特费尔德[109]。这就使我想起了同名的弗里德利希的英雄们的业绩;我渴望知道,那陌生人是否出身于这个家族,他是否沿

着他们的足迹前进。但是，如果人们想起完成那些伟大业绩是为了什么，在仁爱者的心灵中就连这种回忆也会立刻带着一种忧郁的感觉。此外，我们历史上的英雄们几乎都没有容貌；这一历史对于勇敢者、忠诚者和干练者只有一种模式，历史把他们都铸入这一模式。我们只要看到一个人，我们就看到了全体。这个过错是在我们的英雄，还是在我们的历史学家呢？

总有一些过错是在英雄们，而在近代则几乎完全在他们。在我们这里，一切都有其确定规则，我们的国家是钟表作坊，在这里，一切都像已经调准的那样走动。随意性、个人性格几乎全无活动余地。个人性格不应当有活动余地，它是多余的、有害的，一位好父亲或好教育者已经规定其弟子从事的职业，他们谨小慎微，设法使其弟子防范这种有害的东西。每个人的头脑都被费力地铸入他那时代的约定俗成的模式。——弟子问道："为什么这个或那个是这样的？它也可以是别样的；它为什么不是别样的？"谙于世故的老师回答他道："别问，它就是这样；因为它是这样，所以它就必须是这样。"只要他稍微重复这一理论，他就会说服他的弟子，而他的弟子也会从此不再提这个令人不快的问题。——在古老家族那里，不仅特定的人有其性格，甚至家族的性格也十分强烈。人们大多确切知道，对冠以某名的某人可以指望什么。古罗马贵族想筑造一道坚固的、不可动摇的堤坝，抵御人民的骚乱；他们使用阿皮家族的成员，这类人是人民暴力的天敌。罗马人想看到压制自由的人已被清除；他们给他们的人写道：布鲁图，你还能睡觉吗？布鲁图这个富有意义的名字所表达的含义之多，胜过最长的演说。铲除篡位者，是布鲁图家族世代相传的任务。奥古斯都[110]统治时期，已经没有篡位者了，否则他是不能长久统治的。——你们难道不想告诉我，冯·X、Y或Z先生们有什么特定的家族性格吗？如果有人对我说起一个来，我可以期待什么极其特别的东西呢？

(I,1,349) 最后，我们期待已久的是弄清古代的名望贵族和我们的贵族之间的主要区别，这种区别完全有损于后者的事业。古代的贵族是被授予的，我们的贵族是硬要来的；在那里，名望是自愿决定的，在这里，名望是被给予的。古代的贵族并不用什么东西明显地突出自己；罗马贵族使用他们的三个名字，正如最卑微的公民使用它们一样；祖先的肖像是私人的东西，它们一直被锁藏在他们的住宅里，直到房主死后才从房子里被搬出来；在房主结束自己的生涯之后，他们并不想向人民预示相似的业绩，而是只想请人民把新近的死者同其祖先加以比较；他们不要求更大的荣誉证明或在社会中的特殊称号，他们越高贵，越期望通过新的身份提高他们家族的高贵程度，他们就越发屈尊，以显示自己宽容。我们的贵族的做法则大不相同。连他们的名字在我们面前都显得两样，而且仅仅为了这个名字，他们就在真正的尊贵者面前要求捷足先登和特殊荣誉证明；与古代贵族相比，他们在极少对公共舆论提出要求的情况下就这样做了，并且他们相信，他们的无耻要求能弥补他们要求受到特别尊敬的不充足的理由。但是，名望是永远不能强求的，谁违反它的本性来对待它，谁就会自食其果。罗马贵族在他们同我们的贵族相似时，受到了人民中其他阶层的最强烈的憎恨和嘲笑；但是，一旦他们被赶回到他们的界限内，一旦另一个贵族，单纯的名望贵族，取代他们的地位，我们就不再发现，罗马人曾经嘲讽或憎恨过贵族。但是我们的贵族的命运怎样呢？自从有这一贵族和时代的思维方式的纪念碑以来，他总是其他阶层敬畏、憎恨和挖苦的对象；甚至连君主也一向试图贬低和削弱这类曾经是他们的唯一支柱的东西，贬低和削弱这类在我们眼前呈现为一架可以平步青云的天梯的东西，而且我们的时代已经发展到这种地步，以致这类别无所长的贵族，只有极其谦卑，才能在较有名望的公民阶层、学者、商人和手艺人当中得到容忍。

诚然，雷贝格先生，一位配得上捍卫这类事业的人物，也认为受尊敬的人物的后代**按照法律**必须受到尊敬。他说[①]："这是粘在——他所谈的对象的高贵看来没有使他的语言高贵起来——出 (I,1,350)
身高贵的人身上的。他的祖先从来就属于国中受尊敬的人。他也许会由于自己的罪恶辱没这一尊严，正如他会由于自己的德行给这一尊严增光一样。但是，如果他并未使执法者**按照法律**打碎他的盾徽，撤销他的头衔，他是不会毁灭这一尊严的。"我请问，那种**尊严**，如果曾经是尊严，难道现在被毁灭了吗？在执法者打碎了他的盾徽之后[②]，他从前的父亲就不再是**那位**人物了吗？他父亲的父亲就不再是原来那个人了吗？难道他的祖先已不再属于国中受尊敬的人，已经发生的事情变成未曾发生的事情了吗？那位宫女比雷贝格先生作出了更为正确的判断："我们的出身是天父不能从我这里拿走的。"或者，这个人也许想说些不同于他实际说过的话，而只是没有发觉有点不明确呢？从他其余的不明确的说法中可以得知，他大概是这样想的。他原来说过："一位老贵族的祖先几百

---

① 见第64页[111]。

② 一位廉洁的、亲手打碎盾徽的执法者。

年来一直属于国家第一流人物，这位老贵族享有一种极受人尊敬的地位，即使他本人不应受到这种尊敬。”[112]他在下面说得更深刻：“世界上（地球上?）没有一个君主能把他封的贵族等同于旧贵族；他不能命令人们像尊敬整个古老贵族那样尊敬新的暴发户。”[113]因此，他似乎在谈民意赋予的**尊严**。按照他自己的话，这种尊严不能通过命令授予，但可以通过判决被夺走；人们不能命令我们尊重某人，但人们能够命令我们不要再尊重某人。这确实是一种彻底的哲学！——但是，我们想尽可能完整地转述他的意思。这似乎是说，那种尊严当然不应当取决于自由的意见，它应当有法律效力，只是那赋予它法律效力的法律不应当是君主的绝对命令，而应当以一般公民社会的必要机构为根据。——“这种尊敬不是产生于
(I,1,351) 各个具有同样出身的人”，他抱着他那惯常的公道态度说道，“**就像畜群中的幼畜出世时同老畜酷似，长大时与老畜相同那样**；这种尊严产生于家族的血统。”[114]——如果情况是这样，我们就必须一如既往地尊敬被雷贝格式的执法者打碎了盾徽的旧贵族，因为他依然属于那个家族的血统。但这一切都是杜撰和不高明的诡辩。我们从来不**按照法律**尊敬某人。崇高的敬意从来都是不能由一般的国家宪法，也不能由君主的绝对命令强求的；它表现为自愿的。如果一位有功之臣的后代没有因为自己的劣迹使自己不配享受这种尊敬，这种敬意当然很容易落到这位后代身上。如果他有劣迹，即使他的贵族称号没有通过法律判决被取消，他也会受到鄙视。这样一种正式的判决顶多能起**这样的**作用，即受惩罚者的违法行为得到具有法律效力的证明，成为众所周知的事实；但是，事实的简单陈述及其证明也会对民意起同样的作用。如果因为一位旧贵族

曾经像大丈夫那样勇敢地反对过一位暴君的不正当要求，而这位暴君罢黜他的贵族称号，那么，我们便不会因此**减少**对他的尊敬，我们将**更加**尊敬他。在民意中，高贵与否是不取决于法律判决和法律传统的。

一位作家没有才能当他所想当的出色诡辩家，与他论战既不是愉快的事情，也不是光荣的事情；这种人在思想和语言上都属于仅仅比粗制滥造的作家略胜一筹的末流作家。诚然，如果不是看来他在用他那尖叫的声音，硬要一些好心的读者把他归入德国的第一流作家，我本来用不着承担这项吃力不讨好的工作。为了安慰我们的读者，我们在这里向他们许诺，我们将在本书中小心谨慎，以免在我们的道路上又碰到他。但是，我们也不能受法律效力的约束，在心里尊敬伟大人物的后代，因为这是一种内心的信念，我们无权随意处置，所以，如果有人还会提出异议，那么，也许可以设想一种给予他们以某种外在的尊敬标志的义务，这种标志当然我们有权随意处置，而另一类法官也能对于遵守这种义务的情况 (I,1,352)
作出评判。从这些外在的尊敬的表示中人们永远无法知道它们是否发自内心的尊敬，如果我们问它们有什么用处，那么，谁都不要希望我们的贵族会回答说："这样一来，我们至少会有一种甜蜜的错觉，以为你们尊敬我们，尽管你们也许在内心里是鄙视我们的。"因此，只能设想这种外在尊敬的目的在于，别人那种单纯为了贵族称号而尊敬贵族的善良意愿不至于让我们破坏。即使**我们**不想尊敬他们，我们也不应当用我们的态度，煽动那些也许向来都想尊敬他们的人；相反地，我们应当用我们表示尊敬的态度，引起别人对贵族的敬畏，而这种敬畏是我们自己不可能向他们表示的。这或者取决于对下列明智性问题的回答:国家中的某些阶层受到特别尊敬,尤其是出身决定这些阶层,这是有益的吗?对这一问题的回答不属于现在这本书的范围;本书只研讨权利,而不研讨有益与否。或者,这是一个合理性的问题:“既然伟大祖先的功绩并没有赋予其后代们以任何持之有据的权利,要求我们尊敬他们,所以,我们在那些同我们十分有关的场合,消除掉他们受到尊敬的可能性,这不至少是公平合理的吗?”诚然,这个问题与我们的意图有联系,并且完全打开了我们研究的通道:从对名望贵族的研讨中究竟会给我们反对贵族的态度得出什么结论呢?

“我出身于贵族”,这首先常常意味着:我的祖先们好几代都一直生活于某种富裕生活中;我自己从小就已习惯于过这种富裕生活,因此,我就获得了一种权利,要求比你们这些不曾习惯于这种生活的人们更舒适地生活。——我说,这只不过经常意味着:毕竟有一些省份——我在这里不想挑明——在那里倒可以推断,贵族起源于相反的人,即起源于一种从事低贱职业、度过肮脏和匮乏生活的青年人。——或者,“我出身于贵族”意味着:我的祖先们在他们的同胞中享有一定声望;我在童年和青年时代因为他们而受到尊敬;我已经习惯于受人尊敬,现在我想靠我自己成为可尊敬的人。但是,在那些省份里,那句话连这样的意思也没有,在那里,祖先们曾经在黑暗中用自己的双手建造起了小田庄。——但是,在
(I,1,353) 那句话有双层意思的地方,能得出什么结论呢?总不会得出结论说,由于一个人的祖先有声望,很富裕,我们就必须尊敬他,并用我们的钱使他富裕起来;而只能得出结论说:同我们其他人相比,他有更高的要求,争取获得他已习惯于享有的富裕和名望,他会竭尽

全力，使自己凌驾于自己的同胞之上。由此可见，他的出身充其量是他那种由自己的才能和力量支持的功名心的通行证。但请问：即使没有出身，谁又得不到这张由自己的才能和独特的优势力量签发的通行证呢？他会尽可能利用民意，以期获得一种他个人的力量所不能给他的优势，而我们将设法用我们的权利削弱这种优势，结果，我们在进行着一场公开的争斗，每个人都使用自己的武器，失败者必须忍受其不幸。——如果有两个人，一个出身名门，另一个出身贫寒，他们有同样的才能，同样的力量，争夺国家中同样的地位；前者能要求后者向他屈服吗？“你不像我这么需要崇高的地位，我因为伟大祖先的光荣而不得不战斗；对你来说，一个较低的地位已经足够了吧？”前者可以对后者这样说吗？如果后者回答前者说：“你可以躺在你祖先的荣誉桂冠上睡大觉，你不会失去人民的敬意；可人们对我却只会因为我自己才表示敬意，我必须为我的整个无名家族雪耻，我必须为我的一切无所作为的祖先而工作。”我们能说后者没有道理吗？但我认为两者都没有道理。每个人都是尽其所能而为，但偶然情况或优势力量可以决定胜负。

“我出身于贵族”也可以表示：我的祖先们在世时是深孚众望的，这种名望迫使他们严格遵守正直和荣誉的原则。他们在他们的崇高地位上做任何坏事，都会引世人注目，遭到揭发和惩罚。由于他们没有成为这种人，所以必须认为，他们没有做过什么有损名誉的事情。这些祖辈相传、似乎已经成为家族遗产的原则，最终传到了我这里。比起那些不晓得按照什么原则培养起来的人们，大家肯定期待我的行为能维护尊严和无懈可击。这样，我们就碰到了已经提过的贵族的荣誉问题(point d’honneur)。

那种被贵族视为其唯一遗产的尊严感，是我们以前的时代与
(I,1,354) 风俗的珍贵遗物；不管它当时起过多大作用，有过多大用处，它现在则全然无用了；在我们的世界中，它是一个不能找到自己的位置，也不能维持自己的地位的陌生人。——一切新生民族都把自然状态下的情调带进它们建立国家宪法的最初尝试中，因而它们都使全部德行成为勇敢的和强大的。最古老的希腊人是如此，日耳曼各部族是如此，北美的野蛮人一旦要建立国家，还会如此。由那种情调造成的信念，也的确足以建立这些简单的国家机构。他们的信念是：对欺骗、狡诈和卑躬屈膝的鄙视；对手无寸铁者的爱护，对弱者的宽宏大量。他们接受教育，长大成人，在一向被他们战胜的各种险境中变得苍老。粗犷的战士的勇气是不可动摇的，当他肯定能走较短的直路，历尽一切艰险达到自己的目标时，他鄙视在任何地方走迂回曲折的道路。——一俟处于这种状况下的一个民族要求享受和平和民族艺术，它的需求以及随之而来的各种尝试也就变得更多种多样。防范别人的许多途径开辟出来了。单纯的勇气不再到处够用了，这里也要求明智、柔韧、退让和静心忍耐。诚然，粗犷的战士最初会很难适应这种事物的新秩序；他会觉得明智是狡诈，柔韧是卑鄙，退让是卑躬屈膝；但是，他的认识会逐步完善起来，谁能向他担保，他的没有什么思想准备的儿子或孙子不会被拉到那条狭窄的界线外边，陷入他的更为粗犷的祖先在相似的道德生活中曾经害怕并且避免过的那种恶习呢？于是，昔日赖以建立尊严感的基础被拆除了，现在，尊严感变成了空中楼阁，而在从前则是令人敬畏的坚固大厦。——有人在那里说：我不曾这样做，你们向那个以为自己受到侮辱的人彻底赔礼道歉吧；这是

你们祖先的崇高原则。——是的，在过去，如果他这么做了，他就按照时代的信念，向那个人彻底赔礼道歉；他在那个人面前把自己贬得很低，以致他出于对那个人的害怕而撒谎。他丧失了他自己那种经过长期训练而得到增强的尊严感；如果谎话被揭露，他在世人和后人面前要比你们受到更严厉的谴责。今天，当人们对于增 (I,1,355) 强真理的美好程度和削弱真理的严峻程度很容易相互宽恕时，这样一种原则还可能有用；那么，当人们不但就此相互宽恕，而且还以此为荣时，这种原则还有用吗？这就是原先的贵族和我们今天的绝大部分贵族的尊严感之间的真正区别：前者不想做任何不高尚的事情，后者不想让人说他做了不高尚的事情；前者是自豪的，后者则过于自负，超过了他可以自豪的程度。——自从有了宫廷和宫廷侍从，有了宫廷阴谋和宫廷贵族以来，还有多少家族能向我们证明，他们的祖先中没有一个人使用卑鄙手段，通过阿谀奉承和卑躬屈膝，通过欺骗和对手无寸铁者的掠夺，给他们的家族增添了一部分他们极喜欢炫耀的光彩呢？我们虽然知道，你们还一直准备深究他所讲的每一句不高尚的话；但是，如果我们不再像在你们祖先的时代那样，能很有把握地从你们这么耳软心活推断出你们的道德感也是薄弱的，你们就要以你们的时代为依据。——的确，你这个贵族家族的分支，古代诚实骑士的极有尊严的原则很可能流传到了你身上；但是，玩弄宫廷手段的原则同样可能流传到了你这里。对这两点，我们均无所知。你看，我们不想假定后一点；但你也不要强求我们假定前一点。去吧，去行动吧，然后我们想根据你本身来评判你。

不对，不久以前，在一些省份里还有一些家族，对他们极有可能假定前一点。现在可能还有这些家族，即军事贵族。弗里德利希二世没有宫廷，在他之前，他的国家中也没有真正的宫廷，即腐化堕落的宫廷。他把军事贵族从他那最辽远的省份调出来，靠他们打他那出奇制胜的战役。年轻人带着他父亲的全部遗产，即带着宝剑和美好的名声奔赴战场，不久便养成了能鼓舞这支军队的民族骄傲感。他们在纷繁的战斗中成长起来，他们习惯于每天都同自己的战友分享战利品，但他们的热情不可能倾注于对财富的占有。在每天都同艰险进行的战斗中，他们懂得，剑能战胜一切艰险，铺平道路。勇气使他们得到了一切，但他们容易缺少他们可以不用的其他本领。古老时代的繁盛景象就像一种奇迹，重现在我们的时代。——诚然，当时是需要这种贵族的，在那时，勇气和荣
(I,1,356) 誉感在战争中就是一切，而这种贵族足以产生勇气和荣誉感；而现在，只要战争还是不可避免的，每一个属于这种贵族的人都会奋勇争先；但他们并不超越自己的界限，而进入陌生的领域。

让我们最后结束我们对名望贵族的研究吧。大家对伟大祖先的子孙抱有先入之见，这是后代的福气。每个人都应尽可能享用这一福气向他提供的一切，正如他尽可能享用别的福气那样，例如才智、堂堂仪表和强健体力；那是人民自愿赠予的礼品，正如后者是大自然自愿赠予的礼品一样。但他没有任何权利要求拥有这种福气；他甚至无权要求大家长期对他抱有这一先入之见。这是他不能强求的。

由于这种贵族的高贵称号不是财产，按照其本质来说，也永远不会成为财产，所以每一个出于其他明智的理由而希望贵族称号消失的国家，都有充分权利不废除这种贵族称号本身——这在现实世界中是不可能的，民意是无法命令的——而废除民意至今所遵循的可能有的外在标志。在民意还坚决拥护贵族称号的地方，

这样一种取缔令只会慢慢生效；在这种取缔令很快生效的地方，那种民意必定在此前就已经开始消失了。在无须有命令的地方，这种命令的作用最强，而在必须有命令的地方，这种命令的作用最弱。决定民意，还有比命令更有效的办法；在我们的情况下，人们几乎完全可以让贵族自己来操这个心。——我不明白，国家怎么能禁止她的一个公民继续叫某个名字，或者禁止其他公民继续用这个名字称呼那个公民，如果他们已经习惯于这么做，并且甘愿这样做；我看不出这如何能与天赋的自由相容。但是，我自以为应该看出，国家如何能**允许**那些至今较低的阶层不再使用原来某些较高的阶层的名称，或者，国家如何能允许一切对此有兴趣的人们继续采用那些相同的名称。冯·X先生，或冯·Y骑士、男爵、伯爵，是否继续叫自己原来的名字，或者他是否还要给自己原来的名字加一堆名字，这在我看来是无足轻重的。但是，如果国家许可并劝告她的所有公民今后直接称冯·X先生或冯·Y伯爵为X先生或Y先生，如果她向他们保证，她要使用这一许可令，在所谓的贵族面前保护 (I,1,357)
他们，谁能向国家提出抗议呢？或者，如果国家把她的所有公民，无论贵贱，都提升为贵族阶层，比如说，允许那可怜的牧童自称男爵或伯爵，只要他以为这个爵士头衔很好，谁愿意阻止国家这样做呢？如果称号不再是称号，称号自己就会消失；如果一串称号不再有所帮助，谁都会尽可能叫短名字。——有个闻名的贵族共和国，该国能执政的世家一半是贵族，一半不是贵族，这个国家一下子把所有这些世家都提升为贵族阶层。这只是取消贵族称号的另一种方式；一种不再能作为称号的称号，无异于被取消了的称号。

出身于功勋卓著的人物的家庭，会使人民对这种人物的后裔抱有良好的先入之见，我们曾经把这类人叫做名望贵族。这种贵族称号本身是不能通过法律途径要求得到的，因为民意按照其本性来说是不许命令的；同样，从这种贵族称号也不能对实际特权产生法定的要求，因为在原因本身不存在的东西，在结果中也不可能存在。因此，可以直截了当地拒绝提出这种要求的贵族。——为了在种种特殊情况中更清楚地认识到这一点，现在让我们来逐个审查我们的贵族所要求的特权吧！由于一些不必在这里加以解释的原因，在许多国家里近代贵族诚然必须同公民阶层分享他们以前独享的许多特权，但是在这些国家中，只要有这类贵族参与，他们就仍然只为不遵守规则的例外情况作辩护，而绝不为遵守规则本身作辩护，并且把遵守规则看作是公民对他们的特权的一种粗暴干涉。因此，如果我们把这些权利也算作贵族要求独占的权利，我们在大体上绝不会冤枉他们。如果他们的要求不能总是得到满足，这过错的确不在他们自己。在这些特权中首先包括他们所谓的占有贵族地产的特权。诚然，这种特权的由来很容易予以说明。贵族地产原初是采邑；既然占有采邑是与贵族必须陪同领主出征相联系的，所以，正如从我们上面的观察中所看到的，每个占有采邑的人并不是在占有采邑之前就是贵族，而是通过占有采邑而被提升为贵族阶层，这乃是理所当然的事情。但现在，贵族地产可以世袭，甚至可以卖给不属于本家族的外人，而且在任何战功都不再
(I,1,358) 直接落实到占有采邑上的时候，这一特权还继续存在，特别是在把贵族地产当作唯一的纯粹的地产的国度中还继续存在，这却是无比荒谬的事情。——贵族保证说，这种对贵族地产的占有是一种特权，保持这一特权对维护贵族阶层是必要的，失去这一特权以

后，贵族阶层必定会贫穷潦倒。因此，不管另外还可以如何明确说明，他们必须通过这一特权赢得一些相当可观的东西。——在这里，我们暂且不考虑，一位儿子不愿意出让他从他父亲那里继承的贵族地产是如何合理；他也许想以后作为儿子，作为通常的占有者，而不是作为贵族得到它。每个人都有权按照他愿意采取的任何方式维护自己的财产。但是，有一种专供兜售的贵族地产；毫无疑问，这种地产的使用是经过精心考虑的；谁付得起钱，谁就可占有它。为什么只有付得起钱的贵族，而不是愿意付同样钱数的公民有权买它呢？"占有地产是最保险、最有利的存钱方式，这一有利的方式应当只赐给贵族，以维护贵族的荣光。"是这样吗？照此说法，同一塔勒在贵族手里就会比在公民手里赢利更多吗？也就是说，它在前者手里就会比在后者手里价值更高吗？照此说法，一位贵族拥有的一千塔勒与一块田地是等价的，但这一千塔勒如果为公民拥有，则与那一块田地不等价。——我不想在此研究，在唤醒购买欲之后，如果禁止人民中购买力最强的阶层把他们的钱投到保险的地方，会产生什么结果——在一切自由地产都是只有贵族可以占有的贵族地产的国家里，情况显然如此；我不想在此研究，在各个家族中分配贵族地产和使财产免遭风险之后，如果公民不得不让自己的资本在始终毫无保障的贸易中折腾，或者冒着几乎同样的风险把它借出去，以换取暴利，会产生什么结果。但是，我不禁要对我们近代的深谋远虑的治国法术表示惊奇，我们近代保留了一项秘密的发明，那就是再给事物的一般价值标志赋予一个特殊的、出自占有者个人的价值，并且使价值总额单纯通过倒手就能够增加或减少。——这种抨击仅仅在有地产银行的地方，才

允许有一个例外。唯独贵族能从这种银行中获得往往利息很低的
(I,1,359) 借款，购买贵族地产。这样，购买地产对他来说就相当方便，他当然不久就一定会成为地产的唯一所有者。但是，这种信贷银行是由贵族筹办的，钱是他的；他必须像每一位所有者一样，可以自由地依据自己愿意的任何条件，把自己的所有借给自己愿意借给的任何人，而且谁都不能加以劝阻。诚然，在这些规章中盛行着行会精神和严重的利己主义，但不能说它们是完全不公正的。尽管如此，在这些国家里，如果公民的大笔现金能同贵族的贷款具有同等价值，也必须准许公民自由购买贵族地产。绝对禁止这种购买无论在哪儿都是不合法的。

但同占有贵族地产相联系的还有其他的特权，贵族对这些特权十分嫉妒，不愿让它们落入公民手中。——好吧，让我们直接来研究一下这些特权本身，以便发现地主——无论他是不是贵族——有什么权利对这些特权提出要求。我们首先发现地主对农民使用的**地产**拥有的权利，诸如适度的或过度的徭役，使用牧场放牧的权利，等等。我们不想研究这种权利的**真正**起源；即使我们发现这种权利的起源是非法的，我们也不可能从中得出任何结论，因为不可能轻易找到最初的压迫者和被压迫者的真正后裔，并向被压迫者的后裔指出他们应当求助的人。这种**权利在法律上的起源**是容易指出的。农田或者只有一部分是农民的财产，或者完全不是农民的财产；地主的资产像一棵铁树[①]那样坐落在地主的农田

① 给少数不懂的人解释一下：如果一份资产坐落在一块土地上，而且其占有者必须按一定比率付息，但永远无法付清，这种资产就叫做铁树。

之上，它的利息或整个田产的利息，农民不是**用现金**偿还的，而是通过服**劳役**或者通过在自己的土地或所租的土地上向地主许诺的各种**好处**偿还的。即使这些特权最初不是这样产生的，贵族地产和农民地产的出卖也会马上完全变成一回事。当然，当农民的那胡符耕地所承担的利息应折算成钱支付给资本时，农民为这份耕地支付的钱就太少了，而当贵族地产占有者的那胡符地产所拥有的农民劳役被折计为资本时，贵族地产占有者为这份地产所支付的钱就太多了；因此，贵族地产占有者就为农民支付了坐落在自己 (I,1,360)
地产上的资本，而有权要求缴纳利息。所以，对这种要求**本身**的合法性是不会有什么非议的。几年前，某国的农民想以暴力方式，根本不予赔偿，就逃避这种劳役，这当然是对所有权的一种粗暴侵犯，它只是产生于农民本身的无知，产生于一部分不了解自己权利的法律根据的贵族的无知；而这种情况本来用彻底的、耐心的开导方法，就会比用可笑的暴力镇压手段①或发配建造要塞的惩罚手段，更适当、更人道地纠正过来。但是，那种偿付利息的**方式**会引起许多非议。——我不想谈**放牧权利**普遍产生的危害，在对此进行的指责长期毫无结果地浪费口舌以后，人们不会轻易再作浪费更多口舌的尝试。我也不想谈**徭役法**给整个国家在时间和元气方面造成的浪费和道德沉沦。同样是这些服劳役的人，他们在地主土地上不爱干活，因而尽量少干活，而在自己的土地上则会尽量多干活。第三部分服劳役者，他们为了得到低廉的工资，会比那些不

---

① 一位冠冕堂皇的历史学家讲到这次光荣的讨伐："用长柄镰刀和木叉武装起来的农民几乎击退了勇敢的进攻；但某个陆军中尉为萨克森士兵的尊严复了仇。"[115]

愿干活的人干得多；国家本来可以获得三分之二的劳动者；农田本
(I,1,361) 来可以更好地加以耕种，高度地加以利用；那种使农民道德沉沦的奴役感，农民和地主之间的相互抱怨，以及农民对自身地位的不满，本来是可以消除的，农民本来会立刻成为更好的人，地主也是如此。——我想直接探讨原因，提出这样一个问题：你们铁树的权利是从何产生的呢？我当然看到，这种铁树给那些占有者带来很大利益，特别是给那些发明这种铁树的贵族带来很大利益；但我在此并不是问你们的**利益**，我是在问你们的**权利**。——你们的资产并不一定要被剥夺，这是理所当然的。我们也无权强迫你们同意我们用现金偿还你们的资产。你们仿佛是我们的财产的共同占有者，如果你们觉得你们的那一部分不能出卖，我们是不能强迫你们把它出卖给我们的。就算如此吧！但是，究竟是谁告诉我们这一资产一定不可分割、必须保持完整的理由呢？如果我们不再喜欢你们在共同财产中的部分和你们使用这个部分的特殊方式，我们为什么不应当有权利把你们的这一部分还给你们呢？如果我占有两胡符地，只付了一半价钱，另一半地必须留作你们的铁资产，那两胡符地的一半不就是一胡符吗？我付了一胡符地的钱，另一胡符地是你们的。我留下我的一胡符，你们把你们的那一胡符拿回去吧。谁能对这一做法提出异议呢？——收回这一胡符地，对你们来说是非常不合适的吗？那好吧！如果保留这一胡符地对我可能合适，那我们就想签订一个缴纳利息的新条约，它不仅对你们有益，而且也对我有利。如果我们意见一致，那就可以这么做。——这是法律原则，只要这对国家来说是一件严肃的事情，只要国家的谴责不是纯粹的遁词，只要国家并不暗地里把少数宠儿们的利益置于全体人民的权益之上，从这些原则中就将产生出取消人压迫人的徭役制的各种方法，而不会带来不公正和对所有权的侵犯。

把这一原则用于没有土地所有权，只从地主那里租用土地的农民，就会立刻明白：如果农民认为基于土地所有权的徭役是不公的或压迫人的，他完全有权利还回这一土地。如果地主还想让农民保留这一土地，那他们可以互相商谈，直至取得一致意见。

但是，世袭权利代表说：不，完全没有土地所有权的农民，本身 (I,1,362)
就属于土地；他本身是地主的一种财产；他不可随意脱离地产；地主的权利涉及**他的人身**。这种说法严重违背了人权本身，它是彻头彻尾的奴役。——就像本书充分证明的那样，每一个人都可拥有对东西的权利，但任何人都不可拥有对他人人身的不可改变的权利；对此每个人都拥有不可出让的所有权。只要农奴愿意留下，他就可以留下；只要他想走，地主就必须允许他走，这是农奴的权利。在这里，地主不可说：我在购买土地时，已经一起买下了对农奴人身的权利。——这种权利是任何人都不能卖给他的，因为任何人都没有权利这么做。如果地主为此支付过什么东西，那他是受了骗，他可以去同那个卖主交涉。如果在一个国家里，这种非人的权利依然有效，任何人都依然有权对他人说“你是我的”，这个国家就没有资格炫耀自己的文化。①

① 两个邻邦缔结了一项关于互相引渡逃兵的条约。两国的边境省份实行的都是农奴制，即对农民人身的所有权。长期以来，时有不幸者为逃避其主人的虐待而逃越边界，当他到达边界时，他就自由了。地主们急忙碰头，把那个契约扩展为互相引渡农民。有个农奴，因为偷了几颗葡萄逃走了，后来又被引渡回来，为此横遭一顿棍棒，不久就死了。此事发生在最近的五年里，发生在自以为是德国的一个最开明的国家里。

贵族想单独占有的、有时不得不带着内心的反感看到掌握在公民手中的特权，包括国家管理机构和军队中的一切高级职位。贵族的这种要求显然是不公正的。国家中的职务只要是一种实际的职务，而不是什么虚设的点缀，只要它是为了国家的需要，而不是仅仅为了所有者的需要构想出来的，那它就不单是一种优待；它是国家放在一个公民肩上的重担。这种职务越重要，国家对分派这种职务的管理权就越明显；掌管这种职务所要求的才能越难集 (I,1,363) 于一身，遴选这种公民的范围就越应该扩大；即使公民不直接行使选举权，而是通过代表行使选举权，他也有充分权利要求代表名额仅仅由公民人数加以限定。不过，有人会说，“难道不可以确定一个较小的应选人范围，在这个范围里委任国家最重要的职务吗？”我回答说，这不仅是可行的，而且对于选举的简化，对于空缺职位的迅速替补也将大有好处。但是，这个小范围本身的选举又由什么来确定呢？如果考虑到真正的国家利益，那当然不能靠出身来确定；但有人得出结论说，当精神方面的教养相同——在近代，绝大多数国家中的贵族和较高的公民阶层显然是这样——时，德才兼备的人都仅仅出身于某些世家，而所有其他家庭的后代则与此相反，都将是笨伯和不高尚的人，这样的结论有什么根据呢？至少据我所知，还没有一个捍卫贵族的人曾厚颜无耻地坚持这个看法。因此，把那些被挑选出来的，可以胜任国家最重要职务的公民纳入这一范围，不能根据别的，只能根据他们以往用较小的功绩向国家确实表现出来的才干和忠诚；这样，我们在委任职务时就又回到了我们最初的准则上。每一较高的职位都必须靠以往对较低职位的忠实可靠和精明强干的执掌来取得。没有一个国家放弃过这种选举最有才干的人担任公职的权利，放弃过这种按照其最佳信念，从全体公民中选出最有才干的人的权利；国家若不想背离自己的目的，不想自己取消自己，也就不可能放弃这种权利。——但是，一个以为唯独自己有能力当选这种职务的特权阶层是怎么做的呢？我们愿意假定，这个阶层按照其最佳信念选举了他们当中所见到的最受尊敬的人；但实际结果是，这种人既不是全体公民当中最受尊敬的人，而且在其他公民看来，甚至也不是这个阶层中最受尊敬的人。如果单单这个特权阶层就已经构成全体公民，那它这样做也许还是合法的；它以这种做法，代表全体公民，因而代表国家。可是，其他公民是什么呢？显然，这是一个被分离的、被那些人奴役和专断统治的国家。这样一种特权不仅使贵族成为一个具有脱离其他公民的利益的国中之国，甚至完全消灭了国家公民当中的其他民众阶层，取消了他们的公民权利，而且在那些不可能由他们 (I,1,364)
的人加以担任的国家职务与他们有关的地方，把他们变为受专断统治的奴隶。如果这不是不合法的，那还有什么是不合法的呢？

我们并不想对贵族做不公正的事。贵族只想在自己的圈子中进行选举，只想自己做有**选举权**的公民，这是其要求的直接内容。一旦这种要求得到满足，就直接从中产生出一个结果：贵族想选举自己，也想做**进行选举**的成员。究竟谁来选举国家的最高公仆呢？究竟谁来担任空缺的职位呢？了解自己下属的君主是很少的；介入国家管理机构的各个部门的细节，准确了解和监督国家管理机构的下属成员，这对君主们说是不可能的、不相宜的，甚至是有害的。他们必须把遴选人才的事情交给这些机构中更有能力对其下属的才能作出判断的高级成员。一旦这些高级成员**都**是贵族，而且他们都充满了自己那个阶层的行会精神，那么，按照他们的原则，只要还有一个贵族渴望得到一个职位，他们就会，而且必定会把任何一个公民出身的人从那个职位上撤下来。在这方面，贵族是他自己的法官；随着需要从国家职务得到收入的贵族人数的增加，贵族职位的范围也不断随贵族的心愿而扩大；比如，近来在一些国家中，贵族担任了过去交给公民担任的邮政局主管人职位和新教高级神职职位。在这方面，贵族的界线是什么呢？不是别的，就是他们的需要。他们的法律是什么呢？不是别的，就是他们的善良意志。在什么地方还留下一些可以给予公民的职位，公民就必须在什么地方完全感谢这种善良意志。假如这些职位比较有利可图，或比较光荣，那它们是不会赐给公民的。——在这里，我并未宣称什么新鲜的、无法用日常经验证明的东西。在行政部门、司法部门或财政部门空出了一个参议职位，这个职位至少十有八九会由一个贵族来担任。在人数三、四倍于贵族秘书、半辈子都从事这个专业的公民秘书当中物色一个适于担任参议职位的人，如何会比在那些人数少得多、从事这个专业时间很短的贵族秘书当中
(I,1,365) 物色一个这样的人更难呢？如此说来，这种职位并不是按照能力的大小委任的喽？对于这一点，连显要的贵族们也绝不作假。他们主张，这些职位必须根据出身来委任。正是在这一点上，我同他们意见不一致。我主张，国家的每一种职务必须根据政绩的大小来委任。——人们并不会反对我说，那种已经被提升到最高国家公仆地位上的公民，同样会充满行会精神，会设法排除更受人尊敬的贵族，仅仅因为自己是公民，而提升公民。我不知道这种公民是否会这么做；我不想为此担保。但是，两个阶层之间的这种分离，双方

的这种立场，除了从你们原先提出、而我在此要研究的要求中产生出来，究竟会从什么地方产生出来呢？假如从来不曾有过贵族和公民，假如除了国家公民以外，从来不曾有过别的阶层，那么无论贵族还是公民，都不会偏向自己的人，因为**所有的人**都是自己人。

这是反对国家的一种直接的不公正行为。我不想详尽说明从这种机构中产生出来的另一种间接的不公正行为。——凡是献身于某一公共事务部门的人，很少会被那种经常十分微薄的、干与不干都同样得到的薪俸激励起来，在其职位上使出自己的全部力量。我们必须运用一种更强大的动力；每个人在他已经取得的职位上，都不应当只看到维护他目前的地位所能得到的奖励，而应当看到自己面前有更高的职位。但是，一个已经达到宪法所能允许的高位的公民在自己面前还会看到什么更高的地位呢？如果他不是由不谋私利的道德和对于祖国的热爱这种强大的推动力——无论公民还是贵族都对这样的推动力毫无感受——激励起来的，那么，国家除了会失去那种反正依靠出身就有把握晋升的贵族的余力以外，还会失去这类公民的那部分无须用来维持其现有地位的力量。

这一点在任何事情上都比不过在服兵役上表现得那么明显。只要有一个贵族，他能将他家族中的那种有点生硬而强烈的旧式骑士思想作为遗产表现出来，那么，他在好战的国家中就甚至会成为唯一有资格担任军官职位的人！或者，即使贵族通过宫廷生活，通过对科学的粗浅了解，甚至也许通过实际行动，已经从自己的精神中消除了这类旧东西，养成了一种与公民阶层完全相同的顺从态度，他也还是要维护这一庄严但又不费脑筋的职位，指使人向左 (I,1,366)
转或向右转，让他们持枪致敬，或者在应当严肃一点的时候，让他们杀人或自杀。也许公民会自愿地、毫无嫉妒之心地把那种好处让给贵族，以换取自己经过刻苦训练，准备担任的更重要的职务。但是，像在许多国家中看到的那样，人们虽然允许公民获得这种地位，可是断绝了他升到更高地位的希望；这种现象从公民阶层本身的整个状况来看，是非常荒谬的。人们说服公民阶层，说在贵族自以为具有的最神圣的事物方面，他们已经把公民与贵族平等看待，但与此同时，人们只是为了让公民永远看到自己的低贱，才恰好把公民置于贵族身旁；在那种等级服从高于一切的情况下，虽然人们责成公民出身的上尉命令一位贵族出身的候补军官或少尉，并为其行为负责，但与此同时，双方都十分清楚，若干年以后那位出身贵族的人会成为指挥这位公民上尉的上校或将军，即使在最荒唐的笑话中，难道能找到比这更强烈地贬低公民阶层的做法吗？在一种要求作出的牺牲只能用荣誉加以报答的情况下，已经达到自己的最高目标的公民还会感觉到有什么要求，要作出这种牺牲吗？

但人们反复说，必须扶助贵族；这样，我们就恰好在贵族完全单独保持的地位上遇到了贵族，而占有这种地位的前提是对祖先的检验。对于是否必须扶助贵族，为何必须扶助贵族，以及在何种程度上必须扶助贵族，我再最后说几句话。我们已经看到，人们不可用独占那些需要有较高才能的职位的方法去扶助贵族，因此，现在只能让我们研究，究竟还剩下什么可以扶助贵族的方法。我们首先遇到**教堂执事的职位**。一定数量的这种职位总是只能由贵族来担任。因此，我在这里就只有谈谈新教机构了。天主教的成员都是真正的神职人员，关于天主教机构所必须谈的东西，将在下一章去谈。——我们同样不能说，掌管这种职务要求有特殊的才能；

因此，根据这个理由，贵族独占这些职位是无可争议的，就像独占高级国家职位那样。不过这也许还有其他原因。

如果我们回顾新教德国的绝大多数主教教堂议事会建立起来的历史，我们就会发现，它们的唯一终极目的就是维持那些负责教化人民的人们的生计，这种终极目的显然是国家所期望的最好的 (I,1,367)
东西。在此，我们无须研究这些机构是从哪里得到财产的。在大多数情况下，这些财产或者是来自粗暴侵犯所有权的征服者的掠获物，或者，在还不存在固定的国家和确定的遗产权的地方，它们根本就不是哪个所有者的财产。只要这些财产不是来自当时还根本不是特殊阶层的贵族的财产，只要不是所有掠获物都理所当然地属于贵族，只要不必担心原先合法的所有者会告状——不是他们的后代，因为在实行遗产权之前，他们的后代还不能继承遗产——那么，它们就是为了国家的利益，通过馈赠方式，送给国家的，因此它们就成了**国家的**财产，也就是说，成了全体公民的合法财产。——深重的黑暗降落到了人民头上；完全不同于国家的教会，用它那导致黑暗的生存条件替换了人民导师的带来光明的生存条件；它强占了这种财产。从真正的意义上说，消灭**教会**的宗教改革——这个词的意义，我们将在下面加以解释——就是要把这种财产归还给它的最初的合法占有者，即国家。毫无疑问，国家有权支配自己的财产。如果这种财产对于达到国家原来的终极目的已经成为多余，或者，如果国家想用它促进自己容易想象的终极目的，那国家毫无疑问有权利这样做。但是，唯一的特权阶层究竟是怎样独占了全体国家公民的合法财产的呢？他们在支配这种财产时也听取过那些被排斥在外的国家公民的意见吗？被排斥的国家公民是自愿把自己的那部分财产转让给那个特权阶层的吗？难道他们除了使那个阶层富裕以外，就没有其他更需要操心的事情了吗？绝对不是的。贵族一再这样表现自己，似乎只有他们是国家，似乎除他们之外，别人都不复存在。但这种做法是违法的、无效的，被排斥的公民绝对有权要求保留全部财产，以便共同商讨；根据本书迄今所说，这是无可置疑的。

我请问，对于整个国家来说，难道这些财产是如此可有可无，难道使用这些财产会如此难办，以致国家为了摆脱它们，不得不把它们借给那个特权阶层去做空摆设吗？难道国家除了需要人们说
(I,1,368) 她有一个富有的贵族，就没有更迫切的需要了吗？难道这些财富连对于促进原来的目的也完全变得可有可无了吗？在这些国家里，只要还有直接的人民导师在极度贫困中受苦，只要还有真正的学者在他们为科学作出的贡献上，因而在他们间接为人民启蒙事业作出的贡献上，只得到微薄的报酬，或者根本得不到报酬，只要还有扩大人类知识的重要事业由于缺乏支持而不得不终止，那么，贵族怎能如此厚颜无耻地想用那些财富来维护自己的地位呢？主教教堂议事会的收入的真正用途是：首先用作人民导师应得的薪俸；如果还有剩余，便用作对学者的奖励和对科学的赞助；这样使用收入的可能性是一直存在的，看来还会继续存在。

贵族独占的第二类特权，是**宫廷职务**。这些职务或者只是为了使舆论感到满足而设立的，就此而言，它们很适合于由舆论的宠儿来担任；或者它们是为君主真正的需要，而不是单纯为君主想象的需要服务的，担任这些职务的人们是君主的亲朋好友；或者最后，他们正因为是这样的人，就认为自己能间接对国家管理施加许

多影响。关于设置这些职务的第一种考虑，任何单个的公民——不管他是不是能够感觉到自己的重要性的贵族——都不会嫉妒这样一种人，这种人屈尊做华丽宫廷的纯粹摆设，把自己贬低为某种也许还不如一架人造说话机器的东西。但是，如果**全体公民**都在思想上有很大提高，以致能够不需要这种场面，能够在那些给他们看这种场面的别国面前克服虚假的羞愧感，那么，他们无疑有权提问：为什么他们还要继续用巨大的牺牲来维持这种耗资巨大的豪华场面呢？他们无疑有权取消贵族占有这种地位的唯一特权，甚至取消这种地位本身。

关于设置这些职务的第二种意图，君主当然也同其他任何人一样，有权从整个人类社会中物色他愿意要的亲朋好友。如果他正好选择了贵族，或者，他也有一种癖好，认为一系列先辈都是他获得亲朋好友的唯一前提，那么，任何人都不能劝阻他这样做，正如他也不能劝别人要选谁作朋友一样。他尽可像普通人那样寻找 (I,1,369)
朋友；他也尽可用他的私人财产，或用国家供给他个人需要的薪俸，来收买伙伴或奉承者，不管他愿意或能够收买多少，不管他愿意或能够收买谁。这不是国家或任何国家公民应当操心的事。但是，正像在君主只愿意选贵族作伙伴时，公民无权抱怨一样，在君主也允许公民、或者甚至只允许公民作为自己的亲朋好友时，贵族也同样无权阻止君主这么做，或无权对这种做法提出抗议。在这一点上，君主的意志是自由的；禁止对他进行限制，这对贵族与公民双方都同样适用。——值得奇怪的是，贵族没有把那种曾经在绝大多数宫廷中都非常重要的宫廷小丑的地位也变成贵族独占的地位。也许，贵族觉得履行宫廷元帅或内阁大臣的职务要比担当那种职务更容易吧？也许，寻找胜任小丑职务的人才所需要的范围远比有限的贵族圈子更大吧？国君操心政务，被弄得筋疲力尽，贵族并不能很好填补国君的休息时间，以致国君认为躲在贵族圈子里是多余的，这无论如何不是贵族的光荣。

贵族终于要求，唯独他们能作君主的朋友，因为君主周围有这类具有良好的原则的人，据说对于国家是十分重要的。假如这种说法正确，那么，得出的结论必定正好同贵族想由此作出的结论相反。如果那样的话，同君主的交往就属于最重要的为国家服务的工作范围，而根据以上原则，这项工作须由那些从全体公民中挑选出来，而不是单纯从贵族中挑选出来的最伟大和最优秀的人来担任。但我事先就承认，我并不特别喜欢这样一种君主，这种君主的良好原则和良好意志是举足轻重的，我们必须像照管孩子那样，不要让他耳听谗言；这必定不久就会大白于天下。**法律**必须通过君主去执行，而对于君主本身，法律必须执行得最严格。凡是法律不允许做的，君主都必定不能做；凡是法律要求做的，君主都必须做；但愿君主衷心热爱法律，否则，他就得勉强地受这个管束他和引导他的笼头的束缚。君主作为君主，是一架由法律赋予生命力的机器，没有法律，这架机器便没有生命。就君主是私人而言，**他**或社会可以操心他的道德品行，国家则只操心法律的性质。君主是没有个人交往的；只有私人才有这种交往。

我们再也没有什么扶助贵族的合法手段了。但到底为什么要
(I,1,370) 扶助他呢？贵族作为贵族，也就是说，作为当前这个由出身决定的阶层，根本就不能提出**对于权利的要求**，因为甚至他的存在也有赖于国家的自由意志。国家有什么必要长期考虑他的要求呢？如果

贵族因此使国家感到麻烦，那么，国家就应当取消贵族本身，这样一来，国家也就摆脱了贵族的一切要求；因为不存在的人，是不能提出要求的。如果贵族被取消了，那么，其他任何受惠阶层就都不能取代贵族的地位，向国家提出对于权利的要求了；因为贵族在提出要求之前，必须存在，而没有国家给予的恩惠，他是不能存在的。因此，这根本就不是关于权利的问题；这是一个关于明智性的问题，它必须这样来表达：有一个或几个阶层，它们由于自己的威望和财产，总是适合于并且也准备着承担国家的重要事务和重要活动，这对国家来说有利吗？以什么方式和用什么手段才能最适当地确定、推出和维护这样的阶层呢？这些问题的回答不属于本书的范围。

第六章　就改变国家的权利，谈谈教会

多样性和可变性是物质世界的特点：同一性和不变性是精神世界的特点。莱布尼茨声称，并且通过观察证明，没有两片树叶可能相同[116]。他本来还可以大胆补充说，即使同一片树叶，在前一秒钟和后一秒钟也是不同的。正是这位莱布尼茨，他有充分权利要求他的这一论断和他所有的形而上学论断对一切正确思考的人都具有普遍有效性。根据我们所有的人的判断，在关于同一个对象 (I,1,371)
可能抱有的一切意见中，只能有一种意见是真的；谁认为自己发现了它，谁就声称，自从出现精神以来，只要有精神存在，每一个理解他和他的论断的根据的人，都必然会和他意见相一致。出错的方式有多种多样，真理却只有一个；真理从来就是真理，也将永远是真理。——正确的或实践上真实的东西也只有一个；而这个真理，

这个对一切自由精神都至关重要的真理，并非隐而不显，所以，人们对这个真理的必然的普遍有效性以及属于它的各个定理，远比对理论真理更容易取得一致意见。他们在实践真理面前几乎不能闭目塞听，而对这种真理的承认，就在他们内心产生了某种在现象界丝毫都看不出来的希望、前景和要求，但他们是不能像阐明数学定理的正确性那样，向自己或别人阐明这种真理的有效性的。尽管如此，他们还是肯定，一切有理性的人在这方面也必定会同他们意见一致；这就对于不可见的教会，即对于一切理性存在者都在同一种信仰方面的意见一致，引起了一种虽然并非总是考虑得很清楚，但也许具有普遍性的思想。但是，这样一种不可见的教会，其本身也只能加以信仰；赖以维持其余一切信条的东西，其本身也只是信条。

由于抱有这种信仰的人非常重视这种信仰的真理性，但他从来不能用经验，也不能用论据来完全肯定地证明这种真理性，所以他就抓住一切东西来加强自己的这种信仰。他完全没有内在的论据，于是就寻找外在的论据。他依据的命题是："如果我的信仰是真的，则一切有理性的人都必定具有这同一信仰。"由于他除了现有的东西之外，无法希望找到别的东西证明这个前提，所以他试图至少学会推论。他的推论是本末倒置的："如果一切有理性的人都具有和我一样的信仰，这种信仰就必定是真的"；对于他们是否有这种信仰，他试图只在自己的活动范围内查明。但是，由于他要做的根本不是开导，而是确证，由于他寻找的不是了解，而是证明，由于他自己早已对真理本身打定主意，只想在这方面坚定信心，所以，他除了想听到"是的，我同样相信这一点"之外，就什么都不愿

听到。在他听不到这句话的地方，他就做工作说服别人，他的意图 (I,1,372)
仅仅在于通过说服别人，最终得到他所期望的对信仰的确证。——想对各种事物产生统一的思想，这是人天生的爱好，这种爱好乃是基于一切精神事物的必然的单一性，而这种必然的单一性思想则深藏于人的头脑之中。但是，人们在理论上远比在实践上更容易满足于众说纷纭，让事物听其自然，甚至接受别人的信念，让它代替自己迄今的信念。而在实践上，人们是不那么容易表示退让或改变想法的；在这里，人们很少愿意受人教诲，而几乎总是想教诲别人。由此可见，把那种看不见的、只可想象的一般教会尽可能变成一种可见的教会，把那种关于教会的思想在感性世界里真正体现出来，不仅相信，而且也要尽可能知道别人与自己有同样的信仰，把自己的信仰体系至少在某一点上同自己知道的东西联系起来，这是人们的一种爱好。这就是产生宗教团体的原因。

可见的教会是一种建立在契约之上的真实团体。在**不可见的**教会中，任何人都不知道其他人的想法；每个灵魂都发展出自己的信仰，并不依赖任何在他以外的人。如果在他们之间存在着一致性，这种一致性也是自发地产生的，而不是有人有目的地制造出来的。这种一致性是否存在，任何人都不可能知道，只有那个用知识把一切人的想法都统一起来的精神实体才知道。**可见的**教会把一致性及其结果——巩固信仰——假定为目的。每个将自己的信仰告诉他人的人，都想从他人那里听到他人也有同一信仰。教会契约的第一个原则是这样一句话：“**告诉我，你信仰什么；我想告诉你，我信仰什么**。”但正如我们已经看到的，这种社团的意图根本不是收集各种意见，通过对这些意见的比较来启发自己，并在此后形成自己的意见，而是想通过别人的意见与我们的意见的一致，加强和巩固自己的意见；因此，那句话对于建立一个教会来说是根本不够的。不仅必须规定，他人应当说出自己的信仰，而且还必须规定，他人应当对自己的信仰说些**什么**。这样，教会契约的前提就是给法律上承认信仰奠定基础，所以它的原则是这么说的：**我们都想一致相信同一个东西**，**而且相互承认我们的这种信仰**。

(I,1,373)　人们也许会在这种契约的措词方式中发现一种内在的矛盾。——我们不应当沉默，而应大声**承认**我们的信仰。我们的缄默会使教会成员产生怀疑，以为我们什么都不相信，或者相信一些与**他们**的信仰不同的东西，并要扰乱他们的信仰。我们应当**坦率地**说出我们的信仰，而不应把信仰单纯伪装起来。如果教会成员认为教会的信条只是虚伪的，口头上的东西，不是从内在的信念中产生的，那么，教会的目的就会再次遭到毁灭，因为一种被人认为是错误的和虚伪的信条并不能加强我们的信仰。——我们还是应当抱着这种完全的信念，承认一种**确定的**、**原先已经规定的**信条。但是，如果我们不相信、也不可能相信这种信条的真实性，那我们该怎么办呢？没有一个教会会考虑这种情况；每一个不前后矛盾的教会，也就是说，每一个真正的教会，都必定会断然否定这种信条成立的可能性，而一切办事不前后矛盾的教会也确实否认了这种可能性。——教会契约得以成立的第一个必要前提是：为教会契约奠定基础的信条无疑包含着唯一的、纯粹的真理，每一个寻找真理的人都必然会找到这一真理；这种信条是唯一真实的信仰。直接从第一个前提得出的第二个前提是：只要一个人愿意，他就有能力从自身产生出这种信念；无信仰总是基于对证明的漫不经心，或基于故意的冥顽不化，而信仰则依赖于我们的自由意志。因此，在一切宗教体系中都有一种**信仰义务**；但是义务不可能是我们无能为力的事情；这一点还没有一个教会否认过。这两个原则人们可以在任何一本随意翻开的天主教教科书中找到。关于一些新教团体的前后矛盾的做法，即它们想成为别的教派，具有别的教会权利，我们在后面还有机会就这个问题和其他一些问题加以讨论。

有些读者，对于教会以契约为基础的论断，可能依据某些事实——我不知道它们是真实的还是虚构的——提出反对意见，认为教会实际上以君主制为根源，因而不是以全体成员的契约为基础的，而是以一个君主的优势为基础的。但是，即使道德良心最初并没有出现，而是受到了压抑，这虽然会形成一群相互隔离的奴 (I,1,374)
隶，他们都服务于同一个主人，但如果他们彼此对他们共同被奴役的生活并没有什么认识，也绝不会形成一个团体；在这种情况下，尽管在他们心中都产生了共同的信仰，但永远也不会产生彼此形式相同的信条。为了产生宗教，至少必须有两个人开始承认他们遭受屈辱，并邀请那些他们认为同样遭受屈辱的其他人作忏悔；否则，从千百万人中绝不会产生出一个教会。——通过征服而产生一个尘世国家，这在自然方面诚然是可能的，但在道德方面是绝不可能的。一个强大的征服者，可以使奴隶们顺从自己，可以颁布命令，把奴隶们联合到一起，使他们相互产生影响；奴才们的躯体以及他们对主子的命令的服从诚然会在感性世界中表现出来，但是，使用这种方式，既不可能在自然方面，也不可能在道德方面产生一个宗教国家。宗教国家只管束良心，而不管束躯体，而且精神的服从如果不愿表露，是不会表现出来的。教会的教义是预先规定的，从这种教义中很容易产生出上述困难；教会除了与这个困难作斗争以外，还必须同一种更大的困难作斗争。——教会目的的实现，是以其成员的**真诚**为基础的；如果教会不能保证这种真诚，不能向其成员的忏悔提供信仰，那就不会出现彼此加强信仰的结果，相反，人们会更加恼火和迷惑不解。对他们来说，更好的事情也许是他们暗自相信所有其他的人都会像他们那样思考，而不是他们并不相信的那种每天都要做的忏悔使他们发生越来越深的怀疑。

审判谎言的法庭不存在于外部；它存在于每个人的良心中。说谎的人一定会自己感到羞愧，一定会鄙视自己。——当我们无法通过经验确信一项既成事实的真伪时，我们在公民生活中必须将它交给每个公民的良心，不管他想说实话还是想欺骗我们；我们必须让他受到这样一种惩罚，这种惩罚是他在撒谎时可能会自己加给自己的，但也可能不会这么去做。这种永远值得怀疑的、绝对不会真相大白的内心惩罚，是不会使一个建立在诚实性之上、以诚实与否为共存亡所系的社会满意的。

(I,1,375) 那种内心法庭，几乎通过所有的人的一致信仰已经转让给了我们之外的一个存在者，转让给了无所不在的道德法官——上帝。“上帝是存在的，上帝惩罚谎言”，这大概是一切教会的一致信仰。因此，每个教会都可以等待上帝惩罚它的伪善的成员。但上帝的这种惩罚是遥远的；有罪的人要到来世才会受到这种惩罚，而教会的目的却是为今生今世谋划的。在那时，在给予这种惩罚时，教会的确会看到谁向它说了实话，或看到谁的信仰纯粹是虚假的，但那时教会已根本不再需要巩固信仰了，而它正是为了巩固信仰才建立宗教团体的。如果无信仰者是完全地、坚决地无信仰的，那他根本就不相信上帝，不相信来世的生活，不相信对他的欺骗行为的惩罚；因此，他根本不怕上帝的威慑性惩罚，如果他有别的原因需要作出虚伪的信仰表白，他会毫无顾忌地这样做。或者，假如他也不是全无信仰的，那他也许会希望以别的方式来敷衍上帝，并随便使用一种手法，避免别人发现他的欺骗行为，避免自己遭到惩罚。这就使教会承担起这样的任务，即提前进行惩罚，接替上帝的法官职务，因为教会无法说动上帝，与其在其他场合使这种无信仰者会受到惩罚，不如现在就为了教会而进行惩罚。这就再次转让了评判良心的内在法官的职务，而且是转让给了一个当场就能作出判决的法官，转让给了可见的教会。

这种内心法官职务的重新转让，这种代表上帝进行的判决，是每一个彻底的教会的根本大法；没有这种根本大法，教会绝对不能维持下去。教会解除的，在天堂也必然会予以解除；教会约束的，在天堂也必然会加以约束[117]。如果没有这种法官职务，教会要求控制人的灵魂就是徒劳的，它无法用任何手段维护这种控制；教会以惩罚进行威胁也是徒劳的，它承认它无法作出惩罚的判决；教会只能让人们一如既往地依靠自己的信仰，当然教会要求对这种信仰加以规定。教会打消了自己的想法，处于深刻的自相矛盾之中。

教会想对人的心灵的纯洁作出判决，想以心灵纯洁与否为标准给人以奖惩，但又无法探究人的内心，这样，对教会来说就产生了一个新的任务，即建立教会的信条，以期从外在结果中能够看出人们是否确信这种信条的真理性，或者甚至建立教会的法制，使教 (I,1,376)
会可以根据确定的、无可怀疑的特征，对教会成员的服从和忠诚作出判断。教会为了肯定自己不会弄错，会尽可能凝神注目于这些特征。这是以两种方式发生的，一是对人们的理智的严酷压迫，二是对人们的意志的严厉命令。一个教会的教义越离奇，越愚蠢，越与健全理智相矛盾，教会就越会坚信这样一些成员是忠诚的，这些成员目不转睛地、严肃地倾听这一切教义，抱着勤奋好学的态度复述它们，努力将它们铭刻在脑际，谨防丢掉一个字。放弃自我和否定自我越严重，教会要求的赎罪越残酷，教会就越会坚信这些成员是忠诚的，认为他们忍受这一切，完全是为了同教会保持一致，他们放弃一切尘世享受，完全是为了能够分享教会在天堂的财产。我们牺牲得越多，我们对我们的这一切牺牲所要得到的那类东西的依赖性就必定越强。教会把信仰的结果置于外在的磨炼活动中，人们坚持这种活动还是放弃这种活动，是每双正常的眼睛都能看到的，这样一来，教会就打开了一个容易眺望人心的窗口。探究一个人是否相信圣徒彼得接受的神授特权[118]，大概是很困难的；但是，一个人是否遵守了彼得的继承人和代理人所要求的斋期，则是比较容易发现的。如果他没有遵守斋期，那么，他对于这种神授特权，对于彼得的一切继承人的可靠性，对于他们关于怡享天福的一切命令的服从的不可缺少性，就必定不会坚信不疑，而教会也可以十分有把握地把他当作一个无信仰者来对待。

通过这种本身必要的活动，教会还获得了另外两个非常重要的好处。首先，如果教会编造的东西合乎目的，它就通过那种为检验信仰而要人遵守的信条，同时也弄到了它所需要的另一个世界的许多奖惩，以便按照每个成员信仰与否，把这些奖惩恰如其分地给予它的完全不同的成员。教会得到的，不是简单的天堂，而是在它的顺从成员当中加以分配的等级无数的天福和表彰圣徒功绩的永不枯竭的财富；教会除了简单的地狱，还得到一种能够进行各式 (I,1,377) 各样的无休无止的折磨的炼狱，以便对那些无信仰者和不愿忏悔者，在必要时对每个人进行恐吓。第二，教会不让它的成员闲散无事，而是给予他们以足够的工作，以此来加强他们的信仰。乍看起来，这似乎是矛盾的，但这是由大量经验得到证实的；发生这种现象的原因不久就可以找到：人们越是把不可信的事物作为信条，就越容易有信仰。人们首先否定那种还相当可信的东西，因为它的发生在我们看来太自然了；但是，人们把被否定了的命题建立在一个奇怪的命题之上，然后将后者建立在一个更加奇怪的命题之上，并且一步一步地增加这种离奇性，而人也就似乎被弄得晕头转向，他无法再进行冷静的思考，变得十分疲乏，于是他就被弄得皈依了宗教。人们使一些不相信上帝的人通过相信魔鬼，相信地狱和炼狱，皈依上帝，这不是什么新鲜事；德尔图良[119]说，"这是荒谬的，因此这来自上帝"，这句话对他的信徒来说是极好的证明。出现这种结局的原因在于：一般人可以在自然因果关系中对一个、两个或三个命题作出判断，因此，他被叫去思考这些命题，相信能够从理性的根据出发，对这些命题的真伪作出判断。但为了阻止他这样做，你们却给他把这些命题建立在其他人为的根据上，这些根据本身又是信条，又建立在其他人为的根据之上，以此类推，直至无限。这时他不再能对任何东西作出判断；如果没有向导，他会在这座迷宫中四处乱走；他十分惧怕那种眼看就压在自己身上的巨大工作，他疲于徒劳无功的探索，并且出于一种糟糕的绝望情绪，盲目地服从他的领路人，并且庆幸自己有个领路人。

人们不会不公正地理解我；我不是说，一切宗教体制的创立者和发展者总是抱有明确地设想出来的目的，要用这种凶恶的、然而完全合乎目的的手段来奴役人的良心。不，那些谨小慎微的、在以前就胆颤心惊的人们曾经受本能的支配，亲自走过他们后来与其他人一起走上的道路。他们在欺骗别人之前，已先欺骗自己。一
(I,1,378) 种必定不会被克服，而是出于畏惧必须加以相信的荒谬，导致了无数的荒谬，而且认真的思索者目光越敏锐，便越能从空想之国带回无数的梦想。——但是，对于我们今天那种维护自己的纯粹的、唯一能使人怡享天福的信仰的狂热分子——这种人绝大部分不是抱着同样的真诚态度追求信仰——我们必须予以教导，这个教导足以代替他们读过这一章以后可能出现的烦恼。如果他们试图用放弃最离奇的命题的方法维护自己的信仰，设法使他们的信仰接近理性，那他们就采取了一个恰好与自己的目的背道而驰的方法。他们通过这一让步，引起了一种想法，以为在保留的事物中，也可能存在一些将随着时间的推移而被克服的东西。但这还是最微小的损失；他们简化这一体系，把它从一部分离奇的东西当中解脱出来，这样，他们就容易对这一体系进行检验和作出判断了。而原先那个难于检验的体系已陷入了危险境地，这个易于检验的体系想怎样保持自己呢？你们走那条相反的道路吧！每一个需要利用的荒谬都大胆地用另一个更大的荒谬来证明自己；受到恐吓的人类精神要想重新恢复过来，要想充分认识那个最初使自己感到迷惑的新幻象，以便直接对它进行研究，是需要一些时间的。如果遇到危险，你们就从你们的取之不尽的荒谬宝藏中慷慨地掏出一种新的荒谬；从前的历史在重演，而且这种情况要一直延续到末日的来临。你们无论如何不让人类精神从事冷静的思考，你们无论如何

不让人类精神的信仰永远不受磨练；这样，你们就是在反对进入那些压倒你们的统治的地狱之门。——啊，你们这些制造黑暗的人和黑夜的朋友，对于这一劝告，你们切不可因为猜想它来自一个敌人，就让它受到怀疑。即使你们立刻就会用阴谋诡计来对付我们，我们也不允许自己对你们使用阴谋诡计。你们要认真检验这一劝告，你们会发现它是完全正确的。

根据那些原则，教会代替上帝在人世间进行审判；它代替上帝，在教会成员中分配另一个世界的奖赏和惩罚。在一个有名的教会中，人们对无信仰者和不愿忏悔者使用过尘世的惩罚手段；但这是一种不幸的、由于误解和狂热而造成的处分。教会的审查所得到的尘世结果，只能是**赎罪**，信徒带着自己的良好愿望和教会的良好愿望来赎罪，以逃脱这种审查在来世得出的结果。谁为自己的无信仰而谴责自己、持斋守戒和进山朝圣，谁就是愿意满足教会 (I,1,379)
的要求，以免在来世受教会的诅咒；即使是那种让神圣法庭烧死的人，也只能在这样的前提下让人烧死：他即使今生不能留在教会里，也要在来世留在教会里；他把自己有罪的肉体交给撒旦去毁灭，其前提就是他的精神将在最后审判日得到安息。正如人们从执行体罚的仪式上清楚地看到的，这也是那种体罚最初的意义。失去自制力的复仇欲把这种体罚当作**惩罚**，因而改变了这些慈善机构的精神，直接违背了这些机构本身的目的。如果这种赎罪变成了惩罚，也就是说，如果一个人不愿意在那个前提下留在教会中，不愿意服从教会，并且鄙视和嘲笑教会的诅咒和祝福，决心做无信仰者，但这种赎罪**违背着他的意志**，被强加于他，那么，这种赎罪就恰好造成它应当阻止的结果，就是说，造成**虚伪**。如果我只须冒教会在来世给我以惩罚的危险，那么，在我不相信教会进行的威胁时，我就一定不服从教会要求的赎罪。于是，我的无信仰被揭发出来，教会清除了一匹害群之马，它可以用它发明的一切咒语来诅咒这匹害群之马。但如果今世——不管我相信还是不相信——有什么惩罚在等着我，那我就会尽可能长久地藏起我的无信仰，宁肯忍受较小的痛苦，以免受较大的痛苦。我在这里暂且不考虑，教会惩罚那些已经宣布不服从它或从来没有答应过服从它的人们，显然是不公正的，因此教会根本没有权利惩罚他们；这种行为引起了一切受到不公正待遇的人们对教会的厌恶和不共戴天的仇恨。作为始终如一的样板的罗马教会，在这方面也做得前后矛盾。宗教裁判所对犹太人和供认不讳的教派分裂主义者进行种种迫害，对每一个仍然不忏悔的人处以绞刑，把君主革出社会和教门，解除他的臣仆们的忠诚誓言，命令他们离开自己的国君，所有这些都是前后矛盾的，而且给罗马教会造成了严重的后果。

教会有宗教法规，因而有**立法权**。但这种权力可能很分散。这些法规的**内容**，即信条，根本无须通过教会成员的一致投票产生出来。**一个**或几个成员就可能独享作出这种决定的权利；在这方
(I,1,380) 面，教会可以是一个君主专制国家，也可以是一种寡头政治国家，这取决于有关这个问题的基本法。但按照这些宗教**法规**的**形式**来说，它们除了通常自愿接受，就对任何人都没有约束力。诚然，如上所述，教会指望它们对所有的人都具有原始的、不以任何随意性自由为转移的普遍效准，按照这一原则，教会当然有权诅咒和谴责一切不接受宗教法规的人；但它不能要求这种诅咒在天赋权利支配的现象界有任何结果，天赋权利对原始的宗教法规一无所知，并

赋予每个人一项权利，不允许任何别人武断地把一条法律强加给自己。谁认为这一法律是自由的，谁就不会相信教会的规定；谁认为这一法律从来就有约束力，谁就会毫不费力地服从它。

这些法规必定同样有约束力；为了评定的需要，它们虽然可以被分为重要的和非重要的；但对信仰来说，它们都必须同样重要。谁不相信教会的鸡毛蒜皮的规定，不管它是一条教义、一件事实还是一项教规，谁就一定会被视为似乎不相信一切教会规定的人。如上所述，包容其他一切法规的基本法，就是对教会这一代表上帝的唯一可靠的立法者和法官的信仰。任何教义之所以必须被相信，都不是因为它本身可信，而是因为教会命令人们相信它。教会命令相信**一切**；因此，谁稍有违背，谁就违背了教会，而且他对其他事物的信仰并不能对他有任何帮助，因为他信仰这些事物，不可能是出于对教会的服从，而可能是出于其他原因。但实际上，这不是我们所要求的教会的信仰。——我善意地提醒我的某些读者，在这种严酷性和还会产生的更大的严酷性面前，绝不要忘记我们是在什么领域，绝不要做蠢事，绝不要这么对我说："这一切可能都是过去的原则；现在时代已经大有好转。"——我不想知道当时是什么原则，现在是什么原则，或某个时代是什么原则；我不是在历史领域中，而是在天赋权利领域中，这是一种哲学科学的领域。我阐明**可见教会**的概念；我从这一概念中推论出一个个定理。我说，**如果**一个社会曾经妄想成为一个可见教会，**如果**这个社会是不前后 (I,1,381) 矛盾的，那它必定会接受这一点或那一点。我并不知道**是否**有过这样一个社会，也不知道这个社会**是否**不前后矛盾。只有当我进行不正确推论时，我才有错。教会有一个**法官职位**，而且必须通过教会法规——这种法规对这一点同对其他各点一样，也是信条——决定谁可以担任这个法官职务。教师职务并不是教会的重要职务，而是可有可无的。教师不可给教义增加或减少什么，他只能阐述规定好的教义。他是法规的解释者和劝导者。适当的做法在于，让法官同时担任教师职务，因为这两个职务的先决条件都是对法规有充分认识。——众所周知，在教会团体中，牧师单独承担的工作并不是教导；谁都可以教导。牧师的工作是进行审理、听取忏悔、赦免罪犯或判决案例。弥撒献祭仪式本身是一种法官的行动，是一切其他活动的根据。如果我们愿意，可以说，它是上帝授予教会法官职务的庄严仪式，它在每个人面前重演，使每个人都要知道。如果教会是在最高审级进行审理，上帝就一定不必再审理什么了；如果上帝不必再审理什么，教会就一定符合于上帝的要求；它一定是完全纯洁的、神圣的、毫无罪孽的，它一定是打扮停当的新娘，没有一个污迹、皱折或者类似的东西，神圣而纯洁无瑕。通过教会成员向整个教会作出的贡献，教会就会变成这样。教会在做弥撒时把这种贡献供奉给上帝，以此从上帝那里完全赎回自己。只有凭靠这种赎回，教会才有权利亲自审判其成员。每一个做弥撒的人，都必须能够听取忏悔，每一个听取忏悔的人，都必须能够做弥撒，这两者都是教会全权执行其法官活动的结果。教会的判词是确实的，因为按照弥撒献祭仪式，教会是不可见世界的唯一法官；如果教会应该存在，判词就必定是确实的。如果一个团体不能惩罚不顺从的行为，它怎能保证有顺从呢？如果不能肯定教会的权利在这个不可见世界里行之有效，如果不能肯定它所公布的惩罚必定会在那里实现，那么，在不可见世界里进行惩罚的教会怎么能惩罚那种不顺从行为呢？——路德派教会是前后矛盾的，并且试图掩盖自己的矛盾；新教派教会则直言不讳地道出自己的前后矛盾。两者都有宗教法规，即它们的含有象征意义的书；如果只有《圣经》是这种含有象征意义的书，那么，“《圣经》是上帝说的话，凡是《圣经》上的话都是真实的，**因为**它是《圣经》上的”这句话，(I,1,382)
正如我们现在已经阐明的，就必然论证了整个教会体制。谁相信它们，谁就会怡享天福；谁不相信它们，谁的天福也不会受到损害。如果我必须相信威望，而且出于某些原因，不能使自己信服，那么，我真不明白，我为何宁可相信这个教会的威望，而不相信那个教会的威望，因为我在两个教会里都可以得到天福；如果我还知道有第三个教会，它声称自己单独占有使人怡享天福的权利，并毫无例外地诅咒一切不相信它的人，那么，我就**必定**服从这个教会。——我想得到天福，这是我的最终目的；一切教会都保证，这个目的不能通过人固有的理性和力量，而只有通过对教会的信仰，才可能实现。因此，根据它们自己作出的保证，如果我想得到天福，我就必须相信它们。这三个教会都教导说，人们可以在罗马教会得到天福；如果我为得到天福加入罗马教会，那我就相信了这三个教会，这样，根据这三个教会的保证，我就会得到天福。罗马教会教导说，人们在另外两个教会中是不能得到天福的；如果我在这两者之一中，却还相信能得到天福，那我就没有相信这个唯一的教会，这样，根据这个唯一的教会的保证，我就不能得到天福。——根据所有教会的一致教义，信仰不是建立在理性根据之上，而是建立在权威之上。如果无法衡量各种不同的权威——这只有通过被禁止使用的理性根据才能做到——那么，除了**表决**之外就别无它法了。

如果我在罗马教会中，那我就会以全票得到天福；如果我在另一个教会中，那我就只能以两票得到天福，以一票受到诅咒。根据一切教会的教义，我必须选择较大的权威；因此，根据一切教会的教义，如果我想得到天福，我就必须加入罗马教会。——那些掌握教会原则的新教派教师们可能忽略如此简单的推论吗？我想是不可能的。我认为，他们确实在心里诅咒一切与他们想法不同的人们，只是不敢大声说出来而已。所以，他们是不前后矛盾的，他们应为此受到赞扬。新教派教会没有法官职务；路德派教会只有表示这个职位的一纸空文。路德派教会的牧师宽恕我的罪孽，他的根据是上帝也宽恕我的罪孽；他赐予生命和天福，他的根据是上帝也赐予生命和天福。——我请问，他在这里究竟做了些什么特别的事情呢？他在这里究竟对我说了些什么呢？他对我说的，就是任何其
(I,1,383) 他人和我自己本来可以对我说的。我想确切地知道，上帝**是否**宽恕了我的罪孽；他对我说，**如果**上帝也宽恕我的罪孽，**他**就想宽恕我的罪孽。我怎么需要**他的**宽恕呢？我想要的是**上帝**的宽恕。假如我肯定能得到上帝的宽恕，我就不需要他的宽恕；于是，我自己就要对自己说出这种宽恕。他必须**无条件地**宽恕，否则，他就必须听其自然。由此可见，路德派教会的牧师只是装出一副似乎他能赐福的样子，其实他并不能赐福。至于给予惩罚，他连装样子都不行。对于罪孽，他除了宽恕，别无它法；他除了在全体教徒面前胡吹以外，是绝没有权利保留罪孽的。他只能许诺天堂，却不可用地狱威胁任何人；他的嘴角必须永远挂着一丝赐福的微笑。(D'un air benin le pécheur il caresse〔他慈爱地抚摩着有罪的人〕。)

教会有**执行权**，但不在今生：它的判决要到来世才能实现。从

上文已经得出结论:判决的执行将会、也必须同判决完全一致;将要发生的事情不会多于、也不会少于教会所规定和命令的。今生今世受教会约束的东西,在天堂里,在另一个世界里,也同样受到约束;在这里被教会赦免无罪的行为,在那里也一定会被赦免无罪①。这些判决的执行者只能是统一的、唯一能使人怡享天福的教会的成员,不可能是别人,因为他们是这种判决的执行者,这同样是从上文得出的结论。此外,众所周知,对于把自己积蓄的收入交给教会管理的慈善宝库,从而作出贡献的一切圣徒们,耶稣这位教会首领[121]让他最初的信仰者,即坐在十二张椅子上的十二个门徒,根据教义,在那里作出评判[122]。——在今世,一个不前后矛盾的教会不可能有执行权,因为正如我们在上面指出的,把物质结果 (I,1,384)
同教会检查相联系是违背教会的终极目的的。如果教会允许赎罪,而这种赎罪必须由教会理所当然地指派的某些神职人员在赎罪者身上执行,那么,这些人在执行时就不是以教会的名义,而是以要赎罪的无信仰者的名义采取行动的,而赎罪者也必须是自愿决心赎罪的,并且必须委托那些指定的神职人员来给自己赎罪。

这就是可见的教会必然具有的体制,正如从上述一切看到的,这种教会就其本质而言,只能是统一的和普遍的。如果谈到有许

① 语言的使用和事情的联系至少向我证明,天主教对这些说法和以前的说法[120]的解释(那些用于彼得继承人教皇的说法除外)是唯一正确的,不歪曲这两个世界的真相,就不可能有什么其他的解释。在我们近代,这段话值得一位非常博学,但又毫不偏颇的考据学家加以审订。即使这段话必须这样来解释,即使这里真会碰到教皇拥有的令人敬畏的特权,碰到彼得发表的不容争辩的言论,也完全不可能从中得出什么反对真正的新教徒的结论。

多教会，则可以肯定，不是所有这些教会的办事方式都前后不一致，便是只有一个唯一的教会的办事方式才前后一致。现在，我们必须研究这个教会在自然规律之下与人的关系和它在国家法律之下与人的关系，即研究这个教会与人本身的关系和它与作为公民的人的关系。不管这些人本身是以离群索居的方式生活的，还是结成了一个国家，这个被看作分离出来的团体的教会总是与其余的人对立的，而其余的人又在天赋权利的法庭面前与教会相对立；教会在契约法之下与自己的成员相对立，而这种契约法本身就是天赋权利的法律。

每个人都是天生自由的，除了他本人以外，任何人都没有权利加给他一条法律。因此，教会没有权利使用肉体强制手段，把它的宗教法规强加给任何人，或者使用暴力手段，使人屈服于它的奴役。我之所以说使用肉体强制手段，是因为天赋权利也只能支配现象界。假如道德压迫可以使用不同于现象界的手段，不需要征得对方的同意来进行，那么，受侮辱者就只有使用同样的手段，而不能使用任何其他武器来反对道德压迫。——你害怕我的劝说、我的逼迫和我的表面理由，你害怕想象我用以威胁你的那个世界的可怕痛苦，但是，我除了用符号表达我的思想，还能用什么方式把我的思想告诉你呢？你可以不听我说的，在我面前塞住耳朵，把我从你家赶出去，禁止我再到你那里去，或者，如果我是用文字表达我的思想的，那你就不要读我的著作。这一切，你完全有权利做。但是，你一旦抱着自己的善良愿望同我一起走上道德战场，那你就把你抗议的权利出让给了我。让你在战场上走运吧！假如你能说服我，那我就会屈服于你；可我说服了你，所以你就屈服于我了。这就是我们的协定，你没有什么可以抱怨我的。——如果教会相信在自己的良心面前能够对此负责，那它可以谴责不愿服从 (I,1,385)
它的人，并且可以最严厉地诅咒不愿服从它的人；只要这种严厉谴责的判绝不超出它所属的不可见世界的范围，谁能表示反对呢？教会像那种不走运的赌徒一样在心中诅咒别人，而对于任何人得到这类补偿，大家都会感到高兴。但是，一俟这种诅咒在可见世界里导致了侵犯他人权利的后果，被侵犯者就有权把教会当作敌人对待，并强迫它赔偿损失。

每个人一俟愿意自由，就可以重新自由，并且有权重新卸掉他自己加给自己的义务。因此，每个人一俟自己愿意，就可以向教会宣布，他不再服从教会；而教会过去既无权用物质手段强迫他逃到自己的怀抱中，现在也无权用物质手段强迫他留在自己的怀抱中。契约被解除了，他把他尚未动用过的教会天宝完好无损地归还给教会，同时他也允许教会有一种自由，那就是允许教会在不可见世界里向他发泄自己的全部愤怒；教会又重新还给他信仰自由。因此，教会违背某个人的意志而强加于他的一切有形惩罚，不仅是违背教会本身的原则的，而且也是违背人权的。如果他不愿接受建议，为自己永远被罚入地狱赎罪，那他就不相信教会，因为不能设想，他会经过周密考虑，把永远被罚入地狱作为自己的终极目的。这样，他就不再是教会的成员，教会便不可以触犯他。如果教会触犯他，教会就把自己置于同他相敌对的关系之中。每一个由于坚持不信教而被神圣的宗教裁判所处决的无信仰者都被蓄意杀害了，而神圣的罗马教廷则在无辜流淌的人血中陶然自得。新教社团迫害和驱逐每一个不信教的人，并剥夺其财产和公民尊严，这些人遭受了非法的迫害。孤儿寡妇的眼泪，被践踏的道德的叹息，人类的诅咒，都淀积在新教社团的那些有象征意义的典籍上。

如果一个人可以退出教会，则许多人也可以退出教会。如果最初的教会成员们可以通过一项契约联合起来，组成一个教会，那么，他们也可以联合起来，组成一个特殊教会。前一个教会不可用物质手段阻止他们这样做。许多宗教国家产生了，它们彼此并存，
(I,1,386) 不能用消灭肉体的武器，而必须用骑士精神的武器来进行斗争。它们尽可互相把对方逐出教门，相互谴责，相互诅咒，这是它们斗争的权利。——“但在这许多教会中间，除了一个教会以外，一切教会都会是前后矛盾的。”它们可以这样；但是，如果前后一致的教会的原则不公正，那该怎么办呢？每个人都可以随其意愿或尽其所能，进行前后有矛盾的推论，天赋权利只对行为作出评判，而不对思维作出评判。

根据同教会缔结的契约，每个成员都有权监督信条的纯洁性。每个人都是根据明确的信条而不是根据别的东西，同教会联系在一起的。教会有权以全体成员的名义对这种纯洁性进行监督，并用法规制裁任何损害这种纯洁性的人；如果他不服从教会，教会有权把他开除出教会社团，因为他破坏了社团的契约。既然教会有权利开除任何有假信仰的成员，所以教会是否也有权利免去、甚至开除一个传授假教义的教师的职务，就不成其为问题了。

根据契约，每一个服从教会的人都有权要求得到教会的宽容和法律规定的教会的赐福。教会必须遵守自己的诺言，否则它就会自己毁灭自己。

教会和国家，作为两个不同的、分离的社会来看，就像单个的、

彼此分开生活的人们一样，在天赋权利的法律之下相互对立。在大多数情况下，同一个人既是国家公民，又是教会成员，只要我们像我们必须做的那样，在思考时能把每一个人构成的这两个角色分开，这都无关紧要。如果教会和国家发生争执，天赋权利就是它们的共同法庭。如果双方都知道自己的界限，并尊重对方的界限，那它们就绝不会发生争执。教会在不可见世界中有自己的领域，是被排除在可见世界之外的；国家根据公民契约掌管可见世界，是被排除在不可见世界之外的。

国家不能侵犯教会的领域；这种侵犯在尘世中是不可能的，因为它没有进行这种侵犯的工具。国家可以在可见世界里进行奖惩，它手中握有可以行使奖惩的权力，国家公民的人身和财产它有权处理。国家不能在不可见世界里诅咒或赐福，这只有对信仰不可见世界的人才会发生；国家在公民契约中并未要求信仰，任何人都没有向它许诺信仰，它也没有采取任何行动来获得这种信仰。(I,1,387)
根据公民契约，国家只能评判我们的行动，但不能评判我们的思想。在看来国家似乎在做这种事情的地方，那不是国家，而是一种披着国家外衣的教会；关于这一点，我们马上就会进一步谈到。——国家中大大小小的社团，或者我们愿意，也可以说国家本身，能够建立各种机构，给人们或公民教授伦理学，或者教授仅仅**可信的**东西（相对于人们**所知的**东西而言），甚至从事于思想启蒙工作。但这还不是教会。教会是建立在**信仰**之上的，而那些机构是建立在**研究**之上的；教会**拥有**真理，而那些机构则**寻找**真理；教会要求**笃信**，而那些机构如果能够做到，试图**说服**别人，如果不能做到，则放弃这项工作，它们并不问一个人内心是否信服，而是让每个人自己去扪心自问；教会可以赐福或诅咒，而那些机构则让每个人随自己的意愿或能力去做；教会指出通向天堂的可靠途径，而那些机构则尽量使每一个人都能自己找到这条途径。只有在有信条、有信仰义务、有可靠预言的天福的地方，在人们承认这种信条的时候，才有教会；但在有信条的地方，哪怕这种信条不过是“《圣经》中所写的东西是真实的，**因为**它写在《圣经》中”这样一个简短的语句，那里也有一种信仰义务，有一种教会，一种唯一能赐人以天福的教会。这一切都没有例外，都是我们在上文中从教会这个概念发挥出来的；这是十分确实的，教会成员作很简明的推论，就能得出这个结论。既然那些机构并不是以**已经发现的**真理，而是以**需要寻找的**真理为前提，所以就会得出一个从上文来看不言而喻的结论：国家也不能自诩占有真理，因此，它不应监视那些机构的教师所作的报告[123]。这些教师必须朝着发扬**集体意识**（原初意义上的，并不以民意为依据）的方向努力；这种意识是他们的唯一法官，国家无须施加行政力量，便可以对他们作出评判。他们靠近国家，人们就会听他们的；他们违抗国家，他们马上就会失去听众。

但是，教会却可以侵犯国家的疆界，因为教会的成员具有物质
(I,1,388) 的力量。当教会伤害人权或公民权时，它就侵犯了国家的疆界，而国家根据公民契约，则有义务保护这些权利，并在教会侵犯这种权利时，有义务用物质的强制手段，反对教会的物质的压迫手段，促使教会赔礼道歉和补偿损失。如果教会伤害的不是国家公民作为人或公民所具有的权利，而是作为教会成员所具有的权利，教会拒绝给他们以契约规定的报酬，而对他们滥施惩罚，那国家是不能管的，因为这种伤害发生在另一个世界里，国家在那里无法保护他

们，也没有许诺过保护他们。但国家必须谨防在可见世界出现损害。如果教会使用强制手段，逼迫一个国家成员承认教会的领导权，如果它对任何一个不自愿赎罪或干脆宣布不再服从教会的人施加肉体惩罚手段，这个人就有极其充分的权利要求国家帮助。如果教会把国家中出现的结果同不服从教会命令联系起来，那它就直接侵犯了国家的权利，并且是在向国家宣战。在所有这些情况下，国家不仅有权利把教会当作敌人对待，而且根据公民契约，甚至有义务这样做。

人们想出了一种教会与国家的同盟，依靠这一同盟，国家友好地把自己在今世的权力出借给教会，教会友好地把自己在来世的权力出借给国家。这样，信仰义务就变成了公民义务；公民义务也变成了信仰磨炼。当人们实现了这种幸运的联合时，人们便以为已经实现了一个政治上的奇迹。但我认为，人们是把无法联合的东西联合到了一起，从而削弱了双方的力量。上面已经谈到过，如果教会把尘世的惩罚施加于无信仰者，它就是自相矛盾的，它的做法与它自己保证其成员的纯洁性这个目的背道而驰，因此，要证明教会将因这种奇特的同盟而遭到削弱，我就无须再说什么了。国家也损失不小。国家不像教会控制良心那样有这么不可靠的控制手段；它管的是在可见世界里表现出来的行为，它的法律必须这样制定，那就是：国家能够确实信赖人们对于法律的服从；没有任何一条法律是可以践踏而不遭受惩罚的；国家必须能够确实信赖它所命令的每一个行动都有结果，就像人们对一台排列有序的机器 (I,1,389)
能够确实信赖一个齿轮与另一个齿轮啮合起来一样。——那种说国家不能永远进行监督，不能洞察一切的高谈阔论，是肤浅的；国家无须命令自己无法监督执行的行动；它的命令必须个个有效，否则，它的所有命令都会渐渐失效。一个借用宗教破烂的国家，不过向我们表明它已经瘫痪；谁恳求我们为了上帝和我们的天福而服从他的命令，谁就向我们承认，他自己没有力量强迫我们服从，否则，他无须呼唤上帝帮助，便会这样做的。——那么宗教这种媒介究竟会有何帮助呢？如果我们不相信上帝，不相信另一个世界，不相信另一个世界的奖惩，会怎么样呢？国家或者有其他手段强迫我们服从，或者没有。如果它有其他手段，它就无须宗教这一推动力了；如果它利用宗教，那它是多此一举，并且无偿地充当了教会的工具。如果**我们自己**在同自己的偏好作斗争时想利用这种推动力，给自己减轻履行义务的困难，我们是可以这样做的；但这不是**国家**该操心的事情。——如果国家没有这种手段，如果我们是坚决的无信仰者，那么，它即使利用宗教，也无法保证我们服从它；既然国家亲自借用了教会的力量，那我们就要十分小心，以防泄露我们无信仰的真相，这样，国家的命令就无济于事了；如果我们是笃信者，我们就会服从；如果我们不是笃信者，我们当然会对这种做法不予理睬，而国家只是想试着这么做；对国家来说，多一个或少一个不服从者，都无关紧要。这算一个什么国家！——当他们拿走我们今生的一切，通知我们来世支付时，或者，当我们不想屈服于他们不公正的暴力行动，他们用地狱来威胁我们时，这对他们来说当然很合适。可是，当他们这样直言不讳地不公正时，他们自己究竟相信什么呢？他们既不信上天也不信地狱；或者他们以为，大概能借助上帝为他们自己解决问题。如果我们和他们一样聪明，那会怎么样呢？这一点在新教国家表现得最明显不过了。诚然，同一个尘世的人可以是君主，可以是主教，但是君主的公务不同于主教的公务，谁也不能顶替谁。在同一个行动中，一个人不能同时扮演两个角色。——新教的君主要别人说他们同时也是主教，而且他们像主教那样勤奋，所以他们也想履行他们的主教义务。信 (I,1,390)
仰的纯洁性只是挂在他们的心头，而且至少从他们那些可怜的认识来看，这种纯洁性也是掺了假的。他们在正义的愤怒中到处摸索，抓住摸到的东西就打将过去。这是君主的权杖。但君主的权杖就是用来干这个的吗？它应当是主教的权杖。如果他们是主教，那他们可以诅咒和谴责无信仰者，把他逐出天堂，投入地狱；他们可以架起柴堆，每一个为了得到天福而愿意被烧死的人都可以在柴堆上自焚；但是他们不可以对无信仰者使用国家的权力，否则他就得乞求国家的保护。——国家的保护？啊，我们落入了谁的手中！正是国家在以上帝的名义鞭笞我们①。但是新教的主教们没有诅咒的权利。——是这样吗？我请问，**主教**究竟是什么呢？我认为是代表教会的可靠法官。那么教会是什么呢？我认为是不

① “但是，假如对那些君主来说，按照他们的方式为其臣民未来的天福操心是一桩真正严肃的事情，那么，人们不是至少应当尊重他们的好意吗？”也许如此；但肯定不应当尊重他们的理解力和正义感。每个人都有权利自己寻找、检验和选择自己获得天福的方法，他有充分权利不容忍别人插手他这块特有的土地。君主们究竟**为什么**这么愿意他们的臣民获得天福呢？这在通常情况下是否出于对臣民的纯粹体恤呢？或者说，这在有时候是否不是出于自爱呢？在大多数情况下，正是路易十四[124]及其同类十分热心地为**他人**的天福操心，这究竟是怎么一回事呢？这些君主懂得利用他们的臣民们的一切东西。他们已经在很大程度上一部分一部分地敲诈了臣民们会死的躯体的精力，以致从这些人身上再也榨不出更多的油水了。但是，他们的良心告诉他们说，“臣民们不是也有不死的灵魂吗？”经过这一受人欢迎的提醒，他们立刻想出一个妙计，那就是还要在永生中利用自己的臣民们，尽可能用高价把他们的灵魂出卖给亲爱的上帝。

可见世界中唯一的和最后的法官。如果新教的主教真的无权诅咒，那他们就不是主教，他们的教会就不是教会。——当然，各个新教社团都是或者极其前后不一致，或者根本不自诩为教会。正如我们上文所述，它们是教育机构。人们或者必须投入唯一能使人怡享天福的罗马教会的怀抱，或者必须成为坚决的自由思想者①；二者必居其一，绝没有第三种可能。
(I,1,391) 在我们这个很难有人通过亲自研究得到那些具有象征意义的典籍所提出的结果的时代，那些把我们重新束缚于具有象征意义的典籍的人究竟想干什么呢？一旦我们允许别人强加于我们一个未经任何研究就形成的教理，我们要么就必定会放弃一切健康的逻辑，要么便是接受最粗暴、最严酷的天主教。我诚然知道，热衷于这些具有象征意义的典籍的新教徒很少认识到这一点；但我全然知道，谁完全认识到了这一点，并在其论著中向我们十分彻底地指出了这一点；我知道，并且全体公众也都知道，哪一个派别最先十分热衷于促进此事。那

---

① 请报道这个很值得尊敬的词汇，拯救它的名誉吧！——自由难道从来都是表示形式，而不是表示内容吗？要当自由思想者，问题不在于人们相信什么东西，而在于人们出于什么原因相信这个东西。谁相信权威，不管他的宗教信仰声明有多简短，谁就是一个信徒；谁只相信自己的理性，谁就是一个自由思想者。如果有谁相信穆罕默德骑的毛驴，相信圣母玛利亚的不婚而孕，或相信阿庇斯[125]的神性，是因为亲自深思过这些教理的真理性，以为自己已经对它们确信无疑，那他就是一个自由思想者；如果有谁只相信上帝的存在，不相信别的什么，是因为他也许在圣经——他根据教会的说法，认为《圣经》就是上帝说的话——中没有发现别的什么，那他就是一个信徒。——宗教改革家们是最开明的自由思想者；在许多值得尊敬的人看来，整个新教无非是自由思想，也就是说，新教徒必定会拒绝一切他不能信服的东西。由于我希望他们是彻底的，所以我很希望这是真的。——但是，在这情况下就可能不会有路德派新教，不会有基督教新教、自然神论和自然主义等等了。天主教和新教是两个截然相反的概念，前者是一个肯定性的概念，后者是一个否定性的概念。

些新教的狂热信徒难道不是那些在彻底性和狡猾性方面远远超过我们的人物的工具吗？我对耶稣会会员和耶稣会的阴谋诡计一无所知；但是，一个庞大的黑暗体系正在被策划出来，耶稣会的手段是贯彻这一体系的唯一手段，这是每一个有眼睛可看，有头脑把两个句子联系起来的人都知道的。

因此，国家和教会是彼此分离的，两者之间有一条天然界限，任何一方都没有权利跨越这条界限。如果教会无理要求可见世界 (I,1,392)
的权力，这就与教会特有的精神背道而驰，显然是不公正的；而国家，根据我们的看法，既没有义务也根本没有权利过问不可见世界。但仍然出现一个问题，即在某些情况下，**明智性**是否可以提出劝告，国家在何种程度上有资格遵循其劝告；为了保证我们发表的意见不引起任何可能的误会，我们也想附带讨论这个问题。

一个教会可以把与国家公民的义务相矛盾的义务加给它的成员。一个国家在通过可靠的报告得知有这种情况时，该怎么办呢？如果国家只能对行动，而不能对意见作出评判，那么，在这种情况下国家的约束力就只有在那种教会的意见成为某个公民的行动之后才能发挥作用，只有在这时它才能惩罚行动。但是，一个明智的国家宁愿防患于未然，而不愿事后进行惩罚；宁愿阻止这类行动发生，而不愿对它采取报复措施。这话诚然不错；但国家如何能知道国家公民的那种意见是否真会转变为行动呢？教会已经把意见转变为行动的义务加给公民，公民也已经接受这种义务，而国家并不知道公民的接受是虔诚的还是虚假的。国家难道认为公民一方面会对教会诚实，另一方面也会按照国家的原则行动吗？从表面上看来是这样。但正是这个人接受了违背国家的义务。根据那种原则，国家必定认为公民也会以诚实的态度接受这种义务，并会按照这种义务行动；这样，教会义务和公民义务就会在公民心灵中相互抵消。教会不能通过外在手段强迫采取它要求的行动；但国家可以强迫，因此可以指望自己占有优势。——但是，人们知道宗教观念对人的灵魂所能发挥的力量；宗教要求作出的牺牲越大，人们就越容易服从宗教；人们之所以服从宗教，经常是因为人们能在宗教服务中冒着危险或惨死前进。——对这个问题，我可以回答说，国家和社会必须用那种真正给予我们反对狂热的武器，即用冷静和健全的理性，与这类狂热进行斗争；国家只须建立更多、更适合的机构，对自己的公民做思想启蒙和精神陶冶的工作；应用这种方式，国家将会在宗教的愤怒面前越发胸有成竹。但是如果她不明白这个道理，又怎么办呢？那她就使用自己的权利吧！

(I,1,393)　国家不能强迫任何人同她一起加入公民契约；任何人也不能强迫国家接受他加入公民契约，即使国家拒绝他，根本没有任何能够成立的理由，或不愿向他说出任何理由。双方都是同样自由的，同盟是自愿结成的。如果国家害怕某些思想观点的不良后果，那她可以把一切众所周知的倾向于这些思想观点的人排斥在外，使他们不能成为公民；她可以在缔结公民契约时要求每个人作出不接受这些思想观点的保证。——每个人只要愿意，都有权利退出国家，国家不可阻止他；同样，国家只要愿意，也有权利把她想开除的人开除出国家，甚至无须说明任何理由：但是，正如在第三章指出的，不可伤害人的权利、财富和自由，而要让人可以在他愿意逗留的地方逗留。有些公民自从加入公民契约以来，国家就知道他们抱有一些在国家看来危险的思想观点，对于这类公民，国家可以行使她的这种权利。——我在这里说的，与我上面说的并不矛盾。我承认国家可对思想体系从反面进行监督；但我也要说，正面的监督已经暴露了国家的弱点和不明智的地方。国家可以规定，人民若想能够行使公民权，就不可相信什么东西；但要规定人们若想行使公民权，就必须相信什么东西，这却是违背国家宗旨的，是十分愚蠢的。我理解，一个明智的国家为何不能容忍彻底的耶稣会会员；但我不理解，她为何不应当容忍无神论者。前者把不公正视为义务，这就把国家置于危险境地；后者就像人们通常认为的那样，完全不承认义务，这对国家根本无关紧要，因为无论人们愿意也好，不愿意也好，国家总是用物质力量强迫他们去尽他们应尽的义务。

从这里出发，业已改变的国家的权利就转入了教会的体制。国家可以删除至今还未被公民权利排除的教会教义，因为这些教义违背她的新的政治原则；她可以要求一切渴望公民权利的人作出已经放弃那种思想观点的保证，并要求他们庄严地接受与那些教义相对立的新的义务；她可以把一切不愿意作出这种保证的人开除出她的共同体，不让他享受任何公民权利。但国家对公民再也没有更多的权利。公民的财产和他们的人身自由必须不受侵犯。只有他们公开地或秘密地进行反对国家的斗争，国家才获得对他们的人身自由的权利，不过，这不是作为对公民的权利，而是 (I,1,394)
作为对人的权利，不是根据公民契约，而是根据天赋权利，不是惩罚他们的权利，而是同他们进行斗争的权利。国家是在对他们进行正当的自卫。

但是，国家与教会之间的一切误解的主要根源在于，后者在可见世界里占有财产；只有对教会财产的起源和权利进行彻底研究，才能解决一切其他困难。

教会单纯作为教会来看，只在不可见世界中拥有力量和权利，在可见世界中是没有任何力量和权利的。在不可见世界有一块宽阔无边的开放领域，供教会的信仰去占领；在可见世界里，教会依靠这种信仰——它的唯一工具——则不能获得任何财产；因为在这个世界里——经过一些天赋权利论者的允许才这么说的！——除了那种在意志和信仰领域中被认为是我们的东西以外，还有更多的东西属于可以占有的。教会成员可以去占领，但不是作为教会成员，不是依靠他的信仰力量，而是作为感性世界的成员，依靠他的物质工具的力量。教会作为教会，是不能去占领的；因此，它所占有的东西，是通过契约占有的，具体地说，不是通过劳动契约，而是通过交换契约占有的，因为它不能劳动。教会用它大量占有的天堂财富来换取它绝不轻视的尘世财富。教会有官员，他们并不单靠信仰维持生活，为了生存，他们也需要食人间烟火。社会成员养活那些把自己的时间和力量用于社会服务的人们，这是由一切社会的本质决定的；因此，教会社团的成员也无疑有义务养活他们的官员。这项义务可以是依靠法规所规定的会费实现的，这种法规对这件事情就像对一切可能的对象那样，必须是一种为获得天福所必需的宗教法规，它是绝不能触犯的，否则就必定会遭受永入地狱的惩罚。因此，交纳会费的人是为得到天福才这样做的；他用他给出的东西来换取天堂。——或者，这项义务是依靠自愿交纳的会费实现的。如果这种捐赠确实送给了教会，而不是送给了一个偶尔成为教会成员或教会官员的个人，去讨他的欢心，那么，这种捐赠就是以信教为前提，因而就是以希望通过教会的仁慈而获得天福为前提。——最后，如果把尘世财产割让给教会，是直接为了赎回在宗教中犯下的罪过，或直接为了买到在天堂中享有的至福，这种交换就显而易见了。

从教会财产的这种起源得出一个重要结论。——正如我们在 (I,1,395)
上面所指出的，一项契约只有在引用到现象界之后，只有在缔约者**双方**实践了他们的诺言之后，才算得到实施。用尘世财富交换天堂财富的契约至少在今生是永远不会过渡到现象界的。尘世财富的占有者诚然能在自己方面做到这一点；但天堂财富的占有者是不能在自己方面做到这一点的。前者仅仅通过信仰获得一份占有物，为了换取这份占有物，他交给教会的并不是他将把自己今世的财富转交给教会的单纯希望，而是他对这种财富的实际占有。谁知道他是否真的相信教会？谁知道他是否一直会坚持这种信仰，他临终前是否不会丧失这种信仰？谁知道教会是否有信守自己的诺言的愿望？或者，即使它现在有这种愿望，它是否永远不会改变这种愿望？谁知道这两个方面之间是否真有一个契约？除了那位无所不知者，谁都不知道这些。一方或双方都随时可能收回自己的意愿；因此，双方的意愿并没有被引入现象界。

尘世财富的占有者诚然已经践约，并且在这件事情上获得了**希望**教会也践约的权利；他认为他的财产是教会的财产。现在，他不是对教会的善良意志失去信任，便是对教会能使他获得天福的力量失去信任；他不必继续希望赔偿；他的意愿改变了，他的财产也随着他的意愿的改变而发生了改变。他的财产仍然是他的；现在，他真的又把它占为己有了。——如果人们在缔结一项契约时有后悔的权利，那显然是在同教会缔结交换契约的时候。无须赔偿损失！我们没有用坏教会的天堂财富；教会可以收回它们，可以惩罚我们，把我们革出教会，把我们罚入地狱。悉听尊便；如果我们根本不再相信教会，这一切也不会对我们产生很大影响。——我在这里还是把教会单纯看作我们财产的占有者。我们将继续在下面看到，一位教会官员作为感性世界中的人占有财产，**这**会对赔偿损失得出什么结论。

我父亲为拯救自己的灵魂，把他的所有财产都让给了教会。他死后，按照公民契约，我就占有他的财产；这当然是有条件的，即履行他根据真正的契约，在占有他的财产上承担过的义务。他同
(I,1,396) 教会就这些财产缔结过一项契约，但这项契约从未被引入过现象界，而只是建立在信仰之上的。如果我不信教会，那么这种契约对我来说就毫无意义；教会对我来说是子虚乌有，而且如果我要求退还我父亲的财产，我至少没有侵犯任何人的权利。——国家是不能阻止我这样做的。国家**作为**国家，和我一样没有信仰，她作为国家和我一样对教会毫无所知；就像上文已经指出的，教会对国家来说同对我来说一样，不是某种东西；国家不能保护她认为不存在的东西的权利要求。但是，我对国家来说却是**某种东西**，她必须在那种荒诞不经的事情面前保护我。她已经以我不侵占其他已逝公民的财产为条件，允许我占有我父亲的财产。我没有侵占其他已逝公民的财产；因此，国家根据契约有义务保护我对我父亲的财产的占有。——这份财产曾经还是我父亲的财产；直到他死，它一直是他的财产，因为在现象界中，那种在天赋权利法庭和国家权利法庭面前等于零的契约，不能出让他的财产。他当然可以自愿放弃他

的财产；我本来可以用自己的沉默确认他的意愿，这样就不需要国家了。但是现在我并不确认这种意愿，我需要国家。**我**当然可以放弃我的权利，但是国家不可替我放弃。——可是，教会认为，我父亲有过信仰；他与教会缔结的契约对他曾有约束力。——他似乎有过信仰；他是否真的有过信仰，我不知道；如果他还健在，他是否现在还有信仰，我更无从知道。这件事情也许是希望的那样，但我甚至同我的父亲也不相干，就像同不可见世界的一个成员不相干那样，相反地，我只同可见世界，特别是同国家相干。父亲已死，我在国家中占据了他的位置。如果他还活着，很懊悔他出让财产，**他**大概有权利要回他的财产吧？如果**他**有这种权利，那**我**就有这种权利，因为在国家中我是**他**本人，我就在现实世界中扮演着他的角色；对**他**来说他并没有死，他只是对我来说死了；对他来说，他在我扮演的角色中改变了自己的意志。如果我父亲不愿意这样，他就会回到可见世界中来，重新要回他在这个世界中的占有权利，并按照他的意愿支配又归他所有的财产。在此之前，我是以**他的**名义行动的。——但是，既然他是抱着信仰逝世的，所以，如果我按照**他的**信仰办事，我就更有把握了；我当然可以拿**自己的**灵魂冒险，但不可以拿他人的灵魂冒险。——啊，如果我这样设想，那我还根本没有下决心不相信教会；所以，即使我只是拿**自己的**灵魂冒险，我的行动也是前后不一致的、愚蠢的。在另一种生活中，教会 (I,1,397)
或者拥有执行的权力，或者没有任何权力。对于这件事情，我必须十分坚定。只要我不这样，当然在我不侵犯教会的财产时，我的生活更安全可靠，因为教会有充分权利诅咒每一个掠夺教会的人，一直诅咒到最终审判日。——第一代继承人拥有的索回财产的权利，第二代、第三代、第四代继承人，以至世世代代的继承人，也都拥有，因为继承人不仅继承财产，而且也继承对财产的权利。

从上述原则还会得出更多的结论，我们没有理由保留任何一个可能得出的结论。即使它们经过以后的观察，又会变得非常有限，会在生活中不再适用，每一种推论也便于对整体的观察，并成为一种思维训练。——不仅合法的继承人或遗产获得者，而且每一个人都毫无例外有权利占有纯属教会的财产。教会本身在可见世界中既无力量也无权利；对于不相信它的人来说，它是无；凡是不属于任何人的东西，都是第一个在现象界依法占有它的好人的财产；我占据一块地方（在这里我故意不让人们判明，这块地方是否有加工的痕迹），并开始对它进行加工，以把它据为己有。你走来对我说："你走开，这块地方是属于教会的。"——我不知道什么教会，我不承认教会；你的教会尽可在现象界向我证明它是存在的；我对不可见世界一无所知；你的教会在不可见世界中的权力对我没有任何力量，因为我不相信教会。你本来可以更恰当地对我说，这块地方属于月亮上的人；因为虽然我不知道那个人，我毕竟知道月亮；你的教会我不知道，那个据说有强大教会的不可见世界我也不知道。让你的那个人在月亮上闹腾吧，或者，让他到地球上来，向我证明他过去对这块地方拥有所有权吧！我是地球上的人，我想在他未到达地球以前，冒点危险，把他的财产据为己有。

但是，教会成员同时也是物质世界中的人；**作为物质世界中的人**，他们拥有这个世界中的力量和权利。教会作为精神社团根本不能占有尘世的财产；它必须把这些财产转交给尘世的人，在这方面，这些人被教会看作是教会采邑的承担者；他们在教会的法庭面前不是所有者，而仅仅是占有者。但这些人在天赋权利或国家权 (I,1,398) 利的法庭面前是什么人呢？对于刚刚推导出来的教会财产权利会由此产生什么限制呢？

一个教会的采邑承担者占有一份财产，这份财产是我的所有；不管它是我原先占有，而由我自己把它出让给了教会，还是我从前辈那里继承下来，而他们已经出让了这种财产。——我在发现我财产的地方拿回它；我只是与**财产**打交道，不与**人**打交道。现今相信教会的诚实占有者，认为这种财产是教会的财产，教会有权把它租借给他，这样一来，他就蒙受了损失：他指望能长久占有这种财产；如果我收回他的这种财产，他就无法生活。我必须赔偿他吗？——我根本无须同他打交道；我和我的前辈都没有把财产出让给**他**，而是出让给了教会；正是教会把财产租借给了**他**，正是**教会**使他受到损失，他应该向**教会**要求赔偿损失，而不应该向我要求赔偿损失。假如我或我的前辈把财产租借给了他个人，那么，他可以向我提出正当的要求；不过，他不是作为教会成员，而是作为物质世界的成员；但现在他得同教会打交道。——但是，我没有义务向教会赔偿损失吗？如果我对作为物质世界成员的教会成员没有这种义务——我是没有这种义务的，这是因为，就他们是物质世界的成员而言，任何人都没有同他们缔结过契约——那我对作为精神社团的教会当然也就没有这种义务。教会作为教会，在感性世界里根本没有权利，也不能在这个世界里让人承担义务。我必须用精神财富赔偿教会，我与教会的交易仅仅是就精神财富进行的；教会可以用这种精神财富对我行使其全部的报复权。它赐给我和我的一切先辈的天福，它可以夺走；如果在感性世界里由于我索回权利而受到损害的那个成员心甘情愿，教会可以把这种天福赐给他；这一切悉听教会自便。——如果迄今为止的教会的采邑承担者作为占有者改善了我的财产，提高了这一财产的自然价值，那他不是作为教会成员这样做的——按照无信仰者的看法，信仰不能改善尘世的财产——而是作为感性世界的成员，用他的体力这样做的，或用他的体力的标志，即用他的钱这样做的；而我则应当补偿他的这种改善，因为他作为感性世界的成员当然可以对我有权利。这种改善也许是靠教会的钱来实现的？按照我自己的坦白，我对教会一无所知；价值在感性世界里是公开的；对我来说，那个
(I,1,399) 教会成员就是所有者，我必须补偿他财产；如果他认为必须为了他个人而把财产交还给教会，那他可以在我面前按照他的意愿做这件事情。——但是，假如我的财产的这种改善是由于宗教的祝福，而这种祝福只有对相信它的人才存在，假如迄今为止的占有者都是用自己信仰的力量使我的土地异常肥沃起来，或者，他用这种力量除掉了我土地上的杂草、田鼠或蝗虫，那么，我就不必补偿这种改善，因为我根据自己的原则不相信他做了这些改善工作，而他也不能向我证明他做了这些工作。如果我的土地果然异常肥沃，果然没有遭受那些灾害，我难道知道这是不是由于土地的自然性质呢？或者，就算真有超自然的恩赐，我难道知道这恩赐是不是为我个人而给予我的呢？如果他单纯用他的信仰就能做到这些，他尽可撤回他赐福的手，他尽可让我播的种子遭受虫害和颗粒不收；他完全有这样做的自由。

如果我对一个教会的采邑承担者占有的财产没有明确的合法要求，那他对我来说就是所有者。他不相信自己是所有者，他认为

他依附于一个教会，这种想法之所以未给我任何权利，恰恰是因为我不信教会，教会对于我是子虚乌有。我在可见世界里只承认天赋权利法庭；在这个法庭面前最后一种形式的所有者是物的所有者，我必须承认他是这种所有者；他自己愿意相信什么就相信什么。在他身上我尊重的不是教会的权利，而是他本人的权利，无论他本人是否知道自己的权利，我必须忠于我的原则。因此，那种把教会财产不当作任何人的财产而据为己有的权利，只有当这种财产没有占有者时才能成立；既然这种情况很少有或者根本就没有，所以，对我们其他人来说，绝不会产生什么结果。但是，对于教会的采邑承担者来说，则会产生许多结果。根据天赋权利，如果没有人能够证明自己早先对这类财产的合法要求，教会采邑承担者就是所有者。如果他放弃了对教会的信仰，那么，无论从哪一方面看，他都成了真正的所有者。当他表现为一个真正的所有者时，除了教会，任何人都不能对他提出异议。现在他向教会宣布放弃信仰；教会对他来说消亡了，而不存在的东西的权利也不会受到伤害。——这种事情类似乎一个商人同一个月亮上的人做合股生意。只要他继续想象这项合股生意，他就想在自己账上正确盘算 (I,1,400)
对方的盈利。如果他偶尔使自己的贸易伙伴吃点亏，除了他本人，谁有权利要求他对那个人负责呢？或者，假如他完全放弃了这种想象，谁想阻止他把合股公司的首席和盈利同时收归他所有，并改变迄今的公司呢？——人们可以得出结论，说这些原则将大大促进对教会的不信任，因为它们把这种不信任描绘得十分有利可图；但是，我不能为我的说法的一切后果承担责任：只要它们是从正确原则中正确推论出来的，我就必须继续得出可能得出的结论。如果教会有权利，无信仰者在尘世的盈利就不是无代价的，他将为此被永远罚入地狱。必须给人以自由。谁宁愿在这个世界上发家致富，在来世被罚入地狱，而不愿在今生受穷，在来世怡享天福，谁就必定可以自担风险去这样做。

对国家使用这些原则是容易的。当教会由于在感性世界中占有土地而被看作是这个世界的成员时，国家就对教会持对立态度，就像个人反对个人那样；国家与教会在天赋权利法庭上是对立的。国家只有号令统一，才是国家。当国家的所有成员——教会官员或神职人员当然也算在内——在同一时间一致向教会宣布不再服从教会时，教会对这个国家来说就消亡了；国家拥有每个不相信教会的人在自然状态下拥有的一切权利。

在上文列举的条件下，出于上文所述的理由，国家首先索回的，是以前作为国家财产、作为全体公民的共同财产而属于国家的一切东西，而不是存在于国家公民居住的空间里的一切东西；国家不是一块土地，它是由众人组成的社会；它不是由土地组成的，而是由众人组成的。——如果国家本身以教会的名义，并且作为教会的中人，把教会财产租借给了目前的占有者，那么，国家虽然对于自己认为已经不复存在的东西的契约没有义务遵守，因此自己也不再可能是这项契约的中人，但国家有义务赔偿由于国家的过失而遭受损失的占有者。受损失者必须当作受优待者来看待，所欠的赔偿要根据第四章所述的原则而定。如果国家没有参与租借这种财产的事宜，如果教会直接做了交易，受损害者就没有要求国
(I,1,401) 家赔偿的权利，正如他在天赋权利法庭面前没有要求个人赔偿的权利一样。在有些情况下，这可能是极其严酷无情的、不公平的；

但它不是完全不合理的。宽容与人道可以给人推荐一些天赋权利不能完全要求得到的东西；在哲学论著中大概是允许把两者的领域截然分开的。

每一个公民都重新索回了根据任何一条法律可以证明他有权利要求的东西。所有的人都可以把这种对教会财产的权利出让给国家，这样，个人的财产也就成了国家的财产。

如果某些教会财产的合法继承人不为人知，如果国家以前就已经有一条法律，规定家族成员死绝后，国家是他们的财产的继承人，而这一法律并非理所当然的，必须由共同意志加以明确陈述，那么，国家就是所有这样一些教会财产的所有者，这些教会财产可以证明是由原来没有继承人的国家成员出让给教会的。我之所以说可以证明，是因为不管发生这种事的可能性有多大，一种单纯的可能性是永远不足以论证一项合法要求的。如果根本不存在这样一种法律，或者，如果只是无法作出具体证明，断定使用这种法律的情况是存在的，那么，这样一种教会财产以及一切教会财产——无论国家还是个人都无法说明自己对它们拥有所有权——就不是任何人的财产，而是属于第一个占有者；这个人无疑会成为迄今为止的真正占有者。他必须被看作所有者，任何人都不能违背他的意志强占他的财产。如果这位现在成为所有者的占有者是公民，那么，他的公民权也包括继承权，因此，如果他没有同国家就这些教会财产缔结一项特殊契约，他甚至能把这些财产传给他的后代。

但是，既然几乎不可期望全体国家公民都同时向教会一致宣布解除信仰，因而几乎不可期望整个古老国家连同她的其他权利和义务会继续存在下去，既然这种取消教会的事情要么只能在一场革命中发生，要么无疑会导致革命，所以，以上所述很少能在现实世界里加以应用，倒不如说，只能作为做出判断的准绳加以应用；根据这一准绳，我们还必须谈谈第二种更可能发生的情况，即公民们对教会的选票是分散的。如果他们不能统一意见，任何一方都不愿向另一方让步，国家就处于革命的状态。

每个退出教会的人，都有权利要回他被教会占有的财产。毫
(I,1,402) 无疑问，那些已经离开至今赞同教会的国家的成员们，或者可以单独收回他们个人有权收回的一切，或者在他们统一了自己的要求和力量时，可以集体收回这一切。如第三章指出的，每个退出国家的人都可以保留他的财产，因而也可以保留他贡献给国家的共同财富的那一部分。单个的公民不容易使用这种要求退还他财产的权利，因为他不够强大，以致不能保护自己；但如果他不离开国家，从而失去那种对他十分必要的保护，他就不能对国家提出偿还的起诉。既然这许多很强大的成员已经脱离国家，相信自己有足够的力量保护自己，谁能阻止他们严格行使自己的权利，特别是向教会要求归还那种本来属于他们，而被国家租借给教会的财产的权利呢？那个忠实于教会的古老国家保留有她的一部分财产，可以把这部分让给教会；但是，她不能支配已经脱离国家的成员的那部分财产。——当这些策动分离的成员本身还是古老国家的一个部分的时候，如果古老国家曾经把他们的财产授予了采邑承担者，那么，他们就有义务赔偿那些由于他们要求索回财产而遭受损失的教会采邑承担者的财产，这是上文已经讲清楚的；这样，他们至少作为全体成员的一部分对赔偿负有责任，因此也有义务偿还与他们有关的那一部分财产。

随着至今相信教会的国家的成员越来越多地加入新的、不信教会的国家，这个国家依靠统一的、共同的和个人的合法要求，占有越来越多的教会财产。如果一切国家成员，以至教会的直属官员或一部分教会官员，最后都加入了这一派，那么，他们除了自己在共同的国家财产中占有的少数财产以及他们个人有权要求得到的财产以外，就没有剩下任何可以让给教会的东西了。——任何人都无法证明自己有权拥有的东西，仍然属于它的占有者，他可以把它作为自己通过占有而获得的财产，或作为教会的采邑保留下来。国家无权占有它；如果国家想依仗自己的优势，国家的行为就是不公正的，就是向人类宣战。

如果昔日教会财产的这样一种独特的或皈依教会的占有者没 (I,1,403)
有同新国家一起加入公民契约，他就没有继承权，在他死后，这个国家可以根据第一个占有者的权利占有他的财产，并可以事先与其公民就这种情况举行会议，缔结一项契约；这样，所有的教会财产都会渐渐消失，以合法方式转到国家手里。

后　　记

作者十分幸运，已经把第一册献给读者，而且在作者看来，它似乎已经淹没在探讨同一题目的新书洪流之中。在精力不断分散和遇到重重阻碍的情况下，作者把决定用于第二册各章的材料汇集到一起；这与其说是他相信这本论著还值得读者注意，倒不如说是他为了对人信守诺言。据我所知，在其他报刊都对我的论著表示不屑一顾以后，一位高尚的人在石勒苏益格月刊[126]——我不认识这个刊物的任何一个工作人员，也没有与他们通信——中已经用一种给自己的心灵、哪怕是自己的判断力争得无上光荣的热情，推荐了这本几乎被人遗忘的论著。关于这种评论，本书作者至少无权发表意见。我并不认识这位高尚的人，我同样声明，他也不认识我，不能以任何方式猜到我，假如他能猜到我，他也不会有丝毫
(I,1,404) 兴趣去推崇我的论著的内在价值。这鼓舞我努力使自己更要配得上这位可敬的人对我的有利评价，特别是要配得上他对我的写作方法的有利评价，并留下另外两个重要篇章，供以后悉心撰写第三册使用。然而作者希望，不要由于自己而使第三册不能在三、四个月之内付印。

本书作者听到一些人抱怨第一册写得晦涩难懂。读者已经习以为常的事情是，从事写作的人总以为自己正确，并且抱怨读者走

马观花和漫不经心，以回敬读者对自己的论著晦涩难懂的抱怨；所以，本书作者不会有兴趣再重弹这类老调。他完全对这个问题听其自然，看这当中的过错在多大程度上可能在自己身上。他不想要求读者将他的论著与那些根据相同的原则，就相同的题目撰写的其他论著加以比较；他不想提醒读者，这些至少在努力穷根究底的哲学研究著作是不可能像一本现代小说、游记，甚至不可能像那些以通常的思想体系为基础的哲学研究著作那样容易读懂的；他甚至不想指望读者把读一本厚书省下来的力气用来读几遍薄书；他会注意更通俗地写作，但愿读者也会注意更专心地读书，除此以外，他不想再多说什么。

评《埃奈西德穆》[127]

原载耶拿《文汇报》
1794,第 47—49 期

《费希特全集》,第Ⅰ辑
第 2 卷,第 41—67 页
梁志学译

如果不容否认，从事哲学思考的理性将它历来做出的任何显 (I,2,41)
著进步都归功于怀疑主义对它的每次停滞的不可靠性所作的评论，如果它的这种特别为怀疑主义注目的进展已经通过它的批判的应用，由这种应用的伟大发现者[128]本身所承认，如果现代哲学的友人们在自己的研究工作中越向前推进，在自己内部就越有分歧，而这种长期存在的现象甚至使不明内情的旁观者都认为可能有这样的事情，即理性尽管在很大程度上接近于自己那个将哲学作为科学加以发挥的伟大目标，但至今都肯定尚未达到这样的目标，那么，唯一值得希望的事情就在于怀疑主义会使自己的工作圆满完成，从事探讨的理性会向自己的崇高目标推进，在怀疑主义对哲学的其他重要要求被认为至今都没有得到丝毫明确表述的那段很长的时期过去以后，怀疑主义终于会得到一位代言人，他根本不可能放弃那些要求，而是具有把它们明确表述出来的才能。当前的著作的作者在何种程度上会成为这样一位众望所归的代言人，从对这部著作的评论中即可得知。

毋庸置疑，怀疑主义一定是以它的这个代表[129]的身份，将它的武器特别对准赖因霍尔德的基本哲学的，具体地说，是对准这一哲学在《纠正》[130]中新近作出的阐述的，因为绝大多数批判哲学爱好者都承认，这位著作家不是业已完成了把哲学建立为科学的工作，就是对这件工作做了最好的准备。但在否认这两件工作的人们看来，如果目的在于真正对一场决定性的战役发动进攻，这位著作家

便又一定是在用基本哲学去反对举世公认的现代哲学文献，反对
(I,2,42) 纯粹理性批判本身。——《埃奈西德穆》一书是用通信体裁写成的。批判哲学的热情崇拜者赫尔米亚[131]通知埃奈西德穆说，他特别依据赖因霍尔德的基本哲学，建立了对于这种哲学的真理性和普遍有效性的充分确信。持有另一种意见的埃奈西德穆[132]则寄给他一封审核这种哲学的信件。

为了满足赖因霍尔德依据的要求，埃奈西德穆将下列既定的和有效的命题作为他审核基本哲学的根据：1.（事实）在我们之内有一些表象，在它们当中一方面会遇到不同的标志，另一方面会遇到一致的标志。2.（评论规则）全部真理的试金石是普通的逻辑，对于事实所作的任何推理只有符合于普通逻辑的规律，才能要求有正确性。逐字逐句地印在这种审核的每个部分前面的是加以研讨的基本哲学的各个章节，而它们是赖因霍尔德在《纠正》第1卷第165—254页中重新写出的。

对赖因霍尔德关于基本哲学的规定和根本特点所提出的原理的审核。——埃奈西德穆首先承认，哲学至今都缺少一个最高的、普遍生效的原理，并且只有在制定了这样一个原理以后，哲学才能被提高到科学的地位；其次，埃奈西德穆也觉得不容否认，这个原理只能是这样一个原理，它确定和规定了一切概念的最高概念，即确定和规定了表象和可以表象的事物的最高概念。虽然在这里怀疑主义者与基本哲学家颇为情投意合，但评论者依然怀疑：如果将来事实表明，那种有理由对于意识命题作为全部哲学的**第一**命题
(I,2,43) 提出的不同看法会导致一种猜想，即对于全部哲学，而不是单纯对于理论哲学，还必定存在一个比表象的概念**更高的**概念，哲学本身

是否能靠他们对上述第二点的一致意见就获得成功。——针对赖因霍尔德《纠正》的§.1.(在意识中主体使表象与主体和客体相区别,并且使表象与主体和客体相联系),埃奈西德穆提出了不同的看法:1)“这个命题绝不是绝对第一的命题,因为它作为命题和判断服从于一切判断的最高规则,即矛盾律”。[133]赖因霍尔德(在《基础》第85页中)回答了这个在以前就向他提出的异议,他说“意识命题当然服从于矛盾律,但矛盾律不是一个规定意识命题的原理,而是这样一个规律,意识命题不可与这个规律相矛盾”。[134]对于这个回答埃奈西德穆感到不满意。如果评论者对这个回答理解得正确,那么,赖因霍尔德就是否认矛盾律有任何现实的有效性,而就像康德那样,也认为它只对纯粹理论哲学有效,并且认为它只有一种形式的和逻辑的有效性。就此而言,赖因霍尔德的回答是完全正确的,而且又回到了他对他的基本哲学的外行评论者已经经常作出的回答:大家对思维规律只能按照思维规律去思考,对意识命题的反思就其形式而言,像任何可能的反思一样,服从于逻辑的矛盾律,但这个命题的内容却不是由矛盾律规定的。如果在这里埃奈西德穆提出的看法具有一种正确含义,那么,尽管他在任何地方 (I,2,44)
都没有就这个问题把自己的意思解释清楚,他也肯定承认矛盾律除了有形式的有效性以外,还有一种现实的有效性,就是说,他肯定在内心中假定了一种事实,或者说,他肯定猜想到矛盾律原来是建立在什么事实上的。这究竟意味着什么,是立刻可以看出来的,因为他提出:2)“意识命题绝不是通常由自己规定了自己的命题。既然按照赖因霍尔德自己的解释,主体概念与客体概念是通过它们在表象中的区分和表象与它们的联系才会得到规定,那么,这种区分和联系本身一定至少是完备的，因而也是确定的，以致不再允许另有一种解释”。[135]但是，当埃奈西德穆举出许多可能有的意义，援引各式各样的、甚至模棱两可的用语——它们是赖因霍尔德后来试图用以解释主体概念和客体概念的——起码作出了令评论者满意的解释的时候，看来情况又不是这样了。如果正是这些概念的不确定性和不可确定性暗示了一个需要加以探讨的更高原理，暗示了同一律与矛盾律的一种现实的有效性，如果区分与联系的概念只有用同一和对立的概念加以规定，结果又怎么样呢？——最后，3)“意识命题既不是一个普遍生效的命题，也没有表述一个似乎不受任何特定经验和可靠推理的约束的事实”。[136]埃奈西德穆举出在经验中给予的各种意识的表现，按照他的看法，每一意识都需要有的那三个组分不应当出现在这些表现里。这样一种以经验为依据的异议应在何种程度上完全加以接受或适当加以拒绝？关于这个问题须在下面再略加评论。——在审核完意识命题不可能
(I,2,45) 是什么以后，提出了它究竟在实际上会是什么的问题。埃奈西德穆是这样回答这个问题的：“1)这是一个综合命题，在这个命题中，主词、意识被附加了一个谓词，这个谓词并不是已经包含在主词的概念里，而是在经验中才附加给主词的”[137]。赖因霍尔德在公认的限度内主张，意识命题是一个纯粹分析的命题。我们在这里不打算谈到，埃奈西德穆否认这个命题的普遍有效性，因而假定了一种不适用于这个命题的意识；但可以指明，在能够据以观察这个命题的两种观点的分歧中包含着这个主张的更深刻的根据。这就是说，如果任何意识都没有那三个组分，都是不可思议的，那么，那三个组分就当然包含在意识的概念里，而表现出这三个组分的命题

作为反思的命题，就其逻辑的有效性而言，也当然是分析命题。但是，表象活动本身，即意识的活动，却显然是一个合题，因为在这里有区分与联系；更确切地说，表象活动本身是最高的合题，是一切其他可能的合题的根据。在这种情况下就很自然而然地产生了一个问题：怎么可能把精神的一切活动都归结为综合呢？没有预先设定的**正题**和**反题**，怎么能思议**合题**呢？——2）意识命题是"一个抽象命题，它所陈述的东西按照埃奈西德穆的看法，通常包含着意识的**一些**表现，按照赖因霍尔德的看法，通常包含着意识的**一切**表现"。[138]大家知道，赖因霍尔德否认这个命题以某种抽象为基础。有人以为，意识命题撇开了直观、概念和理念的条件，如果赖因霍尔德的看法是针对这类人说的，那么，很明显，要说明的事情远非单纯表象的概念应该以那些条件为基础，而是那些条件的概念只有通过许多单纯表象**本身**的区分与联系才成为可能。我们不必规定直观、概念和理念的条件，都能完全规定整个表象的概念；但是，(I,2,46)
我们不规定整个表象的概念，则无法完全规定直观、概念和理念的条件。不过，如果这就说明了意识命题不仅不以**这个特定的**抽象为基础，而且**完全不以任何**抽象为基础，那么，就这个命题作为第一原理居于一切哲学之首而言，它的反面也会得到证明。这就是说，如果在精神中能发现的一切东西都是表象，而一切表象都不可争辩地是精神的**经验**规定，那么，表象活动本身以及一切纯粹的条件就只有通过表象活动的表象，因而**通过经验**，才能被给予意识，并且一切关于意识的反思都以经验表象为客体。这时就明确地给定了每一经验表象的客体（例如在空间、时间等等中）。但是，给定的客体的这些经验规定却在意识命题所表述的整个表象活动的表象中必然被抽象掉了。因此,居于全部哲学之首的意识命题就是以经验的自我观察为基础的,当然也陈述了一种抽象。虽然每位确实理解这个命题的人都觉得在内心里有一种抗力,不认为它单纯有经验有效性,而且它的反面也未曾加以思考,但这恰好暗示着它还一定是以某种不同于单纯事实的东西为基础。评论者至少认为他自己已经确信,它是一个以另一原理为基础的定理,依据这个原理,而不依赖一切经验,它就可以 a priori〔先验地〕得到严格的证明。过去把它制定成为一切哲学的原理的第一个错误前提,就在于认为人们一定是从事实出发的。虽然我们一定拥有一个现实的、并非单纯形式的原理,但是,如果允许冒昧地作出一个在这里既不能加以解释、也不能加以证明的论断,这样一个原理就并不一定恰好表述事实,而是也能表述一种本原行动。[139]——就埃奈西德穆将这个命题在业已确立的范围内一定会视为经验命题而言,虽然我们一定会用它引入一些将与它有矛盾的经验,但是,如果它已经根据不可否认的原理得到证明,而且它的反题中的矛盾也得到了阐明,那么,一切假想的、不会与它符合的经验就都被批驳为不可思议的了。——对于规定表象、客体、主体与单纯表象的原始概
(I,2,47) 念的§§.2—5.的审核。除了复述刚才研讨的东西以外,埃奈西德穆对于把表象的解释范围看得小于加以解释的东西的观点也提出了不同的意见。“因为如果按照赖因霍尔德的定义,只有那种通过主体既同客体与主体相区别又同它们两者相联系的东西才构成表象,而按照埃奈西德穆的前提,则只有已经知觉到的东西才能加以区分,那么,直观(最初的知觉)就绝不可能是表象。但是现在按照赖因霍尔德的看法,直观却无疑是一种表象,因而……”。[140]赖因霍

尔德有理由依据自己的理性推理否认埃奈西德穆的前提。原始的客体完全不是被知觉到的，而且也不能加以知觉。所以，在有其他一切知觉以前，直观就能与一种原初同主体对立的客体、即非我加以联系；这个非我完全不是被知觉到的，而是在原初被设定的。——其次，“那种为表象所要求的区分与联系本身是一种表象活动”；[141]但赖因霍尔德正确地否认了这种情况。那种区分与联系 (I,2,48) 可能成为表象的客体，而且在基本哲学里这将会成为现实的；不过，这不是原初的情况，而仅仅是精神为了提出一种表象而必须加以思考的行动方式。当然不可否认，也由此得出了一个结论，即表象并不是所有在我们精神中加以思考的行动的最高概念。——赖因霍尔德在§.5.注释里说，“单纯的表象直接存在于意识中，但主体与客体只有借助于主体对客体的联系才存在于意识中；因为在意识中同客体与主体加以联系的东西确实不是就时间来说，而是就其本性来说，必然先于加以联系的行动，因此，如果不存在任何允许加以联系的东西，就没有任何东西能够加以联系”。[142]埃奈西德穆试图阐明这个证明的无效性，他想用同样的方式证明，客体与主体是在意识中直接出现的东西，而表象则是在意识中间接出现的东西，“因为如果另一个应该加以联系的东西不存在，就没有任何东西能同这另一个东西加以联系，所以，……”。[143]主体与客体当然必须先于表象而加以设想，但它们不是在作为精神的经验规定的意识中加以设想，这毕竟是赖因霍尔德单独谈到的。绝对的主体、自我不是通过经验直观给予的，而是通过理智直观设定的；绝对的客体、非我是与自我对立的客体。在经验意识里无非是这样出现主体与客体的，那就是将一个表象同它们联系起来；在经验意识里主体与客体作为能表象者与所表象者仅仅是间接存在的，大家绝不会意识到绝对的主体、不可能加以表象的能表象者是在经验中给予的，也绝不会意识到绝对的客体、不依赖任何表象的自在之物是在经验中给予的。赖因霍尔德可能是将这些研讨留给了未来。——看来从以上所述可以得知，埃奈西德穆提出的一切异议，
(I,2,49) 就它们被视为反对意识命题**本身**的真理性而言，是毫无根据的，但它们击中了这个作为一切哲学的**第一**原理、作为单纯的事实的命题，而且它们使重新论证这个命题成为势在必行。

同时值得注意，埃奈西德穆只要忠于他自己的上述原理，也就依然会公平地对待对方，而且如即将表明的，双方会同时消失。如果他的审核就在这里告终，那么，他无疑会光荣地保持住他对哲学作出的贡献，保持住一切毫无偏袒的独立思想家对他抱有的敬重。我们将看到，这种审核的继续能给他在这些方面留下多少东西。——规定表象能力的原始概念的 §§.6—8.引导审核者去审核批判哲学的独特性质，这种性质就在于把我们表象客体的大部分规定的根据设定于我们表象能力本身的本质；在这里我们也同时获得了对于埃奈西德穆怀疑主义的本质的明确认识，这种怀疑主义以一种很骄横的独断主义为归宿，甚至部分地违背着他自己的上述原理，假定这种独断主义业已得到证明。这位怀疑主义者列举出了被认为包含在 §§.6—8.中的一些主张：a)表象能力是表象的现实性的根据；b)表象能力以一定的方式先于一切表象〔这会意味着什么？这是赖因霍尔德在什么地方说的?〕；c)表象能力不同于表象，就像每个原因都不同于其结果一样；d)关于表象能力的概念只能从这种能力的结果中推导出来，我们要得到这种能

力的内在标志，只能小心谨慎地阐发关于单纯表象的概念。然后，(I,2,50)
他就提出了一个问题，说基本哲学怎么会对于像表象能力这一类东西的客观存在达到言过其实的认识，并且他对于批判哲学家赖因霍尔德得出的结论(《表象能力理论》，第 190 页)，即“谁承认表象，谁同时也就承认表象能力”[144]，可以不厌其烦地表示惊奇。评论者或任何容易感到奇怪的人都会对这位怀疑主义者表示不小的惊奇，因为还在不久以前，对他有所谓的只是在我们之内有许多不同的表象，而现在，在他张耳听到表象能力这个词汇的时候，他能设想的只是某种不依赖于他的表象活动，作为自在之物，作为能表象的事物而存在的(圆的或方的?)东西。读者不久就会看到，我们的这个解释丝毫没有冤枉我们的怀疑主义者。——表象能力是为 (I,2,51)
了并且通过表象能力而存在的；这是必然的循环论证，任何有限的、即任何可以由我们设想的知性都包含在它当中。谁想超出这个循环论证，谁就是不理解自己，也不知道自己希求什么[145]。评论者由于这条唯一的原理，就无须援引埃奈西德穆在这个问题上进一步作出的一切论述了。在这里，他显然误解或曲解了赖因霍尔德，并且责备了赖因霍尔德基本哲学的要求，其实这些要求是他本人从他自己的库藏带入基本哲学的。

在用这种曲解的方法完全否认了赖因霍尔德为证明批判哲学的那个独特原理所提供的东西以后，审核者就转而审核批判哲学创始人亲自在《纯粹理性批判》里就这个原理作出的证明。在进行这种审核之前，有一段对休谟怀疑主义的扼要叙述。“休谟本人完全没有认真地把我们关于事物的一切表象起源于事物对我们的印象这个命题看作真的，因为不事先假定因果律(按照这条规律，事物应该是在我们之内引起那些印象的原因）具有他毕竟会否认的有效性，因而不陷于最严重的前后矛盾，他就不能把这个命题看作真的；相反地，他不过是依据当时在他的同胞中占支配地位的洛克体系，用假设方法提出这个命题，以便这个体系自己驳斥自己。休谟本人的真正的体系是由下列命题构成的：1）应该认识的东西必须加以表象；2）与外部事物必然有联系的知识应该是真实的；3）绝不存在这样一种原则，我们借助这种原则，就能够对一些对象——
(I,2,52) 就它们被认为是某种不同于我们的表象的、自在的东西而言——有所认识；4）连因果性原则也不适合于这么做；矛盾原则也不适合这么做，以便我们要求的规定建立起因果性原则”。[146]——既然休谟的怀疑主义是否已被驳倒的问题对于主张一切怀疑主义都已被驳倒的人无关紧要，所以评论者对于当前的体系是否休谟的体系可以完全置之不理。只要这种体系看来是寻找某种没有希望发现的东西，它就够得上一种怀疑主义体系，而问题在于康德是否驳倒了这种体系。埃奈西德穆对这个问题作了否定的回答：1）“因为在《纯粹理性批判》里，我们仅仅能将我们的精神的结构**设想**为综合判断的根据，由此可以推知，这种精神必定**在实际上自在地**是综合判断的根据，因此，恰恰是休谟要求的那种推论方式应被假定为有效的”。[147]关于这个问题，评论者要请这位怀疑主义者 a）向读者及早很明确地说明，某位埃奈西德穆**不依赖于我们的思维**，**自在地**就是我们的判断活动——它本身毕竟也是**一种思维**——的根据，这究竟是什么意思？b）向读者指出他在康德书中遇到这种谬论的地方。——“康德说，精神是某些综合判断形式的根据。在这里显然假定了那些形式一定有一个根据，因而预先就承认了那种恰好发生疑问的因果律的有效性，假定了那些形式必定有一个现实的根据”。[148]——如果仅仅是说我们必须寻找那些形式的根据，将这种根据设定于我们的精神，而不再有任何其他说法，那么，根据律就首先按照其单纯的逻辑有效性得到了应用；但是，既然由此建立起来的东西仅仅是作为思想而存在的，所以人们就会以为，一个思想的逻辑根据同时也是这个思想的现实根据或存在根据。——2)埃奈西德穆之所以对上面提出的问题给予否定的回答，还因为康德也从来没有证明只有我们的精神才能被设想为综合判断的根据。这个论断如果其真理性能得到阐明，当然会在反对批判哲学方面具有决定性的作用；但实际情况与此相反，埃奈西德穆在迄今的论述中驳倒的东西无非是无人主张的东西，他所要求的东西无非是无人理解的东西。他是用下列方式建立起这个论断的：a)“从我们在当前只能以某种方式解释与思考某种东西，根本不能得出结论说，我们从来都不可能以别的方式思考这种东西”。[149]——一种可能向经验证明提出的适当的反对意见，现在向一种由 a priori〔先验〕原理推演出的证明提出来，是很不好的。如果同一律和矛盾律将被定为一切哲学的基础，像他要做的那样(康德也给这种体系提供过一切可能的论据，当时他本人并不打算建立这种体系)，(I,2,54)
那么，但愿任何人都不再断言，我们将来毕竟可以上溯到一个文化发展阶段，在这个阶段上我们能将有矛盾的东西思考为可能的。埃奈西德穆试图 b)表明那种判断形式的另一起源实际上是可以思议的。尽管他天真地保证确实读过并且也理解《纯粹理性批判》，但他那种借赫尔米亚之口叙述这部著作的方式就清楚地表明埃奈西德穆本人并不理解《纯粹理性批判》。他说，“可以设想，我们的一切认识都来源于 realiter〔现实地〕存在的对象对我们的精神的作用,就连在我们的认识的某些部分可以遇到的必然性也是通过事物作用于我们的特殊方式产生出来的。例如,把一种感觉在其存在的时候设想为现实存在的感觉,对我们来说是必然的,而且这种必然性是来自外部,因为印象是来自外部”。[150]——这是一个能够选出的最不幸的例证!把这种感觉的客体设想为现实的(与可能的和必然的客体相反的)客体是必然的吗??这种对我们的表象能力本身的直接关系难道会在我们之外不依赖于这种能力而存在吗??“对于一棵看到的树木的枝干,按它们曾经呈现给我
(I,2,55) 们的精神的次序加以知觉,这是必然的”。[151]诚然如此,而且这是借助于对枝干在连续空间中的各个部分的知觉,是借助于它们靠相互作用范畴所具有的必然联系。“如果各个自在之物完全不为我们所知,我们也就不可能知道,它们不可能在我们之内引起某些性状”。[152]如果各个自在之物不依赖于我们的表象能力,在我们之内不可能引起任何性状,我们就确实能够知道,它们没有引起在我们之内实际上存在的性状。“从精神中推演出我们认识中的必然东西和普遍有效东西,较之从我们之外的对象对我们的作用方式推演出它们,丝毫不会使这种必然东西的存在更加容易理解”。[153]在这里存在可能是什么意思呢?理解可能是什么意思呢?还应该寻找那种在我们精神中被认为完全建立起来的必然性的更高根据吗?在我们精神中寻找到的绝对必然性应该由这个根据加以制约和推演、解释和理解吗?这个更高的根据应该在什么地方寻找呢?是在我们之内,在我们达到了绝对自律的地方吗?应该建立起绝对自律吗?这是一个矛盾,还是应该在我们之外寻找呢?但问题

恰恰在于从外到内或从内到外的过渡。批判哲学的工作恰恰在于表明，我们不需要这类过渡，在我们精神中出现的一切东西都完全可以根据精神本身得到解释和理解。批判哲学并没有想回答一个在它看来违背理性的问题。批判哲学向我们指出了我们无法超越的范围，但在这个范围之内给我们提供了我们整个认识中的最密切的联系。——"《纯粹理性批判》并不像它预先规定的那样，证明了本来在我们之内存在的 a priori〔先验的〕观念与判断是经验认识的单纯形式，仅仅在经验直观方面能够具有效用与意义。因为 (I,2,56)
除了那种把 a priori〔先验的〕概念与事物联系起来的方式，也可以用另一种方式设想这些概念应该是我们关于事物的认识的单纯条件与形式，就是说，这些概念是借助于一种预定和谐而与事物联系起来的，因此，人心中的 a priori〔先验的〕观念也同时包含着这样一种东西，这种东西是自在之物的客观属性在可能对精神发生影响时提供的"。[154]——如果在多样性本身完全不能发现统一时，连那些 a priori〔先验〕判断形式也不是统一体，和谐还至少能将不同事物合为一体吗？我们的 a priori〔先验的〕观念与自在之物的客观性状这两个方面本来就是两种至少在数值上不同的事物吗？第三种既非前者又非后者，但又把两者联合起来的能力本来就是某种表象能力吗？我们的表象能力绝不是埃奈西德穆本人依据他的假定所承认的表象能力，因此，这种表象能力必定是一种不同于我们的表象能力的东西。但这种能力，即一种不依据同一律和矛盾律进行判断的表象能力，对我们来说是完全不可思议的，因此，那种据说会在其中发现的所谓和谐也是完全不可思议的。埃奈西德穆又说,“在我们的 a priori〔先验的〕观念之间和在客观存在的事物之间假定这样一种预定的和谐,肯定没有什么荒谬的东西”。[155]有人会相信他这种说法吗?——埃奈西德穆提出一个问题,即精神是作为自在之物或本体成为 a priori〔先验的〕认识的根据呢,还是作为先验理念成为这样的根据呢?就像他完全正确地否定的那
(I,2,57) 样,不是作为自在之物。“按照康德自己的提示,因果性范畴不能应用于本体”。[156]应用于本体的也不是关于实在根据的原理,而仅仅是关于逻辑根据的原理,但就精神纯属理智而言,逻辑根据会成为实在根据。精神就其为某些一般的思维形式的最终根据而言,乃是本体;精神就这些思维形式被视为绝对必然的规律而言,乃是先验理念;但这个先验理念不同于所有的其他理念,因为我们认识这样一个理念,是通过理智直观,通过“自我存在”,更确切地说,是通过“我存在,所以我绝对存在”这一事实。埃奈西德穆针对这个方法提出的一切要求,纯粹是基于他想把自我的绝对存在和自律——我们不知道这是怎么回事,也不知道这是为了谁——弄成本身有效的,因为自我的绝对存在与自律毕竟仅仅应该对自我本身有效。自我是如其所然和因其存在而为自我存在的。我们的认识不能超过这个原理。不过,批判哲学体系究竟是怎样不同于上述休谟哲学体系的呢?两者的不同仅仅在于:休谟哲学体系保留了以后再超过人类精神的那个界限的可能性,批判哲学体系则证明这样一种进展是绝对不可能的,并且表明,设想一种不依赖于任何表象能力而本身就有现实存在和某些性状的事物,是奇怪想法、白日做梦和痴心妄想。所以说,休谟哲学体系是怀疑论的,批判哲学体系则是独断论的,而且是在否定意义上的独断论。

对§§.9—14.的审核。——埃奈西德穆以为,在提出命题“单 (I,2,58) 纯的表象必定有两个不同组成部分”的§.9.里,赖因霍尔德得出结论的大前提在于,凡是涉及不同对象的东西,其本身也必定由不同部分组成,所以,要驳倒这个推论,当然不会费埃奈西德穆的很多力气。但他在列为赖因霍尔德的大前提的那个大前提里,却忘记了一个条件,即不同的对象只有通过这种关系,才能加以区别。而在这个条件下显然可以看出,如果有 x 等于 A 并且等于 B,则在 x 中必有一个 y 等于 A,一个 z 等于 B,而且相反的情况会自相矛盾。在单纯表象的两个组成部分的**想象的**差别与**实在的**差别之间,即使埃奈西德穆现在再作过分细致的区分,这也丝毫不值得认真考虑。一个单纯的表象不依赖于表象能力,究竟自身会是什么东西呢?一个单纯的表象的两个组成部分除了表象者区分它们,还会怎样加以区分呢?是埃奈西德穆认真作出了这种过分细致的区分呢,还是他愚弄了读者呢?——评论者觉得,比较有根据的是对§.10与11.关于在表象中通过**形式**从属于主体的东西与通过**内容**从属于客体的东西的关系所提出的看法。埃奈西德穆说,有人简直会把这种关系颠倒过来;同样,评论者在现在有这种关系的 (I,2,59) 地方,也绝不会把这种解释视为某种不同于任意的名称规定的东西。(如果 A 与 B 在 x 与它们关联起来以前,像基本哲学明确说的那样,是完全未知的与不确定的,那么,它们就是通过两个在 x 中发现的不同组成部分〈y 与 z〉才得到谓词的;它们是相互区别的。但它们是**怎样**区别开的,这只有用 y 与 z 区别开的方式才能认识到。)如果它们只是作为任意的名称规定提出的,从它们当中推不出任何结论,那么,这是无可非议的。但埃奈西德穆却像评论者感觉到的那样正确地指明，在内容必须被给予、形式必须被创造的推论中，单靠这种解释就会作出更深刻的论证。——最后，这位审核者转而讨论那种在他看来似乎属于基本哲学的首要错误及其一切错误的根源的东西。他说，“不仅表象中的一种东西与主体相关联，另一种东西与客体相关联，而且整个表象与主体和客体这两者相关联，只是与这两者关联的方式不相同，即整个表象与主体的关联犹如每一属性与其主体的关联，整个表象与客体的关联犹如每一符号与其所指的关联。赖因霍尔德忽略了关联方式本身的这种差别，因而以为，只有表象本身的两种不同的组成部分的前提才能解释与两种不同的东西的关联的可能性”。[157]这个说法本身是完全正确的；不过，评论者不用埃奈西德穆使用的表达方式，而宁肯
(I,2,60) 这么说：表象与客体相关联，犹如结果与其原因相关联，表象与主体相关联，犹如偶性与实体相关联。但是，既然赖因霍尔德认为主体拥有整个表象的形式，客体拥有整个表象的内容，而且他承认，没有这两者，就没有任何表象，那么，上述真理也就毕竟不会像埃奈西德穆认为的那样，是永远对他完全隐而不显的。但是，如果主体与客体单纯由表象与它们的关联所规定，并且在此以前是完全未知的，我们就要问：如果表象本身不包含某种东西，从而在最初就将自身预示为结果或符号，埃奈西德穆怎么能把表象与某种作为原因——或者像他所说的那样，作为所指——的客体关联起来呢？如果表象本身不包含某种有差别的东西，从而将自身预示为偶性或谓词，埃奈西德穆怎么能把表象与主体关联起来呢？

由于§.13.说到任何对象作为自在之物都不可思议，埃奈西德穆便这样表示自己的意思：“我们的本质的整个机制曾经把我们

培植起来，使得我们只有在我们完全看出我们的表象以及其中出现的标志与一个可能完全不依赖于它们而存在的某物相关联、相符合时，才能对我们的认识感到宽慰”。[158] 所以，我们就把康德以前 (I,2,61) 用自在之物播弄的陈腐谰言极其明确地定为这种新怀疑主义发生的根源；至少评论者觉得，康德与赖因霍尔德在很长的时期都还没有针对这种谰言作出足够铿锵有力的说明，而它正是对批判哲学提出的一切怀疑论和独断论异议发生的共同根源。但是，设想一个不依赖于任何表象能力的事物，这根本不是在人的天性中培植起来的，倒不如说，对于人的天性简直是不可能的。康德既没有将空间与时间这两个纯粹直观形式像范畴那样归结于一个唯一的原理，也没有按照他那个单纯给科学作准备的计划，能将它们归结于这样一个原理，所以，在他可能觉得这些直观形式是人的表象能力的单纯形式的地方，他当然会认为，关于事物的性状的想法对于一种不同于人的表象能力的表象能力来说永远是可以思议的；他本人反复区分了表现给我们的事物与自在地存在的事物，从而在一定程度上确认了这种想法，而这种区分肯定只是暂时对作出它的人有效的。但是，埃奈西德穆却设想一种不仅不依赖于人的表象能力，而且不依赖于一切理智而具有实在性与属性的事物，这个想法，不管他如何经常佯言，还从来没有一个人想到，而且也不可能有人想到，因为人们总是同时还想到自己是力求认识事物的理智。因此，连莱布尼茨这位比其绝大部分后继者略有远见的不朽人物，也必须将表象能力赋予他的自在之物或单子。并且他的推论只要 (I,2,62) 不超出封闭了人的精神的循环论证，不超出这个看到其他一切的精神所唯独看不到的循环论证，就会是无可置疑地正确的，因为事物本来就有其自身表象的性状。康德已经揭示了这个循环论证。在康德看来，赖因霍尔德作出了一项不朽的贡献，那就是使从事哲学思维的理性（若无赖因霍尔德，也许康德派还会长期反复解释这种理性，而绝不会发现康德体系的独特之处，因为任何不独辟蹊径的人都无法发现这种独特之处）注意到，整个哲学都必须归结于一个唯一的原理，大家在发现人的精神的拱顶石以前，将无法发现人的精神的永恒行动方式的体系。如果返回到赖因霍尔德光荣开辟的途径上继续迈步前进，能在将来发现最直接可信的事实——"自我存在"——也仅仅对自我有效，一切非我仅仅是为自我而存在，非我只有通过自己与自我的关联，才获得这个 a priori〔先验的〕存在的一切规定，而这一切规定，就可能有对于它们的 a priori〔先验的〕认识而言，是通过非我与一般自我的关联的单纯条件成为绝对必然的，那么，从这里便会得知，自在之物就其被假定为与任何自我都不对立的非我而言，乃是自相矛盾的，事物实际上在自身就具有任何可思议的理智自我、即任何能按照同一律和矛盾律思维的存在者所必定会想象到的性状，因此，对于有限理智可以思议的任何理智来说，逻辑真理同时也是实在的，除了逻辑真理就不存在任何其他真理。——这样一来，也就不再会有人想主张埃奈西德穆重复的说法，即批判哲学是唯心论的，它把一切东西都解释为外观，就是说，它认为理智可以不与某个可理解的东西关联而加以思考。——埃奈西德穆抓住康德《纯粹理性批判》针对唯心论提出的
(I,2,63) 证明，指出——当然有根据——这个证明并未驳倒康德按自己的想法反对过的巴克莱唯心论。在《纯粹理性批判》第 274 页以下[159]，他本来能够明显地看出，这个证明根本不是反对"在先验感

性论里已经列为它的根据”的巴克莱的独断论唯心论的，而是反对笛卡尔的怀疑论唯心论的。当然，在那个证明里也针对怀疑论唯心论透彻地说明，笛卡尔本人承认的能思维的自我的意识只有在加以思维的非我的限定下才是可能的。

评论者在说明了建立起埃奈西德穆怀疑论的根据不能成立以后，再要谈一谈他对康德道德神学的责难，也许就有一些理由，不必列举他对批判哲学的全部理论部分，尤其是对赖因霍尔德阐述的批判哲学所提出的其他异议了。埃奈西德穆说，“这种道德神学是从要求有某种东西出发，推论出真有能实现这种要求的唯一条件”。[160]他对这种推论方式提出的责难，是基于他对理论哲学与实践哲学的真正区别缺乏了解。能大致概括这类责难的是下列理性推论：在没有澄清是否可能做或不做某种事情以前，我们不可能下 (I,2,64)
一个判断说，已经要求我们做或不做这种事情；一种行为的可能性或不可能性只能根据理论原则加以评判；因此，要求有某种东西的判断也是基于理论原则；康德从要求才能推论出来的东西，必须在合理地假定一种要求以前，已经得到证明和澄清；远非承认一种要求，就能确立起对于真有条件实现这种要求的信念，而是那种承认只能根据这种信念发生。——大家看到，埃奈西德穆抨击的正是康德道德神学的真正基础，即实践理性高于理论理性的首要地位；而且大家也很容易看到，他是怎样轻易作出这种抨击的。我们应该做或不做什么，我们应该在可以感觉的现象世界里有效地实现什么，这当然必须服从这个世界的规律。但究竟是谁谈到做或不做呢？道律规律并不直接颁布给有形体的力量，把它作为起作用的、在自身之外创造某物的原因，而是直接颁布给超形体的欲求能

力或追求能力，或人们随便命名的这类能力。道德规律根本不应直接创造行为，而只应直接创造趋于一种行为的永恒努力，即使这
(I,2,65) 种努力受着自然力量的阻碍，从来都不能（在感性世界中）发挥作用。这就是说，为了说明那种高度抽象的推论方式的各个环节，如果理智直观中的自我之所以存在，是因为它存在着，并且如实存在着，那么，它在这个限度内就是自己设定自己的和完全独立不依的。但是，经验意识中的自我作为理智，却只存在于自身与可理解的东西的关联中，并且在这个限度内是依赖于可理解的东西而存在的。这时，这个由此而自相对立的自我就不应构成两个自我，而只应构成一个自我；但这在要求的限度内是不可能的，因为依赖与独立是矛盾的。不过，自我并不会放弃其绝对独立的性质，所以就产生了一种使可理解的东西依赖于自我本身的努力，以期将表象可理解的东西的自我与自己设定自己的自我统一起来。这就是"理性是实践的"这一说法的意义。在纯粹自我中，理性不是实践的，在作为理智的自我中，理性也不是实践的；只有理性努力将纯粹自我与理智自我统一起来，理性才是实践的。在现在这个地方，我们不便于说明这些原理必定给康德的阐述本身奠定了基础，尽管他在任何著作中都没有明确提出这些原理；我们也不便于说明，通过理智自我对这种自身超形体的努力的表象，在沿着下降的途径经过人们在理论哲学中沿着上升的途径必定经过的各个阶段时，怎么产生了一种实践哲学。上述统一，即一个通过自己的自我规定同时规定一切非我的自我（神的理念），就是这种努力的最终目标；这种努力在其目标由理智自我从其外部加以表象时，就是一种信仰（对上帝的信仰）。这种努力不达到目标，是不会停顿的，这

就是说，理智绝不会把自己存在时期尚未达到这个目标的任何阶段定为最后的阶段（对永恒不朽的**信仰**）。但对这个理念也只是可能有一种**信仰**，就是说，理智绝不把任何经验感觉作为自己表象的客体，而是只把自我的必然努力作为自己表象的客体；在一切永恒性里，任何其他东西超越永恒性都是不可能的。不过这种信仰也很少单纯是一种**可能的意见**，所以倒不如说，至少按照评论者最真挚的信念，它与直接确实的信仰——“自我存在”——具有同等的确实性，而这种确实性无限地胜过了一切只有通过理智自我才间接可能的客观确实性。——当然，埃奈西德穆希望得到上帝存在 (I,2,66)
与灵魂不朽的客观证明。在这方面他会怎么设想呢？他是否觉得客观确实性较之单纯主观确实性无比优越呢？“自我存在”本身仅仅具有主观确实性，无论我们对上帝的自我意识能有多少设想，上帝本身对上帝也是主观的。好了，这完全是不朽性的一种客观存在！（这是埃奈西德穆特有的词汇）如果某一个能在时间中直观自己的存在的存在者会在自己存在的瞬刻说“**现在**我是永恒的”，这个存在者就**不**可能是永恒的。因此，说实践理性必须承认理论理性的首要地位是不属实的，倒不如说，理论理性的全部存在都是基于自我规定者在我们之内与理论认识者的**抗争**，如果这种抗争消除了，理论理性的全部存在本身就会得到扬弃。

基于这种对道德信仰根据的全盘否认的，还有埃奈西德穆的第二个评语，即道德证明中的推论方式与康德拒绝的宇宙神学证明中的推论方式并无二致，因为即使在宇宙神学证明里也是这样推论的：既然一个世界是存在的，所以也必定存在这个世界的可能性的唯一可思议的条件。——宇宙神学证明与道德神学证明的主要差别在于,前者单纯基于理论理性,后者则基于自我本身与理论理性的抗争。理论理性在它理当有所证明的事情上,可至少必须与自身一致。当然,它是把一个世界设想为无条件的整体,因而把这个世界的原因设想为第一因,从而才成为自洽的统一体的;但是,正因为设想这样一个第一因,它又陷入了不可解决的自相抗争之中,因为它所能设想的任何原因都必定以这种理性的固有规律为结果,都必定又有自己的原因。所以,虽然寻找第一因的课题永远存在,但任何找到的原因也都不可能是这个第一因。因此,理性
(I,2,67) 绝不可能把握第一因的理念,理性绝不可能不自相矛盾,就把这个理念当作业已确定和找到的。而任何导致自相矛盾的证明都不会是有效的。

评论者将略加详细评论这本著作视为一种义务,是有多方面的原因的。首先,这本著作确实有许多很好的和中肯的意见;其次,这本著作的作者已经事先抱怨过一些未经证明的判决,但愿他不会把这样的评论归罪于它们;再次,据说这本著作实际上到处都引人注目,而且它的一些读者已经把批判哲学的事业视为徒劳无益;最后,是要帮助某些人消除偏见,使他们不要以为大家不赏识那些反对康德哲学的异议,并且因为它们不足挂齿,而宁愿把它们置于脑后。评论者殷切希望的,莫过于自己的评论会有助于使许多独立思考的人确信,康德哲学本身就其内容而言,依然坚实如故,但是还需要做很多工作,把各种材料整理成一个密切关联、坚不可摧的整体。但愿独立思考的人们都受到这个信念本身的鼓舞,各就其位,各尽所能,为达到这个崇高的目的作出贡献吧!

论人的尊严[161]

〔实业事务出版社，魏玛〕
1794

《费希特全集》，第Ⅰ辑
第 2 卷，第 85—89 页
梁志学译

作　者

(I,2,83)

不是把这些散篇

作为研究，而是作为对研究最着迷的感受

献给他的恩人和友人

纪念他与他们在共同追求真理的活动中

度过的幸福时光

我们已经完全度量了人的精神；我们已经奠定了一个可以建立起一种科学体系的基础，这种科学体系就是人原初的体系的正确表述。我们最后要对整个体系作一个简明扼要的概述。 (I,2,87)

哲学教导我们说，要在自我中找一切事物。唯独通过自我，僵死的、没有形式的物质才具备秩序与和谐。唯独从人出发，规则性才在人的周围向四处传播，达到人能观察到的界限；人把这个界限延伸到什么地方，秩序与和谐就被延伸到什么地方。人的观察给每个具有无限的差异性的对象都标出其特有的位置，以致任何一个对象都不会排挤另一个对象；人的观察同时也把无限的差异性统一起来。通过人的观察，各个天体聚集在一起，仅仅形成一个有组织的物体；通过人的观察，各个恒星沿着自己的预定轨道旋转。通过自我，出现了从苔藓植物上升到六翼天使的巨大阶梯；在自我中就包含着整个精神世界的体系；人有理由期望，他赋予他自己和精神世界的规律必定对这个世界有效，并且人也有理由期望，这个规律有朝一日会得到普遍承认。在自我中就包含着可靠的信物，它将会从自我出发，在现今还不存在秩序与和谐的地方，无限地传播秩序与和谐；结果，随着人类文化的不断进步，对宇宙的开拓也会同时不断进步。一切在现今还没有形式、没有秩序的东西，将通过人而变得具有最美妙的秩序，一切在现今已经和谐的东西，将按照迄今尚未阐明的规律而变得越来越和谐。人会把秩序带入杂乱无章的东西里，把计划带入完全毁灭的东西里；通过人，腐朽会变为神奇的创造，死亡会呼出壮丽的新生。

如果我们把人单纯视为从事冷静观察的理智力量，人就是如此；如果我们把人设想为从事实践活动的能动力量，人是多么伟大呵！

人不仅把**必然**的秩序置于事物之中，而且也把自己**随意地**选定的东西赋予事物。在人闭目安息的地方，大自然是苏醒的；在人睁眼观看的时刻，大自然则准备从人那里获得崭新的、美妙的造化。人的躯体作为能用他周围的物质加以塑造的东西，深深地浸透了超凡脱俗的精神。在人的影响所及的范围里，气候变得更加温和，大自然期待着让人变为各种生灵的摇篮和保姆，因而显得格外明朗和欢快。人向未经加工的物质发出命令，要它遵照人的理想把自己组织起来，给人提供人所需要的实物。已往那种冰冷的、僵死的东西，从地里给人长出了富有营养的谷物、清爽可口的水果
(I,2,88) 和生津活血的葡萄，而且一旦人向这种物质发出别的命令，它就会立刻给人长出别的东西。在人的周围，各种禽兽都会变得驯良起来，在人的理智的监视下放弃他们的粗野天性，从它们的主人手里接受一种更加有益于健康的食物，而对于主人提供的这种食物它们都以驯服和顺从作出报答。

不仅如此，在人们的周围，人的灵魂都会变得高尚起来。一个人的发展程度越高，他对人们的影响就越深刻而广泛。凡是带有人性的真正印记的，决不会被人类误解；对于人道的每次单纯表露，每个人的精神，每个人的心灵，都倾吐出自己的衷情。在高尚的人的周围，人们形成了一个志同道合的群体，那位具有较大的人道精神的人在这个群体中往往处于中心地位。人们的精神力争相互统一，做到万众一心。大家有统一的理解，有统一的意志，并且都是参加人类唯一可能的伟大计划的合作者。高尚的人把他的时代大力推向人类发展的一个更高阶段；人类回首往事，会对自己已经跨过的鸿沟惊叹不已；高尚的人竭力从人类的编年史中汲取自己所能获得的教益。

你们拆掉住人的茅屋吧！就人的存在而言，他本来就完全不依赖于一切在他之外的东西；它完全是通过他自身而存在的。甚至在茅屋里，他在他的精神升华的时刻，也有对这种真正的存在的感受；在这样的时刻，空间、时间和一切不属于他本身的东西都在他面前消失了，他的灵魂强行脱离他的躯体，但为了达到他只有借助躯体才能实现的目的，随后又自愿返回他的躯体。把现在包围着人的两道最后毗邻的防堤分离开，他依然会存在；他之所以会存在，是因为存在是他的意志。他永远是通过他自身，依靠他自己的力量存在的。

你们挫败人的各种计划吧！你们尽可阻碍人的各种计划的实施，但在人类漫长的编年史中千百万年又算什么呢？是在我们快要苏醒的时候，临晨做过的一场小梦。人会永远生存，人会永远行动。你们觉得是消逝的东西，不过是人的范围的扩大；你们觉得是死亡的东西，不过是人要过高尚生活的时机的成熟。人的计划的各种色调，人的计划的各种外形，可能在他面前消逝，但他的计划依然不变；在他真正存在的每个时刻，他都把外部的新东西不断地攫取到他自己的范围里，他都把这种东西不断地据为己有，直到他把一切东西都吞并到他自己的范围里，直到一切物质都带上他的影响的印记，一切精神都与他的精神构成一个精神。

人就是如此，每个能够向自己说“我是人”的人，都是如此。难
(I,2,89) 道他不应该在看到他本身时表示神圣的敬畏之情吗？难道他不应该在看到人本身的威严时肃然起敬吗？每一个能够向我说“我在”的人，都是如此。无论你居住在何方，你都毕竟带有人的面貌。无论你还多么近似于禽兽，把监工的棍棒当甘蔗戏弄，无论你在火地岛的海岸上，靠那并非由你点燃的火焰取暖，直到它熄灭，你又因为它不想继续自燃，而痛哭不已，无论你在我看来是极其可耻、极其堕落的坏蛋，你都毕竟是我所是的存在者，因为你能够向我说“我在”。所以，你毕竟是我的同胞，我的兄弟；呵，我过去也的确处于你现今所处的人类发展阶段！因为这是人类发展的一个必经阶段，在这个发展阶梯上绝没有任何飞跃。或许因为没有能力明确意识到这个阶段，或许因为想很快经过这个阶段，我过去才无暇意识到自己的处境；但我的确在以往某个时期在那里呆过。你的确会在将来某个时期——这也许得经过千百万年，但时间又算什么？——处于我现在所处的阶段，而且你的确会在将来某个时期处于我能影响你、你能影响我的阶段。你也会在将来某个时期被吸引到我的范围里，同时把我吸引到你的范围里。我也会在将来某个时期承认你是参加我的宏伟计划的合作者。对于作为自我而

存在的我来说，每一个作为自我而存在的人都是如此。在看到人的形象的威严时，难道我不应该表示敬畏吗？在看到这种虽然不知寓于什么秘密幽境，但确实存在于带有人的印记的庙堂里的神性时，难道我不应该表示敬畏吗？

在我作如是想时，大地和苍天，时间和空间，以及感性世界的一切界限，都在我面前消失了；难道个体就不会在我面前消失吗？我并没有将您归结为个体。

一切个体都包含在一个巨大的纯粹精神统一体中[①]；但愿这成为我给您们留念的最后一句话，并且成为我向您们告别的留念。

---

① 只要你们起码愿意在大体上浏览这一考察的进程，即使不了解我的体系，也决不可能把这个思想视为斯宾诺莎的思想。纯粹精神的统一体在我看来是不可企及的理想；这是一个终极目的，但它永远都不能变为现实。

论知识学或所谓哲学的概念[162]

实业事务所出版社，
魏玛 1794

《费希特全集》，第Ⅰ辑
第2卷，第109—154页
沈　真译

前　　言

(I,2,109)

读了新怀疑论者、特别是埃奈西德穆的著作和迈蒙[163]的优秀作品，使这篇论著的作者完全确信：哲学即使通过最有洞察力的人们的最新努力，还是没有被提高到一门不证自明的科学的地位上，这对作者来说早已是很可能出现的情况。他认为已经找出了造成这种局面的原因，并且已经发现了一条方便的途径，以完全满足怀疑论者对批判哲学所提出的一切十分有根据的要求，并且就像批判哲学把各种独断论体系有争议的要求统一起来那样，把独断论体系和批判体系有争议的要求完全统一起来①。他不习惯于谈论他还必须去做的事情。他或者会完成自己的计划，或者永远不提自己的计划，如果在他看来目前没有理由要求他对自己以往闲暇时间的应用和未来打算从事的著述作出说明的话。

---

① 两者之间进行的真正的争论——在这场争论中怀疑论者有理由倒向独断论者一边，并同他们一起倒向健全的人类理智一边，而健全的人类理智虽说不是作为仲裁者，但作为依照法律条款受审的证人却受到了高度重视——也许能成为关于我们的认识同某种自在之物的联系的争论，也许能被一门未来的知识学解决到这样的程度，即：我们的认识不是直接通过表象，而是间接通过感觉同自在之物相联系的；各个物无疑只是作为现象被表象的，但它们却是作为自在之物被感觉的；没有感觉便不可能有任何表象；但各个自在之物只是在主观上被认识的，即是说，只是在它们作用于我们的感觉的范围内被认识的。

(I,2,110) 我在下面所作的研究除了要求一种假定性的效用以外,决不要求任何其他效用。但绝不能由此得出结论说,作者除了未加证明的假定以外,丝毫不能给自己的论断奠定基础;也绝不能由此得出结论说,这些论断不应当是一个更深刻、更牢固的体系的结论。他当然承认,只有经过若干年之后才能以应有的形式向公众阐述这一体系。但他现在就期待着一种合理的事情,即人们还没有检验整个体系以前,也不会不承认它。

这篇论著的第一个目的,是使作者应聘的高等学校的在学青年能够作出判断,他们在走向许多科学中的第一门科学的道路上是否能信赖他的指导,他们是否能指望他会像他们所需要的那样阐明这门科学,以便他们能毫无险阻地通过这条道路;这篇论著的第二个目的,是要获得作者的保护人和朋友们对他的事业的评判。

对于那些既不属于前者也不属于后者的人来说,如果这个论著会落到他们手中,则需说明以下几点。

作者至今深信,任何人类理智都未能超过康德特别在他的《判断力批判》中坚持的界限;但是,这界限他从未给我们规定过,也从未作为有限知识的最终界限提出来。作者知道,自己绝不能说出康德还没有直接或间接地、清楚或模糊地表示的东西。他把对人们的天才的探究留给未来的时代,而人们从他发现哲学判断的立脚点出发,就像受到高尚灵感的支配,经常有力地把这种判断力推向其最终目的。作者也同样深信,继康德的天才精神之后,只有赖因霍尔德的系统思想才能献给哲学崇高的礼物。作者认为应该承认在今后取得进展的条件下依然归于赖因霍尔德的基本哲学的光
(I,2,111) 荣地位,这种进展是哲学无论以谁的名义都必然会取得的。不能

以作者的思想方式肆意否定某一功绩，也不可缩小这一功绩。作者认为应该看到，科学达到的每一阶段，都必须在它能步入一个更高阶段之前就已达到。作者认为，继卓越人物之后受某种幸运的偶然性的召唤而进行工作，这确实不是个人功绩。作者知道，在这里可能出现的一切功绩，都不是依靠幸运的发现，而是依靠诚实的探索，对于这种诚实，每个人只能自己评判自己，自己酬劳自己。作者这么说，不是指那些大人物以及类似的人物，而是指其他不那么大的人物。谁发现作者所说的是多余的，谁就不属于他所说的那些人。

除了这些严肃的人之外，还有一些爱嬉笑的人，他们警告哲学家们不要由于对自己科学的过分期待而使自己成为可笑的人。我不想判定，他们都是由于天生不拘礼节而真正出自内心去嬉笑呢，还是他们之中不乏这样一种人，这种人只不过强使自己去嬉笑，以便使涉世未深的研究者对于他们出于可理解的原因而不喜欢看到的事业失去兴致①。就我所知，我迄今还没有由于这种高度期待的表现而给他们提供任何笑料，所以我也许首先可以请求他们，不是为了哲学家，更不是为了哲学，而是为了他们自己，在这项事业没有真正失败和放弃以前，要一直抑制住自己的嬉笑。任凭他们嘲笑我们对人类——他们本身所属的人类——的信念，嘲笑我们对人类伟大天赋的期望，任凭他们作自我安慰，说这都丝毫无助于人类，但事情在过去是这样，将来也将永远是这样，——他们需要安慰多少次，就重复多少次吧！

---

① Malis rident alienis〔人们嘲笑他人之灾祸〕。[164]

(I,2,112) 第一章 关于一般知识学概念

§.1. 用假设提出的知识学概念

把各个不一致的部分统一起来,最可靠的办法是从它们一致的地方出发。

哲学是**一门科学**,在这一点上所有的哲学叙述都那样一致,就像它们在规定这门科学的对象上都不一致一样。假如这种不一致正是由于科学概念本身没有得到充分发展而产生的,这是怎么回事呢?假如那个唯一的特征完全足以规定哲学概念本身,这又是怎么回事呢?

科学具有系统的形式;其中的所有命题都在一个唯一的原理中联系在一起,并在这个原理中统一为一个整体——这也是大家所公认的。但科学概念至此就穷尽了吗?

如果有人依据一个缺乏根据和不可证明的命题,例如依据"空中存在着一些具有人的爱好、激情和概念以及由以太组成的形体的创造物"这个命题,建立起关于这些空中精灵的一门颇有系统的博物学——这实际上是很可能的——这样的系统不论它本身的逻辑推理多么严格,也不论它各个部分的相互联系多么密切,难道我们会承认是一门科学吗?反之,如果有人举出一个具体命题或事

实，例如，操作机械的手工工人举出一个命题，说垂线的两边都与地平线成直角；未受教育的农民举出一个事实，说犹太历史编纂学家约瑟夫生活在耶路撒冷毁灭的时期[165]，在这种情况下任何人都 (I,2,113)
会承认，他们拥有关于上述事实的科学，尽管那位手工工人并不能从几何学上用这门科学的第一原理系统地证明自己具有的命题，这位农民也不可能从历史学上有条理地说明自己作出的陈述的可信程度，而是他们两者都仅仅忠实可靠地假定了这些事实。为什么我们把第一种建立在未经证明和不可证明的命题上的坚实系统不称为科学？为什么我们却把这第二种根本未作系统理解的知识称为科学？

毫无疑问，这是因为前者虽然具有一切有条理的形式，但没有包含人们所能认识的东西，而后者虽然没有一切有条理的形式，但说出了自身真正**认识**和**可能认识**的某种东西。

由此可见，科学的本质本来在于其内容的性状，这种内容至少对于被认为具有科学的人来说必须是确实的，而这必定是他能知道的事情；但系统的形式对于科学来说却本来就是纯粹偶然的，本来就不是科学的目的，而不过是达到目的的手段。

这就是说，如果人的精神由于某种原因只能确实知道很少东西，而其他的一切只能设想、推测、预料或任意假定，如果同样由于某种原因，它不能以这种有限的、不确实的知识为满足，那么，它除了将确实的知识和不确实的知识加以比较，从前者和后者的一致和不一致中推论出它们的确实性和不确实性，就不会有任何其他办法扩展和确保这种知识。假如它们与一个**确实**的命题相一致，
人的精神就肯定可以假定它们也是确实的；假如它们与该命题相 (I,2,114)

悖，人的精神就会知道它们是虚假的，并且会肯定不再受其迷惑。这样，人的精神即使不能获得真理，也毕竟能避免谬误。

说得更清楚一些，科学必须是统一的、完整的东西。“地平线上的垂线构成两个直角”这一命题，或“约瑟夫生活在耶路撒冷毁灭的时期”这一命题，对于毫无连贯的几何学或历史学知识的人来说，无疑是一个整体，因此也是科学。

但是，我们还要考察作为科学的整个几何学或历史学，因为两者除了那类命题之外，还包含其他许多东西。那么，这许多本身极不相同的命题是怎么成为一门科学，成为同一个整体的呢？

毫无疑问，各个具体的命题完全不会成为科学，毋宁说它们只有在整体中，只有通过它们在整体中的地位和它们对整体的关系，才能成为科学。但是，各个部分的单纯组合绝不会产生出在整体的某个部分中所不能找到的东西。假如在各个结合起来的命题中没有一个命题具有确实性，那么，通过结合产生的整体也就不会具有任何确实性。

因此，至少有一个命题必须是确实的，它可以把自己的确实性赋予其他的命题；这样一来，如果这第一个命题在多大程度上是确实的，那么第二个也必定在同样程度上是确实的，如果这第二个命题在多大程度上是确实的，那么第三个也必定在同样程度上是确实的，以此类推。所以，许多就其本身而言也许极其不同的命题，正因为它们都具有确实性，并且具有同样的确实性，通常就只会有一种确实性，因而只会形成一门科学。

这个确实的命题——我们迄今只假设一个命题是确实的——不能通过它同其他命题的结合才获得它的确实性，而是在结合之前就必须具有这种确实性，因为从许多部分的统一中并不能产生任何部分都没有包含的东西。但是，所有其他的命题必须从它那 (I,2,115) 里获得自己的确实性。它必须在任何结合之前就是确实的和确定的，其他任何命题则不能在结合之前就是确实的和确定的，而只有通过结合才成为这样。

由此也同时看出，我们的上述假设是唯一正确的，一门科学里只能有一个在结合之前就已经确实和确定的命题。假如有许多诸如此类的命题，那么，它们或者可能是与其他命题毫不结合，因而不属于同一整体，而是形成一个或几个独特的整体，或者可能是与其他命题结合起来。但是，各个命题只有通过同一种确实性，才能相互结合起来。如果一个命题是确实的，那么另一个命题也必定是确实的，如果一个命题是不确实的，那么另一命题也必定是不确实的。这个说法对于那个具有一种不依赖于其他命题的确实性的命题，则不可能适用；如果这个命题的确实性是独立的，那么，即使其他命题不确实，它也是确实的。因此，它本来就完全没有与其他命题通过确实性结合起来。这样一种在结合之前就已确实的命题，叫做**原理**。每门科学都必须有一个原理；诚然，科学按其内在性质来说，甚至可以由一个唯一的、自身确实的命题构成，不过在那种情况下，这个命题无疑就不能叫做原理，因为这个命题没有证明任何东西。不过，科学也不能有一个以上的原理，因为否则它就不会构成一门科学，而是构成几门科学。

科学除了有一个在结合之前就已确实的命题之外，还会包含很多命题，它们只有与那一命题相结合，才能被认为是确实的。如前所述，这种结合在于表明，如果命题 A 是确实的，那么命题 B 也必定确实，如果命题B是确实的，那么命题C也必定确实，以此类推。而这种结合就叫做由各部分构成的整体的系统形式。那么，这种结合是做什么的呢？无疑不是为了玩弄结合的魔术，而是为了给那些本身没有确实性的命题赋予确实性。因此，系统形式不是科学的目的，而是一种偶然的手段，它只有在科学必须由若干命
(I,2,116) 题组成的条件下，才能用以达到科学的目的。系统形式不是科学的本质，而是科学的一种偶然的属性。科学好比是一座大厦，这座大厦的主要目的本来是坚固性。基础是坚实的，一俟这基础打好了，目的也就会达到。但由于人们在光秃的基础上无法居住，单凭这基础既不能抵御敌人的蓄意攻击，也不能防止气候的意外侵袭，于是，人们就在这基础上筑起边墙，又在边墙上盖以屋顶。大厦的一切部分都同基础相连接，同时又彼此自相衔接，使整体得以坚固。但人们不是为了能使这些部分相互衔接才建筑坚固的大厦，而是为了大厦得以坚固才使它们相互衔接。大厦是坚固的，因为它的一切部分都建筑在坚实的基础上。

基础是坚实的，它不是建立在什么新的基础上，而是建立在牢固的地面上。那么，我们究竟打算在何处修筑我们的科学大厦的基础呢？我们体系的一些原理应当并且必须在建立体系之前就是确实的。它们的确实性不可能在它们自身的范围内得到证明，但它们的每一个可能的证明都以这种确实性为前提。如果它们是确实的，那么，一切由它们得出的结论当然也是确实的；但它们本身的确实性是从何而来的呢？

更进一步说，在建立我们的科学大厦时我们将以下列方式进行推论：**如果**原理是确实的，那么，另一个特定的命题也是确实的。

那个大厦究竟是以什么为基础呢？是什么东西在它们二者之间奠定了必然关联，从而使一个命题被认为恰好原来就有另一个命题所得到的确实性呢？这种关联的条件是什么？我们从何知道它们是关联的条件，而且是**独有的**和**唯一的**条件？我们怎么完全会想到要假定不同命题之间有必然关联，假定它们是独有而穷尽的条件呢？

简而言之，这个原理本身的确实性何以能成立？以一定方式从这个原理推论出其他命题的确实性的权力何以能成立？

凡是原理本身必定具有并且必定传递给科学中出现的其他一 (I,2,117)
切命题的东西，我们都称为原理和一般科学的**内在成分**；凡是原理必定把这种东西传递给其他命题的方式，我们都称为科学的**形式**。因此，我们提出的问题是：一般科学的内容和形式如何可能？即科学本身如何可能？

如果某种东西能回答这一问题，那它本身就会是科学，**具体地说，是关于一般科学的科学**。

在进行研究之前还无法确定，对这个问题是否能作出回答，也就是说，我们的全部知识是否有一个坚实的基础；或者说，无论我们的全部知识的各个部分彼此联系得多么紧密，但它是否终究还是无以为据。但如果我们的知识有一个基础，那么，上述问题必定能得到回答，而且也必定有一门能回答上述问题的科学；而如果有这样一门科学，我们的知识就有一个基础。由此可见，在研究之前还根本谈不上我们的知识是否有基础，而我们所要求的科学的可能性也只有用它的现实性加以说明。

这样一门科学的可能性迄今都成问题，给它命名是随意的。

然而，假如事实表明，根据以往的一切经验适用于扩建这门科学的基础已经为一些依附于这一基础的科学所占据，而仅仅还有一小块尚未扩建的土地，可作为扩建关于一般科学的科学所需要的基地；假如进一步在已知的名义（哲学名义）下可以发现一门毕竟在现在或将来也愿意成为科学的科学的思想，而这门科学超出它所应该扩建的地方就不能自相符合，那么，要给它指明已经发现的空地方，就未必是不适当的。哲学一词直到现在是否正意味着这一点，这根本无关紧要。这门科学一旦真的成为科学，也许就不会没有充分理由抛弃它**出于远非过分的**谦虚而一直沿用的名义，一个古物欣赏、业余爱好、文艺消遣之类的名义。一个将会发现这门科
(I,2,118) 学的民族也许值得以自己的语言赋予它一个名称①，这时它就完全可以称为**科学**或**知识学**。由此可见，迄今所谓的哲学应该是**关于一般科学的科学**。

(I,2,119)

§.2. 知识学概念的发挥

从一些定义出发，人们是不能得出结论的。这或者意味着，人们在对某个完全不依赖于我们的描述而存在的事物所作的描述中能够毫无矛盾地思议某个特征，但仅仅由此出发，而没有进一步的根据，就得不出这个特征必定包含在现实事物中的结论；或者意味

① 这个民族也许还值得用自己的语言赋予它一些其他的人造术语，而这就会使达种语言本身以及讲这种语言的民族获得对所有其他的语言和民族的一种决定性优势。

着，对一个本身需由我们根据对其形成的概念——这概念表现其目的——而加以创造的事物，人们也不能根据其目的的可思议性就得出这个目的是现实可行的结论。但这绝不意味着，人们在进行脑力劳动和体力劳动时就不能提出任何目的，在着手进行工作之前就不能设法使自己弄清这一目的，而是意味着人们能依靠自己的想象力的或手指的运筹预计可能出现的结果。气球的发明者[166]当然能计算出气球的体积和它所包含的空气同大气的比例，并能计算出气球运行的速度，尽管他还不知道他是否能找到一种必需比大气气体轻得多的气体；阿基米德能计算出他想用以从原地推动地球的机器，尽管他同样肯定地知道，除了地球的引力之外，他不会找到他能使这机器由以发动的任何地方。我们刚才所述的科学也是如此。它作为这样一种科学，并不是不以我们为转移、不受我们影响而存在的东西，而是只有我们那按照一定方向发生作用的精神的自由才能创造出来的东西——如果真有这样一种自由，我们同样也还无法知道。我们首先确定这个方向，为我们自己制定一个关于我们的事业应是**什么**的清晰概念。我们是否能创造这一事业，首先要看我们是否在真正创造这一事业。现在的问题不在这里，而在我们究竟想做什么，而这就决定了我们的定义。

1. 上述科学首先应当是关于**一般科学**的科学。每一门可能成立的科学都有一个在它之内不能得到证明，而必须在它之前就 (I,2,120)
已确实的**原理**。这个原理应当在什么地方获得证明呢？无疑是在一门必须能论证一切可能的科学的科学中得到证明。在这方面知识学也许必须做两件事。首先，它必须一般地论证原理的可能性，说明某种东西以何种方式、在何种界限内、在什么条件下、也许还有在何种程度上可以是确实的，以及“是确实的”一般意味着什么；其次，它必须具体地论证一切可能的科学的原理，而这种原理在这些科学本身是不能得到证明的。

每门科学，如果是一个由若干命题组成的整体，而不是一个非连贯的单个命题，就具有系统形式。这种形式，这种把推导出来的命题同原理相联系的条件，这种由这一联系得出前者必然同后者一样确实的合理根据，如果具体科学应具有统一性，而不应研究异己的、不属于自身的事物，也同样不可能在这类科学中获得证明，而是为了这类科学的形式的可能性而已经被假定了的。因此，一般知识学有责任为一切可能的科学确立系统的形式。

2. 知识学本身是一门科学。因此它也必须首先有一个原理，这个原理在它本身是不可能被证明的，而是必须为了它的可能性而予以假定。但是这个原理也不能在任何其他高级科学中被证明，因为否则这高级科学就会是知识学，而那个其原理必须先加以证明的科学就不会是知识学。因此，知识学的这一原理，和借助于知识学的所有科学和所有知识的原理，绝不能获得证明，即是说，绝不能归结为任何一个更高级的原理，从这个更高级的原理与知识学的原理的比较中说明后者的确实性。但是，知识学的这个原理必须给一切确实性以基础；因此它必须是确实的，而且在它自身、为了它自身、并通过它自身都必须是确实的。其他一切原理之所以确实，是由于可以说明它们在某个方面是与它等同的。这个原理之所以必定是确实的，纯粹是由于它等同于它自身。其他一
(I,2,121) 切原理将只具有间接的、由它推导出来的确实性，而它却必须是直接确实的。一切知识都以它为基础，没有它，便完全不可能有任何

知识。但它却不以任何别的知识为基础，而是真正的知识原理。这个原理是绝对确实的，这就是说，它之所以确实，是因为它是确实的。它是一切确实性的基础，这就是说，一切确实的东西之所以都是确实的，是因为它是确实的；如果它不确实，则任何东西都不确实。它是一切知识的基础，这就是说，我们知道它表述的是什么，因为我们完全知道：一俟我们知道什么东西，我们就直接知道这个东西。它伴随一切知识，包含于一切知识之内，而一切知识都以它为前提。

就知识学本身是一门科学而言，如果它不仅必须由一个唯一的原理组成，而且必须由许多命题组成——将会出现的这种情况是可以预见的，因为它必须为其他科学制定原理——那么，我们说，它必定具有系统形式。但是，它既不能在规定方面向任何其他科学借用这一系统形式，也不能在效用方面诉诸任何其他科学，因为它本身不仅要为一切其他科学制定原理，从而制定它们的内在内容，而且也制定形式，从而提供在它们之内结合许多命题的可能性。因此，它自身就必须具有这种形式，而且必须由自身论证这一形式。

为了看出以上所述真正说明了什么，我们可以对它稍作分析。我们知其为某物的东西，叫做命题的内容，而我们由内容得知的东西，叫做命题的形式。（在"金子是一种物体"这个命题中，我们知其为某物的东西，是金子和物体，而我们从它们得知的东西，是它们在某一方面相等，因此其中一个可以代替另一个。这是一个肯定的命题，并且这种关系就是命题的形式。）

任何一个命题都不可能没有内容和形式。必定存在着我们知其为什么的东西和我们由此知道的东西。因此一切知识学的原理，必须兼有两者，既有内容也有形式。其次，这个原理必须直接通过它自身而成为确实的，而这只能意味着，它的内容决定它的形
(I,2,122) 式，以及相反地，它的形式决定它的内容。这形式只能适合于该内容，这内容只能适合于该形式。这一内容的任何其他形式都会取消那原理本身，并随之取消一切知识，这一形式的任何其他内容同样也会取消那原理本身，并随之取消一切知识。因此，知识学的绝对第一原理的形式不仅是由原理本身赋予的，而且也被制定为对该原理的内容全然有效。如果知识学除了这个绝对第一原理之外，还有若干原理，它们只能部分地是绝对的，部分地则必须受第一最高原理的制约，因为否则就不会有一个唯一的原理，那么，在这些原理中绝对第一的东西就只能或者是内容，或者是形式，而被制约的东西也同样只能或者是内容，或者是形式。假如**内容**是不受制约的，那么，这个必定制约第二原理中的某种东西的绝对第一原理——因为否则它就不成其为绝对第一原理——将制约第二原理的**形式**，因此，第二原理的形式在知识学本身将会通过知识学和知识学的第一原理而得到规定；或者相反，假如**形式**是不受制约的，那么，第一原理必然规定这个形式的**内容**，因而通过内容也间接规定了形式，因为这个形式必定是某种内容的形式；因此在这种情况下，形式也会被知识学，即被它的原理所规定。但是，如果真是有一个绝对第一原理、一门知识学和一个人类知识系统，那就不可能有一个原理，它既在形式上、也在内容上不受绝对第一原理的规定。因此，不外乎有以下三个原理：一个是绝对原理，它不论就内容而言，或就形式而言，都是全然由自身规定的，另一个是就形

式而言，由自身规定的，再一个是就内容而言，由自身规定的。如果知识学中还有其他一些命题，那么所有这些命题也必须既在形式上也在内容上由原理加以规定。因此，知识学必须规定它的所有命题的形式，因为这些命题都是被单独加以考察的。然而，对各个命题的这种规定只能是这样，即它们本身是相互规定的。不过每一命题必须是**完全**确定的，也就是说，它的形式必须只适合它的 (I,2,123)
内容，不适合任何别的内容，而这个内容只适合它所采取的形式，不适合任何别的形式；因为否则，命题就会不同于原理，原理是确实的（参看上文），而命题就成了不确实的。如果知识学的所有命题都各不相同——就像它们必须所是的那样，因为否则它们就不是许多个命题，而是同一原理的多次重复——那么，任何命题除了通过所有命题中唯一的一个命题，就不能通过其他命题获得它的完全的规定；这样，整个一系列命题就会完全得到规定，任何一个命题在系列中除了在其所在的位置，就不会处于另一位置。知识学中的每一命题都从另一特定命题获得自己的特定位置，并给下一个特定命题规定其位置。因此，知识学是由自身给自己规定整个知识学的形式的。

知识学的这一形式对于知识学的内容具有必然的有效性。因为如果这绝对第一原理是直接确实的，也就是说，如果它的形式只适合它的内容，它的内容只适合它的形式，一切可能的后继命题不论按其内容或形式说，都直接地或间接地由这一原理所规定，如果这些命题可以说已经包含在这一原理之中，那么，对后者有效的原则对它们也必定有效，即它们的形式只适合它们的内容，它们的内容只适合它们的形式。这涉及各个命题；但整体的形式不外是各个命题在统一整体中被思考的形式，而对每一单个命题有效的原则，必定也对一切作为统一整体被思考的命题有效。

知识学不仅应该为自己，而且应该为一切其他可能的科学提供形式，并牢固确立这一形式对一切科学的有效性。这种情况只能在这样的条件下加以设想：一切必须成为某一科学的命题的东西均已包含在知识学的某一命题中，因而已经以一种合适的形式在知识学中被确立起来。这就为我们开辟了一条回到知识学绝对第一原理的内容的方便道路，我们现在可以比以前更加详细地讨论这个内容。

假定**确知**不外是获得对一定内容与一定形式的不可分割性的
(I,2,124) 认识(这只不过是一种名词解释，在这种情况下，对知识的真正解释是绝对不可能的)，那么现在就几乎已经可以看出，一切知识的绝对第一原理怎样全然以它的内容规定它的形式，怎样全然以它的形式规定它的内容，因而得以给一切知识的内容规定其形式；因为一切可能的内容都以它的内容为基础。因此，如果我们的假定是正确的，而且一切知识都应有一个绝对第一原理，那么这个原理的内容必定会包含一切可能的内容，而它本身却不包含于任何别的内容之中。这本应是真正的内容，绝对的内容。

不难看到，一般在假定这种知识学的可能性，特别是在假定知识学的原理的可能性的时候，总会假定人类知识里确实有一个系统。如果人类知识里确实有这样一个系统，那么，甚至不依赖于我们知识学的描述就可以证明：必有这样一个绝对第一原理存在。

如果没有这样一个系统，那就只能设想两种情况。或者，完全不存在任何直接确实的东西；我们的知识构成许多无限的系列或一个无限的系列，其中每一命题都由一个高级命题所建立，而这个高级命题又为一个更高的命题所建立，如此类推，以至无穷。我们把我们的住宅建在地上，地在象上，象在龟上，而龟——谁知道在什么上，如此类推，以至无穷。如果我们的知识曾经具有这样的性状，我们当然不能改变它；但这样一来，我们也就不会有任何坚实的知识了。我们也许能在系列中返回到某个确实的环节，就此发现一切东西是确实的；但谁能担保，如果我们再深入一步，我们不会发现这类东西缺乏根据，因而必须将它放弃呢？我们的确实性是虚假的，我们今后绝不能信赖它。

或者，可能发生第二种情况，即我们的知识由有限的、但数量很多的系列组成，每个系列都以一个原理为终点，这个原理不是由任何别的原理，而仅仅是由自身建立的；但是，这样一些原理有很多，它们都是由自身，而完全不依赖于其余一切原理建立起来的，因而彼此没有任何关联，而完全相互隔绝。我们心中有许多天赋 (I,2,125)
的真理，它们都是同样天赋的，对它们的关联我们不能期待有任何进一步的认识，因为这种关联存在于天赋真理之外；或者，在我们之外的事物中有多种多样的简单东西，这种东西是通过事物给予我们的印象传递给我们的，但是，我们不能深入到它的关联中去，因为绝不可能还有什么东西比印象中最简单的东西更简单的了。如果情况真是这样，如果人类知识就其本性而言，像许多人的实际知识那样，本来就支离破碎，如果在我们的精神里原来就有大量线索，它们在任何点上都互不关联，也无法加以关联，那么，我们就不能再违反我们的本性了；在这种情况下，我们的知识虽然在它所能达到的限度内是确实的，但绝不是**统一的**知识，而是**许多的**科学。

这时，我们的住宅虽然能稳固站立，但不会是一幢统一的、连成一体的建筑物，而是若干房间的一个聚集体，我们不能从其中的一间跨入另一间；它可能是这样一所住宅，我们在这所住宅里总是迷路，永远不能熟悉它。那里绝不会有什么光亮，我们纵然拥有一切财富，也仍然是贫穷的，因为我们永远不能通观这些财富，永远不能将它们看作整体，也不能知道我们究竟掌握了什么；我们绝不能运用它们当中的一个部分去改善其他的部分，因为任何一个部分同别的部分都没有关联。除此以外，我们的知识会永远不完备，我们必须每日每时期待新的天赋真理在我们心中表露出来，或期待经验给我们以新的简单东西。我们必须时刻准备着在某个地方为自己建立新的住所。——倘若这样，那就无须任何一般知识学来论证其他科学了。每门科学都能以自身为基础。有多少个直接确实的原理，也就有多少门科学。

如果在人的精神里像在第一种情况下那样不是单纯有一个系统的一个或几个片断，或像在第二种情况下那样不是单纯有几个系统，而是有一个完备的和统一的系统，那就必定有这样一个最高的绝对第一原理。如果我们的知识由这一原理向许多系列推广，其中的每个系列又产生出许多系列，如此等等，那么，所有系列毕竟都必须牢固维系于这样一个唯一的环节，这个环节不依赖于任
(I,2,126) 何东西，而是以自身的力量保持自己和整个系统。这里，我们有一个靠其固有的引力保持其自己的地球，它的中心点用万能的力量吸引着我们实际上只在地球表面而不是在空中，只按垂直方向而不按斜线方向建立的一切东西，不让任何一粒微小的尘埃脱离自己的范围。

这样的系统和这样的原理——它是前者的条件——是否存在,我们在研究之前绝不能作出决断。原理不仅作为单纯的命题,而且作为一切知识的原理都不能得到证明。我们只好作以下的尝试。如果我们找到一个原理,它具有一切人类知识的原理的内在条件,那么我们就要试一试,它是否也具有外在条件,我们所知的或我们以为知道的一切是否能被归结为这一原理。如果我们做到了这一点,那么,我们实际上就制定了科学,从而证明了这门科学的可能性,证明了人类知识系统——科学即是其表达——的存在。如果我们没有做到这一点,那么,或者是根本不存在这类系统,或者是我们没有发现它而已,因此必须让一些更幸运的后继者去发现它。由于我们没有发现这种系统,就直接断言这种系统根本不存在,这是专横的做法,严肃认真的研究将不屑于对它作出反驳。

第二章 知识学概念的研讨 (I,2,127)

§.3.

当人们指出某个概念在一般人类科学体系中的地位,即指明哪个概念给这个体系规定地位、通过这概念又给另外哪个概念规定地位时,我称之为对某一概念作科学研讨——很明显,这里所指的只能是一切研讨中的最高研讨。但是,一般知识学概念在所有科学体系中就像知识概念本身在一般知识体系中一样，很少能占有地位；倒不如说，知识学概念本身就是一切科学概念的地位所在，并在自身和通过自身给这些科学概念指明地位。很显然，这里指的仅仅是一个假设性的研讨，即是说，问题在于：假定一些科学已经存在，假定这些科学中有真理（这在一般知识学之前绝不可能知道），那么，需要制定的知识学与这些科学有什么关系呢？

这个问题同样也可以通过纯粹的知识学概念得到回答。科学对于知识学的关系，就像被建立的东西对于自己的基础的关系。科学不给知识学指出地位，而是知识学在自身和通过自身为一切科学指出地位。由此可见，这里仅仅需要对这一回答作进一步的发挥。

(I,2,128) 知识学必须是一门关于一切科学的科学。从这里首先产生一个问题：知识学如何能担保它不仅论证了一切迄今已知的和发现的科学，而且也论证了一切可以发现的和可能的科学，并且能完全穷尽人类知识的整个领域？

知识学必须在这方面赋予一切科学以它们的原理。因此，在某一具体科学中作为原理的一切命题，同时也是知识学的内在命题。同一个命题必须从两个角度去考察。知识学由一个包含在自己内部的命题进一步推导出结论，具体科学也由这同一命题、即它的原理进一步推导出结论。由此可见，或者，在两种科学中我们得出同一个东西，一切具体科学不仅就它们的原理看，而且就它们的推导出来的命题看都包含在知识学里，因此就没有任何具体科学存在，而只有同一门知识学的各个部分存在；或者，两种科学以不同的方式推导出结论，但这也是不可能的，因为知识学必须为一切科学提供它们的形式；或者，如果纯粹知识学的一个命题必须成为一门具体科学的原理，还必须给这一命题添加某种东西，当然，这种东西除了知识学以外，不能来自任何其他地方。于是就产生一个问题：这个添加的东西是什么？或者，由于这个添加的东西造成了差别，那么，整个知识学与每门具体科学之间的特定界限是什么？

知识学在这方面必须进一步为一切科学规定它们的形式。这一点怎么可能发生，上文已经表明。但一门以**逻辑学**命名的科学带着同样的要求挡住了我们的去路。我们必须解决二者之间的争端，必须研究知识学与逻辑学有什么关系。

知识学本身是一门科学，它在这方面必须完成什么任务，上文已有规定。但是，既然它是纯粹的科学，它就是关于**某种东西**的科学；它具有某个对象，而且从以上的论述也可以看出，这个对象不 (I,2,129)
外就是整个人类知识的体系。这样就产生一个问题：这门科学作为科学与它的这样的对象有什么关系呢？

§.4. 知识学在何种程度上能确信它已经穷尽了一般人类知识？

迄今的人类知识，不论是真实的或想象的，都不是一般人类知识。假定某个哲学家确实把握了迄今存在的知识，能够通过完备的归纳证明这种知识已经包含在他的体系中，那么他这样做，也远远不足以完成他的任务，因为他怎么打算通过他的归纳，从迄今的经验证明将来也不会作出任何不适合于他的体系的发现呢？断言他只想穷尽当前人类生存范围内可能的知识，这种遁词也未必考虑得周密，因为如果他的哲学只对这一范围有效，那他就不知道任何别的可能的范围，因此也不知道他的哲学所应穷尽的范围的界限；他任意划出一条界限，这条界限的真理性他除了通过迄今的经验，几乎不能通过别的东西加以证明，而未来的经验甚至在他预先划定的范围内也总是会同迄今的经验发生矛盾。一般人类知识应当加以穷尽，这就是说，不仅人在其生存的现阶段能够知道的东西，而且人在其生存的一切可能的和可思议的阶段能够知道的东西，都应当无条件地、绝对地加以规定①。

(I,2,130)　这只有在下列条件下才有可能：首先应当指明，已经制定的原理是已经穷尽的，然后指明，除了已经制定的原理，不可能有任何其他原理。

如果一个完备的体系是在一条原理上建立起来的，就是说，如果这条原理必然能导出一切业已制定的命题，而一切业已制定的命题必然又能归结为这条原理，那么，这条原理就是穷尽了的。如果在整个系统中绝没有出现这样一个命题，这个命题当原理为虚假时，能够是真实的，当原理为真实时，能够是虚假的，那么，这就

① 对于只有通俗哲学家才可能提出的一个异议的回答。——人类精神的根本课题，不论就其数量来说还是就其规模来说，当然都是无限的。这些课题只有完成了逐渐接近无限东西的过程，才被认为有可能解决，但要完成这样的过程本身是不可能的，因为它们之所以如此，仅仅是由于它们是作为无限的东西被给予的。一个无限的圆圈有无限多的半径，其中心是给定的；而只要中心是给定的，整个无限的圆圈和其无数多的半径也就是给定的。诚然，后者的一个终点处于无限之中，但另一终点却处于中心，这一个中心是所有半径的共同点。中心是给定的；直线的方向也是给定的，因为它们必须都是直线，因而所有半径都是给定的（无限多半径中的各个半径是通过我们关于非我的印象，作为其正需要延伸的东西加以规定的；但它们不是给定的，而是与中心一起同时给定的）。人类知识就其程度而言是无限的，但就其性质而言则完全由它的规律所决定，并且完全可以穷尽。

从否定的方面证明，没有一个命题是作为多余的东西被纳入系统的；因为一个不属于系统的命题，当原理为虚假时，能够是真实的，当原理为真实时，能够是虚假的。如果原理被给定，**一切**命题也就必然被给定；每一单个命题都是在原理中并通过原理而被给定的。从上文关于知识学里各个命题的联系所作的论述中可以看出，这门科学是直接在自身并通过自身进行上述否定性证明的。这一证明表示，科学是**有系统**的，它的所有部分都在一个唯一的原理中联系在一起。科学是一个**系统**，换句话说，当再也不能推导出任何命题的时候，它就是完备的，而这就从肯定的方面证明：没有一个命题是作为多余的东西被纳入系统的。问题仅仅在于：在什么时候、在什么条件下再也不能推导出任何命题；因为很显然，单凭一个相对的和否定的标志，例如**我**看不到能够再推导出什么，那是任何东 (I,2,131)
西也证明不了的。也许在我之后还有另一个人，他在我什么也看不到的地方看到了某种东西。我们需要一个肯定的标志，证明绝对地、必然地再没有任何东西能加以推导；这样的标志只能是：我们由以出发的原理同时也是最终结果。这时我们才会明白，如果不再一次走我们已经走过一次的道路，我们便不能前进。在随后制定科学时将会看出，科学确实在完成这一循环，而且正是在它以往同探索者由以出发的那一点上离开了探索者；因此，它也在自身并通过自身进行着第二个肯定性的证明[1]。

---

① 因此知识学具有绝对的总体。在这个总体中一本导出万殊，万殊归于一本。它是能够臻于完满境地的唯一的科学；所以完满性是它突出的标志。所有其他的科学都是无限的，它们永远无法臻于完满境地，因为它们不再复归于它们的原理。知识学必须向一切科学证明这一点，并为此提供论据。

但是，即使已经制定的原理是穷尽了的，在这条原理上建立起了一个完备的系统，也完全不能由此得出结论说，由于它是穷尽了的，所以一般人类知识也是穷尽了的，因为我们并没有假定需要证明的东西，即那一原理是一般人类知识的原理。当然，对那个完备的系统既不能添加什么，也不能减去什么；但是，有什么能阻止将来通过经验的增多，肯定不会再有一些不以这一原理为基础、因而以另外一个或几个原理为前提的命题——尽管直至现在还没有这种迹象——出现于人类意识呢？简言之，为什么除了那个完备的系统之外，在人类精神里就不能再有另外一个或几个系统呢？无疑，它们既不会同前一系统、也不会在它们内部有丝毫的关联，有最小的共同点。不过它们也不应有这种关联和共同点，因为它们不是构成一个唯一的系统，而是构成几个系统。因此，如果要满意
(I,2,132) 地证明这种新发现是不可能的，那就必须证明：在人类知识中只能有一个唯一的系统存在。既然这样一个命题，即这个系统是一个唯一的系统，本身必须是人类知识的一部分，因此它只能建立在一切人类知识的原理上，除此之外，绝不能得到证明。这至少能在目前获得一个结果，即某个时候出现于人类意识的另一个原理，也许不仅是一个**不同的、有别于**已经制定的原理的原理，而且是一个与前一原理**恰好相矛盾的**原理。因为在上述前提下，已经制定的原理中必定会包含这样一个命题：人类知识中有一个统一的系统。因此，每一不属于这个统一系统的命题，不仅会同这个系统有区别，甚至由于这一系统是统一的系统，而与这一系统相矛盾，并且必定会依赖于这样一个原理，在这个原理中会包含着一个命题，即人类知识**不**是一个统一的系统。我们通过不断逆推的方法，必定

会达到一个恰好与第一原理相矛盾的原理，如果前一个原理表示自我是自我，那么另一个原理必定会表示自我是非我。

不应当、也简直不可能从这个矛盾得出结论说，这一第二原理是不可能的。如果第一原理包含人类知识系统是统一的系统这个命题，那么，其中当然也包含这样一个命题，即任何东西都不得同这个统一的系统相矛盾；但这两个命题恰好都是由这个原理本身得出的，一俟承认了由它得出的一切东西有绝对有效性，也就已经承认了它是绝对第一的和唯一的原理，它在人类知识里统治一切。(I,2,133) 因此这里有一个人类精神永远不能超出的循环论证；明确地承认这个循环论证是完全正确的，这样，在一旦意外发现这一循环论证时就不致陷入困境。这个循环论证如下：如果命题 X 是人类知识的第一、最高和绝对原理，那么人类知识中就有一个统一的系统，因为这一系统是由命题 X 得出的；既然人类知识中必定有一个统一的系统，所以，确实(根据已经制定的科学)建立起这个系统的命题 X，就是一般人类知识的原理，而以这个原理为基础的系统就是人类知识的那个统一的系统。

人们没有理由超出这一循环论证。要求把它取消，就意味着要求有这样的事情：人类知识完全失去依据，没有一样东西是绝对确实的，一切人类知识都是完全受制约的，任何命题就其本身而言都毫无意义，每一命题只有在得出它的那个命题有意义的条件下才具有意义。谁有兴致探讨，谁都可以永远探讨他想知道的东西，如果他的自我不是自我，即是说，如果他不存在，而且不能把任何非我同他的自我相区别。

§.5. 使一般知识学与它所论证的具体科学相区别的界限是什么？

我们从上文(§.3.)看到，同一个命题不可能在同一个方面既是一般知识学的命题，又是某一具体科学的原理，而是还必须添加某种东西，才可成为这样的原理。——凡需添加的东西，绝不可能来自别处，而只能来自一般知识学，因为一切可能的人类知识都包含于知识学之中；但是，这种东西在那里不应当包含在现今通过这
(I,2,134) 种添加而上升为一个具体科学原理的命题当中；因为否则这个命题在那里就已经是原理，而我们也就得不到具体科学与一般知识学的各个部分之间的任何界限。因此，知识学必须有一个具体的命题，这个命题是同那个应当成为原理的命题结合起来的。因为我们在这里必须回答的不是一个直接来自知识学概念本身的异议，而是一个发端于这样的假定的异议，即除了知识学以外，实际上还存在着另一些与知识学分离的科学，所以，我们也同样只能用假定来回答这一异议。而我们只要指出作必要的限定是可能的，目前也就足够了。至于这种限定是否标明了真正的界限——尽管情况本来就可能是这样——我们在这里不能、也不必证明。

因此，我们假定知识学包含人类精神的一定行动，这种行动是人类精神无论受制约还是不受制约，都不得不作出和必然作出的。在这种情况下，知识学作为解释这些一般的必然行动的最高根据，提供了人类精神全然不受强制和逼迫而规定自己行动的能力；由此可见，通过知识学可能会提供一种必然的行动和一种非必然的

或自由的行动。人类精神的活动就人类精神必然地行动而言，应该是知识学所规定的，但就人类精神自由地行动而言，则不应该是知识学所规定的。如果我们再进一步假定，自由行动也应由某种根据加以规定，那么这种情况在知识学中是不可能发生的，但因为所谈的是**规定作用**，所以这种情况就必定发生在**科学**中，因而也必定发生在具体科学中。这种自由行动的对象，只能是一般知识学提供的必然东西，因为没有什么东西不是知识学所提供的，而知识学除了必然东西以外，什么也不提供。因此，在具体科学原理中必须规定一种行动，知识学使这种行动得以自由：知识学能将必然东西和自由赋予原理，而具体科学则能将其规定赋予自由。这样就找到了明确的分界线，而一俟某种本身自由的行动获得一定的方 (I,2,135)
向，我们则可由一般知识学的领域过渡到具体科学的领域。我举两个例子来说明这一点。

知识学提供的，是作为必然东西的空间和作为绝对界限的点。但是，知识学赋予想象力以充分自由，去设定它所愿意达到的点。一俟这个自由得到规定，例如，为了限制无限空间而不断移动点，从而划出一条线[①]，我们便不再处于知识学的领域，而是处于一门叫做几何学的具体科学的领域。按照规则限制空间或空间结构的

---

① 向数学家们提个问题：直的概念不包含在线概念里吗？除了直线以外还存在另外的线吗？所谓的曲线不就是无限多的、无限相近的点的组合吗？在我看来，这一点的证明在于曲线的起源是无限空间的分界线（由自我这个中心点无限地延长许多无限的半径，然而我们有限的想象力必须为这些半径设定终点，这些终点被设想为一整体，即是最初的圆周）；由这里可以看出下列**事实**及其**原因**：用直线测量曲线的课题是无限的，它只有在接近无限的过程告终的情况下才能得到解决。由这里也同样可以看出，直线不能加以定义的原因。

合，也可以不符合，而这就使自然科学与一般知识学充分地区别开了。

因此，在这里已经可以看出——我们只是顺便提一下——为什么只有知识学才具有绝对总体，而一切具体科学却是无限的。知识学只包含必然东西；如果这种东西在每一考察中都是必然的，那么它在量的方面也是必然的，即是说，是必然有界限的。其余的一切科学都要达到自由，这自由既是我们的精神的自由，也是根本不依赖于我们的非我的自由。如果这是真正的自由，如果这自由根本不应该服从于任何规律，那么，也就不应当认为这自由发生的 (I,2,137)
作用有什么范围，因为那类事情只有通过规律才能出现。由此可见，自由发生作用的范围是无限的。因此，人们不必担心一种能够穷根究底的知识学会对人类精神的无限完善的能力有什么危险；这绝不会取消这种完善，反而会完全确实无疑地将它建立起来，而且会给它指出一项它永远不能做完的课题。

§.6. 一般知识学与逻辑学有什么特别关系？

知识学必须为一切可能的科学制定形式，而按照通常那种确实也可能有某种真理的看法，逻辑学也在作同样的工作。这两种科学的关系如何，特别从二者都自以为能做的这种工作来看，它们的关系如何？一俟我们想到，逻辑学只应给一切可能的科学提供形式，而知识学不仅应提供形式，而且也应提供内容，在我们面前就展现出一条深入到这个极重要的研究领域中去的方便道路。在知识学中，形式从不脱离内容，内容从不脱离形式，在知识学的每一命题中两者都最紧密地联合在一起。如果在逻辑学的命题中只包含一些可能的科学的单纯形式,而不包含其内容,那么这些命题就不会同时也是知识学的命题,而是与后者完全不同。因此,整个这一门科学都既不是知识学本身,也不是知识学的一个部分;不管在哲学现有的情况下这会多么令人惊奇,逻辑学都完全不是哲学科学,而是一种独特的、分离的科学,然而,逻辑学的尊严并不会因此受到任何损害。

如果逻辑学是这样,那么,一种自由的规定便必定会被指出来,从而划清逻辑学与一般知识学之间的界限,而且自由的这种规
(I,2,138) 定也很容易发现。在知识学中内容和形式必然结合在一起,逻辑学则应当制定与内容相分离的单纯形式。这种分离本来不是必然的,而是单纯通过自由发生的。因此,在逻辑学中自由必须加以规定,以便作出这样的分离。人们称这样的分离为**抽象**。由此可见,逻辑学的本质在于撇开知识学的一切内容。

如此说来,逻辑学的各个命题都只应是形式,但这是不可能的;因为在命题的概念中一般都包含这样的意思,即概念既有内容也有形式(§.1.)。因此,凡在知识学中只是形式的东西,在逻辑学中则必定是内容,而这个内容又会获得知识学的普遍形式,但这种普遍形式在这里被明确地视为逻辑命题的形式。自由的这第二种行动,使形式作为其内容,成为形式自身的形式,就叫做**反思**。任何抽象都不可能没有反思,任何反思也不可能没有抽象。单独来看,二者都是自由的行动;但是,如果这二者被相互联系起来,那么,在一种行动的条件下另一种行动是必然的。

从这里就产生出逻辑学同知识学的特定关系。不是前者论证

后者，而是后者论证前者。知识学绝对不能由逻辑学加以证明，人们绝不能先给知识学设定任何一个逻辑规律作为有效的规律，甚至不能先给它设定矛盾律作为有效的规律；相反，每个逻辑规律以及整个逻辑学都必须由知识学加以证明；必须指出，知识学中制定的形式是知识学中某个内容的真正形式。由此可见，是逻辑学从知识学获得自己的有效性，而不是知识学从逻辑学获得自己的有效性。

更进一步说，不是知识学被逻辑学所制约和规定，而是逻辑学被知识学所制约和规定。知识学不是由逻辑学获得其形式，而是在自身就具有这种形式，并且通过自由才为可能的抽象制定了这 (I,2,139)
形式。相反，知识学制约着逻辑学的应用。知识学制定的各个形式，除了运用于它们本身在知识学已经包含的内容，就不可能运用于任何别的内容——必然不可能运用于它们本身在那里包含的整个内容，因为如果这样，具体科学就不会产生，而只是重复知识学的各个部分；但必然可能运用于整个内容的一部分，运用于一个包含在整个内容中的内容。没有这一条件，以这种方式建立起来的具体科学就是空中楼阁。

最后，知识学是必然的，它恰恰不是被清晰地思考的、被系统地制定的科学，而是一种天然禀赋，逻辑学却是人类精神在其自由活动中的一种人为产物。没有知识学，便完全不可能有任何知识和科学；没有逻辑学，一切科学的建立则只能推迟。前者是一切科学的唯一条件，后者是高度有益的发明，以便保证和便利科学的进步。

这里我举几个系统地推导出来的内容为例：

A＝A 无疑是一个在逻辑上正确的命题，既然如此，它的意义即在于：**如果** A 被设定，那么 A 就被设定了。这里产生两个问题：A 是设定的吗？**如果** A 是设定的，它是怎样和为什么设定的呢？那个**如果**和这个**那么**到底是怎样关联在一起的呢？

假定上述命题中的 A 是自我，而且有它特定的内容，那么这个命题首先就意味着：自我是自我；或者，**如果**自我被设定，那么自我就被设定了。但是，由于这个命题的主语是绝对的主体，是无条件的主体，所以，在这个唯一的情况下，与这个命题的形式一起，同时也就设定了它的内在内容：自我被设定，是**因为**自我已设定自己。
(I,2,140) 我在，是**因为**我在。——逻辑学因此便说：**如果** A 存在，则 A 存在；知识学却说：**因为** A 存在，所以 A 存在。这可以解答以下问题：A 是被设定的吗？那么，回答是：它是被设定的，**因为**它是被设定的。

假定上述命题中的 A 不是自我，而是某个别的东西，那么，从以上所述就可看出一个条件，在这个条件下人们可以说：A 是被设定的，而且人们有理由得出结论说：如果 A 是被设定的，那么它就是被设定的。也就是说，A＝A 这个命题最初**只对我**有效，它是由知识学命题“自我是自我”推论出来的；因此一切可以运用它的内容都必定在我之内，包含在自我之中。可见任何 A 不外就是自我之内**设定的**东西，于是这个命题可以这样表示：凡在我之内被设定的东西，都是被设定的，A 如果在自我之内被设定，即是被设定的（因为正是 A 被设定为可能的、现实的或必然的），因此这个命题无可争辩地是真实的，如果自我必定是自我。如果再进一步说，自我被设定，是因为自我被设定，那么一切在自我之内设定的东西也是被设定的，因为这东西被设定了；而如果只有 A 是在自我之内被设定的东西，那么它就被设定了，因为它是被设定的；这样，第二个问题也同样得到了回答。

§.7. 知识学作为科学与其对象有什么关系?

在知识学中，每一命题都有形式和内容：人们知道某种东西，人们由这种东西知道的，也是某种东西。知识学本身诚然是关于某种东西的科学，但不是关于这某种东西本身的科学。因此，知识学连同它的一切命题完全是已经在它之前就存在的某种内容的形式。它与这种内容有什么关系？从这种关系中能得出什么结论？

根据以上所述的一切，知识学的对象是人类知识体系。这个体系虽然不是依赖于研究这个体系的科学而存在的，但却是由这门科学制定其系统形式的。这种新形式是什么？它同在这门科学之前就必定存在的形式区别何在？这门科学同它的对象一般怎样区别？(I,2,141)

人类精神中不以科学为转移而存在的东西，我们也可以称为人类精神的行动。这些行动是已经存在的**做什么**；它们是以某种特定的方式发生的，并以这种方式而互相区别，而这种区别就是**如何做**。由此可见，在人类精神里，在我们知识之前原来就有内容和形式，两者不可分离地结合在一起。每一行动按照某种规律以一定方式而发生，这种规律决定着行动。如果所有这些行动都相互关联，服从普遍的、特殊的和个别的规律，那么对于可能的观察家来说也就存在一个系统。

但是，完全没有必要使这些行动实际上在我们精神里以彼此推移的系统形式先后发生，比如，首先发生一种本身包含一切东西、并赋予最高最普遍规律的行动，然后发生一种本身包含较少的东西的行动等等；进一步说，也完全不应当由此认为，它们都是以纯粹的、非混合的方式发生的，使许多应由可能的观察家加以辨别的行动在实际上不表现为一个统一的行动。例如，如果人类精神的最高行动是设定其自身的存在的行动，那就完全没有必要按时间顺序使这一行动成为清楚地意识到的最初的行动；同样也很少有必要使这行动在某个时刻被纯粹意识到，使人类精神在某个时刻能全然设想**自我存在**，而不同时设想某种东西**不**是自我。

这里我们已经有了建立可能的知识学的全部内容，但没有科学本身。为了建立这门科学，还必须有一种不包含在这一切行动中的人类精神的行动，即一种把人类精神的行动方式完全提高为意识的行动。因为这一种行动不应包含在一切必然的行动中间，而一切必然的行动俱在，所以它必定是一种自由行动。——因此，
(I,2,142) 知识学就其必须是一门系统的科学而言，恰好像一切可能的科学就其必须有系统一样，是通过自由的某种规定而产生的。自由在这里特别得到的规定，是完全把人类精神的行动方式提高为意识；而知识学之所以与其他科学有区别，只是由于后者的对象本身是一种自由的行动，而前者的对象则是各种必然的行动。

通过这种自由行动，某种本来已经是形式的东西，一种人类精神的必然的行动，被视为具有某种新形式的、即具有知识或意识的形式的内容，因此这种行动即是反思的行动。那些必然的行动从它们可能在自身发生的系列中被分离出来，并被确定为没有一切混合物的纯粹行动；因此，这种行动也是一种抽象的行动。反思没

有抽象是不可能的。

人类精神必然的行动方式应当完全被纳入意识的形式，这种形式无疑本身就属于人类精神必然的行动方式，而人类精神的行动方式无疑会被纳入这种形式，正像一切东西被纳入其中那样。因此，要回答这种形式为了一门可能的知识学究竟从何而来的问题，想必就其本身而言是毫无困难的。但是，假如我们撇开这种形式的问题，那么全部困难就集中在内容问题上了。如果人类精神必然的行动方式本身应当被纳入意识形式，那么这意识形式必定已经作为这样的形式为人所知，因而它必定已被纳入了这一形式；这样，我们就进入了一种循环。

如上所述，这一行动方式必定是经过反思，抽去不属于这种方式的一切东西而被分离出来的。这种抽象是通过自由进行的，人类精神在其中绝不为盲目的强制所左右。因此，全部困难在于以下问题：在这一分离过程中自由是根据什么规则行事的？人类精神如何知道它必须接受和留下的东西？

假如人类精神首先必须使之上升为意识的东西还没有上升为 (I,2,143)
意识——这是自相矛盾——那么，人类精神是绝对不可能知道那种东西的。因此，对这一工作来说没有、也不可能有任何规则。人类精神作了各种不同的尝试；它通过盲目的反复摸索，终于到达了黎明，由此才走向光明的白昼。它最初被模糊的感觉[①]（其起源和

---

① 由此可见，哲学家需要对于正确东西或天才有模糊的感觉，丝毫不亚于诗人或艺术家，只是感觉的种类不同罢了。后者需要美感，前者则需要真理感，而这类东西无疑是存在的。

实在性应由知识学来说明)所引导;假如我们不开始模糊地感觉我们后来才清楚地知道的东西,也许我们至今还没有任何清晰的概念,也许我们始终还是脱离了地皮的泥团——哲学史也证明了这一点。在每个人的精神里显然包含的东西,如果被解释清楚,每个人就都能用手摸到,为什么这样的东西只有经过多种多样的反复迷误以后,才到达了少数人的意识,我们现在已经知道其真正的原因。所有哲学家都力求达到上述目的,所有哲学家都想通过反思,将人类精神必然的行动方式同这种方式的偶然条件区分开;所有哲学家都确实作过这样的区分,只是纯粹性和完备性的多寡不同罢了。总而言之,哲学判断力已经愈来愈向前推进,并且愈来愈接近自己的目标。

(I,2,144)　但是,这种反思也属于人类精神必然的行动方式,这不是就它是否进行而言,因为它在这方面是自由的,而是就它按照规律进行而言,就它在一般发生的条件下,它的种类得到规定而言;因此,它的规律一般也必定出现在人类精神系统中;随后人们当然就能根据科学的完满性看到,我们是否满足了这些规律。因此人们可以相信,我们这样的科学体系的正确性至少随后能有一个明显的证明。

但是我们在科学研究过程中发现的反思规律,即使同我们已假定为我们的行动规则的规律相一致,本身也毕竟是预先运用这些规则的结果;所以在这里发现了一个新的循环:我们假设了某些反思规律,并且现在在科学研究过程中发现了同样的规律,因此,我们的前提完全正确。假如我们假设了另一些规律,那么我们无疑也会在科学中发现它们;问题仅仅在于,它们同假设的规律是否一致；如果它们同假设的规律不一致，那么很显然，或者是假设的规律是虚假的，或者是发现的规律是虚假的，或者极其可能的是，两者都是虚假的。因此，我们在证明中不可能随后得出逻辑循环中的上述虚假性，而是根据假设的规律同发现的规律的**一致性**得出体系的正确性。但是，这只是论证单纯的或然性的一种否定证明。如果假设的反思和已发现的反思**不**一致，这体系就肯定是虚假的；如果它们是一致的，这体系就可能是正确的。但它一定不是必然正确的；因为尽管在人类知识里只有一个体系，唯有用**一种**方式才能在**正确推论**下获得这样的一致性，但毕竟有可能存在这样的情况，即这种一致性是由两个或更多的一致性促成的**非正确推** (I,2,145)
论偶然产生的。这完全像我用乘法来检验除法一样。如果我得到的积不是预期的数，而是另一个数，那么我可能在什么地方计算有误；如果我得到了预期的数，那么我大概就算对了，但也只是大概而已；因为我可能在除法和乘法中犯同样的计算错误，例如在除法和乘法中说 5×9＝36；在此种情况下，一致性就证明不了任何东西。在知识学中事情也是这样。知识学不仅仅是规则，而且同时也是一种演算。怀疑我们求得的积的正确性的人，并不怀疑这样一个永恒有效的规律，即计算一个因数的倍数必然等于另一因数的单位数。他也许和我们一样很关心这规律，只是怀疑我们是否确实遵守这规律。

因此，甚至在体系具有高度统一性——这是其正确性的否定条件——的情况下，也总还有某种东西，它绝不能严格加以证明，而只能作为或然的东西加以接受，这就是说，这种统一不是偶然通过非正确的论断产生的。我们可以用多种手段提高这种或然性；

当一系列命题不再被我们记得起来的时候，我们可以三番五次地思考这些命题；我们可以走回头路，从结果再返回原理；我们可以对于自己的反思进行再反思，如此等等，或然性将变得愈来愈大，但凡是单纯或然性的东西，绝不会变成确实性。只要在这种情况
(I,2,146) 下我们意识到，我们确实真诚地作了研究[①]，也不想预先假定结果，那我们就可以完全满足于这一或然性，并要求每一个怀疑我们体系的可靠性的人给我们指出我们推论中存在的错误，但人们绝不能要求绝对正确。知识学所描绘的人类精神体系是绝对确实的和正确的；凡在这体系中得到论证的东西，都是绝对真实的；它从来不会发生迷误，并且在一个人心灵中已经或将要存在的东西都是真实的。如果人们发生了错误，那么这错误并非由于必然的东西，而是反思判断力在其自由活动中造成的，因为它把一个规律同另一规律混淆了。如果我们的知识学恰当地描绘了这一体系，那

① 哲学家不仅需要有真理感，而且需要爱真理。我并不是说，他不应当力图以丰富的经验来断定早先假定的结果，这种经验是他本身意识到的，但他同时以为，它不会被他的任何同时代人发现；如若这样，那他自己知道，他并不爱真理。但对于这一点，每个人都是其自身的裁判者，谁也无权指责别人有这种不纯行为，如果对此没有十分清楚的证明的话。但是，他也必须谨防非随意的丰富经验，没有任何研究家比人类精神研究家更易于陷入这经验；他不仅必须模糊地感觉到，而且必须清楚地意识到，不论真理怎样，他只寻求真理，并将这作为他的最高准则；只要真理是真理，他甚至欢迎关于根本不存在真理的真理。任何命题，不管它看来多么单调、多么棘手，对他来说都不应当是无关紧要的——所有命题对他都是同样神圣的，因为它们均属于真理体系，而每一命题均支持所有命题。他绝不应问将由此发生什么后果，而应径直走他自己的路，不管其后果怎样。他应当不畏辛劳，一俟有人向他证明一些最艰难、最深奥的工作没有根据，或者他本人发现它们没有根据，他总是有能力放弃这些工作。如果他竟然弄错了，那么，除了迄今为止所有思想家共同的命运，还能是什么呢？他还能有什么遭遇呢？

么它就像这一体系一样是绝对确实的和正确的；但问题恰恰在于我们的描绘是否恰当和恰当到什么程度；对此，我们绝不能提供严格的证明，而只能提供一个论证或然性的证明。这种描绘只有在它恰当的条件下才是真实的，并依其恰当的程度而定。我们不是 (I,2,147)
人类精神的立法者，而是人类精神的历史编纂家；当然我们不是关于它的报刊撰稿人，而是注重实际的历史学家。

还有这样一种情况，即一个体系整个来说可能确实正确，哪怕它的个别部分还不是完全自明的。我们可能在这里和那里得出不正确的结论，某些中间命题可能被忽略，一些可证明的命题可能不加证明就被提出或没有得到正确的证明，尽管如此，一些最重要的结果毕竟还是正确的。这看来是不可能的，因为对直线的细小偏离看来都必然导致无限增大的偏离；假如人单纯是能思维的存在者，而不同时也是能感觉的存在者，假如感觉引起对推理直路的新偏离，往往不能纠正旧的迷误，不能使人重返他通过正确推理所绝不能回到的地方，则无疑也会有这样的情况。

因此，即使一门普遍有效的知识学必须加以制定，哲学判断力也还总是要在这个领域致力于知识学的不断完善，也还总是要填补空白，加强论证，进一步明确各个规定。

对此，我还必须补充两点意见： (I,2,148)

知识学假设反思规则和抽象规则是已知的和有效的；它必须依必然性去做这一点，而不是回避这一点，或由此得出秘密并隐蔽起来。它完全可以像别的科学那样表述思想和作出结论；它可以假定一切逻辑规则，应用它所需要的一切概念。但作这些假定仅仅是为了使人理解，因此并不从这些假定得出什么结论。一切可证明的东西都必须加以证明，一切命题，除了第一最高原理之外，都必须加以推导。例如，不论是逻辑矛盾律（它论证一切分析），也不论是充足理由律（没有任何对立的东西不会在第三者中是相同的，也没有任何相同的东西不会在第三者中是对立的；它论证一切综合）都不是从绝对第一原理推导出来的，而是从以这个绝对第一原理为基础的两个原理中推导出来的。后两个原理虽然也是原理，但不是绝对原理，其中只有某种东西是绝对的。因此，这些原理也像以这些原理为基础的逻辑规律一样，必定不是被证明的，而是被推导出来的。我还要更明确地说，知识学所制定的，都是可以思议的和用言词表达的命题；在人类精神中符合这一命题的东西，是人类精神的某种行动，而这种行动本身完全不是必然**被思考**的。对这种行动只能假定它有这样一种前提，没有这种前提它就不可能**成为**行动。而这种前提并不是默默地假定的，相反地，知识学的工作是明确地和清楚地制定这种前提，把它制定**为**行动之所以可能的必要前提。比如，假定行动 D 是序列中的第四个行动，那么在此之前就必定有行动 C，并被证明为可能有行动 D 的唯一条件，而且在行动 C 之前也必定先有行动 B。但行动 A 是绝对可能的，它是完全无条件的，因而不可能、也不应当给它预先作任何假定。——但对行动 A 的**思维**则完全是另一种行动，它的假定多得
(I,2,149) 很。假定这一思维是在加以确定的行动 D 的系列中，那么很明显，为了这一思维就必须先假定 A、B、C，而由于这一思维是知识学的头等事情，所以它们必须默默地加以假定。在命题 D 中第一个东西的假定将首先得到证明，但后来又有许多东西被假定。因此科学的形式经常先于它的内容，而这正是上面提到的科学本身

只具有或然性的原因。加以描述的东西和描述是在两种不同的系列中。在第一系列中没有假定任何不可证明的东西；对于第二系列的可能性来说，必然要假定只有以后才可证明的东西。

知识学既然是科学，所以统辖全部知识学的反思即是**一种表象活动**；但由此绝不能得出结论说，一切被反思的**东西**也只是一种表象活动。在知识学中自我是**被表象的**，但这不等于说，这个自我就只是**作为**能表象者，只是作为理智加以表象的：在它当中也可以发现一些别的规定。自我作为哲学思考的**主体**无可争辩地只是一种能表象者；自我作为哲学思考的**客体**还可以是比这更多的东西。表象活动是哲学家本身的最高的和绝对第一位的行动，当然，人类精神的绝对第一位的行动可能是另一种行动。它能成为这样的行动，这是在一切经验之前就已可能的，因为表象能完全加以穷尽，而表象的行动方式是绝对必然的，因此必定有其必然性的最终根据，而这种作为最终根据的根据绝不可能有更高的根据。在这种假定下，一门建筑在表象概念上的科学虽然可以是科学的最有用的入门，但不可能是知识学本身。根据以上所述，可以肯定无疑地认为，知识学应予以穷尽的人类精神的一切行动方式，只能以表象形式——只能在它们被表象的程度和方式中——到达于意识。

(I,2,150)

第三章 知识学的假定性划分

§.8.

绝对第一原理应是全部知识学共同的原理,因为它所论证的,不仅仅是人类知识的一部分,而且是整个知识。划分只有通过对立才有可能,而对立的两个环节必定等于一个第三者。

假定自我是最高概念,非我与自我相对立,那么很显然,如果不给自我设定非我,而且不以最高概念的形式给自我设定非我,非我就不可能与之对立。由此可见,自我也许应从两个角度加以考察:一是作为非我被设定于其中的自我,一是作为与非我对立的自我,因此自我本身会被设定于绝对自我。后一个自我必须在绝对自我中等于非我,因为两者都在绝对自我中被设定,并且后一个自我在这方面必须同时与非我相对立。这只有在自我中有某个第三者的情况下才能加以思议,两者可以在第三者中相等,而且这第三者可能是量的概念。两者都具有由其对立面所规定的量①。或者,自我是由非我(按照其量)规定的。因此,自我是非独立的;它

① 关于自我、非我和量(界限)的纯粹概念是全然 a priori〔先验的〕。一切其他的纯粹概念都通过对立和等同的关系从它们推导出来。

被称为理智，而知识学中论述理智的部分是其理论部分。这个理论部分是建筑在需要由原理得出并由原理加以证明的一般表象概念上的。

但是，自我必须是绝对地、无条件地由它自身规定的；如果它是由非我规定的，它就不是自己规定自己，并且会与最高的、绝对第一位的原理相矛盾。为避免这种矛盾，我们必须假定，规定理智的非我本身是由自我规定的，自我在这种工作中不是能表象者，而 (I,2,151)
是应具有一种绝对因果性。——但这样一种因果性应完全扬弃对立的非我及依赖于非我的表象，因而假定这种因果性便与第二原理和第三原理相矛盾，所以，这种因果性必须被设想为一种与表象相矛盾的，**不可表象的**，并非因果性的因果性。但关于这种并非因果性的因果性的概念是关于一种**努力**的概念。因果性只有在接近无限的过程告终的条件下才可思议，但这一过程的结束本身就是不可思议的——这个需要证明为必然的努力概念给知识学第二部分奠定了基础，这个部分就叫做实践部分。

这第二部分就其本身而言是最重要的部分；诚然，第一部分也同样重要，但它只是第二部分的基础，因为第二部分没有它便根本不可理解。理论部分在第二部分才获得自己的明确界限和牢固基础，因为从作出的必然努力出发，便可回答下列问题：为什么我们一般必须在某种现有作用的条件下才能有表象活动？凭什么理由我们把表象与我们之外的某种东西联系起来，看作表象的原因？我们一般根据什么理由假定一种完全由规律确定的表象能力（这些规律不是作为表象能力的内在规律，而是作为从事努力活动的自我的规律——它的应用被努力方向相反的非我对感觉的影响所制约——加以表象的)?关于愉快、美好、崇高、以自由形式出现的自然规律性、神学、所谓一般人类理智或天赋真理感的一种完全确定的新理论,就是在这第二部分中建立起来的;最后,天赋权利和道德学说——它们的原理不仅有形式,而且有内容——也是在这第二部分中建立起来的。这一切都通过确立三个绝对的东西而成为现实。一个是绝对自我,它服从于自我给定的、在非我的作用条件下可以表象的规律;另一个是绝对非我,它不依赖于我们的一切规律,也不受这些规律的约束,它是在它或者肯定地或者否定地表现这些规律,但总是在有限程度上表现它们的条件下可以表象的;最后一个是在我们之内按照自我和非我的作用无条件地规定我们
(I,2,152) 的绝对能力,它是在它把非我的影响同自我的作用或规律相区别的条件下可以表象的。超出这三个绝对的东西,就没有任何哲学。

(I,2,153) 大学的学生们——我很荣幸不久将成为他们的同行——从讲课通知中知道,我打算对科学作哪些演讲,我在这里试图发挥的就是它们的概念。在这方面,我只能对你们说,我希望演讲的两部分的入门能印出来,作为我的听课人使用的手稿①提供给你们[167]。选定的课时将在我到达之后在通常的地点告知[168]。只有一个问题我还应该向你们说明。——你们无疑都知道,科学不是为了无聊的智力游戏和优雅的奢侈需要而发明的。不然的话,学者就会恰好与一切供奢侈——仅仅是奢侈——摆弄的活工具属于一类东西,甚至在这类东西中他也未必能属于首位。我们的一切研究都

---

① 后一部分不是为了缩小批判的权限,而是为了向批判及其代表人物,向公众表示我的敬意。

必须着眼于人类的最高目的，着眼于我们作为其成员的类属的完善，并且必须从受到科学教养的门生出发，就像从中心点出发那样在周围传播一种最高意义上的人道精神。科学获得的任何成就都增加了为科学效劳的人们的职责。因此，越发有必要认真考虑下列问题：学者的真正使命是什么？他在事物序列中处于什么地位？学者相互之间、学者一般与其他人，特别是与其他人中的各个不同阶层有什么关系？他们怎样和以什么手段才能最熟练地完成这些关系赋予他们的职责？他们必须怎样培养自己达到这种熟练程 (I,2,154)
度？我将在我以“学者的道德”为题通知的公开讲演[169]中试图回答的，也正是这些问题。你们不要期望从这些演讲里获得一种系统的知识；学者现在缺乏的往往不是知识，而是行动。倒不如说，让我们在这些课时像一个联合得胜似一股纽带的友人之社，相互激励，对我们共同的职责产生出崇高而炽烈的感情。

全部知识学的基础[170]

克里斯蒂安·恩斯特·
迦布勒出版社，莱比锡
1794/1795

《费希特全集》，第Ⅰ辑
第2卷，第251—451页
王玖兴译

前　言

(I,2,251)

这部书本来不是为公开发表而写的，假如不是在它甚至尚未完成时就很不郑重地已同一部分公众见了面，我是不会在本书前头有什么话要同读者说的。关于事情的原委我先就只说这么一句！

我一直相信，而且现在仍然相信，我已发现了哲学上升为一门明白无误的科学所必经的道路。我曾谨慎地宣布过这一点[①]，说明我如何按照这个想法工作过，如何在情况改变了之后仍不得不按这个想法工作并将计划付诸实行。我当时那样做是很自然的。但别的专家，别的认识问题研究者对我的想法进行分析、审查和评判，不管是出于内在原因还是什么外在原因，他们不愿走我为科学知识指引的道路，而是试图反驳我，这同样也是很自然的。但是，对我所提出的东西，不经任何审查就直截了当地加以反对，顶多是煞费苦心地加以歪曲，制造一切机会来疯狂地进行诽谤和诋毁。这究竟有什么好处，我却看不出来。究竟是什么东西使那些裁判官们变得如此完全失去理性的呢？我从来不重视人云亦云的肤浅之见，难道偏要我郑重其事地来谈论这些吗？我为什么非这样做

① 见拙著《论知识学或所谓哲学的概念》，实业事务所出版社，魏玛，1794年。

不可呢？——特别是我有的是事情要干；只要这些笨伯们不逼着我以揭发他们的拙劣手法来进行自卫，他们完全可以从我面前大摇大摆地走他们的路。

也许，他们的敌意态度还有另一种原因？——对于正直的人，我有下面的话要说，当然只对这类人我的话才有意义。——不论
(I,2,252) 我的学说是真正的哲学还是胡说八道，只要我老老实实进行研究，它就一点也不涉及我的个人品质。我认为，我有幸发现了真正的哲学，这并不抬高我的个人价值，正如我不幸在历代的错误上添加新的错误，并不降低我的个人价值一样。在任何情况下我都不考虑我个人，但对于真理我怀有一颗火热的心，凡我认为是真理的东西，我将永远竭尽所能，坚定而大力地宣讲。

在这本书里，包括《从理论能力略论知识学的特征》[171]那篇东西，我相信我已把我的体系作了充分阐发，以致任何一位专家不论对于体系的根据与规模也好，还是对于进一步发展这个体系必须采取的方式也好，都完全可以一目了然。我的处境不允许我作出确切的许诺，说我一定将在**什么时候**和用**什么方式**进一步发展我这个体系。

我自己声明，我对体系的阐述是极其不完善和有缺点的，这一方面是因为它本来是为我讲课需要而不得已分页印发给我的听课学生用的，对于学生，我可以通过口头讲解加以补充；另一方面是因为我要尽可能避免使用一套固定的名词术语，这些东西是那些吹毛求疵的批评家们用以使任何体系丧失精神，变为僵尸的最方便手段。这条准则，在将来阐明我的体系时我也还要信守不渝，直到我对体系作出最终的完满的表述为止。现在，

我还完全不想扩建它，只盼望能鼓舞读者们起来和我一道从事未来的建筑。在人们严格规定一个命题之前，必须首先对整体有一个鸟瞰，从关联中加以说明。这样一种方法，当然以愿意让体系得到公正对待的善意为前提，而不以专门从中挑剌的敌意为前提。

我听到了很多抱怨，说这本书现已为外界知道了的部分和《论知识学的概念》那篇著作都晦涩难懂。

如果对后一著作的抱怨是专对该书 §.8.讲的，那可能确实是我的不对，因为我提出了我从整个体系规定下来的一些原理而没 (I,2,253)
把该体系讲出来；并且我曾期望读者和评论家们有耐心，让一切都像我所阐述的那样不要确定下来。如果指责是对整个著作而发的，那我预先就承认，在思辨的专业领域里我将永远写不出能使那些不能理解它的人们能够理解的东西。如果那部著作是他们的理解力的极限，那么，它也是我的可理解性的极限；我们彼此的精神由这个界限区分开来，我请求他们不要为阅读我的著作而糟蹋时间。——假如这种不理解有任何一种什么原因的话，那么，知识学之所以总是不能为某些读者所理解的原因就存在于知识学自身之内，这就是说，知识学以有自由的内在直观的能力为前提。——然后，任何哲学著作的作者都有权要求读者紧紧抓住推论的线索不放，不要在读到后面的时候已把前面的忘记掉。在这样的条件下，如果说我这些著作中还有不能被理解和肯定得不到正确理解的东西，那么它们是什么，我至少还不知道；而且我坚决认为，一本书的作者自己在这个问题的回答上是有发言权的。完全思考清楚了的东西是可以理解的；我自己知道，一切都是完全思考清楚了的，因而我愿意把每一个主张都提到尽可能明晰的高度，如果我当时有足够的时间和空间。

我认为特别需要提醒的是，我并不是把一切都说了出来，而是想留一些给我的读者去思索。有好些我预料一定会出现的误解，只要我多说几句话就准可以避免。这几句话我所以没说，是因为我想鼓励独立思考。知识学根本不应该把自己**强加于人**，它应该像它对于它的创立者那样**成为一种需要**。

我请求本书未来的评论家们先吃透整体，然后从整体的观点去考察每一单个思想。哈勒的书刊评论家[172]发表了他的高见，猜
(I,2,254) 测我只是想开开玩笑；《论知识学的概念》一书的另外一些评论家显然也同样抱有这个看法；他们对待事情这样轻率，他们的高见这么滑稽，仿佛他们一定要用开玩笑来回敬开玩笑。

在我三次深入研究这个体系的时候，每次我都发现我有关体系中各个命题的思想有些改变。根据这个经验，我可以预料在进一步深究时，它们还会继续出现改变和发展。我自己将以最审慎的态度做这个工作，并将竭诚欢迎别人提出任何有益的意见。——另外，我尽管内心里十分自信这整个体系所依据的各个原理是不可推翻的，我尽管有时也以我充分的权利十分强烈地表达过这个信心，但一种对我说来至今还确实不可想象的可能性，即它们竟然被推翻了的可能性，毕竟是存在的。即使出现这种情况，我也欢迎，因为这样一来真理就胜利了。但愿人们认真对待，能想方设法把它推翻。

我的体系究竟是个什么东西，可以被列入哪一类事物之中，像我所认为的那样是真正的彻底的批判主义，还是像人们乐意称呼

它的什么别的东西，这都与事情毫不相干。我明明知道，人们会给它起各式各样的名字，人们会指斥它是当今流行的各式各样彼此针锋相对的邪说之一，这都可以；我唯愿人们不要用老一套的驳斥反驳我，而是自己出来反驳我。

耶拿，1795年复活节

(I,2,255)

第一部分　全部知识学的诸原理

§.1. 第一条:绝对无条件的原理

我们必须找出人类一切知识的绝对第一的、全然无条件的原理。如果它真是绝对第一的原理,它就是不可证明的,或者说是不可规定的。

它应该表示这样一种本原行动,这种本原行动不是、也不可能是我们意识的诸经验规定之一,而毋宁是一切意识的基础,是一切意识所唯一赖以成为可能的那种东西。在表述这种本原行动时,我们不怎么害怕人们不思维他们应该思维的东西——这个问题已有我们精神的本性在照料了——我们比较害怕的是人们会思维他们不应该思维的东西。这就有必要作一种反思和一种抽象:对人们最初可能认为是的东西进行反思,把一切与此实际无关的东西抽出去。

即使通过这种抽象作用的反思,意识的事实也都不能变成它们本来不是的那种东西;但是,通过这种反思,人们就会认识到我们有必要去思维作为一切意识之基础的上述本原行动。

人们对上述作为人类知识之基础的本原行动进行思维时,必须直截了当地依据的那些普通逻辑规律,或者换个说法也一样,人们进行上述反思所遵循的那些规则，都还没有证明是有效的，它们毋宁是被当成公认的东西默默地约定下来的、预设起来的。只有到下文很远的地方，它们才从一个原理推导出来，而该原理的成立又完全是在这些规律是正确的这个条件下才是正确的。这是一个循环论证或圆圈，但这是一个不可避免的循环论证。（参看《论知识学的概念》，§.7.）既然循环论证是不可避免的、自由认准的，那 (I,2,256)
么人们在建立最高原理时也就不妨使用普通逻辑的一切规律。

在进行反思的道路上，我们必须从任何人都毫无异议地同意的我们的某一个命题出发。这类命题也完全可能有很多很多。反思是自由的，它从哪一点出发都行，这并不是问题。我们选择距离我们目标最近的那个命题作出发点。

只要这个命题得到认定，我们想使之成为全部知识学的基础的东西，即本原行动，也就必定同时得到了认定；这就是说，由于反思的原因，结果一定是这样的：这个东西作为本原行动**同时与上述命题一起**得到了认定。——我们提出经验意识的随便一个什么事实，然后从中把一个一个的经验规定分离出去，继续分离直到最后再没有什么可以从它身上分离出去时，剩下来的这个自己本身绝对不能被思维掉的东西就是纯粹的。

1）命题“A 是 A”（这就是 A＝A，因为这就是逻辑系词的含义）是任何人都承认的；这就是说，人们不加丝毫考虑就会承认它是完全确实无疑的。

即使有人要求证明这个命题，人们也绝不会去作这样一种证明，而会坚持主张上述命题**直截了当地**是确实的，即**无须再凭任何根据**就是确实无误的。而由于他这样主张——大家无疑都同意——他已表明他具有**直截了当地设定某物**的能力。

2）人们并不因为主张“上述命题自在地是确实无误的”就设定“A 存在”。命题“A 是 A”与命题“A 存在”或“有一个 A”，不具有同样的效准（Sein[173]，不带谓词与带有谓词表示的不是一回事；这在以后再讨论）。即使人们设想 A 指的是一个由两条直线围成的空间，前一命题也仍然是对的，尽管命题“A 存在”显然是错的。

(I,2,257)　相反地，人们设定的是：“**如果**有 A，**则**有 A”。在这种情况下，究竟是否有 A，就根本不是问题。这不是关于命题的**内容**的问题，而只是关于命题的**形式**的问题，不是关于人们知道**它的**某种情况的那个东西的问题，而是关于人们知道的那个东西的问题，是关于不管它是什么的某一对象的问题。

这样一来，由于主张“上述命题直截了当地是确实无误的”，就确定了这样一个情况：在前面的**如果**和后面的**则**之间有一种必然的关联；并且**两者之间的必然关联**是**直截了当**和**无须任何根据**被设定起来的。我把这个必然关联暂时叫做＝X。

3）但就 A 本身来说，它究竟有还是没有，还完全没有因此而被设定。于是产生了这样的问题：在什么条件下才**有** A 呢？

a）至少 X 是在自我**之中**，而且是**由**自我设定的——因为正是自我在上述命题中进行判断的，并且自我是按照 X 这样一条规律进行判断的；这样一来，X 这条规律就是被提供给自我的，而由于 X 是直截了当和无须任何其他根据被提供出来的，它就必定是由自我自己提供给自我的。

b）究竟 A **是否**和**如何**设定起来，我们并不知道；但是由于 X 所表示的是对 A 的一个未知的设定与在上述设定的条件下对这同一个 A 的一个绝对的设定之间的一个关联，因此至少在上述关联被设定了的情况下，A 是被设定在自我之中，并且是由自我设定的，正如 X 那样。X 只有与一个 A 联系着才是可能的；现在，既然 X 实际上是设定在自我之中的，那么 A 也就必定是设定在自我之中的，只要 X 是和 A 联系着的。

c）X 既和上述命题中占据逻辑主词地位的 A 联系着，也同样和处于逻辑谓词地位的 A 联系着，因为两个 A 已被 X 联合起来。因此两个 A，只要它们是被设定了，它们就都是被设定在自我之中；而且谓词地位上的 A，只要主词地位上的 A 被设定了，也就直截了当地被设定了；因而上述命题也可以这样表述：如果 A 是在自我之中被设定的，则它是被设定的，或它是存在的。

4）这样一来，A 就由自我凭着 X 设定起来了；对于从事判断的自我来说，A 是直截了当地存在的，而且仅仅是由于它一般地被设定于自我之中而存在的；这就是说，被设定的是：在自我——不论这自我现在正从事设定，或从事判断，或随便正在做别的什么——之中，有着永远等同，永远同一的某种东西；而且那直截了当地被设定起来的 X 也可表述为：自我＝自我，自我是自我。

5）通过运算处理，我们已不知不觉地得到命题“自我存在”（“自我存在”表达的虽然不是一种本原行动，却是一种事实）。

这是因为：(I,2,258)

X 是直截了当地设定起来的；它是经验意识的事实。现在 X 等于命题“自我是自我”，于是命题“自我是自我”也是直截了当地被设定起来的。

但是，“自我是自我”具有一种与命题“A 是 A”完全不同的含义。——就是说，后一命题"A 是 A"只在一定条件下才有一个内容。如果 A 被设定了，那么它作为 A 连同谓词 A 当然被设定了。但通过上述命题它是否一般地被设定了，以及它是否连同任何一个谓词被设定了，还根本不确定。而命题"自我是自我"则是无条件地、直截了当地有效的，因为它等于命题 X[174]；它不仅按形式说是有效的，即使按它的内容说也是有效的。在它那里，自我不是有条件地，而是直截了当地连同与自己等同的谓词被设定起来，因而它是被设定起来的；而命题"自我是自我"也可以说成是：自我存在。

"自我存在"这个命题，直到现在只是建立在一个事实上的，它除了具有一个事实的效准之外，没有别的效准。如果命题"A＝A"（或者说得更确切些，其中直截了当设定了的那个东西＝X），是确实无误的，那么命题"自我存在"就必定也是确实无误的。我们不得不认为 X 是直截了当地确实无误，这是经验意识的事实；同理，X 依据的命题"自我存在"，我们也不得不认为是直截了当地确实无误。因此，解释一切经验意识的事实的根据就在于，在自我中的一切设定之前，自我本身就先已设定了。——（我说的是一切事实：而且这全在于证明"X 是经验意识的最高事实，是一切事实的根据，包含于一切事实之中"这一命题：这个命题其实是无须任何证明就被认准的，尽管整个知识学的任务就在于证明它。）

6）我们回到我们的出发点。

a）通过命题"A＝A"进行判断。但每一判断按照经验意识来说都是人类精神的一个行动；因为判断的一切行动条件都在经验性的自我意识里，而一切行动条件为了反思的缘故，都必须作为公认的毋庸置疑的东西被预先加以设定。

b）而这种行动是以某种再没有更高根据的东西、即“X＝自我存在”为根据。

c）因此，直截了当地被设定的、以自身为根据的东西，就是人类精神的某一行动（整个知识学将表明，是一切行动）的根据，从而是行动的纯粹品性；抽去其特殊经验条件的自在活动的纯粹品性。(I,2,259)

于是，自我由自己所作的设定，是自我的纯粹活动。——自我设定自己，而且是凭着这个由自己所作的单纯设定而存在的；反过来，自我存在着，而且凭着它的单纯存在，它设定它的存在。——它同时既是行动者，又是行动的产物；既是活动着的东西，又是由活动制造出来的东西；行动与事实，两者是一个东西，而且完全是同一个东西；因此“自我存在”是对一种本原行动的表述，但也是对整个知识学里必定出现的那种唯一可能的本原行动的表述。

7）我们现在来再一次考察命题“自我是自我”。

a）自我是直截了当地设定了的。人们承认，占据上述命题的形式主词位置[①]的自我意味着直截了当地设定了的东西，而占据

① 任何一个命题的逻辑形式，情况当然也都是这样。在命题“A＝A”中，第一个A是这样的东西，它或者像自我本身那样直截了当地在自我中被设定，或者像每个已规定的“非我”那样根据某一理由在自我中被设定。在这件事情中，自我以绝对主体自居；因而人们把第一个A叫做主词。第二个A指的是这样的东西，它发现那个使自己成为反思的客体的自我是在自身中设定的，因为它已经先在自身设定了作为思维的客体的自我。进行判断的自我，不是以真正属于A的东西，而是以属于它自己的东西当谓词，只不过它发现在自身中有一个A：所以第二个A叫做谓词。——这样，在命题“A＝B”中，A指的是现在被设定的东西；B指的是已经被设定而碰巧遇上的东西。——是表示自我从设定到对于被设定的东西进行反思的过渡。

谓词位置的自我意味着存在着的东西；因此，通过“两者完全是同一个东西”这一直截了当地有效的判断说出来的或直截了当地设定了的是：“自我存在着，因为它已设定自己。”

b）第一意义下的自我与第二意义下的自我都应该是直截了当地自身等同的，因而人们可以把上述命题颠倒过来说，“自我设定自己本身，完全是因为它存在着”。它通过它的单纯存在而设定自己，它通过它的单纯被设定而存在。

而这就完全看得清楚，我们在这里是在哪种意义上使用“自我”这个词，并使我们进而能给作为绝对主体的自我作出一定的说明了。自我的存在（本质）完全在于自己把自己设定为存在着的，这种自我就是作为绝对主体的自我。既然它设定自己，所以它存

(I,2,260) 在；既然它存在，所以它设定自己；因此对自我来说，自我是直截了当地必然地存在的。对自己本身而言不存在的那种东西，就不是自我。

（让我们解释一下吧！人们时常听到这样的提问：在我有自我意识以前，我究竟是什么呢？对此，自然的回答是：我根本不曾存在，因为我那时不是自我。只有在自我对它自己有所意识时，自我才存在。——上述问题所以可能发生，是由于在作为主体的自我与作为绝对主体的反思的客体的自我之间有了混淆，问题本是完全不成立的。自我将自己展示于自己之前，从而使自己具有表象的形式，这样才是某物，才是客体；意识在表象形式下获得一个基质，即使没有现实的意识，也没对它作形体方面的考虑，这个基质仍然存在。人们想到这样一种状态，就会问，自我当时是个什么呢，这就是说，意识的基质是个什么呢？但即使在那个时候，人们

也已经不知不觉地把绝对主体当作那个基质的直观者一起考虑进去了；因此，人们已经不知不觉地恰恰把他自以为已经抽掉的那个东西考虑进去了；他这是自相矛盾的。人们不把他那对自己有所意识的自我一起考虑进去，是根本不能考虑什么的；人们决不能抽掉他自己的自我意识；因此，所有上述那类问题都是不可回答的；因为只要人们真有自知之明，它们就不会被提出来。）

8）如果自我只当它设定自己时它才存在，那么它也就只为设定者才存在，而且只为存在者才设定。——自我为自我而存在——但如果它像它实际上那样，直截了当地设定自己，那么它就必然地设定自己，而且必然地为自我而存在。我只对我而言才存在；但对我而言我必然地存在。（当我说对我而言或为我时，我已在设定我的存在。）

9）设定自己和存在，这两者由自我来使用，是完全等同的。因此命题“自我存在”，由于我已设定我自己，也就可被表述为这样：自我直截了当地存在，因为我存在。

另外，设定着自己的自我是与存在着的自我是完全等同的，是同一个东西。自我就是它将自己设定成为的那个东西；而且它将自己设定成为它所是的那个东西。于是这就成为：我直截了当地是我所是的东西。

10）我们现在阐发的本原行动可用下列公式予以直接表述：我直截了当地存在；即是说，我直截了当地存在，是因为我存在；而且直截了当地是我之所是；两者都是对自我而言的。

如果人们想到这是在一门知识学的开头所作的关于这个本原 (I,2,261)
行动的论述，那它就应被表述如下：自我原初就直截了当地设定它自己的存在[175]。

我们是从命题“A＝A”出发的；这并不是因为，仿佛命题“自我存在”可以从它那里出发而得到证明，而是因为，我们不得不从随便一个在经验意识中给予了的、确实的命题出发。但即使在我的论述中也已可以看出，不是命题“A＝A”充当命题“自我存在”的根据，毋宁是反过来，命题“自我存在”充当命题“A＝A”的根据。

如果从命题“自我存在”里抽掉特定的内容，抽掉自我，而只剩下和那个内容一起被给予的单纯形式，剩下从被设定推出存在的推论形式，就像逻辑上必定出现的那样(参看《知识学的概念》§.6.)，那么，人们就得到作为逻辑原理的命题“A＝A”，而命题“A＝A”只能通过知识学而被证明和被规定。被证明的是：A是A，因为设定了A的自我与A在其中被设定的那个自我，是相同的；被规定的是：一切存在着的东西，只因是在自我之中设定起来的，才是存在的；在自我之外没有任何东西。上述命题中没有任何可能的A(没有任何事物)能够不是一个在自我中被设定的东西而是什么别的。

如果人们再进一步抽掉一切判断，即抽掉特定的行动，而仅仅注视上述形式所显示的人类精神的一般行动方式，人们就有了实在性的范畴。凡可应用命题“A＝A”的一切东西，只要这个命题可对之适用，就有实在性。由于随便一个什么事物(一个在自我中设定起来的事物)的单纯设定而被设定了的那个东西，就是该事物中的实在性，就是它的本质。

(迈蒙的怀疑主义归根到底是建立在对我们是否有权使用实

在性范畴的疑问上的。这个权力不能从任何别的权力中推演出 (I,2,262) 来,毋宁说我们是直截了当地被授予这种权力的。一切别的可能的权力倒不如说都必定是从它这里推导出来的;甚至迈蒙的怀疑主义也不知不觉地以它为前提条件,因为他的怀疑主义承认普通逻辑的正确性。——但是,这里可以展示出某种东西,一切范畴本身都是从它推导出来的,这东西就是作为绝对主体的自我。对于可应用实在性范畴的一切其他可能的东西而言,必须指明,实在性是从自我移到它们那里转的:——只要自我存在,它们就必定存在。)

我们的作为一切知识的绝对原理的命题,康德已在他的范畴演绎中提示过了[176];不过,他从没把它建立为基本原理。在他之前,笛卡尔曾提出过一个类似的命题 cogito,ergo sum〔我思,故我在〕[177],这个命题并不是以 quodcunque cogitat〔凡思维的人都在〕为大前提的那个三段论的小前提和结论,而是很可能他也已能把它当作意识的直接事实看待了。因为如果不然,那它就仅仅意味着 cogitans sum,ergo sum〔思维着的我在,故我在〕(如用我们的话说,那就是 sum,ergo sum〔我在,故我在〕)。但那样,附加语 cogitans〔思维着的〕就完全是多余的了;当人存在的时候,人并不必然地思维,但当人思维的时候,人必然地存在。思维绝不是存在的本质,而只是它的一个特殊规定;我们的存在除了思维之外还有好多别的规定。——赖因霍尔德建立了表象的命题,如果以笛卡尔的形式来表述,他的命题应该是说 repraesento,ergo sum〔我表象,故我在〕,或者更正确些说:repraesentans sum,ergo sum〔表象着的我存在,故我存在〕。他比笛卡尔走的远得多;但由于他只想

建立知识本身而不想建立知识的概论，他就走的还不够远；因为表象也不是存在的本质，而是它的一个特殊规定；我们的存在除了表
(I,2,263) 象之外还有别的规定，**尽管这些规定都必须通过表象的中介，以达到经验意识**。

在上述意义上超越我们的命题而走远了的是斯宾诺莎。他并不否认经验意识的统一性，但他根本否认有纯粹意识。在他看来，一个经验主体的一整系列的表象同唯一的纯粹主体的关系，就像一个表象同表象系列的关系一样。在他看来，自我（他称之为**他的**自我，或我称之为**我的**自我的那个东西）直截了当地存在着，并非**因为**它存在着，而是因为有某种别的东西存在着。——在他看来，自我诚然对自我而言是自我，但是他问，在自我之外的会是什么东西呢。他认为，这样一种“自我之外”的东西也同样会是一个自我，而设定起来的自我（例如，**我的**自我）和一切可设定的自我，都是它的变化形态。他区分了**纯粹的**意识和**经验的**意识。他将前者，即纯粹意识，定为上帝，这上帝永远意识不到自己，因为纯粹意识永远达不到意识；将后者，即经验意识，定为上帝的特殊变化形态[178]。他这样建立的体系是完满贯通的、无可反驳的，因为他是到了一个理性不再能跟随他进入的领域里；但他的体系是无根据的；这是因为，是什么使他走出经验意识里给定的那个纯粹意识以外去的呢？——其实，驱使他走上他的体系的东西完全可以指明出来，那就是，要显示人类知识中的最高统一性的那种必然的努力。他的体系里有这种统一性；错误只在于，当他自信是根据理论理性的理由进行推论时，他却仅仅是受了一种实践需要的驱使，当他自信是陈述某种实际给定的东西时，他却仅仅树立了一种可望而不可即

的理想。他的最高统一性，我们在知识学里将再次见到；但它不是 (I,2,264)
作为某种存在着的东西，而是作为某种应当由我们制造出来、但我们不能够制造出来的东西。——我还要指明的是：如果谁越过了“自我存在”，谁就必然要走到斯宾诺莎那里去！（莱布尼茨的体系，就其完整状态来说，只不过是斯宾诺莎主义，这一点可参看一篇很值得一读的文章，即萨洛摩·迈蒙的《论哲学的进步》[179]，以及其他。）而且只有两个完全贯通一致的体系，即承认这个界限的批判体系和越过这个界限的斯宾诺莎体系。

§.2. 第二条：内容上有条件的原理

基于同一理由，第二原理也像第一原理一样，既不能证明也不能推论。因此我们在这里，恰恰同前面一样，也从一个经验意识的事实出发，并且我们根据同样的权力按照同样的方式来处理这个事实。

1）命题“－A 不＝A”，毫无疑问，任何人都承认是完全确实和不容置疑的，很难设想有谁会要求证明它。

2）但假如这样一种证明是可能的，那么，这个证明在我们的体系（我们体系的正确性，真正说来，直到科学完成之前一直还是或然的）里就只能从命题“A＝A”引导出来。

3）但这样一种证明是不可能的。这是因为，充其量我们只能这样设定：我们提出来的命题“－A 不＝A”和命题“－A＝－A”是完全相同的，所以－A 和在自我中设定起来的随便一个 Y 是完全相同的，而这时命题“－A＝－A”意味着：如果 A 的对立面被设定起来了，则它是被设定起来了；但假如我们这样设定，那么，在这里如同前面一样，同一个关联（＝X）就会直截了当地设定起来了；而且它根本不会是一个从命题“A＝A”推导出来，并经命题“A＝A”
(I,2,265) 证明了的命题，毋宁说它就是命题“A＝A”本身……而且在这种情况下，这个命题的形式，就这命题是一个单纯的逻辑命题而言，实际上也隶属于意识统一性这个最高形式、这个一般形式性之下。

4）下述问题至今还完全没接触到：A 的对立面究竟存在吗？它是在什么条件下，在哪一种单纯行动的形式下被设定的呢？假如上面提出的那个命题本身是一个被推导出来的命题，这个条件就一定是从命题“A＝A”推导出来的。但是，这样一种条件根本不能由命题“A＝A”中产生，因为反设[180]的形式并不包含于设定的形式中，甚至可以说，反设的形式是与设定的形式正相对立的。因此，反设是无待任何条件而直截了当地对设[181]起来的。－A 是作为－A 直截了当地被设定的，因为它是被设定的。

于是，正如命题“－A 不＝A”出现于经验意识的各个事实之间，成为经验意识事实之一那样，一种对设也就出现于自我的各个行动之间，成为自我的行动之一；而这种对设，就其单纯形式来说，是一种全然可能的、不存在于任何条件下的、不以任何更高根据为基础的行动。

（〈当人们建立起命题“－A＝－A”时〉，这个命题作为命题，其逻辑的形式是以主词和谓词的同一性为条件的〈即是说，是以进行表象的自我与被表象的自我的同一性为条件的；可参看上文 513 页的注释〉。但就连反设的可能性，本来也是以意识的同一性为前提的；而且在这种作用中行动着的自我的行动进程，真正说来是这样的:〈直截了当地被设定的〉A=〈被反思的〉A。在这个作为反思对象的A的对面,由一种绝对的行动对设起来一个-A,而从这个-A就可判定,它也是同那个直截了当地被设定的A对立的,因为前一个A等同于后一个A,而它们的这种等同性〈参见§.1.〉是基于进行设定的自我与进行反思的自我的同一性。——而且还有一个前提,即:在两种行动中行动着的自我和对两种行动进行判断的自我就是同一个自我。假如这同一个自我在两种行动中竟能是自己与自己对立的,那么-A就会是=A。由此可见,从设定到对设的过渡,也只有通过自我的同一性才是可能的。)

5)这时通过这种绝对的行动,而且完全通过它,被对设的东西就其为一种对设起来的东西(作为单纯的对立面)而言,就被设 (I,2,266) 定起来了。任何对立面就其为对立面而言,是直截了当地、凭借自我的一种行动、无须任何其他根据而被设定的。一般说来,对设起来的东西是通过自我直截了当地设定起来的。

6)如果设定了一个-A,就必已设定了一个A。因此,对设的行动,从另一个角度来看,也是有条件的。一个行动是否可能,取决于另外一个行动;因此从实质上说,这个行动作为一个一般行动,是有条件的:它是一个与另一行动联系着的行动。至于它恰恰这样而不是别样地行动,则是无条件的;这个行动就其形式(从如何的角度)来看,是无条件的。

(对设只有在设定者和对设者的意识的统一性的条件下,才是可能的。假如前一行动的意识和后一行动的意识并不结合在一起,那后一设定就不会是一个反设或对设,而干脆就是一个设定。由于它与前一设定联系着,它才成为一个反设。)

7）直到现在，我们讨论的是作为单纯行动的行动，是行动方式。下面我们进而讨论行动的产物＝－A。

我们可把－A再分为两个方面：它的形式和它的实质。由形式所规定的是，它是一个对立面（某个X的对立面）。如果它是和一个有规定的A对立的，它就具有实质；它不是任何有规定的东西。

8）－A的形式，是通过行动直截了当地被规定的；－A是一个对立面，因为它是一个对设的产物。－A的实质，则是通过A被规定的；它不是A所是的那个东西；而且它的整个本质就在于它不是A所是的那个东西。——关于－A，我所知道的情况是：它是某个A的对立面。但我所据以知道－A的那个对立面，到底是什么，或不是什么，这就只有在我认识了A的条件之下，我才能知道。

9）原初被设定的不是别的，而只是自我；而自我只是直截了当被设定的（§.1.）。因此，只能直截了当地对自我进行反设。但是，同自我相反或对立的东西，就是＝非我。

10）“－A不＝A”确实是经验意识的事实之一，命题“－A不＝A”的绝对确实性是大家无条件承认的；同样确实的是：相对于自我，直截了当地对设起来一个非我。我们刚才关于一般的对设或反设所说的一切，都是从这个原始的反设推导出来的；因此，反设自来就具有这样的性质：它在形式上是绝对无条件的，但在实质(I,2,267)上是有条件的。而这样一来，我们也就会找到了人类全部知识的第二原理。

11）由于单纯的反设或对设，非我必定应当得到自我所应当得到的一切东西的对立面。

（通常认为，非我的概念是一个逻辑推理的概念，它通过抽象作用，从一切被表象者产生出来的。但这种见解的肤浅是显而易见的。比如说，我要表象随便一个什么东西，我就必须把这东西对设在表象者的对面，这时，表象作用的客体里当然就能够而且必定包含有一个X，通过这个X，客体才显示出自己是一种加以表象的东西，而不是表象者；但关于这个情况，即包含X的一切东西都不是表象者，而是一个加以表象的东西，我是不能通过任何对象懂得的[182]；相反地，只在有了那个被设定者的前提之下，才有一个对象可言。）

从实质命题"自我存在"中抽掉它的内容，曾得到纯粹形式的、逻辑的命题"A＝A"。从本节建立的命题中通过同样的抽象就得到我称之为对设命题的逻辑命题"－A不＝A"。在这里，它还既不可予以规定，也不可用文字公式加以表述；其所以不能的理由，将在下一节里看到。如果人们终于完全抽掉特定的判断行动，而单单注视从对设起来的东西到非存在的推论形式，人们就得到了否定性范畴。关于这个范畴，也要到下一节才可能有一个明晰的认识。

§.3. 第三条：形式上有条件的原理

在我们的科学里，我们每前进一步都使我们更接近于这样一个领域，在这个领域里一切都是可以证明的。在第一条原理中，根本没有任何东西应该得到证明和可以证明；无论就形式说或者就

内容说，第一条原理都是无条件的，无须任何更高的根据就已经是
(I,2,268) 确实的。在第二条原理中，**反设或对设的行动**诚然不是可以推导出来的；但是，只要这种行动就其单纯形式而言是无条件地设定起来的，则可以严格证明，**对设起来的东西**必定是＝非我。第三条原理几乎是完全可以证明的，因为它不像第二条原理那样就内容说，而是就形式说得到了规定，并且不像第二条原理那样由一个命题，而是由两个命题规定的。

第三条原理，就形式而言，是规定了的，只有就内容而言，才是无条件的——就是说，它所提出的行动课题，是由先行的两个命题规定了的，但课题的解决不是这样；课题的解决是无条件地和直截了当地由理性的命令来完成的。

因此我们现在用一种能够推导出这项课题的演绎法开始，并且尽可能地用这个方法演绎下去。等到演绎不可能继续进行时，我们就将毫无疑问地看出：在什么地方我们必须中断这个演绎，必须依靠从上述课题中产生出来的那种无条件的理性命令。

A）

1）只要设定了非我，就没有设定自我；因为自我完全由非我扬弃了。现在，非我是在**自我中**被设定的，因为非我是被树立起来的对立面；但一切对设都以在自身中被设定、又对被设定的东西进行对设的那个自我的同一性为前提。

因此，只要非我在自我中被设定了，自我就不是在自我中设定起来。

2）但是，只有在自我中（在同一的意识中）设定了一个自我，非我可以与这个自我相对立，非我才能设定起来。

现在，非我应当在同一的意识中被设定。

因此，只要非我应当被设定，自我也就必定在那同一意识中被设定了。

3) 这两个结论是互相对立的，两者都是从第二条原理中通过分析发展出来的，因而两者都包含于第二条原理之中。所以第二条原理本身是自相对立的，并且自己扬弃自己。

4) 但是，只有在设定起来的东西为对设起来的东西所扬弃的情况下，因而只有在第二条原理本身有效的情况下，这条原理才自己扬弃自己。现在，它应该自己扬弃了自己，并且应该没有任何有效性。

因此，它并不扬弃自己。

第二条原理扬弃自己；同时它又不扬弃自己。 (I,2,269)

5) 如果第二条原理的情况是这样，那么第一条原理的情况也没有什么不同。第一条原理自己扬弃自己，同时又不扬弃自己。

这是因为：

如果自我＝自我，那么，在自我之中被设定了的一切就都被设定了。

现在，第二条原理应该是在自我中设定的，而又不应该是在自我中设定的。

因此，自我不＝自我，而是自我＝非我，非我＝自我。

B)

这一切结论都是从已建立的那些原理中，依据被预定为有效的反思规律推导出来的；因此，它们必定都是正确的。但是，如果它们是正确的，意识的同一性，即我们知识的统一的绝对的基础，就被扬弃了。因此，现在我们的课题就规定下来了，那就是，应该找出任何一个 X，凭借它，上述一切结论都可以是正确的，而意识的同一性又不被扬弃。

1）各个应该统一起来的对立面，都是在作为意识的自我之中。因此，X 也必定是在意识之中。

2）自我与非我是自我的原始行动的两个产物，而意识本身是自我的第一个原始行动的这样一种产物，是自我的自己设定自己的行动的这样一种产物。

3）但是，按照上述那些结论，产生非我的那个行动，即反设，如果没有 X，是根本不可能的。因此，X 本身必定是一种产物，具体地说，必定是自我的一种原始行动的产物。因此就有了一种以＝X 为其产物的人类精神的活动＝Y。

4）这种行动的形式是由上述的课题完全规定了的。对设起来的自我和非我，应该通过这种行动被设定为统一的、等同的东西，它们并不因此而互相扬弃。上述那些对立面都应该被吸收到统一的意识的同一性里去。

5）但**如何**才能做到这一点，以及用什么方式才可能做到这一点，还没有因为课题确定了，就被规定下来；这不在课题之内，也不能以任何方式从课题中发展出来。因此我们必须像上面那样做一个实验，并且反问自己一下：A 与－A，存在与非存在，实在性与否定性，它们怎样才能结合在一起来加以思维，而它们并不互相取消、互相扬弃？

(I,2,270)　6）对这个问题，不能指望有人会提出别的答案，答案只能如下：它们互相**制约**。因此，如果这个答案是正确的，行动 Y 就应该是对立双方的相互限制；而 X 就是这些限制的标志。

（大家不要这样了解我：好像我主张限制的概念是一个分析概念，它存在于实在性与否定性的统一，可从这统一中发展出来。诚然，两个对立的概念是由前两条原理给定了的；但它们应该被统一起来的要求，则包含在第一原理里。至于它们如何才能被统一起来，完全不包含在那两条原理之中，而是由我们精神的一条特殊的规律来规定的，这条特殊精神规律则要通过上述实验才能被意识到。）

7）但是在限制的概念里不仅包含着我们寻求的 X，这就是说，其中同时还包含着统一起来的实在性和否定性的概念。因此我们为了单纯地得到 X，还必须进行一番抽象。

8）限制某个东西，意思是说，不由否定性把它的实在性整个地扬弃掉，而只部分地扬弃掉。因此，在限制的概念里，除实在性和否定性的概念之外，还含有可分割性的概念（即一般的有可量性的概念，而不是某一特定的量的概念）。这个概念就是我们所寻找的 X，而这样一来，无论自我还是非我就都由行动 Y 直截了当地设定成为可分割的。

9）无论自我还是非我，都被设定为可分割的；因为行动 Y 不能后于对设行动，这就是说，它不能被认为是由于有了对设行动才成为可能的；因为按照前面的论证，对设行动如果没有行动 Y，就会把自己扬弃掉，因而是不可能的。另外，行动 Y 又不能先于对设行动；因为采取这一行动仅仅是为了使对设行动成为可能，而且没有可分割的东西，可分割性就是虚无。由此可见，行动 Y 是直接就在对设行动之中，并且是与对设一起发生的；两者是同一回

事，只在反思中才被分别开来。既然一个非我是相对于自我对设
(I,2,271) 起来，那么，与对设相对立的**自我**和对设起来的**非我**就因而都被设定为可分割的。

C)

现在，我们仅仅还需要审查一下，通过我们所提出的行动，课题是否已真正解决，一切对立的东西是否已统一起来。

1）从现在起，第一个结论被规定如下：就非我所据以被设定的那部分实在性来说，自我没有在自我之中设定起来。因为实在性的一部分，即归属于非我的那一部分实在性，已在自我之中被扬弃了。第二个命题与这个命题并不矛盾。只要非我被设定了，自我也就必定被设定了，因为它们两者，就它们的实在性来说，都已被设定为可分割的。

只有到现在，凭借着建立起来的概念，人们才能说，自我与非我都是**某种东西**。第一条原理的绝对自我并不是**某种东西**（它没有谓词，并且不能有谓词）；它直截了当地就是**它所是的东西**，而这个东西是不能进一步说明的。现在，凭着这个概念，在意识中**一切**都是实在性；其中不属于自我的实在性属于非我，反之，不属于非我的实在性属于自我。两者都是某种东西；非我就是那种不是自我的东西，反之，自我就是那种不是非我的东西。与绝对自我相对立（但非我只在它被表象的情况下，而不是在它自在地存在的情况下，才能被对设起来与绝对自我相对立，这是到时候才会表现出来的），非我是**绝对的虚无**；与可限制的自我相对立，非我是一个**负量**。

2）自我应该是自身等同的，却又应该是自身对立的。但是，

自我在意识看来是自身等同的，因为意识是统一的；不过在这个意识之中，绝对自我是被设定为不可分割的；相反地，与非我的对设相对的那种自我，则被设定为可分割的，因此，只要与自我相对，一个非我被对设起来，这个自我本身就是与绝对自我对立的。

这样一来，一切对立面就都已统一起来，而又无损于意识的统一性；而这就仿佛是一次考验，证明了建立起来的概念是正确的概念。

D)

按照我们那个要等完成了一门知识学才能加以证明的前提来说，只有一条绝对无条件的原理、一条在内容方面有条件的原理和一条在形式方面有条件的原理是可能的，因此，除了以上所提各条原理之外，再也不能有任何别的原理。至此，绝对无条件的和确实无误的东西的范围，已详述无遗；我可以用以下公式来表述这个范围：自我在自我之中与可分割的自我相对立，对设一个可分割的非我。 (I,2,272)

没有任何哲学越出这种认识；但任何彻底的哲学都应该回溯到这种认识上来；而且只要它做到了这一点，它就成了知识学。从现在起，一切在人类精神的体系中出现的东西，都必定能从我们已建立的东西中推演出来。

1）我们已经通过可分割性概念将互相对立的自我与非我统一起来。如果抽掉特定的内容，抽掉自我与非我，而将两个对立面通过可分割性概念所达到的单纯的统一形式保留下来，我们就得到了人们迄今称之为根据命题的逻辑命题：A 部分地＝－A，和－A 部分地＝A。每个对立的东西都在一个标志＝X 中与它的对立面等同；而且每个等同的东西都在一个标志＝X 中与它的等同物对立。这样一个标志＝X 就叫做根据，在第一种情况下是**关联**根据，在第二种情况下是**区别**根据；因为把对立的东西加以等同或加以比较，叫做**关联**；把等同的东西对设起来，叫做**区别**。这个逻辑命题通过我们建立的实质原理，已得到**证明**和**规定**。之所以得到证明，是因为：

a）一切对立面＝－A 都是相对于一个 A 对设起来的，而这个 A 是已经设定了的。通过一个－A 的设定，A 被扬弃了，却又没被扬弃。

因此，A 仅仅部分地被扬弃；并且设定起来的并非 A 中的 X，A 中的 X 并没有被扬弃；在－A 中被设定起来的也不是－X，而是 X 本身。因此，在 X 之中的是 A＝－A，而这个 X 曾经是第一个 X。

b）一切被等同起来的东西（＝A＝B），由于是在自我之中被设定的，都是自相等同的。A＝A，B＝B。

现在如果设定 B＝A，在这里 B 并不是由 A 设定的；因为假如 B 是由 A 设定的，B 就会＝A，而不＝B 了。（那将不会存在两个被设定者，而是只会存在一个被设定者。）

(I,2,273) 但是，如果 B 不是由于 A 的设定而被设定，那么在这个情况下 B 就＝ －A；而且通过设定两者等同，被设定的就既不是 A，也不是 B，而是某一个 X，而这个 X 是既＝X，又＝A，又＝B。这个 X 曾经是第二个 X。

由此我们就可看出，那个本来与命题 A＝A 互相矛盾的命题 A＝B，怎样竟能是有效准的了。X＝X，A＝X，B＝X；因此，就 A

与B两者都＝X来说，A＝B。但是，就两者都＝－X来说，A＝－B。

仅仅在一个部分里，相同的东西是对立的，对立的东西是相同的。因为假如它们在一个以上的部分里是彼此对立的，即是说，假如在互相对立的东西自身中存在着互相对立的标志，那么，两个标志中总有一个属于这样的标志，在这样的标志下两个被比较的东西是等同的，因而它们不是对立的；反过来的情况也是这样。因此，每个有根据的判断都只有一个关联根据，也只有一个区别根据。如果它有许多根据，它就不是一个判断，而是许多个判断了。

2）逻辑上的根据命题是由上述实质原理规定的；就是说，它的有效性本身受到限制，它只对我们知识的一部分有效。

各种不同的事物都一般地被设定为等同，或被设定为对立，这是一个条件；只在这个条件之下，它们才按某一个标志被设定为对立的或被设定为等同的。但这绝不等于说，一切在我们意识中出现的东西，都必定径直地无条件地被设定为与任何一个其他东西等同，而与某个第三种东西对立。一个判断，如果它所判断的东西既不能有什么被设定为与它等同，也不能有什么被对设为与它对立，这个判断就根本不属于根据命题，因为它不在根据命题的有效性的条件之下；它不是有根据的，但它使一切可能的判断成为有根据的；它没有根据，但它自身说明一切有根据的判断的根据。这样的判断的对象就是绝对自我，而且一切判断，凡是以绝对自我为其主词的，都无须任何根据即径直地有效准；关于这一点下面还要详谈。

3）当人们在所比较的东西中寻找它们彼此对立的那种标志

时，人们的这种行动叫做反题方法：通常叫做分析方法。但这个名
(I,2,274) 称并不那么合适，一方面是因为这个名称只是表示，人们能够从一个概念发挥出自己并没有先用综合方法放入的某种东西，另一方面是因为这个名称更清楚地指明，这种方法是综合方法的对立面。因为综合方法就在于从对立的东西中找出它们所以相同的标志。按照那完全抽掉了一切知识内容，并且抽掉了人们取得知识的方式的单纯逻辑形式来说，用前一种方法得到的判断叫做反题判断或否定判断，用后一种方法得到的判断叫做综合判断或肯定判断。

4）如果一切反题与合题所遵守的那些逻辑规则是从知识学的第三条原理中推演出来的，那么，一切反题与合题的权力就完全也是从这条原理中推演出来的。但我们在陈述这第三条原理时已经看到，第三原理所表达的那种原始行动，即将对立的事物在第三者之中结合起来的那种行动，如果没有树立对立面的对设行动，是不可能有的。同样，树立对立面的行动，如果没有结合的行动，也是不可能有的；因此，两者事实上是不可分割地结合在一起，并且只在反思中才能加以区别的。从这里得出的结论是：这两种逻辑行动，既然都以上述原始行动为根据，并且真正说来只不过是原始行动的特殊的、进一步的规定，那么它们也将缺一不可，这一个没有那一个，或那一个没有这一个，也将是不可能的。没有合题，就不可能有反题；因为反题就在于：从相同的东西中找出对立的标志；但是相同的东西，假如不是事先已通过综合行动被等同起来，就不会是相同的。在单纯的反题里，相同的东西曾经先通过综合行动被等同起来的情况，被撇开不管了，所以它们不问来由地直截了当地被承认为相同；反思专找它们中间的对立面，从而把这对立

面突出起来，使之提高到明确的意识。——反过来也是这样，没有反题，就不可能有合题。对立的东西应该被结合起来：但假如它们不是通过自我的一种行动被对立起来了，它们就不会是对立的，而在合题中，自我的这一行动所以被抽去不管，那只是为了要通过反思将关联根据提高到意识。——因此一般地按内容来说，根本就没有单纯的分析判断；人们假如单凭分析判断行事，就不仅如康德所说的那样，不能远行，而且根本不会前进一步。

5）康德在《纯粹理性批判》中提到首要地位的那个“a priori (I,2,275)
〔先验〕综合判断是怎样可能的？”著名问题，现在是以最普遍的最令人满意的方式答复了。我们在第三条原理中通过设定起来的自我与非我的可分割性已经把这互相对立的自我与非我综合起来，而对于这种综合的可能性既不能进一步追问，也不能给它提出一个根据；这种综合直截了当地是可能的，人们无须任何进一步的根据就有权这样做。其余的一切应该有效的综合，都必定包括在那个综合之内，都必定是同时既在它之中，又与它一起进行的；而且正如那个综合得到了证明一样，它们也都得到了最有说服力的证明，证明它们如同那个综合一样有效。

6）**其余的一切综合都必定包含在那个综合之内**；而这一点就同时以最确切的方式提出了在我们的知识学中我们必须继续走的道路。——凡是综合都应该是这样，因此，我们的整个方法从现在起（至少在知识学的理论部分中是如此，因为在实践部分里情况相反，这等以后到时候将会看得出来）将是综合的；每一个命题将包含一个综合。——但是，没有一个先行的反题，就不可能有综合；不过，就先行的反题是行动而言，我们是把它抽掉的，而单单去寻找它的产物、对立面。因此，在处理每一个命题时，我们都必须从指出那些应该被统一起来的对立面出发。——一切建立起来的综合都应该包含于我们刚才所建立的那个最高综合之中，并可从其中引申出来。既然自我和非我是由最高综合联合起来的，我们就必须在最高综合所联合起来的自我和非我两者中寻找其余的各种对立的标志，并且通过一个新的关联根据把它们结合起来，当然这个新关联根据又必须包含于一切关联根据的最高关联根据之中；我们必须在这第一个综合所结合起来的对立面中再一次寻找新的对立面，并通过一个新的、包含于刚才推演出来的那个关联根据之中的关联根据，把这一对新的对立面再结合起来；我们必须尽可能地这样继续做下去，直到最后我们遇到再也不能完全联合起来的对立面，由此过渡到实践部分的领域里去。这样，我们的进程就是稳妥可靠的，由事情本身预先规定了的，
(I,2,276) 而且我们能够预先知道，只要适当注意我们的道路，我们就完全能够不误入歧途。

7）正如没有合题就不可能有反题，没有反题就不可能有合题那样，没有正题也就不可能有合题和反题两者；而正题就是这样一种直截了当的设定，通过这种设定，一个A（自我）就既不与任何别的东西相等同，也不与任何别的东西相对立，而是单纯地直截了当地被设定起来。联系着我们的体系来说，这个正题给整体提供了稳定性和完满性；这个整体必须是一个体系，而且是唯一的体系；任何时候只要还有什么对立的东西，它就必须被结合起来，直至出现绝对的统一为止。当然，这种绝对的统一正如到时候将会显示的那样，只有完成了一个接近无限的过程才会出现，而完成这样的

过程本身是不可能的。——按照一定的方式进行对设和进行结合的必要性，是直接建立在第三条原理上的；完全进行结合的必要性，则是建立在最高的、绝对无条件的第一条原理上的。体系的形式以最高的综合为基础；而体系之所以根本应该是一个体系，则以绝对的正题为基础。——关于上述说明对我们的整个体系的应用，就说这么一些；然而这种说明对判断形式还另有一种更重要的应用，在这里出于种种理由，不可略而不谈。就是说，既然曾有反题判断与综合判断，那么按照类比，就也完全可以有一些在任何一个规定之下都会与前两种判断恰恰对立的正题判断。就是说，前两种判断的正确性是以一个根据为前提，而且是以一个双重根据为前提：一方面是关联根据，一方面是区别根据，这两方面的根据都能够予以指明，而如果要证明判断，它们就都必须予以指明。（例如"鸟是一种动物"；在这里被反思的关联根据是确定的动物概念，即动物是由物质、由有机物质、由赋有动物活力的物质构成的；而被我们抽去的区别根据，则是不同动物物种的种差，即它们有两只脚还是有四只脚，有羽毛、鳞甲还是有毛皮。或者说，"一种植物不是动物"；在这里被我们反思的区别根据是植物与动物之间的种差；而被我们抽去的关联根据，则是一般的有机物。）但是有一种正 (I,2,277)
题判断，会是这样的判断，在它那里，某种东西既不与别的东西相同，也不与别的东西对立，而是仅仅被设定为自身等同。因此这样的正题判断根本不能以任何关联根据或区别根据为前提，毋宁说，它按逻辑形式必须假定的这个第三者可能只是一项寻找根据的题课。这种原始的最高的判断就是"自我存在"，在这个判断里，关于自我什么也没说，而是让说明自我可能有的规定的谓词位置无限地空着。凡是包含在这个判断里的一切判断,即是说,凡在自我的绝对设定里面包含的一切判断,都属于这一类(即使它们实际上并非每次都以自我为逻辑主词);例如“人是自由的”。要么是,人们把这个判断看作一个肯定的判断,(在这种情况下等于说人属于自由存在者这个类)那就应该在人与自由存在者之间指出一个这样的关联根据,它作为自由的根据既会一般地包含于自由存在者的概念中,又会特殊地包含于人的概念中;但要指出这样一种根据是距离辽远的,就连一个自由存在者的类,都根本指不出来。要么是,人们把这个判断看作一个否定的判断,在这种情况下,人就被设定为与一切受自然必然性规律支配的存在物相对立;但这样一来,显然就必须指明必然与非必然之间的区别根据,还必须表明区别根据不会存在于人的概念之中,而会存在于人的对立物的概念之中。与此同时还必须指出双方所以会彼此一致的一个标志。但是,就人能适用自由这个谓词而言,也就是说,就他是绝对的,既不是表象出来的,也不是可以表象的主体而言,他与自然存在物根本没有共同之处,从而与自然存在物也并不是对立的。然而按照肯定判断的逻辑形式来说,人与自然存在物这两个概念应该被统一起来;但它们不能在任何概念之中统一起来,而只能统一于这样一个自我的理念之中,这个自我的意识不会由它以外的任何东西所规定,却通过它的单纯意识规定着它以外的一切东西;但这样的理念根本是不可思议的,因为在我们看来,它包含着一个矛盾。但是尽管这样,它已被树立为我们最高的实践目标。人应该无限地、不断地接近那个本来永远达不到的自由。——审美判断就是这样,
(I,2,278) “A 是美的”(等于说,在 A 里有的一个标志,在美的理想里也有)

是一个正题判断；因为我不能拿那个标志同理想相比较，因为我并不认识那个理想。寻求理想毋宁说是我的精神的一个课题，这个课题从我的精神的绝对设定中产生出来，然而只有在完成了向无限接近的过程之后才能得到解决。——因此，康德及其后继者们把这些判断称为**无限的**判断，那是非常正确的，虽然据我所知，没有一个人曾以明白而确定的方式说明过它们。

8）所以对于任何一个确定的正题判断，我们都不能给它指出根据；但在处理一般正题判断时，人的精神是以自我自己对自己的绝对设定为根据的。所以如果我们将一般正题判断的这种根据与反题判断和合题判断的根据加以比较，那是有用处的，将使我们对批判哲学体系的固有特性获得最明白、最确切的认识。

一切包含于某个表示区别根据的概念中的对立物，都在一个人们称之为种概念的**较高的**（较普遍的、较概括的）概念中彼此一致：这就是说，这里有一个综合作为前提，而对立双方在这个综合中彼此等同，所以它们就包含于这个综合之中。（例如，金和银是作为相同的东西被包含于金属的概念之中，而金属的概念却不包含两者据以成为对立物的那个概念。在这里，比如说，特定的颜色。）因此，定义的逻辑规则是：一切定义都必须既指明包含着关联根据的种概念，又指明包含着区别根据的种差。——另一方面，一切被设定为相同的东西，都在一个表示某一特殊规定的、在关联判断中被抽掉的**较低**概念中彼此对立，这就是说，一切合题或综合都以一个先行的反题为其前提。例如，在物体概念中，颜色、比重、滋味、气味等方面的差异都已被抽掉，因而凡是占有空间的、不可透入的、具有任何重量的东西，都能是一个物体，而不管在上述那些

(I,2,279) 标志方面它们彼此是多么对立。——(**哪些**规定是较普遍的或较特别的,因而**哪些**概念是较高的或较低的,这要由知识学来确定。)一个概念从最高概念、实在性概念中推演出来时,通过的中间概念越少,它就越高级;通过的中间概念越多,它就越低级。如果 Y 是从最高的概念 X 按顺序推演出来的,Y 就被确定为一个比 X 较低的概念;反过来说也是这样。

对于直截了当地设定起来的东西、自我来说,情况就完全不同了。当设定一个非我以与自我相对立时,也就同时设定了这个非我与自我相同,然而非我与自我不是像进行其余一切比较时那样在一个**较高**概念中相同(仿佛这个较高概念会包含两者于自身之内,并以一个更高的合题或至少一个更高的正题为其前提),而是在一个**较低**概念中相同。自我本身被降低为一个较低概念、一个可分割性概念,以便它可以被设定为与非我相同;而就在这同一个概念中它已成为与非我对立。因此在这里根本不像往常在每个合题里那样是一个**上升**,而是一个**下降**。自我与非我于今通过相互的可限制性这一概念,都成了既相同而又对立的东西,它们本身作为可分割的实体的自我中的两个某物(两个偶性),是通过作为绝对的不可限制的主体的自我而设定起来的,对于这个自我,既无任何东西与之相同,又无任何东西与之对立。——所以,一切判断,凡是以可限制的或可规定的自我充当自己的逻辑主词的,或者,凡是以某种对自我起规定作用的东西充当自己的逻辑主词的,都是由某种更高的东西限制或规定的。但是一切判断,凡是以绝对不可规定的自我充当自己的逻辑主词的,都不能由任何更高的东西所规定,因为绝对自我不是由任何更高的东西规定的；这样的判断，毋宁说都是直截了当地以自身为根据，由自己规定的。

批判哲学的本质，就在于它建立了一个绝对无条件的和不能由任何更高的东西规定的绝对自我；而如果这种哲学从这条原理出发，始终如一地进行推论，那它就成为知识学了。相反，**独断**哲学是这样的哲学，它在一个据说是更高的**物**（实体）的概念中设定某种东西与自在的自我既相同又对立，同时又完全武断地提出**物**的概念是绝对最高的概念。在批判体系里，物是在自我之中设定起来的东西；在独断体系里，物是自我在其中被设定起来的东西；因此，批判主义是**内在的**，因为它把一切都置于自我以内；独断主义是**超验的**，因为它还要超出自我以外去。如果独断主义能贯彻 (I,2,280)
到底，斯宾诺莎主义就是它最彻底一致的产物。可是如果有人按照独断主义自己的原理来对待独断主义，像他理所当然的那样，那么人们就该问它，既然它对于自我曾追问一个更高的根据，为什么它竟承认它的自在之物无须一个更高的根据呢？既然自我不是什么绝对的，为什么这个自在之物就算得是绝对的呢？它不能证明它有权这么做，因此我们就有权要求它按照它自己的不得无根据地承认任何东西的原理再给自在之物的概念提出一个更高的种概念，再给这个更高的种概念提出一个更高的种概念，如此类推，以至无穷。因此，一种贯彻始终的独断主义，要么就否认我们的知识有一个根据，否认人的精神有一个体系，要么就自相矛盾。彻底的独断主义是一种怀疑它在怀疑的怀疑主义；因为它必定取消意识的统一性，从而取消整个逻辑。因此，它不绝是独断主义，而它自称是独断主义，所以它是自相矛盾。[①]

（斯宾诺莎就是这样，他把意识统一性的根据安置在一个实体里。在这个实体里，意识无论从实质上看〈即从确定的表象系列上看〉，还是从统一性的形式上看，都是必然地规定了的。但是我要问他，〈既然就实质和形式来说，在这个体系里这个实体的实质是
(I,2,281) 它所包含的各种表象系列，它的形式是它所包含的**一切可能的**表象系列，应该穷尽并构成一个完全的**整体**，那么〉就它的实质和形式来说，又包含这个实体的必然性根据的东西是什么呢？至此，他不再进一步给我指出这种必然性根据，而是说，这绝对是如此。他之所以这样说，是因为他不得不承认某种绝对第一的东西，不得不承认一个最高的统一性。但是，假如他真想这样，那他早就应该立即在意识给他提供的统一**性**那里停留下来，无须再去编造一个更高的统一性；并没有什么东西迫使他去编造。）

假如我们找不到一种实践上的论据，作为充分的说明理由，那么，一个思想家如何有时竟能越过自我，或者，他如何在越过之后，竟能在某个地方停留下来，这样的现象就会绝对无法解释。迫使独断主义者越过自我的，并非像人们相信的那样是理论上的论据，

---

①　只有两种体系：批判的与独断的。怀疑主义正如它在上文中被规定的那样，完全不是一种体系，因为它的确根本否认体系的可能性。但它只能按体系来否认体系的可能性，因而它是自相矛盾的和完全违反理性的。根据人类精神的本性，大家早已注意到它也是不可能的。从来还不曾有人真是这样一种怀疑主义者。批判的怀疑主义则是另外一回事，如休谟的、迈蒙的、埃奈西德穆的，它揭示了以往论据的不足，并且恰恰因此而暗示了何处可以找到更为可靠的论据。通过批判的怀疑主义，知识才彻底取得胜利，即使并非总是在内容上，却肯定是在形式上。谁不给予见解精辟的怀疑主义者以应得的尊重，谁就完全不懂知识的价值。

而是一种实践上的论据，即是说，是对我们的自我在实践中依存于一个绝对不受我们的立法支配的、因而自由的非我的感觉；迫使独断主义者又在某个地方停留下来的，也是一种实践上的论据，即是说，是对一切非我从属于和统一于自我的实践规律的感觉；但这种非我对自我的从属，绝不是作为概念的对象而实际存在的某种东西，而是作为一个理念的对象而**应该**存在、应该由我们创造出来的某种东西，这一点以后将会看到。

我们终于由此看出，独断主义根本不是它所自称的那种东西，我们曾用上述论断指责它，那是不公正的，如果它自己把那些论断拉到身上，那是它自己糟践自己。它的最高统一性实际上只不过是意识的统一性，而不能是别的；它的物就是一般可分割性的基质，或自我与非我（即斯宾诺莎的理智与广延）两者被设定于其中 (I,2,282)
的最高实体。独断主义根本不曾上升到纯粹的、绝对的自我，更不用说超出这自我了；它走得最远时，如在斯宾诺莎体系中，也只走到我们的第二条和第三条原理，但从来没有达到过第一条绝对无条件的原理；它通常远远上升不到那么高。它把走这最后一步，从而完成知识学的工作，留给了批判哲学来做。我们知识学的理论部分，也只是从第二条和第三条原理中发挥出来的，由于在这里第一条原理仅仅具有规范的效力，所以知识学的理论部分，正如到时候将看到的那样，实际上就是成体系的斯宾诺莎主义；只不过在这里每一个自我本身就是唯一的最高的实体。但我们的体系增添了一个实践部分，它使理论部分有了根据和规定，从而完成了整个的知识体系，穷尽了人类精神所有的一切东西，并由此而使常识（康德以前的一切哲学都侮辱它，由于显然没有任何和解的希望，我们的理论体系已把它同哲学的关系切断）重新和哲学达到完全的和解。

9）一个建立在区别根据上的对立性判断，或一个建立在关联根据上的比较性判断，都有它特定的判断形式，如果我们把判断的特定的形式完全抽去，只余留下由一方限制另一方的普遍行为方式，我们就有了规定（限定，康德的限制）的范畴。这就是说，不管所设定的是实在性的量还是否定性的量，只要是对量的设定，就叫做规定。

第二部分　理论知识的基础 (I,2,283)

§.4. 第一定理

让我们在踏上我们的道路之前，先对这条道路进行一番简短的反思！——我们现在有三条逻辑原理：**同一性**原理，它是其余一切原理的根据；还有**反设**的原理和**根据**的原理，这两条原理是在第一条原理中彼此把自己建立起来的。后两条原理使一般的综合方法成为可能，并且建立了综合方法的形式，为这种形式提供了根据。因此，为了在反思中肯定我们的方法的形式的有效性，我们再不需要别的什么了。同样，在第一个综合活动中，即在（自我与非我的）基本综合中，建立了一个容纳一切可能的未来的综合的内容。在这方面，我们也不再需要别的什么了。凡是属于知识学领域内的东西，一定都可以从上述的基本综合中引申出来。

但是，要从基本综合中引申出某种东西，在由基本综合所统一的那些概念里就还必须包含有至今没有建立起来的其他东西；我们的课题便是要找出它们来。人们是采取下列的方式去寻找它们的。——根据§.3，一切综合概念都是通过对立物的统一而产生的。因此，人们首先必须找出已经建立的概念（这里指的是自我与非我的概念，因为它们是在相互规定中设定起来的）的这样一些对 (I,2,284)

立的标志;而这就要通过反思,反思是我们精神的一种随意的活动:我在这里说的是寻求;因此,其前提条件是:它们都是现成的、已有的,而不是通过我们的反思才制造出来、捏造出来的(反思根本就完全不可能从事这种捏造)。这就是说,这是以自我的一种原初必然的对立活动为前提的。

反思已经展示了这种对立活动,就这一点而言,反思首先是分析的。这就是说,通过反思把包含在一个确定的概念＝A 里的对立的标志提高到明确的意识,这就叫对概念 A 进行分析。但是,这里特别要注意的是:我们的反思所分析的一个概念是反思还根本没有得到的,而是要靠反思通过分析才能找出来的概念;这个被分析的概念,到分析完结时就是＝X。于是提出了这样一个问题:怎么能够分析一个根本不知道的概念呢?

没有一个综合的活动,就没有任何对立的活动,虽然对立活动是分析之所以可能的前提;而且没有它的特定的综合,就没有特定的对立活动(参见§.3.)。它们两者是内在的统一的,它们就是同一个活动,只是在反思中才被区分开来。因此,从对立可以推演出综合;两个对立物在其中得以联合统一的那个第三者同样也可以推断出来:不是作为反思的产物,而是作为反思的发现;但是,那是作为自我的上述原初的综合活动的产物;原初的综合活动作为活动并不必定进入经验意识,就像迄今所展示出来的行动也不都进入经验意识那样。因此,从现在起,我们遇见了纯粹的综合活动,但是它又并不是像前者那样的绝对无条件的活动。然而,我们的演绎证明:它们都是活动,而且都是自我的活动。这就是说,它们都如此确实无误地是自我的活动,正如它们从中被引申出来而又与之合而为一的第一个综合确实无误地是自我的一个活动一样；而第一个综合是自我的活动，就像自我借以自己设定自己的那个最高的本原行动确实无误地是自我一个的活动一样。——被展现出来的活动，都是**综合的**，但是，展现它们的反思是**分析的**。

但是，通过反思进行分析而有可能预先设定的那些反题，都必须被设想为事先已经完成的反题，即是说，被设想为将要展现出来的那些综合概念的可能性所依靠的反题。而没有综合，就不可能有任何反题，因此，一个更高的综合预先被设定为已经完成的综 (I,2,285)
合；我们的首要课题必定是找出这个综合，并把它确切地展示出来。虽然这个综合必然已经在前一节里展示过，但由此毕竟可以看出，由于现在是向知识学的一个崭新的部分过渡，其中确实还有某些特别的东西需要提到。

A. 要加以分析的综合命题的规定

自我与非我两者都是通过自我，并且在自我之中被设定为可以**通过对方互相**限制的，就是说，这一方的实在性扬弃另一方的实在性，反之亦然(参看 §.3.)。

在这个命题里包含着下面两个命题：

1. **自我设定非我为受自我限制的**。我们采纳的这个在我们的知识科学的实践部分里将起巨大作用的命题，在目前至少看起来还根本没有什么用处。因为到现在为止，非我是无；它没有实在性，因而完全不能设想在它之中它不具有的一个实在性怎么能被自我扬弃；正如它不可能被限制那样，因为它一无所是。这样一来，在非我可以按照某种方式被赋予实在性之前，这个命题看来是完全无用的。诚然，包含着这个命题的那个命题，即自我与非我互相限制，是已经设定了的；但是，刚才展示的这个命题是否也由它设定，以及是否包含在它之中，则完全是或然的。当自我自己首先已经限制了非我，已经有了限制作用的时候，自我也仅仅在考虑非我的情况下才可能受到限制。也许非我根本不限制自我自身，而只不过限制自我的限制；假如是这样，那么，无须非我一定被赋予一个绝对的实在性，也无须上述或然被展示的命题包含在它之中，前面的那个命题仍然可以是真的和正确的。

2. 在那个命题里还包含这样的命题：自我设定自己为受非我
(I,2,286) 限制的。这个命题是可以有用的，而且，它必定被认为是确实无误的，因为它可以从前面展示过的那个命题里推演出来。

自我首先被设定为绝对的实在性，然后被设定为可限制的，能够有量的实在性，而且是可以受非我限制的。但是，所有这一切都是由自我设定的；而且，这些都是我们的命题的环节。

这是显而易见的：

1. 第二个命题是知识学理论部分的基础，然而是在这个理论部分完成之后才出现的，这是综合论述不得不如此的情况。

2. 至今或然的第一个命题是知识学实践部分的基础。但因为它自己是或然的，所以，这样一个实践部分的可能性同样仍然是或然的。

3. 由此可知，为什么反思必须从理论部分开始进行；虽然随后即将表明，并不是好像理论能力使实践能力成为可能，反之，倒是实践能力使理论能力成为可能（理性自身只是实践的东西，只有在它的规律被应用于一个对它施加限制的非我时，才成为理论的东西)。——反思之所以必须这样,是因为实践原理的可思维性是建立在理论原理的可思维性之上的。但是,只要是在反思,那就反正要提到可思维性。

4. 由此可见,像我们现在所做的这样,把知识学划分为理论的和实践的两个部分,是或然的(正是由于这个原因,我们曾经不得不仅仅那么临时划分一下,而且不能划出明确的界限,实际上我们还不知道这个明确的界限)。我们还根本不知道,我们是否会完成这个理论部分,或者说,我们是否会碰上根本无法解决的矛盾;我们更不能知道究竟我们是否会从理论部分被赶进一个特殊的实践部分里去。

B. 在已经建立的命题中和在普遍的命题中所包含的对立物的综合 (I,2,287)

命题"自我设定自己是受非我规定的",恰好是从第三个原理中推演出来的;如果第三个原理是有效的,那么,这个命题也必然有效;但第三个原理必定有效,所以意识的统一性肯定没有被扬弃,而自我肯定还继续是自我(参见§.3.)。因此,既然意识的统一性没有被扬弃,这个命题本身也就肯定必然有效。

我们必须首先分析这个命题,就是说,必须看看在它里面是否包含着对立面,以及包含的是什么样的对立面。

自我设定自己是受非我规定的。因此,自我应该不规定,而是应该被规定;但是,非我应该规定,应该给自我的实在性设定界限。因此,我们已经展示过的命题里包含着下列命题:

非我(能动地)规定自我(在这种情况下,这个自我是受动的)。

自我设定自己是受绝对的活动规定的。至少就我们迄今所理解的来说，一切活动都必须从自我出发。自我已经设定了自己为量，已经设定了非我为量，已经设定了这两者为量。但自我设定自己是被规定的，显然就等于说**自我规定自己**。因此，已建立的命题里也就包含着：**自我**（通过绝对的活动）**规定自身**。

我们现在暂时还完全撇开下列的问题不管：这两个命题中的每一个命题是否都自相矛盾，是否各自都包含着一个内在的矛盾，以及是否因此而自己扬弃自己。但是，好多矛盾是立刻就看得出来的。例如，两个命题是互相矛盾的，以及如果自我是受动的，自我就不能是活动的；反过来，如果自我是活动的，自我就不能是受动的。

（诚然，**活动**的概念和**受动**的概念都还没有作为对立的概念被推演和发展出来；但是，确实没有什么进一步的东西应该从这两个对立的概念里被推论出来；人们在这里只不过利用了这两个词，以便使自己有个清楚的认识而已。可以认识清楚的一点是：在两个发展了的命题中一个命题里被肯定的东西，在另一个命题里被否定了，反之亦然；而这一点毕竟是一个矛盾。）

包含在同一个命题里的两个命题彼此矛盾，因而它们扬弃自己，而且包含它们两者于自身的那个命题也扬弃自身。上面展示过的命题的情况就是这样。所以这个命题扬弃自身。

但是，如果意识的统一性不应该被扬弃，它就不可以扬弃自
(I,2,288) 己。因此，我们必须设法把已经指出的两个对立的命题统一起来。（根据前面的说法，这并不意味着在我们的反思活动中，我们应该通过穿凿附会去替两个对立的命题臆造一个联合点；毋宁说，由于

意识的统一性是设定了的，同时那个势必要扬弃意识的统一性的命题也是设定了的，所以联合点必定已经现成地就在我们的意识之中，而我们仅仅需要通过反思把它寻找出来。我们刚才分析了一个现实存在着的综合概念＝X；而从那两个通过分析所得到的命题中，我们应该能推论出未知的X是一个什么样的概念。）

让我们着手解决我们的课题。

在一个命题里被肯定的东西，在另一个命题里被否定了。实在性和否定性就是这种情况，它们扬弃自己，并且它们不应该扬弃自己，毋宁说它们应该被统一起来，而要出现这种情况（参见§.3.）就得通过限制和规定。

只要我们说自我规定自身，自我就被赋予了绝对全部的实在性总体。自我只能把自己规定为实在性，因为自我是绝对地被设定为实在性的（参见§.1.），而且在自我之中根本没有设定什么否定性。可是，据说自我是由它自己规定的；这并不是说它扬弃了自身的实在性，因为如果这样，它就会被直接置于自相矛盾中；相反地，这是说，自我规定实在性，而且依靠实在性规定自身。自我把实在性设定为一个绝对的定量。除了这个实在性之外，根本没有实在性。这个实在性是在自我里设定的。因此，只要实在性是被规定了，自我就被规定了。

还应该注意，这是自我的一个绝对行动，是曾经在§.3.中出现过的同一个行动，在那里，自我把自己规定为量；而为了前后联系的原因，这个行动不可不明确地建立起来。

非我是与自我相对立的，正如在自我之中有实在性那样，在非我之中有否定性。既然绝对的实在性总体是被设定到自我里的，绝对的否定性总体一定就必然被设定到非我里，并且否定性本身必定被设定为绝对总体。

在自我之中的绝对的实在性总体和在非我之中的绝对的否定性总体，两者应当通过规定而统一起来。于是，自我部分地规定自己，并且它部分地被规定[183]。

(I,2,289) 但是，两者应当被设想为是同一个东西，就是说，正是考虑到自我被规定，自我应当规定自己，而且正是考虑到它规定自己，它应当被规定。

自我被规定，意思是说，在它之中的实在性被扬弃。于是，如果自我只设定自身中的绝对的实在性总体的一部分，那么，它就由此扬弃自身中的那个实在性总体的其余部分(参见§.2.)，而且由于量的自身等同性的缘故，把实在性中与被扬弃的实在性相等的那一部分设定于非我之中(参见§.3.)。一度总是一度；它是一度实在性，或者是一度否定性。(比如，把全部实在性分为十等份；如果设定五份实在性于自我之中，则必然有五份否定性被设定于自我之中。)

自我设定多少份的否定性于自身之中，它就设定多少份的实在性于非我之中；对立面中的那部分实在性恰恰扬弃它自身中的实在性。(比如，有五份否定性被设定于自我之中，就有五份实在性被设定于非我之中。)

因此，只要自我设定实在性于非我之中，它就设定否定性于自身之中，只要它设定否定性于非我之中，它就设定实在性于自身之中；因此，只要它受到规定，它就设定自己为规定着自己的；只要它规定自己，它就经受着规定。并且只要课题在上面已被放弃，课题就解决了。

（课题之所以被放弃掉，是因为关于自我怎么能够设定否定性于自身中，或者怎么能够设定实在性于非我之中这样的问题，始终没有得到回答；而且如果这些问题没有得到回答，事情就等于什么进展也没有。我们之所以提醒这一点，是因为要让任何人都不会感到我们的课题解决得不扎实和不充分。）

我们刚才进行了一次新的综合。在这个综合中被建立起来的概念，是包含在更高的规定的种概念之中的；因为通过这个概念设定了量。但是，如果那真正是一个另外的概念，如果由那个概念作标志的综合真正是一个新的综合，那么，那个概念与一般规定概念之间的种差必定会显示出来，两个概念的区别根据也必定会显示出来。——通过一般的**规定**，**量**被单纯地**确定**起来，而不追究它是 (I,2,290)
怎么样和以哪种方式确定的；通过我们现在刚建立起来的综合概念，**一个概念**的量**通过它的对立概念**的量被确定起来，反过来说也一样，对立概念的量通过这个概念的量被确立起来。通过自我的实在性或否定性的规定，非我的否定性或实在性就同时得到规定，反过来说也一样，通过非我的实在性或否定性的规定，自我的否定性或实在性就同时得到规定。我们可以从对立的两者中的任何一方出发，只要我们愿意，从哪一方出发都行，而每一次都在规定一方时通过从事规定的行动而同时规定了对方。人们可以恰如其分地把这种比较确定的规定叫做**交互规定**（按照交互作用来类推）。这种交互规定在康德那里叫做**关系**。

C. 两个对立命题中第一个命题本身所包含的对立面通过交互规定的综合

我们随之就会看到，通过综合并借助交互规定，对于解决主要困难本身来说，几乎没有取得什么重要的进展。但对于解除困难的方法来说，我们已经牢固地立定了脚跟。

如果说本节开始时建立起来的主要命题已经包含了这里要予以统一的一切对立，而且这些对立按照我们在前面对于方法所作的论述，应该都包含在那个主要命题里，如果进一步说，这些对立都曾经是可以通过交互规定的概念在普遍的概念里予以统一的，那么，已经统一的普遍的概念里所包含的那些对立命题一定已经必然地直接通过交互规定统一起来了。正如特殊的对立面是包含在新建立的普遍命题里那样，使这些特殊对立命题统一起来的那个综合概念必定也是包含在普遍的交互规定的概念里的，因此，我们恰恰也要像我们刚才对一般的**规定**概念那样，对交互规定的概念进行处理。我们规定这个概念自身，就是说，我们通过附加条件——一方的量要受其对方规定；反过来，对方要受这一方的规
(I,2,291) 定——把它的全部范围限制在一个较小的量上；这样一来，我们就得到了交互规定的概念。根据刚才所作的证明，我们从现在起必须更详细地规定这个概念本身，就是说，必须通过一个特殊的附加条件来限制交互规定的概念的范围；而这样一来，我们就得到了包含在交互规定这一较高概念之中的一些综合概念。

我们因此就能够通过划分严格的界线来规定这些概念，以至于我们可以直截了当地排除掉这些概念彼此替换和从一个概念领

域滑进另一个概念领域的那种可能性。任何错误都是由于缺乏严格规定而立即暴露出来的。

非我应该规定自我，就是说，非我应该扬弃它自身中的实在性。但这只在下列条件下才有可能：非我在自身中具有它从自我中扬弃掉的那一部分实在性，这就是说，**非我在自身中拥有实在性**。

但是，**一切实在性都被设定于自我之中了**，而非我是与自我相对立的；因而根本没有实在性被设定于非我之中，毋宁说只是否定性被设定于非我之中。一切非我都是否定性；因而非我在**自身中**没有**实在性**。

两个命题互相扬弃。两者都包含在"非我规定自我"这个命题里。因此这个命题扬弃自身。

但是，这个命题是包含在刚才建立起来的主要命题里的；而主要命题又是包含在意识的统一性的命题里的；如果这个命题被扬弃了，包含着它的那个主要命题也就被扬弃了，而且包含着主要命题的意识统一性也被扬弃了。因此，这个命题并不能扬弃自己，毋宁说它所包含着的对立面必定自己统一起来。

1. 矛盾并没有通过交互规定的概念而得到消除。如果我们把绝对的实在性总体设定为**可分割的**，就是说，设定为一种可以使之增加或减少的实在性（甚至这样做的权力也还没有推演出来），那么，我们当然可以随意扣除实在性的某些部分，而且在这种条件下，我们一定要把扣除掉的这部分实在性设定于非我之中；这就是交互规定的概念给我们带来的进展。但是，为什么我们要从自我的实在性里扣除一部分呢？这是至今还没有涉及的问题——当 (I,2,292)

然，按照交互规定的规律，反思要把一方之中扬弃的实在性设定于对立一方之中，并把对立一方扬弃的实在性设定于这一方之中，如果反思事先曾扬弃某一方的实在性的话。但什么东西授权或迫使反思进行这种交互规定呢？

让我们说明得更确切些！——实在性是被直截了当地设定于自我之中的。在第三条原理里，在刚才完全确定的方式下，非我被设定为一个定量；但每个定量都是某种东西，因而也是实在性。可是非我应当是否定性——因而仿佛是一种实在的否定性（一种负数）。

按照单纯的关系概念来说，人们究竟愿意赋予对立双方中哪一方以实在性，哪一方以否定性，是完全无所谓的事情。问题只在于，反思究竟从两个客体中的哪一个客体出发。在数学里，客体总是现实的，因为数学抽掉一切质而单纯考察量。究竟我们把后退的步伐还是把前进的步伐叫做正数，那根本是完全无关紧要的；而问题仅仅取决于究竟我们愿意把前一种步伐的数量还是把后一种步伐的数量建立为有限的结果。在知识学里，情形就是这样。在自我中是否定性的那个东西，就是在非我中的实在性；反之，在非我中是否定性的那个东西，就是在自我中的实在性；通过相互规定的概念展示出来的就是这么多，再多也没有了。究竟我们现在把自我中的东西称为实在性还是称为否定性，完全随我的便，这里谈的仅仅是相对的实在性。①

① 值得注意的是，在普通语言习惯里，相对的这个词总是被正确使用的，总是被使用于那种只能通过量来加以区别的，而不能再通过任何别的什么来加以区别的东西上的；可是人们根本没有把任何特定概念与作为相对的这个词的来源的关系一词联系起来。

因此，在实在性的概念里出现了一个恰恰由交互规定的概念所引起的歧义。如果不能扬弃这个歧义，意识的统一性就被扬弃了：自我是实在性，非我同样是实在性；两者不再是对立的，自我不是＝自我，毋宁说是＝非我。

2. 如果指出的矛盾得不到满意的解决，则上述的歧义必须首先扬弃掉，在那个歧义的背后，可以说矛盾能够隐藏下来，并且还可能不是一个真正的、而只是一个虚假的矛盾。

一切实在性的来源都是自我。实在性概念是通过自我，借助 (I,2,293) 于自我，才被给出的。但是，自我是存在着的，因为它设定自身；它设定自身，因为它是存在着的。因此，设定自身与存在是一个东西。但设定自身的概念与活动的概念一般地说又是同一回事。于是，一切实在性都是活动的；一切活动的东西都是实在性。活动是积极的（与单纯相对的实在性对立的）实在性。

（很有必要，在这里完全纯粹地思考活动的概念。这个概念丝毫不能表示那些并不包含在自我自己对自己的绝对设定中的东西，不能表示那些并不直接包含在命题"自我存在"之中的东西。由此可见，不仅完全应当抽掉一切活动的时间条件，而且应当完全抽掉活动的对象。因为自我设定它自己的存在，所以自我的本原行动完全不涉及对象，而是返回自身。自我只有在表象自身时，才成为对象。——想象力不大能够克制自己，使自己不把活动所涉及的对象的标志混淆到纯粹活动的概念里去。但是，只要人们对于活动的错觉保持警惕，至少在推论中能把一切可能来自这种混淆的东西都抽掉，那也就足够了。）

3. 自我应当被规定，就是说，实在性，或者如刚才这个概念被规定的那样，活动，应当在自我中被扬弃掉。因此，在自我中活动的对立面就设定起来了。但活动的对立面叫做受动。受动是积极的否定性，因此和单纯相对的否定性相对立。

（但愿受动这个词能够少一些附带含义。在这里不应该想到痛苦的感受，这当然是不必提醒的问题了。但是，也许还应该提醒一下，应该撇开一切时间条件，此外撇开至今还在对方中制造痛苦的一切活动。受动是刚才建立起来的那个纯粹的活动概念的单纯否定性；而且由于活动概念本身是有量的，受动就是有量的否定性；因为活动的单纯否定性，如果抽去它的量，就＝0，应该说是静止。自我中一切不是直接包含在“自我存在”之中的东西，不是直接通过自我自己对自己的设定而设定起来的东西，对于自我来说，就是受动〔一般的感受〕。）

4. 如果说，当自我处于受动状态时，实在性的绝对总体是在
(I,2,294) 自我中被保存下来的，那么，由于交互规定的规律的缘故，一个同等分量的活动就一定被转让到非我中去了。

这样一来，上面的矛盾就解决了。非我作为非我，自身没有实在性；但是，只要自我是受动的，由于交互规定的规律的缘故，非我就有实在性。对于自我来说，就我们至今所见的而言，只在自我是受动的这一情况下非我才有实在性；而且在自我的受动性这一条件之外，非我根本没有实在性——这个命题从结论的角度来看是非常重要的。

5. 现在推论出来的这个综合概念是包含在交互规定的概念之下的；因为，在它里面的非我一方的量是由它的对方、自我的量所规定的。但是，这个概念也与交互规定的概念有种属上的差异，

就是说，在交互规定的概念里，究竟对立双方中哪一方受对方的规定，双方中哪一方得到实在性和哪一方得到否定性，是完全互不相关的。只有量（而再多的东西也没有）作为单纯的量被规定起来。——但在目前这个综合里，变换并非毫不相关；对立双方中哪一方应当得到实在性而不得到否定性，哪一方应该得到否定性而不得到实在性，这是规定了的。因此，通过目前这个综合活动，具体地说，即等量的活动，被设定于一方，受动被设定于其对方，反之亦然。

这个综合称为效用性（因果性）的综合。被赋予活动的一方，在它没有被赋予受动的情况下，叫做原因（原初的实在性，直截了当地设定起来的积极的实在性，原因这个词恰当地表示了它的含义）；被赋予受动的一方，在它没有被赋予活动的情况下，叫做结果（或者效果，因而是一种依赖另一实在性的实在性，而不是原初的实在性）。两者结合起来加以思考，就叫做一个效用。人们绝不能把结果叫做效用。

（在效用性概念里，正如它刚才被演绎出来那样，经验上的时间条件完全被抽掉了；而且，没有经验条件，这个概念也完全可以思维。这是因为，一方面，时间还没有被演绎出来，我们还根本无权利用时间的概念；一方面，正如将来在图式论里所证明的那样，说人们必须把原因当作原因来思维，就是说，它在某个效用中活动 (I,2,295)
着时，必须把它当作在时间上先于效果的东西来思维，那根本是不真实的。原因与结果，由于综合统一性的缘故，可以说应当被认为是同一个东西。由于种种将会证明的理由，并不是作为原因的原因，而是被赋予效用性的实体在时间上先于效用。但是，就这一方面而言，受到效用影响的实体也在时间上先于在实体中的效果。）

D. 两个对立命题中第二个命题所包含的对立面通过交互规定的综合

我们建立起来的、作为包含在我们的主要命题中的第二个命题“自我设定自己为被规定的，就是说，自我规定自己”，本身包含着对立面；因此，这第二个命题扬弃自己。但是，由于如果意识的统一性没有也被直接扬弃的话，那么，第二个命题就不能扬弃自己，所以我们必须通过一个新的综合把其中的对立面统一起来。

a）自我规定自己；它是**规定者**，因而是活动的。

b）它规定自己；它是**被规定者**，因而是受动的。于是，自我在同一个行动中同时既是活动的又是受动的；它同时既得到了实在性又得到了否定性，这当然是一个矛盾。

这个矛盾可以通过交互规定的概念来解决；而且假如我们不用上面那些命题而用下述命题来思维，则矛盾毫无疑问地会得到完全的解决：**自我通过活动规定它的受动；或者，通过受动规定它的活动**。这样，它们就在同一个状态中同时既是活动的又是受动的。问题只不过是：是否可以思维上面这个命题和如何思维它。

为了有可能进行一切规定（一切衡量），一般地说，必须确定一个尺度。但这个尺度不会是别的，只能是自我本身，因为最初只有自我是直截了当地设定起来的。

(I,2,296) 但是，实在性是被设定在自我中的。因此，要使刚才提出来的那个难以解决的综合成为可能，并且矛盾得到令人满意的解决，自我就必须被设定为实在性的**绝对总体**（即被设定为一个定量，它包含着一切定量，并且可以是一切定量的尺度），而且是最初地和绝对地设定的。由此可见：

1. 自我绝对地、不用任何根据地、不带任何可能条件地设定实在性的绝对总体为一个定量，对于这个定量来说，直接凭靠这种设定活动是不可能有一个什么更大的定量的；而且自我设定这个绝对最大限度的实在性于自身。——一切在自我之中设定的东西都是实在性；一切存在着的实在性都是在自我中设定起来的（§.1.）。但是，这个在自我中的实在性是一个定量，而且是一个绝对设定起来的定量。（§.3.）

2. 应当通过和依靠这个绝对地设定起来的尺度规定缺乏实在性（受动）的量。但是，缺乏的不是任何什么东西；缺乏着的东西什么也不是。因而缺乏要想得到规定，只能通过实在性的剩余部分得到规定。于是，自我只能规定它自己的实在性的被限制的量；而且通过实在性的量的规定，否定性的量也就同时得到了规定。（凭借交互规定的概念。）

（这里，我们也完全撇开了作为自我的自在实在性的对立面的那个否定性的规定，而只把我们的注意力集中在实在性的一个比总体要小的定量的规定上。）

3. 一个不等于实在性总体的定量，本身是否定性，即总体性的否定性。它作为限量是与总体性相对立的；但是，一切对立面都是与这对立面相对立的东西的否定性。任何规定了的量都是非总体。

4. 但是，如果说这样一个定量能够（根据一切合题和反题的规则）与总体相对立，那么，在两者之间就必定有一个关联根据；而这个关联根据就是可分割性的概念(§.3.)。在绝对的总体中是没有部分的;但是,这个绝对总体可以与部分相比较,并且可以跟部分相区别,这样一来,上面的那个矛盾就可以令人满意地解决了。

5. 为了更明确地理解这一点,我们对实在性的概念加以反思。实在性的概念等于活动性的概念。一切实在性都是设定在自我中的,就是说,一切活动性都是设定在自我中的,反之亦然。自
(I,2,297) 我中的一切都是实在性,就是说,自我完全是活动的;只有自我是活动的,自我才是自我;如果它不是活动的,它就是非我。

一切受动都是不活动的。因此,除非受动跟活动发生了关系,否则受动根本不能规定自己。

这种情况当然适合我们的课题,我们的课题是要借助于活动,通过一个交互规定而使一个受动得到规定。

6. 受动不能跟活动发生关系,除非在这样的条件下:它与活动有一个关联根据。但是,这个关联根据不可能是别的东西,只能是实在性与否定性的普遍的关联根据、量的关联根据。受动通过量和活动发生关系,就是说,受动是一个定量的活动。

7. 为了可以思维一个定量的活动,人们必须有一个活动的尺度,即一般活动(这在上文里曾被叫做绝对的实在性总体)。一般定量则是限度。

8. 如果说一切活动都是被设定在一般自我中的,那么,设定活动的一个定量就是减少自我;而这样一个定量,只要它不是一切活动,就是一个受动,虽然它自在地是活动。

9. 因此,通过设定活动的一个定量和通过相对于活动而反设

一个定量(不是说在活动是一般活动的情况下,而是说在活动是一切活动的情况下),一个受动就被设定起来了;就是说,活动的那个定量,作为定量,本身就被设定为受动;并且就被规定为受动。

(我们说的是被规定。一切受动都是活动的否定;通过一个定量的活动,活动的总体就被否定了。而在活动的总体被否定的情况下,定量从属于受动的范围。——如果定量一般被认为是活动,它就不是属于受动的范围,而是从受动的范围里被排除出去了。)

10. 现在,出现了一个X,它同时既是实在性又是否定性,既是活动又是受动。

a) X是活动,只要这个X跟非我发生了关系;因为它是被设定在自我之中的,被设定在设定着的、行动着的自我之中的。

b) X是受动,只要这个X跟行动的总体发生了关系。这个X不是一般行动,而是一个特定的行动:它是一个包含在一般行动范 (I,2,298)
围内的特殊的行动方式。

(如果划一条圆线=A,那么,由A圈起来的整个平面=X就与无限空间里被排除在X之外的无限平面相对立了。如果在圆圈A的内部划另一条圆线=B,则由这条圆线圈起来的平面=Y首先是被圈在圆圈A里的,同时它又和圆圈A一起与无限的、被A排除在外的平面相对立;而在这种意义上,平面Y就与平面X完全相同。但是,如果把Y看成由B圈起来的东西,平面Y就既与无限平面相对立,又与平面X的那个不在它的圈内的部分相对立。于是,空间Y是自己与自己相对立;因为它既是平面X的一部分,又是独立存在的平面Y。)

举一个例子:我思维,这首先是一句表示活动的话;自我是被设定为**思维着的**，而且在这个意义上，是被设定为**行动着的**。此外，**我思维**又是一句表示否定的限制的受动的话；因为**思维**是存在的一个特殊规定；而在思维的概念里一切其余的存在样式都被排除了。于是，思维的概念是自己与自己相对立；当它与被思维的对象发生关系时，它指的是一种活动；当它与一般存在发生关系时，它指的是一种受动；因为，如果思维是可能的，则存在必定受到限制。

自我的每一个可能的谓词都表示一个自我的限制。主词自我是绝对的活动的东西，或者是存在着的东西。通过谓词（比如说，我想象，我努力等等）这个活动就被关闭在一个有限的范围之内了。（这种情况怎么发生，现在还不是问题。）

11. 现在我们可以完全看清，自我如何通过和凭借它的活动规定它的受动，以及它如何能够同时既是活动的又是受动的。它是**从事规定的**，这是就下述意义而言的：它通过绝对的自动性把自己从它的绝对实在性总体所包含的一切范围那里设定到一个特定的范围中去；而且这也是就下面这个意义说的：只考虑了这个绝对的设定，而把范围的界限撇开不管。它是**被规定的**，这是就下述意义而言的：只注重它是被设定在这个特定范围中的，而对设定的自动性是被撇开不管的。

(I,2,299) 12. 我们有了上文所提出的解决矛盾的自我的原始综合行动，并且由此找到了一个有待我们更确切地探讨的、新的综合概念。

新的综合概念，正如原始的综合概念一样，是关于效用性的概念，也就是一种更确定的交互规定的概念；如果我们把它们与前一个交互规定相比较，并且将它们自行比较，我们就将获得对这两个综合的最完满的认识。

按照一般规定的原则，a)两个综合必定与交互规定相同，b)与交互规定对立，c)彼此相同，只要就它们与交互规定相对立而言，d)彼此对立。

a) 两个综合与交互规定相同。这是因为在两个综合之中，正如在交互规定之中那样，通过受动性，活动性被规定，并且通过活动性，受动性被规定。换句话说，通过否定性，实在性被规定，并且通过实在性，否定性被规定。

b) 两个综合与交互规定对立。这是因为在交互规定中，并没有**确定地**，而是仅仅一般地**设定了**一种交互关系。究竟人们从实在性开始转入否定性，还是从否定性开始转入实在性，是完全随便的。但是，在最后推演出来的两个综合里，相互的顺序是确定和规定了的。

c) 正是因为在它们两者中顺序都是确定了的，所以它们彼此相同。

d) 在交互规定的顺序方面，它们两者是彼此对立的。在因果概念里，活动性被受动性所规定，而在刚才推演出来的概念里，受动性被活动性所规定。

13. 自我，当它被看作是绝对地被规定起来的、包括一切实在性的整个领域时，就是**实体**。当它被设定于这个领域的一个并非无条件地规定的范围（这个范围是怎么规定的，目前还没有探讨）里的时候，它是**偶然的**。或者说，**它是实体中的一个偶性**。把这个特殊范围从整个领域中分割出来的那个界限，是使偶性所以成为偶性的界限。界限是实体与偶性之间的区别根据。界限存在于整个领域之中；因此，偶性存在于实体之中并属于实体；而界限排除某种东西于整个领域之外；因此，偶性不是实体。

14. 不和偶性发生关系的实体是不可思维的，因为正是通过在绝对的领域内设定可能的范围，自我才成为实体；通过可能的偶性，才产生实在；因为否则，一切实在性就该绝对地是一个东西
(I,2,300) 了。——自我的实在性是自我的行动方式；就一切可能的行动方式(存在方式)都被设定于它之中而言，自我是实体。

没有实体，偶性是不可思维的；因为要想认识某个东西是一个特定的实在性，我们就必须使它与一般实在性发生关系。

实体被认为是一切普遍的交互关系；偶性则是一种特定的东西，和另一交替的东西互相交替着。

本来只有一个唯一的实体，即自我；一切可能的偶性，即一切可能的实在性，都是在这个唯一实体中设定起来的。——唯一实体的从某一标志来看彼此相同的众多偶性怎么可能被结合起来理解，它们本身怎么可以被思维为许多实体(这些实体的偶性是通过上述标志之间的、与等同性并存的差异性加以规定的)，我们到时候就会看清的。

说明 有两个东西始终没有探讨，一直还是漆黑一团。一个是：自我的这样一种活动，即自我据以将自身作为实体跟偶性区别开，并加以比较的活动；另一个是：促使自我采取这种行动的东西；后者就我们依据第一个综合所能猜测的来说，这很可能是非我的一种效用。

因此，正像在每一个综合里经常出现的情况那样，一切居

于中间的东西都可以正确地被统一和结合起来，而居于两头的两个端项则不能。

上面这个注释从一个新的方面向我们指明了知识学的研究课题。知识学将永远前进，永远在两个对立面之间插入中间环节；但是，矛盾并没有因此完全得到解决，而是仅仅被继续拖延下去。比如说，两个被统一起来的环节，我们进一步探讨之后发现它们并没有完全得到统一，如果我们在两者之间插进一个新的中间环节，那么，最后出现的那个矛盾诚然是解决了，但是，为了解决这个矛盾，我们必须采用一个新的终点，而新的终点又是对立的，又必须重新统一起来。

真正的、最高的、包含一切其他课题于自身的课题是：自我如何能够直接对非我发生效用，或非我如何能够直接对自我发生效用？因为它们两者是彼此完全对立的。人们可以在两者之间插进随便一个什么东西X，两者都对X发生效用，从而两者也就同时间接彼此发生效用。但是，人们立刻会发现，在这个X里还必须再有一个自我与非我直接在那里会合的什么点才行。为了避免这种情况，人们在两者之间再插进一个新的中间环节Y，以代替两者之间的明确界限。但是，我 (I,2,301)
们立刻看到，在Y里正如在X里一样，必须再有一个对立双方直接接触的什么点才行。而如果不通过一个理性的绝对命令，那就得一直进行下去，以至于无穷。这个理性的绝对命令，并不是哲学家下达的命令，而只是哲学家揭示出来的，它就是**应当**，因为非我不能以任何方式将自己与自我统一起来，就根本没有非我，接合点虽然没有解开，却会被割开。

人们还可以从另外一个方面来看问题。只要自我是通过非我被限制的，自我就是有限的；但是，就自我是通过它自己的绝对活动被设定的来说，自我是无限的。在自我这里，无限与有限两者应当统一起来。然而这样的一种统一自在地是不可能的。争执的确通过中介早就得到了和解，无限限制着有限。但是，归根到底，由于事实表明了被寻求的那种统一是完全不可能的，所以有限必须从根本上被扬弃；一切界限必须消失，无限的自我必须作为一本和万殊单独地保存下来。

如果在连续的空间A中的M点上设置光明，在N点上设置黑暗，那么，由于空间是连续的，并且在M与N之间没有冲突，必然在两点之间的某处有一个O点，这个O点同时既是光明又是黑暗，它们互相矛盾。——你们在两者之间设置一个中间环节：昏暗。昏暗占有从P到Q这个区域，于是在P点上昏暗与光明为界，在Q点上昏暗与黑暗为界。但是用这种做法，你们只是把矛盾往后推移，却并没有令人满意地予以解决。昏暗是光明与黑暗的混合。现在，只有当P点同时既是光明又是昏暗时，在P上光明才与黑暗为界；并且只有当昏暗也就是黑暗时，昏暗才能与光明区别开来，所以，P点同时既是光明又是黑暗。Q点的情况也是这样。——因此，要想消除矛盾，没有任何别的途径，只有这样：光明与黑暗根本不是对立的，而是只有程度上的差别。黑暗仅仅是一个非常小量的光明。——自我与非我之间的情况恰恰就是这样。

E. 已经建立的两种交互规定之间出现的对立的综合统一 (I,2,302)

自我设定自己是由非我规定的，这是我们当初由以开始的主要命题，这个命题是不能被扬弃的，除非意识的统一性同时被扬弃掉。但其中有须待我们解决的一些矛盾。首先，发生了这样的问题：自我怎么能同时既规定又被规定呢？——问题是这样回答的：**规定**和**被规定**，借助于交互规定的概念，两者是同一回事；因此，只要自我设定某个定量的否定性于自身中，它就同时设定某个定量的实在性于非我中，反过来情况也是这样。这里留下了这样的问题：那么实在性应该被设定于自我中呢，还是应该设定于非我之中？——这个问题是借助于效用性的概念这么回答的：否定性或受动应该被设定于自我中，并且根据一般交互规定的规则，等量的实在性或活动应该被设定于非我中。——但是，进一步的问题是：受动怎么能被设定于自我中呢？然后又借助于实体性的概念作了这样的回答：在自我中受动和活动是同一回事，因为受动只是一个较小定量的活动。

但是，这些解答已经使我们陷入了一个圆圈。**如果**自我设定一个较小程度的活动于自身，那么它固然由此而设定一个受动于自身和一个活动于非我。但是，自我不能有绝对地设定一个较低程度的活动于自身的能力，因为根据实体性的概念，自我设定一切活动于自身，它不设定除活动外的任何东西于自身。因此，在设定较低程度的活动于自我中之前，必须事先就有一个非我的活动；在自我能够设定一个较小部分的活动于自身之前，非我的活动必须先已现实地把非我的一部分活动毁灭掉。但是，这是不可能的，因为根据效用性的概念，只有在自我中被设定了受动时，非我才能取得一个活动。

对于上述问题的要点，目前我们还不能明确地予以正式说明。
(I,2,303) 请允许我们暂时把时间概念预先设定为众所周知的。——作为第一种情况，我们可以根据单纯的效用性概念设定自我的限制是完全出于非我的活动。如果你们设想在A时刻上非我不对自我施以效用，那么，在自我中一切都是实在性，根本没有否定性；因而根据上面所述的效用性的概念，就没有实在性被设定于非我之中。如果你们再设想，在B时刻，非我对自我以三度的活动施以效用，那么，根据交互规定的概念，当然就有三度的实在性从自我中被扬弃掉，并且有三度的否定性被设定于自我中，以资顶替。但在这种情况下，自我完全处于受动的地位；三度的否定性固然在自我中设定起来了，但它们也只不过是**对于**自我以外的**某一个理智存在者**——这个理智存在者考察并且根据相互规定的规则判断在上述效用中的自我与非我——来说是**被设定了的**，而不是**对于自我本身来说**是被设定了的。另外，我们还可以要求自我能对它在A时刻的状态和它在B时刻的状态进行比较，并能对它在这两个时刻的活动的不同定量进行区别，而这一点如何可能，现在还看不出来。在我们设想的这种情况下，自我诚然是被限制了的，但是，自我对它的局限性是不曾意识到的。用我们命题里的话来说，自我诚然是**被规定的**，但是，它并没有**设定自己**是被规定的，而毋宁只有在它之外的某一本质才能设定它为被规定的。

或者作为第二种情况，根据单纯的实体性概念设定：自我不依赖非我的任何效用，绝对有一种能力，随意地把一个减少了的实在性定量设定于自身之中；这是先验唯心主义预先设定的前提，特别是先验唯心主义所体现的那种预定和谐的前提。关于这个前提已经和绝对第一原理相矛盾的问题，这里完全撇开不谈。你们也还可以假设自我有能力拿这个减少了的量同绝对总体相比较，并且对它进行衡量。在这个前提之下，如果自我在A时刻设定减少了二度的活动，在B时刻设定减少了三度的活动，那么，我们就可以充分理解自我怎么能在这两个时刻断定自己是受限制的，怎么能够断定自己在B时刻受到的限制比在A时刻多些；但是，我们绝不能理解自我怎么能够把这种限制联系到非我中的某个东西身上，当作造成这种限制的原因。毋宁说，自我必须把自身看作这种限制的原因。用我们命题里的话来说，在这种情况下，自我固然设 (I,2,304)
定自己是被规定的，但是，它并不设定自己是**通过非我**而被规定的。（独断唯心主义者诚然有权否认自我这样与一个非我相联系，这种唯心主义者是彻底的、论断前后一致的唯心主义者，然而，他不能否认自我与非我相互联系这个事实，而且也没有人会想入非非地去否认这个事实。但是，暂且撇开联系的事实不谈，他至少应该对他所承认的这种事实给予说明。但是，根据他的前提，他是不能给予说明的，所以他的哲学是不完满的。如果他除了这种联系之外，还承认有在我们之外的事物存在，像**预定和谐说**里所表现的那样，那么，他就是非常不彻底的，不能自圆其说的。）

因此，单独地使用两个综合，并不能说明它们应该说明的东西，而前面所揭示的矛盾依然存在：如果自我设定自己是被规定的，它就不是由非我规定的；如果它是由非我规定的，它就没有设定自己是被规定的。

Ⅰ. 我们现在完全确定地提出这个矛盾。

不设定活动于非我之中，自我就不能设定受动于自身之中；但是，不设定一个受动于自身中，它就不能设定活动于非我。没有对方的设定，它不能设定任何东西；它不能绝对地设定任何东西，因而它在两者中一个也不能设定。由此可见：

1）只要自我设定活动于非我之中，自我就不能设定受动于自身之中：只要自我设定受动于自身之中，它就不能设定活动于非我之中。它根本不设定。（这里否定的不是**条件**，而是**受条件限制的东西**，这是应当充分注意的；这里所主张的不是一般交互规定的规则本身，而是这种规则对于当前情况的应用。）这是刚才已经证明了的。

2）但是，只要自我设定活动于非我之中，自我就应该设定受动于自身之中；反之，只要自我设定受动于自身之中，它就应该设定活动于非我之中；这是从前面绝对地设定起来的那些原理中推演出来的明确论断。

Ⅱ. 第一个命题所否认的正是第二个命题所主张的。

因此，两个命题之间的关系就像实在性与否定性的关系那样。但是，实在性与否定性是通过量得到了统一的。两个命题都必须有效；但它们两者都只能部分地有效。必须像下面这样思维它们：

1）**在**自我设定活动于非我**的情况下**，自我**部分地**设定受动于
(I,2,305) 自身；但**在**它设定活动于非我**的情况下**，它**部分地不**设定受动于自身；反之，在自我设定受动于自身的情况下，情况也是这样[184]。

2）在自我设定活动于自我的情况下，自我只**部分地**设定受动

于非我，而在它设定活动于自我的情况下，它部分地不设定受动于非我。（明确地说：一个活动被设定于自我，而根本没有非我中的受动与之相对立，同样，一个活动被设定于非我，而根本没有自我中的受动与之相对立。在我们确切认识这种活动之前，我们暂时把它称为独立的活动。）

Ⅲ. 但是，自我与非我中的这种独立的活动，是与现在通过交互规定规律所详细规定的对设规律互相矛盾的；因此它特别与当前在我们的探讨中起主导作用的交互规定的概念发生矛盾。

自我中的一切活动规定着非我中的一个受动；反之，非我中的一切活动规定着自我中的一种受动。这是根据交互规定的概念。——但是，现在正好提出了这样的命题：

自我中的一定的活动不规定非我中的任何受动（不可能推论出这样一种受动）；同样，非我中的一定的活动不规定自我中的任何受动。

第二个命题与前面第一个命题的关系，就像否定性和实在性的关系一样。因此，两者可以通过规定统一起来，就是说，两者都只能部分地有效。

前面列举的矛盾着的命题是交互规定的命题。这个命题只应当部分地有效，就是说，它应当自己规定自己，它的有效性应当通过一种规则被限制于一定的范围之内。

或者用另外一种方式来说，自我与非我的独立活动只在一定意义上是独立的。这一点立即可以看清楚。这是因为：

Ⅳ. 根据上面的命题，自我中应当有一种活动，这种活动规定着非我中的一种受动，并由这个受动所规定；反之，非我中应当有一种活动，这种活动规定着自我中的一种受动，并由这种受动所规定；对于这种活动和受动，交互规定的概念是可以应用的。

(I,2,306) 同时，在自我与非我中应当有一种活动，这种活动不是由对方的任何受动来规定的；正如刚才为了解决已出现的矛盾而假设的那样。

两个命题应当并行不悖；因此，它们必须能通过一个综合概念被设想为在同一个行动中统一起来的。但是，这个概念不可能是别的，只能是交互规定的概念。被认为统一了这两个命题的那个命题是这样的：

独立的活动通过行动与受动的交替（通过交互规定而彼此规定着的行动与受动）**而被规定**；**反之**，**行动与受动的交替通过独立的活动而被规定**[185]。

假如这个命题能够成立，那么很清楚：

1. 在什么意义下自我的独立活动与非我的独立活动相互规定，在什么意义下它们并不相互规定。它们并不**直接地**规定自己，但是，它们通过它们的包含在交替之中的行动与受动而间接地规定自己。

2. 相互规定的命题怎么能同时既是有效的又是无效的；它对于交替与独立活动是可以应用的；但它对于独立活动与自在的独立活动是不能应用的。交替与独立活动两者从属于这个命题，但是，独立活动与自在的独立活动两者不属于它。

现在我们来回顾一下前面提出的命题的意义。

它里面包含下面三点：

1. 通过行动与受动的交替来规定独立活动。

2. 通过独立活动来规定行动与受动的交替。

3. 行动与受动通过对方而被相互规定。至于人们究竟是从行动与受动的交替向独立活动过渡，或者是从独立活动向行动与受动的交替过渡，那是无所谓的事。

Ⅰ

(Ⅰ,2,307)

关于第一个命题，我们应该首先探讨一下，一个独立活动通过一个行动与受动的交替而被规定究竟是什么意思；然后，我们应该把它应用到当前的情况上来。

1. 通过行动与受动的交替，一个独立活动毕竟被规定。——我们是在规定交互规定的概念本身，就是说，是在通过一种规则来限制这个概念的有效范围。关于这一点我们已经提醒过了。但是，进行规定就是指出根据。如果这个命题的应用根据被提出来了，那么，应用也就同时被限制了。

就是说，根据交互规定的命题，通过一方中的一种活动的设定，对方中的受动就直接地被设定起来，反之亦然。根据设定对立面的命题，现在如果有一个受动完全被设定了，那么，这一个受动必定被设定于活动者的对方。这一点当然是清楚的。但是，为什么完全要有一个受动被设定起来，为什么一方中的活动不能就此告终；换句话说，为什么完全要出现交互规定的情况，这个问题还没有通过交互规定的命题得到解答。——受动与活动，作为两方，是对立的，可是受动应当直接通过活动被设定起来，活动应当直接通过受动被设定起来，因此，根据规定的命题，它们必定在一个第三者＝X那里又是相同的。（这个第三者使受动可能过渡为活动，使活动可能过渡为受动，而不至于使意识的统一性被打断，更不至于使意识的统一性里如我们所说的出现**冲突**。）这个第三者就是处于交替中的行动与受动之间的**关联根据**。（§.3.）

这个关联根据不依赖于交互规定，毋宁说交互规定依赖于关联根据；关联根据并不因为交互规定才是可能的，但交互规定则是因为关联根据才成为可能的。因此，关联根据虽然在反思中是通过交互规定被设定起来的，但它被设定为这样一种东西，这种东西不依存于交互规定，也不依存于因为交互规定而交替出现的东西，它是独立的。

此外，关联根据还**在反思中**通过交替而**被规定**，并且在反思中取得它的地位，就是说，如果交互规定被设定了，关联根据就被设(I,2,308)定在这样一个范围里，这个范围本身包括交互规定的范围，就好像通过关联根据划定了一个比交互规定的圆圈更大的圆圈，以便用这个圆圈把关联根据稳妥地安置下来似的。关联根据占有一般规定的范围，而交互规定则仅仅占有这个范围的一部分；从上述命题是完全可以看清这一点的，不过为了反思的缘故，在这里必须提醒一下。

这种根据是一种实在性，或者，如果交互规定被认为是行动，那么，这种根据就是一种活动。——这样一来，通过交互规定就完全规定了一种独立的活动。

（从上述命题同样可以看到，一切交互规定的根据都是实在性的绝对总体。这个绝对总体根本不可能被扬弃，因而在一方中被扬弃的它那一部分定量，必定在对方中被设定起来。）

2. 我们把这个普遍的命题应用到它所包含的和当前出现的

事例上来。

a）借助于**效用性**的交替概念，一个非我的活动通过自我的受动被设定起来。这是已经指出的交替中的一种交替：一个独立的活动就是通过这种交替设定和规定的。

交互规定从受动开始。受动**是**设定起来的；通过受动，活动被设定起来。受动是被设定于**自我之中**的。因此，如果相对于这种受动而设定一种活动与之对立，那么，这种活动必定被设定于自我的对方，被设定于非我之中，这从交互规定的概念来看，是完全有根据的。——在这个过渡里，当然也有并且必定也有一个联结环节。这个联结环节大家都知道就是量，在自我与非我中，在受动与活动中，量是自身等同的。量就是关系根据，但是，我们也可以恰如其分地称之为理想的根据。于是自我里的受动就是非我里的活动的理想根据。——我们现在所考察的这个方法，通过交互规定的规则被证明是完全正确的。

下面完全是另一个问题：如果说交互规定的规则在这里也被完全应用上了，那么，为什么交互规定的规则在这里应该被用上呢？在受动被设定于自我之中以后，活动就被设定于非我之中，这是不加任何考虑就承认了的，但是为什么一般说来要有活动被设定起来呢？这个问题必定不能通过交互规定的命题来解答，而是 (I,2,309)
要通过更高的根据命题来解答。

一个受动**被设定**于自我之中，意思是说，自我的一个定量的活动被扬弃了。

这个受动，或者说，这个活动的**减小**，必须有**一个根据**；因为被扬弃的东西应当是一个**定量**；但是，每一个定量都受另一个定量规定，而由于另一个定量的原故，这个定量就既不较大也不较小，而恰恰就是这个定量；这是符合规定的命题的（参见 §.3.）。

这个减小的根据不能存在于自我之中；因为自我在自身之内只设定活动，并不设定受动；它只设定自己为存在着的东西，并不设定自己为不存在的东西（参见 §.1.）。

根据设定对立面的规定，凡不属于自我的都属于非我（参见 §.2.），根据不存在于自我之中，这个命题等于说减少的根据存在于非我之中。

这里所说的已经不再是单纯的量了，而是质；受动只要是由存在构成的，就被设定为与自我的本质相对立，而且只有在这种情况下，受动的根据才能不被设定于自我之中，而必定被设定于非我之中。受动被设定为与实在性相对立的质，即否定性（否定性并不仅仅是活动的一个较小的量，参见本节中的 B）。但是，质的根据叫做实在根据。一种不依赖于交替关系而独立存在的、为交替关系的可能性已经预先设定的非我的活动，就是受动的实在根据；而那种非我的活动之所以被设定起来，是为了使我们能有一个受动的实在根据。——于是通过上述的交替关系，就设定了一种不依赖于交替关系的、通过实在根据预设的非我的活动。

（一方面是因为我们在这里到达了可以很方便地概观整个体系的要点之一，一方面也是为了不让独断唯心主义在短时间内有一个它可以从上述命题中取得的证明，我们再次明确地指出：一种在非我中的实在根据是以在自我中的受动的某种质的东西为基础的。〈在对单纯的效用性命题进行反思时，我们确实必须承认这种
(I,2,310) 质的东西。〉因而实在根据仅仅在它的前提条件可能有效的范围内

才是有效的。——当我们在探讨第二种交替概念，即实体性的交替概念时，就会看到：在对交替概念进行反思的时候，受动不能被思维为某种质的东西，而只能被思维为某种量的东西，即活动的单纯减少；因此，在这种反思中，非我就重新成了单纯的理想的根据，因为既然根据已经不再存在，建立在它上面的东西也就没有了。——我们简略地总结一下：如果表象的说明，即全部的思辨哲学的出发点，是非我被设定为表象的原因，表象被设定为非我的效果，那么，非我就是一切的实在根据；非我绝对地存在着，因为它存在着，而且它绝对地就是它所是的那个东西〈斯宾诺莎所谓的事实〉。自我本身只是非我的一个偶性，绝不是实体，这样，我们就得到了斯宾诺莎主义所谓的物质。斯宾诺莎主义是一种独断实在主义，这个体系不以进行最高的可能的抽象，即不以抽去非我为前提，而且不建立最后的根据，所以这个体系是完全无根据的体系。——反之，如果表象的说明从这样的观点出发：即自我是非我的实体，非我是自我的一个偶性，那么，非我就根本不是自我的实在根据，而只是它的理想根据，因此，非我除了表象之外就根本没有实在性；它不是实体，不是任何自为存在的、绝对地设定起来的东西，而是自我的一个纯粹的偶性。对于自我中的实在性的限制〈对于产生表象的冲动〉，这个体系根本提不出根据。它把对于根据的探讨完全省略了。这样的体系可以说是一种独断唯心主义，它固然进行了最高的抽象，因而有着充分的根据；但实际上相反，它是不完全的，因为它没有说明一切应当说明的东西。因此，实在主义与唯心主义的真正争论是：人们在说明表象时应当采取什么道路的问题。大家将会看到，在我们的知识学的理论部分里，这个问题是完全未予解答的，就是说，它被解答到这种地步：两条路都是正确的。在一定的条件下，人们不得不走其中的一条路，而在相反的条件下，人们不得不走另外一条路。这样一来，人类的理性，
(I,2,311) 就是说，一切有限的理性，就陷于自相矛盾，陷于无限循环。有一个体系指明了这种情况，那就是康德以最彻底的、最完备的方式建立起来的批判的唯心主义。理性的自相矛盾必须解决，即使在理论知识学里这个矛盾是不可能解决的。由于自我的绝对存在不可能被取消，所以争论的结局必然有利于最后的那种结论，就像在独断的唯心主义里那样。〈只有一点不同，那就是我们的唯心主义不是独断的，而是实践的；不是规定了存在什么，而是规定了应当存在什么。〉但是要实现这一点，必须采取这样的方式：一切应当得到说明的都得到说明。而这一点是独断主义做不到的。自我的活动的减少，必须从自我本身来说明。活动减少的最后根据，必须被设定于自我之中。要实现这一点，就只有这样：自我被设定为这样一种东西，这种东西应当把那个使理智自我的活动减少的非我的存在根据包含于自身之中；这是一个无限的理想，其本身是不可思议的，因而它并不能使我们说明应该说明的东西，而只是向我们指出其所以不能加以说明的情况和原因。从这个角度来看，自我是实践的。问题的症结与其说是解开了，不如说是被设定于无限之中了。）

一种非我的独立活动曾经通过自我的受动与非我的活动之间的交替被设定起来；这种独立的活动现在通过同一个交替作用也得到了规定。它被设定，是为了给在自我中设定起来的受动建立根据。因而它所涉及的范围也不大于非我所涉及的范围。对于自

我来说，除了非我的受动之外，根本没有非我的原始实在性和活动。自我中没有受动，非我中没有活动，即使在谈论这种活动的时候，在谈论不依赖于效用性概念的、构成实在根据的那种独立活动的时候，这话也是有效的。甚至自在之物也只是在一种受动的可能性至少被设定于自我之中时，才是存在的。这是一条准则，它只在知识学的实践部分中才会得到它的完全规定和可应用性。

b）借助于实体性概念，通过自我的活动，一个受动在同一个自我中被设定起来和得到规定。自我的活动与受动，两者都包括在交互作用之中；它们彼此的规定是前面建立起来的交互规定的 (I,2,312)
第二类型；而且通过这种交互作用，一种并不依赖于自我的、并不包括在自我之内的独立活动应当被设定起来和得到规定。

活动与受动，自在地是对立的。如同我们已经看到的那样，在通过某一定量的活动被设定于一方之中时所通过的那同一个行动，当然可以把同样定量的受动设定于对方之中；反之，在通过某一定量的受动被设定于一方之中时所通过的那同一个行动，当然也可以把同样定量的活动设定于对方之中。但通过一个行动，并且恰恰通过这同一个行动，活动与受动不是在对立双方中，而是在同一方中被设定起来，那是矛盾的。

现在，一般地说，这个矛盾确实在前面进行实体性概念的演绎时通过下列情况已经解决了：就是说，受动就其自身和质来说，根本不是别的什么，只不过是一种活动，而就量来说，则应当是一种比活动总体少些的活动；而且在普遍的意义上，我们甚至完全可以设想，一个较小的量是怎么可以与绝对总体的量相比较的，以及它既然同绝对总体不相等，它是怎么能够作为一个较小的量而被设定起来的。

现在,两者的关联根据是活动。无论两者的总体还是两者的非总体,都是活动。

但是,也有活动被设定于非我之中,而且被设定于非我之中的同样是一个与活动总体不相等的、被限制了的活动。那么,这就发生了如下的问题:自我的一个有限制的活动通过什么同非我的一个有限制的活动相区别呢?这恰恰等于说,在这种条件下,自我与非我一般地说怎么还能区别开呢?因为自我据以成为活动,非我据以成为受动的那个自我与非我的区别根据已经没有了。

如果这样一种区别是不可能的,前面所要求的交互规定也就不可能了,而且一切推演出来的规定就一般地都不可能了。非我的活动通过自我的受动而受到规定;自我的受动则通过**它自己的**活动在减少之后余留下来的那个量而受到规定。在这里,显然为了与**自我的**活动的绝对总体有可能发生关系而作了这种预先设
(I,2,313) 定,即减少了的活动就是**自我的**活动,就是这个绝对总体被设定于其中的那同一个**自我的**活动。——减少了的活动是与这个绝对总体相对立的,而这个总体是**被**设定于自我之中的,因此,根据前面的规则,这个总体的对方,或者说减少了的活动,就应当被设定于非我之中。可是,假如减少了的活动被设定到非我中去了,它就不会通过任何关联根据与绝对总体联结起来了;交互规定就不会发生,而至今所推演出来的一切就都被扬弃了。

这样一来,减少了的活动,既然作为**一般的活动**不可能与总体发生关系,也就必定没有特性了;而减少了的活动的这种特性是应当能够指明关联根据的,并使减少了的活动成为自我的活动,而绝

对不能成为非我的活动。但是,自我的这种特性是非我根本不可能得到的,这种特性就是**绝对没有任何根据地设定和被设定**。(参见§.1.)因此那种减少了的活动必定是**绝对的**。

但是,绝对的和无根据的,就是完全无限制的(参见§.3.);可是,自我的那种本原行动毕竟是有限制的。这个疑难可以这样解答:只要这个行动是一个一般的行动而不是更多的什么,那它就是没有受任何根据、任何条件的限制;行动可以被采取,也可以不被采取;行动自在地通过绝对自发性而发生。但是,一旦它涉及一个对象,它就是被限制了的;也可以不采取行动(虽然受着非我的影响,如果我们愿意设想不经自我的参与而通过反思就可能有这样一种非我的影响的话);但是,一旦采取了行动,这行动就必定恰恰涉及这个对象,而不能涉及任何别的对象。

于是,通过上面列举的交互规定,一种独立的活动就**被设定**起来。这就是说,正在交互作用的活动,其本身是独立的,但是,这并不是因为它**正在交互作用**,而是因为它是**活动**。既然它有交互作用,它就是有限制的,并且因此是一种受动。

另外,这种独立的活动特别在纯粹的反思里还受着交互作用的规定。为了可能有交互作用,活动必须被认为是绝对的;因此,建立起来的不是**一般的绝对活动**,而是**规定着一个交互作用的绝对活动**。(这种绝对活动叫做**想象力**,这是将来会看到的。)但是, (I,2,314)
这样一种绝对活动,只是在交互作用需要加以规定的情况下才设定起来的;因此,它的范围将由这种交互作用的范围本身加以规定。

Ⅱ

通过一种独立的活动，活动和受动的交替得到了规定，这是我们要讨论的第二个命题。我们必须：

1. 对这个命题作一般的阐明，并且严格区格它与前面的命题的含义。

在前一个命题里，我们是从交互作用开始的；它被作为已经发生了的东西预先设定起来，因而我们根本没有谈到作为一个纯粹交互作用(一个从一方到另一方的过渡)的交互作用的形式，而只谈了交互作用的实质，只谈了正在交替着的端项。如果一个交互作用已现成地在那里——这是前面一般的结论——，那么，端项就必定已现成地在那里，这样它们才能进行交替。它们怎么可能是这样交替的呢？我们曾提出一种独立的活动作为它们的根据。

但是，我们现在不从交互作用出发，而从使交互作用可能成为交互作用、并根据交互作用的形式而使交互作用可能成为一种由一方到另一方的过渡的那个东西出发，向前进行。那里谈的是交互作用的实质的根据，这里要说的是交互作用的形式的根据。而交互作用的这个形式根据也应当是一种独立活动；这里，我们要对这个主张加以证明。

我们还可以更明确地指出交替的形式所以不同于交互作用的实质的区别根据，如果我们仔细地对我们自己的反思进行反思的话。

在第一种情况下，交替是被当作已经发生了的东西设定起来的，因而关于它如何发生的方式就被完全撇开了，只考虑了正在进行交互作用的端项是如何可能的问题。——磁石吸引铁，铁被磁石吸引，这是两个彼此交替的命题，就是说，其中一个命题是通过另一个命题被设定起来的。这是预先设定起来的事实，而且是预先设定为有根据的事实；因而没有问：是谁通过一个命题设定另一个命题的？通过一个命题去设定另一个命题一般地说究竟是何种情况？而只是问：在其中的一个可以通过另一个而被设定起来的 (I,2,315)
这两个命题的范围内，为什么恰恰包含有这样两个命题？在两个命题中必定包含有某种使它们两者有条件能够互相交互作用的东西。这个东西也就是使它们成为交替命题的实质，而这是应该找出来的。

在第二种情况下，反思是指向交替过程本身的已经发生了的东西，互相交替的命题则完全被撇开不管。这不再是根据什么权利去和那些命题进行交替的问题，而是一般地怎么进行交替的问题。而且在此时出现了这样的情况：必须在磁石和铁之外有一个有理智的存在者现成存在着，他观察磁石和铁两者，把两者的概念在他的意识里统一起来，并且必然给一方提供一个与对方的谓词相对立的谓词（吸引和被吸引）。

在第一种情况下发生的是对于现象的一种简单的反思，即观察者的反思；在第二种情况下发生的是对于前一种反思的反思，即哲学家对于观察的方式的反思。

一旦明确了我们所寻找的那种独立活动应该规定交替的形式，而不是规定交替的单纯的实质，就没有什么东西阻碍我们不去以新的方法在我们的反思中从交替出发进行探讨了，因为探讨工作由此得到了极大的方便。

2. 现在我们把刚才一般地说明了的命题应用到它们所包含的个别情况上来。

a) 在**效用性**的交替里，通过自我中的一个受动，在非我中设定了一个活动，就是说，一定的活动**没有**被设定于自我中，或者说，一定的活动被从自我中剥夺了，反而**被设定**于非我中。为了纯粹地得到这种交替的单纯形式，我们必须既把被设定的东西即活动撇开，又把设定于其中的与不设定于其中的两个端项即自我与非我抽掉，这样一来，我们作为纯粹的形式保留下来的就是一种**通过不设定的设定**，或者说，**一种让渡**。这可以说是效用性的综合里的交替的形式特性，因而是进行交替的活动（在积极的含义上，是它实现了的交替）的实质特性。

(I,2,316) 这种活动是不依存于因它而可能并由它而实现的那个交替的，它并不是通过交替才成为可能的。

这种活动并不依存于交替的两个端项本身，因为通过活动，两个交替着的端项才是交替的端项，正是活动使两个端项进行交替的。没有它，两个端项仍然可以是两个端项，然而它们是孤立的，没有互相联系起来。

然而，任何设定都是自我的特性，因而上述让渡活动，即为了通过效用性概念而使一种规定成为可能的让渡活动，是属于**自我**的。自我把活动从自我那里让渡给非我，从而把它自身中的活动扬弃掉。如上所述，这就是自我通过活动把一个受动设定于自身之中。只要自我在让渡活动给非我时是活动的，那么，在这个意义上，非我就是受动的；活动是**被**让渡到它这里来的。

（请大家暂时不要因为这个命题在它被建立起来的意义上与

第一原理相矛盾而受到干扰，因为在前面讨论最后一个命题时，曾经从第一原理推论出非我的一种不依赖于任何交替而独立的实在性。认识到这点就行了。然而，这个命题和跟它相矛盾的命题一样，是从证明了的前提中通过正确的推论得到的。两者统一的根据，不用我们进行任何有意的干预，到时就会显现出来。

请大家不要忽略前面说过的一句话：这种活动是不依赖于通过它才成为可能的那种交替的。因为毕竟还可能有另一种不必通过它才可能的交替。

尽管已建立起来的命题受到各种各样的限制，至少我们通过它已经赢得了这样的结论：自我甚至在受动的时候，**也**必定是活动的，即使不是**单纯地**活动的。而且这个结论很可能是使我们的探讨所花费的精力得到丰厚报酬的一个非常重要的收获。）

b）借助于绝对的活动总体，在**实体性**的交替里，活动应当被设定为是受了限制的。就是说，绝对的活动总体中通过限制而被排除的那一部分活动被设定为**没有**被有限制的活动的设定所设定 (I,2,317)
的，被设定为有限制的活动中所缺少的；因而这种交替的单纯形式的特性是一个通过设定的**不设定**。在绝对的活动总体中，缺少的东西被设定起来了。它**不**是在有限制的活动中被设定起来的，它被设定**为**不在交替中被设定的。这是绝对地从设定出发，而且是从对绝对活动总体的设定出发，是根据前面建立的实体性概念。

因此，设定这种交替本身的那个行动，其实质特性必定同样是一个通过一个设定的不设定，而且是通过一个绝对设定的不设定。受到限制的活动（它此时被当作给定了的来看待）中的**没有被设定**是从哪里来的，以及这个没有被设定的根据可能是个什么东西，在这里都完全被撇开没有去管。受到限制的活动已经存在在那里，这是事先设定为前提的，所以我们不去追问它怎么会自在地存在在那里，我们只问它怎么会与没受限制的活动相交替的。

一般地说，一切设定，特别地说，绝对设定，都属于自我。设定现在这种交替本身的那个行动，是从绝对设定来的，所以是自我的一种行动。

自我的这种行动或活动，是完全不依赖于通过它才被设定起来的那个交替的。这种行动本身无条件地设定了交替的一个端项，即绝对总体，并且通过这个设定，它才把交替的另一个端项设定成为被减小了的活动，即比活动总体小些的活动。活动作为活动，是从哪里来的，这并不是问题，因为作为活动，活动不是交替的端项，仅仅作为被减小了的活动，活动才是交替的端项，而且它是先通过绝对活动总体的设定，并通过与绝对活动总体发生关系才成为交替的端项的。

上述的独立活动来自设定，但不设定是真正要讨论的问题，因而从这个意义说，我们可以把这种活动称为一个外化。绝对活动总体的某个定量由那个被设定为减小了的活动排除出去，被认为不是存在于绝对活动总体之内，而是存在于这个总体之外。

请大家不要忽视这种外化与前面提出来的让渡之间的区别的特征。在让渡那里，诚然也有某种东西从自我中被扬弃掉，但是，
(I,2,318) 我们在反思时是撇开这个东西不管的，而只考虑它被设定到对立的东西中去了。相反，在外化这里，仅仅表示有某种东西被排除出去了，至于这种被排除出去的东西是否被设定到某个别的东西中去了，以及这某个别的东西是什么，至少在这里是与问题无关的。

相对于已指出的外化活动，必定有一个受动与之对立，而且实际上当然就是这样，即绝对的活动总体的一部分被外化了，被设定为非设定的了。活动有一个对象，总体的一部分就是这个对象。至于这种活动的减少，或者说，这种受动，究竟属于哪一个实在性基质，究竟属于自我还是非我，在这里不是问题。重要的是大家不要进一步去推论除了从已经建立的命题里可以推论到的东西之外的别的什么东西，而是在交替的完全纯粹的状态下去理解交替的形式。

（每一事物都是它所是的那种东西，每一事物都有当它被设定起来时被设定的那些实在性。A＝A〈参见§.1.〉。说某种东西是这个事物的偶性，这主要是说，这个某种东西不是通过该事物的设定而被设定起来的，它不属于该事物的本质，而是可以从该事物的原初概念中排除出去的。偶性的这个规定正是我们现在必须加以说明的。但是，在某个意义上，偶性又被认为属于事物，并被设定于事物之中。这到底是怎么回事，到时候我们同样会看到。）

Ⅲ

交替和不依赖于它的独立活动，两者应该互相规定自己。像过去一样，我们必须首先探讨这个命题的普遍含义是什么，然后把它应用到它本身所包含的特殊事例上去。

1. 在独立的活动中，同样也在交替中，我们必须重新一分为二。我们必须区别交替的形式和交替的实质，而且根据这个区别标准，我们应当分清一种规定交替形式的独立活动和另一种在反思中被交替实质所规定的独立活动。因此，人们不能就现有的这

(I,2,319) 个样子直接地把要讨论的命题拿来分析研究。因为如果我们现在说交替,那就模棱两可。究竟我们指的是交替的形式,还是它的实质,就不明确。对于独立活动,情况也是这样。因而在交替和独立活动这两者之中,首先必须把区别开来的两个方面统一起来,而要实现这一点,除了通过交互规定的综合之外没有别的办法。因此,上面列举的那个命题必定包含下列三个命题:

α) 不依赖于交替的形式而独立的活动规定着不依赖于交替的实质而独立的活动,反之,不依赖于交替的实质的独立活动规定着不依赖于交替的形式而独立的活动。就是说,双方互相规定着,是综合统一的。

β) 交替的形式规定着交替的实质,反之,交替的实质规定着交替的形式。就是说,双方互相规定着,是综合统一的。而这样的命题才可以理解,才可以讨论。

γ) 交替(作为综合的统一体)规定着独立的活动(作为综合的统一体),反过来也一样,独立的活动规定着交替。就是说,两者互相规定着,本身就是综合统一的。

α) 规定着交替的形式,或者说,规定着作为交替的交替,但又绝对不依赖于交替而独立的那种活动,是一种**过渡**,一种从正在交替着的一个端项向另一个端项的过渡,这是**作为**过渡(不是作为什么一般行动)的过渡。规定着交替的**实质**的那种活动,是这样一种活动,这种活动把能使一个端项向另一个端项过渡成为可能的那种东西设定于**两个**端项中去。——这后一种活动提供了前面(第518页)所寻求的X,这个X是包含于两个交替端项中的,并且只能是包含在两个端项中的，而不能包含在单独一个端项中。它使我们不可能满足于设定一个端项（实在性的或否定性的），而是使我们不得不同时设定另一个端项，因为没有另一个端项，单独一个端项的不完全性就显露出来了。——这个X就是意识的统一性赖以延续下去的那个东西，而且如果意识里没有发生矛盾，则意识的统一性必须赖以延续下去的那个东西，就好比是意识的导体。至于前一种活动，在下述情况下是意识本身，就是说，如果意识到两个交替端项的那个意识是依赖这个X而得以延续的，是统一的——虽然意识交替着它的对象，交替着这些端项，并且如果它是一个统一体，它就必然地交替着两个交替端项——则前一种活动就是意识本身。

前一种过渡规定着后一种过渡，意思是：过渡本身充当在其中 (I,2,320)
进行过渡的那个东西的根据。通过单纯的过渡，过渡才成为可能。后一种过渡规定着前一种过渡，意思是：在其中进行过渡的那个东西充当着作为行动的那个过渡的根据，通过前一种过渡，过渡本身被直接设定起来。两者互相规定着，因此这意味着：通过单纯的过渡，那种依赖单纯过渡才能被过渡的东西就被设定于交替的端项之中了。并且由于交替的端项作为交替的端项被设定起来，它们之间就直接发生了交替。过渡之所以成为可能，是由于过渡发生了，它只在它实际发生了的情况下才是可能的。它是自己通过自己奠立了根据的，它是绝对地发生的，因为它发生了，而且它是一种没有任何规定根据和没有任何自身之外的条件的绝对行动。——它从一个端项过渡到另一个端项的根据就在意识本身之中，并不在意识之外。意识之所以必须过渡，仅仅因为它是意识，而且如果它不过渡，它的内部就要发生矛盾，而其所以如此，仅仅因为不这样它就不是意识了。

β）交替的形式与交替的实质应当互相规定。

正如我们不久前提到的那样，交替之所以不同于由它预先设定的活动，就在于人们把这种活动（比如，一位理智的观察者在自己的理智中把交替端项设定为可交替的东西的那种活动）抽掉了。人们自己把交替端项思维为正在交替着的，人们把那种也许只存在于我们自身之中的东西让渡给外物。这种抽象的方法究竟在什么程度上有效或无效，将来到时候就会看到。

从这个角度来看，端项自相交替。两个端项的互相干预是交替的形式。直接出现于两者的这种干预与被干预中的活动与受动是交替的实质。为了简便起见，我们把交替的实质叫做交替端项的相互关系。前面说的那种干预应该规定端项的关系，就是说，关
(I,2,321) 系应当直接地通过单纯的干预，通过干预本身，无任何其他规定而被规定着；反之，交替端项的关系应当规定它们的干预，就是说，通过它们的单纯关系，无须任何更进一步的规定，它们的互相干预就设定了。通过它们的单纯关系——单纯关系在这里是被当做在交替之前就起规定作用的——它们的干预就已经被设定了（干预不是它们的一个什么偶性，好像没有这个干预它们也能照常存在似的）；反之，通过它们的干预——干预在这里是被当做在关系之前就起规定作用的——它们的关系也同时就已经被设定了。它们的干预与它们的关系就是二而一的同一个东西。1.它们彼此发生关系，就是它们进行交替，而且除了这种交替之外，它们根本没有任何相互关系。如果它们不是被设定为交替的，它们就根本没有被

设定。2.按照单纯形式来说，在它们之间根本上是设定了一个交替的。通过这一点，这个交替的实质，即交替的方式、由交替设定的活动和受动的量以及其他等等，也就无须其他任何进一步的条件而完全被规定了。——它们必然交替，而且它们以唯一可能的（直接由于它们的交替）规定了的方式而交替。——只要它们是设定了的，一个特定的交替也就被设定了，而且只要一个特定的交替是设定了，它们也就设定了。它们和一个特定的、或者说被规定了的交替，是同一回事。

γ）独立的活动（作为综合的统一体）规定着交替（作为综合的统一体）；反之，交替规定着独立活动。就是说，两者互相规定着，本身是综合统一的。

活动，作为综合的统一体，是一种绝对的过渡；交替则是一种绝对的、完全由自身规定了的干预。活动规定着干预，意思应该是：只要发生了过渡，交替端项的干预就被设定了；交替规定着活动，意思应该是：只要两个端项发生干预，活动就必然会从一个端项过渡到另一个端项。两者互相规定着，意思是说：只要一方是设定了的，另一方也就设定了，反之亦然。人们可以而且必须从一个对比端项向另一个对比端项过渡。所有的一切，都是同一回事。——但是，整体是绝对地设定了的，它以其自身为根据。

为了更容易理解这个命题，为了表明它的重要性，我们把它应用到它所包含的一些命题上去。

规定着交替形式的那个活动，规定着在交替中发生的一切；反 (I,2,322)
之，在交替中发生的一切，规定着上面说的那个活动。就其形式而言，单纯的交替，即端项的互相干预，如果没有过渡行动，是不可能的；有了过渡，交替端项的干预就同样被设定起来；反之，有了交替端项的干预，过渡也同样被设定起来。只要交替端项被设定为有干预作用的，那就必然发生过渡。没有干预就没有过渡，没有过渡就没有干预，两者是一回事。它们只在反思里才能加以区别。另外，同样的活动也规定着交替的实质。通过必然的过渡，各交替端项作为端项才被设定起来，而且正是由于它们仅仅是作为端项而设定的，所以它们才被设定起来。因此，人们可以从不同的环节中的任何一个出发，只要你愿意。只要其中的一个设定了，其余的三个也就设定了。规定着交替实质的那个活动规定着整个的交替。它设定在其中可以发生过渡并因而必定发生过渡的那种东西，也就是说，它设定形式的活动，并且通过形式活动而设定其余的一切。

因此可以说，活动借助于交替而返回到自身，交替借助活动而返回自身。一切都再生产其自身，在这里不可能有任何不可逾越的鸿沟。从任何一个端项出发，人们都将被推进到其余一切端项那里去。形式的活动规定着实质的活动，实质的活动规定着交替的实质，交替的实质规定着交替的形式，交替的形式规定着形式的活动，如此等等。它们统统是同一个综合状态。行动经历一个循环而重返自身。但是，整个的循环是绝对地设定了的。它是存在着的，因为它是存在着的，不可能指出它的任何更高的根据。

下面才是这个命题的应用。

2. 交替与至今还被视为是不依赖于交替的独立的活动应当彼此互相规定，这个命题现在可以被应用到它本身所包含的各特殊事例上了。

a）首先可以应用到效用性的概念上。——我们根据前面建立的程序来研究由效用性概念所假设的综合：α)在效用性的交替里，形式的活动规定着实质的活动，反之亦然。β)在效用性的交替 (I,2,323) 里，交替的形式规定着交替的实质，反之亦然。γ)综合统一的活动规定着综合统一的交替，反之亦然。就是说，活动与交替本身是综合统一的。

α）为了在效用性的概念里有可能假设交替而预先设定的活动，按照单纯的形式来说，那一种让渡，是一个通过不设定而来的设定：由于（从一定的方面说）没有被设定而（从另一方面说）被设定。交替的实质活动应当通过这种形式的活动而被规定。交替的实质活动当初是非我的一个独立活动，通过这个活动，作为交替的起点的那个端项、即自我中的受动才是可能的。交替的实质的活动是由交替的形式的活动规定、确立和设定的。这显然是说，非我的这种活动本身是这样的活动，它是通过交替的形式的活动，借助于它的设定作用而被设定起来的。而且它之所以被设定，仅仅因为有某种东西没有被设定。（这个没有被设定的东西会是个什么，我们现在必须加以探讨。）——非我的活动由此被划定了一个局部的范围，而形式的活动就是这个范围。非我只在这个意义上是活动的，即它是由于一个不设定而被自我（形式的活动属于这个自我）设定为活动的。——没有一个由不设定而来的设定，就没有非我的活动。反之，我们说实质的活动，也就是说非我的独立活动确立和规定形式的活动，也就是过渡，由不设定而来的设定。根据上面的一切说法，这话显然等于说它应当把过渡规定为一个过渡，它应当设定一个X，这个X指明某一个端项的不完全性，从而不得不把这个端项设定为交替的端项，并通过这个交替端项而另设定与之交替的第二个端项。这第二个端项就是作为受动的受动。因此，非我作为根据确立着不设定，并且因而制约着和规定着形式的活动。形式的活动通过一个不设定，根据不设定什么他物，但是，不设定是以有一个非我的活动为条件的，因而整个假设的行动也是以有一个非我的活动为条件的。由不设定而来的设定被封闭在
(I,2,324) 非我的活动范围之内。——没有非我的活动，就没有由不设定而来的设定。

（现在我们已经非常接近前面接触过的那个争论，只是稍微缓和了一点。第一种反思的结果建立了一种独断的唯心主义：非我的一切实在性都只不过是一种从自我让渡过来的实在性。第二种反思的结果建立了一种独断的实在主义：如果不是已经预先设定一个非我的独立的实在性、一个自在之物为前提的话，那么，实在性就不可能被让渡。因此，现在要建立的综合，必须完全负责来解决争论，指出唯心主义与实在主义之间的中间道路。）

两个命题可以综合地统一起来，就是说，它们可以被认为是同一的。这就要在下述意义上才能实现：在非我中是活动，在自我中就是受动（利用设立对立面的命题），因此我们可以设定自我的受动代替非我的活动，这样，利用假设的综合，在效用性概念里，自我的受动与自我的活动、不设定与设定就完全是同一个东西。在效用性概念里，两个命题所说的是，自我在自身中不设定某种东西和自我设定某种东西于非我中，两者完全是一回事：它们并不表示不同的行动，而是表示了同一个行动。没有哪一个是对方的根据，也没有哪一个以对方为根据，因为两者是同一个东西。

我们进一步来反思这个命题。它本身包含着下列命题：a)自我不设定某种东西于自身，就意味着，它设定某种东西于非我。b)因此在非我中被设定的东西，恰恰就是这样的东西：不设定或否定那在自我中没有被设定的东西。行动回到了自身；只要自我不设定某种东西于自身，那它本身就是非我。但是，由于它毕竟是自我，所以它必须设定；而且由于它不在自我中设定，所以在非我中设定。但是，尽管这个命题现在已经经过如此严格的证明，常识毕竟还在继续反对它。我们想找出这种反驳的理由，以便使常识方面的各种论断至少暂时平息下来，等到我们指出它们的统辖领 (I,2,325)
域之后，才能使它们真正满意。

在前面列举的那两个命题里，设定这个词的意义明显地有双重含义。常识感觉到了这一点，所以坚持不同意。——非我在自我中不设定什么东西，或者否定什么东西，意思是说：对于自我而言，非我根本不进行设定，而只是从事扬弃，因此，非我是在这个意义上与自我在质上相对立，并且是自我的一个规定的实在根据。——但是，自我不在自我中设定什么东西，并不是说自我根本不进行设定，它当然是进行设定的，因为它不设定被它设定为否定性的那种东西，——自我不在自我中设定什么东西，这就是说，自我只部分地是不进行设定的。因此，自我不在质上而只在量上与自身相对立。因而它只是自身中的一个规定的理想根据。——它不设定什么东西于自身，与它设定这个东西于非我，是同一回事。因此，自我是非我的实在性的根据，并不表示其他什么，只不过是说，它是自身中的规定，即它的受动的根据，它仅仅是理想根据。

非我中这种单纯理想地设定起来的东西应当实在地就是自我

中的一个受动的根据。理想根据应当变成实在根据，而这是人们的独断癖性所不能理解的。——我们可以使这种独断癖性陷于极大的困惑，如果我们让非我像独断癖性所乐意的那样，作为实在根据，在自我不采取任何行动的情况下，对自我施加作用，给自我提供有待创造的材料，这时我们可以问：实在的根据怎么会变成理想根据的呢？——如果自我中的受动应当被设定并且通过表象而进入意识，那么，实在根据毕竟非变成一个理想根据不可。上述问题的解答，像前面的解答一样，恰恰是以预先设定自我与非我的直接汇合为前提的，而具有独断癖性的人及其所有的追随者们都将永远不会给我们提出对这个问题的彻底解答。而且它们只有通过一个综合，就是说，这一个通过另一个，另一个通过这一个，才能得到解答。

(I,2,326)　因此，上面的综合的较深含义是：**理想根据与实在根据在效用性概念里**（因此在任何情况下，因为只有在效用性概念里才出现一个实在根据）**是统一的，而且是同一个东西**。这个命题为批判的唯心主义奠定了基础，并且通过批判的唯心主义，把唯心主义和实在主义统一起来，而人们是不愿意深究这个命题的。人们所以不愿意深究它，是由于缺乏抽象思维能力。

这就是说，如果在我们之外的不同事物通过效用性概念而联系起来，那么，在多大程度上这是对的或是不对，届时我们就会看到。在不同事物的可联系性的实在根据与这个可联系性的理想根据之间是有区别的。在不同的事物里应该自在地存在着某种不依赖我们的表象而独立的东西。借助于这种东西，它们不用我们的干预就联结起来了。但是，**我们**把它们联系在一起，其根据应当存在于我们身上，比如说存在于我们的感觉里。这样一来，我们就把我们的自我也设定到我们之外，使之成为一个不用我们参与而谁也不知道怎么样存在着的事物了。在这个时候，就应该不用我们的干预而另外有某种东西对它们发生作用，比如，像磁对一块铁发生作用那样。[①]

但是，自我不是在自我之外的什么东西，它本身就是自我。如果说自我的本质仅仅在于它设定自身，那么对于自我来说，设定自己与存在就是统一的，是同一回事。反之，不设定自己与不存在，对于自我来说，也是同一个东西。而且否定性的实在根据与理想根据也是同一个东西。如果这些话分为两个部分来说，那就是这样两个命题：自我不在自身中设定任何东西，自我不是任何东西，(I,2,327)
而是同一个统一的东西。

因此，在自我中某种东西并没有被(realiter〔实在地〕)设定起来，这显然是说，自我不在自身(idealiter〔观念地〕)设定它；反之，自我在自身中不设定某种东西，这就是说，在自我中它并没有被设定起来。

---

① 下面的说明，与其说是为我的听众写的，不如说更多地是为这部著作也许会落到他们手里的那些学者和哲学读者写的。对于大多数人来说，要他们把自己当成一块月亮上的火山石比当成一个自我更容易。因此他们没有理解康德，一点也不懂他的精神。因而他们也不会理解我的论述，虽然进行一切哲学思维的条件在这个论述中居于突出的地位。谁如果在这个问题上面还没有达到自身的统一，谁就不理解彻底的哲学，而且他根本就不需要它。他是自然的机器，自然将在他要实行的一切事务中无需他自己作出任何努力而引导他前进。进行哲学思维需要独立自主，独立思考的能力只有人们自己赋予自己。我们不应该希望不用眼睛看东西，但我们也不应当主张只用眼睛看东西。

非我应当作用于自我，它应当在自我中扬弃某种东西，显然是说，它应当扬弃在自我中的设定，它应当使自我不在自身中设定某种东西。如果对之起作用的那个东西实际上只是一个自我，那么，对自我所起的效用就不可能是别的，只能是使它在自身中作为一个非我的那种效用。

反过来说，自我对自我应当是一个非我，这句话不能有别的意思，只能是说，自我应当设定实在性于非我中，因为对于自我来说，除了通过自我本身所设定的实在性之外，没有也不可能有别的实在性。

自我的活动与非我的活动是同一个东西，这句话的意思是：自我只有通过它设定某种东西于非我中，才能不设定这个东西于自我中。而且它只有通过它不设定某种东西于非我中，才能设定这种东西于自身。但是，自我一般地必须设定，所以它必定是自我，只不过并没有正好设定在自身之中。——自我的受动与非我的受动也是同一个东西。自我在自身中不设定某种东西，意思是，这个东西被设定在非我中。自我的活动与受动是同一个东西，因为只要它不设定某种东西于自身中，它就设定这个东西于非我中。非我的活动与受动是同一个东西，只要非我应当对自我起效用，把自我中的某种东西扬弃掉，那么，这个东西就通过自我而被设定于非我中。这样一来，完全的综合统一就明确地表示出来了。上述所有环节没有任何一个是其他环节的根据，毋宁说它们都是同一个东西。

因此，就有了这样的问题：自我中的受动的根据是什么呢？这根本无法回答，至少不能通过预先设定一种非我的活动作为自在之物这种办法来解答。这是因为，自我中本来就没有单纯的受动。但另一个问题继续存在，那就是刚才列举的那整个交替，它以什么 (I,2,328)
为根据呢？可以回答说，那个交替一般是绝对地、没有任何根据地设定的，而认定那个交替已是现成地存在的判断，是一个正题判断，是不许可的。因为只有自我才是绝对地设定的。而在单纯的自我中根本就没有这样的交替。但是，我们立即清楚地看到，这样一种根据在知识学的理论部分里是不可理解的。因为根据并不包含在知识学的原理“自我设定自己为被非我所规定”中，毋宁说是由上述原理预先设定为前提的。因此，如果这样一种根据终究应该被指出来，那么，它也一定是存在于知识学的理论部分的范围之外。

这样一来，在我们理论中起主导作用的批判的唯心主义就建立起来了。它坚决反对独断的唯心主义和独断的实在主义，因为它证明自我的纯粹活动不是非我的实在性的根据，同样，非我的纯粹活动也不是自我的受动的根据。但是，在要求它回答这个问题方面，即在已被承认了的两者之间的交替以什么为根据的问题上，它满足于显示自己的无知，并且指出关于这个问题的探讨超出了知识学理论的范围。它在说明表象的时候，既不从自我的一个绝对活动出发，也不从非我的一个绝对活动出发，而是从一个被规定出发，这个被规定同时是一个规定，因为没有也不可能有任何别的东西直接包含在意识中。至于这个规定会进一步规定什么东西，知识学理论完全没有表示确定的意见。而正是由于它的这种不完全性，我们才不得不超出理论范围而进入知识学的实践部分。

同时，我们经常使用的术语“自我的**减少了的**、**局部的**、**有限制**

的活动”的意思也就完全清楚了。这个术语所指的是这样一种活动，它涉及非我里的某种东西，涉及一个客体，因而它是一个客观的行动。自我的一般行动，或者说，自我的设定是绝对没有并且绝不可能受限制的。但是，自我的设定自我的那个设定则受到了限制，并且因此它必然设定一个非我。

β) 在效用性概念里，纯粹交替的形式与这种交替的实质彼此互相规定着。

(I,2,329) 我们在上述效用性概念里，只是凭借反思才一般地认为纯粹的交替可以同不依赖于它而独立的活动区别开来。如果交替本身被设定为交替的一个端项，那么，活动就被撇开了，而且交替就被纯粹地、自在地作为交替看待。究竟哪一种考察方式是正确的方式，或者说，是否单独地运用起来的两种方式也许都正确，这要到时候才会予以指明。

在交替本身，我们可以再把交替的形式与交替的实质区别开来。交替的形式就是交替端项之间的单纯的互相联接本身，而交替的实质则是两个端项里面的使两者能够并且必定彼此互相联接的那个东西。在效用性中的交替的典型形式是由消灭而发生(由消逝而生成)。(在这里，我们应该认真地注意这个由消灭而发生，应该完全撇开对之发生效用的那个实体，完全撇开消灭的基质，从而完全抽掉一切时间条件。如果由消灭而发生被设定了，那么，正发生着的东西当然就在这个方面被设定到时间里了。但是，不管想象力会感到多么难以办到，时间还是必须被抽掉，因为实体并不进入交替，而是仅仅那种出现于实体中的东西和那种由于这个出现而被排挤掉及被扬弃掉的东西进入交替。这里仅仅谈论那进入交替的东西，如果它真正进入交替的话。比如说，X 消灭一个 -X，-X 当然在它被消灭之前预先就存在了。假如它是被当做存在着的，它当然就必须被设定在先前的时间里，而 X 则相反，必须被设定在随后的时间里。但是，它恰恰不应当被当做是存在着的，而应当被当做非存在着的予以思维。但是，X 的存在与 -X 的非存在根本不是在不同的时间里，毋宁说，它们是在同一个瞬间里。因此，如果另外没有什么东西迫使我们非把瞬间排列成一个瞬间的系列不可，那么，X 和 -X 就根本不在时间里。）这里讨论的这种交替的实质是本质的对立（质的方面的不相容性）。

这种交替的形式应当规定它的实质，意思是说：因为而且既然交替的端项彼此互相扬弃，所以它们本质上是对立的。（实际上 (I,2,330) 的）互相扬弃规定着本质上的对立的范围。如果它们并不扬弃自己，它们就不是本质上互相对立的（essentialiter opposita）。——这确实是一种似是而非的怪论，它会重新引起我们刚才提到的误解。就是说，人们初看起来就会相信这是从一个偶然的东西推论出一个本质性的东西。人们诚然可以从当前的扬弃推论出本质上的对立，但不能反过来从本质上的对立推论出当前的扬弃。要作出后面这种推论，还必须添加上一个条件，即两者的直接互相影响（比如就两个物体来说，它们出现在同一个空间里）。两个本质上对立的东西，尽管可以是孤立的，没有任何联系的，但在这种情况下，它们丝毫也不对立，而且因此并不互相扬弃。——这种误解，其产生的根源和消除的方法，我们马上就要指出来。

这种交替的实质应当规定它的形式，意思是说，本质上的对立规定着互相扬弃。它的条件仅仅是两个端项本质上是对立的，并且只要它们是对立的，它们就能够彼此互相扬弃。——如果现在的扬弃确实被设定到一般对立的范围之内，但是，比如说并不去填充这个对立的整个范围，而只是去填充这个范围中的一个较小的范围，那么，每个人就都将不加思索地同意这个命题。而这里面的似是而非的怪论只能是我们直到那时才明确地提出的命题。

但是，交替的实质及其形式是互相规定的，意思是从单纯的对立推论出相互扬弃，从而也就推论出联接、直接影响，以及从相互扬弃推论出对立。对立与相互扬弃两者是同一个东西。它们自在地是对立的，或者说，它们是互相扬弃的。它们的影响与它们的本质上的对立是同一回事，同一个东西。

(I,2,331) 让我们再进一步反思这个结果。真正因为采取了综合而在交替端项之间被设定起来的东西，是两个端项彼此联结的必然性，是那个 X，它指明两者中的任何一个的不完全性，其本身只能同时包含在两者之中。从一个在交替中的存在那里区别出一个自在的存在，这种可能性被否定了。因为两者都是作为交替端项而被设定的，在交替之外它们根本没有被设定。——或者从实在的对立推论出设立对立面的行动或理想的对立，或者反过来，从树立对立面的行动或理想的对立推论出实在的对立。实在的对立与理想的对立是同一个东西。——交替的一个端项是自我，而除了自我给自己树立对立面之外，没有任何东西是与自我相对立的。并且自我本身是同它没有把自己树立为对立面，以与之相对立的任何东西不相对立的。只要我们想到这一层，普通常识在这方面所遇到的阻碍就消失了。因此，现在得出来的结果恰恰就是以前的那个结果，只是换了另一个形式。

γ）在效用性里，作为综合统一体的活动与作为综合统一体的交替彼此规定着，并且共同构成一个综合统一体。

作为综合统一体的活动，我们可以称之为**间接设定**（后面这个词是在肯定的意义上使用的——由于一个对实在性的不设定而来的一个对实在性的设定）。纯粹的交替，作为综合体是由**本质的对立与实在的扬弃这两者的同一性构成的**。

1. 纯粹的交替通过活动而被规定，意思是说，设定的**间接性**（这是这里真正要讨论的问题）是本质上的对立与实在的扬弃两者之所以是完全同一个东西的条件与根据。因为而且如果设定是一个间接的设定，则对立与扬弃就是同一的。——a）假如**直接地**设定了两个互相交替的端项，那么，对立与扬弃就是两个不同的东西。假设交替的端项是 A 与 B，再假设首先 A＝A，而且 B＝B，随后是，就一定的量而言，A 又等于－B，B 等于－A，那么，根据 A 与 B 的第一个意义来说，它们完全可以被设定起来，而不必因此彼此扬弃。它们在其中成为对立物的那个东西就会被撇开，因而它们就不会被设定为本质上是互相对立的（它们的本质即在于单纯对 (I,2,332)
立）和互相扬弃的，因为它们会一方不依赖于另一方，**直接地**被设定起来。但是，在这种情况下，它们也就不会被设定为单纯的交替端项，而是被设定为自在的实在（A＝A，§.1.）。交替端项只能被**间接地**设定起来；A 等于－B，就再也没有别的什么了；B＝－A，也再没有别的什么。于是从设定的这个间接性中就推论出两者本质上的对立、互相扬弃以及互相同一。这是因为，b）如果 A 只被设定为 B 的对立面，不能另有任何别的谓词，B 只被设定为 A 的对立面，不能另有任何别的谓词（也不能具有**一个事物**的谓词，事物是经常准备混进对于严格抽象还不习惯的想象力之中的),因而A只能在B被设定的情况下被设定为实在的,B只能在A被设定的情况下被设定为现实的,那么,A与B的共同本质就显然在于一方是由于另一方的不设定而被设定的。也就是说,显然在于它们的对立,而且——如果撇开一个进行设定的活动的理智不管,而单纯去反思两个交替端项——在于它们互相扬弃。因此,它们的本质上的对立与它们的互相扬弃之所以是同一的,是因为每一个端项的设定都只不过是由于另一个端项的不设定,而绝对不是由于别的什么。

现在,根据上面的论述,这正是自我与非我的情况。自我(在这里作为绝对的活动来理解)只能由于它不设定实在性于自身中,才能把实在性让渡给非我,反过来说,它只由于不设定实在性于非我中,才能把实在性让渡给自己。(后面这点与前面建立起来的自我的绝对实在性为什么不矛盾,在我们更详细地规定这一点的时候就会明白。而且现在也可以部分地看清楚:这里说的是一种让渡了的实在性,而绝不是绝对的实在性。)因此,就自我与非我的本质互相交替这一点而言,它们仅仅是对立的,是互相扬弃的。

因此,它们是设定的间接性(正如将要证明的那样,意识的规律是没有主体就没有客体,没有客体就没有主体),而且单单是设定的间接性给自我与非我的本质对立性提供了根据,从而既给非
(I,2,333) 我的一切实在性又给自我的一切实在性提供了根据——如果实在性在这里是指一种仅仅作为被设定的东西而设定起来的理想实在性。因为在这种情况下绝对的实在性仍旧不失其为绝对实在性,它存在于设定者那里。绝对的实在性不应当再反过来以它自己充

当其根据的那个东西为自己的根据。按照根据命题的法定程序，它也是不能那样做的。因此，在已经建立起来的东西里，在非我的实在性里，以及在自我的理想的实在性里，是找不出设定的间接性的根据的。因此这个间接性的根据必定是在绝对自我里，而且这个间接性本身必定是绝对的，是通过自身并在自身中建立起来的，是必定以自身为根据的。

在这里，这个完全正确的推论过程引导出了一种新的、比以前的唯心主义更加抽象的唯心主义。在以前的那种唯心主义里，一种自在地设定起来的活动由于自我的本性和本质而被扬弃，它完全是自在地可能的活动，没有任何进一步的理由而绝对地被扬弃，因而一个客体和一个主体等等，都成为可能的了。在那种唯心主义里，种种表象作为表象都是以我们完全不知道的、也无可奈何的方式从自我中发展出来的，好像是在一种融会贯通的和谐中，就是说在一种单纯的唯心主义的预定和谐中发展出来的。

在现在这种唯心主义里，一般活动直接在它自身中有其自己的规律：它是一种间接的活动，而绝对不是别的什么活动，唯一的理由是因为它就是这样。因此，在自我里根本没有活动被扬弃；间接的活动是现成的，而直接的活动根本就不应当有。但是，通过这种活动的间接性，其余的一切——非我的实在性和相应的自我的否定性，非我的否定性和相应的自我的实在性——就完全可以得到充分说明。现在，各种表象都按照自我的一条特定的和可以知道的规律从自我中发展出来。对于这些表象，可以指出一个根据，只是对于规律不能指出它的根据。

这后一种唯心主义必然扬弃前一种唯心主义，因为它真正以一个更高的根据说明了前一种唯心主义所不能说明的东西。前一种唯心主义从这种唯心主义角度看完全可以被驳倒。这样一种体系的原理应该是：**自我是有限的**，**绝对地因为它是有限的**。

(I,2,334) 可是，尽管这样一种唯心主义上升得也算比较高了，它毕竟没有上升到人们应当上升到的那种高度，没有提高成为直截了当地设定的和无条件的唯心主义。诚然应该有一个有限性被绝对地设定起来，但是，任何有限的东西按照它的概念来说都是受它的对立物的限制的。因此，绝对的有限性是一个自相矛盾的概念。

为了便于区别，我把前一种唯心主义，即扬弃某种自在地设定起来的东西的那一种唯心主义，称为**质的**唯心主义；把后一种唯心主义，即从一开始就给自己设定一个限量的那种唯心主义，称为**量的**唯心主义。

2. 设定的间接性由于交替端项的本质在于单纯的对立而得到了规定。设定的间接性只在第一种唯心主义的条件下才是可能的。如果交替端项的本质除了在于单纯的对立之外，还在于某种别的东西，那么，下面的这点就立即明确了：仅仅由于一个端项（就其整个本质来说）的不设定，另一个端项（就其整个本质来说）还根本没有完全设定起来，反之亦然。但是，如果它们被设定了，它们就只能是被间接地设定起来的，这一点我们已经作了说明。

但是在这里，本质上的对立、自在的对立是被提出来作为设定的间接性的根据的。前者在这个体系里是绝对的，不能进一步加以说明；后者是以前者为根据的。

正如前一种推论过程建立了一种量的唯心主义那样，这后一种推论过程建立了一种量的实在主义。在量的实在主义那里，通过一个不依存于自我的、自身具有实在性的非我，自我产生出一种印象，而由于这种印象，自我的活动就部分地受到了压抑。单纯的量的实在主义者在这一点上承认自己的无知，并且承认对于自我来说，设定实在性于非我是首先按照根据规律发生的；但是，他主张无须自我本身进行任何干预就**实在地现成存在着一种自我的局限性**。既不像质的唯心主义者所主张的那样，这种局限性的出现是由于绝对的活动，也不像量的唯心主义者主张的那样，这种局限性的出现是按照一条完全包含在自我的本性中的规律。质的实在主义者主张一种属于**规定者**的不依存于自我的实在性；量的实在主义者主张存在着一种单纯的**规定**的不依存于自我的实在性。这样一种规定存在于自我那里，而它的根据则不应当设定于自我之中。在量的实在主义者看来，这是一个他根本无法去追究其根据 (I,2,335)
的现成的事实。换句话说，对于他而言，这种规定是无需任何根据而绝对地在那里的。他当然不得不按照存在于他本身中的根据规律，把这种规定联系到非我中作为实在根据的某种东西上去。但是，他知道这种规律只存在于他那里，并不因此而自欺欺人。于是任何人都一望而知这种实在主义不是别的什么，只不过是前面以批判的名称提出来的那种唯心主义。即使康德也没有提出批判的唯心主义以外的别的什么东西，他当时既不能也不愿意在他所达到的那个反思的水平上提出一个别的唯心主义。①

---

①　康德用预先设定的时间和空间的观念性来证明客体的客观性，我们反过来，用经过证明的客体的客观性来证明时间和空间的观念性。他需要观念的客体来充实时空，我们需要时空以便能建立起观念的客体，因此，我们的唯心主义——但是它绝不是独断的，而是一种批判的唯心主义——就比康德的唯心主义更加进步。

(I,2,336) 现在提到的实在主义所以不同于刚才阐述的那种量的唯心主义,就在于两者虽然都承认自我的有限性,但是,量的唯心主义承认一个绝对地设定起来的有限性,而量的实在主义则承认一个偶然的有限性,虽然这偶然的有限性也是不能再进一步加以说明的。量的实在主义所以扬弃质的实在主义,认为它既无根据又是多余的,是因为它无需质的实在主义也能完全说明它应当说明的问题,当然犯有同样的错误,这个要说明的问题是意识里现成地存在着一个客体的问题。我说犯有同样的错误,就是说它不能绝对地说明为什么一个实在的规定会变成一个观念的规定,为什么一个自在地存在的规定会变成一个对于进行设定的自我而存在的规定。——现在,设定的间接性是通过本质上的对立被规定的和被赋予根据的,这一点自然已经指明,但是,设定本身又是通过什么而取得根据的呢?如果被设定,当然就只能是间接地被设定。但是,设定毕竟自在地是在这个作用中绝对没有得到规定并且不可规定的自我的一种绝对行动,因而这个体系总是由于已经常常提到的那个从受限制的东西向无限制的东西过渡的不可能而感到压抑和苦恼。量的唯心主义无须去克服这层困难,因为它已经根本扬弃了过渡。但是,相反地,它由于它绝对地设定一个有限的东西这一明显的矛盾而被毁灭了。可以指望的是,我们的探讨将来要

(接上页)这里,无论让我们指出康德可能已经知道了他没有说的东西的证据确凿的事实,还是让我们提出他为什么不能也不愿意把他所知道的一切都说出来的原因,都不是适当的地方。我们在这里提出和将要提出的原理都显然是他的原理的根据,这是每一个愿意了解他的哲学所毕竟能够拥有的精神的人都能深信无疑的。关于他在他的几个批判里不想提及关于科学本身的问题而只想提出它的导论,他已讲过多次,而难以理解的是为什么他的后继者们一直不愿意相信他所说的话。

采取的道路恰恰是上面所采取的道路，而且有一种批判的量的唯心主义将作为两种说明方式之间的中间道路而出现。

3. 设定活动的间接性与本质上的对立互相规定。两者占有同一个领域，并且是同一个东西。这就使人立即看清如何不得不作这样的考虑，以便使下面这一点能够被认为是可能的：**存在**与**被设定**，观念关系与实在关系，树立对立面与被对立起来，必定都是同一个东西。另外，还可以立即看出，在哪种条件下才有可能被设定于关系中的东西与进行设定的东西是同一个东西，就是说，在哪种条件下才有可能被设定于关系中的东西就是自我。——自我应当与某一个X发生关系，而这个X在这种情况下才必然是一个非 (I,2,337) 我：它只是由于另一方未被设定而被设定，或者，另一方只是由于它未被设定而被设定。现在自我既然确实是一个自我，它就只有在它设定自己的某种关系中才具有这种关系。因此，无论人们说它**被设**定于这种关系中，或者说，它**设定自己**于这种关系中，这两个说法应用到自我身上都是完全相同的说法。只有在它（idealiter〔观念地〕）设定自己于其中的情况下，它才能被（realiter〔实在地〕）设置于其中，只有在它被设置于其中的情况下，它才能设定自己于其中。因为通过单纯的、无条件地被设定的自我，这种关系是设定不起来的，是与那种自我相矛盾的。

让我们把我们的合题的重要内容阐述得更清楚些。——只能间接地设定自我，也只能间接地设定非我。这就是说，由于不设定非我而设定自我，由于不设定自我而设定非我，据我看，这是——永远在本节开始时提出来的、我们从中发展出上述一切的全部理论方法的主要命题的前提之下，而绝不在任何其他前提之下——

对于自我来说的一条规律。(因而自我在任何情况下,绝对无条件地是**进行设定的**,不过这一点在我们现在的探讨中被抽去了。自我只在下列条件下,即非我被设定为未被设定的,或者非我被否定了的条件下,才是**被设定的**。)——用通俗的话来说,自我就它在这里被考虑的情况来说,仅仅是非我的对立面,而不是任何别的东西。没有你,就没有我,没有我,就没有你。为了清楚的缘故,我们想从现在起,就这一方面,而不是任何别的方面,把非我称为**客体**,把自我称为**主体**。虽然我现在还不能指明这种名称何以恰当。与这个交替独立无关的非我不应当被称为客体,与这个交替独立无关的自我,不应当被称为主体。——因此可以说,主体就是那不是客体的东西,除此而外至今它没有别的谓词;客体就是那不是主体的东西,除此而外它至今也没有别的谓词。

如果人们以这条规律(不再追问根据)作为说明表象的根据,那么,人们首先就不需要质的实在主义者为了解释自我的受动而
(I,2,338) 假定的那种非我的干预,随之人们也就不需要量的实在主义者为了自己的说明的便利所假定的那种受动。如果我们假定自我由于它的本质的缘故根本不得不设定,这是我们在随后的主要综合里将要证明的一个命题,那么,自我就只能或者设定主体,或者设定客体,并且只能间接地设定两者。如果它设定客体,那么,它就必然扬弃主体,而它那里就出现受动,它就必然把这种受动联系到非我中的一个实在根据上,从而就出现了有关非我的一个与自我独立无关的实在性的表象。或者,如果它设定主体,它就必然扬弃设定了的客体,而这就再次出现一个受动,不过这个受动被联系到主体的一个活动上,从而就出现了有关自我的一个与非我独立无关

的实在性的表象(有关自我的一个自由的表象，当然这个自由在我们目前的推论过程中是一个纯属想象的自由)。——这样，正如由于综合规律的缘故而理所当然要进行的那样，从中项出发，自我的〔观念的〕受动以及自我和非我的〔观念的〕独立活动就完全得到了说明和论证。

但是，建立起来的规律既然明显地是自我活动本身的一个规定，它就必定有一个根据，而知识学就不能不指明它的根据。可是如果我们不利用一个新的综合而插进去一个中项，像实际应当做的那样，那么，根据就只能到直接限制着这个规定的那些环节中去寻找，即从自我的设定或受动中去寻找。量的唯心主义者认为前者、即设定就是规定的根据，把上述规律当成一般的设定规律。量的实在主义者认为后者，即受动是规定的根据，从自我的受动中引申出上述规律。按照量的唯心主义者的看法，上述规律是一种主观的和观念的规律，其根据只在自我之中；依据量的实在主义者的看法，它是一种客观的和实在的规律，其根据不在自我之中。——根据究竟在什么地方，或者究竟有没有根据，对于这些问题，他们就再也没有去研究了。当然，被建立起来作为不可说明的那种自我的受动必须与非我里对这个受动发生影响的实在性联系起来，但这种联系只是从自我里的一条可以说明的并且恰恰通过受动而得到说明的规律中推演出来的结果。

我们刚才建立起来的综合的结果表明两者都是不对的，上述规律既不是一种单纯主观的和观念的，也不是一种单纯客观的和实在的规律，而是它的根据必须同时包含在主体和客体两者之中。但这个根据如何包含在两者之中的问题，眼下暂且撇开不去探讨；

(I,2,339) 对此，我们满足于承认我们不知道，而这就是我们在前面许诺下来要去建立的批判的量的唯心主义。不过，既然前面提出的任务还没有完全解决，而且我们面前还有许多综合需要处理，那么，将来在提供根据的这种论证方式方面也许还有某些更详尽的情况可说。

b. 正如我们已经讨论过效用性概念那样，现在我们来讨论实体性概念。我们综合地统一形式的活动与实质的活动，然后统一单纯的交替的形式及其实质，最后再将由此产生的两个综合统一体综合地统一起来。

α）首先，形式的活动与实质的活动（这两个词在什么意义上使用的问题，我们假定通过前面的讨论是知道了的）。

在这个环节上，以及在随后的所有环节上，真正与问题有关的主要任务是正确地和确切地理解实体性的特性。

根据前面的论述，这种特殊交替的形式活动是通过一个绝对设定的不设定。设定某物的对方为被设定了的，这就设定了这个某物为没有被设定的：由于肯定而否定。——这样，没被设定的东西毕竟应该说是被设定了的，应当说它被设定为没被设定的。因此它不应当像在效用性的交替中那样一般地被取消，而只应当被排除于一定的领域之外。因此它不是被一般的设定所否定，而只是被一定的设定所否定。这种设定就它的这种否定作用而言，是被规定了的；同时作为客观的活动，它也是进行规定的。而由于这样一种设定，（作为被设定了的）被设定者必定同样被设定为有了规定的，也就是说，必定同样被设定在一个有规定的领域之中，作为充实这个领域的东西。现在我们可以认识到，怎么由于这样一个设定，另外一个东西可以被设定为没有被设定的了。它仅仅没被设定在这个领域里，而且它之所以没被设定在这个领域里，或者说，它之所以被这个领域排除在外，恰恰是因为被设定在这个领域里的东西应当把这个领域充实起来。——可是，通过这个行动，那种被排除在外的东西还完全没有被设定到一个特定的领域里去，它的领域通过这个行动所得到的绝对不是别的什么谓词，只不过是一个否定性的谓词；那不是这个领域。究竟是一个什么领域，或 (I,2,340) 者根本是不是一个特定的领域，仍旧完全是悬而未决的问题。——因而可以说，由实体性而来的交替规定方面的形式活动的特性是一种排除，即把一个特定的、充实了的、因而占有着(其中所包含的东西的)总体的领域排除在外。

这里的困难显然在于：被排除的＝B当然是被设定的，只不过在A的领域里没有被设定起来。但是，A的领域应该被设定为绝对总体，那么，B可能根本没有被设定，这话从何而来呢？因此A的领域必定同时被设定为既是总体又是非总体；联系到A，它被设定为总体，联系到被排除的B，它被设定为非总体。但是，现在B的领域本身没有得到规定，它只是被否定地规定为非A领域。因此，如果考虑到所有方面，A就该被设定为一个无规定的、因而不完全的整体的一个有规定的、因而完全的部分。设定这样一种包括有规定的领域与无规定的领域于自身中的较高领域的活动，应该是使刚才提出来的形式的活动成为可能的活动，而这就是我们正在寻求的实质的活动。

(假定你们已经有了特定的铁块C，它是不断运动的。你们根据§.1.中的命题A＝A，通过它的单纯概念绝对地设定铁块A为绝对总体，并且你们会发现在 A 的领域里没有运动＝B。因此你们通过对 A 的设定而把 B 排除在 A 的领域之外。可是你们并不扬弃铁块 C 的运动，根本不想绝对地否认这个运动的可能性；于是你们把它设定到 A 的领域外的一个无规定的领域里，因为你们根本不知道铁块 C 在什么条件下和出于什么原因而运动。领域 A 是铁的总体，又不是总体，因为 C 毕竟也是铁，而 C 的运动却没有包括在它里面。于是你们就不得不在两个领域之外再划一个较高的领域，以包括运动的铁和没运动的铁。由于铁充实了这个较高的领域〈并不像人们通常所误解的那样是由于它充实了 A 本身的领域；在这个意义上，它是一个由它的单纯概念规定的自在之
(I,2,341) 物〉，它就是实体。运动和不运动都是它的偶性。关于不运动是在不同于运动的另一种意义上归属于铁的，以及其所以能够如此的根据何在等等，我们到时候就会看到。）

形式的活动规定实质的活动，意思应该是：仅仅由于某物被排除于绝对总体之外，并且被设定为不包干绝对总体之内，一个更概括的却又无规定的领域才能被设定起来。只有在现实的排除这个条件之下，一个更高的领域才有可能；没有排除，就没有更广泛的领域，也就是说，没有自我里面的偶性，就没有非我。这个命题的含义是一望而知的，我们现在只就它的应用再补充几点说明。——自我本来就是被设定为**设定着自身的**，因此**设定自身**就充满自我的绝对实在性的全部领域。如果自我设定一个客体，那么，这个客观的设定就应该被排除于上述绝对实在性的领域之外，而被设定于**不设定自身**的对立领域里。设定一个客体与不设定自身的含义是完全相同的。现在的推论从这个行动出发。它主张自

我之所以设定一个客体，或者说，自我之所以排除某物于自身之外，绝对地是因为它排除，而绝无更高的根据。正是由于这个排除，包括着更高领域的一般设定(不管设定的是自我还是非我)才成为可能。——很清楚，这种推论方式是唯心主义的，并且与上面建立起来的量的唯心主义绝对地互相吻合，因为它设定某物。根据这种量的唯心主义的看法，自我设定某物为非我。因此，在这样一种体系里，实体性概念不得不像它刚才说明的那样加以说明。——另外，从普遍的意义来说，这一点也是清楚的：设定自身具有双重量的关系。一方面是作为量的绝对总体，一方面是作为一个无规定的数的一个有规定的部分。这个命题将来会带来极其重要的结论。——另外，还有一点是清楚的：即实体所指的不是持续的东西，而是指无所不包的东西。指出持续的东西的那种标志在实体性里只具有一种派生的意义。

实质的活动规定着并制约着形式的活动，意思是：比较概括的领域作为一个比较概括的领域(连同隶属于它之下的自我的领域 (I,2,342)
与非我的领域)是绝对地设定的；而且正是由于这样，作为自我的现实行动的排除(在一个还要附加上的条件下)才会成为可能的。——于是，这个推论方式引导出一种实在主义，而且引导出一种量的实在主义就很清楚了。自我与非我是作为对立的东西设定的：自我根本是进行设定的，自我在一定条件下，即当它不设定非我时才设定自身，它是偶然的并且是受那不包含于自我之中的一般设定的根据所规定的。——在这个推论过程中，自我是一种进行着想象的存在者，它所指向的必定是自在之物的状态。

但是，两种推论过程都不应当是有效的。它们毋宁都应当通过对方而互相修正。因为自我应当排除一些东西于自身之外，所以一个更高的领域应当存在并且应当被设定，而且因为一个更高的领域存在着，并且是设定起来了，所以自我必定排除一些东西于自身之外。简单地说，自我是一个非我，因为自我树立对立面以与自己对立，而且自我树立对立面以与自己对立，是因为一个自我存在着，被设定着。没有任何一方能充当对方的根据，毋宁说两者是同一个行动，只在反思里才能有所区别。——于是这一点就很清楚了：这个结果等于上面建立的那个命题，即“理想根据与实在根据都是同一个东西”，并且可以从这个命题中得到说明。因此，批判的唯心主义，正如通过上述命题那样，也能通过现在的结果建立起来。

β）实体性中的交替形式与交替实质应当互相规定。

交替的形式存在于交替的端项的互相排除与被排除。如果A被设定为绝对总体，那么，B就被排除于绝对总体的领域之外，并被设定于无规定的却又可规定的领域B之中。——反之，如果B被设定了（即把B当成被设定了的加以反思），那么，A就被排除于**绝对总体之外**，即不再包括于绝对总体的概念之内；领域A现在不再是绝对总体，而是与B同时是一个无规定的却又可规定的领域的一部分。——后面这种情况应当认真注意和正确理解，因为它是一切的关键所在。——因此可以说，交替的形式就是交替端项互相把对方排除于绝对总体之外。

(I,2,343)（假如你们设定一般的和自在的铁，你们就有了一个特定的完全的概念，它充满着铁的领域。假如你们设定铁本身是不断运动的，那么，你们就有一个不包含在上述铁的概念之内，因而被排除于该概念之外的标志。但是，如果你们终究还是把这种运动赋予铁，那么，以前那个有规定的铁的概念就不再是有规定的了，而只是可规定的了。铁的概念中少了一个规定，即少了你们将要把它规定为对磁的可吸引性的那个规定。）

交替的实质方面，有一点是立即就清楚的，即在交替的形式中，正如刚才阐述的那样，哪一个是真正的总体，始终还没有确定下来。如果B被排除了，则A的领域就把全部领域都充满起来；反之，如果B被设定了，则两个领域A和B就共同把当然无规定却又可规定的全部领域都充满起来。（这里暂且撇开不管A和B的领域也还有待于加以规定。）这种无规定性不能保持下去。在两种情况下，总体就是总体。可是，如果不是每一个总体都在这个标志之外还有一个标志以便彼此可以互相区别，那么，假设的整个交替就是不可能的了。因为在这种情况下，总体就是一个总体，并且仅仅存在着一个交替端项，因而根本不存在交替。（请稍安勿燥！——请你们作为这种相互排除的旁观者想一想。假如你们对于交替往还于其间的那个双重的总体还不能加以区别，对你们来说就没有交替。但是，如果在除了作为总体就什么再也不是的两个总体之外，不存在着某一个X，使你们有所依据，你们就不能对两者加以区别。）因此，为了使假设的交替成为可能的，就应预先设定总体本身具有可规定性作为前提，以便人们能够依据任何一种什么东西来区别两种总体，而这个可规定性就是交替的实质，就是交替得以进行和得以确立的唯一根据。

（如果你们把铁就像它在没有自然科学知识的人的普通经验里所显现的那样当成自在的东西，就是说，当成与它自身以外的某

种东西没有任何联系的孤立的东西，此外还当成固定在它的原来
(I,2,344) 位置上的东西，那么，运动就不属于铁的概念。而且即使你们看到它表现出了运动的现象，如果你们把这个运动联系到它以外的某种东西上，那么，你们也完全是对的。但是，如果你们竟然把这个运动归属于铁，而你们仍然还是对的，那么，上述那个铁的概念就不再是完全的了。而从这个意义上说，你们就必须把那个概念进一步加以规定。比如设定它具有对其周围的磁的可吸引性。——这就构成一个区别。如果你们从第一个概念出发，那么，原来位置的固定性对于铁来说就是本质性的东西，而只有运动在它那里是偶然性的。但是，如果你们从第二个概念出发，则固定性就像运动那样也是偶然性的。因为固定不动是以没有磁的存在为条件，恰恰与运动是以有磁的存在为条件一样。因此，如果你们不能拿出一个根据说明为什么你们一定要从第一个概念出发而不从第二个概念出发，或者反过来，那么，你们就是稀里糊涂的了。也就是说，就普通意义而言，如果无法以某种方式规定下来，那么，人们应该对哪一种总体进行反思呢？是对绝对地设定的和有规定的总体，还是对通过这种被排除了的总体而产生的可规定的总体，还是对两种总体都进行反思呢？）

交替的形式规定着交替的实质，意思是，相互排除是这样的东西：它在上述意义下规定着总体。换句话说，它指明两个可能的总体中哪一个是绝对总体，应该从哪一个出发。把对方排除在总体之外的那一方，由于它进行了排除，它就是总体；反之亦然。除此以外，根本没有总体的规定根据。——如果 B 被绝对地设定的 A 所排除，那么，正是由于这一点，A 就是总体。如果对 B 进行反

思，而不把 B 当成总体，那么，正是由于这一点，本来无规定的 A +B就是可规定的总体。有规定的是总体，还是可规定的是总体，这取决于人们怎么看这个问题。——诚然，这个结果好像没有说出什么新东西，说出的只不过是在综合之前我们预先就知道的东西，但是，先前我们毕竟曾抱有能找出某种规定根据的希望。而现在通过这个结果，这种希望就完全打消了。结果的含义是消极的，它告诉我们除了通过关系之外，根本不可能有什么规定根据。 (I,2,345)

（就上述的例子来说，人们可以从无条件地设定的铁的概念出发，这样，固定在原位置上不动，对铁来说就是它的本质，或者人们从铁的可规定的概念出发，这种固定不动性对铁来说就是偶性。两种看法都对，全看人们怎么去做，而且在这方面绝对不能有什么起规定作用的规则。区别只是相对的。）

交替的实质规定着交替的形式，意思是说，总体的可规定性在已经说明的意义上，即在它应当规定某种别的东西，因此已被设定的意义上（换言之，规定实际上是可能的，而且存在着据以进行规定的某个 X，但我们在这里不是在寻找这个 X），规定着相互排除。两种总体之一，或者有规定的总体，或者可规定的总体，当其中一个是绝对的总体时，那另外一个总体就不是绝对总体了。因此，就有一种绝对被排除的东西，而这种东西是通过上述总体而被排除的。举例说，如果可规定的总体是绝对的总体，因此被排除的东西就是绝对被排除的东西。——因此可以说——这就是现在的综合的结果——总体有它的一个绝对的根据，这种区别不完全是相对的。

（就上面的例子来说——究竟人们是从有规定的铁的概念出

发，还是从可规定的铁的概念出发，究竟人们把在原位置上固定不动当成铁的一种本质性的东西，还是把它当成某种偶然性的东西，这并不是毫不相干的问题。假定出于某种理由必须从有规定的铁的概念出发，那么，只有运动才是一种绝对偶然的东西，而固定不动就不是了。）

交替的形式与实质**两者中的任何一方都不规定对方**，而应当**是两者互相规定**，意思是，（直截了当地说）总体的规定的绝对根据与相对根据应当是同一个东西；关系应当是绝对的，而绝对的东西应当只是关系，不是任何别的什么。

让我们尽力把这个极其重要的结论表述得更清楚些。——由于有了总体的规定，要去排除的东西同时也就被规定了，或者反过来说，由于有了要去排除的东西的规定，总体同时也就被规定了。(I,2,346) 这就是一种关系，对于这种关系是没有什么疑问的。问题是：应当采取和确定两个可能的规定方式中的哪一个呢？在第一个交替端项里，答案是：不应确定两者中的任何一个。这里根本没有确定的规则，只不过是如果采取了其中的一个，就因此而不能采取另一个，反之亦然。但是人们应当采取两者中的**哪一个**的问题，是无从确定的。在第二个交替端项里答案是：可以采取两者中的一个，而且这方面必定有一个规则。但是，这条规则到底是何种规则，自然不得不悬而不决，因为要加以排除的东西的规定根据，本当是**可规定性**，而不是**规定**。

两个命题通过现在这个命题被统一起来。因此，由于现在这个命题而可以主张：规则确实是有的，但不是建立两个规定方式中的某一个的规则，而是建立**作为互相交错规定**的两个规定方式的规则。——在至今被当做总体看的各种总体中，没有任何一种总体是我们所寻求的那种总体，而毋宁是只有互相交错规定的两种总体才构成这种总体。因此，可以说这里所谈的是**两种**——一种通过关系的，一种绝对的——**规定方式之间的关系**。而且通过这种关系，我们所寻求的那种总体才建立起来。这种绝对的总体不应当是A，也不应当是A+B，而应当是由A+B所规定的A。可规定的东西应当被有规定的东西规定，有规定的东西应当被可规定的东西规定。由此产生的统一体才是我们所寻求的那种总体。——非常清楚，这一定就是我们的综合的结果。然而通过这个结果究竟说明了什么，实在是更难理解的了。

有规定的东西与可规定的东西应当互相规定着，这显然是说，要去加以规定的那个东西，它的规定恰恰就是这么一点：它是一个可规定的东西。它是**一个可规定的东西**，除了这以外，什么也不是。这一点就是它的全部本质之所在。——现在，这个可规定性是一种有规定的限量，它有它的界限，超出这个界限之外就不再发生任何规定，而在这个界限之内存在着一切可规定性的可能性。

现在，我们把这个结果应用到我们的事例上来，一切情况就将立即清楚。——自我设定**自身**。在这当中存在着绝对地设定起来的自我的实在性。这个实在性的领域是穷尽了的，因而包含着（绝对地设定的自我的实在性的）绝对总体。自我设定**一个客体**。这个客体的设定必然被排除于自我的自我设定的领域之外，可是这 (I,2,347)
个客体的设定却应当被赋予自我，因此，我们就得到了作为（至今仍然是无限的）自我行动的总体的领域A+B。——根据现在的综合，A和B两个领域应当互相规定：A提供它所有的绝对界限，

A+B 提供它所有的内容。现在，自我在进行设定中是一个客体，而不是主体，或者自我是主体，而不是客体，——如果按照这条规则，它设定自身为正在进行设定的话。这样一来，两个领域就重叠在一起，开始共同充实一个唯一的有限领域。在这种情况下，自我的规定就在于可以由主体和客体加以规定的可规定性。

有规定的可规定性就是我们曾经寻找的那个总体，这样一个总体我们称之为一个实体。——如果实体不是首先从绝对地被设定起来的东西那里，不是从仅仅设定自身的那个自我那里推演出来的，换言之，如果不是有某种东西（在这里就是指一个设定起来的非我，或一个客体）从自我那里被排除出来，那么，作为这样一种实体的实体就是不可能的。——但是，实体既然本身只不过应当是单纯的可规定性，毕竟又应当是一个有规定的、固定的、确定的可规定性，那么，如果它不曾重新由无条件地被设定的东西（在这里，即自身设定）所规定的话，那么它仍然还没有受到规定，它就不是实体（不是无所不包的东西）。自我由于自己排除了非我而设定自身为正在设定自身的，或者说，它由于自己排除了自身而设定自身为正在设定非我的。——设定自身在这里出现了两次，但意义非常不同。前一次所指的是一种无条件的设定，后一次所指的是一种有条件的、可以由排除非我加以规定的设定。

（如果说，固定在原处是自在的铁的规定，那么，位置的变动就因此而被排除了。在这种意义上，铁就不是实体，因为它不是可规定的。但是，现在位置的变动应该归属于铁。要做到这一点，依靠把固定不动完全扬弃掉是不可能的，因为扬弃了固定不动，就像铁当初被设定的那样，它本身也就随之被扬弃了。位置的变动因而也就归属不到铁身上了，而这是与所要求的互相矛盾的。于是，固定不动只能部分地被扬弃，而且位置变动就受到固定不动的规定和限制。就是说，位置变动只发生在具有一定条件〈比如有磁的情 (I,2,348) 况下〉的领域里，而不发生在这个领域之外。在这个领域之外发生的还是固定不动。——固定不动在这里是在两个非常不同的意义上出现的，一次无条件地出现，另一次**以无磁存在为条件**而出现，这种情况谁都看得出来。）

让我们在应用上述原理方面继续前进。由于 A+B 是受 A 规定的，B 本身也就有规定了，因为 B 属于从今以后有规定的可规定的东西的范围。A 本身现在就像刚才表示的那样是一个可规定的东西。现在，既然 B 本身是有规定的，那么通过 B，A+B 也就可以被规定，而且既然应当发生一种绝对关系，既然这种关系应当充满我们所寻求的那个总体，那么，它必定由此而受到规定。**因此**，如果 A+B 是被设定了的，而且在这个意义上 A 是被设定于可规定的领域之内的，A+B **就重新被B规定着**。

如果我们把这个命题应用到原来的事例上，其含义立刻就清楚了。——自我应当从自身中排除某物，这是至今被认为是我们所探讨的整个交替的第一环节的那个行动。我们继续推演——因为我现在是在根据的范围内，所以我有权继续推演——如果自我从自身中排除那个某物，那个某物就必定早在排除之前，就是说，与排除独立无关，在自我中设定起来了，因此可以说它是无条件地设定起来的，因为我们提不出更高的根据。如果我们从这点出发，**自我的排除**就不是在无条件地设定的东西（如果它是无条件地设定起来的话）中的某种被设定了的东西，而是必定被排除于这个无条件地设定起来的东西的领域之外。并且自我的排除对于无条件地设定的东西来说就不是本质性的。(尽管客体应当以我们完全不能理解的某种方式在自我中〈为了可能排除〉设定起来,并且因此而当然应该是一个客体,但是,对于客体来说,它自身之所以被排除出去,并且像以后会看出来的那样,被想象为这种排除的后果,这是偶然的。客体,自在地说,在没有这种排除之前,不应存在于自我之外,而应存在于自我之中。一般的客体〈这里指 B〉是有规定的东西,被主体排除出去的东西〈这里指 A+B〉是可规定的
(I,2,349) 东西。客体是可以被排除的,也可以是不能被排除的,无论如何,在上述意义上,它始终还是客体。——在这里,客体的被设定出现两次,但含义很不同,一次是无条件的、绝对的,一次是以被自我排除出去为条件的,有谁看不出这点呢?)

(运动应当从被设定为原地不动的铁那里排除出去。按照铁的概念,运动不曾被设定在铁的里面,它现在应当从铁那里被排除出去;因此,它必须是被设定为与这个排除独立无关的,而且考虑到它不是被铁设定起来的,所以它必定是绝对地被设定起来的。〈这就意味着——稍安勿燥——如果人们以运动与铁对立,那么,运动就必定是已经被认识了的。但是它应当不是通过铁而被了解的,因为它是通过别的途径而被知道的。可是既然我们在这里除了铁与运动之外没有和任何别的东西打交道,它就是绝对地被知道的。〉如果我们从运动这个概念出发,那么,就可以看出运动概念除了属于别的东西之外也属于铁,对于运动概念来说这是偶然的。运动概念是本质的东西,对于它来说,铁是偶然的东西,运动是绝对地设定起来的。作为原地不动的铁被排除于运动的领域之外。

现在，原地不动被扬弃了，运动属于铁了。——在这里，运动的概念出现了两次，一次是无条件的，另一次是以扬弃铁的固定不动为条件的。）

因此——其实这本来是前面提出过的综合命题——总体仅仅是由完备的关系构成的，根本没有什么自在的固定的东西来规定总体。总体是由一种关系的完备性，而不是由一种实在的完备性构成的。

（关系的端项，孤立地来看，都是偶性，它们的总体就是实体，这是我们前面已经说过了的。——这里只还需要对于那些自己不能进行这样简易的推论的人明确地指出这一点，那就是，在实体里根本不能设想有什么固定的东西，有的只不过是纯粹的关系。——如果一个实体被设想为是有规定的——这是已经一再论述的令人讨厌的问题——或者说，如果某个有规定的东西被设想为实体，交替就当然必须从任何一个端项出发，而只要交替被规定 (I,2,350)
了，这个端项也就因此而是固定了的。但是，它不是绝对地固定了的，因为我同样可以从同它对立的端项出发，而且这样一来，恰恰原来被确定和固定为本质的那个端项就成为偶然性的了。这是从前面的例子中可以看明白的。综合地统一起来的各个偶性提供着实体，而在实体中除了包含这些偶性而外再也没有任何东西：实体经过分析，提供着偶性，而在对实体进行彻底分析后，除了偶性之外就再也剩不下任何别的东西。不能设想偶性会有一个连续的基础，有一个负荷者。任何一个偶性，随便你选哪一个，总是它自己的和与它对立的偶性的负荷者，它并不另外再有一个负荷者。——进行设定的那个自我，通过我们将来要详尽论述的那种最神奇的能力,把正在消逝中的偶性保持住,直到它将这个偶性同排斥它的那个偶性进行了比较为止。——这种几乎永远被人忽视的能力是这样一种东西,它把顽固的对立面结合成一个统一体,——它出现于必然相互扬弃的环节之间,从而保存两者。——它是这样一种东西,只有它才使生命和意识,特别使作为连续的时间序列的那种意识成为可能。而且它之所以能够做到这一切,仅仅因为它以自己作为导体,让那些没有**共同的**负荷者的偶性在它自身内彼此传导,它们也不**可能**有共同的负荷者,因为它们会互相摧毁。)

γ)作为综合的统一体的活动与作为综合的统一体的交替,应当互相规定,并且它们本身也构成一个综合统一体。

作为综合统一体的活动,我们可以最简洁地描述为:**将对立的东西**(主观的东西和客观的东西)**在可规定性的概念里**(在这里尽管它们也还是对立的)**予以绝对地概括和保存**。(为阐明和提出一个更概括的观点,请大家把这里所说的综合同上面〈§.3.〉引用的那个由量而使自我与非我达成的联合加以比较。在那里,自我从
(I,2,351) **质**的方面曾首先被绝对地设定为绝对实在性,同样,在这里,**某种东西**,就是说,某种由**量**规定了的东西被绝对地设定于自我之中,或者说,自我被绝对地设定为**有规定的量**。某种主观的东西被设定为一种绝对主观的东西,而这种做法就是一个**正题**,而且是一种量的正题,不同于前面的质的正题。但是,自我的各种行动都必须从一种正题的做法出发。〈在知识学的理论部分里,在我们依照我们的原则给自己划定的界限之内,这种做法是一种正题,因为为了尊重界限的原故,我们不能继续向前走得更远,虽然我们如果一旦

突破这个界限，大概就会看到这种做法其实同样是一种可以追源于一个最高的正题的合题(综合)。〉前面曾经有一个作为对立的**质**的非我相对于一般的自我被树立为对立面，同样，在这里一个客观的东西仅仅由于它被排除于主观的东西之外，也相对于主观的东西被树立为对立面。由于它被排除于主观的东西之外，可以说，这只是由于**量**〈由于界限，由于规定〉。而这种处理方法就是一种量的反题，正如前面的做法是一种质的反题一样。但是，正如前面一般自我不应当被非我所扬弃和非我不应当被自我所扬弃那样，现在主观东西既不应当被客观东西摧毁，客观东西也不应当被主观东西摧毁，而毋宁是两者应当同时并存。因此，两者必须综合地统一起来，并且统一要通过在其中两者彼此相同的第三者，通过可规定性。两者——不是指自在的主体和客体，而是指通过正题与反题而被设定起来的主观东西与客观东西——都是可以互相规定的，并且仅仅因为它们是可规定的，它们才能被概括到一起，才能通过自我在综合中的活动能力〈想象力〉被固定起来，被确定起来。——但是，如前面一样，如果没有正题，反题是不可能的，因为只有相对于设定起来的东西才能树立对立面。但是，如果没有反题的实质，那么，就实质方面来说，即使这里主张的那种正题也是不可能的，因为在某种东西被规定之前，换句话说，在量的概念能够应用到某种东西上之前，就质的方面说这种东西必定先已存在了。这也就是说，必须一般地先有某种东西存在着，活动的自我才能在那里替主观的东西划一条界线，把余下的部分留给客观的东 (I,2,352)
西。——但是，正如前面那样，就形式而言，如果没有合题，反题是不可能的，因为如果没有合题，正题设定起来的东西就被反题扬弃了，因而反题也就不成其为反题，毋宁本身就是一个正题了。由此可见，所有的三种行动只是一种行动，而且是同一种行动。这同一种行动的各个环节只在对它们进行的反思中才能有所区别。）

关于单纯的交替——如果交替的形式，即交替的端项的相互排除，与交替的实质，即将两个互相排除的交替端项包括在自身之中的那个概括的领域，综合地统一起来，互相排除本身就是概括的领域，而概括的领域本身就是互相排除。换句话说，交替就是单纯的关系。在单纯的关系中，除了互相排除，除了所谓的可规定性，就再也没有任何东西了。——要看出这个互相排除一定是综合的中项，并不困难。但是，进行下面的想象就比较难，即要在一个单纯的可规定性那里，在一个没有某种东西发生关系的单纯关系那里（这样的某种东西我们在这里以及在整个知识学理论部分里都完全撇开不管），想象并非绝对地是虚无的某种东西，那就比较难了。让我们竭尽所能地发挥想象力。——A 与 B（实际上 A+B 是通过 A 来规定，还是同样通过 B 来规定，是已知的。但是我们有我们的目的，我们可以撇开不管，直接称它们为 A 和 B），可以说这两者是对立的，当一个设定了的时候，另一个就不能是设定了的。可是它们应当同时并存，而且不是像前面所要求的那样**部分地**存在，而是整个地，并且**作为**对立的东西同时并存，而并不互相扬弃。我们的任务就是去考察这种情况。但是，**由于它们互相扬弃**，它们不能以任何方式，不能在任何可能的谓词下被一起思维。不是要思维 A，也不是要去思维 B，而是要去思维 A 和 B 两者的结合、联接，而恰恰这个东西是它们的统一点。

（如果你们在物理点 X 上于时刻 A 放置光明，并且于紧接着随后的时刻 B 放置黑暗，那么，光明与黑暗就彼此截然分开了，这是理所当然的。但是，时刻 A 与时刻 B 直接接界，它们之间没有任何缝隙。你们可以把两个时刻之间的严格界限设想为＝Z，那 (I,2,353) 么，Z 上的是什么呢？不是光明，因为光明只在时刻 A 上，而 Z 不＝A；同样也不是黑暗，因为黑暗在时刻 B 上，因而既不是光明也不是黑暗。但我们同样可以有理由认为在 Z 点上既是光明又是黑暗，因为在 A 与 B 之间没有缝隙，所以在光明与黑暗之间也没有缝隙，因而光明与黑暗是彼此直接接触的。——有人会说我在第二种推论中依靠想象力本身已把原来只应当是界限的 Z 扩展成为一段时间了。是的，确实就是这样。〈如果不依靠想象力来作这种扩展，时刻 A 与时刻 B 就再也没有别的办法分别出现。〉因此，我能够依靠单纯的想象力扩展 Z，而且如果我要设想时刻 A 与 B 的直接交界，我就必须这样——而这就是对我们的创造性的想象力的奇妙能力所做的一个实验。这种能力，我们不久就要加以说明，而没有它，人类精神里的任何东西都不能说明上面的问题——人类精神的整个机制也许根本是建立在它上面的。）

a. 刚才说明的那种活动规定着我们已经说明了的交替，这意思是说，交替端项本身的汇合须以自我的绝对活动为条件，依靠这种活动，自我把一个主观的东西和客观的东西树立为对立面，并把两者统一起来。现在，它们两者在自我中并且仅仅借助于自我的这种行动成了交替的端项。只在自我中，只借助于自我的这种行动，它们两者才汇合到一起。

显然，这样建立起来的命题是唯心主义的。如果这里建立起来的活动就像它在一些限制条件下应该被当成的那样，被当成是穷尽了自我本质(如果这个自我是一个有理智的人)的活动,表象就是这样构成的:自我设定一个主观的东西,并在这个主观的东西的对立面设立一个客观的东西,等等。这样我们就看到经验意识里的一系列表象的开端了。前面我们建立过一个设定的间接性规律;按照那个规律,正如它在这里仍然还有效那样,如果没有一个
(I,2,354) 主观的东西被扬弃,就没有客观的东西能够被设定起来,而且如果一个客观的东西没有扬弃,就没有主观的东西能被设定起来。而凭借这条规律,表象之间的交替就是可以说明的了。这里增加的一个规定是:它们两者应当被综合地统一起来,它们两者应当由于自我的同一个行动而被设定。而凭借这个规定,本身包含着交替的那个东西(虽然交替端项是互相对立的)的统一性就是可以说明的了。这种说明当初依靠单纯的间接性规律是不可能的。这样一来,大家仿佛仅仅通过绝对自发性就成了具备着自己一切可能规定的一个理智的人了。自我好像就是像它进行设定、像它设定自身的那个样子,并且因为它设定自身而成为这个样子。——但是,人们假如沿着系列尽可能走得远些,最后就一定会遇到这样一个已经现成存在于自我之中的东西,在这个东西里,一部分被规定为主观的,另一部分被设定为客观的,与主观相对立。应当是主观的那个东西,它的现成存在虽然能够由自我的设定加以说明,但应该是客观的那个东西,它的现成存在则不能由自我的设定来说明。因为这样一种东西通过自我的设定是绝对设定不起来的。——因此,建立起来的命题并不能完全说明应当予以说明的东西。

b. 交替规定着活动,这意思是说,由自我的活动所进行的设定对立面的活动与概括,即使不因对立物的实际存在而成为可能,

却因刚才说明过的对立物在意识里的单纯的汇合或接触而成为可能:这种汇合是这种活动的条件。问题只在于正确地理解这一点。

刚才在反驳已提出的唯心主义的说明方法时曾提醒过:如果在自我里有某种东西被规定为一种主观的东西,而另外一种东西作为客观的就被这个规定排除于自我之外,那就必须说明,要排除的客观的东西怎么会是现成存在于自我里的,而这是上述那种推论方式无法说明的。这个辩驳通过现在的命题作了辩护。据说要被排除出去的客观的东西根本不需要是现成存在的。用我的话来说,现成存在的也许仅仅是对自我的一种障碍。换句话说,不管出 (I,2,355)
于哪一种来自自我活动以外的理由,主观的东西必须不再继续扩展。继续扩展的这种不可能性构成我们所描述的那种单纯交替或单纯联结。单纯交替并不作为活动着的东西限制自我,但是给自我提出一个限制自己的任务。但是,一切限制都产生于对立,因此,正是为了完成这项任务,自我必须相对于要加以限制的那个主观的东西,设定某种客观的东西作为对立面,然后像我们刚才指明的那样把两者综合地统一起来。于是一整套的表象就可以推演出来了。一望而知,这种说明是实在主义的,不过在这种实在主义的背后存在着一种比以前所建立的一切实在主义更抽象的实在主义。这就是说,更抽象的实在主义承认有一个在自我之中现成存在着的非我,直至承认有一个在自我之中现成存在着的规定,但只承认自我自己要在自身中进行规定的任务,或者说,只承认自我的**单纯的可规定性**。

乍看起来,人们也许会以为这种规定任务本身就是一种规定,现在的推论同前面所建立的承认有一种规定现成存在着的那种量的实在主义没有什么区别。但是，我们可以非常清楚地指出这种区别来。在那里，规定是给定了的，在这里，规定要通过活动的自我的自发性才得以实现。（如果允许我们再向前看看，区别就可以更加确切地指出来。这是因为在知识学的实践部分里看得很清楚，这里所谈的可规定性是一种感觉。当然，一种感觉就是自我的一种规定，然而不是作为理智的自我的规定，即是说，不是设定自身为受非我所规定的那种自我的规定。而这里所谈的自我恰恰就是设定自身为受非我规定的那种自我。因而这种规定的任务并不是规定本身。）

现在的推论有一切实在主义所有的那种错误，错在它把自我看成一个非我，从而没有说明非我向自我过渡这个本该说明的问题。假如我们同意人们的主张，那么，自我的可规定性，或者说自
(I,2,356) 我应该受到规定这个任务，虽然已经设定起来，但在这里没有自我的任何参与。而且由此虽然可以说明自我怎么会通过和为了某种在自我之外的东西而成为可规定的，但是，并没有说明自我怎么会通过和为了自我而成为可规定的。作出后面这种说明毕竟是需要的。自我，只有当它设定自己为可规定的时，才由于它的本质的原故而是可规定的，并且只有在这种情况下它才能够规定自己。但这是如何可能的呢，建立起来的那种推论并没有说明。

c. 两种推论应当被综合地统一起来；活动与交替应当互相规定。

交替，或者说，一个没有经过进行设定的自我的任何参与的单纯的障碍，给自我提出限制自己的任务，这种说法是不能承认的，因为要说明的东西未包含在说明的根据里。因此，不得不承认，那

种障碍不是没有自我的参与而存在的，毋宁说它是在自我本身的设定中对自我的活动发生的，好像自我继续向外伸展的活动被赶回（被反射）到自身，这才非常自然地产生出自我的限制，并从这自我限制中产生出所要求的其余的一切。

这样一来，像我们的探讨过程所要求的那样，交替与活动似乎彼此规定并综合地统一起来了。当自我是活动的时候（那不是由进行设定的自我所设定的），障碍涉及到自我，因此障碍只有当自我是活动的时候才是一个障碍。障碍发生的可能性受自我的活动所制约；没有自我的活动，就没有障碍。反过来说，自我出于自身的规定活动就应该是受障碍制约的；没有障碍，就没有自身规定。——再进一步说，没有自身规定，就没有客观的东西，等等。

让我们设法把我们在这里取得的最重要的和最终的结果掌握得更熟悉些。在对立物的结合中（自我的）活动与这些对立物（在自在的和抽去自我活动的状态下）的汇合应当统一起来，它们应当 (I,2,357)
是同一个东西。——这里主要的区别存在于**结合**与**汇合**。因此，我们要探讨使这两者统一的可能性，就要最深入地领会已建立的命题的精神实质。

汇合怎样自在地必须以一个结合为条件，是显而易见的。对立的东西自在地是完全对立的，它们没有任何共同之处。如果一方设定了，对方就不能是设定了的：它们只有在它们之间的界限被设定时才是汇合的东西。而这个界限既不是由于一方的设定而被设定的，也不是由另一方的设定而被设定的。——但是，界限又不是别的，只是双方共同的东西。因而说设定它们的界限，就是说结合它们，但双方的这种结合除了通过设定它们的界限之外是再也不可能的。它们仅仅是在结合的条件下，为了结合和通过结合才汇合在一起的。

结合，或者用我们现在所能用的更确切的话来说，界限的设定，是以汇合为条件的。换言之，是以汇合者的活动所遇到的障碍为条件的，因为按照以上所说的，受限制的活动者，而且只作为活动者，应当是汇合者的一方。这种情况之所以可能，只能在这样的条件下：汇合者的活动自在自为地、自觉自愿地向无限制、无规定和不可规定的方面，即无限的方面走去。假如它不是向着无限方面走去，那就根本不会从汇合者的受限制中得出结论，说障碍是在汇合者的活动中出现的。那么限制，比如说，就可以是由障碍的单纯概念设定起来的概念（如同在一个绝对地建立一种有限自我的体系里所不得不认为的那样）。这样一来，在汇合者的概念给汇合者设定的框架之内就可以完全有一些新的足以推论出外来障碍的限制，而这就不得不由别的什么来加以规定了。但是，正如这里所推论的那样，从一般的限制中根本不能够得出这样一种结论。

(I,2,358) （在这里所谈的对立物应当是绝对对立的。就是说，在它们之间绝不应有任何统一点。但是，一切有限物在彼此之间并不是绝对对立的；它们在可规定性的概念上是彼此等同的，它们都是彻底地互相规定的。这是一切有限物的共同规定。同样，一切无限物，如果可以有许多无限物的话，在不可规定性的概念上是彼此等同的。因此，根本不存在像有限与无限这样截然对立的、在任何标志上都不相同的东西，因而有限与无限必定就是我们这里所说的那种对立物。）

两者应当是同一个东西。这个命题更简单地说就是：**没有无**

限就没有限制，没有限制就没有无限，无限与限制是在一个东西中综合地统一起来的。——假如自我的活动不进入无限，自我本身就不能限制自己的活动，它就不能像它应当做的那样设定活动的界限。自我的活动构成于无限制的自身设定，而在自我的活动之前就出现了一个障碍。假如它屈服于这个障碍，那么，超出障碍之外的那种活动就应该被完全取消和扬弃。自我在这种情况下，就应该根本不进行设定。但是，自我当然应该即使在这条界限之外也进行设定。自我应当限定自己，就是说它应当在这种情况下把自己设定为不设定自己的。它应当在这个范围内设定无规定的、无限制的、无限的界限（上文的 B）。如果它应当这样，那它就必定是无限的。——再者，如果自我不限制自己，那它就将不是无限的。——自我只是它设定自己为那个东西。它是无限的，意思是说，它设定自己是无限的：它通过无限性的谓词规定自己。因此，它限制自己本身，使自我成为无限的基础。它将自己同它的无限活动区别开来（自在地说，这两者是同一个东西）。如果自我应当是无限的，它就不能不这样。——自我将自己与这种趋向无限的活动区别开来，这种活动应当是**自我的**活动。这种活动应当属于 (I,2,359)
自我。因此，自我必须同时在同一个没有分割和不可区分的自我活动中把这种活动再次收回自身（通过 A 来规定 A+B）。可是，如果自我把这种活动收回自身，这种活动就是有规定的，因而就不是无限的了。但是，这种活动毕竟应当是无限的，这样，它就必定被设定于自我之外。

由于自我设定自己同时既是有限的又是无限的，因而自我就是在自身中同自身进行这种交替。而这样一种交替，好像是正在自己同自己相矛盾,从而自己再度产生自己。因为自我想把不可统一的东西统一起来,然后试图把无限吸收到有限的形式中,之后又把它退回去,重新设定到有限的形式之外,并且在同一个时刻再次试图把它吸进有限的形式里。——自我本身的这种交替,就是**想象力**的力量。

这样一来,汇合与结合就被完全统一起来。汇合,或者说界限,本身就是正在和要去把握的把握者的一个产物(想象力的绝对正题,因而它绝对是生产性的)。由于自我与它的活动的这种产物是被设立为对立的,所以汇合的双方被设立为对立,而在界限上双方都没有被设定(想象力的反题)。但是,既然双方重新被统一起来——自我的上述生产性活动应当归属于自我——进行限制的双方本身就在界限上被结合起来。(想象力的合题,它在想象力的这种反题与合题的活动中是再生产性的,这些我们到时就会看得更清楚。)

对立双方应当在单纯的**可规定性**的概念里(而不是在规定的概念里)被结合起来。这曾经是我们所要求的那种统一的一个主要环节。我们对于这一点也还必须加以反思,看看我们刚才所说的将通过哪一种反思而得到充分的规定和阐发。因为如果那个被设定于对立双方(一方是制造对立的设定对立面的东西本身,而按照其特定存在来说,另一方就完全存在于意识之外,仅仅为了必要的界限才被设定起来的)之间的界限被设定为固定的、确定的、不
(I,2,360) 可移动的界限,那么,对立双方就是由**规定**统一的,而不是由**可规定性**统一的。但是,假如这样的话,那么,在实体性交替中所要求的那个总体就应该是没有被充满的了(A+B 就应该是仅仅由有

规定的 A，而不是同时由无规定的 B 所规定的了）。因此，那条界限必须不被认为是固定的界限。而且就我们刚才对想象力在这个限制中的活动作用所作的探讨来看，情况也确实就是这样。为了要给主体一个规定，想象力的活动能力设定一个无限的界限，作为它自己的趋向无限活动的产物。它试图把这种活动归给自己（由 A 规定 A+B）。但是，假如它真这么做了，那它就不再是这种无限的活动了。这种活动作为被设定于一个有规定的主体中的活动，本身就是有规定的，而且可以说它就不是无限的了。因此，想象力就被重新推回到无限中去了（对它来说，由 B 规定 A+B 这一层就被放弃了）。因此，现在存在着的就只是可规定性，只是沿着这条道路永远不能达到的规定的理念，而不是规定本身。——想象力一般地并不设定固定的界限，因为它自身就没有固定的立足点，只有理性才设定某种固定的东西，因为只有理性才把想象力固定起来。想象力是这样一种能力，它摆动于规定与不规定、有限与无限之间的中间地带。因此，由于想象力的原故，A+B 确实是**同时**既由有规定的 A 规定的，又由无规定的 B 规定的。想象力的这种摆动就是我们刚才所谈的那种想象力的合题。——想象力恰恰通过它自己的产物表示这种摆动。想象力仿佛是在它自己的摆动期间并通过它的摆动而把它的产物制造出来的。

（想象力在不可统一的东西之间的这种摆动，想象力与自己本身的这种抗争，如将来会指明的那样，是这样一种争执：它把自我的状态在其本身中扩展为一段时间〈对于单纯的理性来说，一切都是同时的，只有对想象力来说，才有时间〉。想象力不能把这段时间保持得太久，就是说，不能保持得比一瞬间更长些〈除了在高尚

的感情中，在那里，对于变幻无常的惊讶是在时间中引起的〉。理

(I,2,361) 性出来居中斡旋〈依靠反思的出现〉，规定想象力要把 B 接纳到有规定的 A〈主体〉里。但是，现在那个作为有规定的而被设定起来的 A 必定再次被一个无限的 B 所限制，正如在上面想象力受无限的 B 的限制那样。这样前进不已，直至在想象力中不再需要有理性以外的任何起限制作用的 B 时止，即直到理性〈这里指理论理性〉完全自己规定自己，也就是直到出现表象者的表象。在实践领域里想象力继续向无限前进，直到它达到绝对不可规定的最高统一性的理念，这个理念只有在完成一个无限之后才会可能，但完成一个无限本身是不可能的。)

* * *

1. 没有自我的无限性——没有自我的一个绝对的、走向无限制和不可限制的东西的生产性能力，甚至表象的可能性都不能说明。自我设定自己为受非我所规定的这个命题包含着一个假设，那就是应有一种表象作用。通过这个假设，这种绝对的生产性能力才被综合地引申出来和得到证明。但事先可以看出，在我们的知识学的实践部分，这种能力将被归结为一种更高的能力。

2. 我们所碰到的一切困难都已经令人满意地被克服了。我们的任务曾经是去统一对立物，统一自我与非我。通过统一矛盾双方的想象力，自我与非我现在可以被完全统一起来了。——非我本身就是设定自己的那个自我的一个产物，而根本不是什么绝对的和被设定于自我之外的东西。没有一个按照我们所叙述的方式制造出来的客体，一个把自身设定为自身设定者的自我，或者说，一个主体，是不可能的(自我的这种规定，即自我把自己反思成

一个有规定的东西这一规定，只有在自我通过一个对立物而对自己加以限制的条件下，才是可能的）。——在这里只有一个问题，即为了说明表象作用而必须承认的对自我的障碍是怎么发生的，(I,2,362)
由于什么发生的，还没有予以解答。因为这个问题超出了知识学的理论部分的界限。

3. 整个知识学理论部分中首要的命题是自我设定自己为受非我所规定的，这个命题是完全穷尽了的，并且把自我中包含的一切矛盾都已经消除了。自我只能把自己设定为这样的：它是受非我所规定的（没有客体，就没有主体）。因为这个原因，它设定自己为被规定的。同时它又设定自己为从事于规定的。因为规定者在非我中就是它自己的产物（没有主体，就没有客体）。——不仅推论所需要的交替作用是可能的，而且如果没有这样一种交替作用，已经建立的假设所需要的那种东西就根本是不可思议的。以前曾经仅仅以有待证明的身份出现的东西，现在已成了不容置疑的确定的真理。——这样，知识学的理论部分就完全结束了。这也就同时证明任何一门学科，当它的原理已经得到详尽探讨时，本身就结束了。而当人们在探讨过程中重新回到某一原理时，那条原理就是详尽探讨过的。

4. 如果说知识学的理论部分已经得到详尽探讨，那么，说明表象所需要的一切环节就必定都已建立起来并论证过了。因此，我们从现在起要做的就只是把全部已经证明的东西联合起来，应用起来，此外就再没有什么可做的了。

但是，在我们开始走上这条道路之前，先对这条道路本身进行一次反思，不仅是有用的，而且对于彻底理解全部知识学也有重要的意义。

5. 我们的任务曾经是分析研究那个未经证明而建立的命题，即自我设定自己为受非我所规定的，看看它是否可能和在何种情况下可能。我们已经试验了它的通过系统的演绎得到详尽探讨的一切可能的规定。我们已经通过对不允许的和不可能的东西的分离，把可能的东西收缩到一个越来越小的圆圈里，并且一步一步地越来越接近真理，直到我们终于找到了对应该思维的东西进行思维的唯一可能的思维方式。因此，如果那个命题一般地说是真的，也就是说，无须它现在所有的特殊规定，而就是真的——说它是真的，是一个以最高的原理为基础的假设——如果它由于现在的演绎，只有在这个唯一的方式下才是真的，那么，我们建立的东西也就同时是**一个本来就出现于我们精神之中的事实**。——我可以说
(I,2,363) 得更明白些，既然我们当时是在进行哲学思维，我们在探讨过程中所建立的一切思维的可能性，也就是凡是我们思维过的，凡是我们以我们的思维的意识思维过的，它们当时也都是我们的意识事实。但是，它们当时都是我们的反思能力的自发性按照反思的规则**人为地**制造出来的事实。现在建立起来的、淘汰了一切被证明为错误的东西之后唯一留下来的这个思维可能性，首先也是这样一种由哲学反思的自发性人为地制造出来的事实。它所以是这样，就是因为它是通过反思而被提升到哲学家的意识里来的。或者更确切地说，对那个事实的**意识**也是一种人为地制造出来的事实。但是，居于我们的探讨之首位的那个命题应当是真的，就是说，在我们的精神里应当有某种东西与这个命题相对应。而这个命题只应当在**唯一的**、被建立起来的方式下，才能是真的，因此，在我们的精

神中必定有某种原始的、不依赖于我们的反思的现成存在的东西同我们的这种思想相对应。而我们是在事实这个词的更高的意义上，即在我们提出的其余一切的思维可能性在其中都不能算是事实的那种更高的意义上，把我们建立起来的这个思维可能性称为事实的。（比如说，虽然在我们的探讨过程里曾经出现过一个实证主义假定，它认为表象的材料是表象从外面得来的，它是必须加以思考的，它的思想是进行反思的意识的一个事实。但是，一经仔细探究，我们就发现：这个假定同我们建立的原理相矛盾，因为从外面取得材料的那种东西绝不会像按照要求那样，是一个自我，而毋宁是非我；因此这样一种思想不能在它自身之外有什么与它相对应的东西，它是完全空洞的，应当作为属于超验的——但不是作为先验的——体系的思想而予以抛弃。）

还有一点顺便也要提请注意，那就是，在一种知识学里当然有些被建立起来的事实，知识学作为实在思维的体系因而就与一切空洞的形式主义哲学区别开了。但是，知识学不允许直接假定某种东西为事实，而是必须进行论证，就像现在所进行的论证这样，以证明某种东西是一事实。如果引证的事实属于未经哲学反思推论的普通意识的范围之内的事实，那么，尽管人们的论证也还严密，但只要他所得到的结论不是原来就现成存在着的，他就只能炮制出一种骗人的通俗哲学，那其实不是哲学。但是，如果建立起来 (I,2,364)
的事实存在于普通意识的范围之外，人们就必须确切知道他是怎么能够确信它们都是现成存在着的事实。并且人们就必须能够把他达到这个确信的过程告诉别人，而把他的确信告诉别人，实际上就是对这些事实之为事实的论证。

6. 我们完全可以期望这种事实一定会在我们的意识里产生结果。如果它应当是在一个自我的意识中的一个事实，那么，自我必定首先把这个事实设定为现成存在于它自己的意识中的事实。然而，由于自我可能会遇到困难，它只能在一定的方式下才能作出这种设定，因此自我如何把这种事实设定于自身的那种方式，也许就会自己显现出来。——让我说得更明白一些——自我必须向自己说明这种事实。但是，它向自己说明这种事实，只能按照出自它的本质的那些规律，也就是至今进行反思时所同样使用的那些规律。从现在起，自我在自身中对这种事实进行加工改造，它处理这种事实所规定的方法和全部活动情况，就是我们的哲学反思的对象。——显而易见，从这里开始，整个反思就达到了一个完全不同的阶段，具有了一种完全不同的意义。

7. 过去的一系列反思和将来的反思首先是它们的对象不同。在过去的反思里，被反思的是种种思维的可能性。在当时，正是人的精神自发性活动既制造出反思的对象——即那时的思维的可能性是按照一个详尽探讨过的综合体系的规则制造的——也制造出反思的形式和反思行动本身。我们已经看到，被反思的东西里固然包含有某些实在的东西，但其中混杂的空洞的附加物是必须逐步加以清除的，直到对我们的目的、即对理论知识学来说，完全真的东西单独剩下来为止。——在将来的一系列反思里，是对事实进行反思。这种反思的对象本身就是一种反思，就是人的精神对提供给它的论据(当然，论据只有作为心灵对之进行这种反思的对象，才可以称为论据，因为不这样的话，它就是事实)所进行的那种反思。因此，在将来的一系列反思中，反思的对象不是由这同一个反思自己**制造出来的**，而仅仅是由它**提升到意识里的**。——由此同时可见，我们从现在起不再同那些必须首先从其空洞的附加物中把少量真的内容挑选出来的单纯的假定打交道；相反地，凡是现 (I,2,365)
在建立起来的，都有充分权利主张自己具有实在性。——知识学应当是人的精神的一部实用的历史。我们以上所做的一切工作，只不过是为了首先得到一个通往这部实用历史的入口，只不过是为了首先能够指出一种无可置疑的事实。我们现在有了这种事实，从现在起，我们的虽不盲目却在试探前行的知觉，可以从容不迫地探讨种种已经发生的事件的进程了。

8. 两种系列的反思在它们的方向上也是不同的。——大家暂时可以把人为的哲学的反思完全撇开，停下来看看人的精神对于上述事实所进行的那种原初必然的反思（这种反思从现在起将成为更高的哲学反思的对象）。非常清楚，人的精神不能根据任何别的规律，只能根据发现给定的事实时所使用的规律对事实进行反思，也就是说，根据我们过去进行反思时所依据的规律进行反思。我们过去的反思曾经从自我设定自己为受非我所规定的这个命题出发，并沿着自己的道路运行，直至达到事实为止。现在这个自然而然的、将被建立为必然的事实的反思则从事实出发。而且由于在上述命题证实自己是事实之前（在自我设定自身为非我所规定的设定自身者之前），那些已经建立的原理绝不能停止自己的应用，所以这种反思就继续前进，直至达到命题为止。因此，它所经历的整个路程正是前一种反思所走过的道路，只是**方向相反**。因此，哲学的反思既然只能跟随着后一种反思前进，而又不能给它提供规律，所以就必然采取与后一种反思相同的方向。

9. 从现在起，反思采取了相反的方向，因而已经建立的事实就同时成了哲学反思的回归点。在这个回归点上，两个完全不同的反思系列结合在一起；在这个回归点上，一个系列的结尾与另一个系列的开端相联结。因而在这个回归点上，必定存在着过去的推论程序所以不同于今后进行的推论程序的区别根据。——过去的方法是综合的，它贯彻始终，所以建立的事实自身就是一个合题。在这个合题中首先被统一起来的就是出自第一个反思系列的
(I,2,366) 两个对立物，因而它应该是这种合题对第一个反思系列的关系。——然后在这同一个综合中，为了第二个反思系列进行可能的分析和因之而产生的综合，又必定存在着两个对立物。由于在综合中不能再有作为两个对立物的东西被统一起来，所以其中作为第一个反思系列的结尾而被统一起来的两个东西也就是为了第二个反思系列的开端而应当予以重新分开的那两个东西。但是，如果情况完全是这样，第二个反思系列就根本不是第二个，而只是倒过来的第一个反思系列。而我们的方法就是一种单纯重复的分解，它毫无用处，不能增加我们的知识，不能使我们前进一步。因此，就第二个反思系列的端项是第一个反思系列的端项而言，即使它们相同，第二个反思系列的端项也毕竟在某一个方面有所不同。而这种差别是它们单纯借助于综合，好像经历了这个综合才能获得的。——如果对立的端项是第一个系列或第二个系列的端项，那么，正确认识这些端项的上述差别就值得花费气力，并且能够彻底阐明当前的体系的最重要的、最具特征之处。

10. 在这两种情况下，对立双方都是一个主观的东西和一个客观的东西。但是，在综合之前它们是这样的，在综合之后它们在

人的心灵中就非常不同了。在综合之前，它们仅仅是对立的双方，不是别的什么。这一方是另一方所不能是的那种东西，另一方是这一方所不是的那种东西。它们表示一种单纯的关系，此外什么也不表示。它们是消极的东西，绝对不是什么积极的东西（正如在前面的例子中Z上面的光明与黑暗那样，如果Z被认为是单纯想象中的界限的话）。它们只是一种没有实在性的单纯思维，而且只是关于一种单纯关系的思维。——当一方出现时，另一方就消失了。但是，由于这一方只能在另一方的反面的谓词之下出现，因此另一方的概念也随同这一方的概念同时出现并把这一方取消，所以这一方甚至根本不能出现。因此，根本没有什么东西存在，也不可能有什么东西存在。我们的意识不是被充实起来的，在它那里绝对没有任何东西存在着。（确实，没有那种无意识地给这些空洞的对立物奠定基础的想象力的善意欺骗，我们也就根本不可能进行过去那一切的探讨。我们不能对它们进行思维，因为它们绝对 (I,2,367)
是无，而对于无人们不能进行反思。这种想象力的善意欺骗当时是舍弃不掉的，也不应当被舍弃，只是应当把欺骗的产物从我们推论的总数中扣除和丢弃，就像实际上所做的那样。）在综合之后，它们是某种可以在意识中摸得着、抓得住的东西，并且仿佛在充实着意识。（它们现在恰恰就是它们本来也就是的那个东西，不过它们现在这样，是为了反思并且得到反思的优待和允许，而以前则是不知不觉，并且经常受着反思的抵制。）正如前面所说的，在被想象力扩展为一个瞬间的那个界限Z上，光明与黑暗确实曾经是自己没有把自己绝对取消掉的某种东西。

它们发生了这样的变化，好像是由于它们经历了综合，而必须指明的是综合究竟怎样并以何种方式能够给它们提供它们以前所没有的某种东西。——综合能力的任务在于把对立双方统一起来，作为一个东西去**思维**（因为正如以前那样，要求首先涉及思维能力）。综合能力做不到这一点，而任务又摆在那里。因此，在无能为力与要求之间就发生了矛盾。精神就栖身于这种矛盾之中，摆动于矛盾双方之间，游移于要求和无能为力之间。并且在这种状态中，而且只在这种状态中，精神同时抓住矛盾双方。或者换个说法也一样，精神使双方同时成为能够加以捉摸的东西。这就是说，它接触它们，但又被它们推回，然后再次接触它们，从而在它们**与自己的关系**中给它们以一定的内容和一定的范围（这种范围到时就会表现为时间和空间中的多样东西）。这种状态就叫做**直观**状态。在这种直观状态中活动的能力前面已经被称为创造性的想象力。

11. 我们看到，正是包含着使人类知识学成为不可能的危险的那种环境，现在却成了我们能够据以建立这种学说的条件。我们过去不敢设想我们怎么竟能够把绝对对立的东西统一起来。现在我们看到如果没有绝对对立的东西，要想一般地说明我们精神中的那些外界赋予的东西就将是完全不可能的。因为如果不是出现了绝对对立的、不可统一的、对于自我的理解力来说显然完全不
(I,2,368) 适应的东西，那么，上述一切外界赋予的东西所依据的能力，即创造性的想象力，就是根本不可能的。而有了这种能力，同时也就清楚地证明我们的体系是正确的，证明我们的体系详尽彻底地说明了一切需要说明的东西。预设的东西只能通过找到的东西来说明，找到的东西只能通过预设的东西来说明。正是从绝对对立中

推论出了人类精神的整个机制；而这整个精神机制没有别的途径，只能通过一个绝对对立加以说明。

12. 同时，我们现在已将前面虽然已经提出却并没有充分发挥的一个说法完全阐明了。这就是说，我们现在认识到观念性与实在性怎样就是同一个东西，看清它们两者怎样只在不同的观察方式下才是不同的，以及其中的一个如何只能从另一个中推论出来。——绝对对立的东西（有限的主观东西与无限的客观东西），在综合之前只是某种纯粹思维的东西，如果用我们经常使用的词汇来说，只是某种观念的东西。绝对对立的东西应当通过思维能力被统一起来却又不能统一起来，于是它们就通过心灵——它起这种作用时就叫想象力——的摆动而获得实在性，因为它们这样一来就变成可以直观的东西了，也就是说，它们获得了一般的实在性。这是因为除了凭借直观的实在性之外，没有别的实在性，而且不可能有其他的实在性。人们重新把这种直观抽掉——这并不是说人们为了一般意识（第 634 页），能把它抽掉，但是，为了单纯的思维能力，当然能够抽掉它——于是那种凭借直观的实在性又重新成为某种纯粹观念的东西。这种纯粹观念的东西，根据表象能力的规律，它只有一种派生出来的存在。

13. 因此，在这里我们得到了这样的教导：一切实在性——就它对于我们来说的那样而言，而在一个先验哲学体系里，它不能不被这样理解——都仅仅是由想象力产生出来的。我们当代最伟大的思想家之一，据我所知，曾作过同样的教导，他把这种东西叫做想象力造成的一种错觉或欺骗[186]。但是，每个欺骗都必定使自身与真理相对立，每个欺骗都必定使自己能被避免。但是，现在既然 (I,2,369)

像在目前这个体系里得到了证明的那样，证明我们的意识、我们的生命、我们的为我们的存在，即我们的作为自我的存在，其所以可能，是以想象力的这种活动为根据的，那么，我们如果不想抽掉自我，也就不能丢掉想象力的这种活动。抽掉自我是一件自相矛盾的事情，因为抽掉者不可能抽掉自身。因此，想象力并不骗人，它提供真理，提供唯一可能的真理。承认想象力在骗人，就意味着替一种怀疑主义作论证，而这种怀疑主义教人怀疑自己的存在。

表象的演绎

Ⅰ. 我们首先把我们自己相当牢固地设定在我们已经达到的论点上。

自我向着无限前进不已的活动——由于它是趋向无限的，所以在它之内没有什么能加以区别的东西——碰到了一个障碍。它尽管碰到障碍，却绝不应该被消灭，所以它被折返回来，被迫转而向内前进，它采取了一个正好相反的方向。

人们可以把不停地向无限前进的活动想象为一条直线，一条从 A 出发，经过 B 向 C 等等前进的直线。它既可以在 C 之内就遇到了障碍，也可以超过 C 而继续前进。但是，人们假定它正好在 C 点受到了阻碍，那么，根据前面所说的，碰到障碍的根据就不在自我之中，而在非我之中。

(I,2,370) 在已设定的条件下，自我的活动由向 C 前进的方向被折返而成为由 C 向 A 前进的方向。

但是，如果自我确实只是一个自我，那么，除非自我也发生反作用，否则对自我就根本不能发生什么作用。在自我中的任何东西都不能被扬弃，因而自我的活动方向也不能被扬弃。因此，由 C

向 A 的折返活动，当它被折返的时候，必定同时产生反作用，产生一直达到 C 的活动。

这样一来，我们就在 A 与 C 之间有了一个双重的、自己与自己相反的自我活动的方向，其中由 C 到 A 的可以被认为是一个受动，由 A 到 C 的可以被认为是一个纯粹的活动。它们两者都是自我的同一个状态。

这种把两个完全对立的方向统一起来的状态，正是想象力的活动，而且我们现在已经完全肯定地找到了我们前面所寻找的东西，即一种活动，一种只有通过受动才有可能的活动；并且找到一种受动，一种只有通过活动才有可能的受动。——存在于 A 与 C 之间的自我活动，是一种彼此对抗着的活动，但是，这种活动，如果没有自我活动的一种被折返，是不可能的。因为一切对抗都预先设定与之对抗的某种东西作为先决条件。自我的这种活动是一种受动，因为自我的活动的原始方向被折返了；但是，没有任何方向可以被折返，除非它作为这个方向，而且在这个方向的一切点上，是事先就存在着的。两个方向，由 C 到 A 和由 A 到 C，必须是同时存在着的，而正是它们的同时存在解决了上面提出的任务。

当自我的活动存在于 A 与 C 之间时，自我的状态是一种直观。因为直观是一种没有受动就不可能的活动，也是一种没有活动就不可能的受动。——现在，对于哲学的反思来说，直观只就它是直观本身而言是得到了规定。但是，在主体看来，它作为自我的偶性，还是完全没有规定的。因为如果它是有了规定的，它就必定能把自己同自我的其他规定区别开来，而这是直到现在为止还不可能的；同样，在客体看来，它也是完全没有规定的，因为如果它是有规定的，一个被直观的东西本身就必定能把自己同一个没有被直观的东西区别开来，而这是直到现在为止还不可能的。

（显而易见，与它原初的第一个方向相反的自我活动也超越了C点。但是，由于它超越到C点以外，它就不是在进行对抗，因为在C点以外不存在障碍，因而它也就不是在直观。因此，在C点上，直观受到了限制，而且被直观的东西也受到限制。超越C点之外去的活动不是直观，活动的客体不是被直观的东西。两者到
(I,2,371) 底是什么东西，我们到时候就会知道。这里我们只不过提醒读者注意，我们把将来还要重新提到的东西现在暂且放下。）

Ⅱ. 自我应当直观，而如果直观者实际上只应当是一个自我，那么，这就意味着**自我应当设定自己为正在进行直观的**。因为除了自我赋予自己的那种东西外，任何东西都不会从外面加于自我。

自我设定自己为正在进行直观的，这句话首先意味着：它设定自己为在直观中**活动着的**。另外还有什么含义，将在随后的探讨中得出来。而既然它设定自己为在直观中活动着的，它就给自己设定了某种对立的东西，这种东西在直观中不是活动的，而是受动的。

为了使我们在这个研究中有个线索可以遵循，我们只要提醒一下前面对实体性概念中的交替所说的话就够了。对立双方、活动与受动不应当互相消灭和扬弃，它们应当同时并存：它们只应当互相排除。

显而易见，相对于活动着的直观者必须有一个被直观的东西作为对立面设定起来。问题只在于这样一个被直观的东西是怎么被设定起来的。

相对于自我，相对于进行直观的自我而被作为对立面设定起来的那个被直观的东西，必然是一个非我。首先可以从这里推论出：设定这样一种被直观的东西的自我行动，**不是反思**，不是向内进行的活动，而是一种向外进行的活动。因此就我们到目前为止所理解的来说，它是一种生产。被直观的东西作为被直观的东西是被生产出来的。

此外显而易见的是，自我不能对于它自己在生产这个被直观的东西时的活动有所意识，因为这种活动没有被反思，因而没有被给予自我。（只有在我们现在所进行的哲学反思中，这种活动才被给予自我。而我们始终需要把哲学反思同一般必需的反思加以仔细地区别。）

创造性的能力总是想象力。因此上述对于被直观的东西的设定，是通过想象力才出现的，这种设定本身就是一种直观。

这种直观应当同自我赋予自己的那种直观中的一项活动相对 (I,2,372)
立。在同一个行动中应当同时存在着两种直观活动，一种是自我借助于反思而赋予自己的，另一种是自我没有赋予自己的。后一种直观活动是一种纯粹的直观，前一种直观活动固然也应当是一种直观，但它应当被反思。问题在于这是怎么发生的，从中会推出什么来。

直观作为活动，其方向本来是向C去的，只在它和向A的相反方向对抗着时，它才是一个直观。如果它不同向A的方向相对抗，它就不再是直观，而干脆就是一个活动。

这种直观活动应当加以反思，这就是说，自我向C去的活动（它永远是同一个活动），作为与一个相反方向对抗着的东西（因为否则它就不是这种活动，不是直观的活动了），应当被扭转而向A去。

这里出现了下面的困难：自我的活动本来已经由于外界障碍而一度向A折返了，现在又由于绝对的自发性（因为自我应当设定自己为进行直观的，而这完全是由于它是自我）而再次向同一个方向返回。如果这两次的方向不能彼此区别，则根本没有直观被折回，而毋宁只是以同一个方式重复地两次被直观而已。因为活动是相同的活动，是自我的同一个活动。而方向是由C到A的相同的方向。因此，如果要想使我们所需要的反思或折返能够出现，它们就必须能够彼此区别。而在我们能够继续前进之前，我们必须解决这样的课题：即它们怎么样和通过什么彼此区别。

Ⅲ. 让我们把这个课题规定得更确切些。——其实在探讨之前，我们就能大概地看出，自我活动的第一个向A的方向怎么可以同第二个向A的方向区别开来。因为，第一个是由于纯粹的外界阻碍而被折返的，第二个则是由于绝对的自发性而被折返回来的。这一点，我们只要从哲学的反思这个层次出发就能看清楚，而我们在开始探讨的时候就武断地把我们自己置身于这个层次上了。但是，问题恰恰在于说明一切哲学反思之所以可能的这种前
(I,2,373) 提。问题是：人的精神最初怎么会在一个外部引起的活动的折返与一个内部引起的活动的折返之间作出上述那种区别呢？这种区别是这样一种区别，它作为事实应该被推演出来，并且恰恰应该通过这个推演得到证明。

自我应该通过直观者的谓词来加以规定，并由此与被直观者区别开来。这是我们当初不得不作为出发点的那个要求。自我作

为直观的主体，应该与直观的客体相对立，并因此而首先与非我区别开来。显而易见，我们在进行这种区别时，并没有一个固定点，而是在一个永恒的圆圈里打转，因为直观自身没有首先固定下来。只有直观被固定下来之后，自我与直观的关系以及非我与直观的关系才能加以规定。因此，解决上述课题的可能性就取决于对作为直观的直观本身加以固定的可能性。

这后一课题等同于前面提出的课题，即等于使第一个向 A 的方向可以与第二个向 A 的方向相区别的那个课题。而且一个课题解决了，另一个课题也就跟着解决了。一旦直观本身固定了，则第一个向 A 的折返就已经包含在直观里了，并且不必担心发生彼此混淆和相互扬弃，不但第一个向 A 的方向，而且一般直观就向 A 折返了。

直观作为直观应该被固定下来，以便它能够被当成同一个东西来理解。但是，直观自身根本不是什么固定的东西，而是想象力在两个相反的方向之间的一种摆动。如果说直观应当被固定下来，那就等于说，想象力应当不再摆动，从而直观就完全被取消、被扬弃了。但是，这种情况不应当发生。因此，至少直观的状态的产物必须保存下来，也就是说，两个相反的方向的遗迹必须保存下来。而这种遗迹不是单纯两个相反方向的，而是由两个相反方向结合而成的某种东西。

只有通过这样一种固定之后，直观才成为一个直观，而直观的这种固定，包括三个方面：首先是固定的或确定的行动。整个的固定是因为起于自发性的反思而出现的，我们随后就可以看得出来，这种固定是通过反思本身的这种自发性而出现的。因此，固定的行动属于自我中进行绝对地设定的那种能力，或者说，属于理(I,2,374)性。——其次，是有规定的东西或者正在被规定的东西——大家都知道，这就是其活动被设定了界限的想象力。——最后，是由规定产生出来的东西，即处于摆动中的想象力的产物。显然，如果我们所要求的固定是可能的，那就必须有一种从事这种固定的能力。而这种能力既不是从事规定的理性，也不是从事创造的想象力，因此，它是理性与想象力两者之间的一种中间能力。这种能力既然能使一种变动的东西保持不变（好像使之得到理解），那么，我们就有理由称它为知性。知性之为知性，只是因为有某种东西在它那里被固定下来。凡是被固定下来的东西，都只是在知性中被固定下来的。知性可以说是理性固定下来的想象力，或者说是由想象力配备了客体的理性。——知性是一种静止不动的精神能力，是由想象力产生出来并由理性规定下来，而且正在进一步予以规定的那种东西的纯粹保存，尽管人们常常谈起它有什么行为。

（只有在知性里才有实在性。知性是现实化的能力。在它那里，理想的东西才成为实在的东西；〈因而知性也表示一种和某物的关系，这个某物是不经我们的干预而从外界来的。〉想象力产生实在性。但是，在想象力里没有实在性，经过知性的了解和把握，想象力的产品才变成某种实在的东西。——我们认为是想象力的一种产品的那种东西，我们并不赋予它实在性；但是，我们所碰到的包含在知性里的那种东西，我们赋予它实在性。至于知性，我们认为它根本没有创造的能力，而只有保存的能力。——由此可见，人们在反思[187]中，由于反思的规律的原故，只能回溯到知性，然后在知性中遇到被给予反思的某种东西，遇到表象的质料。但是，这种东西是以何种方式进入知性的，人们并不知道。因此，我们确信事物的实在性在我们之外，是没有经过我们的任何干预的，因为我们并不知道有产生实在性的能力。假如我们在普通反思里知道，如同我们在哲学反思里能够知道的那样，实在性是通过想象力进 (I,2,375) 入知性的，那就等于我们想重新把一切解释为幻觉，而且通过后者正如通过前者一样毫无道理。）

Ⅳ. 我们现在把我们的推论的线索重新捡起来，这是我们以前由于不可能进一步推论下去而暂时放下的。

自我反思它在直观中向 C 行进的那个活动。向 C 行进的活动作为与一个由 C 向 A 行进的活动背道而驰的活动，根据上述理由，是不能被反思的。但是，它也不能被当作一种一般向外行进的活动来反思，因为如果那样的话，它就是自我的完全无限的活动了，而完全无限的活动是不能加以反思的。但在直观中正在出现的活动则不是这样，而正是要加以反思的。因此，在直观中呈现着的活动必须被反思为行进到 C 为止的活动，被反思为在 C 点上受到限制和得到规定的活动。这应该是第一个线索。

因此，在 C 点上，自我的直观活动受到在反思中进行的绝对活动的限制。——但是，由于这种活动只是有反思作用的，而（除了在我们现在这个哲学反思中之外）本身并不是被反思的，所以在 C 点上的限制是与自我相对立的，是属于非我的。绝对创造性的想象力的产品被一种不明确的、没有被反思过的、没有进入确定的意识的直观所设定，而且被这种直观设定为超越 C 点而向无限进展。这就限制了被反思的直观的能力。而它所根据的规则和理由，就是第一种无规定的产品一般被设定时所根据的那个理由。

这应该是第二条线索。——这种产品是非我，通过和这个非我的对立，自我一般才被规定**为**自我——然后，“自我是进行直观的”这个命题的逻辑主词才是可能的。

进行直观的自我这样得到规定的活动，至少按照它的规定来说是被确定下来的，并被理解为在知性中可以进一步加以规定。因为如果没有这种确定和理解，自我的彼此矛盾的活动就会彼此交错和互相抵消。

这种活动是从 A 向 C 进展，并在这个从 A 向 C 进展的方向上被自我的反思的、即从 C 向 A 进展的活动所理解。——显而易见，在这种理解中，必然出现相反的方向，而且这种理解必然是通
(I,2,376) 过那种相反方向的能力即想象力产生的，因此本身就必然是一种直观。这应该是第三个线索。想象力在其目前的作用中并不创造什么，而毋宁只是理解（以便在知性中设定，而不是保存）那已经产生了并在知性中理解了的东西，因此它被认为是再生产性的。

直观者必须被规定为直观者，也就是说，被规定为活动。它还必须有一个活动同它**对立**。这个活动**不是它自己**，而是另外一个活动。但是，活动总是活动，到现在为止在它那里能够加以辨别的只有它的方向。但是，这种相反的方向是通过外来的反思作用而产生并且在知性中保存下来的那个从 C 到 A 的方向。这应该是第四个线索。

这种相反的方向，既然要去规定那种出现于直观中的方向，所以本身就必须受到直观。这样一来，随着直观者的规定同时就出现了一种**被直观者**的直观，但这不是反射回来的直观。

但是，被直观者本身，如果说它是与直观者对立的，就必须被

规定为一个被直观者。而这就只有通过反思才是可能的。问题仅仅是:被反思的究竟是哪一个向外进展的活动。因为被反思的必然是一个向外进展的活动,但是,在直观中从C向A进展的活动构成直观者的直观。

前面已经提醒过,为了对C点上一般的直观加以限制的原故,自我的生产性活动必须超越C点向无限进发。这种活动被从无限那里反射回来,经过C向A进展。但是,从C向A却存在着一个根据其遗迹而在知性中保存下来的前一个方向,它与那个归属于自我的从A向C的直观活动方向相反。而在与这一直观活动的联系中,它必定归属于和自我相反的东西,即必定归属于非我。这个相反的活动被直观为一个相反的直观,这应该是第五个线索。

这个被直观者必须被规定为被直观者,并且被规定为与直观者相反的被直观者。因此它是通过一个非被直观者得到规定的,而这个非被直观者却是一个非我。但是,这个非我作为自我活动的绝对产物,存在于C点以外。但在C与A之内存在着这样一个被直观者,按照它的规定来说,它是作为某种实在的东西在知性中 (I,2,377)
被把握的。这应该是第六个线索。

它们相互之间的关系就如同活动与受动(实在性与否定性)的关系一样,因而是由交互规定联合统一起来的。没有被直观者,就没有直观者;反之,没有直观者,就没有被直观者。此外,当一个被直观者被设定起来时,一个直观者也就被设定了,反之亦然。

两者都必须被规定,因为自我应当设定自己为直观者,从而将自己设定为同非我对立的。但是,因此在直观者与被直观者之间就需要有一个坚实的区别根据，而按照上面的论述，交互规定并不提供这样一种区别根据。

当两者中的**一方**被进一步加以规定时，**另一方**也就因而得到了规定，这恰恰是因为它们处于交互规定之中。——但是，出于同样的理由，两者中的一方必须**由自身**而不由另一方来规定，因为如果不这样，我们就无法从交互规定的循环中摆脱出来。

V. 直观者，就其自在的状态而言，也就是说，就其是活动而言，由于它处于交互规定之中，已经得到了规定。它是一种在对立者中有一个受动与之相对应的活动，是一种**客观的**活动。这种活动通过一种非客观的、因而是纯粹的活动——一般的和绝对的活动——得到了进一步的规定。

两者是对立的，两者又必须综合统一起来，就是说，必须互相交错地得到规定：1.客观的活动通过绝对的活动得到规定。一般的活动是一切客观活动的条件；它是客观活动的实在根据。2.一般的活动是根本不能通过客观的活动加以规定的，除非是通过它的对立面、即受动，才能加以规定，所以也就是通过活动的一个客体，因而通过客观的活动，才能加以规定。客观的活动是一般活动的规定根据或理想根据。3.两者必须通过对方而交互设定，也就是说，两者之间的界限必须设定下来。界限是从纯粹活动向客观活动以及反过来从客观活动向纯粹活动的过渡。界限是可以折返的或可以从它们两者那里抽离出来的条件。

作为条件的这个条件，就是说，作为纯粹活动与客观活动的界
(I,2,378) 限的这个条件，被想象力所直观；被固定在知性中。这两者都是以
上述的方式进行的。

直观是在一定条件下的客观活动。假如没有条件，它就不会是客观活动，而是纯粹的活动了。

由于要通过交互作用来规定的原故，被直观者也只在一定条件下才是一个被直观者。假如没有条件，被直观者就不会是被直观者，而是一个绝对的被设定者，一个自在之物：一个作为绝对活动的反面的绝对受动。

Ⅵ. 无论对于直观者还是对于被直观者，直观总是某种有条件的东西。因此，通过这个标志，直观者与被直观者还不能被区别开来，我们现在必须对它们作进一步的规定。——我们试图为两者规定直观的条件，看看它们究竟能否通过所规定的条件加以区别。

绝对活动通过条件而变成一种客观活动，这显然意味着：绝对活动就其为绝对活动而言，已被扬弃和消除了；就其现在状态而言，已经是一种受动。因此，一切客观活动的条件都是受动。

这种受动必须被直观。但是，一种受动只能被直观为相反的活动的一种不可能性，被直观为要采取想象力可能做的那种确定的行为时出现的一种强制感觉。这种被固定在知性中的强制就是必然性。

这种由于一个受动而产生的活动，其反面是一种自由的活动。自由活动被想象力直观为想象力本身对某一行为的实行与不实行之间的一种摆动，对某一客体在知性中把握与不把握之间的一种摆动。这种被把握在知性中的摆动就是可能性。

两种本身相反的活动得到了综合统一。1.强制为自由所规定。自由活动自己把自己规定为确定的行动（这是自身作用）。2.

自由为强制所规定。只有在存在着一个现成的规定这个条件下，通过一个受动，那个在自身规定中一直还是自由的自身活动才把自己规定为一种确定的行为。（自发性只有在存在着一个因外来
(I,2,379) 的障碍而发生的折返这个条件下，才能折返，但是，它在这个条件下又必定不折返）。3.两者在直观中互相规定。直观者的自身作用与外来作用之间的交互影响是直观者之所以成为直观者的条件。

被直观者因此也就同时受到了规定。自在之物在交互影响的条件下是直观的对象。当直观者是活动的时候，被直观者是受动的；当被直观者作为一个自在之物是活动的时候，直观者是受动的。而且，当直观者是活动的时候，它不是受动的；反之，当直观者是受动的时候，它不是活动的。被直观者的情况也是这样。但是，这并不提供什么确切的规定，我们并不能因此从我们的圆圈中走出来。因此，必须进一步有所规定。因此，我们在规定它们两者究竟在上述的交互影响中各自起什么作用时，必须设法通过其自身来进行规定。

Ⅶ.在客体中一个受动对应于直观者的活动，因此，这种活动包括在那种交互作用中，与这种活动对立的是这样一种活动，这种活动在客体中并没有与自己对应的受动，因而本身与直观者有关（在自身作用中的活动）。因此，前一种活动必须通过这后一种活动来规定。

这样一种起规定作用的活动，必须是被想象力所直观的，必须被固定在知性中，正如至今所列举的那些类型的活动一样。

显而易见，即使直观者的客观活动，也不能有什么别的根据，

其唯一可能的根据就是自身规定的活动。因此，假如这种自身规定的活动是可以规定的，那么，前一种活动，以及直观者在交互影响中的作用，就都得到了规定，甚至被直观者在交互影响中的作用也通过直观者的作用而被规定下来了。

两类活动必须互相规定：1.返回于自身的活动必须规定客观的活动，这是上面已经指明了的。2.客观的活动必须规定返回于其自身的活动。客观的活动对于客体的规定起多大作用，返回于自身的活动对于客体的规定也起多大作用。但是，客观的活动可以通过客体的规定来规定，因而在自身规定中出现的那种活动可以通过它来规定。3.正如刚才表明的那样，两者处于交互规定之中，于是我们再次失去了固定的规定根据。

在交互影响中，被直观者的活动，就其对直观者的影响而言，(I,2,380)
同样也是由一种返回于自身的活动所规定的。通过返回于自身的活动，被直观者规定自己对直观者发生影响。

根据上面的讨论，进行自身规定的活动是理性对想象力在知性中固定下来的产物的规定，因此是一种**思维**。直观者把自己规定为对客体的**思维**。

既然客体被思维所规定，客体就是一个被思维者。

于是，它既是被规定了的，又是自己规定自己的，对直观者发生影响的。但是，这个规定只在下述情况下，即只当一个受动在相对立的直观者中被规定了时，才成为可能的。没有思维者中的受动，就没有客体的原初的和返回自身的活动，即被思维的活动。没有客体中被思维的活动，就没有直观者的受动。但这种交互规定，按照以上所述，是通过效用性的交互规定。因而客体被思维为直观者的受动的原因，受动被思维为它的效果。——客体因此得以规定自己为效用性的那种内在活动，是一种纯粹的被思维者（一种本体，如果人们像必须做的那样，通过想象力给这种活动提供一个基质）。

Ⅷ. 对一个确定的客体进行规定的那种自身规定的活动，必须再进一步加以规定，因为我们还没有取得固定的据点。但这种自身规定的活动受直观者的这样一种活动所规定：直观者的这种活动不把任何客体规定为一个确定的东西（＝A）；它不对任何确定的客体发生影响（因而它是对作为纯粹客体的一般客体发生影响）。

这样一种活动一定能通过自身规定 A 或－A，使自己与客体发生关系。因此它对 A 或－A 而言，是完全不确定的，或者说是自由的，自由地折向 A，或者自由地脱离 A。

这样一种活动必须首先通过想象力加以直观。但是，它既然摆动于对立的东西之间，摆动于对 A 的把握与不把握之间，它就必定也被直观为想象力，被直观为在两者之间有摆动的自由（仿佛人们看待一条规律那样，对这条规律我们此时诚然除了知道它是心灵对自己的一项建议外，还一无所知）。——可是，既然通过这种活动，两者之一，无论是 A 还是－A，必定得到了理解（A 被设定
(I,2,381) 为一种可以被折返的东西，或者说，被设定为一种可以抽象的东西），那么，这种活动就因此而必定被直观为知性。——两者通过一种新的直观重新被统一起来，并在知性中确定下来，这就叫判断力。判断力是至今依然自由的能力，它是对已经在知性中设定的各个客体进行反思或抽象，并且按照这种反思或抽象，以进一步的

规定在知性中设定这些客体的能力。

两种活动,纯粹的知性本身和判断力本身,又必须互相规定。1.知性规定判断力。知性在自身中就已经包含判断力进行抽象或反思的那些客体,因而是一般判断力之所以可能的条件。2.判断力规定知性。判断力把一般客体规定为知性的客体。没有判断力就根本没有反思,没有判断力就没有在知性中被固定下来的东西——这种东西是通过反思并且为了反思而被设定起来的——因此也就根本没有知性。这样一来,判断力又是知性所以可能的条件。3.两者因此是互相规定的。知性里没有东西,就没有判断力;没有判断力,知性里就没有属于知性的东西,就没有被思维者作为被思维者的思维。

现在,客体由于交互规定而被规定了。作为思维的客体的被思维者,因而作为受动的,被一个非被思维者,从而被一个纯粹的可思维者所规定(可思维者的可思维性的根据就在可思维者自身中,而不在思维者中,因而可思维者是活动的,并且就这一点看,思维者应该是受动的)。被思维者与可思维者两者现在相互被对方所规定:1.一切被思维者都是可思维的;2.一切可思维者都被思维为可思维的,而且它们之所以是可思维的,仅仅因为它们被思维为可思维的。没有可思维者,就没有被思维者;没有被思维者,就没有可思维者。——可思维者与可思维性自身都是判断力的单纯对象。

只有那种被判断为可以思维的东西,才能被思维为直观的原因。

思维者应当规定自己去把某种东西思维为可思维的,这样一来，可思维者就应该是受动的。但是，可思维者又应当规定自己是一种可思维的东西，这样一来，思维者就应该是受动的了。这种情(I,2,382)况再次造成思维里的思维者与被思维者的交互作用，因此，我们没有固定的规定据点，我们必须更进一步对判断者加以规定。

Ⅸ. 规定客体的那种活动是被一种根本没有客体的活动，一种根本不客观的、与客观活动相反的活动规定的。这里的问题只是，这样一种活动怎么竟能设定起来，以及它怎么竟能同客观活动对立地设定起来呢？

正如抽掉任何确定的客体＝A 的能力刚才被推演出来那样，现在抽掉任何一般客体的能力也被设定起来了。如果要使我们所要求的规定成为可能，这种抽象能力就非有不可。如果要使一个自我意识，一个表象的意识成为可能，这种规定就必须是可能的。

这种能力应该首先能够加以直观。——想象力，由于它的本质的原故，一般地摆动于客体与非客体之间。它被固定为没有客体的。这就是说，（被反思的）想象力被完全消灭了，而想象力的这种消灭，这种非存在，本身被（没有被反思的、因而没有进入明晰的意识的）想象力所直观。（这是存在于我们之中的模糊的表象，如果我们为了纯粹思维的原故，想把一切掺杂进来的想象力都抽掉，这种模糊的表象就是经常出现在思维着的人那里的直观。）——这种（没有被反思的）直观的产物应该被固定在知性中，但是，这种产物应该不是什么东西，应该根本不是客体，因而它无法被固定下来。（这种东西有点像是对这种思想的模糊的表象，这种思想所思维的是没有关系者的单纯关系。）这样，有待我们抽取的已不是其他的东西，只是理性的单纯的规则，只是（为了明确的意识而由想象力和知性所进行的）一种不能实现的规定的单纯规律。——因此，上述那种绝对抽象的能力，本身就是理性[188]。

如果说一切客观的东西都被消除了，那么，至少还剩下自己规定自己的并且自己被自己规定的那个东西，这就是自我，或者说主体。主体和客体以绝对地彼此排斥的方式而互相规定。自我如果只规定自己，它就不规定自己以外的任何东西，而如果它规定自己以外的某种东西，它就不仅仅规定自己。但是，自我现在是被规定为绝对抽象能力把一切客体全部消除之后所剩余的那种东西。非 (I,2,383)
我是被规定为绝对抽象能力所能抽掉的那种东西。这样一来，我们现在就有了客体与主体之间的一个固定的区别点。

（其实，这也就是一切自我意识的那个一目了然的、一旦显现出特征便再也不能无视的源泉。任何东西，凡是我能抽去的，我能思维掉的〈即使不是一次完成，至少也是这样：我随后抽去我现在所遗留下的东西，然后遗留下我现在所抽去的东西〉，就不是我的自我。而且我之所以把它同我的自我对立起来，只是由于我把它视为一种我能思维掉的东西。一个特定的个人——从第一次离开自己的摇篮，学会把摇篮与自己区别开的儿童起，到还承认物质性的观念印象，探求灵魂所在处的普通哲学家，再到至少在思维和证明那种思维纯粹自我的规则的先验哲学家——他能思维掉的东西愈多，他的经验的自我意识向纯粹的自我意识就越靠拢。）

Ⅹ. 这种通过抽掉一切可以被抽掉的东西来对自我进行规定的活动，本身又必须加以规定。但是，既然在自我里没有任何东西可以进一步加以规定，因为自我本身是一种不能被抽掉，而且它身上也没有任何东西能够被抽掉的东西（因此，自我被判断为是单一

的)，那么，这种对自我进行规定的活动就只能通过一种根本不进行规定的活动加以规定。——而且，这种活动所规定的东西，只能通过一种根本无规定的东西加以规定。

根本无规定的东西的这种能力作为一切有规定的东西的条件，诚然是在想象力上由推论证明了的，但是，它作为这种能力绝不能提升为意识，——因为一旦进入意识，它就必定被反思，从而必定被知性所规定，因此它就再不会是无规定的和无限的了。

刚才已经从自身规定的角度考察了自我，它同时既是进行规定的又是被规定的。如果以现在这个较高级的规定回顾下面两点：1.对绝对地被规定了的东西进行规定的那个东西一定是一个绝对无规定者，2.自我与非我是绝对对立的，那么，当自我被认为是**被规定了的**时候，进行规定的那个无规定者就是非我，反之，当
(I,2,384) 自我被认为是**进行规定的**时候，自我本身就是无规定者，而由这个无规定者规定了的东西是非我，由此就产生了下面的矛盾：

如果自我反思自身，因而规定自身，非我就是无限的；反之，如果自我反思一般非我(反思普遍)，因而规定非我，自我本身就是无限的。因此，在表象里自我与非我是互相作用的。这一个是有限的，另一个就是无限的；反之，另一个是有限的，这一个就是无限的。但是，两者之中总有一个是无限的。——(这就是康德提出的**二律背反**的根据。)

Ⅺ. 如果在一个更高级的反思中反思这样一点：自我本身既然是绝对的规定者，因而也是绝对地规定上述矛盾所依赖的那个反思的东西，那么，非我无论在任何情况下都重新成了一种被自我规定了的东西，不论它对反思而言是明确规定了的，还是对自我的

自身规定而言是被作为无规定的、遗留在反思中的。这样一来，自我既然可以是有限的，也可以是无限的，就只与自身发生相互作用。在这种相互作用中，自我与它自身是完全统一的，任何理论哲学都超越不了自我的这种自身统一的相互作用。

(I,2,385) # 第三部分 实践科学的基础

§.5. 第二定理

全部知识学的三条原理所推论出来的结果是这样一个命题：**自我与非我互相规定**，而这个命题又包含着下述两个命题：**自我设定自己是被非我所规定的**。这一定理我们已经讨论过，并且表明，不论我们精神里的哪一种事实，都必定与它相对应；另一个命题是：**自我设定自己是规定非我的**。

在上一节开头的时候，我们还不能确切知道我们是否可以在某个时候赋予上述第二个命题以一种含义，因为在那个命题里，非我的**可规定性**，从而它的**实在性**，是被当做前提预先设定的。当时我们还提不出什么根据来确认它。但是现在，通过上述那个作为公设被假设的事实，并且在这个事实的前提下，非我的实在性——当然，这个非我的实在性是**为**自我预先设定的，这正如整个知识学作为先验科学既不能够也不该谈超越自我那样——同时也已经作为公设被假设，而且原来妨碍我们确认上述第二个命题的困难也已经消除了。如果非我具有对自我而言的实在性，或者换个意思相同的说法，如果自我设定非我是实在的，从而这个非我的可能性和方式都被展现出来，也就是说，如果第二个命题的其他规定是什

么，虽然我们还不知道，却是可以思维的，则自我当然也就能够设定自己是规定着（限制着、限定着）那个设定了的实在性的。

这里提出的命题是“自我设定自己是规定着非我的”。在探讨这个命题时，我们可以采取我们当初探讨前一个命题“自我设定自己被非我所规定”时采用的同样的办法。正如在前一个命题里包含有许多对立那样，在这个命题里也包含许多对立。我们本来可以把这些对立找出来，然后加以综合地联结。如果从这种综合中产生出来的概念彼此又有互相对立的情况，那就再次把它们加以综合地联结，如此等等。而且我们确信按照一个简单而彻底的方法一定会把我们的命题充分地探讨到底。但还有一个比较简单而 (I,2,386)
又并非不彻底、不详尽的方法去探讨它。

因为这个命题里包含有一个主要的反题，而这个反题包含了作为理智的、从而作为被限制的存在者的那个自我与作为直接被设定的、从而不受限制的存在者的那个自我之间的全部矛盾，并且使我们不得不承认有一种自我的实践能力，作为两者联合的手段。我们将首先找出这个主要反题，并把它的对立环节联合起来，然后其他的反题就会自己呈现出来，而且也就比较容易联合了。

I

我们采取最短的道路来寻找这个反题。在这条道路上，从一个较高的观点出发，我们同时也就使**自我设定自己是规定着非我的**这个一切实践知识学的主要命题得到证明，成为可以确认的，并且使之从一开始就获得一种比单纯或然的有效性更高的有效性。

自我一般地就是自我。自我由于它是它自己所设定的（参见

§.1.),所以它绝对地就是同一个自我。

那么,特殊地说,自我既然是进行表象的东西,或者说,它既然是一种理智,那么,它作为这样的东西当然也就是同一个自我。但是,它既然是一种具有必然规律的表象能力,那么,它与绝对的、直接由自身设定起来的自我就根本不是同一个东西。

这是因为,自我作为一种理智,就它是这个东西而言,按照它的种种特殊规定,在这个领域之内,它当然是由自身所规定的。它既然是由自身所规定的,就这个意义而言,它在其自身中也就不是别的什么,只不过是它设定到自身中的那种东西。而这在我们的理论中就明显地出现了矛盾,违背下述的一种见解:即如果有任何东西进入自我,自我就只是被动地对待之。但是,对自我来说,这个领域自身,如果一般地和自在地加以考察,却不是由自我自己所设定,而是由它以外的某种东西设定的。表象活动的方式一般诚然是由自我设定的,但是,关于自我是进行表象的东西这一点,则如我们已经看到的那样不是由自我所规定,而是由自我之外的某种东西规定的。因为我们当初不可能以任何别的方式去思维表象,而只可能通过这样一个前提去思维表象,即假定向着未加规定的和无限的东西前进的自我的活动遇到了阻力。这样一来,作为一般理智的自我就是依存于未加规定的,并且至今无法规定的非我的。而且只有通过和借助这种非我,自我才是理智。[①]

(I,2,387)

① 谁要是在这个名词里隐约地意识到了深刻的意义和广泛的推论结果,谁就是我非常欢迎的一位读者。但愿他从这个名词出发,永远按照他自己的方式自由自在地推论下去。一个有限的存在者,只有作为理智,才是有限的。这种有限存在者,认为应该与无限的东西有共同之处,他的这种立法实践活动,除了依存于他之外,不能依存于

但是，按照自我的一切规定来说，它应该是绝对地由自己本身所设定的，因而应该是完全不依存于任何可能的非我而独立的。

因此，绝对的自我与理智的自我（如果这个说法是允许的话，则两者好像说的是两种自我，而其实应该说它们只是同一个东西）就不是同一个东西，而毋宁是两个互相对立的东西了。这是与自我的绝对同一性矛盾的。

这个矛盾必须排除。它只能以下面的方式来排除：造成矛盾的自我的一般理智本身是完全不能排除的，除非自我再次陷入与自己本身的另一种新的矛盾中。因为只要有一个自我被设定了，又有一个非我被设定与自我相对立，根据整个理论知识学，也就有一个连同其一切规定的表象能力被设定起来；而且就自我已经被设定为一种理智而言，也就仅仅是为自己本身所规定的，正如我们刚才提到并在理论部分证明了的那样。但是，自我作为理智，其**依存性**应该消除，而要消除自我的依存性则几乎是不可思议的，除非先有这样一个前提：即**自我由自身规定着至今未被认知的非我**，这个非我被赋予了使自我成为理智的阻力。这样一来，有待于表象的非我好像被规定为**直接的**，而从事于表象的自我却好像成了**间接的**，即成为借助于上述规定而由绝对自我所规定了的。自我好像变成了仅仅是依存于自身的，就是说，它好像是完全由自身所规定了的。它好像仅仅是它自己所设定的那个东西，此外就一无所 (I,2,388)

任何别的。

还有那样一些人，他们掌握了技巧，能够从一个他们不能予以忽视的全新的体系的少数基本路线出发，推导出即使不是更多的东西，却至少是无神论，但他们牢记这个说明，看到他们能从这里得出什么东西来。

是了，而矛盾好像也就顺理成章地扬弃了。并且这样一来，我们至少暂时地好像已经证明了我们提出的主要命题的后半段，即自我规定着非我（就是说，自我是从事规定的东西，非我是受规定的东西）。

作为一种理智的自我曾经是与可以给予假设的阻力的那个非我处于因果关系之中的。自我曾经是由作为它的原因的非我所产生的结果。因为因果关系就是：由于在一方中的活动受到限制（或者说由于在一方中有一定量的受动），就有一个与扬弃了的活动等量的活动根据交互规定的规律被设定到对方中去。但是，如果自我是一种理智，那么，它向无限前进的活动的一部分就必定被扬弃掉，而这时被扬弃了的那一部分活动，按照已经提到的规律就被设定到非我中去。但是，因为绝对自我绝不能是受动的东西，而应该是绝对的活动，而且除了是活动之外不能是任何别的东西，所以，正像刚才所说的，我们就必须承认上述那个假设的非我也必须是被规定的，而且也必须是受动的。而与这个受动相反的活动也就必须被设定到自我中去，并且不是被设定到有理智能力的自我中去（因为有理智能力的自我本身是由那个非我所规定的），而是被设定到绝对的自我中去。可是，因此而被承认的这种关系，就是因果关系。因此，绝对自我应该是非我的原因，因为绝对自我是一切表象的最终根据，而非我因此就应该是绝对自我的产物。

1. 自我绝对是活动的，并且单纯是活动的。——这是绝对的前提。从这个前提首先推论出非我的受动，因为非我应该把自我规定为一种理智。与这个受动相对立的活动被设定到绝对自我中去，成为一种被规定了的活动，成为恰恰非我由以得到规定的那种活动。因此，从自我的绝对活动里就推论出自我的某种特定的活动。

2. 刚才提到的一切，同时还可以用来阐明上述那个推论方式，使之更加有说服力。一般表象本身(这里说的不是表象的各种特殊规定)毫无疑义地是非我的产物。但是，在自我里根本不能有任何本身是产物的东西存在，因为自我就是自我给自己设定的那种东西，在它那里根本没有设定在自身中的东西。因此，上述非我本身必定是自我的一种产物，并且必定是绝对自我的一种产物。——可是，这样一来，我们就会根本不能说有从自我以外对自我施加的作用，而只能说有自我对自身所施加的作用(这种作用当 (I,2,389) 然是采取一条迂回的道路，它之所以采取迂回的道路的种种根据，我们至今仍然不知道，但将来也许会真相大白的)。

这样，绝对自我就应该是自在而又自为的非我的原因，就是说，应该仅仅是我们抽去了一切可证明的表象形式之后在非我中剩下来的那种东西的原因，应该是被我们认为是自我向无限前进的活动之所以遭到阻力的那种东西的原因。因为根据表象作用的必然规律是被表象的东西本身的种种特殊规定的原因。关于这一点，我们已在理论知识学里阐述了。

依照同一个方式，即通过绝对设定，自我就不能是非我的原因。

自我是直接地、没有任何其他条件地设定自身的，而且如果它想设定任何别的东西，它就必须设定自己，因为不存在的东西不能设定任何东西。但是，自我之所以(对自我而言)是存在的，是绝对地和完全地由于它自己对于自身的设定作用。

自我如果不限制自身，就不能设定非我。因为非我是与自我完全对立的。非我是什么东西，自我就不是那个东西。因此，只要非我是被设定了的(被设定者成了非我的谓词)，自我就不是被设定的。假如非我不具有任何量，被设定为未受限制的或者无限的，自我就应该完全没有被设定，它的实在性应是完全被否定了的。而这就与上面的论述发生了矛盾。——因此，看来非我不得不在某个量中被设定，因而自我的实在性也就不得不受到已被设定给非我的实在性的那个量的限制。——所以，**设定非我**和**限制自我**这两个说法是同义语，它们的含义和效用是完全一样的，正如理论知识学已经论述的那样。

现在，在我们的前提中，自我应该**绝对地**和不要任何根据地设定一个非我，就是说，自我应该绝对地和不要任何根据地限制自身，部分地不设定自身。这样一来，它不设定自身的理由就不得不存在于它自身中。它自身中就不得不既有设定自己的原则，又有不设定自己的原则。于是自我在它自己的本质中就将是自相矛盾和互相对立的了；在它本身中的原则将会是一个双重对立的原则，
(I,2,390) 而承认这种情况却是自相矛盾的，因为如果承认了这种情况，在它本身中就将根本没有原则了。自我将根本不存在，因为它已经扬弃了自己。

(我们现在达到了这样一点，从这一点出发，我们能够比我们过去任何时候都更加清晰地阐明我们的第二条原理的真正意义，即**一个非我被设定为与自我对立着**，并通过这第二原理更明确地阐明我们整个知识学的真正含义。

在第二原理中，只有某些东西是绝对的。但是，这些东西却以

一个事实为前提条件，而这个事实是 a priori〔先验地〕根本不能予以指明的，毋宁说只能用每一个人自己的经验去体察。

除了自我通过自身进行的设定活动之外，应该还有一个设定活动。这个设定活动 a priori〔先验地〕就是一种单纯的假设。**假设**另有这样一个设定活动，这一点是除了通过一个意识事实之外，不能通过任何别的东西予以阐明的，而且每一个人都必须通过这个事实使自己对它有所体察。没有任何人能凭着理性根据对它进行论证，以使别人觉得它得到了证明。〈他当然完全可以通过理性根据把某一种已被确认了的事实追溯到那个最高的事实上去。但是，这样一种证明仅仅做到了这么一点，即他向别人证实他已通过对某一事实的确认也确认了那个最高事实，此外就什么也没有证明。〉但有一点是在自我的本质里绝对无条件地有根据的，那就是，**如果**存在着这样一种设定活动，这个设定活动就不会不是一个**设定对立面的活动**，而且被设定的东西不能不是一个**非我**。——自我怎么能够把某种东西同自身区别开来，这是从任何地方也不能推演出一条更高的可能根据来的；相反地，这种区别本身却是一切推演和一切论证的根据。任何设定活动，只要它不是一种自我的设定活动，就不会不是一种设定对立的活动，这一点是绝对确实无疑的；至于存在着这样一个设定活动，则只能由每一个人通过他自己的经验去证实。因此，知识学的论证是无条件 a priori〔先验地〕有效的，它只不过提出了一些先验地就已确实无疑的命题。但是，实在性则是它在经验中才取得的。谁若是不能意识到这个作为公设而被假设起来的事实——大家都能确切地知道，没有任何有限的理性存在者会是这样的——那么，对他来说，整个知识学就该全无内容、空话连篇了。但是，无论如何，他还是不能不承认它有形式上的正确性。

这样一来，知识学就 a priori〔先验地〕是可能的了，虽然它还应该接触到客体。客体不是 a priori〔先验地〕存在着的。对于知识学来说，它毋宁是在经验中才出现的。客观有效性使每个人都意识到客体，产生出关于客体的意识，而这种关于客体的意识只可以 a priori〔先验地〕预先设定，但不可能由演绎推论出来。——下面说的只是一个例子——对于上帝而言，就是说，对于一种意识而言，即对于在其中一切都应是通过单纯的自我之被设定而被设定的意识而言，〈不过在我们看来，关于这样一种意识的概念简直是
(I,2,391) 不可思议的〉，我们的知识学应该是空无内容的，因为在这种意识里除了存在自我的设定活动之外，再也没有任何别的设定活动了。然而即使对于上帝而言，知识学也还应该有它形式上的正确性，因为知识学的形式恰恰就是纯粹理性的形式。）

Ⅱ

我们已经看到，自我不得不与非我保有的那种因果性，尽管是必要的，而且正是依靠它才消除了存在于作为绝对存在者的自我的独立性与作为理智的自我的依赖性之间的那个已揭示过的矛盾，可是它本身也包含一个矛盾。不过第一个矛盾是无论如何非予以消除不可的，而且第一个矛盾没有别的办法来消除，只能借助于上述那个必要的因果性。因此，我们必须再设法解决这个必要的因果性中所包含的矛盾。现在，我们就开始解决这第二个课题。

为了进行这项工作，让我们首先把这个矛盾的真正含义挖掘

得更深入些。

自我应该对非我保有因果性，并应该当做关于它自身的可能表象首先把非我产生出来，这是因为任何不是自我直接或间接设定到自身中的东西，都不能属于自我，而且因为不论自我是个什么东西，它应该总是通过它自身才是这个东西。——因此，因果性这一要求是以自我的绝对本质性作为根据的。

自我不能对非我保有因果性，因为假如自我对非我保有因果性，非我就将不再是非我（不再是与自我相对立的东西），而本身变成自我了。但是，自我是把非我置于与自己对立的地位的。并且这种对立不可能被扬弃掉，除非自我所设定的某种东西被扬弃掉了，也就是说，除非自我不再是自我了。而自我不再是自我这一点是和自我的同一性相矛盾的。——因此，同因果性这一要求所发生的矛盾，是以下述情况为根据的：有一个非我无条件地与自我相对立，而且不得不继续对立下去。

因此，矛盾是发生在自我本身之间，发生在关于自我的上述两种不同看法之间。这两种看法是互相矛盾着的。在它们之间可以找出一个调解方法。（就一种与虚无相对立的自我来说，就不可思 (I,2,392)
议的神的理念来说，这样一种矛盾根本不会发生。）只要自我是绝对的，它就是无限的和不受限制的。一切存在着的东西，都是它设定的，它不设定的东西，都不存在（对于它来说，都不存在；而且在它之外，就是虚无）。然而，凡是它所设定的东西，它都设定为自我，而且它之设定自我，是把自我设定为它所设定的一切。因此，从这个角度来看，自我把一切都包含于自身之中，也就是说，自我是一种无限的、没有限制的实在性。

只要自我设定一个非我与自己对立，它就必然设定了两个有限范围(§.3.)，并且将自身设定于这些有限的范围中去。它把设定的存在的总体分配给自我和非我，从而必然把自己设定为有限的。

这两种截然不同的行为，可以用下述两个命题来表示：第一个命题是，自我无条件地设定自己为无限的和没有限制的。第二个命题是，自我无条件地设定自己为有限的和受了限制的。因此，就自我的第一种行为和第二种行为所显示的情况来看，自我的本质自身里似乎存在着一个更高级的矛盾，现有的矛盾是从它那里派生出来的。一旦那个更高的矛盾解决了，这个现有的、以它为根据的矛盾也就跟着解决了。

一切矛盾都将通过对矛盾着的命题作更详尽的规定而得到联合。这个矛盾的情况也是这样。在一种意义上，自我不得不被规定为无限的；在另一种意义上，又不得不被规定为有限的。假如它在同一个意义上被规定为既是无限的，又是有限的，矛盾就不可消除，自我将不是一个而是两个了。而这样一来，我们就只有一条出路，即像斯宾诺莎那样，把无限置于我们之外。但是，置无限于我们之外，至少对无限这个理念怎么竟能跑到我们脑子里的问题，将始终没有回答(斯宾诺莎本人，由于他的独断主义的缘故，甚至连问题都根本没提出来)。

那么，在什么意义上自我是被设定为无限的，在什么意义上自我是被设定为有限的呢？

无限也好，有限也好，完全是附加到自我身上来的。自我的单纯的设定行为，既是自我的无限性又是它的有限性的根据。仅仅因为自我总是在设定某种东西，所以，它在一种情况下就像在另一种情况下一样，总是将自身设定于某种东西，将这某种东西归属于自身。因此，只要让我们在这种不同设定活动的单纯行为中找出一个差别来，问题就解决了。

只要自我设定自己为无限的，自我的设定活动就只涉及自我本身，而与自我以外的任何别的无关。它的整个活动关联着自我，(I,2,393)
而且这种活动就是一切存在的根据和范围。因此，**只要自我的活动返回自身**，自我就是无限的，从而它的活动也是无限的，因为活动的产物、自我是无限的。（无限的产物，无限的活动；无限的活动，无限的产物，这是一个循环，一个圆圈，但这个圆圈是完整无缺的，因为它是理性从中走不出来的一种圆圈，因为通过这个圆圈表现出来的东西是完全通过自身并且因其自身的原因而确实无疑的。产物、活动、活动者，在这里是同一个东西〈§.1.〉，只是为了能够表达它们，我们才把它们区别开来。）单独自我的**纯粹活动**，以及单独纯粹自我，都是无限的。但纯粹活动是这样一种活动，它根本没有客体，而只返回自身。

只要自我设定一些有限范围，并按照上面所说的那样，把自身设定在这些有限范围之中，自我的设定活动就不是直接涉及自身，而是涉及一个正相反的非我（§.2，§.3）。这样一来，这活动就不再是纯粹活动，而是给自己设定一个对象的那种**客观的**活动了。（**对象**这个词，把它要指明的那个东西指明得非常明确。一个活动的对象，只要它真是一个对象，就必然是某种与活动对立的东西，是**处于**与活动**对抗**或**反对的地位**的东西。哪里如果没有对抗，哪里也就根本没有活动的对象，根本没有客观活动，而且即使有什么活动的话，也只是纯粹的、返回自身的活动。客观活动的单纯概念本身就已经意味着这种活动遭到了对抗和受到了限制。)于是，我们说，只要自我的活动是**客观的**，自我就是有限的。

现在，这种在两种关系中的活动，也就是说，这种既应当涉及活动者又应当涉及活动者以外的一个客体的活动，应该是同一个活动，是同一个主体的活动，而这个主体是在两种观点上把自己设定为同一个主体的。因此，在两种活动之间必定有一个联合纽带，以便意识靠它从一种活动被导向另一种活动，而这种联合纽带恰恰应该是我们所要求的那种因果关系。这样一来，在自我向自身返回的活动与客观的活动之间的关系就会像原因与结果的关系那样。这样，自我就会通过前一种活动规定自身为后一种活动。这
(I,2,394) 样一来，前一种活动就会**直接地**关系到自我本身，但是，凭借自我本身作为一个规定非我的东西由此产生的规定作用，**间接地**又关系到非我，而且要求具有的因果关系因此就会得到实现。

因此，这首先要求，自我所赖以设定它自身的一种行为(这种行为已经在第一原理中提出来了)对于自我所赖以设定非我的另一种行为(这种行为已经在第二原理中提出来了)的关系就像原因对于结果的关系那样。可是，在一般情况下，这种关系不可能被揭示出来，反而总是被认为完全互相矛盾的；这是因为，在那种因果关系中，自我一定会由于设定其自身而同时设定非我，从而并不设定自身，而这就等于它扬弃自身。——我们曾经明确地提出过这样的主张：自我会无条件地和毫无任何根据地给自身设定某种东西作为对立物。而且只是由于这种行为的无条件性，表述这种行为的那个命题当初才会被称为一条原理。但是，我们也曾经立即作了这样一个附加注释：在这种行为中，至少有某种东西是受条件

制约的，它是这种行为的产物，并且这个通过设定对立的行为而产生出来的东西是一个非我，而绝不会是别的什么东西。现在，我们就来更深入地探讨这个附加注释的意义。

自我无条件地设定一个对象（一个对面站着的、被设定为对立的非我）。因而，在自我的单纯的设定活动中，自我仅仅依存于自身而不依存在它以外的任何东西。如果仅仅一般地设定一个对象，如果凭着这个对象而仅仅一般地设定自我是有界限的，那么，可以说我们所要求的都得到实现了。在这里，要有一条有规定的界限，那是不可思议的。自我现在是无条件地受到限制的，是有界限的，但它的界限是在哪里呢？是在C点以内还是在C点以外呢？这样一个点究竟凭什么可以规定下来呢？它始终是仅仅依存于自我的自发性的，而这个自发性则是通过自我无条件地设定起来的。自我把边界点设定到无限中去，它设定到哪里，边界点就在哪里。自我是有限的，因为它是应该有边界的。但它在这个有限中则是无限的，因为边界可以永无止境地向无限中设定。就它的有限性而言，它是无限的；就它的无限性而言，它是有限的。——因此，它并不像上面所说的那样受一个客体的绝对设定活动的限制，它反而只是无条件地、毋须任何根据地自己限制自己。由于这样一种绝对限制与自我的绝对无限的本质相矛盾，所以这种绝对限制本身是不可能的，而且非我的整个设定对立的活动也是不可能的。

但是，进一步说，不论它把对象设定到无限中的什么地方去，它终究是在设定一个对象（一个对立的东西），因而它总是在设定一种在它之外的活动，一种不是依存于它的设定活动，而是与它的

(I,2,395)设定活动相反或对立的活动。这种相反或对立的活动，既然是在自我那里设定了的，那么，不用说在一定意义上(没有讨论这是什么意义)必定**存在于自我之中**。但是，在另一种意义上(同样也没有讨论这是什么意义)，它又必定**存在于对象之中**。就这种活动存在于对象之中而言，它应该是与自我的某种活动(＝X)相对立。这当然不是说它与它所赖以在自我中被设定的那种活动相对立，因为它与那种活动是同一个东西。因此它应该是与**某种别的活动**相对立。因此，只要一个对象被设定起来，那就必定还有一种与设定活动不同的活动(＝X)，作为**这样一种设定活动之所以可能的**条件，出现于自我之中。那么，这种活动是什么东西呢？

首先，是这样一种活动，它不因对象而**被扬弃**。因为它应该与对象的活动相对立，因而两者既然被设定了，就应该同时并存。——这也就是说，它是这样一种活动，它的存在是不依存于对象而独立的，正如反过来说对象是不依存于它而独立的那样。——其次，这样一种活动必定无条件地奠基于自我之中，因为它是不依存于对象的设定活动而独立的，而且，反过来说，对象是不依存于它而独立的。因此它是通过自我赖以设定自己的那种绝对行为而被设定的。——最后，如上所述，客体应该能被设定到无限那里去，因而这种与对象相对抗的自我活动本身必定超越一切可能的客体而向无限奔去，而且其本身必定是无限的。——但是，必须有一个客体被设定起来，只要第二原理有效，这一点就确实无疑。——因此，X就是被自我设定于自身之中的那个无限的活动。而且这个无限的活动对于自我的客观活动的关系，正如可能性的根据对于以此为根据的东西的关系那样。对象之所以被设定起来，只是由于自我的一种活动受到了对抗。没有这种自我的活动，就没有对象。——它们之间的关系，就是规定者对于被规定者那样。只有在上述活动受到了对抗的情况下，才能有一个对象被设定起来。而只要上述活动未受到对抗，就没有对象。

现在我们就这种活动与对象的活动之间的关系来考察这种活动。——就其自在的情况来说，两者是完全互不依存的，完全互相对立的。它们之间根本不存在关系。但是，如果按照要求设定一个对象，那么，它们就终究不能通过设定对象的那个自我而互相联系起来。一个对象的设定，一般地说，同样依存于这种关系。只要一个客体设定起来，它们就联系起来，而只要它们不联系起来，也就没有客体被设定起来。——此外，由于客体是绝对地、无条件地、不需任何根据（单纯作为这样一种设定行动）地被设定起来的，(I,2,396)
所以关系也是无条件地和毋需任何根据地发生的。而且，关于在什么情况下一个非我的设定是绝对的这一问题，现在已彻底弄清楚了，那就是，如果非我把自身建立在上述那种完全依附于自我的关系上，非我的设定活动就是绝对的。它们无条件地被联系起来了，就是说，它们同样无条件地被设定起来了。但是，由于它们并不是一样的，虽然对象肯定是要设定的，所以这只可以说，它们的一样、它们的等同是一个无条件的要求：它们应该是无条件的等同。——但由于它们实际上不是一样的，所以两者之中究竟哪一方应该顺应对方的问题，以及等同的根据究竟应该承认在哪一方的问题，依旧悬而未决。——可是，这样的问题必须如何予以解答，却是一目了然的。正如自我是设定的，一切实在性同样都是设定的，一切都应该在自我中被设定。自我应该是绝对独立的，而一切都应该是依存于它的。由此可见，客体与自我的一致性是一种需要。而提出这种需要的是绝对的自我，绝对自我直接为了自己的绝对存在需要客体与自我的一致性。[①]

（活动Y〈在根据上面的说法被设定为客体的那个东西里〉是出现了〈关于它是怎么出现的，以及对哪种主体能力而言，它是出现的，在这里仍然没有研讨〉。同活动Y联系的是自我的一种活动。因此这种活动就被设想为一种与自我的上述活动相同而又居于自我之外的活动〈＝－Y〉。那么这个活动的关联根据在哪里呢？显然就在于一切活动都应与自我的活动相同这一要求里。而这一要求的根据，则在自我的绝对存在里。－Y存在于这样一个
(I,2,397) 领域里，在这个领域里，一切活动实际上都会与自我的活动等同，因而－Y是一种理想。——现在Y并不与－Y一致，而是与－Y相反。因此，Y就被归属于一个客体。假如没有上述关系以及作为这种关系的根据的绝对要求，那就不会有对于自我而言的客体，毋宁说自我就会是一切，并且正如我们将在更后面看到的那样，恰

---

① 康德的无上命令。康德曾经恰恰把知识学建立起来的前提默默地当作他的批判方法的基础；这一事实如果说在什么地方可以一目了然的话，那就是在这里。假如康德不预先设定了自我的一种绝对的存在——就它不是实际存在着，至少是应该存在着而言——作为出发点，通过这种绝对存在来设定一切存在，那他当初怎么竟然能提出了无上命令，作为与纯粹自我相一致的绝对公设呢？——康德的绝大多数追随者关于无上命令所谈的东西，看来只是跟在这位伟人后面旧话重提，至于一个绝对公设的权力根据何在，看来他们还根本没有涉及。——仅仅因为自我本身是绝对的，而且唯其如此，所以它才有权进行绝对的公设；并且，这一权利最大的适用范围也只限于对它的这个绝对存在的公设，当然，有了这个公设，另外许多东西就可以从中推演出来。——一种哲学，在它不能再往前走的一切尽头处，归依于一个意识事实，它至少比声名狼藉的通俗哲学更加彻底。

恰由于自我是一切，它又会是无。）

因此，绝对自我是无条件地把自身与一个非我（上述的－Y）联系起来的。而这个－Y，就其形式而并非就其内容而言（就是说，只要有某种东西存在于自我之外），应该是一个非我。因为它应该与自我完全一致。但是，它并不能与自我一致，因为它仅仅按照形式才应该是一个非我。因此，自我那种与非我相联系的活动，根本不是一种（促成实际等同的）规定活动，而只是要去进行规定的一种倾向，一种努力。但是，这种规定活动毕竟是完全有合法权利的，因为它是由自我的绝对设定活动设定的。

因此，我们至今探讨的结果可以归结如下：自我返回自身的纯粹活动，就其与一个可能的客体的关系而言，是一种努力。这种无限的努力向无限冲去，是一切客体之所以可能的条件；没有努力，就没有客体。

我们现在知道，我们前面承担起来的任务是在什么意义上通过其他原理所证明的这些结论得到完成的，以及前面揭示出的矛盾是在什么意义上得到解决的。——一般被认为是一种理智的这个自我，尽管它是依存于一个非我的，尽管它只是作为一个非我才是一种理智，但毕竟应该单纯地依存于自我。而且为了使这种情况成为可能，我们曾不得不再次引用自我规定非我这种因果性。当然，这只是就非我是有理智能力的自我的客体这个意义而言的。最初看来，而且就名词的整个外延来说，这种因果性已经把自己扬弃。因为在因果性的前提下，不是自我没有被设定，就是非我没有被设定，因而在自我与非我之间不能发生任何这样的因果关系。为了设法调解这个矛盾，我们曾经作出区别，即把自我的两种对立的活动区别为纯粹的活动和客观的活动。并且我们曾经提出这样的前提：即第一种活动对第二种活动也许会像原因对结果那样直接发生关系，第二种活动对客体也许会像原因对结果那样直接发生关系，从而自我的纯粹活动也许至少可以间接
(I,2,398) 地（通过客观活动这个中间环节）与客体发生关系。那么现在要问，这个假定的前提在什么情况下已经得到证明，又在什么情况下没有得到证明呢？

自我的纯粹活动最初在什么情况下证明了自己是自我的客观活动的原因呢？首先，没有一个与客体活动相对立的自我的活动预先存在着，就不可能有任何客体被设定起来，而且，这种必然先于一切客体的活动必定是绝对地和无条件地出于主体本身而就在主体之内，从而就是主体的纯粹活动，那么，只要是在这个意义上，自我的纯粹活动作为纯粹活动，就是一切设定客体的活动的条件。但是，还有这样的情况，即这种纯粹活动原来是绝对不与客体发生关系的，是像客体不依存于它那样完全不依存于客体的。那么，只要是在这个意义上，这种纯粹活动就必定通过自我的一种同样绝对的行为而与客体（在此情况下它还没有作为客体被设定起来）[①]

① 有一种主张，说纯粹活动自在地在本质上就联系着一个客体，其联系并不需要任何特别的绝对的联系行动；这一主张可以说就是可理解的宿命论的先验原理，就是我们知识学建立以前可能有的、论述自由问题的最严密体系的先验原理。从这条原理出发，人们在有限存在者的问题上才能言之成理地得出如下的结论：纯粹活动只要是没有表现于外，就不能算是被设定了，而且有限存在者是直截了当地被设定为有限的，尽管实际上它不是靠它自身，而是靠它以外的某物被设定的东西。可理解的宿命论的体系，如果说这样一个概念还不那么使我们觉得浮夸的话，也许适用于上帝，即是说，也许适用于这样一种存在者，这种存在者的客观活动通过它的纯粹活动，也就直接被设定了。

的活动联系起来，进行比较。现在，作为行为的这种行为，根据它的形式来说（它实际上是出现了），虽然是绝对的（在理论知识学里，反思的绝对自发性就是建立在它的绝对存在上的。而且在实践知识学里，意志的绝对自发性也是建立在它的绝对存在上的，关于后一方面我们届时就会看到），可是，按照它的内容来说（它是一种联系活动，而且它要求以后被设定为客体的那个东西具有等同性和附属性），则是由于自我的绝对被设定，亦即由于一切实在包括于其中的那个整体而又是有条件的，而且从这个角度来看，纯粹的活动则是进行联系的条件，而这种联系活动是客体的设定活动所绝不可能缺少的东西。——纯粹的活动，只要它被刚才所说的那种行为联系到一个（可能的）客体上去，那么，如我们已经说过的那样，它就是一种努力。一般说来，为什么联系着一个客体的纯粹 (I,2,399)
活动要被设定起来，其根据并不存在于纯粹活动本身。但是，如果这种纯粹活动已被设定了，那么，它为什么要被设定为一种努力，其根据则存在于纯粹活动之中。

（上面曾要求一切都应该与自我一致，要求一切实在性都应该由自我无条件地设定起来。这种要求是人们通常称之为并且应该称之为实践理性的那种东西。理性的这样一种实践能力至今一直是作为公设被假定的，然而没有得到证明。因此，哲学家们过去经常碰到一种请求，即恳请他们把理性是实践的这一点加以证明，这实在是非常正当的。——可是，这样一种证明在进行的时候，必须使理论理性本身感到满意，而绝不可单凭一句命令就把理论理性一脚踢开。这是不可能以别的方式办到的，除非指出：如果理性不是实践的，它就根本不可能是理论的。也就是说，如果人没有一种实践能力，他就不可能有理智能力。任何表象能力都是建立在实践能力上的，以实践能力为基础的。这一点是刚才已经见到的，因为我们已经阐明，没有一种努力，就根本不可能有任何客体。）

但是，我们还有一个必须解决的难题，如果不解决，我们的整个理论就有垮台的危险。这就是：如果在进行联系的自我面前不是已经以不论哪种方式出现了客体的活动，那么，前面所要求的纯粹活动的趋势对于事后出现的客体的关系——这种关系的发生，或者是直接的，或者是以一个按照上述纯粹活动的观念所拟定的理想为媒介的——就是不可能的。现在，如果我们以同样的方式利用客体的活动对自我的纯粹活动的趋势的关系，让自我面前先有一个客体活动，那么，我们的说明就是在转圆圈，陷于循环论证，绝对得不到关系的一般的最初根据。这样一种最初根据之所以必须指明，仅仅从观念上来说，就是不言而喻的，因为应该有这样一种最初的根据。

绝对自我是绝对自身等同的，就是说，在它那里的一切都是同一个自我，属于同一个自我（如果可以这样不恰当地表述的话）。在那里，没有什么可加以区别的，那里只有一，没有多，它不是复多性的东西。自我是一切，又是无，因为它**对它自己而言**什么也不是，它自身不能区别出设定者和被设定者。——由于它的本质的缘故，它**努力**于（这同样只是为了将来的关系而采取的不恰当的说
(I,2,400) 法）把自己保持在这种状态中。——它在它自身中给自己制造出一个不等同性，从而制造出某种异己的外来物。（我们说发生了这种情况，**这一点**是绝对不能 a priori〔先验地〕证明的，而是每个人只能在他自己的经验里证实的。此外，我们至今对于这种异己的

外来物还是绝对不能另外再说什么，我们仅仅能够说，这种外来物不能从自我的内在本质中推演出来，因为假如它能从自我的内在本质里推演出来，那么，它就根本不会是什么可加以区别的东西了。）

这种外来物必然与自我的无条件地要求自身同一的那种努力发生冲突，并且，如果我们设想在自我之外有某种具备理智的存在者在上述两种不同的状态下对自我进行观察，那么，在那个有理智的存在者看来，自我显然就受了限制，它的力量就受了抑制，就像我们认为它在物体世界通常受限制的那样。

但是，设置上述限制的那个理智不应该是自我之外的存在者，而应该是自我本身。因此，我们必须继续前进，以解决上述那个难题。——如果自我是自身等同的，如果它必然地努力争取完全与其自身的等同，那么，它就必定已经把这个并非由它自己中断的努力重建起来了。如果出现这种情况，那么，在自我的受限制状态与被抑制的努力的重建状态之间，只要能够指出两种状态之间的关联根据，要进行比较，就会成为可能的。也就是说，自我无须客体的任何干预，只要求自己对自己发生单纯的关系，就会成为可能的。

假设自我的努力活动毫无阻碍地由 A 向 C 前进，那么，一直到 B 为止，就没有什么东西可以进行区别。因为自我与非我是不能区别的。因此在到达 C 之前，根本就不发生什么自我所能意识的东西。在 C 点上，这个虽然包含着一切意识的最初根据，但从来没有真正进入意识的自我活动，受到了阻碍。但是，由于其固有的内在本质的原故，这个活动不可能被阻而停滞，而会越过 C 点继续前进。但是,它是作为这样一种活动而继续前进的:即它已被外在力量阻滞了,仅仅由于它固有的内在力量才坚持前进的,而且前进不已,直至再也没有阻力的地方,比如说,直到D点。〔a.由于同样的理由,这个活动在越过D以外的进程上也像在由A到C的进程上那样,不能是意识的对象。b.这里完全不是说自我本身设定它的活动为一种受了阻滞的、仅仅由于自身的原故才坚持前进的活动,而只是说,某种在自我之外的理智将能把它设定为上述那样一种活动。〕[189]

为了清楚起见,我们坚持不超出刚才提出的那个前提的范
(I,2,401) 围。——那个前提曾表示:有一种理智,它正确地和如实地设定了所要求的那种东西,并且具有我们当前这种科学反思的我们自身就正是这种理智。而按照前提来说,它必定是这样一种理智,它设定的上述活动必然地是一个**自我**的活动。也就是说,必然地是这样一个存在物的活动,这个存在物是自己设定自己,本身只包含自己为自己所设定的东西。因此,自我本身必定既把它的活动的阻滞,又把它的活动的重建设定到自身中去,因此,被阻滞和被重建的那个活动确实无疑地应该是一个自我的活动。但是,**这个活动只在它被设定为受阻时,才被设定为被重建了的;而且只在它被设定为被重建了时,才被设定为受阻的**。因为如上所述,双方是处于互相规定之中的。这样一来,要加以联合的两种状态就自在自为地综合地联合在一起了。因为除了被设定为联合在一起而外,它们根本不能被设定为别的。但是,一般说来,它们之被设定起来,**这种情况**的根据存在于自我的单纯概念之中,而且是与自我的单纯概念同时被作为公设设定起来的。而这样一来,那就只有被阻

滞了的活动——它虽然被阻滞，但毕竟是被设定了的，而且必然是重新建立起来的——，才会在自我中并通过自我而被设定起来。

于是，自我的一切设定活动当初都是从一个单纯主观状态的设定活动出发的。一切综合都是从单纯的主体中的对立面的一种自身必然的综合活动出发的。这个单纯的主观状态，在下面更远的地方将表明就是感情。

现在，作为这种感情的根据的客体的活动被进一步设定起来了。这种活动正如上面曾经要求的那样，当然会通过感情而被提送到从事联系活动的那个主体面前，于是，前面所要求的那个同纯粹自我的活动发生联系的关系就是可能的了。

这就是前面指出的那个难题的解答。现在让我们再返回到我们当初的出发点。我们过去研讨的结果是，没有自我的无限努力，就没有自我之中的有限客体，因此，现在看来，作为理智的那个有限的有条件的自我与无限的无条件的自我之间的矛盾，看来已经消除了。但是，如果我们对问题进行更精确的考察，那么，我们发现，这个矛盾虽然离开了我们当初遇到的那个介于有理智的自我与无理智的自我之间的难点，但它仅仅是被推到了更远的地方，而且它使更高一级的原理又陷入了矛盾。

这就是说，我们曾经不得不去解决同一个自我的无限活动与有限活动之间的矛盾。我们解决了矛盾，其结果是：无限的活动绝 (I,2,402)
对不是客观的，而是仅仅返回自身的，但有限的活动是客观的。可是，作为一种努力的无限活动现在既然与客体发生了联系，因而就这个意义来说，它本身就是一种客观的活动。而且由于它虽然是客观的，却应该继续是无限的，而前一种有限的客观活动又应该与它同时并存，那么，我们现在就有了同一个自我的一种无限的客观的活动和一种有限的客观的活动。而承认这种情况，就再次陷入了自相矛盾。这个矛盾没有别的办法解决，除非能够表明自我的无限活动之为客观的，与自我的有限活动之为客观的，这两者的意义不同。

对于这个不同的意义，任何人初一看都会毫无疑问地产生这样的猜想：自我的有限的客观的活动大概是和一种**实际的**客体有关系，而自我的无限的客观的努力所涉及的大概只是一种**想象中的**客体。这种猜想当然将证明是对的。但是，这样一来，问题的解答就陷于循环论证，就是说，一个要靠区别了上述两种活动之后才可能作出的区别预先就被设定起来了，所以，我们必须对这个难题设法进行更深一层的探讨。

一切客体都必然是被规定的，如果它确实是个客体的话。因为只要它是客体，它本身就规定自我，而且它对自我的规定活动本身就是被规定的（有界限的）。这样一来，如果一切客体的活动确实是客观的活动，那么，它就既是进行规定的，又因此是被规定的，从而又是有限的。因此，即使是上述那种无限的努力，也只能在某种意义上是无限的，至于在另外某种意义上，则必定是有限的。

现在，在这种无限的努力的**对面**有一种客观的有限的活动**被设定起来**。因此，客观的有限的活动必定在这样一种意义上，即在努力因而是无限的那种意义上，才是有限的。而且只有这种客观活动是有限的，努力才是无限的。诚然努力也有一个终点，但它具有的终点恰恰不是客观活动具有的那个终点。现在的问题只是这个终点到底是什么终点。

有限的客观的活动，为了能够起规定作用，预先就给后来被规定为客体的那种东西设定了一种与自我的有限活动相对立的活动，作为其前提条件。这种活动是依存性的，是受限制的和有限的，而其所以是依存性的，受限制的和有限的，并不是由于它有行动。因为如果就它有行动来说，按照上面的讨论，它是绝对的，其所以如此，毋宁说是由于它给客体设定了**确定的**界限（客体恰恰在这个意义上，既不多也不少地与自我相对抗）。这种有限的客观的活动的规定作用以及它的被规定，其根据全在这种活动之外。——一个由这样被限制了的活动所规定的客体是一种**现实的**客体。

就这一方面来说，努力并不是有限的。它超越由客体所预先 (I,2,403)
标示出来的那个界限，而且如上所述，如果有这样一种界限规定的话，那它必定要超越界限规定。它所规定的并不是那个现实的、依存于非我的活动的世界；非我活动与自我活动起交互作用。它所规定的是这样一个世界，如果一切实在性都是无条件地由自我所设定的，这个世界也许会出现。因此，也就是说，它所规定的是一个理想的、单纯由自我设定的，却绝对不是由非我设定的世界。

那么努力究竟在什么情况下又是有限的呢？在努力涉及一个客体，而又必须给这个客体设定界限时，它是有限的，如果确实有这样一种客体的话。就现实的客体来说，并不是起规定作用的行为曾经依存于非我，而是规定的界限曾经依存于非我；但就理想的客体来说，则无论是起规定作用的行为，还是规定的界限，都完全依存于自我。自我不受任何其他条件的限制，它只要这样一个条件：一般地说，它一定要设定界限，它可以把这些界限继续无限地推移出去，因为这种向外推移完全依存于自我。

理想是绝对的自我产物。它可以被无限地推移出去。但是，它在每个特定时刻都有它的界限，而在下一个特定的时刻的界限又必定与上一个时刻的界限不同。无规定的努力，一般说来，由于它没有对象，所以确实不应该叫做努力，可是我们对它没有也不可能有适当的名称，因为它居于一切可规定性之外——是无限的。但是，它作为这种无限的东西，并不进入意识，也不可能进入意识，因为只有通过反思才可能有意识，而且只有通过规定才可能有反思。可是，一旦对它进行反思，它就必然变成有限的了。精神只要一意识到它是有限的，就已再次使它得到扩张，而进一步来说，只要精神一提出“它现在是无限的吗”这一问题，它又直接通过这个问题而变成有限的了，如此继续推论，以至无穷。

由此可见，把**无限的**与**客观的**结合在一起，这本身就是一个矛盾。凡涉及一个客体的东西，就是有限的。凡是有限的东西，就涉及一个客体。这个矛盾也许无法消除，除非客体根本被消除。但除非在一个完成了的无限里，客体是消除不掉的。自我能把它自己努力的客体延伸到无限；但是，假如客体在某个特定时刻被延伸到了无限，那它就完全不会再是一个客体了，无限性这一观念也就会实现了。但这种情况本身就是一个矛盾。

不过，我们的心目中却浮现出一个这样有待于完成的无限性的观念，而且这个观念是蕴藏在我们最内在的本质之中的。根据
(I,2,404) 我们最内在的本质对我们提出的要求，我们应当解除这个矛盾，虽然我们承认我们不能设想这个矛盾的解除是可能的，虽然我们预见到我们不能设想在我们向一切永恒性延伸出去的具体存在的任

何时刻中，这个矛盾的解除是可能的。但是，这种情况正是我们对永恒性所作的规定的特征。

那么，这样一来，从今以后自我的本质就已被规定了，如果它是可以被规定的话。而且自我本质中的种种矛盾也就被解除了，如果它们是可以解除的话。自我是无限的，但这只是就它的努力来说的。它努力要成为无限的。然而努力这一概念本身已经包含了有限性，因为凡是遇不到反努力的东西，就绝不是努力。假如自我不仅是在努力着，假如它具有无限的因果性，那么，它就绝不会是自我，不会自己设定自己，因而它就会什么也不是。假如它不具有这种无限的努力，那它就同样不能自己设定自己，因为它就不能给自己设定什么对立的东西。因此它就不会是自我，因而什么也不是。

为了把努力这个对知识学的实践部分最重要的概念充分说清楚，让我们再用另外一个办法将至今推演出来的结论加以陈述。

按照上面的讨论，自我有一种努力。这种努力只有受到对抗，只有不能具有因果性，才是一种努力。因此，只要这种努力真是这个样子，那它也就同时是以一个非我为条件的，由一个非我所产生的。

正由于它不能具有因果性（这是我说过的），所以，它才要求这样一种因果性。说自我中本来就一定现成存在着这种对绝对因果性的要求，这是从作为理智的自我与作为绝对存在者的自我之间的矛盾中分析出来的。因为这些矛盾如果没有这一要求，就不能消除。因此，这是一种间接证明方法。它已经指出，假如人们不愿承认对绝对因果性的要求，那他就不能不扬弃自我的同一性。

这种要求一定也能从它的起源上直接地加以证明。它必须不仅借助较高的原理——这些原理如果没有它，就会陷入矛盾——表明自己是可信的，而且必须使自己能从这些较高的原理本身中真正推演出来，以便人们可以看出这种要求如何发生于人类的精神。——我们必须不仅表明一种追求某个（由某一特定的非我所规定的）特定的因果性的努力，而且必须表明一种追求一般因果性的努力。——一种超越客体而继续前进的活动之所以变成一种努力，正是因为它超越客体而继续前进，因而只是以本来就有一个客体存在为条件。我们必须指明自我赖以从自身超脱出来的一种根
(I,2,405) 据，而正是由于自我的这种自身超脱，客体才成为可能的。这种先行于反向活动而又将反向活动的可能性建立在自我上的超脱，必须是单纯地和完全地扎根于自我之中。而且通过这种超脱，我们才找到绝对的、实践的自我与理智的自我之间的真正结合点。

我们还要把真正的问题症结说得更明白些。——已经非常清楚的是：只要自我无条件地自己设定自己，只要它是它所设定的那个样子，并且它按它所是的样子设定自己，那么，它就一定是绝对自身等同的，因而在它那里就根本不会出现什么不同的东西。而且由此直接可以得到这样的推论：如果它那里出现了某种不同的东西，这种不同的东西就一定是由一个非我设定起来的。但是，如果非我真能在自我中设定某种东西，那么，这样一种外来影响之所以可能的条件，就必定在任何现实的外来影响之前扎根于自我本身之中，扎根于绝对自我之中了。自我必定一开始就绝对地把某种会影响它自己的东西的可能性设定在自身之中了。它必定是在无损于它的绝对由自己进行设定的条件下，为另一种设定敞开着

大门。这样一来，只要真有一种不同的东西进入自我，这种不同的东西就一定是原初已经在自我本身之中，而且这个不同的东西是生根于绝对自我之中的。——这个前提在表面上的矛盾到时候就将自动解除，而且这个前提的不可思议性也将自动消失。

自我会在其本身中遇到某种异质的、别样的、不同于它自己的东西，这是一个非常方便的出发点，我们可以从这里开始进一步的探讨。

但是，这种外来的异己的东西，毕竟应该**在自我中**被遇到，而且必然在自我之中被遇到。假如它是**在自我之外**，那么，它对于自我来说，就什么也不是，而且对于自我来说也不会产生什么后果。因此，它在某种意义上必定也是**与自我同类的**，它必定可以归属于自我。

自我的本质表现在它的活动中。如果说上述那种异质的东西也能归属给自我，那么，它就一定是自我的一种活动，而这样的活动本身不能是什么异样的东西，毋宁说，它的单纯活动**方向**也许才是异样的，不扎根于自我之内，而扎根于自我之外。——既然自我的活动像多次使用过的前提所表示的那样，是向无限前进的，只在某一点上受到阻挡，却又并没被摧毁，而只被迫返回自身，那么，自我的活动只要本来是自我的活动，就永远保持其为自我的活动。(I,2,406)
唯一对自我说来有所异样并且有所抵触的一点就是它受阻而返回了。我们讨论到这里，悬而未决的难题，我们可凭借其解决而深入到自我的内在本质中的难题，就只剩下了下面这些：自我怎么会使它的活动采取这个趋于无限**向外**的方向的呢？一个向外的方向跟一个向内的方向怎么可以由自我加以区别呢？为什么被迫返回而向内的方向被视为异己的、并非扎根于自我中的呢？

自我无条件地自己设定自己，因而它的活动是向自身返回的。自我活动的方向——如果单纯为了能够使我们理解，允许我们把某种尚未推演出来的东西预先设定为前提，并且如果进而允许我们从自然科学中借用一个词汇，它像届时表明的，恰恰从当前这个先验论的论点出发，才会进入自然科学——那么，我说，自我活动的方向完全只是向心的。（一个点并不规定一条线；要有规定一条线的可能性，就必须具备这条线的两个点，即使第二个点位于无限之中，并指示单纯的方向。同样，出于同一个理由，如果没有两个方向，特别是两个相反的方向，实际上也就没有一个方向。方向的概念是一个单纯的交互概念。一个方向根本就不是方向，是绝对不可思议的。因此，我们要给自我的绝对活动指出一个方向，而一个向心的方向，只在一个默许的前提下才可能。这个前提是：我们将会发现这个活动也有另外一个离心的方向。按最严格的意义来说，在目前这个表象方式下，自我的形象是一个数学的点，一个由自己构成自己的点，在其中不仅不能区别出方向，甚至根本什么也区别不出来。不论这个点在什么地方，它总是整个的点。它的内容和界限〈实质和形式〉是同一个东西。）如果自我的本质中除了这种构成本质的活动之外，再也没有别的什么东西，那么，它的情况也就是我们所见到的每个物体的情况。我们也规定物体有一种内在的、（按照 A＝A 的命题）由物体的单纯存在设定的力。但是，如果我们只进行先验的哲学思维，而不进行超验的哲学思维，如果我们认为力之由物体的单纯存在所设定这一点是由我们设定的，而不承认力之被设定这一点是由物体本身并为了物体本身而设定的，那么，物体对我们来说就因此是无生命的和无灵魂的，就绝不是自我。自我不仅应该为它自己以外的任何一个理智而自己设定自己，而且它应该为它自身而设定自己。它应该把自己设定为由自身所设定的。因此，自我只要它的确是一个自我，就应该完全在它自身中具有生命和意识的原则。因此，自我只要它的确是一个 (I,2,407) 自我，就必定无条件地和无需任何根据地在自身中存在着对自己进行反思的原则。而且这样一来，我们从一开始就有了从两种观点来看的自我：一方面，既然自我是进行反思的，从这个观点来看，它的活动方向就是向心的；另一方面，既然它是被反思的那个东西，从这个观点来看，它的活动方向就是离心的，而且是离开中心向无限前进的。自我作为实在性被设定，而且由于它受到反思，反思它是否具有实在性，所以它就必然被设定为某种东西，被设定为一个定量。但是，它是作为一切实在性而被设定的，因而它必然被设定为一个无限的定量，一个使无限性得以充实的定量。

因此，向心的和离心的这两个活动方向都同样扎根于自我的本质之中。它们两者是同一个东西，仅仅因为它们被作为不同的东西加以反思，才彼此不同。——（到一定时候我们就会看到，物质世界里的一切向心力都仅仅是自我按照一种理性规律使杂多性呈现统一性的想象力的产物。）

但是，如果这两个方向之间没有一个第三者可以联系它们，或者被它们所联系，那么，这两个方向所赖以被区别为不同方向的那个反思就是不可能的。——在我们的前提下，上述要求（我们仅仅为了表述也总是不得不预先设定某种还没有证明的东西。因为严格说来，直到现在，任何要求作为实际发生的事件的反面，还是完全不可能的),即一切实在性都应在自我之中,已经得到了满足。自我活动的两个方向,向心的和离心的,已经彼此重合起来,已经只是同一个方向了。(如果说,为了透彻阐述起见,我们应该对上帝的自我意识进行说明,那么,要想办到这一点,就只能凭借“上帝反思其自己的存在”这个前提。但是,在上帝那里,既然**被反思的**是“一切即一”和“一即一切”,**从事反思的**也同样是“一切即一”和“一即一切”,那么,在上帝之中被上帝所反思的东西和从事反思的东西,意识本身和意识的对象,就应该是不可区别的了,而且因此上帝的自我意识就得不到说明了,正如在有限理性看来,即在一切与**规定**被反思的东西的规律结合着的理性看来,这也将是永远不可说明、不可理解的那样。)因此,从上面预先设定的前提中,根本推论不出意识来,因为上面假定的那两个方向彼此不能
(I,2,408) 区别。

可是,现在自我的向着无限而去的那个活动应该在某一点上受阻而被迫返回自身,因此自我应该不充满无限。正像屡次提到的那样,这种情况之会出现而成为事实,是不能从自我中绝对地推论出来的。但是,我们可以肯定地说,如果一个现实的意识可能出现,那么,上述要求就不能不出现。

在当前的作用中进行反思的自我所提出的那个要求是:通过这个进行反思的自我而被折返的自我应该充满无限;而这一要求仍然存在,始终保持其为一个要求,并且丝毫没受 C 点上的阻力的限制。被折返的自我是否会充满无限这个问题,以及这个自我实际上并没有充满无限,反而在 C 点上受到限制这个结论,也都依然存在——而且只有到了现在这个时候,我们要求对两个方向

进行区别才是可能的。

这就是说，按照绝对自我的要求，自我的离心活动应该向无限进发。但是，这个离心活动在C点上被折返，从而变成了向心活动，于是只要把这个向心活动的方向同原来要求的那个向着无限进发的离心活动的方向联系起来，进行区别就是可能的，当然要加以区别的双方必须与一个第三者发生联系。因为现在在反思中既有了一个符合于前一要求的离心的方向，又有了一个与这个离心活动相反的(第二个因为受阻而折返的)向心的方向。

同时，通过上面的阐释，为什么这第二个方向被视为异样的东西，以及为什么它是从一个与自我的原则相反的原则中推演出来的，也就得到了说明。

而且这样一来，前面提出的课题也就解决了。存在于自我中的那个追求一般因果性的原始努力，就其发生来说，是从自我的这样一种规律中推演出来的，这种规律既是自我对自身进行反思的规律，又要求自我在反思中被认为是一切实在性。只要自我的确是一个自我，这两者{就都是自我的规律的作用。}[190] 自我之必然地对自身进行反思，是它从自身向外去的一切行动的全部根据。自我应充满无限，这一要求是追求一般因果性的那个努力的根据，而两者都是完全扎根于自我的绝对存在之中的。

这样一来，非我所以可能对自我产生影响的根据，正如曾经被要求的那样，也就同样在自我本身找到了。自我无条件地设定自 (I,2,409)
身，因而在自身中是完满自足的，是排除一切外来影响的。但是，如果它的确是一个自我，它就必须把自己设定为被自身所设定的，而通过这个与原来的设定作用联系着的新的设定作用，它(暂且让我这么说吧）就向外来影响敞开了大门。可能也有某种不是它（自我）本身所设定的东西存在于它之中，这样一种可能性，完全是它通过这种重复它的设定作用而设定起来的。两种设定作用都是非我所以产生影响、发生效用的条件：没有第一种设定，就不会有那种可能被限制的自我活动，没有第二种设定，那个可能被限制的自我活动对自我来说就不会是受了限制的；自我不会把自己设定为受到限制的。因此，自我作为自我从一开始就与自身发生着交互影响关系，并且由于这个原因，自我才有可能接受外来影响。

这样一来，我们终于也找到了自我的绝对的、实践的本质与自我的理智的本质之间的那个寻找已久的联系点。——自我有这样的要求：它在自身中包含着一切实在性，充满着无限。这个要求必然地以无条件设定的、无限的自我的观念为根据，而这个无限的自我就是我们谈到过的那个绝对自我。（到了这里，自我无条件地设定自身这个命题的意义才完全清楚。在这个命题里根本没有谈到出现于现实意识中的自我，因为出现于现实意识中的自我绝不是无条件的，它的出现毋宁说永远是要么直接地、要么间接地以自我之外的某种东西为根据。在这个命题中所谈的毋宁说是这样一种自我的观念，这种自我的观念必定成为自我的实践上的无限的要求所必需的根据，但是，它对我们的意识来说又是不可能达到的，因而永远不能直接地〈然而确实可以通过哲学反思而间接地〉出现在我们的意识中。）

自我必定——这个“必定”也同样包含于它的概念中——对自己进行反思，以考虑它是否实际上囊括一切实在性于自身。它给这种反思提供那个观念以作为其根据，从而就与反思一同向无限前进。自我在这种情况下是**实践的**：它不是绝对的，因为它正是通过反思的努力才从自身中超脱出来；它同样不是理论的，因为它的反思除了上述那个从自我本身派生出来的观念以外没有别的根据，并且完全摆脱了任何可能的阻力，因此并不存在什么现实的反思。——这样一来，就发生一系列**应该**存在的东西，一系列因有单纯的自我而已经出现了的东西，也就是说，发生了一系列**观念性的东西**。

如果反思遇到了这种障碍，如果自我因而认为它的从自身向外的这种活动受了限制，那就要发生一系列完全不同的东西，(I,2,410)
一系列**现实的东西**。现实的东西除了受单纯自我的规定之外，还受其他的东西的规定。——自我在这种情况下是**理论的**，或者说是**理智**。

如果在自我中没有实践能力，那么，理智就不可能存在。如果自我的活动只到障碍点为止，不越过一切可能的障碍而前进，那么在自我中，并对自我而言，就没有产生障碍的东西，没有非我。这是已经多次证明过了的。再说，如果自我不是理智，那就不可能有对自我的实践能力的意识，并且根本不可能有自我意识，因为只有通过异样的、因障碍而产生的那个方向，才有可能对不同的方向进行区别，这也是刚才已经指明了的。（在这里，有一点还是暂且撇开不谈，那就是：实践能力为了要进入意识，首先必须通过理智，首先必须采取表象的形式。）

那么，这样一来，有限的、理性的自然物的整个本质就已经包罗无遗、探讨详尽了。这种本质包括：我们的绝对存在的原始观念；按照这个观念而竭力使我们本身进行反思的那种努力；限制，这并非指对上述努力的限制，而是指对我们的**现实存在**①的限制，而我们的现实存在则正是由于这种限制，由于一种相反的原则、一种非我，或者一般由于我们的有限性，才被设定起来的；自我意识，特别是对于我们的实践努力的意识；按照我们的实践努力（不自由的和自由的）对我们的种种表象所作的规定；通过表象的规定对我们的种种行为、对我们的现实感性能力的方向所作的规定；我们的界限的不断的和无限的扩展。

在这里，我们还要补充一点重要的说明，只要有了这个说明，就完全可以把知识学置于它的真正观点之上，使知识学的独特学说得到充分的阐述。根据上面的讨论，生命和意识的原则，生命和
(I,2,411) 意识所以可能的根据，当然都是包含在自我之中的，然而只表明其存在于自我之中，还产生不出在时间中的现实生活、经验生活。而不在时间之中的、不现实的、非经验的生活，是我们绝对不能思维的。要说这样一种现实生活是可能的，自我就还需要一种特殊的阻力，一种来自非我的阻力。

在知识学看来，一切现实的最终根据，对自我而言，是自我同

① 在彻底的斯多葛主义那里，无限自我的观念被当成现实的自我，绝对存在与现实存在被混为一谈。因此，斯多葛派的智者是完满自足的、无限制的、自在自为的。他们取得了只属于纯粹自我、甚至只属于上帝的一切谓词（或属性）。按照斯多葛主义的道德，我们不应该成为与上帝一样，毋宁说我们本身就是上帝。知识学对绝对存在与现实存在进行了严格的区分，只把绝对存在当作根据，以便能够说明现实存在。斯多葛主义之所以受到驳斥，是因为它的结论已经指明，它不能说明意识是为什么才成为可能的。因此，知识学并不像斯多葛主义那样是无神论的。至于斯多葛主义，只要它贯彻始终，严格推论，就必然是无神论的。

它之外的某种东西之间的一种原始交互作用。关于这种东西，当然除了说它必定与自我完全相反之外，再也不能有什么可说的。在这种交互作用中，没有什么东西被带进自我，没有任何异己的东西被输入自我。直至达到无限为止，凡是在它那里发展出来的东西，都仅仅是按照它自己的规律从它自己本身发展出来的。自我仅仅是被这种相反的东西推入运动，以便有所作为，而如果没有在它之外的这样一种最初的推动者，它将永远不会有所行动。而且由于它的现实存在完全寄托于它的行为，所以它也将永远不会有所存在。然而对于这个推动者，除了说它是一个推动者，一种本身也只是感觉到对立的力量之外，再也没有其他什么可说的。

于是，自我按照它的现实存在来说是依存性的，然而按照它这个现实存在的种种规定来说是独立自主的。由于它的绝对存在的原故，它是它本身的一种对无限性有效的、进行上述规定的规律，是它本身中的一种按照上述规律规定它的经验存在的中心能力。我们最初运用上述中心能力时所处的那个立足点，完全不依存于我们。我们从这个出发点出发将永远要加以叙述的系列，就其整个范围来说，是完全依存于我们的。

因此，知识学是**属于实在论的**。知识学指出，如果人们不承认有一种并不依存于有限自然物，而完全与有限自然物相对立的、并为有限自然物（就其经验存在而言）所依存的力量，有限自然物的意识就是不可理解的。然而知识学也只不过主张有这样一种只能为有限存在所感觉而不能为有限存在者所认识的对立力量而已。知识学愿意从自我的进行规定的能力中，把这种对立力量或非我的一切能在向无限的前进过程中出现在我们的意识里的规定都推演出来，而且既然实际上它的确是一门知识学，它也就一定能够把这些规定都推演出来。

但是，这门科学，如果撇开它的实在论方面不谈，从它最内在的深处来看，则不是超验的，而是先验的。这行科学当然是用一种
(I,2,412) 不依存于任何意识而现成存在的东西来说明一切意识，但它并没忘记：即使在这样进行说明的时候，它也是以它自己固有的规律为依据的，而且当它反思这些规律时，上述那个独立自主的东西就重新变成了它自己固有的思维能力的一种产物。因此，如果那个独立不依的东西对自我而言(在该物的概念中)确实在那里存在着，那个独立不依的东西就变成某种依存于自我的东西了。然而为了有可能对前一个说明进行这种新的说明，现实的意识可以说再次被拿出来当做前提，而且为了有可能出现现实的意识，上述依存于自我的那个某物可以说又被拿出来当做前提。因此，虽然当初曾经被设定为独立不依的那个东西现在已变成依存于自我的思维的东西了，那个独立不依的东西毕竟并没因此而被扬弃，毋宁说只是被挪到更远的地方去，暂时置之不理而已。而且即使人们可以无休止地穷究下去，独立不依的东西也永远不会被扬弃。——任何东西就其观念性来说，都是依存于自我的，然而就实在性来说，自我本身是依存性的。但是，对自我来说，没有任何东西是实在的而不同时也是观念的。因此，在自我那里，观念根据和实在根据是同一个东西。上述自我与非我之间的交互作用同时也就是自我与其自身之间的相互关系。只要自我不反思，不想到那个起限制作用的非我毕竟是由它自己所设定的，它就能把自己设定为受非我所限制的；只要自我进行反思，想到上述这种情况，它就能把自己设

定为对非我进行限制的。

有限精神之必须设定在它之外的某种绝对的东西（自在之物），以及它之必须同时承认这种绝对的东西仅仅是*对它而言*的存在（是一种必不可少的本体），这种情况是一个循环，一个圆圈。有限精神可以把这个圆圈无限扩大，却永远不能从中摆脱出来。一个哲学体系，如果根本不注意这种循环的反复，就是一种独断论的唯心论。因为归根到底，它不过是已经指明的那个使我们受限制的、使我们成为有限存在者的圆圈。一个哲学体系，如果自以为已经从这个圆圈里跳出来，就是一种超验的、实在论的独断论。

在这两种哲学体系之间，知识学立于正中央的地位，是一种批判的唯心论。如果人们愿意的话，也可以把它叫做实在唯心论或观念实在论。——我们现在还要再补充几句话，以便如果可能的话，使每个人都能理解。我们说过，如果人们不承认有一种不依存于有限自然物而现成存在着的力量，有限自然物的意识就无法加以说明。——那么，这有限自然物的意识对于谁是不可说明的呢？它对于谁是应该可以说明的呢？是谁要去说明它的呢？是有限的自然物本身。只要我们一说“说明”，我们就已经站在有限性这个领域里了。因为*说明*什么，并不是指一下子就掌握了什么，而是指从一点向另一点的不断进展，所以*说明*是一种有限的东西。至于 (I,2,413)
限定或规定，则是自我据为己有的、以之作为过渡的那个桥梁。——按其存在或规定来说，反对力量是不依存于自我而独立存在的。当然，自我的实践能力或者说自我追求实在性的冲动毕竟在力图改变这种力量。但是，反对力量是依存于自我的观念性活动的，依存于自我的理论能力的。只当反对力量是*由自我*所设定时，反对力量才是为自我的，〔换句话说，反对力量对自我说来才是存在的〕，否则它就不是为自我的。只当某种东西被联系到自我的实践能力时，这种东西才有独立的实在性。当某种东西被联系到自我的理论能力时，这种东西就被吸收到自我里去，成为自我领域内的东西，受自我的表象规律的支配。然而我们进一步要问，某种东西除了通过理论能力而外，怎么能被联系到实践能力上去的呢？它除了通过实践能力而外，怎么能成为理论能力的一个对象的呢？于是，这里再一次证实了，或者毋宁说，这里非常清楚地显示了这样一个命题：没有观念性，就没有实在性，并且反过来，没有实在性，就没有观念性。因此，人们也可以说，一切意识的最终根据是通过一个可以从不同方面看待的非我而发生的自我与其自身之间的交互作用。这是一个圆圈，有限精神不能跳出它，如果不弃绝理性，不愿意毁其自身，也不能盼望跳出它。

有趣的也许是下面这种责难：如果按照上述规律，自我凭着观念性活动把一个非我设定为自我自身之所以受到限制的说明根据，从而把这个非我吸收到自身中去，那么，自我岂不是把这个非我本身设定为一种（在某一有限概念中）受到限制的东西了吗？假定这个客体＝A，那么，自我的活动本身必然是在设定这个A的过程中受到了限制，因为自我的活动碰上了一个受到限制的客体。但是，自我永远不能、因而在当前这个事例中也不能自己限制自己。因此，当自我限制那个无疑已被吸收到自我中去的A时、自我本身一定已被一个未被吸收到自我中去的，因而还完全不依存于自我的B所限制。——我们承认所有这些情况，但是，我们说：就连这个B也是可以重新被吸收到自我中去的。责难者承认我们指出的这一点，但从他那一方面又提醒道：为了有可能去吸收B，自我就必定是更进一步被一个独立的C所限制了。这样你来我去，辗转推演，以至无穷。这种研讨的结果也许是：这样永远推演下去，我们固然不能向我们的对方指出任何一个时刻，说在这个 (I,2,414)
时刻里，自我的努力不会遇到一种在自我之外现存着的独立的实在性：而我们的对方也同样不能向我们指出任何一个时刻，说在这个时刻里，这个独立的非我能够不为自我所表象，从而能够成为不依存于自我的。那么，我们的反对者想通过上述论证加以证明的那个独立自存的非我，或者说他的那个自在之物，究竟在哪里呢？显然不在任何地方，而又在一切地方。随便在什么地方，只要人们不占有它，那里就有它；一俟人们想把捉它，它就逃走了。自在之物是为自我而存在的某种东西，因而是**在**自我**之中**存在的，但它又应该**不在自我之中存在**，于是就成了矛盾的东西。然而这个矛盾的东西作为一个必然的观念的对象，必须被当做我们进行一切哲学思辨的根据，并且一直就已经充当了有限精神的一切思辨和一切行为的根据，只不过人们不曾清楚地意识到它以及它所包含的矛盾罢了。人类和一切有限精神的整个机制就是建立在自在之物对自我的这种关系上的。要想改变这个情况，就意味着要取消一切意识，并随之取消一切现实存在。

知识学所以使思维不很深刻的人产生思想混乱，从而受到种种肤浅虚假的责难，都仅仅是因为人们没有掌握前面提出的那个观念，没有坚持那个观念。人们可以用两种方式对它作出不正确的理解。一种方式是，人们只想到它既然是一种观念，那它就必定是在自我之内的。有这样想法的人，如果还是一个坚定的思想家，就成为唯心论者，他就独断地否认在我们之外有任何实在。或者人们坚决相信自己的感觉，因而他就否认明摆着的事实，用人类常识的权威反驳知识学的论证（其实，正确理解的知识学是同常识最一致的），并谴责知识学本身是唯心论，因为人们不理解它的含义。另一种方式是，人们只想到这个观念的对象是一种独立的非我，因而这些人就成了超验的实在论者，或者说，假如他知道康德的一些思想而又没有吃透整个康德哲学的精神，那他就是从他自己的超验论——这是人们还从来没提出过的东西——出发，谴责知识学是超验论，竟没想到他自己的武器所打击的只是他自己。——大家不应实行两种反思方式中的任何一种，既不应单独反思这一方式，也不应单独反思另一方式，而应对两种方式同时加以反思，摆动于这个观念的两个相反的规定之间。这就是**创造性的想象力**的
(I,2,415) 工作，而创造性的想象力毫无疑问是任何人都具备的，因为假如谁不具备它，谁就任何一个表象也不会有。但是，并不是所有的人都使他的想象力得到了自由的发挥，以便能靠它来进行合乎目的的创造性活动。甚至那种求之不得的想象在幸运的一瞬间像一道电光闪现在人们的心灵之前，人们也未去抓住它、分析它、牢牢记住它，以便随时运用。一个人在进行哲学思维时是才智纵横，还是兴趣索然，全取决于这种能力。知识学属于这样一种学说，它绝不能单凭字面，而只有通过精神才能得其真谛。因为它的基本观念必须依靠创造性的想象力本身从研究它的人的身上诱发出来。其实任何一门追溯人类知识最终根据的科学从来都不能不是这样，因为人类精神的全部工作都从想象力出发，而想象力则只能由想象力予以把捉。因此，谁的这一天赋如果已经被弄得无可挽救或被

扼杀了，那他当然就永远不可能深入理解这门科学。但是，其所以不可能，他绝不该从这门科学本身——这门科学只要真正去理解，是很容易理解的——里寻找这个根源，他只可归咎于他自己没有能力。①

从内部来说，我们提出的观念是整个建筑物的基础，同样，从外部来说，建筑物的安全可靠也是建立在这个观念之上的。不立足于这个观念，不随同这个观念立足于知识学固有的基地上，要想对任何一个对象进行哲学思维都是不可能的。知识学的任何反对者，都必定是在蒙着眼睛，站在知识学的场地上，使用知识学的武器对知识学进行论战。扯下他蒙眼的布片，让他看见他所站的场地，总会是一件轻而易举的事。所以，知识学根据事情的本性有充分的权利预先声明，尽管它会被许多人误解，被更多的人完全不理解，尽管不仅就现在这个非常不完备的表述形式来说，而且就单独一个人所能完成的最完备的表述形式来说，它在它的每一个细节上都将亟须改进，然而就它的基本特征来说，它是任何人在任何时代都不会驳倒的。

① 知识学将需要人用尽他的全部能力。只有靠人的全部能力，它才能加以理解。只要在大多数人那里文化教育为了其他种心灵力量而扼杀某一种心灵的力量，比如为了理解力而扼杀想象力，为了想象力而扼杀理解力，或者为了记忆力而扼杀想象力和理解力，知识学就不能成为普遍有效的哲学。它就将不得不长此以往，局限于一个窄狭的小圈子里。——这是一个真理，说起来和听起来都好像令人不快，但它毕竟是真理。

§.6. 第三定理　在自我的努力里，同时就有非我的一个反努力被设定起来，以与自我的努力相平衡。

首先就方法问题说几句话！——在知识学的理论部分，我们只与认识打交道。在这里，我们打交道的是被认识者。在那里，我们的问题是：某种东西是怎么被设定、被直观、被思维的等等，在这里，问题是：什么东西被设定了？因此，如果说知识学终归需要一门形而上学，作为关于自在之物的臆想的科学，而这样一门科学应该由知识学的要求而成立，那么，知识学就不能不将这个任务交托给它自己的实践部分来承担。正如事情越来越清楚表明的那样，知识学的实践部分谈论的唯一问题是一个原始实在性的问题。而且，如果有人问知识学"自在之物是怎样的一些东西"的话，那么，它没有别的话可说，只能回答："它们就是像我们应该使之成为的东西那样。"通过这样的回答，知识学绝不会变成超验的。因为我们在这里将要揭示出来的所有的东西，也都是我们自身中现在就有的东西，我们只是发现了它们，把它们从我们自身端出来。这是因为在我们之内有着某种东西，非经我们之外的某种东西就无法予以充分说明。我们知道，我们在思维它，在按照我们的精神规律思维它；我们知道，我们绝不能因此从我们自身中超脱出来，绝不能说存在着什么无主体的客体。

自我的努力应该是无限的，应该没有因果性。可是，这只能在一个反努力的条件下加以设想。这个反努力与努力保持平衡。这就是说，它与努力具有等量的内在力量，彼此势均力敌。关于这样一个反努力的概念和关于那种平衡的概念，都是本来就已经包含在努力这个概念里的，是可以通过分析从努力概念中引申出来的。没有这两个概念，努力概念就自相矛盾。

1. 努力概念是关于一个不是原因的原因的概念。但是，每一 (I,2,417)
个原因都预设**活动**，都以活动为前提。一切努力的东西都有力量。假如它没有力量，它就不会是原因，而说它不是原因，就与上面的说法矛盾了。

2. 努力既然是努力，就必然具有它特定的活动量。它所以活动，是为了成为原因。现在，它变不成原因，达不到它的目的，它就是**被限制**了。假如它没受限制，那它就会变成原因，不会是努力，而这是与上述论证相矛盾的。

3. 努力者并不**受自身**的限制，因为在努力概念里就包含有它追求因果性的意思。假如它限制自身，那它就不会是任何努力者。因此，每一努力都必定受一个与努力者的力量相反的力量所限制。

4. 同样，这种对立的力量必定也是有努力的。这就是说，首先，它必定是为了实现因果性。假如它不是旨在实现因果性，在它与对立者之间就没有接触点，因此它必定不具有因果性。而假如它没有因果性，它就完全毁掉了对立者的努力，从而完全毁掉了它自己的力量。

5. 两个互相对立的努力者，其中没有一个能有因果性。假如它们两者中的任何一个有因果性，其对方的力量就会被毁掉，就会不再是具有相反的努力的东西。由此可知，双方的力量必定是保持平衡的、势均力敌的。

§.7. 第四定理 自我的努力，非我的反努力，以及两者之间的平衡，都必须被设定起来。

A.自我的努力已被设定为这样的：

1. 根据反思的普遍规律，它一般被设定为某物。因此，它不
(I,2,418) 是被设定为活动，不是被设定为活动着的某种东西，而是被设定为某种固定不动的东西。

2. 它被设定为一种努力。努力在于实现因果性。因此，按照它的性质，它必须被设定为因果性。现在，这种因果性不能被设定为与非我有关的。因为假如那样的话，被设定的就会是一种实在的、起作用的活动，而不是努力。因此，这种因果性只能返回于其自身，只能自身产生自身。但是，一个自身产生自身的努力，既然它是某种固定了的、规定了的、确实无疑的东西，那就叫一种冲动。

（冲动这个概念包含着这样的三个含义：1.它是在它所属于的那个东西的内在本质里有其根据的，因而是通过那个东西对其自身的因果性产生出来的。就是说，它是由于它之被自身所设定而产生出来的。2.它恰恰因此而是某种固定不移的、持续长存的东西。3.它争取自身以外的因果性，但是，既然它只应该是冲动，只应该由自身而产生，它就没有因果性。——因此，冲动只存在于主体里，并且按照它的本性来说，它不超出主体的范围以外。）

所以，如果努力应该被设定，那它就必定被设定。而且，如果它应该存在于自我之内，如果按照上述原则，以努力的表现为根据的意识应该是可能的，那么，它就必定是直接有意识地或者无意识

地被设定的。

B. 不设定非我的一个反努力，自我的努力就设定不起来。因为自我的努力是要实现因果性，本身却没有因果性。而它所以没有因果性的理由或根据并不在它本身之内，因为否则自我的努力就不会是努力，而是虚无了。于是，如果自我的努力被设定，则它必定被设定于自我之外，并且仅仅是被设定为一种努力，因为否则的话，自我的努力或者说冲动（我们现在认为它就是冲动）就会受到压抑而不能被设定起来。

C. 两者之间的平衡必须被设定起来。

这里不是说两者之间必须是平衡的，因为这一点我们在前一节里已经说过了。这里只不过是问：在自我之中并通过自我而设定的究竟是什么东西，如果确有某种东西被设定起来的话。

自我要努力充实无限性，同时它具有对其自身进行反思的规 (I,2,419)
律和倾向。自我没有被限制，就不能对其自身进行反思，而且就冲动来看，它也就是通过它与冲动的关系被限制的。如果我们假设冲动在C点上受了限制，那么，在C点上要去反思的倾向就得到满足，而要去实际活动的冲动却受到限制。这样，自我就限制自身，并被置于与自身的相互作用之中；它被冲动推动着继续前进，又被反思阻止，并且这样继续下去。

推动前进与阻止前进，这两者结合起来就表现出一种强制，一种不能。属于不能的有三个因素：a.继续努力。假如没有继续努力，自我所不能做的努力对自我来说就会是根本不存在的东西，它会根本不在自我的范围之内。b.实际活动的受限制；因此还有实际活动本身，因为不存在的东西是不能受限制的。c.不在自我之内而在自我之外的限制者。除此而外，不会有努力存在于那里。即使有努力存在于那里，那也不会是一个不能，而毋宁说是一个不愿。——因此，“不能”的那种表现是平衡的一种表现。

在自我之内的“不能”的表现叫感觉。在这种感觉里，活动与限制是内在地结合着的。就活动说，我感觉，那么，我就是能感觉者，而这个活动是反思的活动；就限制说，我感觉，那么，我就是被动的，是不能活动的；这里存在一种强制。可是，这种限制必然以一个要继续前进的冲动为前提。凡是不再希望什么、不再需要什么、不再争取什么的东西，就它自身来说，就是没受到限制的东西。这是不言而喻的。

感觉完全是主观的。我们为了说明感觉——但感觉是一种理论性的行为——固然需要一个限制者，但我们为了要演绎感觉——因为它应该已经在自我中出现——却不需要对自我中的这种感觉进行表象和设定。

（现在，问题已昭然若揭：那么多自称为批判主义者而尚未摆脱超验独断论的哲学家，他们根本不能理解，自我怎么竟然单凭自身就能把它自身中有过的东西发挥出来，而无需乎这东西突破其圆圈，自己走出来；他们根本不能理解，只要自我是一个自我，这种东西怎么就必然地存在。——自我中现成地有一种感觉，这种感觉就是冲动受限制。而且，如果这种感觉应该被设定为一种特定的、与其他感觉有区别的感觉——当然我们现在还看不出一个特定的、与其他冲动有区别的冲动受限制的可能性——那么，自我就
(I,2,420) 必须给这个限制设定一个根据，而且必须把这个根据设定在自己以外。而自我要设定冲动是受限制的，就只能设定这个冲动是受

一个完全对立的东西的限制的。这样一来，被设定为客体的某种东西就显然存在于冲动之中。比如说，如果冲动被规定为＝Y，则作为客体的非Y必然被设定起来。——但是，由于所有这些心理机能都是必然地发生的，所以，人们就意识不到他的行为，因而必然以为自己靠自己的力量按照自己的规律产生出来的东西是从外面获得的。——但这种办法具有客观有效性，因为这是一切有限理性同样都有的办法，而且除了我们指出的这种有效性之外，根本就没有客观有效性，根本不能有其他的客观有效性。要求另外的有效性，其根据在于人们有一种显然有据可查的粗疏的错觉。

看起来好像我们已经打破了我们研讨的这个圆圈，因为我们在说明努力时一般已经假定了一个与自我完全独立无关，并与自我正相对立的非我。这种办法之所以可能，之所以合法，是因为每一个和我们一起从事当前这项研讨的人，本身都是一个自我，而这个自我早已把这里所推演的各种行为都做过了，从而早就设定了一个非我〈当前的这项研讨正是要使人确信这个非我是他自己的产物〉。每个人都已必然地完成了理性的全部工作，而现在又自由地规定自己去重算旧账，对他自己当初走过的行程，就他现在任意设定起来、安置在他自己当初的出发点上和据以从事他的实验活动的另一个自我，进行一次旁观。这个需要加以考察的自我，有朝一日本身将会站到现在充当旁观者的自我所站的地位上。被考察者和旁观者双方将在这个位置上结合起来，而且通过这一结合，已被打破的圆圈将被封闭起来。）

(I,2,421) ## §.8. 第五定理　感觉本身必须被设定和被规定。

为了给现在要提出的极端重要的研讨作准备，首先作几点一般的说明。

1. 在自我里原来就有一个要去充实无限的努力。这个努力与一切客体相对抗。

2. 自我在其自身中有反思其自身的规律，将其自身反思为充实于无限的东西。但是，如果它不是有了限界的话，现在自我就不能对其自身反思，甚至根本不能对任何东西反思。因此，要实现这个规律，或者换个说法也一样，反思冲动的满足是**有条件的**，而且取决于客体。没有客体，反思冲动就不能满足——因而这种反思冲动也可以说是一种**指向客体**的冲动。

3. 这种冲动，由于受一种感情的限制，既得到了满足，同时又没得到满足。

a.〔按行为的**形式**来说，〕是**得到满足的**。因为自我应该无条件地反思自身，就是说，它是绝对自发地进行反思，因此，按照行为的**形式**来说，它是得到了满足的。因此，在感觉里就有这么一种东西，这种东西可以联系于自我，可以隶属于自我。

b. 按行为的**内容**来说，是没**有得到满足的**。自我应该是被设定为充实着无限性的，但它实际上被设定为受了限制的。——而这种情况同样必然地出现于感觉中。

c. 但这种不满足的设定，由于自我超越感觉为自己设定的界限，是**有条件的**。在自我所设定的范围之外有某种东西必然被设定，这种东西也隶属于无限性，因而是自我的冲动趋向的目标。这种东西必须被设定为没有受到自我的规定的。

让我们来分析，这种超越，也就是说，这种不满足的设定，换言之，感觉的设定，是如何可能的。

Ⅰ. 只要自我确实对自己进行反思，它就是**受**了限制的。这 (I,2,422)
就是说，它就没有实现无限性，却努力以求实现无限性。我们说，它**是**受了限制的，意思是说，对于一个可能的旁观者来说，它是受了限制的，但并非对它自己来说是受了限制的。让我们自己来充当这些旁观者，或者换言之，让我们不设定自我而设定某种只被观察的东西，某种无生命的东西。但另一方面，按照我们的前提来说隶属于自我的东西又应隶属于无生命的、被观察的东西。那么，让我们假设一个弹性球体＝A，并假设这个球体被另外一个物体压凹，那么：

a. 就在球体里设定了一股力量，一旦相反方面的力量松弛下来，这股力量就无需任何外在作用而自己表现出来。因此，它之所以发生作用的根据，完全就在它自己身上。——力量是具体存在着的，它在自身中向自身努力，以求表现，这是因为，它是一种在自身中趋向自身的力量，也就是说，一种内在力量。因为像这样的东西，人们总是称之为内在力量。这就是向自身追求因果性的一种直接努力，但由于外界反抗的原故，它并不具有因果性。这是物体本身中的努力与间接反压力的平衡，因而就是我们前面曾称之为**冲动**的那种东西。因此，在假设的弹性球体中就有一种冲动被设定起来了。

b. 就在对抗着的物体 B 中设定了同样的东西，即设定了对抗

A 的反作用和抵抗力的一种内在力量，而这种力量因而就受 A 的抵抗力所限制，但它的根据只在自身中。——在 B 里就像在 A 里一样，力量和冲动被设定起来了。

c. 假如两个力量中有一个增强了，相反的那个力量就会被削弱；假如一方削弱了，相反的力量就会增强；较强的一方完全表现出来了，较弱的一方就则会被完全排出于较强者的作用范围之外。但是，现在双方完全平衡，它们的交接点就是这个平衡点。如果这个平衡点有丝毫的移动，整个关系就被扬弃。

Ⅱ. 于是，这里就涉及一种并无反思而努力伸张的对象（我们说这种对象是**有弹性的**）。我们现在要加以研究的东西是一种**自我**，而且我们将看到从这里会推论出什么结果来。

冲动是一种内在的、把自身规定为因果性的力量。无生命的物体根本没有因果性，因为它的因果性在**它自己之外**。因果性应
(I,2,423) 该因抵抗而被制止，因此，在这种情况下，不会由于无生命物体的自身规定而产生出什么东西来。只要自我企图达到一种自己以外的因果性，自我的情况就恰恰是这样。而只要它只向自身以外要求因果性，它的情况就根本不会不是这样。

但是，自我正因为它是一种自我，也具有一种对自身的因果性，即设定自己的因果性，或设定能反思的因果性。冲动应该规定**努力者的力量本身**，而这种力量既然应该像反思那样**在努力者本身之中**表现**自己**，那么，从冲动的规定作用中就**必然推论出一种表现**。如果不是这样的话，就不存在什么冲动了。假如没有冲动，那就与我们的假设相矛盾了。因此，从冲动中就必然推论出自我对自身的反思行为来。

（这是一个重要命题，它给我们的研讨带来了最大的光明。1.努力和反思，这一对本来存在于自我中的、并且由我们在前面提出来的**双生子**，因此就被最紧密地联合起来了。一切反思都是建立在努力这个基础上的，没有努力，就不可能有反思。——另一方面，没有反思，就不可能有**对自我而言**的努力，因而也就没有自我的努力，并且根本就没有自我。有了一方，就必然推论出另一方，双方处于相互作用之中。2.自我不会不是有限的，不会不是受到限制的，现在人们对此看得更明确了。没有限制，就没有〈超验意义上的〉冲动；没有冲动，就没有〈向先验过渡的〉反思；没有反思，就没有〈先验意义上的〉冲动、限制，也没有限制者，等等。自我的功能就是这样在圆圈上旋转，自我就这样与自身发生内在连锁的相互作用。3.现在也看得相当清楚的一点是：什么叫做**观念的**活动，什么叫做**实在的**活动，它们是怎么区别开来的，它们的界限在哪里。自我的原始努力，如果作为冲动，作为单纯建立于自我本身中的冲动来看，就既是**观念的**，又是**实在的**。它的方向是针对自我本身的，自我通过自己固有的力量进行努力；而且它的方向也是针对自我以外的某种东西的，但在这里没有什么东西可以区别出来。限制既然只使**向外的**方向受到扬弃，并不能使**向内的**方向受到扬弃，那么通过限制，上述的原始力量就好像被一分为二：保留下来的向自我本身返回的那一部分力量，是**观念的**力量，至于**实在的**力量，则将在适当的时候同样被设定起来。——而这样一来，我们在这里就又再次充分理解了这一命题：“没有观念性，就没有实在性；反之，没有实在性，就没有观念性”。4.**观念性**的活动将马上表明 (I,2,424)
自己是**从事于表象活动的**。冲动与观念性的活动的关系，因而可以叫做表象冲动。这种冲动因此就是冲动的最初的和最高的表现，并且自我通过这种冲动才成为理智。而且，只要还有另外一种冲动会进入意识，会在自我中出现为自我，自我就必然有这样的情况。5.从这里也就最确定地推论出来了理论对实践的从属关系。结果是：一切理论的规律都以实践的规律为根据，而且由于只能有一个实践规律，所以一切理论规律都以同一个实践规律为根据。因此，最完满的体系在其全部本质上也都是如此。结果是：如果冲动可以让自身提高起来，认识就也可以提高，反之亦然。其结果是：在理论方面，也就产生反思和抽象的绝对自由，并且产生冲动按照义务来注意某种东西而不注意其他某种东西的可能性，而没有这种可能性，就根本不可能有道德生活。宿命论从根本上被摧毁了，因为宿命论的根据是：我们的行为和愿望依存于我们的表象体系。而这里所表明的却是：我们的表象体系是依存于我们的冲动和意志的。这也是彻底驳斥宿命论的唯一方式。——总而言之，通过这个体系，在整个人类里就出现了统一和联系，而在许多体系里是没有这种统一和联系的。）

Ⅲ. 在这种对自身的反思里，自我并不能作为自我而进入意识，因为它并不直接意识到它的行为。但是，它从现在起，作为自我毕竟已经存在在那里了。这对于任何一位可能的旁观者来说都是不言而喻的。而这里正是自我区别自己这个活生生的物体与无生命的物体的界限，当然无生命的物体也能有一种冲动。——存在着这样的东西，对它来说，某物可能是存在在那里的，虽然对其自身来说还没有具体存在在那里。但是，对于这个某物来说，必然有一种内在的驱动力量存在，不过由于根本没有自我意识，因而它也不可能与自我意识发生关系。这种内在的驱动力量只能**被感觉到**。这样一种状态虽然是不可描绘的，却是完全可以感觉的，而且在这种状态中，每一个人都必须依靠自己的自我感觉。（哲学家只可以在“这种状态是一种什么状态”的问题上让每一个人去依靠自己的自我感觉，而不可以在“有没有这种状态”的问题上让每一个人去依靠自己的自我感觉。〈因为“有没有这种状态”的问题是必须以自我为前提条件予以严格证明的。〉假设有现成存在着的某种感觉，这就意味着问题并没有得到彻底的处理。这种感觉当然将 (I,2,425)
来也会成为可知的东西，但它之成为可知的，不是靠它自身，而是靠它的种种推论的后果。）

我们前面曾说过，有生命的东西就是在这个地方同无生命的东西区别开来的。力的感觉是一切生命的原则，是由死到生的过渡。如果只有力的感觉，生命当然还是极不完满的，虽然如此，但它毕竟已经从死的物质中分离出来了。

Ⅳ.

a. 这种力量被感觉为某种**有驱动作用的**东西：自我感觉到自己被驱动，这是已经说过了的，特别是它感觉到自己被驱动到**自身以外去**。（这个**到自身以外去**，我们现在还看不出是从哪里来的，但不久就会看清楚。）

b. 这种冲动必定如上所述起，**它能起的那种作用**。它并不规定**实在性的**活动，就是说，并不发生与非我的因果性。但它**能够**规定**观念性的**、完全依存于自我本身的活动，并且只要它是一个冲动，它就必定会规定观念性的活动。——因此，观念性的活动是超越出去的，是把某种东西设定为冲动的客体的。所谓冲动的客体，是冲动在有了因果性时就会产生制造出来的那种东西。(关于这种东西必定会由于观念性的活动而产生出来,这是已经证明了的。至于它是怎么可能由于观念性的活动而产生出来的,在这里还一点也看不出来,这要以许多别的分析研究为前提。)

c. 这种产生过程以及产生过程中的行为者,现在还丝毫没有进入意识。因此,无论是对冲动的对象的感觉(这种感觉是根本不可能的),还是对冲动对象的直观,都还没有出现。在这里,什么东西都还没有出现。这里只不过借此说明自我怎么能够对自己有所感觉,怎么感觉到自己是被驱使着向某种未知的东西冲动,并且敞开了向下一步过渡的大门。

Ⅴ. 冲动应该被感觉为冲动,这就是说,被感觉为某种不具备因果性的东西。但是,只要它至少力求通过观念性活动,以产生它的客体,它就当然具有因果性,并且因此而不被感觉为冲动。

只要冲动企图进行实在的活动,它就不是可认识的东西、可感觉的东西,因为它不具有因果性。因此它也就不被感觉为一个冲动。

(I,2,426) 我们把上述两者结合起来,那就出现这种情况:如果观念性活动不涉及冲动的对象,冲动就不能被感觉;而如果实在性活动没有受限制,观念性活动就不会涉及冲动的对象。

两者结合起来,就产生出自我对自己的反思,使自我成为一种有限制的自我。但是,由于自我在这种反思中并没有意识到它自己,所以反思只是一种单纯的感觉。

这样一来,感觉就完全被演绎出来了。它属于力的一种至今没有表现出来的感觉,是本身同样没有表现的东西的一种对象,是一种强迫感、不能感。而这就是演绎出来的感觉表现。

§.9. 第六定理 感觉必须进一步被规定和被限制。

Ⅰ.

1. 自我现在感觉到自己受了限制，这就是说，对于它自己来说，它是受了限制的。它之受限制，并不像它从前那样，也不像无生命的弹性物体那样，它受限制仅仅是对于在它之外的一个旁观者来说的。它的活动，对它自己来说，已被扬弃了。而我们之所以说对它自己来说，是因为我们从我们的更高的观点当然看得出：它已经通过绝对活动产生出一个在它之外的冲动对象，但它已经不是那个作为我们研究的对象的自我。

这样把活动完全取消掉，是与自我的性质相矛盾的。因此，只要它确实是一个自我，它就必须把活动重新建立起来，而且是自为地使之重新建立起来，也就是说，至少它必须使自己处于这样的状态：它能够设定自己是自由的和不受限制的，即使要等到下一个反思才能这样。

按照我们的演绎来看，自我的活动之所以能够这样重新建立起来，并不是依靠任何特殊的推动力，而仅仅是由于自我的本质， (I,2,427)
通过绝对自发性而重新建立起来的。当前这种行动立即表明自己是对于反思着的自我所进行的一种反思，是为了代之以另一种行动而对这种行动所进行的一种中断。——既然自我像上面所说的那样有感觉，它就也有行动，不过还没有意识而已；代替这种行动出现的至少是会使意识成为可能的另一种行动。——这种对反思者的反思，这种对行动的中断，完全出于绝对的自发性。自我在这种绝对自发性中无条件地行动着，因为它在行动着。

（这里划定的是单纯的生命与理智之间的界限，正如上文划定的是死亡与生命之间的界限那样。自我的意识仅仅是由这种绝对自发性产生出来的。——我们把我们提高到理性的高度，并不是通过自然规律，也不是通过由自然规律引申出来的推论，而是通过绝对自由；并不是通过过渡，而是通过一种飞跃。——因此，在哲学里，人们必须从自我出发，因为自我是不能加以演绎的。并且正因为这样，唯物主义者企图以自然规律来说明理性的现象，是永远办不到的。）

2. 显而易见，单纯由绝对自发性产生的行动，不可能是其他的什么，只是一种通过观念性活动的行动。但是，任何行动，只要它确实是一种行动，就有一个客体。目前这个行动，既然完全以自我为根据，既然就其一切条件来说是依存于自我的，它就只能以某种现实存在于自我之中的东西为客体。可是在自我之中除了感觉之外不存在任何东西，所以它现在这种行动必然和感觉发生关系。

行动发生于绝对自发性，因而对于可能的旁观者来说，就是自我的行动。它关系到感觉，这首先是说，它关系到在先前产生感觉的反思中进行着反思的东西。——活动关系到活动，因此，那在上述反思中进行反思的东西，或者说，进行着感觉的东西，就被设定为自我。在目前的反思作用中进行反思的东西，共本身根本达不到意识，这种东西的自我性则被转移到意识上去。

根据我们刚才进行过的论证，自我是自己规定自己的东西。因此，进行着感觉的东西之所以被设定为自我，只是因为它是由于冲动，从而由于自我，从而由于自身，而被规定去进行感觉的。这就是说，只是因为它感觉到自身，它感觉到它在它自身中固有的力量。——只有进行着感觉的东西才是自我，并且只有冲动才属于自我，如果是冲动引出感觉或反思的话。超出这个界限和居于这个界限之外的东西——如果有某种东西超出和居于这个界限之外，而且我们当然知道有某种东西、即向外的冲动超出和居于这个界限之外——被排除于自我之外。而这一点是应该认真注意的，因为被排除出去的东西，到一定时候将必定又被重新接收进来。(I,2,428)

因此，被感觉的东西，在现在的反思中，并且对于这个反思来说，也变成为自我。因为进行着感觉的东西，只当它是被自身所规定的时候，亦即感觉着自身时，才是自我。

Ⅱ. 在目前的反思中，自我之所以被设定为自我，只是由于它同时既是感觉者又是被感觉者，由于它自己与自己发生相互作用。它应该被规定为自我，因此它必须按照已经说过的方式被设定。

1. 进行感觉的感觉者被设定为在感觉中活动着的，因为它是进行反思的东西。而且因此被感觉者在这同一个感觉中是受动的，它是反思的客体。——同时，感觉者被设定为在感觉中受动的，因为它感觉到自己是被驱动的。而且因此被感觉者或冲动是活动着的，它是驱动者。

2. 这是一个矛盾，它必须被结合起来，而且只能以下述方式让结合起来。——感觉者就其与被感觉者的关系而言是活动的，而且在这个意义上，它仅仅是活动的。（它之被驱动去进行反思，是它在反思时没有意识到的。对于反思冲动，在我们的哲学研讨中根本没有加以考虑，但这并不是说在原始的意识中没有加以考虑。反思冲动陷入了成为感觉者的对象的那种东西之中，它在对感觉所作的反思中无所区别。）但是，现在感觉者就其与一个冲动的关系而言又应该是受动的。这种冲动是向外的冲动，感觉者受这种向外的冲动的驱使，通过观念性的活动产生一个非我。（可是，这时感觉者在这种作用中当然是活动的，不过正像以前它对于它的受动那样，现在对于它的这种活动并没有反思。当它反思其自身时，对于自己来说，它是被迫行动的。虽然这一点看来好像是一个矛盾，但这个矛盾到了一定时候就会被消除。由此产生了被感觉到的强制，那就是把某种东西设定为真正现成存在着的。）

3. 被感觉者由于对反思者进行反思的冲动而是活动的，它又
(I,2,429) 由于对反思者有同样的关系而是受动的，因为它是反思的客体。但是，反思者并未加以反思，因为自我是被设定为同一个东西，是被设定为感觉着自己的，而且对于反思本身不再进行反思。因此，在另一种关系中，自我则被设定为受动的，就是说，只要自我是受了限制的，那么，限制者就是一个非我。（反思的任何对象，都必然是受了限制的，任何反思对象都有一定的量。但是，在反思者身上，这种限制绝对不是从反思本身推论出来的，因为在这个情况下，对于反思是不加以反思的。）

4. 两种自我应该是同一个自我，并且应该被设定为同一个自我。不过，其中之一被认为在其与非我的关系中是活动的，另一个则被认为在其与非我的关系中是受动的。在前一情况下，自我通过观念性活动产生出一个非我；在后一种情况下，自我则被非我所限制。

5. 矛盾是容易结合起来的。能生产的自我本身曾经被设定

为受动的，同样，被感觉的自我在反思中也是这样被设定为受动的。因此，自我在其与非我的关系上总是意识到自己是受动的，一点也意识不到它自己的活动，更不对它自己的活动进行反思。——因此，在毕竟只有自我被感觉时，被感觉到的好像是事物的实在性。

（这种情况是一切实在性的根据。仅仅由于我们现在论证的这种感觉对自我的关系，自我才有可能意识到实在性，无论是自我的实在性，还是非我的实在性。——既然自我之所以可能意识到某种东西，完全是由于一种感觉关系，而自我既没有意识到，也不可能意识到它自己对这种感觉的直观，因而只是好像感觉到了这种东西，那么，自我只是相信有这个东西而已。

无论自我的实在性，还是非我的实在性，总而言之，实在性实际上只不过是一种信仰。）

§.10. 第七定理　冲动本身必须被设定和被规定。(I,2,430)

正如我们上面对感觉加以规定和说明的那样，我们也必须对冲动进行规定，因为冲动是与感觉联系在一起的。通过这种说明，我们将更进一步在实践能力的范围内赢得地盘。

1. 众所周知，冲动之被设定，意味着自我对它进行反思。可是，自我只能对自身进行反思，自我只能反思这样的东西：这种东西是为自我的，并在自我之内的，这种东西仿佛是自我所能达到的。因此，冲动必定已经表明有某种东西在自我之内，并且只要这种东西通过我们刚才提到的反思而已经被设定为自我，已经作为自我起作用，冲动就必定已经表明它自己在这种东西之内。

2. 感觉者被设定为自我。自我曾经被感觉到的原始冲动规定为从自身出发的，至少被规定为通过观念性活动而产生某种东西的东西。但是，原始冲动绝对不关系到单纯的观念性活动，而是只关系到**实在性**。因此，通过冲动，自我就被规定为能制造一种**在自己之外的实在性**的东西。——可是自我并不能满足于这个规定，因为自我的努力应该不具有因果性，而应该与非我的反努力保持着平衡。因此，只要自我是由冲动规定的，它就受非我的限制。

3. 只要一切反思的条件——一种限制——一旦出现，在自我里就有了永远不断地对自身进行反思的倾向。现在，这种条件在这里出现了，因而自我就必然地要对自己的这种状态进行反思。——可是，在这种反思中，反思者像往常一样忘记了自身，因而意识不到它的反思。另外，反思的发生是出于单纯的驱动力。因此，在反思中，丝毫也不表现出自由，自由就像上面所说的那样，只是一种单纯的**感觉**。于是问题仅仅在于：自由是一种什么样的感觉呢？

4. 这种反思的客体就是自我，就是被驱动的、从而 idealiter〔在观念上〕活动于自身之内的自我；这也就是说，自我是被一种存在于它本身内的驱动力所驱动的，因而是没有任何任意性和自发
(I,2,431) 性的。——但是，自我的这种活动所涉及的客体是自我凭借其观念性活动既不能使之**实现**为事物，也不能当作事物加以**表现**的实体。因此，这是一种**根本没有客体**却又**不可抗拒地被迫去追求一个客体**的活动，是单纯**被感觉**的活动。但这样一种在自我中的规定，被人们称为**渴望**，叫做对完全不知道的东西的冲动。这种完全

不知其为何物的东西，只能通过一种需求，通过一种不安，通过一种争取自我充实却又并不指明从何予以充实的空虚而显示出来。——自我感觉到在自己身上有一种渴望，它感觉到自己缺少点什么。

5. 这两种感觉，即现在引申出来的渴望和前面揭示的限制及强制，必定互有区别又彼此联系。——因为冲动应该加以规定；可是冲动又通过一定的感觉以显示自己，因此，这种感觉应该加以规定。但这种感觉只能通过另一种感觉加以规定。

6. 假如在第一种感觉中自我没有受限制，那么在第二种感觉中就不会出现单纯的渴望，而只会出现因果性。因为假如是那样的话，自我就能在自己以外制造出某种东西来，自我的冲动也就不会局限于单纯内在地去规定自我本身。反过来说，假如自我并不感觉到自己是有所渴望的，那它就不会感觉到自己是受了限制的，因为自我纯粹是由于渴望的感觉才从它自身中冲脱出来；纯粹是由于这种既是在自我之中又是为自我的感觉，某种应在自我之外的东西才被设定起来。

(这种渴望不仅对实践知识学很重要，而且对全部知识学也很重要。自我之所以能在其自身中被驱逐到自己以外去，完全是由于渴望。一个外在世界之所以能在自我本身显现出来，也完全是由于渴望。)

7. 双方于是综合地联系起来了。任何一方没有另一方，就不可能存在。没有限制，就没有渴望，没有渴望，就没有限制。——双方又彼此完全对立。在对限制的感觉中，自我只被感觉为受动的；在对渴望的感觉中，自我又被感觉为活动的。

8. 两者以冲动为根据，而且都是建立在自我之中的**同一个**冲动之上的。由于自我是被非我所限制的，因而只能具有一种冲动，而这个自我的冲动规定着反思能力，所以这就出现了有关强制的感觉。这同一个冲动规定着自我，使自我通过观念性活动而脱离
(I,2,432) 开自己，在自己以外制造出某种东西来。由于自我在这个意义上受到了限制，所以就出现了**渴望**，并且通过那种被设定为必然要进行反思的反思能力，出现一种**关于渴望的感觉**。——问题是，怎么同一个冲动竟能产生出互相对立的东西呢？这完全是因为冲动所依靠的力量有所不同。在第一种作用中，它所依据的仅仅是单纯的反思能力，单纯的反思能力只把握已经给予它的东西；在第二种作用中，它所依据的则是绝对的、自由的、基于自我本身的努力，而这种努力意在创造，并且通过观念性活动也在实际上进行创造。只是直到现在，我们还没有认识，也没有能力去认识它所创造的成果而已。

9. 于是，可以说渴望是自我中的努力的**原始的**、**完全独立的**表现。说它是**独立的**，是因为它不考虑任何限制，更不为任何限制所阻止。（这个说明很重要，因为以后将会表明，这个渴望是一切实践规律的负荷者，实践规律是否是实践规律，全看其是否是由渴望引导出来。）

10. 同时，由于限制的原故，还有一种必然以非我为根据的强制的感觉出现于渴望之中。渴望的一种客体（即冲动所规定的自我在可能具有因果性时会使之成为现实的客体，我们暂时可以称之为**理想**），是与自我的努力完全符合的和一致的。但渴望的另一种客体，即由于限制感与自我的关系而可能被设定起来（并且实际

上也将真正被设定起来)的客体,则是与自我的努力互相抵触的。于是,渴望的两种客体是彼此对立的。

11. 因为没有强制的感觉,自我中就不能有渴望,所以反过来说,自我是在渴望与强制这两种感觉中综合地统一起来的,是同一个自我。可是,在两种规定中,自我却又显然陷于自相矛盾,同时既是**受限制**的又是**不受限制**的,既是**有限**的又是**无限**的。这个矛盾必须予以扬弃。现在就让我们更详尽地分析它,以便得到满意的解决。

12. 我们已经说过,渴望企图使某种在自我以外的东西成为现实,这是它办不到的。正如我们所了解的那样,这是自我在它的任何规定中根本办不到的。——可是,这个向外发展的冲动,一定能起它所能起的作用。它能够对自我的观念性活动发生影响,能规定观念性活动,使之从自我本身中产生出某种东西。——这种创造能力,在这里无须追问,那是随后将按发生顺序逐步演绎出来 (I,2,433)
的。但是,下面的问题,亦即每一个跟随着我们一起思维的人都必然会碰到的问题,必须予以解答。〔这个问题是:〕虽然我们原来是从一种向外的冲动出发的,为什么我们不早些时候就进行这种推论呢?答案是这样的:**在自我自己看来**(因为这里谈的只是在自我自己看来的情况,至于说在一个可能的旁观者看来,这种推论我们前面已经作过了),除非自我事先已经限制了自己,否则它就不能有**向外**发展的方向。因为直到现在为止,对自我而言是无所谓内外之分的。当初自我本身作这样的划分,那是由于演绎出了**自我的感觉**。在这种情况下,只要没有外在世界以某种方式**在自我本身之内**向自我显现出来,自我就不能使自己面向外部。但是,只有通过渴望，才能在自我本身之内有外在世界向自我显现。

13. 问题是自我的那个由渴望规定的观念性活动将怎样进行生产，生产什么？——在自我里面有一个对限制的感觉＝X。——在自我里还有一个指向实在性的渴望。但实在性只通过感觉表现自己于自我之前，就是说，渴望指向一种感觉。这时，感觉X不是被渴望的感觉；因为假如是那样，自我就不会感觉到自己是受限制的，不会感觉到自己是有渴望的，并且根本不会感觉到自己。毋宁说，相反的感觉－X是被渴望的感觉。假如在自我中出现了感觉－X，那就一定会现成存在着一个我们愿意称之为－X的客体，这种客体是必须被生产出来的。这应该说是理想的事情。——这时，要么是这样：假如客体X本身（X限制感觉的根据）能够被感觉到，客体－X就应该通过单纯的对立很容易地设定起来。但是，这是不可能的，因为自我绝对感觉不到一个客体，而是只感觉到它自身。至于客体，它只能通过观念性活动来生产。——要么是这样：假如自我自己能在自身中激起感觉－X，它就会有能力直接将两种感觉加以比较，指出它们的差异，并在作为它们的根据的客体中描述它们的差异。但是，自我并不能在自身中激起任何感觉。因为假如它能激起感觉，那就等于说它具有因果性，而它是不应该有因果性的。（这就涉及理论知识学的命题：自我不能自己限制自己。）——因此，这个任务比起直接从完全不能进一步加以规定的限制的感觉推论出完全相反的渴望的客体，比起自我凭借观念性活动单纯按照限制的感觉的引导生产出渴望，并不容易。

(I,2,434) 14. 限制的感觉的客体是某种实在的东西，渴望的客体没有任何实在性。但是，由于渴望的缘故，渴望的客体应该具有实在性，因为渴望是指向实在性的。双方互相对立，因为自我由于它们之中的一方而感觉自己受了限制，从而向另一方努力，以便从限制中超脱出来。一方是什么，另一方就不是什么。到现在为止，我们对双方能说的就是这些，再多就没有可说的了。

15. 让我们进行更深入的分析。——按照上面所说，自我已经通过对感觉的自由反思把自己设定为自我，这是合乎“自己设定自己的东西，同时既进行规定又被规定的东西，就是自我”这条原理的。——因此，自我已在这个反思（这个反思表现为自我感觉）中规定了自己，充分界定了自己，限制了自己。它在这个反思中是进行绝对规定的。

16. 向外的冲动是指向这种活动的，因而从这一点来说，它就成了一种从事规定的，从事改变的冲动，而它所规定和改变的是某种在自我之外的东西，是已由感觉呈现的实在性。——自我同时既是被规定者又是规定者，它被冲动驱使着向外活动，这等于说，它应该是规定者，但是，一切规定活动都以一个可规定的质料为前提。——平衡必须保持。于是，实在性继续是它原来所是的那样的实在性，继续是某种可以与感觉发生关系的东西。对于实在性本身，对于作为单纯质料的实在性，任何改变都是不可思议的。因为改变等于消除，等于完全扬弃。但是，改变是生命的条件；在没有生命的东西中就不能有冲动，而且有生命的东西的冲动的目的不能是消除生命。因此，在自我里表现出来的冲动，根本与质料一般无关，而是只涉及某种质料规定。（我们不能说什么不同的质料。质料、物质都是绝对单一的，但质料有不同的规定。）

17. 出于冲动的**这种**规定，就是被感觉为**渴望**的那种东西。因而渴望绝对不是去产生质料，而是去改变质料。

18. 渴望的**感觉**当初之所以不可能，是因为上述冲动没有对自我的规定进行反思，这是不言而喻的。这种反思当初之所以不可能，是因为冲动没有受到**限制**，具体地说，是因为那种只显现于渴望之中的、指向规定的冲动，没有受到限制。但是，自我的一切限制都只是被感觉到的限制。这里要问：**从事规定活动的冲动**，既然是通过某种感觉才被感觉到是受到限制的，那么，这种感觉是一种什么样的感觉呢？

(I,2,435) 19. 一切规定作用都来自观念性活动。那么，假如所需要的感觉可能有的话，那就不会不有一个客体因这种观念性活动而被规定起来，而且这种从事规定的行动不会不与感觉发生关系。——于是，出现了这样的问题：1.观念性活动怎么会成为这种规定作用的可能性和现实性的？2.这种规定作用怎么能与感觉发生关系的？

对于第一个问题，我们的回答是：早在前面我们就已经通过那种只要能起作用就一定经常起作用的冲动给观念性活动作了规定。按照这个规定，**限制的根据**必定首先是通过观念性活动被**设定**为完全由其自身规定的客体。但正因为这样，这个客体并不进入意识，也不可能进入意识。这样一来，一种在自我之中的冲动，根据对它的单纯规定，就被描述出来了。由于冲动的原故，观念性活动必定至少首先作出努力，以争取对设定起来的客体**进行规定**。——我们不能说自我是**怎么**因冲动而去规定客体的，但我们至少知道，按照这个植根于自我的最内在本质中的冲动，自我是**规**

定者，是规定中的单纯的和无条件的活动者。那么，这种规定冲动——我们撇开已经知道的对渴望的感觉不谈，因为仅仅对渴望的感觉的存在就对我们的问题有决定性的影响——我再说一遍，这种规定冲动，能不能按照其纯粹 a priori〔先验的〕根据而具有因果性和得到满足呢？根据规定冲动的限制才有渴望的可能性根据渴望的可能性才有感觉的可能性，根据感觉才有生命、意识以及一般精神存在。因此，只要自我的确是自我，规定冲动就不具有因果性。但是，规定冲突不具有因果性的根据，正如前面讨论一般冲动时所指明的那样，不能存在于这种冲动自身之中，因为假如是那样，这种冲动就不会是冲动了。因此，其根据是存在于非我的一种规定自身的反冲动中，存在于非我的一种与自我及其冲动完全无关的效用中。而这种效用走的是自己的道路，遵循的是它自己的规律，正如自我的冲动遵循它自己的规律那样。

因此，如果一个客体及其种种规定是自在的，也就是说，是由本性的固有的内在效用产生出来的(对于一个客体来说，这是我们假设的，但对于自我来说，我们将马上证明这是现实的)，如果自我的观念性的(从事直观的)活动是像我们证明了的那样被冲动驱逐出去的，那么，自我就将要并且必定规定客体。自我在这种规定中 (I,2,436)
受冲动的引导，力图按照冲动来规定客体。但是，它同时又处于非我的干预之下，被事物的实际性质所限制，以致在或高或低的程度上不能按照冲动规定客体。

由于冲动具有这样的局限性，自我就受到限制。于是正如任何努力受到限制那样，出现了一种感觉。在这里，这是一种自我受限制的感觉，自我感到不是受了质料的限制，而是受了质料的性质的限制。这样一来，第二个问题也就同时解答了。这个问题是：规定的局限性怎么会与感觉发生关系。

20. 让我们现在对刚才说的进行更深入的讨论，提出更确切的证明。

a. 像上面指出的那样，自我是通过绝对自发性规定自身的。这种规定活动就是我们当前正在讨论的冲动所涉及的那种活动。它是被冲动驱使着向外面去的。如果我们想彻底认识由冲动所驱使的活动的规定作用，那么，我们就必须首先彻底认识这种活动自身。

b. 在行动里，活动仅仅是有反思作用的。它是按照自我的本来面目规定自我的，并不改变自我的什么东西，所以人们完全可以说，当初它是一种有单纯的造型作用的。它那里没有的东西，冲动既不能、也不该给它添加进去。因此，冲动仅仅驱使它去给现成存在的东西按其存在着的模样造型；冲动只驱使它去直观事物，但绝不驱使它通过实际效用去改变事物。一种规定在自我中被产生出来，只应该像它是在非我中那样。

c. 但是，就一种意义来说，对自身进行反思的自我必定曾经在自身中具有反思的尺度。这就是说，自我所涉及的曾经是这样一种东西，这种东西(realiter〔实际上〕)同时既是被规定者又是规定者，自我设定这种东西为自我。只要我们仅仅把这种东西视为能反思的，这种东西之所以曾经现成存在于那里，就不取决于自我。然而自我为什么不曾对较少的东西反思呢？为什么单单反思被规定者或规定者呢？它又为什么不曾对更多的东西进行反思呢？为什么不曾扩展它的反思对象的范围呢？其所以如此的根据，不可能在自我之外。这是因为，当初发生反思，完全是出于绝对的自发性。这样一来，那隶属于每一反思的东西就曾不能不只在自身中有它自己的界限。——当初情况之所以这样，也可以通过另外一种考察显示出来。自我应该已被设定。那既是被规定者又是规定者的东西，曾经被设定为自我。反思者曾在其自己本身
中有这种尺度，并把这尺度带到反思中去。因为**既然它是通过绝** (I,2,437)
对自发性进行反思的，它本身就是那同时既是被规定者又是规定者的东西。

是不是反思者也有为非我的规定所适用的这样一种内在的规律呢？如果有的话，那它是一种什么样的规律呢？

这个问题是很容易根据前面已经列举的理由来解答的。冲动所涉及的是进行反思的自我，如果进行反思的自我存在的话。冲动既不给自我增添什么，也不从自我那里取走什么，冲动的内在规定的规律始终是同一个东西。一切应该成为自我的反思作用的对象的东西，一切应该成为自我的（观念性）规定作用的对象的东西，都必定（realiter〔实际上〕）“同时既是规定者又是被规定者”。要加以规定的非我，也是这样。因此，主观的规定规律就是这样的规律：**某种东西同时既是被规定者又是规定者**，或者说，**它是通过自身被规定的**。而且，规定的冲动所追求的就是发现这样的东西，规定的冲动只能在这个条件下得到满足。——规定的冲动所要求的**规定性**，所要求的完备的**总体性**和**整体性**，仅仅以此为标志。某种东西，**只要它是被规定者**而不同时也是**规定者**，就是一个**结果**。这种被引起来的结果，作为某种**外来的东西**，被排除于事物之外，而且为反思引进的界限所隔离，并由**某种其他的东西**加以说明。某

种东西，只要它是规定者而不同时又是被规定者，就是一个原因，而且规定作用被联系到某种别的东西上，并由此被排除于反思给事物所设定的领域之外。只有在事物与自身发生相互作用的时候，事物才是一个事物，才是那同一个事物。这个标志原来是自我的标志，规定的冲动把它从自我那里取来转嫁到事物身上。这个说明非常重要，值得注意。

（我们可以用最普通的事例作出说明。为什么甜或苦，红或黄，如此等等，是一种不能再进一步分解的单一的感觉呢？——或者说，为什么它们一般说来都是一种自身独立的感觉，而不仅仅是别的感觉的一个组成部分呢？其所以如此的根据，显然必定在于那个意识到它们都是一种单一感觉的自我之中。因此，在自我里必定 a priori〔先验地〕有一个划分界限的一般规律。）

d. 规定的规律虽然一样，自我与非我的差别却始终存在。如果被反思的是自我，则反思者与被反思者也是同一个东西，同时既
(I,2,438) 是被规定的又是能规定的。如果被反思的是非我，反思者与被反思者就是对立的，因为不言而喻，反思者永远是自我。

e. 现在同时就提出了很严格的证明，证明规定的冲动并不涉及实在的改变作用，而只涉及观念的规定作用，即自我的规定作用、造型作用。凡是可以是规定的冲动的客体的东西，必定实际上完全是由自身规定的，而且在这里根本就没有自我的实在活动的存在余地，毋宁说，自我的实在活动会与冲动的规定发生明显的矛盾。因为如果自我实际上有所改变，那么，应该出现的东西就还没有出现。

21. 现在还有这样一个问题：可规定的东西是如何并以什么

方式被给予自我的。通过对这个问题的解答，我们就将更进一步深入到这里要去剖析的这种行动体系的联系中去。

自我反思自身，把自身反思为同时既是被规定者又是规定者，并且恰恰由于自己既是被规定者又是规定者，给自己划定了界限，作了限制。但是，没有一个**限制者**，就没有**限制**可言。这个限制者，即自我的对立者，不能像它在理论上被假设的那样，由观念活动产生出来，而是必须给予自我的，必须就在自我之中。可是，在自我之中的东西，当然只能是前面提过的在这种反思中被排除的东西。——只有自我既是**被规定者又是规定者**，自我才设定自己为自我。但自我只在观念的意义上才既是被规定者又是规定者。至于自我趋向实在活动的那种努力，则是受限制的，正因为是受限制的，它才得到设定，才被设定为一种内在的、封闭的、规定自身的力量（即它同时是被规定的和规定的），或者，因为这种力量没有外表，就被设定为内包的质料。这种质料得到反思，因此，它通过对立面的设定被移往外部，而自在的、原始的**主观的东西**就被转变为一种**客观的东西**。

a. 在这里，“如果没有非我相反地设定自己，自我就不能设定自己为被规定的”这条规律从何产生的问题就完全清楚了。——就是说，我们根据那条现在已经熟知的规律，本来从一开始就能作出“如果自我要规定自己，它就必然要设定对立的某种东西，与自己相对立”这一推论。但是，由于我们是处在知识学的实践部分里，因而必须随时随地照顾到冲动和感觉，所以我们曾经不得不从一种冲动推论出这条规律。——从本源上说，冲动是向外的，它发 (I,2,439)
挥着它所能发挥的作用；而且由于它不能对实在活动发挥作用，所以它至少对那种按本性说根本不能受限制的观念活动发挥着作用，并驱使其朝向外面。这样一来，就出现了对立面的设定，因而一切意识规定，特别是自我和非我的意识，都通过冲动并在冲动之中联系到一起了。

b. 主观的东西变成了一种客观的东西，反之，一切客观的东西原来就是一种主观的东西。——我们举不出一个完全恰当的例子来，因为这里说的是一个**被规定者一般**，而被规定者一般，除了是一个被规定者之外，就再也不是什么了。这样一种东西根本不能出现在意识中，其理由我们马上就会看到。任何一个被规定者，如果它确实出现在意识中，就必然是一个**特殊的**东西。但是，我们前面提出的那个见解，可以通过特殊东西的事例，在意识里得到完全明确的证明。

例如，特殊的东西是某种**甜的**、**酸的**、**红的**、**黄的**，或者类似的东西。这样一种规定显然只是**主观的东西**。而这种主观的东西我们希望不会有什么人去否认，只要他理解这个词的意思就可以了。什么是甜或酸，什么是红或黄，这是绝对无法描述而只能感觉的，是绝对不能通过描述告诉给别人的，而必须由别人亲自用感觉与对象发生接触，才能使我们的感性经验成为他的知识。人们只能说：**在我这里**，**我有苦的感觉**，**我有甜的感觉**，等等，此外什么也不能说。——可是，既然是这样，那么，即使别人也使对象与他的感觉发生接触，你们怎么知道你们的感受会因他接触了对象就也成为他的知识呢？你们怎么知道他会和你们产生同样的感觉呢？比如说，你们怎么知道糖在他的味觉上造成的印象恰恰就是糖在你们的味觉上造成的那种印象呢？不错，你们把你们吃糖时在你们那里产生的印象叫做**甜的**，而且他和你们的一切同胞也都和你们一样把吃糖的印象叫做甜的。但这种彼此同意仅仅是口头上的。试问你们怎么知道你们双方都称之为甜的那种感觉在他那里恰恰就和在你们那里的是同一个感觉呢？这个问题是永远得不到解决的。事情属于单纯主观的领域，绝对不是客观的。只有通过综合作用，把糖与一个特定的、**自身主观的**、只不过**由于其一般规定性** (I,2,440)
才成为客观的味觉综合起来，事情才过渡到客观性领域。——我们的一切知识，都是从这样一些与感觉发生的单纯关系中产生出来的。没有感觉，就不可能有对我们之外的任何事物的表象。

现在，你们把**你们自身的**这种规定直接地转移到**你们以外的**东西上。你们把你们的自我所固有的偶性当成存在于你们之外的一种事物的偶性（这是在知识学里充分建立起来的那些规律所要求的），使之成为**应当扩展于空间并充实于空间之中的质料**的一种偶性。这种质料也许只是某种存在于你们之内的单纯主观的东西。应该说，你们至少早就对此发生了怀疑，因为你们并不需要对这种质料另外有任何新的感觉，就能把某种按你们自己的理解来说的单纯主观的东西转移到这种质料上。而且因为这样一种质料，如果没有它可以被转移给的主观东西，对你们而言，就根本不存在，因而对你们而言它就什么也不是，只不过是你们所需要的那种从你们自身中转移出来的主观东西的负荷者而已。——既然主观的东西是你们转移到它上的，它就毫无疑问是存在于你们之内，并且是为了你们而存在于那里的。假如它现在本来是存在于你们之外的，仅仅为了使你们有可能去进行综合才从外面进入你们之内，那么，它就必定是通过**感官**进入你们之内的。但是，感官只能给我们输送前面所说的那种主观的东西，而质料作为质料，绝不能进入感官，毋宁说，只能是由创造性的想象力规划出来或设想出来的。质料确实是看不见的，听也听不到，尝也尝不到，闻也闻不到的；但它进入产生感觉的感官（触觉），也许能扔进某种没经抽象的东西。然而，触觉这个感官只以抵抗的感觉为其征兆。它的特征是感到一种反抗，一种“不能”，而“不能”则是主观的。**抵抗者**毕竟不是**被感觉到的**，而只是**被推论出来的**。触觉只涉及表面，表面永远只通过某种主观的东西显示出来。比如说，表面是粗糙的或光滑的，冷的或热的，硬的或软的，等等。但触觉并不进入物体的内部。那么，你们为什么首先把你们所感觉的这种冷或暖（连同你们用来感觉冷或暖的手）扩展到整个表面，而不限制在一个唯一的点上呢？然后，你们怎么竟会承认在各个表面之间有一个你们根本
(I,2,441) 没有感觉到的物体内部呢？物体内部显然是由创造性的想象力创造出来的。——可是，你们把这种质料当成某种客观的东西，而且你们这么做也有理由，因为你们所有的人都一致同意质料是现成存在的。因为这种东西的产生是以一切理性的一条普遍规律为根据的。

22. 冲动是指向那个对自身进行反思、把自身规定为**自我**的自我活动**本身**的。因此，**自我**应该是对事物进行规定的东西，自我在这种规定作用中反思自身，这是明确地由冲动规定了的。自我必定进行反思，就是说，它必定把自己设定为规定者。——（我们以后将再回到这个反思上来。现在让我们只把这个反思当成推动我们的探讨继续前进的一个辅助手段。）

23. 自我的活动是一个单一的活动，它不能同时面对许多的

客体。它应该规定我们可以称之为 X 的那个非我。现在，自我应该在这个规定作用中，通过同一个活动，对自身进行反思。假如规定 X 的行动不被中断，自我对自身进行的反思就是不可能的。自我的自身反思是绝对自发地出现的，规定行动的中断同样也是绝对自发地出现的。自我以绝对自发性中断了自己的规定行动。

24. 因此，自我在其规定作用中是受到限制的。由于自我是受到限制的，这就出现了一种感觉。自我之所以是受到限制的，是因为规定作用这一冲动不受任何规定地向外冲去，即向无限冲去。——冲动本身具有规则，以对那种 realiter〔实际上〕自己已经被自己规定的同一个东西进行反思。但冲动并不具有规律，以表明规定作用——在我们的情况下，即 X——只应前进到 B 点或 C 点等等为止。现在，这种规定作用已经在一个特定的、我们可以称之为 C 的点上中断了。（这个界限是一种什么样的界限，我们可以不管，在适当的地方就会解释清楚。但我们切不可设想它是一种空间里的界限。我们这里说的是一种内涵的界限，例如，把甜与酸区别开的界限。）于是，这里就出现了关于规定的冲动的一种限制，作为某种感觉的条件；另外，这里还出现了对这种限制的一种反思，作为这种感觉的另一个条件。这是因为，当自我的自由活动中断了客体的规定作用时，这个自由活动就进行规定和划定界限，给客体划定整个范围，而客体的范围正是由于这样才成为一个范围。但是，自我并没有意识到它的行动的这种自由性。因此，划定界限这一作用就被归于事物。——于是，这种感觉是由于事物的规定性引起的一种自我划定界限的感觉，或者说，是一个被规定的、简单的事物一种感觉。

(I,2,442)　25. 现在,我们来描述这样一种反思,这种反思是出来接替被中断的规定作用的,而这种规定作用则通过一种感觉才察觉出自己是被中断了的。——在这个反思中,自我应该设定自己为自我。也就是说,自我应该设定自己是在行动中自己规定自己的东西。显而易见,那种作为自我的产物被设定起来的东西,不会是任何别的东西,只能是关于X的一种直观,关于X的一种形象,但绝不是X本身。这是从理论原理,甚至从以上所述得到阐明的。形象被设定为自我的自由产物,就是说,它被设定为**偶然的**东西,被设定为一种并非必然是现在这样、也可能是别样的东西。——假如自我(通过它对当前的这个反思再次反思)意识到了它在造型中的自由,那么,形象就会被设定为**在与自我的关系中**是偶然的。这样一种再反思在这里还没有出现,因此,它必须被设定为**在与另一个非我的关系中**是偶然的。对这另一个非我,我们至今还一无所知。下面我们就已经说过的一般论点对它进行较为完整的探讨。

为了符合于规定的规律,X不得不是被自身规定的东西(同时既是被规定的,又是进行规定的)。现在,按照我们的公设,X正是这样的东西。另外,由于已经出现的感觉的原故,X应该前进到C点,而不再走得更远。但是,对它也就只规定这么多。(这个话的含义,随后就会显示出来。)这种规定在idealiter〔观念地〕进行规定或进行直观的自我中,并没有任何根据。自我没有这方面的规律。(自己规定自己的那个东西,仅仅就到此为止吗?在一方面,只就其自身来说,这个东西确实很明显地应该走得更远,就是说,应该趋于无限;但在另一方面,即使在事物中存在着差别,这种差别怎么竟然会进入观念性的自我的作用范围中呢?自我与非我根本没有接触点，而且正因为没有这种接触点，正因为自我不受非我的限制，所以自我才是 idealiter〔观念地〕活动着的；那么，差别怎么会接触到自我呢？——用通俗的话来说，为什么甜的是不同于酸的，是与酸相对立的东西呢？一般说来，无论是甜的还是酸的，都是某种被规定的东西。但是，除了这个一般性质之外，它们两者的区别根据在哪里呢？区别根据不能只存在于观念性活动里面，因为关于两者的概念是不可能的。可是，根据至少必定部分地存在于自我之中，因为这个差别是一种对自我而言的差别。）

于是，观念性自我就凭它的绝对自由在界限之上与界限之内飘浮摆荡。它的界限是完全不确定的。它能始终保持这种状态吗？绝对不能。因为现在按照公设，它应该在这种直观中它自身 (I,2,443)
进行反思，因而应该在这种直观中把自己设定为受规定的，因为一切反思都是以规定为前提的。

规定的规则一般是我们所熟知的。这个规则是：一个东西只有被它自身所规定，它才是被规定了的。因此，自我在对 X 进行上述的直观时，就必定是由自身设定它的直观界限的。它必定是因自己规定自己而设定 C 点为界限的，因而 X 是通过自我的绝对自发性而受到规定的。

26. 但是——这个论证非常重要——X 是这样一种东西，这种东西按照一般的规定的规律，由自身来规定自己，而且仅仅因为它自己规定自己，它才是上面所说的那种直观的对象。——虽然到此为止，我们说的只不过是内在的本质规定；但外在的界限规定可以直接由此推论出来。只要 X 同时既是被规定的又是进行规定的，则 X＝X，而且它在多么远的地方是这种东西，比如说，直到

C点，它就必定会前进多么远。如果自我根据情况恰当地给X划定界限，那么，它就必定是把X限定在C点上。而这样一来，人们就不能说界限是由绝对自发性划定的。两者互相矛盾，必须从中作出区别。

27. 但是——X被限制在C点上，只是被感觉到的，而不是被直观到的。被自由设定的东西只是被直观到的，而不是被感觉到的。直观与感觉这两者之间没有任何关联。直观在看，却是空的；感觉在联系实在性，却是瞎的。——但根据真理来说，既然X是被限制了的东西，X就应该受到限制。因此，这就要求在感觉与直观之间有一种联合，有一种综合性的关联。我们现在对直观作进一步的研究。通过这项研究，我们会不知不觉地达到我们所寻求的那个联合点。

28. 当初的要求是：直观者通过绝对自发性给X划定界限，而且在被划定界限时，X还要显得好像只是由自身划定了界限的。这个要求将得到满足，只要观念性活动凭借自己的绝对生产能力越过X，而在B、C、D等点上（因为这种确定的临界点，既不能由观念性活动自己去设定，也不能被直接地提供给观念性活动）设定一个Y。——这个Y，作为与一个内部被规定者相对立的东西，作为与一个某物相对立的东西，1.必须本身是某物，就是说，它必须按
(I,2,444) 照一般规定性的规律既是被规定的，同时又是进行规定的；2.它应该与X相对立，就是说，它与X的关系是：当X是规定者时，Y对X不是像一个被规定者那样，当X是被规定者时，Y对X不是像一个规定者那样，反之亦然。因此，要把两者结合起来，要把两者作为一个东西进行反思，应该是不可能的。（应该充分注意的是：

我们这里所说的并不是相对的规定或限制，它们两者当然是在相对规定或限制之中；我们所说的是内在的规定或限制，它们两者并不存在于内在规定或限制之中。每一个X的可能点都与每一个X的可能点发生相互作用；每一个Y的可能点也同样与每一个Y的可能点发生相互作用。但是，并非Y的每一个点都与X的每一个点发生相互作用，反过来说，也不是X的每一点都与Y的每一点发生相互作用。它们两者都是某种东西，但每一方都是某种另外的东西。正因为这样，我们才提出并解答"它们是什么?"的问题。没有设定对立面的活动，整个非我虽是某物，但它不是有规定的、特殊的某物；而"这个是什么或那个是什么?"的问题就根本没有意义，因为这个问题只有通过设定对立面的活动才能解答。)

这就是为什么冲动要对观念性活动进行规定的理由。按照上述规则，我们所要求的那种行动的规律，现在就可以很容易地推演出来了，即X和Y应该互相排斥。这种冲动，就像在这里所表明的那样，是单纯指向观念性活动的，就此而言，我们可以称之为**趋于交互规定的冲动**。

29. 作为界限的C点，是单纯由感觉设定的。因此，存在于C点以外的Y，既然恰恰从C点开始，也应该只是由于其与感觉的关系而被给出的。感觉是把两者在界限上联合起来的唯一的东西。——这样，交互规定的冲动就同时以达到一个感觉为目的。在这个冲动里，**观念性活动与感觉**两者是内在地结合着的；在这个冲动里，整个的自我是一个东西。——就这种情况而言，我们可以把这种冲动叫做**趋于一般交互作用的冲动**。——它靠**渴望**来表现自己；渴望的客体是某种**其他的东西**，是与现实存在着的东西**相对**

立的东西。

在渴望里，观念性和趋于实在性的冲动是内在地结合着的。渴望所追求的是**某种其他的东西**，而渴望追求某种其他的东西，则只有在观念性活动事先进行规定的前提下，才是可能的。此外，追求实在性的（作为被限制了的）冲动，也出现于渴望之中，因为渴望是**被感觉到**的，而不是被思维到的或被表现出来的。这里已经表
(I,2,445) 明，在一种感觉里，如何会出现一种**向外**的冲动，因此如何会出现一种对于外在世界的预感。这是因为，渴望是由不受任何限制的观念性活动改变的。这里还进一步表明，一种理论性心理机能如何会回过头来与实践能力发生联系；只要有理性的存在者曾经成为一个完全的整体，这种情况就一定是可能的。

30. 感觉并不依存于我们，因为它依存于一种限制，而自我却不能自己限制自己。现在应该有一种相反的感觉出现，那么问题就是：这种感觉所赖以可能的外在条件会出现吗？这种外在条件必定出现。如果它不出现，自我就会感觉不到**有规定**的东西，从而就会感觉不到**任何东西**。因此，自我就不是活着的，并且不是自我，而这种情况是与知识学的前提相矛盾的。

31. 感觉到一个**对立物**的那种感觉，是冲动得以满足的条件。因此一般地说，要求**感觉互相交替的那种冲动**，就是**渴望**。现在，被渴望的东西已经得到规定，然而只是由谓词规定了的。对于感觉来说，它应该是**某种交替着的不同的东西**。

32. 可是，自我不能同时感觉到两种情况，因为它不能既**在**C**点上被限制**，同时又**在**C**点上没有被限制**。因此，改变了的状态就不能作为改变了的状态**被感觉到**。因此，另一感觉一定仅仅是

被观念性活动直观为某种不同的、与当前的感觉对立的东西。——因此，必然会在自我之中永远同时存在着直观与感觉。并且两者会在同一个点上综合地联结起来。

另外，观念性活动不能取代任何感觉或产生一种感觉。因此，观念性活动也许只能以这样的办法来规定它自己的客体，那就是它的客体不是被感觉者，它的客体可以具有一切可能的规定，而唯独不会具有感觉中现实存在的那些规定。这样一来，对观念性活动而言，事物就将始终只是被消极地规定的。因此被感觉者就好像是没有被规定的。在这里，我们想不出其他的规定方式来，唯一能想出来的就是那种向无限继续前进的、消极的规定作用。

（情况当然是这样。比如说，什么叫甜的呢？首先，甜的就是某种不与视觉、听觉等等发生关系，而与味觉发生关系的东西。至于说什么是味觉呢？那是你们通过感觉一定已经知道的东西，而且你们也可以通过想象力把它想象出来，但只是〈在一切不是味觉的东西的综合中〉把它模糊地消极地想象出来的。其次，甜的就是那种在与味觉有关的东西中不是酸的、苦的之类的东西，不论你们 (I,2,446)
会列举味觉的多少其他特殊规定。即使你们把你们所知道的味觉方面的感觉都列举一遍，你们也永远还能发现你们至今不知道的新的感觉，而对于这些新的感觉你们仍然会判断说，它们不是甜的。由此可见，甜的与你们已知的一切味觉之间的界限始终还是无限的。）

唯一还有待于解答的问题应该是：观念性活动怎样认出感觉者的状态已经改变了呢？——暂时的答复是：这种状态的改变会通过渴望的满足，通过一种感觉表现出来。——从渴望得到满足的情况中将会推论出许多重要的东西。

§.11. 第八定理　诸感觉自身都必能加以对立。

1. 自我应该通过观念性活动设定一个客体 Y 与客体 X 相对立。它应该设定自己是已经改变了的。但是，它所以设定 Y，仅仅是因为受到一个感觉的激发，确切地说，受到一个别的感觉的激发。——观念性活动仅仅依存于其自身，并不依存于感觉。在自我里，现实存在着一个感觉 X。在这种情况下，正如已经指明的那样，观念性活动不能限定客体 X，不能指明客体 X 是什么东西。可是，如果按照我们的公设，在自我里出现了另外一个感觉＝Y，那么，现在观念性活动就应该能够规定客体 X，就是说，应该能够设定一个得到规定的客体 Y 与客体 X 相对立。因此，感觉里的变化和交替应该能对观念性活动产生影响。问题在于，怎么会是这样的呢？

2. 两个感觉本身，对于除了自我而外的任何旁观者来说，都是各不相同的。但是，它们应该对于自我本身而言是各不相同的，就是说，它们应该被设定为互相对立的感觉。要设定为对立的感
(I,2,447) 觉，只有依靠观念性活动。这样一来，两个感觉就被设定起来，而且为了使它们两者能够被设定起来，两者必须被综合地联结起来，却又被对立起来。于是，我们必须解答下列三个问题.a.一个感觉是怎么被设定起来的？b.两个感觉怎么通过设定而被综合地联结起来的？c.两者是怎么被对立起来的？

3. 一个感觉通过观念性活动被设定起来，这只能这样加以设

想:这是由于自我在完全不自觉地对它的冲动的一种限制进行反思。这样,首先就出现了一种自身感觉。然后它又对这个反思进行反思,或者说,它又在第一个反思中把自己设定为同时既是被设定者又是设定者。这样一来,感觉本身就变成了一种观念性的活动,因为观念性活动被扩展到感觉上来了。自我感觉到,或者更确切地说,感受到某种东西,感受到质料。——这种反思是我们前面已经谈过的一种反思,通过它,X 才变成客体。通过对感觉的反思,X 才变成感受。

4. 通过观念性设定,两个感觉被综合地联结起来了。它们联结的根据,不可能是别的,只能是对这两个感觉进行反思的根据。这种反思的根据之所以曾经是它们的根据,是因为除非这样,否则要求交替规定的冲动就不会得到满足,就不可能作为得到满足的冲动而得到设定,并且因为如果上述冲动没有得到满足和设定,那么,就没有感觉,因而就根本没有自我。——这就是说,对两者进行反思的综合性联结的根据之所以是这样的联结根据,是因为没有对两者的反思,就不能有对两者之一、即对一个感觉的反思。

在什么条件下将不会发生对单独一种感觉的反思,这是马上就可以看清楚的。——每一种感觉都必然是自我的一种界限。因此,如果自我没有受到限制,那么,它就不会感觉。而如果它不是被设定为受到限制的,那么,它就不能被设定为能感觉的。因此,假如两个感觉之间的关系是一个感觉被另一个感觉所限制和规定,那么,除非同时对两个感觉进行反思,否则,既不会有对此一感觉的反思,也不会有对彼一感觉的反思,——因为如果不就那种关系的界限进行反思,那么,任何东西都不能被反思,而在这里,总是一个感觉构成另一个感觉的界限。

5. 如果感觉之间的关系就是这样一种关系，那么，在每一个感觉中都必定有某种暗示着另一个感觉的东西。——实际上我们也确实找出过这种关系。我们曾经举出过一个感觉，这个感觉是与一种渴望结合着的，因而与一种追求**变化**的冲动结合着。于是，如果这种渴望被充分地规定了，那么，其**另一方**，即**被渴望者**，也就
(I,2,448) 被指明了。现在，这个感觉实际上也已经被作为公设得到了假定。被渴望者本来是可以按照自己的意图来规定自我的；只要它是一个被渴望者，只要它是一个有规定的被渴望者，它就必定与渴望者发生关系，并且它既然与渴望者发生关系，它就必定本身伴有一种**满足**的感觉。如果没有渴望所追求的那种满足，渴望的感觉是不能被设定起来的。如果没有一个要去满足的渴望为前提，满足也是设定不起来的。渴望在哪里停止，满足就在哪里开始，哪里就是界限所在之处。

6. 现在仅仅还有一个问题要问，那就是，满足是怎么在感觉里显示出来的？——渴望起初是由于不可能进行规定而出现的，因为它缺乏界限。因此，观念性活动与追求实在性的冲动在它那里曾经是结合在一起的。可是，一旦出现了另一个感觉，那么，1.给X以必要的规定，给X划定完全的界限，就成了可能的，并且由于与它有关的冲动和力量都已具备，就在实际上得到了实现；2.恰恰由于实际上X有了规定和界限，这就推论出有另一个感觉存在于那里。在自在的感觉里，差别作为界限本来是根本没有并且不可能有的东西。但是，由于如果感觉不变化，则本来不可能的某种东西现在就成了可能的，这就推论出感觉者的状态已经发生

了变化；3.**冲动**与**行动**现在是一个东西。冲动所要求的规定，不仅是可能的，而且已经实现。自我反思了**这个感觉**，并在感觉中反思了**自身**，把自己反思为同时既是被规定者又是规定者，把自己反思为与自身完全统一的东西。而感觉的这种规定，人们可以称之为**赞赏**。感觉是伴随着赞赏的。

7. 自我如果不区别冲动与行动，就不能设定两者的这种一致性，但它如果不设定它们从中得以表现对立的某种东西，就又不能区别两者。这样一种东西在这时就是先前出现的那种感觉，因而必定是伴随着一种**厌恶**(厌恶是赞赏的反面，是在冲动与行动之间的不和谐的表现)。——并不是每种渴望都必然伴随厌恶，但是，每当一个渴望得到满足时，它就会引起厌恶；这样它就变得庸俗乏味。

8. 观念性活动所设定的客体 X 与 Y，现在不再仅仅是由对立规定的，而且也是由**厌恶**和**快乐**这两个谓词规定的。并且它们将被继续规定下去，以至于无限。至于事物的种种内在规定(都与感觉联系着)，就不再是什么别的，而只不过是各种程度的厌恶和快乐。

9. 到此为止，上述的和谐或不和谐，赞赏或厌恶(作为两种不 (I,2,449)
同的东西的配合或不配合，并不作为感觉)，都是只为一个可能的旁观者，而不是为自我本身存在于那里的。但是，两者也应该为自我本身存在于那里，并为自我所设定——究竟是单纯理想地由直观所设定，还是由一种对感觉的关系所设定的，我似现在还不知道。

10. 为了使某种东西是按照理想被设定起来的，或是被感觉出来的，都必须先有一种冲动出现。没有自我中的冲动，就没有存在于自我中的任何东西。由此可见，必须出现一种追求上述和谐的冲动。

11. 和谐的是那种可以被认为是互为规定者和被规定者的东西。——可是，和谐的东西不应该是单一的东西，而应该是一种彼此和谐的双重物。假如两者是彼此和谐的，那么，其间的关系就会是下面这样的：A 在其自身中必定同时既是被规定者又是规定者，B 也是这样。但是，现在在两者之中必定还另外有一种特殊的规定（关于何种程度的规定），按照这种特殊规定，当 B 被设定为被规定者时，A 才是规定者，反之亦然。

12. 这样一种冲动就在**交互规定**的冲动之中。——自我通过 Y 规定 X，反之，又通过 X 规定 Y。但愿人们注意自我在这两种规定中的行动。每个这样的行动，显然都是由另一行动所规定的，因为每种行动的客体都是由另一行动的客体所规定的。——人们可以把这种冲动叫做**要求**自我由自身来进行**交替规定的冲动**，或要求自我在自身中达到绝对**统一**和完满的冲动。——（现在，整个的范围都经历过了：首先是自我的规定的冲动，然后是通过自我而来的非我的规定的冲动；——由于非我是一种杂多的东西，因而它没有特殊的东西可以在自身中由完全自身加以规定；——然后是通过交替去规定非我的冲动；再后是通过自身，凭借上述交替作用去交替规定自我的冲动。这样一来，这就是自我与非我的一种交替规定，而自我与非我的这种交替规定由于主体的统一性，就必定变成一种自我通过其自身进行的交替规定。这样一来，按照以前提出的那个方案，自我的种种行动方式就都经历了，全部穷尽了。而且那个方案保证了我们对自我的主要冲动所进行的演绎是完整无缺的，因为它已经圆满结束了冲动的体系。）

13. 彼此和谐的、由自身互相规定的东西，应该是冲动和行动。a.两者应该被认为自身同时既是被规定的，又是进行规定的 (I,2,450) 东西。这种冲动是一种绝对自己产生自己的冲动，一种绝对的冲动，一种为冲动而冲动的冲动。（如果我们把它表述成规律，就像它恰恰为了这种规定而必须在某一个反思上加以表述的那样，那么，它就是一个为规律而规律的规律，一个绝对的规律，或者是这样的绝对命令："你无条件地应该"。）在这种冲动中，无规定者究竟在什么地方，是很容易看出来的，因为冲动把我们毫无目的地驱赶到无规定者那里去（绝对命令仅仅是形式的命令，没有任何对象）。b.一种行动同时既是被规定的，又是进行规定的，其含义是：行动的发生是由于行动正在发生，因为它是为行动而行动的，或者说，因为它是以绝对自身规定和绝对自由而行动的。行动的全部根据和一切条件都包含在行动本身之中。——那么在这里，无规定者存在于什么地方，也就同样立即显现出来。没有客体，就没有行动，因此，行动必须同时给它自己提出客体来，而这是不可能的。

14. 于是，冲动与行动之间的关系应该是：它们互相规定。首先，这种关系要求行动可以被视为是由冲动产生出来的。行动应该是绝对自由的，因而不是由任何东西强制规定的，也不是由冲动规定的。然而它能有这样的性能，那就是，它可以被视为由冲动规定的，或者也可以被视为不是由冲动规定的。那么，这种和谐和不和谐怎么表现出来呢？这正是有待解答的问题，而问题自身立刻就会找到自己的答案。

于是，这种关系还必然要求**冲动**把自己设定为由行动所规定的。——在自我里，不能有任何同时对立着的东西。但冲动与行动在这里却是对立着的。因此，当确实有行动出现时，冲动就被中断或被限制。由于冲动被中断，就有一种**感觉**产生出来。这种感觉的可能根据，行动要去探索，加以设定，予以实现。

可是，如果按照上述要求，**行动**是由**冲动**规定的，那么，客体也是由冲动规定的。因为客体是适应着冲动的，是冲动所要求的东西。冲动现在(idealiter〔在观念上〕)具有可规定性，是可以由行动加以规定的，不过应该给它补上一个谓词，说它就是当初追求这种行动的那种冲动。

和谐有了，**赞赏**的感觉产生了。赞赏的感觉在这里是一种**满**
(I,2,451) **意**、充实、完成的感觉(但是，这种感觉由于必然要再回来渴望，所以仅仅持续一瞬间)。——如果行动不是由冲动所规定的，那么，客体就与冲动**相抵触**，会出现一种**厌恶**的感觉，一种不满意主体与其自身分裂的感觉。——即使在这种情况下，冲动也是可以由行动予以规定的，不过只能被否定性地规定罢了，只能说它当初就不是追求这种行动的冲动。

15. 这里所说的行动，就像它从来所是的那样，是一种单纯观念性的，通过表象而出现的行动。在我们所**信仰**的感官世界里，就连我们的感性作用，除了间接地通过表象，也没有其他的办法归于我们。

译者注释

1. 费希特发表的第一部论著。它是由柯尼斯堡哈通出版社于1792年复活节出版的。

　　本书写于1791年夏季访问伊曼努尔·康德(Immanuel Kant，1724—1804)的时期。7月1日费希特到达柯尼斯堡。7月4日拜访康德，康德并没有特别招待他。他旁听了康德的讲课，也感到没有满足自己的期望。为了对康德作更郑重的访问，费希特蹲在一家小客栈里，于7月13日至8月18日完成了这部论著。他在寄出它的时候给康德写信说，“我到柯尼斯堡来，为的是更切近地认识一位为整个欧洲所尊敬的人，然而全欧洲只有少数人像我这样敬爱他。我已经向您作了自我介绍。后来我明白了，希望认识这样一位人物而不出示任何证书，这是孟浪无礼的。我应该有一封介绍信。但是我只承认我自己为自己写的介绍信。我此刻就把它寄上”。(《费希特全集》，第Ⅲ辑，第1卷，第253页)

　　康德在收到手稿后发现，费希特表述的正是自己的思想，而文笔之流畅又是自己所缺少的，于是很快接见了他。费希特在日记里写道：“23日到他那里听取他对这篇论文的意见，他特别亲切地接待了我，并且对我的论文看来感到非常满意”。(《费希特全集》，第Ⅱ辑，第1卷，第415页)费希特此时在经济上又陷于困顿地步，曾求助于康德。康德给予他两项支援，一项是委托宫廷牧师约·弗·舒尔茨(J.F.Schultz，1739—1805)替他在克罗考夫谋求到家庭教师职业，另一项是建议他通过路·恩·博罗夫斯基(L.E.Borowski，1740—1831)牧师的介绍，将手稿卖给书商戈·莱·哈通(G.L.Hartung，1747—1797)。康德在介绍信里特别向博罗夫斯基指出，“我觉得它写得很好，也符合于现今要求研究宗教问题的呼声”。(《康德全集》,普鲁士科学院版,第Ⅺ卷,第284页)哈通在1791年底按照普鲁士当局的规定,将手稿呈交哈雷神学院听候审批。可是费希特从舒尔茨那里得悉,神学院院长约·路·舒尔策(J.L.Schulze,1734—1799)拒绝签发出版许可证。尽管舒尔茨建议费希特要回原稿,在容易引起麻烦的地方作若干修改,但费希特看不出有什么理由,要修改自己的结论。于是,这部论著的出版就延期了。

但时隔不久,哈雷神学院院长换人。新任院长格·克·克纳普(G.Ch.Knapp,1753—1825)神学教授比较开明,明知道费希特的论点不能与当时占统治地位的神学体系相容,也签发了出版许可证。这样,《试评一切天启》就在1792年复活节与读者见面了。但在最初发行的一批书上,都未印有作者的姓名与前言。这就使读者以为,此书必定是出自康德的手笔。耶拿《文汇报》相继发表的报导(6月30日)和书评(7月18日与7月23日)就作过这种推测。费希特当时住在克罗考夫,很晚才能看到这类报纸。当他尚未察知这种错误的推测的时候,康德就已经公开声明,"《试评一切天启》的真正作者是神学候补生费希特,他原籍劳齐茨,去年顺便到柯尼斯堡作过短期访问,现在担任西普鲁士克罗考夫城克罗考夫公爵的家庭教师"。(耶拿《文汇报》,8月22日)结果,费希特由此名声大振,获得了他在德国哲学界的生存权。——1

2. 这篇前言在本书第一版第一次与第二次印刷时均未刊印,在第三次与第四次印刷时才公之于世。在本书增订版于1793年发表时,出版家哈通加了一条注释:"这篇前言和作者签署了自己的姓名的扉页,由于疏忽,不是在复活节,而是在后来才刊印出来"。(《费希特全集》,第Ⅰ辑,第1卷,第4页)——3

3. 费希特的这个演绎是依据康德关于上帝存在的道德证明作出的。参见康德:《判断力批判》,§.87。(《康德全集》,普鲁士科学院版,第Ⅴ卷,第447页以下)——6

4. 费希特在这里关于宗教的真正本原提出的思想,是青年黑格尔派和路·费尔巴哈(L.Feuerbach,1804—1872)对宗教所作的批判的先驱。——23

5. 宗教之划分为自然宗教与天启宗教,原出于大阿尔伯特(Albertus

Magnus,1200—1280)。费希特在§.3.中沿用了这种传统的划分,然而在§.6.中则将宗教划分为自然宗教、纯粹理性宗教与天启宗教,这是前后不自洽的。——26

6. 出自《旧约全书》"利未记"第11章第44段、第19章第2段与《新约全书》"彼得前书"第1章第16段。——61

7. 克里斯多夫·哥伦布(Christoph Columbus,1451—1506)在牙买加停留的时期,曾经利用他对1504年2月29日发生的月全食所作的预测,向当地居民索取生活资料。费希特误以为这件事情是发生在海地的伊斯帕尼奥拉岛上。——73

8.《新约全书》"罗马书"第3章第8段与第6章第1—2段。——85

9.《新约全书》"马太福音"第5章第40段。——85

10.《新约全书》"约翰福音"第14章第8—9段。——97

11.《新约全书》"马太福音"第22章第22—32段、"马可福音"第12章第18—26段和"路加福音"第20章第27—40段。——98

12. 参见《新约全书》"哥林多前书"第15章。——98

13.《新约全书》"约翰福音"第7章第17段。——117

14.《新约全书》"约翰福音"第3章第20段。——117

15.《新约全书》"路加福音"第5章第31—32段。——117

16. 阿卡狄亚(Arcadia)系古希腊的一个山区,以其居民的生活淳朴宁静著称,曾经被视为世外桃源。——124

17. 1793年通过出版家费迪南德·特罗舍尔(Ferdinand Troschel)在但泽匿名发表的政论性小册子。原书的扉页上印有费希特引用的贺拉斯诗句Noctem peccatis,et fraudibus objice nubem〔穿透罪恶之黑夜,拨开欺诈之乌云〕作为警句,并将出版地点虚构为"太阳城",把出版时间写为"古老黑暗时代的最后一年"。费希特用这种方法向德国公众暗示了在法国发生的革命事件。

这本小册子是费希特批判普鲁士书报检查制度的成果。为了钳制言论自由,弗里德利希·威廉二世(Friedrich Wilhelm Ⅱ,1744—1797)于1788年7月3日委派著名正统神学家约·克·冯·韦尔纳(J.Ch.von

Wöllner,1732—1800)取代康德哲学拥护者卡·阿·冯·策特利茨(K.A.von Zedlitz,1731—1793),担任司法与宗教部长。7月9日普鲁士政府颁布了禁止宣传启蒙思想的"宗教敕令";12月19日又颁布了"书报检查敕令",规定了在普鲁士发表的一切哲学与神学著作均须接受教会监理会的审查。接着又开始了对于传播自由思想的传教士约·海·舒尔茨(J.H.Schulz,1739—1823)的审讯。这两项法令已成为当时德国公众热烈争论的对象。费希特密切地注意着事态的发展。虽然他在最初对这两项法令的反动倾向估计不足,但在他研究了禁止公开发表的政论性著作和公开发表的辩护性著作之后,他很快就采取了激烈反对这些法令的立场。他在1792年2月16日与友人海·泰·冯·舍恩(H.Th.von Schön,1773—1856)的通讯中谈到这个题目,说他要对普鲁士的宗教审判"嗤之以鼻"。(《费希特全集》,第Ⅲ辑,第1卷,第291页)他先后写出四篇草稿,即"向普鲁士国家居民呼吁"、"从欧洲各国君主索回思想自由"、"回答君主是否有权限制自由探讨真理的问题的新草稿"和"关于国家对真理的尊重",为写这本小册子奠定了基础。

这本小册子是费希特1792年底在克罗考夫期间写成的,还是1793年初在但泽期间写成的,现在已无法确定。不过,它是在1793年复活节发行的。同年6月12日《文汇报》对此书的出版作了报导,7月8日该报还发表了一篇书评,据费希特陈述,这篇善意的评论出自他的中学同学克·贝·肯策尔曼(Ch.B.Kenzelmann,1761—1843)的手笔。——133

18. 奥古斯特·弗里得利希·克兰茨(August Friedrich Cranz,1737—1801),普鲁士书报检查制度的辩护士。1791年恩·克·特拉普(E.Ch.Trapp,1745—1818)匿名发表《对普鲁士精神生活的新规定的坦率考察与谨慎想法》,批评"宗教敕令"与"书报检查敕令",克兰茨当即发表《痛斥〈坦率考察与谨慎想法〉一书的纠缠不休与装腔作势的作者》(柏林1792年),予以反驳。费希特在给舍恩的信中将这本辩护书称为"卑鄙恶毒、残暴无知的杰作"。(《费希特全集》,第Ⅲ辑,第1卷,第303页)——137

19. 出自《一对情人(阿尔卑斯山脚下的小镇居民)的书信》,让·雅克·卢梭(Jean Jaques Rousseau,1712—1778)搜集与编辑,第1卷第1部分,前言,

阿姆斯特丹,1761 年。——137

20. 唐·卡洛斯(Don Carlos,1545—1568),西班牙国王菲利普二世(Philipp Ⅱ,1527—1598)之长子。为近亲联姻所生,身体素质不佳,智力也很低下,后来日益神经失常。自幼丧母,其父另娶,受其同父异母兄弟之排挤。1568 年,因欲逃出西班牙而被拘禁,在受审前病故。席勒曾以此为内容,写出剧本《唐·卡洛斯》(1787 年)。不过,费希特在这里所说的事情是没有历史记载的。——141

21. 1792 年的这期《文汇报》第 17—22 页刊载了评述约·冯·武姆布兰德(J. von Wurmbrand)《从法国革命及其后果来看政治信条》(1792 年)的文章,文章作者说,"如果一位通俗著作作家硬要把整个可怕的革命以及一切可能发生的类似的革命单纯作为自然事件加以评论,而这种事件正像地震与狂飙一样,是不可避免地按照普遍的规律发生的,这可怎么能让人受得了呢?一位演说家登台宣讲,说革命一定是按照全知的造物主颁布的规律,不可避免地发生的,此人实际上就是在号召人民进行革命"。——159

22. 费希特在这个地方暗示的著作是康德的《纯粹理性批判》(里加,1781 年)。——159

23. 继《索回思想自由》之后,费希特匿名发表的又一部社会政治论著。按照原来的写作计划,这部论著分为两个部分或两卷。第一卷评判法国革命的合法性,第二卷评判法国革命的明智性。实际上,费希特只完成了第一卷,第二卷则未动笔写出。而且第一卷也是分为两个分册写完发表的。第一分册包括前言、导论、第一章、第二章和第三章,大约写成于 1792 年 11 月至 1793 年 3 月他在但泽工作的时期,出版日期为 1793 年 5 月。第二分册包括第四章、第五章和第六章,是 1793 年夏季费希特在苏黎世写成的,发表日期为 1794 年 2 月。两册书均未印有出版地点与出版社名称。据劳特考证,它们都是由但泽出版家特罗舍尔刊印的。(《费希特全集》,第Ⅰ辑,第 1 卷,第 195 页)

促使费希特写这部论著的外在环境,是在法国人民 1792 年 8 月 10 日废除君主立宪政体之后,德国出现了对法国革命的憎恨情绪。他在书中批判的，主要是汉诺威枢密院秘书奥古斯特·威廉·雷贝格(August Wilhelm Rehberg，1757—1836)当时发表的《法国革命研究》(汉诺威与奥斯纳布吕克1793年)。

这本论著发表后，深受读者欢迎。《石勒苏益格评论》1793年8月号首先发表了一篇热情洋溢的书评，称它为“出自一位最彻底的德国思想家之手的真正杰作”。后来《文汇报》于1794年、《哲学评论》于1795年也发表了推荐此书的评论文章。但也有人认为，这样批评雷贝格是不够公正的。费希特1793年11月给卡·利·赖因霍尔德(K. L. Reinhold，1758—1832)写的信中谈到这个问题。他说，“我恳求您特别就雷贝格作出您的评论。您以为对待雷贝格不公正吗?”(《费希特全集》，第Ⅲ辑，第2卷，第12—13页)

费希特写了这本书的信息，不久就通过赖因霍尔德透露出去了。虽然1793年冬在耶拿已经有人反对他书中表现的民主思想，但这并没有影响他在1794年复活节担任耶拿大学哲学教授。1794年10月魏玛政府教育大臣克里斯蒂安·戈特洛布·福格特(Christian Gottlob Voigt，1743—1819)在得知费希特打算出第二版时，曾经托人加以劝阻；但费希特忠于自己的政治信念，还是在1795年出版了本书第二版。——169

24. 费希特没有再写这一卷。——174

25. 指雷贝格其人。在1794年9月的一次社交活动中，费希特见到此人，或许是在这时谈的。——178

26. 雷贝格在1792年10月18日《文汇报》上发表一篇评论托马斯·潘恩(Thomas Paine，1737—1809)《人权论》的文章。雷贝格在文章里说：“大家知道，这部著作的作者由于其内容而已经犯法，遭到起诉。他教导说，一切欧洲国家都必须仿照法国的榜样，制定一部新宪法，而人民有权这么做”。——178

27. 阿道夫·弗兰茨·弗里德利希·路德维希·冯·克尼格男爵(Adolf Franz Friedrich Ludwig Freiherr von Knigge，1752—1796)，作家，法国革命赞扬者。——186

28. 沃尔德马·弗里德利希·冯·施梅陶伯爵(Woldemar Friedrich Graf von

Schmettau,1749—1794),当过外交官,曾经匿名发表《一位丹麦爱国者关于常备军、政治均势与政治革命的想法》(阿尔托纳,1792 年),因而被起诉。——186

29. 指雷贝格。他从 1790 年开始,定期在《文汇报》上发表文章,评论当时出版的研究法国革命的重要论著。他的《法国革命研究》一书即由这类文章汇集而成。——187

30. 恩斯特·布兰德(Ernst Brandes,1758—1810)《对于法国革命的政治考察》(耶拿,1790 年)和《论法国革命迄今对德国产生的后果》(汉诺威,1792 年)。——187

31. 参见《旧约全书》"创世记"第 17 章。——188

32. 普奥联军的总司令不伦瑞克公爵卡尔·威廉·斐迪南(Karl Wilhelm Ferdinand,1735—1806)于 1792 年 8 月 3 日向法国居民发表宣言,要他们背离革命政府,而与外国侵略军合作。——188

33. 参见《旧约全书》"约书亚记"第 6 章至第 11 章。——188

34. 公元前 42 年罗马第二次三执政,即安东尼(Antonius)、屋大维安努(Octavianus)和雷比达(Lepidus),在菲利皮打败了刺死恺撒的马尔库·尤尼·布鲁图(Marcus Junius Brutus,前 85—前 42)和卡西乌(Cassius)。——196

35. 普鲁塔克(Plutarch,约 46—约 120),古希腊传记作家、散文家。著作甚丰,已大部散失。传世之作经后人辑为两集,即《希腊罗马名人传》和《道德论集》。——201

36. 弗·克·施连克特(F.Ch.Schlenkert,1757—1826),费希特在福尔达时期的同学,作家,写过许多叙述骑士生活的历史剧。——202

37. 让·巴·莫里哀(J.B.Molière,1622—1673)喜剧《醉心贵族的小市民》中的主角,他一直写散文,但不知道什么是散文;这个情节见该剧第二幕第四场。——202

38. 让·雅克·卢梭(Jean Jacques Rousseau,1712—1778):《爱弥儿,或论教育》,上卷(北京,1978 年),第 3 页。——204

39. 费希特在这里暗示康德的批判工作。——204

40. 巴门尼奥(Parmenion)是马其顿国王亚历山大(Alexander,前356—前323)的军事统帅。关于这段轶事,参见普鲁塔克:《希腊罗马名人传》,第29章。——208

41. 卢梭:《社会契约论》(北京,1987年),第8页。——213

42. 雷贝格:《法国革命研究》,第1卷,第8页以下。——216

43. 雷贝格:《法国革命研究》,第1卷,第50页。——216

44. 让·弗·马蒙特(J.F.Marmontel,1723—1799),法国作家,这段报导出自他的《印加人,或秘鲁帝国的毁灭》(巴黎,1777年),第Ⅰ卷,第226页。——220

45. 雷贝格:《法国革命研究》,第Ⅰ卷,第34页。——226

46. 弗里德利希二世(Friedrich Ⅱ),普鲁士国王,其在位时间为1740—1786年。——232

47. 费希特这里指的是马丁·路德(Martin Luther,1483—1546)。——232

48. 费希特这里指的是伊曼努尔·康德。——237

49. 特奥多尔·安东·海因里希·施马尔茨(Theodor Anton Heinrich Schmalz,1760—1831),柯尼斯堡大学法学教授。关于这里谈的问题,参看他的《纯粹的天赋人权》(柯尼斯堡,1792年),§43注释2、§104与§107。——244

50. 这个批评意见是针对雷贝格发的。参见他的《法国革命研究》,第1卷,第63页以下、第80页。——250

51. 奥古斯特·路得维希·冯·施略策(August Ludwig von Schlözer,1735—1809),德国历史学家与新闻学家。1769年至1804年,在哥廷根任历史学教授。主编《历史与政治通讯》(1776—1782年)和《政治通报》(18卷,1783—1793年),为思想自由与新闻自由而斗争,并为德国开展政治评论工作奠定了基础。1793年,他的民主思想遭到封建当局的谴责,《政治通报》亦被查禁。此处所述的"不劳动者不得食"可以追溯到《新约全书》"帖撒罗尼迦后书"第3章第10段。——252

52. 雷贝格在其《法国革命研究》第1卷第27页上说,"但是,如果承认没有人可以支配或享用他未曾亲自获得的东西,或者像施略策《政治通报》中的未署名者很幼稚地讲的那样，没有人可以不劳而食，那么，每个人虽然确实可以亲自享用自己获得的东西，但人们也就会被弄得习惯于把自己看作一些机器，它们为了吃而用双手劳动，为了能够劳动而吃，以便它们再吃”。——252

53. 雷贝格：《法国革命研究》，第Ⅰ卷，第14页。——252

54. 施马尔茨《纯粹的天赋人权》，§63。——252

55. 即闪、含和雅弗。见《旧约全书》“创世记”第9章第18段。——254

56. 施马尔茨：《纯粹的天赋人权》，§39—42和§55—63。——255

57. 贺拉斯：《书信集》，第Ⅰ卷，第7章。——255

58. 雷贝格：《法国革命研究》，第Ⅰ卷，第12页以下。——256

59. 同上。——257

60. 雷贝格：《法国革命研究》，第1卷，第59页。——260

61. 这段轶事出自狄欧根尼·拉尔修(Diogenes Laertius)：《哲学家传记》，第Ⅸ卷，第56页。诡辩论家为普罗泰戈拉(Protagoras)，其学生为欧阿特劳(Euathlos)。——266

62. 约翰·哥特弗里德·盖斯勒(Johann Gottfried Geisler，1726—1800)，于1779年至1786年任福尔达中学校长。——280

63. 系指《圣经》故事中犹太人的始祖亚伯拉罕。——282

64. 费希特这里暗示《旧约全书》“撒母耳记”下卷第1章第20段。——285

65. 参见卢梭：《论人类不平等的起源和基础》(北京，1982年)，第134页以下。——294

66. 雷贝格：《法国革命研究》，第Ⅰ卷，第32页。——294

67. 查理·戴·色贡达·孟德斯鸠(Charles de Secondat Montesquieu，1689—1755)：《论法的精神》，下册(北京，1987年)，第Ⅴ卷，第25章第13节，第168页。——296

68. 雷贝格：《法国革命研究》，第1卷，第60页以下。——298

69. 指法国国王路易十六(Louis ⅩⅥ，1754—1793)。——312

70. 指法国王后玛丽·安托瓦内特(Marie Antoinette，1755—1793)，1792年8月10日随同路易十六被拘禁子丹普尔堡。——312

71. 指所谓项链事件。拉穆特(La Motte)夫人伪装为法国皇宫侍女,向法国大施舍者劳安(Rohan)骗取了价值连城的项链。她向这位施舍者说,王后玛丽·安托瓦内特希望得到一副宝石项链,若将这份宝贵的赠品奉献给她,一定能获得她的宠爱。此事曾经在法国成为轰动一时的诉讼案件。费希特从在英国发表的拉穆特夫人回忆录中得悉此事。(《费希特全集》,第Ⅱ辑,第1卷,第220页以下)——313

72. 大斯奇比奥(Publius Cornelius Scipio Africanus Maior,前236—前184),古罗马统帅,公元前202年在扎马战役打败汉尼拔,从而迫使迦太基结束第二次布诺战争。——320

73. 小斯奇比奥(Publius Cornelius Scipio Aemilianus Africanus Numanticus,前184—前129),古罗马统帅,大斯奇比奥长子的养子。公元前146年攻陷迦太基,结束第三次布诺战争。——320

74. 西蒙(Kimon,约前507—前449),马拉松战役的指挥者米太亚德(Miltiades)之子。——320

75. 康农(Konon,前444—前392),伯罗奔尼撒战争后期雅典海军统帅提摩太(Timotheus)之子。他与米太亚德家族无关,费希特把他与这个家族联系起来,是不见经传的。——320

76. 发生于公元前490年,希腊人在米太亚德领导下取得抗击波斯入侵者的胜利。——320

77. 莱库尔格(Lykurgos),传说中的斯巴达立法者,为了消除贫富不均,按照斯巴达战士人数将斯巴达的土地划成九千份,平等地分给各个家庭享用。——320

78. 根据传说,欧里斯滕(Eurysthenes)与普洛克里(Prokles)两兄弟为神话中大力神海克勒斯之后代,他们的子孙成为斯巴达国王。——321

79. 根据传说,罗慕洛(Romulus)曾经与其孪生弟雷慕(Remus)建立罗马城,后来杀其弟,成为罗马王政时代的第一位国王。——322

80. 根据传说,努玛(Numa)是罗马王政时代的第二位国王(公元前715—672),曾实行重要改革。——323

81. 根据传说,谢尔维·图里(Servius Tullius)是罗马王政时代的第六位国王

（前 578—前 535）。——323

82. 古罗马护民官罗斯奇（Roscius）采用的法律，规定了骑士在剧场中享有包座的权利。——323

83. 塔奎尼·苏佩布（Tarquinius Superbus），罗马王政时代的最后一位国王（前 534—前 509）。杀其岳父谢尔维篡位。在其统治时期，专横暴虐，漠视元老院权力，赋役繁重。公元前 509 年被共和主义者卢西·尤尼·布鲁图（Lucius Junius Brutus）推翻，罗马进入共和时期。——323

84. 塔西陀（Tacitus）：《日耳曼尼亚志》（北京，1977 年），第 59 页。——325

85. 同上书，第 62 页。——326

86. 同上。——328

87. 虔诚者路易（Louis le Pieux，778—840），查理帝国皇帝（814—840），查理大帝之子，因笃信宗教，得名虔诚者。——330

88. 戴甘（Degan），莱因神职人员，著有《虔诚者路易生平》，九世纪法兰克人。——330

89. 孟德斯鸠：《论法的精神》，下册，第 Ⅵ 卷，第 30 章第 25 节，第 354 页。——330

90. 让·巴·杜波（Jean B.Dubos，1670—1742），法国历史学家，著有《法兰克君主国在高卢的建立》（巴黎，1734 年）。——331

91. 查理大帝（Carolus Magnus，742—814），法兰克王国加洛林王朝国王（768—800），800 年由教皇利奥三世加冕，成为查理帝国皇帝（800—814）。——332

92. 孟德斯鸠：《论法的精神》，下册，第 Ⅵ 卷，第 31 章第 25 节，第 398 页。——332

93. 贡特兰（Gontran，535—593），法兰克王国布尔贡德王朝国王（561—593）。——332

94. 查理柏二世（Childebert Ⅱ，570—596），法兰克奥特拉西亚王国挂名国王（575—596）。——332

95. 布纶荷（Brunehild，534—613），法兰克奥特拉西亚王国国王泽基柏王后。575 年国王被谋杀后，立其子查理柏为挂名国王，而自己执掌实权；613

年为其政敌所杀。——332

96. 塔西陀:《日耳曼尼亚志》,第 65—66 页。——335

97. 孟德斯鸠:《论法的精神》,下册,第Ⅵ卷,第 28 章第 24 节,第 245 页。——336

98. 孟德斯鸠指的是波马诺亚的《波瓦西斯的古代风俗》(1283 年)第 6 章与第 64 章。——336

99. 相传由法兰克族酋领梅洛维(Mérovée)得名。486 年克洛维(Clovis)灭西罗马帝国在北高卢的势力,507 年在巴黎建立梅罗文王朝。751 年为加洛林王朝取代。——336

100. 秃头者查理(Charles le Chauve,823—877),虔诚者路易之子,西法兰克国王(843—877)。——336

101. 贺拉斯:《讽刺诗》,第 1 卷,第 3 章,第 108 页。——340

102. 休果·卡佩(Hugo Capet),原为巴称公爵,后来成为法国国王,卡佩王朝的建立者(987—996)。——340

103. 1792 年 8 月 10 日法国人民废黜王位以后,称路易十六为路易·卡佩,用他的族名代替了他的国王称号,因为他所属的波旁家族是卡佩王族的一个旁系。——340

104. 布鲁图(Brutus),一个贵族世家的族名,这个家族在古罗马史中以维护共和而著称。——342

105. 阿庇(Appius),一个贵族世家的族名,这个家族在古罗马史中以敌视民众而闻名。——342

106. 弗里德利希二世(Friedrich Ⅱ,1194—1250),西西里王国国王(1198—1250)与神圣罗马帝国皇帝(1215—1250)。——342

107. 詹姆士·凯特(James Keith,1696—1758),苏格兰贵族,曾为弗里德利希大帝效劳,在高教会派会战中阵亡。——342

108. 库尔德·克利斯多夫·冯·施威林伯爵(Kurd Christoph Graf von Schwerin,1684—1757),普鲁士王国陆军元帅,在布拉格会战中阵亡。——342

109. 汉斯·卡尔·冯·温特费尔德(Hans Karl von Winterfeldt,1707—

1757)，普鲁士王国陆军中将，与弗里德利希大帝过从甚密，阵亡于弋利茨。——342

110. 奥古斯都(Augustus，前 63—14)，古罗马皇帝。恺撒之甥孙。原名盖约·屋大维(Gaius Octavius)。恺撒死后，改名盖约·尤里·恺撒·屋大维安努(Gaius Julius Caesar Octavianus)。结束内战，凯旋罗马后，元老院奉以"奥古斯都"(拉丁文意为神圣者、至尊者)尊号，后世即以此称之。——343

111. 雷贝格:《法国革命研究》，第 1 卷，第 64 页。——345

112. 同上书，第 63 页。——346

113. 同上书，第 64 页。——346

114. 同上书，第 65 页。——346

115. 弗·恩·冯·利本洛特(F.E.von Liebenroth):《关于萨克森农民骚乱的日记》(德累斯登与莱比锡，1791 年)，第 276—277 页。费希特在致他的未婚妻约翰娜·拉恩(Johanna Rahn)的信中谈到 1790 年 8 月底发生的这次萨克森农民起义。(《费希特全集》，第Ⅲ辑，第 1 卷，第 173—174 页)——357

116. 戈特弗里德·威廉·莱布尼茨(Gottfried Wilhelm Leibniz，1646—1716):《人类理智新论》(北京，1982 年)，上册，第 235 页。——369

117. 参见《新约全书》"马太福音"第 16 章第 19 段与第 18 章第 18 段。——375

118. 参见《新约全书》"马太福音"第 16 章第 17—19 段；"路加福音"第 22 章第 31—32 段；"约翰福音"第 21 章第 15—17 段。——376

119. 奎因特·萨伯蒂姆·德尔图良(Quintus Septimus Tertullianus，约 160—240)，罗马帝国早期基督教思想家；此话出自他的《基督肉身》第 5 章。——377

120. 参见《新约全书》"马太福音"第 16 章第 17—19 段。——385

121. 参见《新约全书》"以弗所书"第 1 章第 22—23 段和第 4 章第 15 段；"歌罗西书"第 1 章第 18 段。——385

122. 参见《新约全书》"马太福音"第 19 章第 28 段；"路加福音"，第 22 章第

29—30 段。——385

123. 费希特这段话是针对普鲁士政府 1788 年 7 月 9 日“宗教敕令”而发的。——390

124. 路易十四(Louis XIV,1638—1715),法国国王,1661 年亲政,不设首相,实行“朕即国家”的绝对君主专制,人称“太阳王”。——393

125. 阿庇斯(Apis),古代埃及人崇拜的神牛的名称。——394

126. 这篇评论发表于《石勒苏益格评论》,1793 年 8 月号,第 512—513 页。评论者未署名。——410

127. 费希特这篇书评写于 1793 年冬季,载于 1794 年 2 月 11 日与 12 日耶拿《文汇报》。

赫穆斯泰特大学教授戈特劳伯·恩斯特·舒尔策(Gottlob Ernst Schulze,约 1761—1833)在 1792 年发表了未署名的论著《埃奈西德穆》,从怀疑主义立场出发,批评耶拿大学教授卡·利·赖因霍尔德提出的基本哲学。赖因霍尔德当时是康德批判哲学最著名的阐述者,试图将康德哲学发展为一个科学体系。费希特正在他的影响下致力于研究批判哲学,因而这部论著的问世在费希特思想中引起很大的震动。1793 年费希特经过深入研究这部论著,清理了自己的思想,最后写成这篇书评。

费希特在书评里确认这部论著包含着许多很好的中肯意见,肯定它击中了批判哲学在将自身发展为科学体系的过程中出现的缺点。他后来在《全部知识学的基础》里还再次声明,舒尔策的批判的怀疑主义揭示了以往论据的不足,暗示了从何处可以找到更为可靠的论据。“如果谁不给予见解精辟的怀疑主义者以应得的尊重,那他就是完全不懂知识的价值”。

费希特在书评里坚持了赖因霍尔德与他共同遵循的批判哲学方向,同时也指出了赖因霍尔德把意识命题当作第一原理的严重缺点,那就是不将实践理性而将理论理性置于首要地位。他在后来致赖因霍尔德的信中说,“您在拟定全部哲学的基础以后,必定是将情感与欲求能力作为一种性质从认识能力推演出来。康德不想把人具有的那三种能力完全从属于一个更高的原则，而让它们依然单纯并列。在它们从属于一个更高的原则的事情上，我与您的意见完全一致，但我不同意您认为这条原则可以是理论能力原则；对于您的这个看法我与康德意见一致，不过我不同意他说那些能力完全不应有从属关系。我将那些能力完全从属于主体性原则。您已经提出一条最高原则，用您的基本哲学整个切断了我的这条道路，但我认为这条原则仅仅是从属的原则”。（《费希特全集》，第Ⅲ辑，第2卷，第314—315页）

这篇书评在费希特哲学体系的形成过程中具有的重要意义在于，他第一次提出本原行动的原则，以此统一理论理性与实践理性，从而为建立知识学奠定了基础。因此，这篇书评可以说是他早期知识学的宣言书。——413

128. 系指伊曼努尔·康德。——415

129. 即戈特劳伯·恩斯特·舒尔策。——415

130. 赖因霍尔德：《纠正迄今哲学家们的一切误解》，第1卷（耶拿，1790年）。——415

131. 赫尔米亚（Hermias，生卒年代在公元前三世纪之后），古代罗马诗人，曾痛斥斯多葛派。——416

132. 埃奈西德穆（Aenesidemus，生卒年代在公元前一世纪），古代罗马怀疑主义的早期代表，曾经在亚历山大城讲授哲学。——416

133. 舒尔策：《埃奈西德穆》，第60页。——417

134. 赖因霍尔德：《论哲学知识的基础》（耶拿，1791年），第85页。——417

135. 舒尔策：《埃奈西德穆》，第63—65页。——418

136. 舒尔策：《埃奈西德穆》，第70—71页。——418

137. 舒尔策：《埃奈西德穆》，第75页。——418

138. 舒尔策：《埃奈西德穆》，第76页。——419

139. 本原行动（Tathandlung）是费希特哲学体系的出发点，也就是他的知识学的最高原理。在他看来，本原行动是理论活动与实践活动的统一的基础。自我靠本原行动认识它自己，从而有自我意识；自我靠本原行动创造它自己欲求的东西，从而有对象。因此，本原行动作为理论活动的基础，是人类知识的根本；本原行动作为实践活动的基础，是客观实在的根本。在这篇书评里，他已经将本原行动初步定为统一理论活动与实践活动的最高原则；后来在《全部知识学的基础》里，他进一步详细论述了本原行动展开的各个步骤。——420

140. 舒尔策：《埃奈西德穆》，第 85—86 页。——421

141. 舒尔策：《埃奈西德穆》，第 86 页——421

142. 赖因霍尔德：《纠正迄今哲学家们的一切误解》，第 1 卷，§.5，第 174 页。——421

143. 舒尔策：《埃奈西德穆》，第 90 页。——421

144. 赖因霍尔德：《人类表象能力新论》（布拉格与耶拿，1789 年），第 190 页。——423

145. 在《论知识学的概念》里，费希特进一步阐述了这个思想。他指出，"我们由以出发的原理同时也是最终结果"。"这里有一个人类精神永远不能超出的循环论证"。这个循环论证就是："如果命题 X 是人类知识的第一、最高和绝对原理，那么人类知识中就有一个统一的系统，因为这一系统是由命题 X 得出的；既然人类知识中必定有一个统一的系统，所以，确实（根据已经制定的科学）建立起这个系统的命题 X，就是一般人类知识的原理，而以这个原理为基础的系统就是人类知识的那个统一的系统"。——423

146. 舒尔策：《埃奈西德穆》，第 120—121 页。——424

147. 舒尔策：《埃奈西德穆》，第 132—133 页。——424

148. 舒尔策：《埃奈西德穆》，第 132 页。——425

149. 舒尔策：《埃奈西德穆》，第 142 页。——425

150. 舒尔策：《埃奈西德穆》，第 142—143 页。——426

151. 舒尔策：《埃奈西德穆》，第 144 页。——426

152. 舒尔策：《埃奈西德穆》，第 145 页。——426

153. 舒尔策：《埃奈西德穆》，第 145 页。——426

154. 舒尔策：《埃奈西德穆》，第 149 页。——427

155. 舒尔策：《埃奈西德穆》，第 151 页。——428

156. 舒尔策:《埃奈西德穆》,第159—160页。——428

157. 舒尔策:《埃奈西德穆》,第212—213页。——430

158. 舒尔策:《埃奈西德穆》,第223页。——431

159. 康德:《纯粹理性批判》,第3版,第274—275页。——432

160. 舒尔策:《埃奈西德穆》,第427页。——433

161. 费希特1794年2月中旬至4月底给苏黎世的友人们所作的哲学讲演的结束语。讲演的主题是康德的先验哲学,地点在邀请他作讲演的约·卡·拉法特(J.K.Lavater,1741—1801)家中。他讲的是他当时初步形成的先验哲学体系。他随后将这一讲付梓,作为告别演说,分送给听讲者和其他友人。根据这本小册子的版式,可以推断它是魏玛实业事务所出版社印制的;根据《同时代人亲密通信中的费希特》(汉·舒尔茨编,莱比锡,1923年,第12页),可以断定出版时间是在1794年6月以前。——437

162. 费希特在耶拿大学就职前发表的哲学纲领。它于1794年4月在苏黎世写成,在魏玛出版的时间大约为5月11日。

1793年12月26日魏玛公国教育大臣克·戈·福格特根据歌德的推荐,致函费希特,邀请他赴耶拿大学,接任赖因霍尔德即将留下的哲学讲座。1794年1月15日费希特给福格特回信,接受了邀请。此时,他正在大力研究建立知识学体系的问题,先后写出两部手稿,即《对基本哲学的独自沉思》(1793年底)和《实践哲学》(1793年底/1794年初),并在这项研究工作的基础上,在苏黎世给他的朋友们讲解自己初步酝酿成熟的哲学体系。就在作这些演讲的时期,费希特按照他的朋友卡·奥·伯蒂格尔(K.A.Böttiger,1760—1835)提出的建议,写出了这篇供耶拿大学听讲者阅读的纲领性著作,并且委托这位朋友在魏玛找到了出版家,以便能在开讲前让听众看到。费希特于5月18日到达耶拿后,这篇印好的著作已在当地出售。他将它赠送给歌德与席勒、康德与雅可比等人。

这篇著作的意义在于,它宣布了费希特"已经发现哲学上升为一门明白无误的科学所必经的道路"。——445

163. 扎洛蒙·迈蒙(Salomon Maimon,1754—1800),批判的怀疑主义者,著有《试论先验哲学》(1790年)、《哲学界巡礼》(第一部分,1793年)和《试论一种新逻辑》(1794年)。费希特肯定了他对哲学研究作出的贡献,而他在1794年8月写给费希特的信里也表示,"《论知识学的概念》您写得很有见识,对于建立这样一种理论的可能性和消除对哲学的一切误解的必要性您都作了非常合乎我的愿望的阐述"。(《费希特全集》,第Ⅲ辑,第2卷,第194页)——447

164. 出自贺拉斯的讽刺诗《说教》,第Ⅱ篇,第3章,第72行。——449

165. 犹太历史编纂学家弗拉维·约瑟夫(Flavius Josephus)生于公元37年,约卒于公元98年;耶路撒冷城毁于公元后70年。——451

166. 系指法国约·米·孟高飞(J.M.Montgolfier,1740—1801)与雅·厄·孟高飞(J. E. Montgolfier,1745—1799)兄弟,他们同为热气球的发明者。——457

167. 耶拿大学公布的课程表中预告说,费希特将在1794年夏季学期作两部分私人演讲,即理论哲学与一般实践哲学。耶拿《文汇报》1794年4月12日也预先做过报导,说费希特在私人演讲中讲理论哲学与一般实践哲学,在公开演讲中讲"学者的职责"。费希特到达耶拿后,私人演讲课程有所改变。他在5月20日写给他夫人的信里说,"我已有幸免除了第二部分课程,而只讲第一部分课程"。(《费希特全集》,第Ⅲ辑,第2卷,第113页)也就是说,1794年夏季学期费希特未讲授一般实践哲学。——490

168. 私人演讲从1794年5月26日开始,时间在每星期一上午6时至7时;公开演讲从5月23日开始,时间在每星期五下午6时至7时。——488

169. 在1794年9月以单行本出版时,将题目改为"关于学者使命的若干演讲"。——491

170. 费希特系统陈述他早期的先验哲学思想的第一部著作。全名叫《全部知识学的基础——为听课人写的讲义》。费希特生前,出过两版。第一版于1794年6月和1795年7月底8月初,由莱比锡迦布勒出版社(Verlag Christian Ernst Gabler)分两批出齐,是费希特在耶拿大学讲授

“理论哲学和一般实践哲学”时相继写成的，“前言”于全书写成后补写。这一版于1802年1月由图宾根哥达书店（Johann Georg Cotta Buchhandlung）又印刷一次，连同《略论知识学的特征》出合订本。第二版是于1802年初由迦布勒出版社出版的。这一版参照费希特1800年计划发表《知识学新编》所写的材料，在一些地方作了少量增订，称为“修订第二版”。

费希特在这部著作里，从本原行动出发，详细论述了本原行动展开的各个步骤，即知识学的三条原理以及由此推演出来的八条定理，从而建立起他称之为知识学的先验哲学体系。费希特认为，这个体系证明，人类之所以能认识真理，就是因为能认识的自我与自我所认识的非我本来是同一个东西。因此，他的以自我为出发点的体系就解决了思维与存在如何统一而成为真理的问题。他的先验哲学体系，一方面把康德哲学中平铺并列的各种感性形式和各种知性范畴都组纳到了一个统一的演绎系统中，另一方面取消掉了康德设想的独立外在而不可认识的“物自体”。

书中的思想，虽然费希特自称早在1791年会见康德于柯尼斯堡时即已萌生，但根据他一些密友的回忆，特别是他本人1795年4月致耶，伊·巴格森（J.I.Baggesen，1764—1826）的信，可以确定无疑地说，是蕴酿成熟于1793年底他第二次到苏黎世时。他在这封信里说，“如同法兰西民族将人从外部枷锁中解脱出来一样，我的体系将人从物自体的羁绊中、从外在影响中解脱出来。它是在那以外在力量争取自由的年代里，我同我自己、同一切根深蒂固的成见进行的内在斗争中产生出来的”。“在我论述法国革命的同时，这个体系的第一个闪念也出现了，它简直像是对我评论革命的一项奖赏”。（《费希特全集》，第Ⅲ辑，第2卷，第298页）

费希特于1794年10月把这本书的业已发表的前半部分寄给康德，请求指教。康德于1797年底才回信，只谈了关于实践哲学的问题，说因年老力衰，对于精微细致的理论思辨，愿意留待别人去评论。1798年6月，费希特又托约·弗·阿贝格（J.F.Abegg，1765—1840）捎信致意；康德说，费希特的著作他没有全读，倒是从耶拿《文汇报》上看到了些书评，印象是他好像“把苹果拿在口边，却吃不着。”(《同时代人亲密通信中的费希特》，汉·舒尔茨编，第 90 页)1799 年 1 月 11 日约·戈·布勒(J.G.Buhle，1763—1821)在爱尔朗根《文汇报》上发表书评，说“康德是先验哲学的鼻祖，赖因霍尔德是批判学说的杰出传播者，但第一位先验哲学家，毫无异议是费希特。费希特实现了批判哲学拟定的计划，系统地阐述了康德预示的先验唯心主义”。费希特请求康德对他的知识学体系向学术界作个公开评价。事过半年，康德终于在耶拿《文汇报》(1799 年 8 月 28 日)上发表声明：“我认为费希特的知识学是一个完全站不住脚的体系。因为纯粹的知识学不多不少恰恰只是逻辑，靠逻辑原理是上升不到认识内容的，作为纯粹逻辑，正是要把自己的内容抽掉；要从逻辑中提炼出一个实在的客体来，那是徒劳无功的事。”显然，康德不同意自己的“物自体”在费希特的先验哲学中被挤掉，尽管他对费希特表示过，他看到了费希特在其新作中显露出来的生动而通俗的杰出表达才能。——493

171. 本书在耶拿和莱比锡于 1795 年出版。——496

172. 哈雷哲学教授雅·西·贝克(J.S.Beck，1761—1840)，于 1795 年 2 月在《哲学与哲学精神年鉴》上匿名发表了对《论知识学的概念》和当时出版的一部分《全部知识学的基础》的第一篇评论。——498

173. Sein，带谓词时表示“是”，不带谓词时表示“存在”或“有”。——502

174. 1802 年修订第二版上有这样的注释：“用完全通俗的话来说，自我由于是在主词地位上就被设定了的，所以自我在设定谓词地位上的 A 时，必然知道自我的主词设定活动，从而必然知道自我自己，再度直观自我自己，就是对自我说来的那同一个东西”。——504

175. 1802 年修订第二版上有下述的注释：“这个命题如用我们以上讲过的其他说法来说，就意味着：自我必然地是主体与客体的同一、主客统一体，而且这个主客统一体直截了当地、无需任何其他中介地就是它。我说这个，就意味着它；尽管这命题不像人们所想的那样容易认识到，并按其在知识学建立前彻底被忽视了的高度重要性去考虑；因此，先前关于

它的种种阐述，都不能省略”。——508

176. 康德：《纯粹理性批判》，“先验分析论”，第1卷，第二章，“论纯粹知性概念的演绎”，里加，1790年，第116页以下（蓝公武译本，北京，1982年，第92页以下）。——509

177. 笛卡尔：《方法谈》，利德，1637年，第33页。——509

178. 巴鲁赫·德·斯宾诺莎（Baruch de Spinoza，1632—1677）：《伦理学》（贺麟译本，北京，1958年），第二部分，命题十二：“构成人的心灵的观念的对象有了什么变化，必定为人的心灵所觉察；换言之，那个对象变化的观念必定存在于人的心灵中”。（第51页）第二部分，命题五，证明：“所以观念的形式的存在只以神为它的原因，就神之为一个思想者而言。”（第44页）第二部分，命题十，绎理：“由此推知，人的本质是由神的属性的某些分殊所构成”。（第49页）第二部分，命题一：“思想是神的一种属性，或者神是一种能思想的东西。”（第42页）第一部分，命题十七，附释：“如果理智属于神的本性，则它的理智从本性上绝不像我们的理智一样（像让人所臆想的那样）后于所理解的事物而产生，或者与所理解的事物同时产生”。（第20页）——510

179. 本文入迈蒙《哲学界巡礼》第一部分：“我在第五章里指出了莱布尼茨与最老的哲学家的思维方式之间的类似性，我可以说，在莱布尼茨与古代的柏拉图之间，在莱布尼茨与近代的斯宾诺莎之间，具有最大的类似。”（第56页）。——511

180. “反设”在德文是 Gegensetzen，方向相反的设定。——512

181. “对设”在德文是 Entgegensetzen，树立对立面。——512

182. 修订第二版上接在此处的是下面的几句话，作为结尾：“要想设定随便一个什么对象，我就必须首先知道这个对象；因此对象必须在一切可能的经验以前原来就存在于我自身之中，存在于表象者之中。——这个论断是一目了然的，可以说，谁若是不理解它，谁若不会从它出发上升到先验唯心主义，谁就一定是无可争辩的精神盲人”。——515

183. 在修订第二版中，此后还有这样的话：“换句话说，命题可以在双重的含义下来理解，而两种含义却必须能够同时并存”。——542

184. 在修订第二版中，此后还有下述一句话："说得更清楚些，相互规定在一定的条件下是有效的，并且得到应用，但在另外的条件下，它得不到应用"。——562

185. 在修订第二版中，此后还有下述的话，并且它括在括弧内："属于交替范围的东西不属于独立活动的范围，反之，属于独立活动范围的东西不属于交替范围；因此每一个范围都可以通过与它对立的范围来规定自己"。——564

186. 迈蒙在其《试论一种新逻辑》中说："真正的哲学家也像批判哲学家们一样，并不十分重视究竟我们的认识是否有一个认识能力之外的实在根据的问题，这种实在根据是可以像批判哲学家们主张的那样从认识能力自身推导出来的。如果说他们也承认它，那仅仅是因为想通过它来取得我们认识系统的最高统一性，以便其中包括的一切都可按最严密的关联来予以解释。与此相反，提出物自体的独断论主张是完全多余的，因为它不能说明我们认识里的任何东西。为了扩大和整顿知识而发明出虚构的东西，乃是理性的一项工作，把这些虚构的东西表象为实在的客体，则是想象力的一项工作。"（前言，第35—36页）。另外，他在《哲学界巡礼》中还说："正因为人们把某些必然的错觉或骗人的东西当成实在的东西看待，所以莱布尼茨的哲学才深得人心"（第57页）。——639

187. 修订第二版里这个"反思"有定语，叫做"自然的、与人为的先验哲学的反思相对立的反思"。——646

188. 费希特在修订第二版里附加了这样一句话：（它就是理论意义上的、没有想象力的纯粹理性，就是康德在《纯粹理性批判》里当成他的批判对象的那个纯粹理性。）——657

189. 此处的方括弧是费希特自己加的。——682

190. 大括弧里的话是译者参酌文意补足的，否则句子不完全。——693

本卷后记

本卷的翻译开始于1986年1月，完成于1988年3月。

在翻译过程中，我们参考过格林(G.Green)的《试评一切天启》英译本(剑桥，1978年)、乌斯片斯基(Л.В.Успенский)的《论知识学的概念》俄译本(入《费希特著作集》卷一，彼得堡，1916年，第3—57页)和克罗格(A.E.Kroeger)的《全部知识学的基础》英译本(费拉德尔菲亚，1869年)。

全部译稿都依据德文原本经过审核，作了修订。沈真同志审核了《试评一切天启》、《向欧洲各国君主索回思想自由》、《纠正公众对于法国革命的评论》和《评〈埃奈西德穆〉》的译稿，李理同志审核了《论知识学的概念》的译稿。这些译稿最后又经谢地坤、陈嘉明和程志民同志审读，作了改进。

《全部知识学的基础》1986年中文译本是根据此书第二修订版译出的，在收入本卷时由梁志学同志依据第一版作了少量删改；原译者王玖兴同志审核了删改过的部分。

薛华同志与王玖兴同志对于统一重要译名与翻译疑难语句提出了宝贵建议，作出了积极贡献。

译者注释是由梁志学同志与王玖兴同志参照《费希特全集》巴伐利亚科学院版(第Ⅰ辑第1卷、第2卷，第Ⅲ辑第1卷、第2卷)

和费希特著作单行本（迈纳出版社《哲学丛书》第 246、282、354 辑）中的德文注释编写的。

劳特（R.Lauth）教授对于我们在编译过程中提出的问题及时给予回答，有力地支援了我们的工作。

本卷的责任编辑是吴儁深同志。译稿能按预定计划出版，应归功于商务印书馆同志们的不懈努力，谨向他们致以谢意。

编者　北京，1988 年 6 月

在本卷的增订中，选入了《论人的尊严》。李理修订的是《索回思想自由》、《纠正公众对于法国革命的评论》和《评〈埃奈西德穆〉》；沈真修订的是《论知识学的概念》；梁志学修订的是已故王玖兴译的《全部知识学基础》和全书译者注释。《试评一切天启》是梁志学在王歌的协助下修订的，谨向她致以衷心的谢意。

编者　北京，2011 年 5 月